本書出版得到國家古籍整理出版專項經費資助
全國高校古籍整理研究工作委員會直接資助項目

新編諸子集成續編

孔叢子校釋

傅亞庶 撰

中華書局

圖書在版編目(CIP)數據

孔叢子校釋/傅亞庶撰. —北京:中華書局,2011.6
(2023.11 重印)
(新編諸子集成續編)
ISBN 978-7-101-07423-9

Ⅰ.孔… Ⅱ.傅… Ⅲ.①儒家②孔叢子-注釋
Ⅳ.B229.3

中國版本圖書館 CIP 數據核字(2010)第 093988 號

責任編輯:石　玉
責任印製:陳麗娜

新編諸子集成續編
孔叢子校釋
傅亞庶 撰
*
中 華 書 局 出 版 發 行
(北京市豐臺區太平橋西里 38 號　100073)
http://www.zhbc.com.cn
E-mail:zhbc@zhbc.com.cn
三河市宏盛印務有限公司印刷
*
850×1168 毫米 1/32 · 21⅛印張 · 2 插頁 · 450 千字
2011 年 6 月第 1 版　2023 年 11 月第 3 次印刷
印數:7001-8500 册　定價:88.00 元

ISBN 978-7-101-07423-9

新編諸子集成續編出版緣起

新編諸子集成叢書，自一九八二年正式啟動以來，在學術界特别是新老作者的大力支持下，已形成規模，成爲學術研究必備的基礎圖書。叢書原擬分兩輯出版，第一輯擬目三十多種，後經過調整，確定爲四十種，今年將全部出齊。第二輯原來只有一個比較籠統的規劃，受各種因素限制，在實施過程中不斷發生變化，有的項目已經列入第一輯出版，因此我們後來不再使用第一輯的提法，而是統名之爲新編諸子集成。

隨着新編諸子集成這個持續了二十多年的叢書劃上圓滿的句號，作爲其延續的新編諸子集成續編，現在正式啟動。它的立意、定位與宗旨同新編諸子集成一脈相承，力圖吸收和反映近幾十年來國學研究與古籍整理領域的新成果，爲學術界和普通讀者提供更多的子書品種和哲學史、思想史資料。

續編堅持穩步推進的原則，積少成多，不設擬目。希望本套書繼續得到海内外學者的支持。

中華書局編輯部

二〇〇九年五月

目録

卷六

卷七

附録一

附録二

附録三

附録四

前言

孔叢子是古代諸子文獻中繼論語之後儒學的一部重要著作，在思想内容上具有孔氏家學的特點。全書七卷二十三篇，自首篇至第五篇，主要記述孔子的言行。第六篇至第十篇，記子思的言行。第十二篇至第二十一篇，記子高、子順、子魚的言行，具有父子相承的家學脈絡。中間第十一篇是小爾雅。小爾雅是中國古代語言學史上一部重要著作，其書在孔叢子中作爲一篇出現，當爲孔氏家學所舊藏。第七卷爲連叢子上、下篇，記載孔氏後學子豐、季彦等人的一些著述與言行。

孔叢子的著録，始見於隋書經籍志，後舊唐書經籍志、新唐書藝文志、宋史藝文志、崇文總目、通志藝文略、遂初堂書目、直齋書録解題、文獻通考等唐、宋、元官私書目均有著録，至明、清時期，各種官、私書目多有收録。

孔叢子最早的校注本爲北宋嘉祐三年宋咸所撰孔叢子注，嘉祐八年由宋咸弟子吕逄刊刻，史稱嘉祐本。嘉祐本今存，爲孔叢子最早的傳世刻本。嘉祐本在流傳中産生了不同源流的本子，按不同歷史時期的版刻，有宋刻孔叢子注七卷本、宋刻巾箱本孔叢子注七卷本、宋淳熙王藺校訂孔叢子七卷本，明、清刻孔叢子三卷本等。就目前所見，自宋刻至明、清，較好的刻本、抄本有三十幾種。

宋代朱熹、洪邁、葉適，明代胡應麟、宋濂，清代姜兆錫、紀昀、錢熙祚、王煦、宋翔鳳、戴震、胡承珙、葛其仁、朱駿聲、胡世琦、段玉裁、洪亮吉，日本學者家田虎，今人羅根澤、錢穆、陳夢家、黄云眉等均爲孔叢子或小爾雅做過校注或專題性的研究。就文獻的角度，研究的焦點是孔叢子的作者問題。孔叢子最早見於曹魏時期皇甫謐所撰帝王世紀中之引述，後隋書經籍志題爲「陳勝博士孔鮒撰」。但孔叢子第七卷連叢子所記，乃孔鮒身後之事，因此自宋代開始，「孔鮒撰」遭到質疑。宋咸的孔叢子注認爲是「孔氏子孫所集」，朱熹懷疑不是西漢人所爲，明代李濂推測「或子豐、季彦輩集先世遺文而成之」。關於孔叢子的成書年代，陳夢家就連叢子中的一些内容，考證孔叢子的最後成書當在東晉時期。由於孔叢子被懷疑爲僞書，因此在歷史上該書的價值得不到重視，尤其是近代以來，一些史學家從考史的角度對其有關内容進行繁瑣考證，認爲有多處記載與史實不合，故「僞書」説幾成定論。

筆者通過對孔叢子的研究，認爲孔叢子不是僞書。此書歷代流傳，經久不没，實爲一部思想内容豐富且具有較高史料價值的傳世文獻（筆者的研究，詳見書後附録四「孔叢子的成書年代與真僞」、「孔叢子的文獻與思想價值」、「孔叢子的版本流傳」等三篇文字），因此在學術研究中應該得到相應的重視。

本書對孔叢子所做的校釋，是集校集注性的。校勘以宋嘉祐八年刻宋咸孔叢子注爲底本，參校宋刻以下三十三種明、清以來重要的刻本（含節本）、抄本。校勘中既校正孔叢子的文字，又校正了宋咸注文中的一些文字訛誤。注釋中收録宋咸注以下各家之校注十種。作爲附録，本書還收録了孔叢子主要版本序跋十五篇、校注諸家序跋七篇、關於孔叢子的各種書目著録四十一種、諸家考證文章二十一篇，列於書後，以求反映出歷史上關於孔叢子研究的動態過程。

本書稿的撰寫與修改，得到中華書局張繼海、石玉先生及一些編輯同志的幫助與指教，在此致以謝忱。

今年是業師何善周先生百年華誕，僅以此書的撰寫，紀念先生的學術精神。

傅亞庶

二〇一〇年十一月於東北師範大學

凡例

（一）本書校釋以宋嘉祐八年刻宋咸孔叢子注七卷本爲底本。該本一則爲傳世刻本中時代最早的刻本，二則該本保留了宋咸校注的全部文字。

（二）參校本以清以前不同源流的刻本、抄本爲主，校其異同，定其是非。同一源流各本，亦在校勘之列，如有可用，必擇善而從。校記採取以字繫本的方法，例：嘉言第一「堯、舜、文、武之道，或弛而墜」，「或」，鍾惺本作「近」。

（三）他人校勘提出的衍、脱、訛、倒等文字、文句，凡可採用的，即憑依而改。他人校勘未及見而確有問題的文字、文句，則分别根據他本、他書的引用，或根據本書詞義、句義、章法、修辭特點等條件，經過辨析，認爲正確的，提出修改意見。如係詞句顛倒，在注文中注明並乙正過來。凡有版本依據的，在正文中改正；無版本依據的，不改正文，在注文中説明。正文中的異體字（除前人有成説外）、缺筆避諱字，一般則在正文中直接改正過來，不在注文中加以説明。

（四）校勘中凡認爲底本不誤而他本誤者，爲避繁複，一般不再引述。清人校正他本的結論與底本合者，爲保留古人研究成果，則加以引述。底本不誤，他人據他書、他本校改致誤者，則加以辨析。

（五）底本有完整的宋宋咸的注文，今全部收入本書。宋注不確及版刻中出現的錯誤，則一一加以辨析、訂正。又宛委别藏本、葉氏藏本、周叔弢藏本、指海本中偶有嘉祐本宋咸注文所未備之夾行小字注文，疑後人所增補，亦全部收入本書。對他人的誤注或似是而非的注解，俱加以説明。

（六）所採各本、各家成説，第一次引用時舉全稱，以後則只舉簡稱。對舊刻的簡稱，一般採用以人繫本的方式，如舊稱「子彙本」、「漢魏叢書本」，本書則稱「周子義本」、「程榮本」，以求前後一律。

（七）底本及附録材料中有些字已模糊不清、無法辨識，又無他書可資參照，則以「□」的方式列出。

本書校勘所據版本

名稱	簡稱
（一）宋嘉祐八年刻宋咸孔叢子注七卷附釋文一卷	宋本
（二）宛委別藏影宋巾箱本孔叢子注七卷	宛委別藏本
（三）杭州葉氏舊藏明翻宋本孔叢子七卷附釋文一卷	葉氏藏本
（四）明嘉靖二十九年蔡宗堯刻孔叢子七卷	蔡宗堯本
（五）周叔弢藏明刻巾箱本孔叢子注七卷	周叔弢藏本
（六）明萬曆四、五年周子義刊子彙本孔叢子三卷	周子義本
（七）明萬曆年間刊程榮漢魏叢書本孔叢子三卷	程榮本
（八）明萬曆三十年緜眇閣刊馮夢禎輯先秦諸子合編本孔叢子三卷 又明天啓元年刊本	馮夢禎本
（九）明天啓五年歸有光輯諸子彙函本孔叢子節本	諸子彙函本
（一〇）明崇禎六年孔胤植刻孔叢子三卷	孔胤植本

（一一）明崇禎十年丁丑刻白口本題黄之堯閱孔叢子二卷　崇禎本
（一二）明刻白口本鍾惺評孔叢四卷　鍾惺本
（一三）潘承弼校並跋明刻本孔叢子七卷　潘承弼校跋本
（一四）清孔毓圻、孔毓埏刻，清王韜校並跋孔叢子三卷　王韜校跋本
（一五）影印文淵閣四庫全書本孔叢子三卷　四庫全書本
（一六）清刻明何允中輯廣漢魏叢書本孔叢子二卷　何允中本
（一七）章鈺校並跋清光緒元年湖北崇文書局刻百子全書本孔叢子二卷附詰墨一卷　章鈺校跋本
（一八）清光緒元年陳錫麒據宋巾箱本重刻孔叢子注七卷　陳錫麒本
（一九）清抄本孔叢子注七卷　清抄本
（二〇）續修四庫全書影印元蘇應龍輯新編類意集解諸子瓊林本孔叢子節本　蘇應龍本
（二一）四庫全書存目叢書影印明隆慶元年含山縣儒學刻明沈津輯百家類纂本孔叢子節本　沈津本
（二二）明萬曆十八年刻明陳深輯諸子品節本孔叢子節本　諸子品節本
（二三）四庫全書存目叢書影印明萬曆四十四年刻明焦竑等輯新鍥翰林三狀元會選二十九子品彙釋評本孔叢子節本　焦竑本

（二四）四庫全書存目叢書影印明刻明黎堯卿輯諸子纂要本孔叢子節本　黎堯卿本
（二五）四庫全書存目叢書影印明鈔子苑本輯孔叢子節本　子苑本
（二六）四庫全書存目叢書影印清經國堂刻明郭偉輯新鐫分類評註文武合編百子金丹本孔叢子節本　百子金丹本
（二七）民國十六年上海商務印書館排印元陶宗儀輯説郛本孔叢子節本　説郛本
（二八）明正德、嘉靖間刊顧元慶編陽山顧氏文房小説據夷白齋宋本重雕小爾雅注一卷　顧元慶本
（二九）明嘉靖二十九至三十年嘉趣堂刊袁褧編金聲玉振集本小爾雅一卷　袁褧本
（三〇）格致叢書本明胡文焕校新刻小爾雅　胡文焕本
（三一）續百川學海本潘之淙閲小爾雅一卷　潘之淙本
（三二）增定古今逸史本明吴琯校小爾雅注一卷　吴琯本
（三三）務本堂藏清同治七年刻藝苑捃華本小爾雅一卷　藝苑捃華本

本書校釋所用書目

（一）姜兆錫：孔叢子正義五卷（四庫全書存目叢書影印清雍正十一年寅清樓刻本）
（二）冢田虎：冢註孔叢子十卷（日本寬政七年京師書坊文林堂刊本）
（三）錢熙祚：孔叢子注校（清道光年刊指海本）
（四）莫栻：小爾雅廣注四卷（續修四庫全書本）
（五）王煦：小爾雅疏八卷（續修四庫全書本）
（六）宋翔鳳：小爾雅訓纂六卷（續修四庫全書本）
（七）胡承珙：小爾雅義證十三卷，補遺一卷（續修四庫全書本）
（八）葛其仁：小爾雅疏證五卷（續修四庫全書本）
（九）朱駿聲：小爾雅約注（續修四庫全書本）
（一〇）胡世琦：小爾雅義證（影印清代稿本百種彙刊本）
（一一）周易（十三經注疏本）
（一二）詩經（十三經注疏本）

（一三）尚書（十三經注疏本）
（一四）周禮（十三經注疏本）
（一五）禮記（十三經注疏本）
（一六）儀禮（十三經注疏本）
（一七）左傳（十三經注疏本）
（一八）公羊傳（十三經注疏本）
（一九）穀梁傳（十三經注疏本）
（二〇）論語（十三經注疏本）
（二一）爾雅（十三經注疏本）
（二二）孝經（十三經注疏本）
（二三）孟子（十三經注疏本）
（二四）朱熹：詩集傳（上海古籍出版社一九八〇年本）
（二五）王先謙：詩三家義集疏（中華書局一九八七年本）
（二六）陳子展：詩經直解（復旦大學出版社一九八三年本）
（二七）伏勝：尚書大傳（四部叢刊影印陳壽祺重校補本）

（二八）顧頡剛、劉起釪：尚書校釋譯論（中華書局二〇〇五年本）
（二九）馬雍：尚書史話（中華書局一九八二年本）
（三〇）陳夢家：尚書通論（中華書局二〇〇五年本）
（三一）孫詒讓：周禮正義（中華書局二〇〇〇年本）
（三二）孫希旦：禮記集解（中華書局一九九五年本）
（三三）朱彬：禮記訓纂（中華書局一九九六年本）
（三四）王鍔：禮記成書考（中華書局二〇〇七年本）
（三五）楊伯峻：春秋左傳注（中華書局一九八三年本）
（三六）郝懿行：爾雅義疏（中國書店一九八二年本）
（三七）焦循：孟子正義（中華書局一九九六年新編諸子集成本）
（三八）朱熹：四書章句集注（中華書局一九八三年新編諸子集成本）
（三九）朱熹：儀禮經傳通解（影印文淵閣四庫全書本）
（四〇）黄幹：儀禮經傳通解續（影印文淵閣四庫全書本）
（四一）玄應：一切經音義（續修四庫全書本）
（四二）國語（上海古籍出版社一九八二年本）

（四三）徐元誥：國語集解（中華書局二〇〇二年本）
（四四）戰國策（上海古籍出版社一九八五年本）
（四五）司馬遷：史記（中華書局一九七二年本）
（四六）班固：漢書（中華書局一九八三年本）
（四七）陳國慶：漢書藝文志注釋匯編（中華書局一九八三年本）
（四八）范曄：後漢書（中華書局一九八二年本）
（四九）陳壽：三國志（中華書局一九八五年本）
（五〇）司馬光：資治通鑑（上海古籍出版社一九九五年本）
（五一）劉恕：資治通鑑外紀（影印文淵閣四庫全書本）
（五二）袁珂：山海經校譯（上海古籍出版社一九八五年本）
（五三）張華：博物志（上海古籍出版社一九九五年諸子百家叢書本）
（五四）楊守敬、熊會貞：水經注疏（江蘇古籍出版社一九九九年本）
（五五）崔豹：古今注（影印文淵閣四庫全書本）
（五六）東方朔：十洲記（上海古籍出版社一九九五年諸子百家叢書本）
（五七）王重民：中國目録學史論集（中華書局一九八四年本）

（五八）葉大慶：考古質疑（影印文淵閣四庫全書本）
（五九）王國維：觀堂集林（中華書局一九九九年本）
（六〇）睡虎地秦墓竹簡整理小組：睡虎地秦墓竹簡（文物出版社一九七八年本）
（六一）李零：郭店楚簡校讀記（北京大學出版社二〇〇二年本）
（六二）馬承源：上海博物館藏戰國楚竹書一（上海古籍出版社二〇〇一年本）
（六三）朱謙之：老子校釋（中華書局一九八四年新編諸子集成本）
（六四）孫詒讓：墨子閒詁（中華書局二〇〇一年新編諸子集成本）
（六五）吴毓江：墨子校注（中華書局二〇〇六年新編諸子集成本）
（六六）楊丙安：十一家注孫子校理（中華書局一九九九年新編諸子集成本）
（六七）尉繚：尉繚子（上海古籍出版社一九九五年諸子百家叢書本）
（六八）郭慶藩：莊子集釋（中華書局一九八二年新編諸子集成本）
（六九）王先謙：荀子集解（中華書局一九九六年新編諸子集成本）
（七〇）汪晫：子思子全書（影印文淵閣四庫全書本）
（七一）畢沅：吕氏春秋校正（上海古籍出版社一九九五年諸子百家叢書本）
（七二）許維遹：吕氏春秋集釋（中華書局二〇〇九年新編諸子集成本）

（七三）陳奇猷：呂氏春秋新校釋（上海古籍出版社二〇〇二年本）
（七四）吴則虞：晏子春秋集釋（中華書局一九六二年本）
（七五）王琯：公孫龍子懸解（中華書局一九九六年新編諸子集成本）
（七六）陳澧：公孫龍子注（續修四庫全書本）
（七七）譚戒甫：公孫龍子形名發微（中華書局一九八七年新編諸子集成本）
（七八）吴毓江：公孫龍子校釋（上海古籍出版社二〇〇一年本）
（七九）王先慎：韓非子集解（中華書局一九九八年新編諸子集成本）
（八〇）劉文典：淮南鴻烈集解（中華書局一九九七年新編諸子集成本）
（八一）王利器：新語校注（中華書局一九八六年新編諸子集成本）
（八二）王利器：鹽鐵論校注（中華書局一九九六年新編諸子集成本）
（八三）閻振益、鍾夏：新書校注（中華書局二〇〇〇年新編諸子集成本）
（八四）蘇輿：春秋繁露義證（中華書局一九九六年新編諸子集成本）
（八五）汪榮寶：法言義疏（中華書局一九八七年新編諸子集成本）
（八六）彭鐸：潛夫論箋校正（中華書局一九八五年新編諸子集成本）
（八七）陳立：白虎通疏證（中華書局一九九四年新編諸子集成本）

（八八）王利器：風俗通義校注（中華書局一九八一年本）
（八九）黄暉：論衡校釋（中華書局一九九五年新編諸子集成本）
（九〇）王明：抱朴子内篇校釋（中華書局一九八五年新編諸子集成本）
（九一）楊伯峻：列子集釋（中華書局一九八五年新編諸子集成本）
（九二）王肅：孔子家語（四部叢刊本）
（九三）于省吾：雙劍誃諸子新證（中華書局一九六二年本）
（九四）毛奇齡：四書賸言（影印文淵閣四庫全書本）
（九五）毛奇齡：四書改錯（續修四庫全書本）
（九六）陳澧：東塾讀書記（續修四庫全書本）
（九七）洪興祖：楚辭補注（中華書局一九八三年重印修訂本）
（九八）許維遹：韓詩外傳集釋（中華書局一九八〇年本）
（九九）向宗魯：説苑校證（中華書局一九九一年本）
（一〇〇）石光英：新序校釋（中華書局二〇〇一年本）
（一〇一）蔡邕：琴操（孫星衍校輯，續修四庫全書本）
（一〇二）余嘉錫：世説新語箋疏（上海古籍出版社一九九三年本）

（一〇三）蕭統：文選（中華書局一九八一年本）
（一〇四）魏徵：羣書治要（續修四庫全書本）
（一〇五）嚴可均：全漢文（中華書局一九五八年本）
（一〇六）嚴可均：鐵橋漫稿（續修四庫全書本）
（一〇七）馬國翰：玉函山房輯佚書（續修四庫全書本）
（一〇八）徐堅：初學記（中華書局一九六二年本）
（一〇九）歐陽詢：藝文類聚（上海古籍出版社一九九九年本）
（一一〇）虞世南：北堂書鈔（影印文淵閣四庫全書本）
（一一一）李昉：太平御覽（中華書局一九九二年本）
（一一二）潘自牧：記纂淵海（影印文淵閣四庫全書本）
（一一三）徐元太：喻林（影印文淵閣四庫全書本）
（一一四）張英：淵鑑類函（影印文淵閣四庫全書本）
（一一五）許慎：説文解字（中華書局一九六五年本）
（一一六）陸德明：經典釋文（上海古籍出版社一九八五年本）
（一一七）陳彭年：廣韻（中國書店一九八二年本，題「宋本廣韻」）

（一一八）段玉裁：説文解字注（中華書局一九八一年本）
（一一九）朱駿聲：説文通訓定聲（武漢市古籍書店一九八三年本）
（一二〇）王念孫：廣雅疏證（上海古籍出版社一九八三年本）
（一二一）陸佃：埤雅（影印文淵閣四庫全書本）
（一二二）王引之：經傳釋詞（中華書局一九五六年本）
（一二三）王先謙：釋名疏證補（上海古籍出版社一九八四年本）
（一二四）裴學海：古書虚字集釋（中華書局一九八二年本）
（一二五）楊琳：小爾雅今注（漢語大辭典出版社二〇〇二年本）
（一二六）遲鐸：小爾雅集釋（中華書局二〇〇八年本）
（一二七）許華峰：孔叢子引尚書相關材料分析（輔仁大學先秦兩漢學術二〇〇四年三月）
（一二八）黄懷信：孔叢子的時代與作者（西北大學學報一九八七年第一期）

孔叢子校釋卷之一

嘉言第一〔一〕

夫子適周〔二〕，見萇弘〔三〕，言終而退〔四〕。萇弘語劉文公曰〔五〕：「吾觀孔仲尼，有聖人之表〔六〕，其狀河目而隆顙〔七〕，黄帝之形貌也〔八〕；脩肱而龜背〔九〕，其長九尺有六寸〔一〇〕，成湯之容體也〔一一〕。然言稱先王，躬禮廉讓〔一二〕，洽聞强記，博物不窮〔一三〕，抑亦聖人之興者乎？」劉子曰：「方今周室衰微〔一四〕，而諸侯力争〔一五〕，孔丘布衣，聖將安施〔一六〕？」萇弘曰：「堯、舜、文、武之道，或弛而墜〔一七〕，禮樂崩喪，亦正其統紀而已矣〔一八〕。」既而夫子聞之，曰：「吾豈敢哉！亦好禮樂者也。」

陳惠公大城〔一九〕，因起淩陽之臺〔二〇〕，未終而坐法死者數十人，又執三監吏，將殺之〔二一〕。夫子適陳〔二二〕，聞之，見陳侯，與俱登臺而觀焉。夫子曰：「美哉！斯臺，自古聖王之爲城臺〔二三〕，未有不戮一人而能致功若此者也。」陳侯默然而退〔二四〕，遽竊赦所執吏〔二五〕。既而見夫子，問曰：「昔周作靈臺，亦戮人乎〔二六〕？」答曰：「文王之興，附者六州〔二七〕。六州之衆，各以子道來〔二八〕。故區區之臺，未及期日而已成矣〔二九〕，何戮之有乎？夫以少少之衆，能立大大之功，唯君爾。」

子張曰：「女子必漸乎二十而後嫁〔三〇〕，何也？」孔子曰：「十五許嫁〔三一〕，而後從夫〔三二〕，是陽動而陰應〔三三〕、男唱而女隨之義也〔三四〕。以爲紡績組紃織紝者〔三五〕，女子之所有事也；黼黻文章之美〔三六〕，婦人之所有大功也〔三七〕。必十五以往，漸乎二十〔三八〕，然後可以通乎此事。通乎此事，然後乃能上以孝於姑舅，下以事夫養子也。」

宰我使於齊而反，見夫子曰：「梁丘據遇虺毒〔三九〕，三旬而後瘳，朝齊君。齊君會大夫衆賓而慶焉〔四〇〕，弟子與在賓列。大夫衆賓並復獻攻瘳之方〔四一〕，弟子謂之曰：『夫所以獻方，將爲病也，今梁丘子已瘳矣〔四二〕，而諸夫子乃復獻方〔四三〕，方將安施？意欲梁丘大夫復有虺害，當用之乎〔四四〕？』衆坐默然無辭。弟子此言何如？」夫子曰〔四五〕：「汝說非也，夫三折肱爲良醫〔四六〕，梁丘子遇虺毒而獲瘳，諸有與之同疾者〔四七〕，必問所以已之之方焉〔四八〕。衆人爲此，故各言其方，欲售之，以已人之疾也〔四九〕。凡言其方者，稱其良也，且以參據所以已之之方優劣耳〔五〇〕。」

夫子適齊，晏子就其館，既宴其私焉〔五一〕，曰：「齊其危矣，譬若載無轄之車，以臨千仞之谷〔五二〕，其不顛覆，亦難冀也。子，吾心也〔五三〕，子以齊爲游息之館，當或可救，子幸不吾隱也〔五四〕。」夫子曰：「夫死病不可爲醫〔五五〕。夫政令者，人君之銜轡，所以制下也〔五六〕。今齊君失之已久矣。子雖欲挾其輈而扶其輪，良弗及也，抑猶可以終齊君及子之身〔五七〕，過此以往，齊其田氏矣〔五八〕。」

齊東郭亥欲攻田氏〔五九〕，執贄見夫子而訪焉。夫子曰：「子爲義也，丘不足與計事〔六〇〕。」揖子貢使答之〔六一〕。子貢謂之曰：「今子，士也，位卑而圖大。位卑則人不附也，圖大則人憚之，殆非子之任也，盍姑已乎〔六二〕？夫以一縷之任繫千鈞之重〔六三〕，上懸之於無極之高，下垂之於不測之深，旁人皆哀其絶〔六四〕，而造之者不知其危，子之謂乎〔六五〕！馬方駭，鼓而驚之；繫方絶，重而填之〔六六〕。馬奔車覆，六轡不禁；繫絶於高，墜入於深，其危必矣。」東郭亥色戰而跪曰：「吾已矣，願子無言。」既而夫子告子貢曰：「東郭亥，欲爲義者也，子亦告之以難易則可矣，奚至懼之哉？」

宰我問：「君子尚辭乎〔六七〕？」孔子曰：「君子以禮爲尚，博而不要，非所察也；繁辭富説，非所聽也〔六八〕。唯知者不失理〔六九〕。」孔子曰：「吾於予〔七〇〕，取其言之近類也〔七一〕；於賜，取其言之切事也。近類，則足以喻之；切事，則足以懼之〔七二〕。」

校釋

〔一〕宋咸注：「是書之第，乃以仲尼、子思、子上、子高、子順、子襧子孫（庶按：「子順」下，宛委別藏影宋巾箱本孔叢子注七卷、周叔弢藏明刻巾箱本孔叢子注七卷、清道光年間錢熙祚刻指海本孔叢子注七卷注文無「子襧子孫」四字）之言爲之先後，以（庶按：「以」字原無，據宛委別藏本、周叔弢藏本、錢熙祚本注文補）『嘉言』名篇者，取夫子應答之善言云爾。」

〔二〕史記孔子世家：「魯南宫敬叔言魯君曰：『請與孔子適周。』魯君與之一乘車，兩馬，一豎子俱，適周問禮。」

〔三〕宋咸注：「萇弘，周大夫萇叔也。」庶按：呂氏春秋必己篇高誘注：「萇弘，周敬王大夫。」禮記樂記篇：「子曰：『唯，丘之聞諸萇弘。』」史記樂書司馬貞索隱：「大戴記云：『孔子適周，訪禮於老聃，學樂於萇弘是也。』」淮南子主術篇：「孔子之通，智過於萇弘。」

〔四〕原本「終」下無「而」字，指海本有「而」字。「萇弘」下，文選辯命論李善注引無「言終而退」四字。錢熙祚曰：「『而』字原脱，依御覽三百六十六補。」庶按：錢説是，據補。

〔五〕宋咸注：「劉文公，王卿士劉摯之子文公卷也。劉，畿内之國。」日本寬政七年京師書坊文林堂刊冢田虎孔叢子註曰：「文公，其謚。」

〔六〕清雍正十一年寅清樓刻姜兆錫孔叢子正義曰：「表，謂容表。」冢田虎曰：「言聖德見於儀表也。」庶按：法言重黎篇：「或問『聖人表裏』。曰：『威儀文辭，表也；德行忠信，裏也。』」汪榮寶義疏曰：「主於中者謂之德行忠信，現於外者謂之威儀文辭，其實一而已矣。」

〔七〕宋咸注：「河目言深且廣。隆，高也。顙，額也。」原本「河目」上無「其狀」二字，淵鑑類函卷二百五十九有。錢熙祚曰：「『其狀』二字原脱，依御覽三百六十六，又三百九十六補。」冢田虎曰：「河目，眼匡平而長也。」庶按：錢説是，據補。孔子家語困誓篇王肅注：「河目，上下匡平而長顙頰也。」荀子非相篇：「仲尼之狀，面如蒙倛。」楊倞注：「倛，方相也。」論衡講瑞篇：「孔子反宇。」史記孔子世家：「生而首上圩頂，故因名曰丘云。」司馬貞索隱：「圩頂言頂上窳也，故孔子頂如反宇。反宇者，若屋宇之反，中低而四傍高也。」是言隆顙之義。

〔八〕「黄帝」上，文選辯命論李善注引、御覽卷三百九十六、淵鑑類函卷二百五十九引並有「是」字。

〔九〕宋咸注：「言肱長背隆。」冢田虎曰：「龜背，背肉隆高也。」庶按：「脩」乃「修」之借字。小爾雅廣言：「脩，長也。」御覽卷三百七十一引孝經鈎命決：「仲尼龜脊。」

〔一〇〕原本「長」上無「其」字，御覽卷三百九十六有「其」字。以上文例之，作「其長」與「其狀」文義相承。孔子家語困誓篇：「孔子適鄭，與弟子相失，獨立東郭門外。或人謂子貢曰『東門外有一人焉，其長九尺有六寸』。」

〔一一〕「成湯」上，御覽卷三百九十六有「是」字。「容體」，猶言容貌體魄。禮記射義篇：「其容體比於禮。」

〔一二〕原本「禮」作「履」，明刻白口本鍾惺評孔叢四卷、姜兆錫本並作「禮」。「禮」字是，據改。「躬禮」乃古之常語，猶言躬行禮義。新語明誡篇：「周公躬行禮義，郊祀后稷。」「廉讓」，猶言潔行謙讓。春秋繁露王道通三第四十四：「有忠信慈惠之心，有禮義廉讓之行。」

〔一三〕原本「博」作「愽」。「物」下，明嘉靖二十九年蔡宗堯刻孔叢子七卷本有「而」字。「窮」，錢熙祚曰：「御覽三百九十六作『羣』。」庶按：「愽」乃「博」之訛，今改。

〔一四〕宋咸注：「時當敬王。」

〔一五〕「力爭」猶「力正」、「力征」。墨子節葬下：「諸侯力征。」又明鬼下：「諸侯力正。」孫詒讓閒詁：「畢云：『「正」，同「征」。』」周禮禁暴氏「禁庶民之亂暴力正者」，鄭注云：「『力正，以力強得正也。』」

〔一六〕冢田虎曰：「言無位則其聖德無所施焉。」庶按：鹽鐵論散不足篇：「古者，庶人耋老而後衣絲，其餘則麻枲而已，故命曰布衣。」

〔一七〕「或」，鍾惺本作「近」。冢田虎曰：「弛，廢壞也。」庶按：「近」字疑是。

〔一八〕宋咸注：「言仲尼雖不得其位以行堯、舜、文、武之道，亦可正統紀而已。祖述憲章然。」「亦」上，杭州葉氏舊藏明翻宋刻孔叢子七卷本、蔡宗堯本、潘承弼校並跋明刻孔叢子七卷本並有「其」字。韓詩外傳卷五：「孔子抱聖人之心，彷徨乎道德之域……於時周室微，王道絶，諸侯力政，强劫弱，衆暴寡，百姓靡安，莫之紀綱，禮儀廢壞，人倫不理。於是孔子自東自西，自南自北，匍匐救之。」

〔一九〕宋咸注：「惠公，陳悼太子師之子吴也，蓋楚平王立之。」「公」，御覽卷四百五十七、淵鑑類函卷二百九十五並作「侯」。錢熙祚曰：「藝文二十四『公』作『侯』。」冢田虎曰：「惠公當爲湣公。孔子之去魯，當陳湣公十一年，而國語、家語於『問隼』之事，並以爲惠公，誤。家語注審之。」庶按：史記陳杞世家：「三十四年，初，哀公娶鄭，長姬生悼太子師……招之殺悼太子也，太子之子名吴，出奔晉。……楚靈王滅陳五歲，楚公子弃疾弑靈王代立，是爲平王。平王初立，欲得和諸侯，乃求故陳悼太子師之子吴，立爲陳侯，是爲惠公。」冢田虎所言，可備一説，然諸子之文，多以事繫人，當不可以實責之也。

〔二〇〕「淩」，御覽卷四百五十七、藝文類聚卷二十四並作「陵」。冢田虎曰：「淩陽，臺名。言因大城以起此臺也。」　　庶按：「淩」、「陵」古通用。

〔二一〕宋咸注：「監吏即監起臺之吏。」「吏」下，宛委別藏本、周叔弢藏本、明萬曆年間程榮刻漢魏叢書本孔叢子、明萬曆三十年緜眇閣刻馮夢禎輯先秦諸子合編本孔叢子、明崇禎六年孔胤植刻孔叢子、明崇禎十年丁丑刻白口本題黄之堯閲孔叢子、鍾惺本、王韜校跋本、影文淵閣四庫全書本孔叢子、清光緒元年陳錫麒據宋巾箱本重刻孔叢子注、清抄本孔叢子注、姜兆錫本、冢田虎本並無「將殺之」三字。錢熙祚曰：「此三字原脱，依藝文補。御覽四百五十七亦有『殺之』二字。」　　庶按：「殺」，藝文作「煞」，錢氏失檢。葉氏藏本、蔡宗堯本、明萬曆五年周子義刊子彙本孔叢子、潘承弼校跋本、清刻明何允中輯廣漢魏叢書本孔叢子、民國十六年上海商務印書館排印元陶宗儀輯説郛本孔叢子節本並有「將殺之」三字，與宋本合，是。

〔二二〕「夫子」，藝文卷二十四作「孔子」。史記陳杞世家：「二十八年，吴王闔閭與子胥敗楚入郢。是年，惠公卒，子懷公柳立。懷公元年，吴破楚，在郢，召陳侯。……四年，吴復召懷公。懷公恐，如吴。吴怒其前不往，留之，因卒吴。陳乃立懷公之子越，是爲湣公。湣公六年，孔子適陳。」孔子適陳，已非惠公之時。

〔二三〕「聖」，淵鑑類函卷二百九十五作「帝」。「王」下，御覽卷四百五十七、藝文卷二十四、淵鑑類函卷二百九十五並無「之」字。

〔二四〕原本「默」下無「然」字，崇禎本、指海本並有「然」字。錢熙祚曰：「『然』字依御覽補。」庶按：錢説是，據補。

〔二五〕「遽」，程榮本、崇禎本、四庫全書本、何允中本並作「遂」。錢熙祚曰：「別本『遽』作『遂』。」

〔二六〕冢田虎曰：「孔子之言，似謂聖王之作城臺，亦有戮人者，故問爾。」庶按：孟子梁惠王上：「文王以民力爲臺爲沼，而民歡樂之，謂其臺曰靈臺。」公羊傳莊公三十一年何休注：「禮，天子有靈臺以候天地，諸侯有時臺以候四時。」

〔二七〕宋咸注：「仲尼稱文王三分天下有其二，蓋言九州之有六州，即文王所感雍、梁、荆、豫、徐、揚（庶按：原本「揚」作「楊」，「楊」乃「揚」之訛，今改）之六州，餘一分冀、青、兖三州屬紂。」庶按：詩經大雅靈臺序孔穎達正義：「文王嗣爲西伯，三分天下而有其二，則爲民所從事應久矣。而於作臺之時，始言民附者三分有二，諸侯之君從文王耳。」

〔二八〕「子」下，御覽卷四百五十七無「道」字。冢田虎曰：「靈臺詩曰：『經之營之，不日成之。經始勿亟，庶民子來。』」庶按：「子」下「道」字疑衍，詩經大雅靈臺鄭玄箋：「衆民各以子成父事而來攻之。」

〔二九〕宋咸注：「文王受命，作邑於豐，乃及靈臺，所以觀被象民（庶按：「觀被象民」，疑當作「觀象被民」），樂其有靈德，故庶民子來，經始而不日成之。」冢田虎曰：「區區，小貌。」庶按：靈臺鄭玄箋：「文王應天命，度始靈臺之基趾，營表其位，衆民則築作，不設期日而成之。言說文王之德，觀其事，忘己勞也。」

〔三〇〕姜兆錫曰：「漸，及也。」 庶按：禮記內則篇：「女子十年不出……十有五年而笄，二十而嫁。」鄭氏注：「謂應年許嫁者，女子許嫁，笄而字之。其未許嫁，二十則笄。」

〔三一〕墨子節用上：「丈夫年二十，毋敢不處家。女子年十五，毋敢不事人。」韓非子外儲說右下：「乃令男子年二十而室，女年十五而嫁。」

〔三二〕「而」下，蔡宗堯本無「後」字。

〔三三〕宋咸注：「蓋三十之男，陽之數；二十之女，陰之義。」冢田虎曰：「許嫁而從夫者，陰陽奇耦，自然之數。」 庶按：周禮媒氏：「令男三十而娶，女二十而嫁。」

〔三四〕「唱」，鍾惺本作「倡」，「倡」、「唱」古通用。詩經鄭風蘀兮序「不倡而和也」，陸德明音義：「本又作『唱』。」

〔三五〕宋咸注：「組，綬也。紃，絛也。紝亦織也。又作『絍』。」原本「績」上無「紡」字，葉氏藏本、蔡宗堯本、潘承弼校跋本、章鈺校並跋清光緒元年湖北崇文書局刻百子全書本孔叢子於「績」上並有「紡」字。冢田虎曰：「紝，繒帛之屬也。」 庶按：尚書大傳堯典：「女二十而通織紝績紡之事。」彼「績紡」二字雖倒文，然可證此「績」上正當有「紡」字，是，據補。「紡績」乃古之常語，墨子非攻下：「婦人不暇紡績織紝。」又節葬下：「紡績織紝。」説文：「紡，網絲也。」又「績，緝也」。禮記内則篇：「織紝組紃。」孔穎達正義：「組、紃俱爲條也。紝爲繒帛。……薄闊爲組，似繩者爲紃。」

〔三六〕宋咸注：「黼若斧形，黻若兩己相戾。赤與青謂之文，白與赤謂之章，白與黑謂之黼，黑與青謂之黻，皆九文之數。」原本「美」作「義」，葉氏藏本、潘承弼校跋本、章鈺校跋本並作「美」，是，據改。尚書大傳堯典：「黼黻文章之美，不若是，則上無以孝於姑舅，下無以事夫養子也。」左傳桓公二年楊伯峻注「黼黻」曰：「像兩個弓相背……前人以爲兩己相背，恐不確。」

〔三七〕姜兆錫曰：「大功，猶言大事。」

〔三八〕廣雅釋詁二：「漸，進也。」

〔三九〕宋咸注：「梁丘據，齊大夫子猶也。」冢田虎曰：「衄，蝮衄也。」

〔四〇〕錢熙祚曰：「御覽七百四十二『慶』作『賀』。」庶按：御覽卷七百四十二作「駑」，錢氏失檢。

〔四一〕「復」上，楚辭惜誦篇洪興祖補注引此文無「並」字。「瘵」，御覽卷七百四十二作「毒」。

〔四二〕原本「梁丘」下無「子」字，葉氏藏本、蔡宗堯本、潘承弼校跋本並有「子」字。錢熙祚曰：「御覽七百二十四，又七百四十二『梁丘』下並有『子』字。」庶按：有「子」字是，據補。下文作「梁丘子」，亦其證。

〔四三〕「乃復獻方」，錢熙祚曰：「御覽七百二十四作『復驟獻方』。」　庶按：初學記卷二十無「復」字，有「驟」字。

〔四四〕「復」，御覽卷七百二十四作「後」。「當」，明鈔子苑本作「常」。冢田虎曰：「宰我當時憎其阿諛之態，以詰之爾。」

〔四五〕「夫子」，錢熙祚曰：「御覽作『孔子』。」　庶按：楚辭惜誦篇洪興祖補注引此文作「夫子」，與宋本同。

〔四六〕「肱」，初學記卷二十作「臂」。冢田虎曰：「三折肱，謂數歷治療也。左傳亦有此言。」　庶按：楚辭惜誦：「九折臂而成醫兮。」王逸章句：「言人九折臂，更歷方藥，則成良醫，乃自知其病。」

〔四七〕「諸」，宛委別藏本、蔡宗堯本、周叔弢藏本、周子義本、程榮本、馮夢禎本、孔胤植本、崇禎本、鍾惺本、王韜校跋本、四庫全書本、何允中本、指海本、陳錫麒本、清抄本、姜兆錫本、冢田虎本並作「猶」。錢熙祚曰：「御覽七百二十四『猶』作『慮』，七百四十二作『假』。」　庶按：初學記卷二十亦作「慮」。楚辭惜誦篇洪興祖補注引此文作「諸」，與宋本同。「疾」，初學記卷二十作「病」。

〔四八〕宋咸注：「已，上也。」「已」原作「巳」，宛委別藏本、周叔弢藏本、御覽卷七百二十四、喻林卷六、楚辭惜誦篇洪興祖補注引並作「已」。冢田虎曰：「已猶瘉也。」庶按：作「已」是，據改。本篇「已」多誤「巳」，今徑改，後不復出。宋咸注「上也」不確，冢田說是。呂氏春秋至忠篇高誘注：「已，猶愈也。」廣雅釋詁一：「已，瘉也。」

〔四九〕宋咸注：「鬻物而遂曰售。此欲售，猶欲驗之云。」

〔五〇〕錢熙祚曰：「御覽七百二十四『且以參處所以已之方之優劣也』。」冢田虎曰：「欲參驗之以療人之疾也。」

〔五一〕宋咸注：「私謂竊訪齊之所以危亡。」「其」，葉氏藏本、蔡宗堯本、潘承弼校跋本並作「而」，馮夢禎本作「乃」，四庫全書本、冢田虎本並作「且」。錢熙祚曰：「『而』原誤『其』，依御覽六百二十四改。」冢田虎曰：「就孔子舍館而宴。……私，私語。」庶按：「其」猶「而」也，可不必改。

〔五二〕「谷」，錢熙祚曰：「御覽『谿』。」冢田虎曰：「齊是時景公失政，而陳恒制國，且君多內嬖，太子未立，危亂可立而待也。」

〔五三〕冢田虎曰：「言以孔子爲腹心，則將從其所謀也。」

〔五四〕冢田虎曰：「或，有也。欲其有可救死之謀，則語之而不隱也。」

〔五五〕「不」，周子義本、馮夢禎本、崇禎本、鍾惺本、四庫全書本、何允中本、清抄本、冢田虎本、喻林卷一百九並作「無」。

〔五六〕冢田虎曰：「夫子嘗曰：『夫德法者，御民之具，猶御馬之有銜勒也。』其語可以見焉。」

〔五七〕「終」，錢熙祚曰：「御覽『終』作『没』。」

〔五八〕宋咸注：「後田常殺簡公，田和遷康公於海濱，吕氏絶祀（庶按：「絶祀」二字原無，據宛委别藏本、周叔弢藏本、指海本注文補。宋本此處原有一字，字跡不清，疑爲「祀」字。史記齊太公世家：「十九年，田常曾孫田和始爲諸侯，遷康公海濱。二十六年，康公卒，吕氏遂絶其祀。」田氏卒有齊國」），卒有齊國焉。」冢田虎曰：「田氏，陳氏也。左氏傳曰：『叔向曰：「齊其何如？」晏子曰：「此季世也，吾弗知。齊其爲陳氏矣。」』其言可以照焉。」庶按：史記田敬仲完世家：「簡公出奔，田氏之徒追執簡公於徐州。……遂殺簡公。……莊子卒，子太公和立。……宣公卒，子康公貸立。貸立十四年，淫於酒婦人，不聽政。太公乃遷康公於海上，食一城，以奉其先祀。」孔、晏此番對話，不見於古書所載。左傳昭公三年：「齊侯使晏嬰請繼室於晉。……既成昏，晏子受禮，叔向從之宴，相與語。叔向曰：『齊其何如？』晏子曰：『此季世也，吾弗知。齊其爲田氏矣。公棄其民而歸於陳氏。』」文與此相似，蓋孔叢子約取左傳文義，以人繫事而申己意也。

〔五九〕宋咸注：「亥，齊大夫東郭賈之族。賈亦曰子方，闞止之黨也。」冢田虎曰：「田氏蓋陳恒，與闞止爭寵，因弑其君簡公。事在魯哀十四年，時闞止之臣有東郭賈字子方者，奔衛。亥其屬與？」　庶按：左傳哀公六年杜預注：「闞止，陽生家臣子我也。」又哀公十四年注：「子方，子我臣。」史記田敬仲完世家：「齊人共立其子壬，是爲簡公。田常成子與監止俱爲左右相。」裴駰集解：「監，一作『闞』。」

〔六〇〕「與」，説郛本作「以」。冢田虎曰：「欲爲君攻讎，可謂義也。然非亥之力所能焉，故不可敢爲計也。」

〔六一〕冢田虎曰：「子貢辯，故使代説其難易。」

〔六二〕宋咸注：「姑，且也。」

〔六三〕宋咸注：「三十斤曰鈞。」

〔六四〕錢熙祚曰：「文選枚叔諫吴王書注『哀』作『畏』。」

〔六五〕錢熙祚曰：「文選注無『危』字，則『其』字屬下讀。」冢田虎曰：「言以一士之力，欲攻專權之田氏，其危亦太甚也。」

〔六六〕宋咸注：「填猶墜也。」冢田虎曰：「馬將駭，鼓而驚之，則馬愈奔逸，車顛覆。『填』與『鎮』同。繫將絶，重其鎮，則繫絶而墜益深也。漢書枚乘傳亦用此文。」　庶按：文選上書諫吴王李善注引作「鎮」，鎮猶言壓也。訓「墜」，非本文之意。

〔六七〕冢田虎曰：「尚，上也。宰我善辭辯，故問。」庶按：法言吾子篇：「或問：『君子尚辭乎？』曰：『君子事之爲尚。事勝辭則伉，辭勝事則賦，事、辭稱則經。』」李軌注：「貴事實，賤虚辭。夫事功多而辭美少，則聽聲者伉其動也。事功省而辭美多，則賦頌者虚過也。事、辭相稱，乃合經典。」與此文可互參。

〔六八〕冢田虎曰：「繁富不要之辯説，君子舍而不察聽之也。」

〔六九〕冢田虎曰：「書曰：『辭尚體要（庶按：畢命篇文）。』論語曰：『辭達而已矣（衛靈公篇文）。』皆不可流乎繁富也。」

〔七〇〕「予」，蔡宗堯本作「子」。史記仲尼弟子列傳：「宰予字子我，利口辯辭。」

〔七一〕宋咸注：「謂倫類。」姜兆錫曰：「類，善也，亦理也。」

〔七二〕宋咸注：「喻謂若比（庶按：「比」原誤「此」，據宛委别藏本、周叔弢藏本、陳錫麒本注文改）興之言，懼謂若强直之諫。」姜兆錫曰：「喻，猶曉也。」冢田虎曰：「二子皆以言語見取，但宰我之言，則近取比類，以能喻人。子貢之言，則切於事理，以善懼人也。」庶按：史記仲尼弟子列傳：「子貢利口巧辭，孔子常黜其辯。」法言問明篇：「仲尼，聖人也，或者劣諸子貢。子貢辭而精之，然後廓如也。」

論書第二〔一〕

子張問曰：「聖人受命，必受諸天〔二〕，而書云『受終於文祖』〔三〕，何也？」孔子曰：「受命於天者，湯、武是也；受命於人者，舜、禹是也〔四〕。夫不讀詩、書、易、春秋〔五〕，則不知聖人之心，又無以別堯、舜之禪〔六〕，湯、武之伐也〔七〕。」

子張問曰：「禮，丈夫三十而室〔八〕，昔者舜三十徵庸〔九〕，而書云『有鰥在下，曰虞舜』〔一〇〕，何謂也？曩師聞諸夫子曰：『聖人在上，君子在位，則内無怨女，外無曠夫〔一一〕。』堯爲天子，而有鰥在下，何也〔一二〕？」孔子曰：「夫男子二十而冠〔一三〕，冠而後娶，古今通義也。舜父頑母嚚〔一四〕，莫能圖室家之端焉〔一五〕，故逮三十而謂之鰥也〔一六〕。詩云『娶妻如之何，必告父母』〔一七〕，父母在，則宜圖婚，若已歿，則己之娶，必告其廟〔一八〕。今舜之鰥，乃父母之頑嚚也〔一九〕，雖堯爲天子，其如舜何〔二〇〕？」

子夏問書大義。子曰：「吾於帝典〔二一〕，見堯、舜之聖焉；於大禹、皋陶謨、益稷〔二二〕，見禹、稷、皋陶之忠勤功勳焉〔二三〕；於洛誥〔二四〕，見周公之德焉〔二五〕。故帝典可以觀美〔二六〕，大禹謨、禹貢可以觀事〔二七〕，皋陶謨、益稷可以觀政〔二八〕，洪範可以觀度〔二九〕，泰誓可以觀議〔三〇〕，五誥可以觀仁〔三一〕，甫刑可以觀誡〔三二〕。通斯七者，則書之大義舉矣〔三三〕。」

孔子曰：「書之於事也，遠而不闊，近而不迫，志盡而不怨，辭順而不諂〔三四〕。吾於高宗肜日〔三五〕，見德之有報之疾也〔三六〕。苟由其道致其仁，則遠方歸志而致其敬焉〔三七〕。吾於洪範，見君子之不忍言人之惡而質人之美也〔三八〕。發乎中而見乎外以成文者〔三九〕，其唯洪範乎？」

子張問曰：「堯、舜之世，一人不刑而天下治，何則？以教誡而愛深也。龍子以爲一夫而被以五刑〔四〇〕，敢問何謂〔四一〕？」孔子曰：「不然。五刑所以佐教也〔四二〕，龍子未可謂能爲書也〔四三〕。」

子夏讀書，既畢而見於夫子。夫子謂曰〔四四〕：「子何爲於書〔四五〕？」子夏對曰：「書之論事也〔四六〕，昭昭然若日月之代明〔四七〕，離離然若星辰之錯行〔四八〕，上有堯、舜之德〔四九〕，下有三王之義。凡商之所受書於夫子者，志之於心弗敢忘〔五〇〕，雖退而窮居河、濟之間，深山之中，作壤室〔五一〕，編蓬户〔五二〕，常於此彈琴〔五三〕，以歌先王之道，則可以發憤慷喟〔五四〕，忘己貧賤，故有人亦樂之，無人亦樂之〔五五〕。上見堯、舜之德，下見三王之義，忽不知憂患與死也。」夫子愀然變容曰〔五六〕：「嘻！子殆可與言書矣，雖然，其亦表之而已，未覩其裏也〔五七〕。夫闚其門而不入其室〔五八〕，惡覩其宗廟之奧、百官之美乎〔五九〕？」

宰我問：「書云『納於大麓〔六〇〕，烈風雷雨弗迷〔六一〕』，何謂也？」孔子曰：「此言人事之應乎天也。堯既得舜，歷試諸難，已而納之於尊顯之官，使大録萬機之政〔六二〕，是故陰陽清和，五星來備〔六三〕，烈風雷雨各以其應〔六四〕，不有迷錯愆伏，明舜之行合於天也〔六五〕。」

宰我曰：「敢問『禋於六宗〔六六〕』，何謂也？」孔子曰：「所宗者六，皆潔祀之也：埋少牢於太昭，所以祭時也〔六七〕；祖迎於坎壇，所以祭寒暑也〔六八〕；主於郊宮，所以祭日也〔六九〕；夜明，所以祭月也〔七〇〕；幽禜，所以祭星也〔七一〕；雩禜，所以祭水旱也。『禋於六宗』，此之謂也〔七二〕。」

書曰：「茲予大享於先王，爾祖其從與享之〔七三〕。」季桓子問曰〔七四〕：「此何謂也？」孔子曰：「古之王者，臣有大功，死則必祀之於廟，所以殊有績、勸忠勤也。盤庚舉其事以厲其世臣〔七五〕，故稱焉。」桓子曰：「天子之臣有大功者，則既然矣，諸侯之臣有大功者，可以如之乎？」孔子曰：「勞能定國，功加於民，大臣死難，雖食之公廟，可也。」桓子曰：「其位次如何？」孔子曰：「天子諸侯之臣，生則有列於朝〔七六〕，死則有位於廟，其序一也〔七七〕。」

書曰：「維高宗報上甲微〔七八〕。」定公問曰：「此何謂也？」孔子對曰：「此謂親盡廟毀〔七九〕，有功而不及祖，有德而不及宗，故於每歲之大嘗而報祭焉〔八〇〕，所以昭其功德也。」公曰：「先君僖公，功德前行〔八一〕，可以與於報乎？」孔子曰：「丘聞昔虞、夏、商、周，以帝王行此禮者則有矣，自此以下，未之知也。」

定公問曰：「周書所謂『庸庸祗祗，威威顯民』〔八二〕，何謂也？」孔子對曰：「不失其道，明之於民之謂也。夫能用可用，則正治矣〔八三〕；敬可敬，則尚賢矣；畏可畏，則服刑恤矣〔八四〕。君審此三者以示民〔八五〕，而國不興，未之有也。」

子張問：「書云『奠高山』〔八六〕，何謂也？」孔子曰：「高山五嶽，定其差秩，祀所視焉〔八七〕。」子張曰：「其禮如何？」孔子曰：「牲幣之物，五嶽視三公〔八八〕，小名山視子男〔八九〕。」子張曰：「仁者何樂於山？」孔子曰：「夫山者，嵬然高。」子張曰：「高則何樂爾？」孔子曰：「夫山，草木植焉，鳥獸蕃焉，財用出焉〔九〇〕，直而無私焉，四方皆伐焉。直而無私，興吐風雲，以通乎天地之間。陰陽和合，雨露之澤，萬物以成，百姓咸饗，此仁者之所以樂乎山也〔九一〕。」

孟懿子問〔九二〕：「書曰『欽四鄰』〔九三〕，何謂也？」孔子曰：「王者前有疑，後有丞，左有輔，右有弼，謂之四近〔九四〕，言前後左右近臣當畏敬之〔九五〕，不可以非其人也。周文王胥附、奔輳、先後、禦侮，謂之四鄰〔九六〕，以免乎牖里之害〔九七〕。」懿子曰：「夫子亦有四鄰乎〔九八〕？」孔子曰：「吾有四友焉。自吾得回也，門人加親，是非胥附乎〔九九〕？自吾得賜也，遠方之士日至，是非奔輳乎？自吾得師也，前有光，後有輝，是非先後乎？自吾得由也，惡言不至於門，是非禦侮乎〔一〇〇〕？」

孔子見齊景公。梁丘據自外而至，公曰：「何遲？」對曰：「陳氏戮其小臣〔一〇一〕，臣有辭焉〔一〇二〕，是故遲。」公笑而目孔子曰：「周書所謂『明德慎罰』〔一〇三〕，陳子明德也，罰人而有辭，非不慎矣〔一〇四〕。」孔子答曰：「昔康叔封衛，統三監之地，命爲孟侯〔一〇五〕。周公以成王之命作康誥焉〔一〇六〕，稱述文王之德，以成勑誡之文〔一〇七〕。其書曰『惟乃丕顯考文王，克明德慎罰』，克明德者，能顯用有德，舉而任之也；慎罰者，並心而慮之，衆平然後行之，致刑錯也〔一〇八〕。此言其所任不失德，所罰不失罪〔一〇九〕，不謂己德之明也〔一一〇〕。」公曰：「寡人不有過言，則安得聞君子之教也〔一一一〕？」

書曰：「其在祖甲，不義惟王〔一一二〕。」公西赤曰：「聞諸晏子：『湯及太甲、祖乙、武丁〔一一三〕，天下之大君〔一一四〕。』夫太甲爲王，居喪行不義，同稱君〔一一五〕，何也？」孔子曰：「君子之於人，計功以除過〔一一六〕。太甲即位，不明居喪之禮，而干冢宰之政〔一一七〕，伊尹放之於桐〔一一八〕，憂思三年，追悔前愆〔一一九〕，起而復位，謂之明王〔一二〇〕。以此觀之，雖四於三王〔一二一〕，不亦可乎〔一二二〕？」

魯哀公問〔一二三〕：「書稱夔曰『於，予擊石拊石，百獸率舞，庶尹允諧〔一二四〕』，何謂也？」

孔子對曰：「此言善政之化乎物也。古之帝王，功成作樂，其功善者其樂和，樂和則天地且猶應之，況百獸乎〔二五〕？夔爲帝舜樂正〔二六〕，實能以樂盡治理之情〔二七〕。」公曰：「然則政之大本，莫尚樂乎〔二八〕？」孔子曰：「夫樂，所以歌其成功，非政之本也〔二九〕。衆官之長，既咸熙熙，然後樂乃和焉〔三〇〕。」公曰：「吾聞夔一足，有異於人，信乎？」孔子曰：「昔重黎舉夔而進〔三一〕，又欲求人而佐焉。舜曰：『夫樂，天地之精也，唯聖人爲能和六律，均五聲，知樂之本，以通八風。夔能若此，一而足矣〔三二〕。』故曰『一足』，非一足也。」公曰：「善〔三三〕！」

校釋

〔一〕宋咸注：「論書者，蓋仲尼與諸侯、弟子析白尚書之義。然自子張問『聖人受命』洎『有鯀在下』、子夏問書大義凡三事，舊在嘉言篇，臣咸今易之於此，首庶一貫焉。」

〔二〕尚書咸有一德篇：「克享天心，受天明命。」孔氏傳：「享，當也。所征無敵，謂之受天命。」孔穎達正義：「德當神意，神乃享之……天道遠而人道近。天之命，人非有言辭文話，正以神明佑之，使之所征無敵，謂之受天命也。」

〔三〕冢田虎曰：「舜典曰：『正月上日，受終於文祖。』」　庶按：舜典孔氏傳：「上日，朔日也。終謂堯終帝位之事。文祖者，堯文德之祖廟。」史記五帝本紀：「文祖者，堯大祖也。」裴駰集解：「鄭玄曰：『文祖者，五府之大名，猶周之明堂。』」

〔四〕宋咸注：「受命於天者，順天以誅惡，非湯、武而何？受命於人者，順人以歸義，非舜、禹而何？」姜兆錫曰：「按書，舜受終於文祖，禹受命於神宗。傳謂文祖，堯祖廟，神宗，堯廟也。堯、舜禪而舜、禹受，故曰受於人。而湯、武無禪之者，故曰受於天也。」冢田虎曰：「唐、虞之禪，商、周之伐，雖同是天也，然湯、武之爲王，非有上之人命之者焉，唯天下去桀、紂而歸湯、武，是且受命於天也。舜、禹之爲王，非天下去堯而歸舜，去舜而歸禹，有上之人命之者在焉，是而受命於人也。」　庶按：易革：「湯、武革命，順乎天而應乎人。」孔穎達正義：「夏桀、殷紂凶狂無度，天既震怒，人亦判主。殷湯、周武聰明睿智，上順天命，下應人心，放桀鳴條，誅紂牧野，革其王命，改其惡俗。」

〔五〕「詩」、「書」，説郛本作「書」、「詩」。

〔六〕荀子正論篇：「堯、舜擅讓。」楊倞注：「『擅』與『禪』同，墠亦同義。謂除地謂墠，告天而傳位也，後因謂之禪位。世俗以爲堯、舜德厚，故禪讓聖賢；後世德薄，故父子相繼。」

〔七〕宋咸注：「聖人以百姓心爲心，故詩、書、易、春秋之爲教，本於是。」冢田虎曰：「能讀四經，則得以知聖王之心。又其禪與伐，亦可以别其義矣。」

〔八〕原本「室」下有「者」字，宛委别藏本、葉氏藏本、蔡宗堯本、周叔弢藏本、周子義本、程榮本、馮夢禎本、孔胤植本、崇禎本、鍾惺本、潘承弼校跋本、王韜校跋本、四庫全書本、何允中本、指海本、章鈺校跋本、陳錫麒本、清抄本、姜兆錫本、冢田虎本並無「者」字。冢田虎曰：「娶妻曰室。」　庶按：無「者」字是，據删。禮記内則篇：「三十而有室，始理男事。」鄭氏注：「室猶妻也。男事受田，給政役也。」

〔九〕原本「昔」下無「者」字，宛委别藏本、蔡宗堯本、周叔弢藏本、周子義本、程榮本、馮夢禎本、孔胤植本、崇禎本、鍾惺本、王韜校跋本、四庫全書本、何允中本、指海本、陳錫麒本、清抄本、冢田虎本並有「者」字。冢田虎曰：「其始爲堯所試用也。書曰：『舜生三十徵庸。』」　庶按：蓋「者」字脱於此而誤衍於上文「室」下，據補。徵謂徵召。尚書舜典孔氏傳：「言其始見試用。」史記五帝本紀：「舜年二十以孝聞。三十而帝堯問可用者，四嶽咸薦虞舜，曰可。」

〔一〇〕冢田虎曰：「舜三十則當有室，故疑其鰥也。」　庶按：尚書堯典：「師錫帝曰：『有鰥在下，曰虞舜。』」孔氏傳：「師，衆。錫，與也。無妻曰鰥。虞氏，舜名，在下民之中，衆臣知舜聖賢，恥己不若，故不舉，乃不獲已而言之。」尚書大傳堯典：「男三十而娶，女二十而嫁。書『有鰥在下，曰虞舜』。」

〔一一〕冢田虎曰：「可嫁而不嫁曰怨女，可娶而不娶曰曠夫。」　庶按：詩經邶風雄雉序孔穎達正義：「曠，空也。謂空無室家，故苦其事……男曠女怨，散則通言也。」尚書大傳卷五：「外無曠夫，内無怨女。」

〔一二〕冢田虎曰：「聖世不可有怨曠者也。」

〔一三〕禮記曲禮上：「男子二十冠而字。」

〔一四〕冢田虎曰：「心不則德義之經爲頑，口不道忠信之言曰嚚。」　庶按：左傳僖公二十四年：「心不則德義之經爲頑，口不道忠信之言爲嚚。」尚書堯典：「瞽子，父頑，母嚚，象傲。」孔氏傳：「無目曰瞽。舜父有目，不能分别好惡，故時人謂之瞽，配字曰瞍。瞍，無目之稱。心不則德義之經爲頑。」吕氏春秋慎大覽「桀爲無道，暴戾頑貪」，高誘注：「心不則德義之經爲頑。」史記五帝本紀：「舜父瞽叟盲，而舜母死，瞽叟更娶妻而生象，象傲。」楚辭九章懷沙洪興祖補注：「有眸子而無見曰矇，無眸子曰瞍。」

〔一五〕「能」，宛委别藏本、蔡宗堯本、周叔弢藏本、周子義本、程榮本、馮夢禎本、孔胤植本、崇禎本、鍾惺本、王韜校跋本、四庫全書本、何允中本、指海本、陳錫麒本、清抄本、姜兆錫本、冢田虎本並作「克」。冢田虎曰：「端，緒也。」　庶按：詩經大雅蕩鄭玄箋：「克，能也。」

〔一六〕冢田虎曰：「父母不爲圖婚，則及三十而無妻也。」

〔一七〕冢田虎曰：「詩齊風南山篇。」　庶按：孟子萬章上趙岐章句：「禮，娶須五禮，父母先答以辭，是相告也。」

〔一八〕冢田虎曰：「昏禮：父醮子命之，無父則母命之。父母皆没，則布幣，告其廟。支子則宗命之，弟則兄命之。」　庶按：南山篇鄭玄箋：「取妻之禮，議於生者，卜於死者，此之謂告。」

〔一九〕宋咸注：「不孝有三，無後爲大，故舜不告而娶，父頑母嚚然。」　庶按：孟子離婁上：「孟子曰：『不孝有三，無後爲大。』舜不告而娶，爲無後也，君子以爲猶告也。」趙岐章句：「於禮有不孝者三事，謂阿意曲從，陷親不義，一不孝也；家窮親老，不爲禄仕，二不孝也；不娶無子，絶先祖祀，三不孝也。三者之中，無後爲大。」朱熹四書集注孟子章句離婁上：「舜告焉則不得娶，而終於無後矣。告者禮也，不告者權也。猶告，言與告同也。蓋權而得中，則不離於正矣。」

〔二〇〕宋咸注：「父頑，母嚚，雖堯元聖，亦無如之何。」

〔二一〕「帝典」，謂尚書堯典。堯典序曰：「昔在帝堯，聰明文思，光宅天下，將遜於位，讓於虞舜，作堯典。」

〔二二〕尚書大禹謨孔氏傳：「謨，謀也。」尚書大傳卷五陳壽祺案曰：「孔叢言大禹謨、益稷者，蓋作僞者羼入，而不知真古文與今文皆無大禹謨。其益稷一篇，則統於皋陶謨中也。」　庶按：

大禹謨一篇，不在伏生所傳二十八篇之内，乃見於魯恭王毁孔宅所見壁中書尚書十六篇之内。益稷一篇，篇名始見東晉梅賾所傳孔傳古文尚書之内，實乃鄭注本皋陶謨之後半，僅分篇題名有所不同，實則内容并非新出。

〔二三〕冢田虎曰：「於三謨，其事彰明也。」　庶按：大禹謨序孔氏傳：「大禹謀九功，皋陶謀九德。」孔穎達正義：「皋陶爲帝舜陳其謀，禹爲帝舜陳己成所治水之功。帝舜因其所陳，從而重美之。史録其辭，作大禹、皋陶二篇之謨，又作益稷之篇，凡三篇也。」

〔二四〕冢田虎曰：「周公經營洛邑，將致政成王，以其義告也。」　庶按：尚書洛誥序：「召公既相宅，周公往營成周，使來告卜，作洛誥。」孔穎達正義：「召公以三月戊申相宅而卜，周公自後而往，以乙卯日至，經營成周之邑。周公即遣使人來告成王，以召公所卜之吉兆，及周公將欲歸於成王，乃陳本營洛邑之事，以告成王。王因請教誨之言，周公與王更相報答。史録其事，作洛誥。」

〔二五〕尚書大傳洛誥：「孔子曰：『吾於洛誥，見周公之德光明於上下，勤施四方，旁作穆穆，至於海表，莫敢不來服，莫敢不來享。以勤文王之鮮光，以揚武王之大訓，而天下大治。』」

〔二六〕宋咸注：「謂君聖臣賢，稱讓禮樂之美。」冢田虎曰：「美謂聖德之美。」　庶按：堯典孔穎達正義：「堯典雖曰唐事，本以虞史所録……鄭玄云：『舜之美事，在於堯時是也。』」

〔二七〕宋咸注：「謂世（庶按：原本「世」作「位」，宛委别藏本、周叔弢藏本注文並作「世」，是，據改）賢運德、宅土貢賦之事。」冢田虎曰：「事謀九功，平水土之事。」庶按：尚書禹貢孔氏傳：「禹制九州貢法。」孔穎達正義：「禹分别九州之界，隨其所至之山，刊除其木，深大其川，使得注海。水害既除，地復本性，任其土地所有，定其貢賦之差。史録其事，以爲禹貢之篇。」

〔二八〕宋咸注：「謂典章教（庶按：「教」，説郛本注文作「數」）象之政。」冢田虎曰：「政，敘典、秩禮、命德、討罪之類也。」

〔二九〕宋咸注：「謂皇極彝倫之度。」姜兆錫曰：「度，法也。」冢田虎曰：「洪範，箕子爲武王陳天地之大法也。」庶按：洪範孔氏傳：「洪，大。範，法也。」洪範孔穎達正義：「武王伐殷，既勝，殺受，立其子武庚爲殷後，以箕子歸鎬京，訪以天道，箕子爲陳天地之大法，敘述其事，作洪範。」

〔三〇〕宋咸注：「謂天命之義。」「泰」，葉氏藏本、崇禎本、鍾惺本、潘承弼校跋本、説郛本、章鈺校跋本、姜兆錫本並作「秦」。「議」，姜兆錫本、淵鑑類函卷一百九十二並作「義」。尚書大傳卷五：「六誓可以觀義。」冢田虎曰：「所謂義者，除天下之同害，興天下之同利。」許華峰孔叢子引尚書相關材料分析引閻琴南孔叢子斠證曰：「諸本『秦』或作『泰』，疑並誤。當據書大傳改作『六』，蓋孔叢此章乃襲書大傳成文，後世訛『六』爲『大』，復緣『大』與『太』近（形近音亦通）。而書作『太』，今本作『秦』者，蓋書有秦誓，且『秦』與『泰』形近所致。薛季宣書古文訓序引正作『六』，『六誓』與下『五誥』亦相對，皆可爲旁證。」（輔仁大學先秦兩漢學術二〇〇四年三月）　庶按：此可備一說。疑「六」乃「大」之形訛，「大」爲「太」之古字，「太」同「泰」，尚書泰誓序：「惟十有一年，武王伐殷。一月戊午，師度孟津，作泰誓三篇。」

〔三一〕宋咸注：「謂弔民之仁（庶按：原本「仁」作「人」，宛委別藏本、周叔弢藏本、指海本注文並作「仁」，是，據改）。」冢田虎曰：「誥舊三十八篇，其十八篇逸云。今所謂五誥，不知何篇也。蓋亦大誥、康誥、酒誥之屬。」　庶按：五誥所指，疑爲伏生所傳二十八篇之大誥、康誥、酒誥、召誥、洛誥五篇。

〔三二〕宋咸注：「謂欽慎之戒。」冢田虎曰：「甫刑即吕刑。吕侯命於穆王，訓夏禹贖刑之法，其子孫改封甫，故亦稱甫刑。」　庶按：禮記緇衣篇孔穎達正義：「此尚書吕刑之篇也。甫侯爲穆王説刑，故稱甫刑。」史記周本紀：「諸侯有不睦者，甫侯言於王，作脩刑辟。王曰：『吁，來！有國有土，告汝祥刑。……墨罰之屬千，劓罰之屬千，臏罰之屬五百，宫罰之屬三百，大辟之罰其屬二百：五刑之屬三千。』命曰甫刑。」

〔三三〕尚書大傳卷五無「通斯七者，則書之大義舉矣」十一字。陳壽祺案曰：「外紀引子夏讀書畢一條，未舉所徵，然文選注、御覽、困學紀聞分引數條並與此合，是爲書傳文無疑。薛季宣書古文訓序亦有此文，末有『通斯七者，書之大義舉矣』二句，亦不稱所出，而末敘七觀云『是故帝典可以觀美，大禹謨、禹貢可以觀事，臯陶謨、益稷可以觀政，洪範可以觀度，六誓可以觀義，五誥可以觀仁，甫刑可以觀戒』，其序次與孔叢子同，與御覽、困學紀聞所引大傳七觀異，則非書大傳之文明矣。……又韓詩外傳説此事，以爲子夏讀詩。」　庶按：陳説明言孔叢子「七觀」所言及薛季宣所述，非尚書大傳文，則孔叢子此文當另有來源，故尚書大傳文只可據以參考，不可據以强改孔叢子。

〔三四〕「謟」，冢田虎本作「諂」，冢田曰：「稷、契、臯陶、伯益、伊、傅、周、召之臣，於唐、虞、三代之朝皆然矣。」　庶按：謟，猶惑也。

〔三五〕冢田虎曰：「書序曰：『高宗祭成湯，有飛雉，升鼎耳而雊。』」　庶按：高宗肜日孔氏傳：「祭之明日又祭，殷曰肜，周曰繹。」

〔三六〕原本「德」下無「之」字。尚書大傳高宗肜日：「孔子曰：『吾於高宗肜日，見德之有報之疾也。』」有「之」字是，據補。作「見德之有報之疾」，與下文「見君子之不忍言人之惡」相對。

〔三七〕宋咸注：「德脩則異變，況於人乎？」冢田虎曰：「此意於今高宗肜日無所見焉，疑在高宗之訓與？王充論衡曰：『高宗祭成湯之廟，有蜚雉，升鼎而雊。祖乙以爲遠人將有來者，説尚書家謂雉凶，議駁不同（庶按：論衡異虛篇）。』又曰：『尚書大傳云：「高宗祭成湯之廟，有雉升鼎耳而鳴。高宗問祖乙，祖乙曰：『遠方君子殆有至者。』」』是今意爾。」

〔三八〕冢田虎曰：「質，成也。論語曰：『君子成人之美，不成人之惡。』」　庶按：顏淵篇文。

〔三九〕宋咸注：「心悅於德而錫之福，以至乎大中，非發中見外而何？」冢田虎曰：「所謂洪範，非總謂九疇，特以皇極章謂之與？他章無所見此意矣。皇極曰『凡厥庶民，有猷，有爲，有守。汝則念之，不協於極，不罹於咎，皇則受之』，是等之言，可謂成人之美也。發乎中而見乎外，言發於中心而見於言語也。」

〔四〇〕宋咸注：「龍子，趙岐謂古之賢者，蓋嘗有此語。」「一夫」，葉氏藏本、潘承弼校跋本並作「教一」。「而」，姜兆錫本作「不」。冢田虎曰：「一夫，猶言獨夫。蓋天絕人去，一獨夫而後刑之之謂也。」

〔四一〕「謂」下，姜兆錫本有「也」字。

〔四二〕「教」上，鍾惺本、姜兆錫本並無「佐」字。冢田虎曰：「大禹謨曰：『明於五刑，以弼五教。』」
庶按：「佐」字當有。佐猶助也。尚書大傳甫刑：「子張曰：『堯、舜之王，一人不刑而天下治，何則？教誠而愛深也。今一夫而被此五刑，子龍子曰：「未可謂能爲書。」』孔子曰：『不然也，五刑有此教。』」陳壽祺案曰：「荀子議兵篇：『古者帝堯之治天下也，蓋殺一人刑二人，而天下治。』此傳云『一人不刑而天下治』，即虞夏傳所謂唐、虞象刑而民不犯之意也。」

〔四三〕宋咸注：「以龍子失書之義。」姜兆錫曰：「『爲書』之『爲』猶治也，下章『爲於書』之『爲』同。刑以弼教，教誠愛深，雖有刑，如無刑也。若謂不被一夫以五刑也，則四罪咸服何爲耶？固哉！龍子之爲書也。」冢田虎曰：「爲，修也。」

〔四四〕「謂曰」，尚書大傳略說作「問焉」，韓詩外傳卷二作「問曰」。

〔四五〕「子何爲於書」，韓詩外傳卷二作「爾亦可言於書矣」。冢田虎曰：「問於書有何所修也？」

〔四六〕「論」，韓詩外傳卷二作「於」。

〔四七〕「代明」，許維遹韓詩外傳集釋曰：「荀子天論篇『日月遞炤』，『代明』與『遞炤』同義。」

〔四八〕「離離然」，韓詩外傳卷二作「燎燎乎」。「星」，尚書大傳略説作「參」。冢田虎曰：「離離，陳列貌。」　庶按：疑「星」爲「參」之訛。文選蘇子卿詩：「今爲參與辰。」李善注：「法言曰：『吾不睹參辰之相比也。』宋衷曰：『辰，龍星也；參，虎星也。』」作「參辰」與上「日月」相對。

〔四九〕原本「德」作「道」，葉氏藏本、蔡宗堯本、潘承弼校跋本並作「德」，是，據改。德與義對言，古書習見。荀子宥坐篇：「今夫子累德、積義、懷美，行之日久矣。」墨子非攻下：「我欲以義名立於天下，以德求諸侯也。」孟子盡心上：「尊德樂義，則可以囂囂矣。」韓非子難四篇：「是倒義而逆德也。」左傳昭公二十八年：「苟非德義，則必有禍。」本篇下文「上見堯、舜之德，下見三王之義」，亦德、義對文，乃其證。

〔五〇〕「志」同「誌」。莊子逍遥遊篇陸德明音義：「志，記也。」「忘」下，葉氏藏本、蔡宗堯本、潘承弼校跋本、章鈺校跋本、尚書大傳略説並有「也」字。

〔五一〕宋咸注：「壞室猶穴土而居然。」

〔五二〕「蓬户」猶柴門。莊子讓王篇：「原憲居魯，環堵之室，茨以生草；蓬户不完，桑以爲樞。」成玄英疏：「桑條爲樞，蓬作門扉。」

〔五三〕「琴」下，葉氏藏本、潘承弼校跋本、章鈺校跋本、尚書大傳略説並有「瑟」字。

〔五四〕「慷喟」，韓詩外傳卷二作「忘食矣」，尚書大傳略説作「慷慨矣」。冢田虎曰：「諷詠之間，則可以發憤而慷慨嘆喟。」

〔五五〕姜兆錫曰：「有人無人，猶言有人知無人知也。」

〔五六〕宋咸注：「愀然，不平之狀。」冢田虎曰：「愀然，容色變貌。」

〔五七〕宋咸注：「表者，禮樂仁義之美；裏者，天命之極。」

〔五八〕「室」，喻學之精微。論語先進篇：「子曰：『由也升堂矣，未入於室也。』」孟子盡心下：

「孔子曰：『過我門而不入我室，我不憾焉者，其惟鄉原乎！』」法言問明篇汪榮寶義疏曰：「過我門之云『門』，即不得其門之門；不入我室之云『室』，即未入於室之室。過我門，謂嘗附弟子之列；不入我室，謂不聞微言大義。」韓詩外傳卷二：「孔子曰：『窺其門，不入其中，安知其奧藏之所在乎？然藏又非難也。丘嘗悉心盡志，已入其中，前有高岸，後有深谷，泠泠然如此，忔（庶按：「忔」原作「既」，據許維遹引聞一多説改）立而已矣。』不能見其裏，蓋未謂精微者也。」與此文可互參。

〔五九〕「覩」下，蔡宗堯本無「其」字。冢田虎曰：「言目唯見其道之盛，而身未及履其德之美也。」庶按：論語子張篇：「夫子之墻數仞，不得其門而入，不見宗廟之美、百官之富。」

〔六〇〕宋咸注：「麓，録也。言大（庶按：原本「大」作「火」，宛委別藏本、周叔弢藏本、指海本注文並作「大」，是，據改）録萬機之事。」

〔六一〕冢田虎曰：「舜典『堯徵用舜，而歷試諸難』文。」庶按：尚書堯典：「納於大麓，烈風雷雨弗迷。」

〔六二〕冢田虎曰：「大麓，蓋唐、虞時官名，取乎其大録萬機之政而名官也爾。試舜以治民之難事而納於此官也。」

〔六三〕「來備」，程榮本、崇禎本、鍾惺本、何允中本、姜兆錫本並作「不悖」。錢熙祚曰：「『星』疑當作『是』。後漢書李雲傳云：『五氏來備。』荀爽傳云：『五韙咸備。』『氏』、『韙』並與『是』通。別本『來備』作『不悖』，蓋以意改。」　庶按：後漢書李雲傳李賢注：「史記曰：『庶徵：曰雨，曰暘，曰燠，曰風，曰寒。五者來備，各以其序，庶草繁廡。』『是』與『氏』古字通耳。」

〔六四〕原本「風」下無「雷」字，葉氏藏本、蔡宗堯本、潘承弼校跋本並有「雷」字，是，據補。

〔六五〕姜兆錫曰：「此釋書『納於大麓』之義也，與今書傳不同。據書傳，麓，山麓也，雖納之深山大麓，遇風雨之變，而舜不爲之迷也。據此，則『麓』、『録』同。使大麓庶務，政治和而氣化應也。按文義，書傳爲協，而斷章之義亦有不能盡同者，傳聞異詞，存其説可也。」冢田虎曰：「政教致中和，而人心輯睦，則陰陽和調，風雨亦不失節，故周官曰：『茲惟三公，論道經邦，燮理陰陽。』記曰：『致中和，而天地位，萬物育。』而史記以大麓，更爲山林川澤，可知其説之紕繆矣。」　庶按：舜典孔穎達正義：「麓，聲近録，故爲録也。皋陶謨云：『一日二日萬機。』言天下之事，事之微者有萬，喻其多無數也。納舜使大録萬機之政，還是納於百揆，揆度百事，大録萬機，摠是一事不爲異也。但此言德和於天，故以大録言耳……天之無烈風淫雨，則烈風是猛疾之風，非善風也。經言『烈風雷雨弗迷』，言舜居大録之時，陰陽和，風雨時無。此猛烈之風，又雷雨，各以其節，不有迷錯愆伏也。迷錯者，應有而無，應無而有也。……無愆伏者，無冬温夏寒也。舜録大政，天時如此，明舜之德和於天也。」史記五帝本紀：「堯使舜入山林川澤，暴風雷雨，舜行不迷，堯以爲聖。」司馬貞索隱：「穀梁傳云『林屬於山曰麓』，是山足曰麓，故此以爲入山林不迷。孔氏以麓訓録，言令舜大録萬機之政，與此不同。」

〔六六〕宋咸注：「宗，尊也，尊而祭之有六神。禋者，煙也，潔也，精也。煙者，言燔柴升煙於天也。潔者，言其潔清也。精者，言其精肅也。」庶按：舜典孔氏傳：「精意以享謂之禋。宗，尊也，所尊祭者，其祀有六。」舜典孔穎達正義引孫炎爾雅注曰：「禋，潔敬之祭也。」

〔六七〕宋咸注：「壇曰太昭，以祭四時。太，大也。昭，明也。言四時之功大而明著。」庶按：禮記祭法篇孔穎達正義：「謂祭四時陰陽之神也。泰昭，壇名也，昭亦取明也。春夏爲陽，秋冬爲陰。若祈陰則埋牲，祈陽則不應埋之。今揔云埋者，以陰陽之氣俱出入於地中而生萬物，故並埋之以享陰陽爲義也。用少牢者，降於天地也。」

〔六八〕宋咸注：「祖，送也，言或迎寒而送暑，或迎暑以送寒。祭暑於壇以象陽，祭寒於坎以象陰。」「祖迎」，蔡宗堯本作「相近」。禮記祭法篇：「相近於坎壇，祭寒暑也。」鄭氏注：「『相近』當爲『禳祈』，聲之誤也。禳猶卻也。祈，求也。寒暑不時，則或禳之，或祈之。寒於坎，暑於壇。」

〔六九〕宋咸注：「王宫主日。郊宫猶王宫，祭日壇也，言壝土爲塋域，若宫室然。」冢田虎曰：「記作『王宫』。主，謂設之主。」庶按：禮記祭法篇鄭氏注：「王宫，日壇。王，君也，日稱君宮。壇，塋域也。」祭法篇孔穎達正義：「宮亦壇也。營域，如宮也。日神尊，故其壇曰君宮也。」

〔七〇〕宋咸注：「月主於夜，故其壇曰夜明。」

〔七一〕宋咸注：「祭星壇曰幽禜。言星則昧於月，故曰（庶按：原本「曰」作「也」，宛委別藏本、周叔弢藏本、指海本注文並作「曰」，是，據改）幽也。禜者，亦塋域之象。」庶按：禮記祭法篇鄭氏注：「幽禜亦謂星壇也。星以昏始見，禜之言營也。」祭法篇孔穎達正義：「爲營域而祭之，故曰幽禜也。」

〔七二〕宋咸注：「祭水旱壇曰雩禜者，蓋雩者吁嗟（庶按：原本「吁嗟」作「吁吁」，宛委別藏本、周叔弢藏本、指海本注文並作「吁嗟」，是，據改）之辭，言祈之則爲吁嗟（庶按：原本「嗟」作「差」，「差」乃「嗟」之訛，今改）之聲。」庶按：祭法篇鄭氏注：「雩禜亦謂水旱壇也，雩之言吁嗟也。」楚辭九章惜誦篇洪興祖補注：「孔叢子云：『宰我問「禋於六宗」，孔子曰：「所宗者六：埋少牢於太昭，祭時也；祖迎於坎壇，祭寒暑也；主於郊宮，祭日也；夜明，祭月也；幽禜，祭星也；雩禜，祭水旱也。『禋於六宗』，此之謂也。」』」文字與嘉祐本小異。

〔七三〕宋咸注：「商書盤庚篇之文。」原本「享之」作「之享」，宛委別藏本、葉氏藏本、蔡宗堯本、周叔弢藏本、周子義本、程榮本、馮夢禎本、孔胤植本、崇禎本、鍾惺本、潘承弼校跋本、王韜校跋本、四庫全書本、何允中本、指海本、章鈺校跋本、陳錫麒本、清抄本、姜兆錫本、冢田虎本及盤庚上並作「享之」，是，據乙。盤庚上孔穎達正義：「周禮大宗伯祭祀之名，天神曰祀，地祇曰祭，人鬼曰享。此大享於先王，謂天子祭宗廟也。」

〔七四〕宋咸注：「桓子，魯正卿季平子之子，名斯。」

〔七五〕冢田虎曰：「厲，勸勉之也。傳曰：『夫聖王之制祀也，法施於民則祀之，以死勤事則祀之，以勞定國則祀之，能禦大災則祀之，能扞大患則祀之。』祭法亦同焉。」庶按：「厲」通「勵」，廣雅釋詁一：「勵，勸也。」王念孫疏證：「厲與勵通。」冢田虎謂「傳曰」之文，見國語魯語上。

〔七六〕原本「朝」作「廟」，宛委别藏本、葉氏藏本、蔡宗堯本、周叔弢藏本、周子義本、程榮本、馮夢禎本、孔胤植本、崇禎本、鍾惺本、潘承弼校跋本、王韜校跋本、四庫全書本、何允中本、指海本、章鈺校跋本、陳錫麒本、清抄本、姜兆錫本、冢田虎本並作「朝」，是，據改。小爾雅廣詁：「列，次也。」

〔七七〕冢田虎曰：「從其朝廷之爵列，以爲宗廟之位次，死生之序一也已。」庶按：朱熹四書集注中庸章句：「宗廟之次：左爲昭，右爲穆，而子孫亦以爲序。有事於太廟，則子姓、兄弟、羣昭、羣穆咸在而不失其倫焉。」

〔七八〕宋咸注：「上甲微，契後八世、湯之先也，於高宗時已爲毁廟。報，謂祭也，以報其德。」姜兆錫曰：「書無文，蓋逸書與？」庶按：報，上古祭帝王之禮。國語魯語上：「上甲微，能帥契者也，商人報焉。」韋昭注：「上甲微，契後八世、湯之先也。」尚書説命篇孔穎達正義：「高宗者，武丁。武丁者，殷之賢王也。當此之時，殷衰而復興，禮廢而復起，中而高之，故謂之高宗。」

〔七九〕冢田虎曰：「五世親盡，而其廟毁。」

〔八〇〕宋咸注：「禮，毁廟之主藏於始祖廟中，斂以石（庶按：原本「石」作「古」，指海本注文作「石」，是，據改）室，祫、禘大祭則出之，此制蓋當時然歟？」冢田虎曰：「古昔帝王，遠祖之祀，則禘、郊、宗、祖、報，祖有功而宗有德。雖其有功德，而不及祖宗，則於大嘗而報祭而已。」
　　庶按：白虎通卷十二宗廟篇：「祭所以有主者何？言神無所依據，孝子以主係心焉。……所以用木爲之者何？木有終始，又與人相似也。」公羊傳文公元年：「大祫者何？合祭也。其合祭奈何？毁廟之主陳於大祖，未毁廟之主皆升，合食於大祖，五年而再殷祭。」大祫，謂新亡之君，三年喪期已滿，將其神主遷入太廟，會合各位神主，行大合祭禮，殷祭即禘祭。祫與禘俱爲合祭，祫乃三年之喪已滿之始祭，禘則合祫祭，即使無新主入廟，亦五年一次。祫重在合祭，禘重在審昭穆之序。周之廟制，天子七廟，諸侯五廟。五廟之制，中間一爲始祖廟，兩旁各有二廟，左爲昭爲父，右爲穆爲子。因廟數限於五，始祖廟爲每次必祭，以下四廟，乃依次而祧，即於此四廟之後，有新亡之君神主欲入廟，將四廟中最先一廟神主移藏於祖廟之中，以下由昭穆之次遞補，升第二廟主入第一廟，升第三廟主入第二廟，升第四廟主入第三廟，將新神主請入第四廟。

〔八一〕宋咸注：「（前行）或作『前列』。」冢田虎曰：「詩獨載僖公之頌，其功德應知矣。」庶按：作「前列」疑是。「僖公」謂魯僖公。「前列」謂春秋文公元年躋僖公主之事。公羊傳文公元年：「八月，丁卯，大事於大廟，躋僖公。……躋者何？升也。何言乎升僖公？譏。何譏爾？逆祀也。」此指魯閔公年幼繼位，不及三年而亡，無子可繼，乃由庶兄僖公繼位。後僖公之亡，其神主入廟。按當時廟制，當將閔公神主由穆入於昭，僖公神主入閔公原廟爲穆，以兄爲子，於廟制爲常，於世次乃爲亂倫。文公爲僖公之子，乃將僖公神主升於閔公之上，以僖公爲昭，閔公爲穆，史稱爲躋，故定公謂之曰「功德前列」，此乃死則有位於廟之謂也。

〔八二〕宋咸注：「周書康誥之文。言文王用可用，敬可敬，畏可畏，以此道而示於民。」姜兆錫曰：「顯，明也。正理其治，庸庸也；尊顯其賢，祗祗也；欽恤其刑，威威也。」冢田虎曰：「庸，用也。祗，敬也。」

〔八三〕「正」，御覽卷六百二十四、淵鑑類函卷一百二十二並作「政」。錢熙祚曰：「『正治』，初學記十七作『致理』，疑『致』字是，『理』字避唐諱。」　庶按：「正」、「政」古通用。

〔八四〕「服刑恤矣」，指海本、淵鑑類函卷一百二十二並作「省刑」，錢熙祚曰：「原作『則服刑恤矣』，依御覽六百二十四改。又御覽此下有『人』字。」冢田虎曰：「可用，有能者也。用有能者，則治理可正也。可敬，有德者也。敬有德者，則賢人見尚也。可威，有罪者也。威有罪者，則刑恤可服也。書曰：『欽哉，欽哉，惟刑之恤哉！』此刑者，以恤欲得中，故曰刑恤也。」

〔八五〕「者」下，淵鑑類函卷一百二十二有「明」字。錢熙祚曰：「御覽此下有『明』字。」

〔八六〕宋咸注：「夏書禹貢之文。」冢田虎曰：「禹貢曰：『奠高山大川。』」

〔八七〕尚書禹貢孔氏傳：「奠，定也。高山，五嶽……定其差秩，祀禮所視。」尚書大傳禹貢注：「所視者，謂其牲幣、粢盛、籩豆、爵獻之數。」

〔八八〕説苑辨物篇：「五嶽何以視三公？能大布雲雨焉，能大斂雲雨焉。雲，觸石而出，膚寸而合，不崇朝而雨天下。施德博大，故視三公也。」

〔八九〕「小」，葉氏藏本、潘承弼校跋本並作「而」。冢田虎曰：「視，比也。比其牲、器之數也。」庶按：「小」下疑脱「者」字。尚書大傳禹貢：「五嶽視三公，四瀆視諸侯，其餘山川視伯，小者視子男。」説苑辨物篇：「山川何以視子男也？能出物焉，能潤澤物焉，能生雲雨，爲恩多。然品類以百數，故視子男也。」

〔九〇〕荀子堯問篇：「其猶土也，深抇之而得甘泉焉，樹之而五穀蕃焉，草木殖焉，禽獸育焉。」禮記祭法篇：「山林、川谷、丘陵，民所取財用也。」

〔九一〕姜兆錫曰：「此釋書奠高山之義而因及乎樂山也。釋奠爲祭奠之奠，於書傳奠定之義亦不同。其樂山之義，論語與樂水對文，故以動静、樂壽分疏其義，而此專言山，故義有不同也。」冢田虎曰：「皆受山之德也。」

〔九二〕宋咸注：「孟懿子，魯大夫仲孫何忌。懿，謚也。」庶按：史記孔子世家：「魯大夫孟釐子病且死，誡其嗣懿子曰：『孔丘，聖人之後，滅於宋。……今孔丘年少好禮，其達者歟？吾即没，若必師之。』及釐子卒，懿子與魯人南宫敬叔往學禮焉。」是懿子以孔子爲師。

〔九三〕冢田虎曰：「書益稷。欽，敬。鄰，近也。」

〔九四〕益稷篇孔氏傳：「四近，前後左右之臣。」尚書大傳夏書：「天子有問無以對，責之疑；可志而不志，責之丞；可正而不正，責之輔；可揚而不揚，責之弼。」

〔九五〕「臣」，淵鑑類函卷一百二十二作「人」，「畏敬」二字倒。「當」，蔡宗堯本作「皆」。錢熙祚曰：「御覽六百二十一『畏敬』二字倒。」冢田虎曰：「咸有一德曰：『左右惟其人。』」

〔九六〕宋咸注：「胥附猶相附，奔輳猶賓集，亦作『湊』。」原本「胥」作「咠」，宛委別藏本、葉氏藏本、蔡宗堯本、周叔弢藏本、周子義本、程榮本、馮夢禎本、孔胤植本、崇禎本、鍾惺本、潘承弼校跋本、王韜校跋本、四庫全書本、何允中本、指海本、章鈺校跋本、陳錫麒本、清抄本、姜兆錫本、冢田虎本並作「胥」。冢田虎曰：「文王四鄰，見於大雅緜詩。『胥』，詩作『疏』，『輳』作『奏』。率下親上曰疏附，喻德宣譽曰奔奏，相道前後曰先後，武臣折衝曰禦侮。」庶按：「𦘔」乃「胥」之訛，作「胥」，是，據改（下「胥」字同）。以宋咸注，其所據本亦作「胥」。「胥附」，詩經大雅緜毛傳：「率下親上曰疏附。」鄭玄箋：「疏附，使疏者親也。」説文：「轂，輻所湊也。」「湊」、「輳」古今字。是奔湊猶言輻湊，淮南子主術篇：「是故羣臣輻湊並進。」文選魏都賦李善注：「王逸楚辭注曰：『湊，聚也。』」

〔九七〕宋咸注：「文王得四臣，以免牖里之害，即散宜生、閎夭、南宮括、太顛（庶按：原本「太顛」作「大願」，宛委別藏本、周叔弢藏本、指海本注文並作「太顛」，是，據改）也。」庶按：墨子尚賢下孫詒讓閒詁：「畢云：『紂拘文王於羑里，於是散宜生乃以千金求天下之珍怪，得騶虞雞斯之乘，玄玉百工，大貝百朋，玄豹黄羆，青豻白虎，文皮千合，以獻於紂。以費仲而通，紂見而悦之，乃免其身，殺牛而賜之。』」

〔九八〕原本「乎」作「矣」，葉氏藏本、蔡宗堯本、潘承弼校跋本、章鈺校跋本、姜兆錫本並作「乎」，是，據改。

〔九九〕「加」，子苑本作「益」。原本「是非」作「非是」。冢田虎曰：「加，益也。顔淵視夫子猶父。」

庶按：作「益」，與史記合。以下文例之，「非是」當作「是非」，據乙。史記仲尼弟子列傳：「自吾有回，門人益親。」裴駰集解引王肅曰：「顏回爲孔子胥附之友，能使門人日親孔子。」

〔一〇〇〕「乎」下，宛委別藏本、周叔弢藏本、指海本有注文：「以四友比四鄰。」「至於門」，記纂淵海卷七十一、史記仲尼弟子列傳並作「聞於耳」。冢田虎曰：「子路勇敢，能爲夫子扞衛。家語作『自吾有由，而惡言不入於耳』，史記同焉。」庶按：裴駰集解引王肅曰：「子路爲孔子侍衛，故侮慢之人不敢有惡言，是以惡言不聞於孔子耳。」

〔一〇一〕宋咸注：「陳氏，齊大夫之家。」冢田虎曰：「陳氏，蓋陳恒。」

〔一〇二〕宋咸注：「爲閱實辭也。」「爲」，葉氏藏本、蔡宗堯本、鍾惺本、潘承弼校跋本、章鈺校跋本並作「焉」。冢田虎曰：「據爲小臣，辭謝其罪也。」

〔一〇三〕宋咸注：「周書康誥之文。言文王能顯用俊德，慎去刑罰。」庶按：宋咸注文乃本康誥孔氏傳「能顯用俊德，慎去刑罰」之文。康誥之「慎罰」乃慎用刑罰之意，故孔傳之「去」字疑誤，則宋注並誤。

〔一〇四〕「非」，姜兆錫本作「亦」。冢田虎曰：「景公以其罰人而有爲之辭者，則聽其辭，以爲陳氏之德也爾。」

〔一〇五〕宋咸注：「成王既滅三監，以其地封康叔爲衛侯。曰孟侯者，孟，長也，言以康叔爲五侯之長，若方伯然。」　庶按：康誥孔氏傳：「周公稱成王命，順康叔之德，命爲孟侯。孟，長也，五侯之長，謂方伯。」史記周本紀張守節正義：「武王滅殷國爲邶、鄘、衛，三監尹之。武庚作亂，周公滅之，徙三監之民於成周，頗收其餘衆，以封康叔爲衛侯，即今衛州是也。」

〔一〇六〕史記周本紀：「初，管、蔡畔周，周公討之，三年而畢定，故初作大誥……次康誥。」裴駰集解引孔安國曰：「告康叔以爲政之道，亦如梓人之治材也。」

〔一〇七〕冢田虎曰：「傳曰：『命以康誥，而封於殷墟。』此傳文亦以爲成王之命也。」　庶按：尚書康誥孔穎達正義：「周公以王命戒之，作康誥、酒誥、梓材三篇之書也。其酒誥、梓材亦戒康叔，但因事而分之，然康誥戒以德刑。」

〔一〇八〕「並」，冢田虎本作「屏」，冢田曰：「屏去私心，而詢謀之衆。衆議平而後行罰也。錯，置也，致刑錯而不用也。」

〔一〇九〕「罪」疑爲「刑」之訛，作「罰不失刑」，與上「任不失德」相對，乃爲進一步推闡其「致刑錯」之意。

〔一一〇〕姜兆錫曰：「此因陳氏戮小臣，而釋書『明德慎罰』之義也。不畏服而有詞争之，故公疑其德之不明而罰之不慎。然明德，傳亦以爲自明己德，而子謂顯用有德，義有不同。今按書『明德慎罰』之下，繼言文王『不敢侮鰥寡，庸庸祗祗，威威顯民』，因謂文王德明於上，而不敢侮以下，皆其事也。如子所對，則緣愛人之念爲之本，而用所當用，與敬所當敬，皆以舉賢。威所當威，乃以錯枉，而昭明其意於民也。大意亦略同，而斷章之取則殊與？」

〔一一〕「君子」，宛委别藏本、蔡宗堯本、周叔弢藏本、周子義本、程榮本、馮夢禎本、孔胤植本、崇禎本、鍾惺本、王韜校跋本、四庫全書本、何允中本、指海本、陳錫麒本、清抄本、冢田虎本並作「吾子」。冢田虎曰：「此章古訓可見焉。而大學之記，以克明德爲皆自明也者，則是轉用其意也。」　庶按：「君子」疑當爲「夫子」之訛，下記義篇載「孔子適齊，齊景公讓登」之事，景公亦稱孔子爲「夫子」。

〔一二〕宋咸注：「周書無逸篇之文。言湯孫太甲爲王不義，伊尹放之桐宫。」　庶按：史記殷本紀：「太甲，成湯適長孫也，是爲帝太甲。」史記魯周公世家：「其在祖甲，不義惟王。」裴駰集解：「孔安國、王肅曰：『祖甲，湯孫太甲也。』」司馬貞索隱：「孔安國以爲湯孫太甲，馬融、鄭玄以爲武丁子帝甲。按：紀年太甲唯得十二年，此云祖甲享國三十三年，知祖甲是帝甲明矣。」

〔一三〕原本「祖乙、武丁」作「武丁、祖乙」，葉氏藏本、蔡宗堯本、章鈺校跋本並作「祖乙、武丁」。冢田虎曰：「太甲，湯太子太丁子，太丁未立而卒，及湯崩而太甲立。武丁，高宗，殷二十世。

祖乙，殷十一世。此當次『祖乙、武丁』也。大君，稱其德大也。」庶按：冢田説是，據乙。

〔一一四〕宋咸注：「蓋赤也嘗聞晏子有是言。」

〔一一五〕「稱」下，葉氏藏本、蔡宗堯本並有「大」字。冢田虎曰：「居湯之喪，而不率禮義也。」

〔一一六〕「以」，宛委別藏本、蔡宗堯本、周叔弢藏本、周子義本、程榮本、馮夢禎本、孔胤植本、崇禎本、鍾惺本、王韜校跋本、四庫全書本、何允中本、指海本、陳錫麒本、清抄本、冢田虎本並作「而」，「而」猶「以」也，詳王引之經傳釋詞卷七。

〔一一七〕冢田虎曰：「干，犯也。冢宰，即伊尹也。君之喪，百官總己，以聽冢宰。」庶按：禮記喪服大記篇：「君既葬，王政入於國。」白虎通卷一爵：「論語曰：『君薨，百官總己聽於冢宰三年。』……所以聽於冢宰三年者何？以爲冢宰職在制國之用，是以由之也。故王制曰：『冢宰制國用。』」陳立疏證曰：「檀弓：『仲尼曰：「胡爲其不然也？古者天子崩，王世子聽於冢宰三年。」』」

〔一一八〕「桐」，謂桐宫。史記殷本紀裴駰集解：「孔安國曰：『湯葬地。』鄭玄曰：『地名也，有王離宫焉。』」殷本紀張守節正義：「晉太康地記云：『尸鄉南有亳阪，東有城，太甲所放地也。』按：尸鄉在洛州偃師縣西南五里也。」

〔一一九〕「前愆」，謂干冢宰之政事。

〔二〇〕冢田虎曰：「事在太甲三篇而詳。」庶按：史記殷本紀：「帝太甲既立三年，不明，暴虐，不遵湯法，亂德，於是伊尹放之於桐宫。三年，伊尹攝行政當國，以朝諸侯。帝太甲居桐宫三年，悔過自責，反善，於是伊尹迺迎帝太甲而授之政。帝太甲修德，諸侯咸歸殷，百姓以寧。伊尹嘉之，迺作太甲訓三篇，褒帝太甲，稱太宗。」

〔二一〕尚書無逸篇：「周公曰：『嗚呼！自殷王中宗，及高宗，及祖甲，及我周文王，兹四人迪哲。』」孔氏傳：「言此四人皆蹈智明德以臨下。」

〔二二〕姜兆錫曰：「此釋書『祖甲不義惟王』之義，與今本書傳不同。按書傳，太甲、祖甲各一人，而『不義惟王』，蓋祖甲不以王位爲義而避之也。今則以祖甲爲太甲，而謂其居喪行不義矣。」冢田虎曰：「美其過而改之大也。舊本此章首有『書曰「其在祖甲，不義惟王」』十字，是必後人附會，今敢削之也已。蓋是效尚書孔傳之謬，而冠於此章與？抑孔傳依此孔叢子，以誤於無逸之文與？」

〔二三〕宋咸注：「哀公，魯定公之子，名將。」

〔二四〕宋咸注：「舜典之文。言夔之作樂，感百獸相率而舞，則人神和可知焉。」冢田虎曰：「書益稷。夔，舜典樂。於，嘆辭。石，磬也。庶尹，衆官正，長也。」庶按：尚書益稷篇：「夔曰：『於，予擊石拊石，百獸率舞，庶尹允諧。』」益稷孔氏傳：「尹，正也。正衆官之長，信皆和諧，言神人治始於任賢，立政以禮，治成以樂，所以太平。」舜典孔穎達正義：「拊亦擊之。重其文者，擊有大小，擊是大擊，拊是小擊。音聲濁者粗，清者精，精則難和。舉清者和則其餘皆從矣。」

〔二五〕「天地」，文選西都賦李善注作「天下」。「且猶」，錢熙祚曰：「文選西都賦注作『且由』，『由』與『猶』通。」冢田虎曰：「舜典曰：『八音克協，無相奪倫，神人以和。』」庶按：禮記樂記篇：「樂者，天地之和也。……王者功成作樂……其功大者其樂備……鼓之以雷霆，奮之以風雨，動之以四時，煖之以日月，而百化興焉。如此，則樂者天地之和也。」風俗通義聲音篇：「鳥獸且猶感應，而況於人乎？」義與此文可互參。

〔二六〕風俗通義正失篇：「孔子曰：『昔者，舜以夔爲樂正。』」左傳昭公二十八年杜預注：「夔，舜典樂之君長。」

〔二七〕「情」下，姜兆錫本有「故率舞也」四字。冢田虎曰：「言盡其治理之情於聲音也。」

〔二八〕原本「樂」作「夔」，蔡宗堯本、姜兆錫本並作「樂」。冢田虎曰：「尚，加上也。」庶按：作「樂」是，據改。下文「夫樂，所以歌其成功，非政之本也」，正爲答此「政之大本，莫尚樂乎」之問而言。舊作「夔」，疑爲傳抄者誤讀呂氏春秋察傳篇文而臆改。

〔二九〕宋咸注：「言功成則樂作，非所以爲政本。」庶按：史記樂書：「夫樂者，象成者也。」

裴駰集解引王肅曰：「象成功而爲樂。」

〔一三〇〕「咸」，葉氏藏本、潘承弼校跋本並作「成」，鍾惺本、姜兆錫本並作「言」。錢熙祚曰：「御覽作『信既咸熙』。」姜兆錫曰：「熙熙，治理顯明之象，所謂萬物各得其理，然後和也。」冢田虎曰：「熙熙，和諧貌。言庶尹允諧，故樂和也。」

〔一三一〕「而」，葉氏藏本、潘承弼校跋本、章鈺校跋本並作「爲」。冢田虎曰：「重即羲氏，黎即和氏，而在書舉夔者，伯夷也。」庶按：史記楚世家：「高陽者，黄帝之孫、昌意之子也。高陽生稱，稱生卷章，卷章生重黎。」司馬貞索隱：「重氏、黎氏二官代司天地，重爲木正，黎爲火正。案：左氏傳少昊氏之子曰重，顓頊氏之子曰黎。今以重黎爲一人，仍是顓頊之子孫者。劉氏云：『少昊氏之後曰重，顓頊氏之後曰重黎，對彼重則單稱黎，若自言當家則稱重黎。故楚及司馬氏皆重黎之後，非關少昊之重。』」

〔一三二〕冢田虎曰：「言一人而足矣，不可求之佐也。」

〔一三三〕宋咸注：「張華博物志稱『小山有夔，其形如鼓，一足，知禮』，豈非世傳之僞、好事者之爲耶？顧以孔子是言辨。」冢田虎曰：「吕氏慎行論所載即是也。」庶按：孔子所辨「夔一足」事，見吕氏春秋察傳篇、韓非子外儲説左下、論衡書虚篇。山海經大荒東經：「東海中有流波山，入海七千里。其上有獸，狀如牛，蒼身而無角，一足，出入水則必風雨，其光如日月，其聲如雷，其名夔。」此傳聞之辭，恐爲博物志所本。

記義第三〔一〕

季桓子以粟千鍾餼夫子〔二〕，夫子受之而不辭，既而以頒門人之無者。子貢進曰：「季孫以夫子貧，故致粟。夫子受之而以施人，無乃非季孫之意乎〔三〕？」子曰：「何？」對曰：「季孫以爲惠也。」子曰：「然，吾得千鍾，所以受而不辭者，爲季孫之惠，且以爲寵也〔四〕。夫受人財不以成富，與季孫之惠於一人，豈若惠數百人哉〔五〕？」

秦莊子死，孟武伯問於孔子曰〔六〕：「古者，同寮有服乎〔七〕？」答曰：「然，同寮有相友之義，貴賤殊等，不爲同官〔八〕。聞諸老聃：昔者，虢叔、閎夭、太顛、散宜生、南宫括，五臣同寮比德，以贊文、武〔九〕。及虢叔死，四人者爲之服朋友之服〔一〇〕，古之達禮者行之也〔一一〕。」

公父文伯死〔一二〕，室人有從死者〔一三〕，其母怒而不哭，相室諫之〔一四〕。其母曰：「孔子，天下之賢人也，不用於魯，退而去，是子素宗之而不能隨〔一五〕，今死而内人從死者二人焉，若此，於長者薄，於婦人厚也〔一六〕。」既而夫子聞之，曰：「季氏之婦尚賢哉〔一七〕！」子路愀然對曰：「夫子亦好人之譽己乎？夫子死而不哭，是不慈也，何善爾？」子曰：「怒其子之不能隨賢，所以爲尚賢者，吾何有焉？其亦善此而已矣〔一八〕。」

衛出公使人問孔子曰〔一九〕：「寡人之任臣，無大小，一一自言問觀察之〔二〇〕，猶復失人，何故？」答曰：「如君之言，此即所以失之也〔二一〕。人既難知，非言問所及、觀察所盡〔二二〕。且人君之慮者多〔二三〕，多慮則意不精。以不精之意，察難知之人，宜其有失也。君未之聞乎？昔者舜臣堯〔二四〕，官才任士，堯一從之〔二五〕。左右曰：『人君用士當自任耳目，而取信於人，無乃不可乎？』堯曰：『吾之舉舜，已耳目之矣。今舜所舉人〔二六〕，吾又耳目之，是則耳目人終無已已也〔二七〕。』君苟付可付，則己不勞而賢才不失矣〔二八〕。」

子貢問曰：「昔孫文子以衛侯哭之不哀〔二九〕，知其將爲亂，不敢捨其重器而行，盡寘諸戚〔三〇〕，而善晉大夫二十人〔三一〕。或稱其知，何如？」孔子曰：「吾知其爲知也〔三二〕，人未知其爲知也〔三三〕。」子貢曰：「敢問何謂也？」子曰：「食其禄者，必死其事。孫子知衛君之將不君，不念伏死以爭，而素規去就〔三四〕，尸利攜貳〔三五〕，非人臣也。臣而有不臣之心，明君所不赦。幸哉！孫子之以此免戮也〔三六〕。」

孔子使宰予使於楚〔三七〕，楚昭王以安車象飾〔三八〕，因宰予以遺孔子焉〔三九〕。宰予曰：「夫子無以此爲也。」王曰：「何故？」對曰：「臣以其用，思其所在〔四〇〕，觀之，有以知其然。」王曰：「言之。」宰予對曰：「自臣侍從夫子以來，切見其行不離道〔四一〕，動不違仁，貴義尚德，清素好儉。士而有禄，不以爲費〔四二〕，不合則去，退無吝心。妻不服綵〔四三〕，妾不衣帛。車器不彫，馬不食粟。道行則樂其治〔四四〕，不行則樂其身，此所以爲夫子也。若夫觀目之麗靡〔四五〕，窈窕之淫音〔四六〕，夫子過之弗之視，遇之弗之聽也。故臣知夫子之無用此車也。」王曰：「然則夫子何欲而可？」對曰：「方今天下，道德寢息，其志欲興而行之。天下誠有欲治之君，能行其道，則夫子雖徒步以朝，固猶爲之，何必遠辱君之重貺乎〔四七〕？」王曰：「乃今而後知夫子之德也大矣〔四八〕！」宰予歸，以告孔子。孔子曰：「二三子以予之言何如〔四九〕？」子貢對曰：「未盡夫子之美也〔五〇〕。夫子德高則配天，深則配海，若予之言，行事之實也。」子曰：「夫言貴實，使人信之，捨實何稱乎？是賜之華，不若予之實也〔五一〕。」

孔子適齊，齊景公讓登，夫子降一等，景公三辭，然後登〔五二〕。既坐，曰：「夫子降德，辱臨寡人，寡人以爲榮也；而降階以遠，自絶於寡人，寡人未知所以爲罪？」孔子答曰：「君惠顧外臣〔五三〕，君之賜也；然以匹夫敵國君〔五四〕，非所敢行也。雖君私之，其若義何？」

顔讎善事親〔五五〕，子路義之。後讎以非罪執於衛，將死〔五六〕，子路請以金贖焉，衛人將許之，既而二三子納金於子路以入衛〔五七〕。或謂孔子曰：「受人之金，以贖其私昵，義乎〔五八〕？」子曰：「義而贖之，貧取於友，非義而何〔五九〕？愛金而令不幸陷辟〔六〇〕，凡人且猶不忍，况二三子於由之所親乎〔六一〕？詩云：『如可贖兮，人百其身〔六二〕。』苟出金可以生人，雖百倍古人，不以爲多。故二三子行其欲，由也成其義〔六三〕，非汝之所知也。」

孔子讀詩，及小雅〔六四〕，喟然而嘆曰〔六五〕：「吾於周南、召南，見周道之所以盛也〔六六〕。於栢舟〔六七〕，見匹夫執志之不可易也〔六八〕。於淇澳，見學之可以爲君子也〔六九〕。於考槃，見遁世之士而不悶也〔七〇〕。於木瓜，見苞苴之禮行也〔七一〕。於緇衣，見好賢之心至也〔七二〕。於雞鳴，見古之君子不忘其敬也〔七三〕。於伐檀，見賢者之先事後食也〔七四〕。於蟋蟀，見陶唐儉德之大也〔七五〕。於下泉，見亂世之思明君也〔七六〕。於七月，見豳公之所造周也〔七七〕。於東山，見周公之先公而後私也〔七八〕。於狼跋，見周公之遠志所以爲聖也〔七九〕。於鹿鳴，見君臣之有禮也〔八〇〕。於彤弓，見有功之必報也〔八一〕。於羔羊，見善政之有應也〔八二〕。於節南山，見忠臣之憂世也〔八三〕。於蓼莪，見孝子之思養也〔八四〕。於楚茨，見孝子之思祭也〔八五〕。於裳裳者華，見古之賢者世保其禄也〔八六〕。於采菽，見古之明王所以敬諸侯也〔八七〕。」

孔子晝息於室而鼓琴焉，閔子自外聞之，以告曾子曰：「嚮也，夫子之音，清徹以和〔八八〕，淪入至道〔八九〕；今也，更爲幽沈之聲。幽則利欲之所爲發，沈則貪得之所爲施，夫子何所之感若是乎〔九〇〕？吾從子入而問焉。」曾子曰：「啱。」二子入問孔子〔九一〕，孔子曰：「然，汝言是也。吾有之，嚮見貓〔九二〕，方取鼠，欲其得之，故爲之音也，汝二人者孰視諸〔九三〕？」曾子對曰：「是閔子〔九四〕。」夫子曰：「可與聽音矣〔九五〕。」

校釋

〔一〕宋咸注：「『記義』者言，記夫子答弟子、諸侯所問之義。」原本「第三」作「第一」，諸本並作「第三」，是，據改。

〔二〕宋咸注：「餼，遺也。家語稱：『孔子曰：「季孫賜我粟千鍾，而交益親。」』」「千」，淵鑑類函卷三百九十五作「十」。錢熙祚曰：「藝文八十五、御覽四百八十並作『十鍾』。」庶按：御覽引孔叢子此文在卷八百四十，錢氏失檢。宋咸注文所引家語在致思篇。説苑雜言篇：「孔子曰：『自季孫之賜我千鍾，而友益親。』」

〔三〕「無」，説郛本作「毋」，「無」、「毋」古通。「非季孫之」，御覽卷八百四十作「乖彼」。

〔四〕姜兆錫曰：「寵，猶光也。季孫敬賢爲有光，而夫子因以顯其光也。」冢田虎曰：「其惠夫子之貧，且以之爲寵榮，夫子爲之故，受而不辭也。」

〔五〕冢田虎曰：「言與使季孫惠我一人，不若使之惠數百人之爲優也，故不獨受之以成富也。」

〔六〕宋咸注：「莊子，魯大夫。武伯，懿子之子仲孫彘。武，謚也。」

〔七〕「古」，説郛本作「昔」。冢田虎曰：「同官爲寮。」

〔八〕冢田虎曰：「禮，爲朋友弔服而加麻，然貴賤等級殊，則不亦爲同官也。」

〔九〕「括」，程榮本、崇禎本、鍾惺本、何允中本並作「适」。「臣」，御覽卷四百九作「者」。冢田虎曰：「虢，國。叔，字，文王弟也。閎、太、散、南宫，皆氏。夭、顛、宜生、括，皆名。贊，佐也。五臣相親比，以輔佐二王。」庶按：「括」與「适」同。墨子尚賢下有「南宫适」，尚書大傳殷傳作「南宫括」。以下文「四人者」例之，疑作「者」是。

〔一〇〕宋咸注：「四人爲服，史不載其事。老聃有齡，疑熟（庶按：「熟」疑當爲「孰」之訛）其説，故曰聞之云。」冢田虎曰：「爲同寮行服也。」庶按：儀禮喪服篇：「朋友麻。」言爲朋友弔服而加麻。喪服篇鄭玄注：「朋友雖無親，有同道之恩，相爲服緦之經帶。……士以緦麻爲喪服，其弔服則疑衰也。……朋友之相爲服，即士弔服，疑衰素裳。」喪服篇賈公彦疏：「禮記禮運云：『人其父生而師教之。』朋友成之。……故云朋友雖無親，有同道之恩，故爲之服。知緦之經帶者，以其緦是五服之輕，爲朋友之經帶，約與之等。」

〔一一〕「禮」，程榮本、崇禎本、鍾惺本、冢田虎本並作「理」，清抄本標記毛斧季藏宋本作「禮」。錢熙祚曰：「『禮』原作『理』，依御覽四百九、又五百四十七改。」庶按：錢説與宋本合，是。

〔二〕宋咸注：「公父文伯，魯大夫，季悼子之孫，公父穆伯之子，名歜。」

〔三〕冢田虎曰：「室人，謂文伯妻妾。」庶按：國語魯語下：「公父文伯之母欲室文伯。」韋昭注：「室，妻也。」

〔四〕宋咸注：「其母，敬姜也。相室，蓋其家老也。」姜兆錫曰：「謂家臣相助其家者。」

〔五〕冢田虎曰：「文伯從來尊宗孔子，而不能隨其行。」

〔六〕冢田虎曰：「文伯不能隨於夫子，而婦人從死於文伯者，斯知文伯之所以薄於長者、厚於婦人也。」庶按：史記平原君虞卿列傳：「樓緩對曰：『王亦聞夫公甫文伯母乎？公甫文伯仕於魯，病死，女子爲自殺於房中者二人。其母聞之，弗哭也。其相室曰：「焉有子死而弗哭者乎？」其母曰：「孔子，賢人也，逐於魯，而是人不隨也。今死而婦人爲之自殺者二人，若是者必其於長者薄而於婦人厚也。」』」戰國策趙策三：「婦人爲之自殺於房中者二八……『今死，而婦人爲死者十六人。』」吴師道補注：「史及新序並作『二人』，是。上文『八』字，乃『人』字之訛。」黄丕烈札記：「吴説非也。史記、新序『二人』皆『二八』之訛。」

〔七〕冢田虎曰：「公父穆伯，季悼子之孫，故曰季氏之婦。」庶按：「季氏之婦」，謂公父文伯之母敬姜。

〔一八〕宋咸注：「家語、國語亦載其事。母曰：『吾聞好外，士死之；好内，女死之。今吾子夭死，吾惡其以好内聞也。二三婦之欲供先者祀，請無瘠色，無揮涕，無撫膺，無哀容，無加服，有降服，從禮而静，是昭吾子也。』孔子聞之，曰：『女知無若婦，男知（庶按：原本「知」作「和」，孔子家語作「智」，「知」與「智」同，據改。「和」乃「知」之訛）莫若夫。公父氏之婦知矣，剖情損禮，欲以明其子爲令德也。』其辭與此文異，未知孰是焉。史記所載，與此義同。」姜兆錫曰：「此發遠色好德之義也。」冢田虎曰：「言彼其所以怒子者，乃是有尚賢之心焉，故善之而已，非吾自以爲賢人善之。」　庶按：宋咸注文乃本孔子家語卷十曲禮子夏問第四十三。禮記檀弓下：「穆伯之喪，敬姜晝哭；文伯之喪，晝夜哭。孔子曰：『知禮矣。』文伯之喪，敬姜據其牀而不哭，曰：『昔者吾有斯子也，吾以將爲賢人也，吾未嘗以就公室。今及其死也，朋友諸臣未有出涕者，而内人皆行哭失聲。斯子也，必多曠於禮矣夫。』」檀弓下孔穎達正義：「此不哭者，謂暫時不哭，故上云『晝夜哭』是也。案：家語云……與此不同者，彼戒婦人而成子之德，此論子之惡，各舉一邊，相包乃具。」

〔一九〕宋咸注：「出公名輒，靈公孫，太子蒯聵之子。」

〔二〇〕原本「言」下無「問」字，葉氏藏本、潘承弼校跋本、章鈺校跋本並有「問」字。錢熙祚曰：「原脱『言問』二字，依御覽六百二十一補，與下文合。」　庶按：錢説是。此惟脱「問」字，據補。

〔二一〕「即」，葉氏藏本、蔡宗堯本、潘承弼校跋本並作「乃」。冢田虎曰：「其言一一自觀察之，即所以失之也。」　庶按：「乃」猶「即」也，詳王引之經傳釋詞補。

〔二二〕「及」，御覽卷六百二十一作「監」。冢田虎曰：「衆庶之臧否，非視聽之所能盡焉。」

〔二三〕「之」，指海本作「所」，錢熙祚曰：「『所』原誤『之』，依御覽改。」　庶按：「之」猶「所」也，詳裴學海古書虛字集釋卷九。

〔二四〕宋咸注：「言舜臣事堯之時。」

〔二五〕宋咸注：「言一從舜所選任。」　庶按：史記五帝本紀：「昔高陽氏有才子八人，世得其利，謂之『八愷』。高辛氏有才子八人，世謂之『八元』。此十六族者，世濟其美，不隕其名。至於堯，堯未能舉。舜舉八愷，使主后土，以揆百事，莫不時序。舉八元，使布五教於四方，父義，母慈，兄友，弟恭，子孝，内平外成。」此爲官才任士之事。

〔二六〕「舉」下，御覽卷六百二十一無「人」字。

〔二七〕宋咸注：「言舜之舉人，吾又親耳目之，則是己之用耳目，無已時矣。」「已已」，指海本作「已時」。冢田虎曰：「其人轉相爲耳目也。」　庶按：據宋咸注「無已時」之文，似其時所見本亦作「已時」。

〔二八〕宋咸注：「『付可付』，亦如堯之付舜。」「可付」下，指海本有「者」字，錢熙祚曰：「『者』字依御覽補。」姜兆錫曰：「此發任大臣之義，所謂勞於求賢、逸於任人也。」冢田虎曰：「言人君唯擇一人之可任，以任之則可也。」

〔二九〕宋咸注：孫文子，衛卿林父也，得罪於衛殤公，以戚叛而奔晉。」冢田虎曰：「衛侯，獻公也。衛定公之薨，獻公爲太子，而不哀也。戚，文子邑。事在左傳成公十四年。後獻公無禮，文子作亂，遂以戚如晉。事之始末，見襄公十四年及二十六年、二十九年左傳。」

〔三〇〕宋咸注：「戚乃其所居之邑。『戚』一作（庶按：原本「一」在「作」字下，今據文意乙正）『宿』。」「寘」，冢田虎本作「寄」。史記吳太伯世家司馬貞索隱：「戚，衛邑，孫文子舊所食地。」

〔三一〕宋咸注：「善晉大夫二十人，謂能結其歡（庶按：原本「歡」作「勸」，宛委別藏本、周叔弢藏本、指海本注文並作「歡」，是，據改）心。」庶按：左傳成公十四年：「冬，十月，衛定公卒。夫人姜氏既哭而息，見大子之不哀也，不內酌飲，嘆曰：『是夫也，將不唯衛國之敗，其必始於未亡人。烏呼！天禍晉國也夫！吾不獲鱄也，使主社稷。』大夫聞之，無不聳懼。孫文子自是不敢捨其重器於衛，盡寘諸戚，而甚善晉大夫。」

〔三二〕「吾」，宛委別藏本、周叔弢藏本、孔胤植本、指海本並作「人」。「爲」下「知」字，葉氏藏本、潘承弼校跋本、章鈺校跋本並作「罪」，下無「也」字。

〔三三〕「人」，宛委別藏本、周叔弢藏本、指海本並作「吾」，章鈺校跋本無「人」字。此爲孔子評論孫文子之行，疑當作「人知其爲知也，吾未知其爲知也」。「人知其爲知」承上「或稱其知」而言，「吾未知其爲知」就下「素規去就，尸利攜貳」而言。

〔三四〕「而」下，明萬曆四十四年刻明焦竑等輯新鍥翰林三狀元會選二十九子品彙釋評本孔叢子節本有「反」字。冢田虎曰：「素規，豫計也。」　庶按：「素規」，謂預先謀劃。「去就」爲偏義復詞，指免戮之事。

〔三五〕宋咸注：「尸，主也。攜貳，猶違忒也，言心主利而違忒。」原本「尸」作「户」，諸本並作「尸」。冢田虎曰：「尸利，猶尸禄，謂不爲其事而居其利禄。攜，離。貳，二心也。」　庶按：作「尸」是，據改。莊子逍遥遊篇成玄英疏：「尸，主也。」禮記表記篇：「近而不諫，則尸利也。」孔穎達正義：「若親近於君而不諫，則似如尸之受利禄也。」「尸利」，又謂之「尸位」、「尸禄」，義皆同。

〔三六〕宋咸注：「史記稱孫文子攻出衛獻公，獻公奔齊。遂與甯惠子共立殤公。後甯喜與文子争寵，殤公使甯喜攻文子，文子奔晉，復求入故衛獻公。與此文異，未知孰是。」姜兆錫曰：「此發臣事君以忠之義也。」　庶按：宋咸注文言史記所載，見衛康叔世家。

〔三七〕「宰予」下，指海本、淵鑑類函卷三百九、又三百八十七並無「使」字。錢熙祚曰：「『宰予』下原有『使』字，依藝文七十一、御覽四百七十八、又七百七十三删。」

〔三八〕宋咸注：「昭王，楚平王之子，名熊珍。（象飾）以象牙飾其車。」冢田虎曰：「安車，坐乘之車。」　庶按：禮記曲禮上鄭氏注：「安車所以養其身體也。安車坐乘，若今小車也。」曲禮上孔穎達正義：「遠聘異國時乘安車。」文選上林賦：「乘鏤象。」張揖注：「鏤象，象路也。以象牙疏鏤其車輅。」

〔三九〕宋咸注：「遺，貺也。」「遺」上，御覽七百七十三無「因宰予以」四字。

〔四〇〕冢田虎曰：「以其所常用物，而思其志之所在，以此觀之，以知其然也。」　庶按：「以其」下疑脱「所」字，作「以其所用」與下「思其所在」相對。

〔四一〕「切」，宛委别藏本、葉氏藏本、蔡宗堯本、周叔弢藏本、周子義本、程榮本、馮夢禎本、孔胤植本、崇禎本、鍾惺本、潘承弼校跋本、王韜校跋本、四庫全書本、何允中本、指海本、章鈺校跋本、陳錫麒本、清抄本、姜兆錫本、冢田虎本並作「竊」。原本「行」作「言」，御覽卷四百七十八作「行」。　庶按：「切」、「竊」古通用。戰國策趙策二「臣切爲大王計」，鮑本「切」作「竊」。黄丕烈札記：「史記作『竊』。」作「行」是，據改。「行不離道」與下「動不違仁」相對，且宰予以下所論，俱言孔子「清素好儉」之行，以拒楚昭王「安車象飾」之賜。作「言」則非。

〔四二〕原本「費」作「積」，御覽卷四百七十八、淵鑑類函卷三百九並作「費」，是，據改。「不以爲費」承上「清素好儉」而言。作「積」則與上下文意無涉。

〔四三〕「綵」，淵鑑類函卷三百八十七作「絲」。絲字疑是，「服絲」與下「衣帛」相承。

〔四四〕原本「行則」作「則行」，宛委別藏本、葉氏藏本、蔡宗堯本、周叔弢藏本、周子義本、程榮本、馮夢禎本、孔胤植本、崇禎本、鍾惺本、潘承弼校跋本、王韜校跋本、四庫全書本、何允中本、指海本、章鈺校跋本、陳錫麒本、清抄本、姜兆錫本、冢田虎本、淵鑑類函卷三百九並作「行則」，是，據乙。

〔四五〕「目」疑當作「物」，御覽卷七百七十三作「物」。作「目」與「觀」義重，故「目」當爲「物」之訛。「觀物之麗靡」謂觀物奢華之色，下文「窈窕之淫音」謂聽窈妙之淫音，此上下文乃以視、聽相對，故當作「物」是。

〔四六〕錢熙祚曰：「藝文『窕』作『妙』。」冢田虎曰：「窈窕，幽閑也。」庶按：御覽卷七百七十三、淵鑑類函卷三百八十七亦作「妙」。「淫」，藝文卷七十一、御覽卷七百七十三並作「浮」。

〔四七〕宋咸注：「重既爲象乎？」冢田虎曰：「誠有能行其道之君，不須安車之既，固當步行朝之也。」

〔四八〕史記孔子世家：「孔子遷於蔡三歲，吴伐陳。楚救陳，軍于城父。聞孔子在陳、蔡之閒，楚使人聘孔子。孔子將往拜禮，陳、蔡大夫謀曰：『孔子賢者，所刺譏皆中諸侯之疾。今者久留陳、蔡之閒，諸大夫所設行皆非仲尼之意。今楚，大國也，來聘孔子。孔子用於楚，則陳、蔡用事大夫危矣。』於是乃相與發徒役圍孔子於野。……於是使子貢至楚，楚昭王興師迎孔子，然後得免。」則孔叢子所言安車象飾，疑即此時之事。

〔四九〕原本「予」作「子」，宛委別藏本、葉氏藏本、蔡宗堯本、周叔弢藏本、周子義本、程榮本、馮夢禎本、孔胤植本、崇禎本、潘承弼校跋本、王韜校跋本、四庫全書本、何允中本、指海本、章鈺校跋本、陳錫麒本、清抄本、姜兆錫本、冢田虎本、明萬曆十八年刻明陳深輯諸子品節本孔叢子節本、焦竑本並作「予」，是，據改（下文原「若子之言」之「子」，亦據諸本改作「予」）。此爲孔子請諸弟子就宰予之言發表意見，故稱宰予爲予，而不稱子。

〔五〇〕「美」疑爲「義」之訛。下文言夫子之德高與深，當爲承此而言夫子之義之重也。

〔五一〕宋咸注：「天海之言，非人所能際極，故不若以行事之實。」冢田虎曰：「浮華不實之言，人聞而不信也。」

〔五二〕宋咸注：「讓登其階，故降之一等。」冢田虎曰：「每降於公，階一等也。」庶按：禮記曲禮上：「凡與客入者，每門讓於客，客至於寢門，則主人請入爲席，然後出迎客，客固辭，主人肅客而入。主人入門而右，客入門而左；主人就東階，客就西階。客若降等，則就主人之階；主人固辭，然後客復就西階。主人與客讓登，主人先登，客從之，拾級聚足，連步以上。上於東階，則先右足；上於西階，則先左足。」鄭氏注：「『拾』當爲『涉』，聲之誤也。級，等也。涉等聚足，謂前足躡一等，後足從之并。連步，謂足相隨，不相過也。」孔穎達正義：「客主至其階，又各讓不先升。主人先登者，讓必之三，三竟而客不從，故主人先登，亦肅客之意。不言三者，略可知也。客從之者，言主人前升至第二級，客乃升中，較一級，故云從之也。」

〔五三〕冢田虎曰：「禮，自稱於異國君曰外臣。」

〔五四〕「敵」，左傳文公六年杜預注：「敵猶對也。」

〔五五〕宋咸注：「讎，魯人也。」「顏讎」下，崇禎本、鍾惺本、何允中本、姜兆錫本並有「由」字。錢熙祚曰：「別本『顏讎』下有『由』字，按下文亦但云『讎』。」冢田虎曰：「顏讎，衛人。孟子所謂顏讎由者，子路義而交之。」庶按：孟子萬章上：「於衛主顏讎由。」史記孔子世家作「顏濁鄒」，則顏讎由乃衛人。

〔五六〕「死」，程榮本、馮夢禎本、諸子彙函本、孔胤植本、鍾惺本、四庫全書本、何允中本、冢田虎本並作「厄」。冢田虎曰：「讎以非其罪見執拘，而不敢辭焉，有於義將罹厄者。」

〔五七〕宋咸注：「二三子，夫子弟子，皆出金與仲由以入衛。」冢田虎曰：「諸子爲之助，以使子路入衛而贖之。」

〔五八〕宋咸注：「私，親也。昵（庶按：原本「昵」作「眤」，「眤」乃「昵」之訛，今改），近也。」原本「昵」作「眤」，宛委别藏本、葉氏藏本、周叔弢藏本、程榮本、馮夢禎本、説郛本、姜兆錫本、冢田虎本並作「昵」。冢田虎曰：「疑不可以爲義。」庶按：作「昵」是，據改。

〔五九〕冢田虎曰：「朋友固有通財之義，子路義顔讎，而將贖之，已無財則取之於友，皆可謂義矣。」

〔六〇〕宋咸注：「辟，法也。」冢田虎曰：「辟，罪也。」

〔六一〕冢田虎曰：「義不可以不助之也。」庶按：「親」，謂顔讎由。史記孔子世家：「孔子遂適衛，主於子路妻兄顔濁鄒家。」

〔六二〕宋咸注：「秦風哀三良（庶按：原本「良」作「民」，説郛本注文作「良」，是，據改）之詩。」冢田虎曰：「秦風黄鳥之詩。」庶按：吕氏春秋察微篇：「魯國之法，魯人爲人臣妾於諸侯，有能贖之者，取其金於府。子貢贖魯人於諸侯，來而讓不取其金。孔子曰：『賜失之矣，自今以往，魯人不贖人矣。取其金則無損於行，不取其金則不復贖人矣。』」義與此文可互參。

〔六三〕原本「二三子」下無「行」字，葉氏藏本、潘承弼校跋本並有「行」字。冢田虎曰：「欲子路之成義，故納金助之也。」庶按：有「行」字是，據補。作「行其欲」與「成其義」相對。

〔六四〕冢田虎曰：「從國風以及小雅也。」庶按：詩經衛風木瓜篇孔穎達正義：「孔叢云：『孔子讀詩，自二南至於小雅，喟然嘆曰……。』」其「自二南」三字，當爲孔穎達所見本之誤增。

春秋穀梁傳序楊士勛疏：「孔叢云：『孔子讀詩至小雅，廢卷而嘆。』」是其所見本孔叢子無「自二南」三字。孔子家語六本篇：「孔子讀易，至於損、益，喟然而嘆。」與此文例正同，蓋古人行文如此，非以後人之習賅之。

〔六五〕宋咸注：「喟然，大息貌。」

〔六六〕宋咸注：「六州之人，浸被大王、王季、文王之化，故王跡所起焉。」冢田虎曰：「詩序曰：『周南、召南，正始之道，王化之基。』論語曰：『人而不爲周南、召南，其猶正墻面而立乎？』」

庶按：「周南、召南」，木瓜篇孔穎達正義作「二南」。作「二南」與下文句式一律，疑是。詩經周南朱熹集傳：「周國本在禹貢雍州境内岐山之陽。后稷十三世孫古公亶甫始居其地。傳子王季歷，至孫文王昌，辟國寖廣。於是徙都於豐，而分岐周故地，以爲周公旦、召公奭之采邑，且使周公爲政於國中，而召公宣布於諸侯。於是德化大成於内，而南方諸侯之國，江、沱、汝、漢之間，莫不從化。蓋三分天下而有其二焉。至子武王發，又遷於鎬，遂克商而有天下。武王崩，子成王誦立。周公相之，制作禮樂，乃采文王之世風化所及民俗之詩，被之筦弦，以爲房中之樂，而又推之以及於鄉黨邦國，所以著明先王風俗之盛，而使天下後世之修身齊家治國平天下者，皆得以取法焉。蓋其得之國中者，雜以南國之詩，而謂之周南。言自天子之國而被於諸侯，不但國中而已也。其得之南國者，則直謂之召南。」冢田説引論語，在陽貨篇。其「而立乎」三字，今本作「而立也與」。

〔六七〕「栢」，宛委別藏本作「柏」，「栢」與「柏」同。木瓜篇孔穎達正義：「於柏舟，見匹夫執志之不易。」

〔六八〕宋咸注：「雖不見用，而不忍去之，心踰石焉。」「夫」，淵鑑類函卷一百九十三作「婦」。冢田虎曰：「其詩曰：『我心匪石，不可轉也。我心匪席，不可卷也。』」庶按：毛詩序：「柏舟，言仁而不遇也。衛頃公之時，仁人不遇，小人在側。」柏舟篇朱熹集傳：「婦人不得於其夫，故以柏舟自比。言以柏爲舟，堅緻牢實，而不以乘載，無所依薄，但汎然於水中而已。」據詩意，當作「匹婦」爲是，此乃以習見「匹夫」之語而訛。

〔六九〕宋咸注：「衛武公年九十有五，猶箴儆於卿、師長士，以懿戒自儆。及其没也，謂之睿聖武公。詩稱『切磋琢磨』，猶學而成然。」庶按：毛詩序：「淇澳，美武公之德也。有文章，又能聽其規諫，以禮自防，故能入相於周，美而作是詩是也。」淇澳篇朱熹集傳：「按國語，武公年九十有五，猶箴儆於國，曰：『自卿以下，至於師長士，苟在朝者，無謂我老耄而捨我，必恪恭於朝，以交戒我。』遂作懿戒之詩以自警。而賓之初筵亦武公悔過之作。則其有文章而能聽規諫，以禮自防也可知矣。衛之他君，蓋無足以及此者。」淇澳篇毛傳：「治骨曰切，象曰磋，玉曰琢，石曰磨，道其學而成也。聽其規諫以自脩，如玉石之見琢磨也。」國語載衛武公事，在楚語上。

〔七〇〕宋咸注：「雖窮處不忘君之惡（庶按：「惡」，宛委別藏本、周叔弢藏本、指海本注文並作「忠」），然終自槃樂。」冢田虎曰：「序曰：『刺衛莊公也。不能繼先公之業，使賢者退而窮處。』其詩曰：『考槃在澗，碩人之寬。』」庶按：毛傳：「考，成。槃，樂也。」木瓜篇孔穎達正義：「於考槃，見遯世之士而無悶於世。」考槃篇朱熹集傳：「陳氏曰：『考，扣也；槃，器名。蓋扣之以節歌，如鼓盆拊缶之爲樂也。』」

〔七一〕宋咸注：「投投（庶按：「投投」，疑當爲「投報」之訛）之好，始於此焉。」冢田虎曰：「包且，包苴也。序曰：『美齊桓公也。』其詩曰：『投我以木瓜，報之以瓊琚。』」庶按：毛傳：「木瓜，楙木也，可食之木。……孔子曰：『吾於木瓜，見苞苴之禮行。』」木瓜篇朱熹集傳：「言人有贈我以微物，我當報之以重寶，而猶未足以爲報也，但欲其長以爲好而不忘耳。疑亦男女相贈答之詞，如静女之類。」禮記少儀篇鄭氏注：「苞苴謂編束萑葦以裹魚肉也。」木瓜篇孔穎達正義：「孔叢云：『……於木瓜，見苞苴之禮行。』……此投人以木瓜、木李，必苞苴而往，故見苞苴之禮行。知果實必苞之者，尚書曰：『厥包橘柚。』橘柚在苞，明果實皆苞之。曲禮注云：『苞苴裹魚肉。』不言包果實者，注舉重而略之，此苞之所通。」又禮記少儀篇孔穎達正義：「孔叢子云：『吾於木瓜之惠，見苞苴之禮行是也。』」是唐人所見孔叢子各本，已多有文字之異。

〔七二〕宋咸注：「夫德之盛，而使人樂愛（庶按：「樂愛」，宛委别藏本、周叔弢藏本、指海本注文並作「愛樂」）也如是。」「之心至」，木瓜篇孔穎達正義引作「之至是」。冢田虎曰：「序曰：『美鄭武公也，父子並爲周司徒。』其詩曰：『緇衣之宜兮，敝予又改爲兮。』」庶按：以宋咸注文「使人樂愛也如是」觀之，似時所見本當作「之至是」。緇衣篇朱熹集傳：「舊説鄭桓公、武公相繼爲周司徒，善於其職，周人愛之，故作是詩，言子之服緇衣也甚宜，敝則我將爲子更爲之。且將適子之館，既還而又授子以粲，言好之無已也。」

〔七三〕宋咸注：「以蠅聲爲雞，月光爲旦，亦敬之甚。」冢田虎曰：「序曰：『思賢妃也。』其詩曰：『雞既鳴矣，朝既盈矣。匪雞則鳴，蒼蠅之聲。』」

〔七四〕宋咸注：「稼則取禾，狩乃有貆，是知禄非無功而受焉。」冢田虎曰：「序曰：『刺貪也。』其詩曰：『不稼不穡，胡取禾三百廛？』」庶按：伐檀篇朱熹集傳：「詩人言有人於此用力伐檀，將以爲車而行陸也。今乃寘之河干，則河水清漣而無所用，雖欲自食其力而不可得矣。然其志則自以爲不耕則不可以得禾，不獵則不可以得獸，是以甘心窮餓而不悔也。詩人述其事而嘆之，以爲是真能不空食者。」

〔七五〕宋咸注：「以晉爲唐，訓亦至焉。」冢田虎曰：「序曰：『儉而用禮，乃有堯之遺風。』其詩曰：『無已大康，職思其居。』」　庶按：毛詩序：「此晉也而謂之唐，本其風俗，憂思深遠，儉而用禮，乃有堯之遺風焉。」蟋蟀篇朱熹集傳：「唐，國名，本帝堯舊都……唐俗勤儉，故其民間終歲勞苦，不敢少休。及其歲晚務閒之時，乃敢相與燕飲爲樂。而言今蟋蟀在堂，而歲忽已晚矣，當此之時而不爲樂，則日月將捨我而去矣。……故方燕樂而又遽相戒曰：『今雖不可以不爲樂，然不已過於樂乎！』盍亦顧念其職之所居者，使其雖好樂而無荒，若彼良士之長慮卻顧焉，則可以不至於危亡也。」

〔七六〕宋咸注：「闇主庸相，誦此宜（庶按：原本「宜」作「宣」，「宣」乃「宜」之訛，今改）戒。」冢田虎曰：「序曰：『思治也。』其詩曰：『愾我寤嘆，念彼周京。』」　庶按：毛詩序：「曹人疾共公侵刻下民，不得其所，憂而思明王賢伯也。」

〔七七〕宋咸注：「后稷、大王之勤，於是見焉。」「所」下，葉氏藏本、潘承弼校跋本並有「以」字。冢田虎曰：「序曰：『七月，陳王業也。周公遭變故，陳后稷、先公風化之所由，致王業之艱難也。』其詩專稱務民事也。」　庶按：七月篇朱熹集傳：「虞、夏之際，棄爲后稷，而封於邰。及夏之衰，棄稷不務，棄子不窋失其官守，而自竄於戎狄之間。不窋生鞠陶，鞠陶生公劉，能復修后稷之業，民以富實，乃相土地之宜，而立國於豳之谷焉。十世而大王徙居岐山之陽。」

〔七八〕宋咸注：「非此無以見周公之聖。」冢田虎曰：「序曰：『周公東征也。』其詩皆稱東征士卒之勞也。」　庶按：毛詩序：「周公東征，三年而歸，勞歸，士大夫美之，故作是詩也。」

〔七九〕宋咸注：「躐跲之難而終不失其正，非周公則孰（庶按：原本「孰」作「执」，「执」乃「孰」之訛，今改）能與於是？」冢田虎曰：「序曰：『周公攝政，遠則四國流言，近則王不知。周大夫美其不失其聖也。』其詩曰：『公孫碩膚，德音不瑕。』」　庶按：文選陳情事表李善注引此文作「吾於狼狽，見聖人之志」。「跋」、「狽」古通用，爾雅釋言陸德明音義：「跋，郭音貝」。毛詩序：「狼跋，美周公也。」

〔八〇〕宋咸注：「君既將意之厚，而臣之忠也亦至。」「禮」，鍾惺本作「初」。冢田虎曰：「以下小雅。序曰：『燕羣臣嘉賓也。』其詩曰：『我有嘉賓，德音孔昭。視民不恌，君子是則是傚。』」　庶按：毛詩序：「既飲食之，又實幣帛筐篚，以將其厚意，然後忠臣嘉賓，得盡其心焉。」

〔八一〕宋咸注：「臣非桓、文，所宜（庶按：原本「宜」作「宣」，「宣」乃「宜」之訛，今改）愧焉。」冢田虎曰：「序曰：『天子錫有功諸侯也。』其詩曰：『彤弓弨兮，受言藏之。我有嘉賓，中心貺之。』」　庶按：毛傳：「彤弓，朱弓也，以講德習射。」彤弓篇朱熹集傳：「鄭氏曰：『凡諸侯賜弓矢，然後專征伐。』」

〔八二〕宋咸注：「由文王之化，遂皆正直。」「羔羊」，冢田虎本作「無羊」，冢田曰：「序曰：『宣王考牧也。』」　庶按：詩經小雅無羊篇陳子展直解：「何楷古義云：『孔叢子載孔子曰：「於無羊見善政之有應也。」』」毛詩序：「羔羊，鵲巢之功致也。召南之國，化文王之政，在位皆節儉正直，德如羔羊也。」詩經雖有無羊篇，然孔叢子傳世諸本，無作「無羊」者。此段述孔子讀詩，皆以詩經篇目順序而言，如此整齊，恐非初時所編之序，何楷所言，可備一說。

〔八三〕宋咸注：「大臣誦此，安得不戒？」原本「節」下無「南山」二字，宛委別藏本、葉氏藏本、蔡宗堯本、周叔弢藏本、周子義本、程榮本、馮夢禎本、孔胤植本、崇禎本、鍾惺本、潘承弼校跋本、王韜校跋本、四庫全書本、何允中本、指海本、章鈺校跋本、陳錫麒本、清抄本、姜兆錫本、冢田虎本、明隆慶元年含山縣儒學刻明沈津輯百家類纂本孔叢子節本、明刻明黎堯卿輯諸子纂要本孔叢子節本、子苑本並有「南山」二字。冢田虎曰：「序曰：『家父刺幽王也。』其詩曰：『家父作誦，以究王訩。式訛爾心，以畜萬邦。』」　庶按：有「南山」二字是，據補。毛傳：「家父，字，周大夫也。」節南山篇朱熹集傳：「序以此爲幽王之詩，而春秋桓十五年有『家父來聘』，於周爲桓王之世，上距幽王之終已七十五年，不知其人之同異。大抵序之時世皆不足信，今姑闕焉可也。」

〔八四〕宋咸注：「役若養闕，乃君爲之。」宛委別藏本、周叔弢藏本、指海本並有注文「蓼莪言父母生我劬勞」九字。原本「蓼」作「翏」，宛委別藏本、葉氏藏本、蔡宗堯本、周叔弢藏本、周子義本、程榮本、馮夢禎本、孔胤植本、崇禎本、鍾惺本、潘承弼校跋本、王韜校跋本、四庫全書本、何允中本、指海本、章鈺校跋本、陳錫麒本、清抄本、姜兆錫本、冢田虎本、沈津本、子苑本並作「蓼」。冢田虎曰：「序曰：『民人勞苦，孝子不得終養爾。』其詩曰：『民莫不穀，我獨不卒。』」

庶按：作「蓼」是，據改。毛詩序：「蓼莪，刺幽王也。」毛傳：「不得終養者，二親病亡之時，時在役，所不得見也。」蓼莪篇朱熹集傳：「言昔謂之莪，而今非莪也，特蒿而已。以比父母生我以爲美材，可賴以終其身，而今乃不得其養以死，於是乃言父母生我之劬勞，而重自哀傷也。」

〔八五〕宋咸注：「小雅四月章，刺幽王以在位貪殘，下國構禍，怨亂並興，乃無孝子思祭之藁詳。」宛委别藏本、周叔弢藏本、指海本並有注文「四月言先祖胡寧忍予」九字。原本「楚茨」作「四月」，葉氏藏本、蔡宗堯本、潘承弼校跋本、章鈺校跋本、黎堯卿本並作「楚茨」。宋咸注文乃本毛詩序。以四月全篇及宋咸注所本之毛詩序來看，無孝子思祭之義，乃爲遭亂自傷之詩，疑宋咸所據本已訛爲「四月」，且宋咸對此已疑之，故其注文有「乃無孝子思祭之藁詳」語。綜觀楚茨之詩，乃直陳祭祀之事，楚茨篇朱熹集傳：「吕氏曰：『楚茨極言祭祀所以事神受福之節，致詳致備，所以推明先王致力於民者盡，則致力於神者詳。』」則此，當以「楚茨」爲是，據改。

〔八六〕宋咸注：「昏主則不能致是。」冢田虎曰：「序曰：『古之仕者世禄。』其詩曰：『左之左之，君子宜之。右之右之，君子有之。維其有之，是以似之。』」　庶按：毛詩序：「裳裳者華，刺幽王也。……小人在位，則讒諂並進，棄賢者之類，絶功臣之世焉。」

〔八七〕宋咸注：「仲尼居常言詩固多矣，子思不能盡録，但舉其略。」冢田虎曰：「序曰：『君子見微而思古焉。』其詩曰：『采菽采菽，筐之筥之。君子來朝，何錫予之？雖無予之，路車乘馬。』以上詩之解，與後世説詩者頗有異焉者。序者之意，亦不全同焉，此其可以見古訓矣。」

庶按：毛詩序：「采菽，刺幽王也，侮慢諸侯。諸侯來朝，不能錫命，以禮數徵會之，而無信義，君子見微而思古焉。」

〔八八〕「清徹以和」，錢熙祚曰：「御覽五百七十九作『清微而和』。」冢田虎曰：「徹，通也。」

〔八九〕冢田虎曰：「淪，流轉也。孔子曰：『先王之制音也，奏中聲以爲節，流入於南，不歸於北。』」

〔九〇〕「所之感」，葉氏藏本、蔡宗堯本、潘承弼校跋本並作「所感之」，清抄本標記毛斧季藏宋本作「所之感而」。冢田虎曰：「言爲其心有所感焉。發於聲，施於音，將若是也。」

〔九一〕「孔子」，宛委別藏本、周叔弢藏本、指海本並作「夫子」（下同），錢熙祚曰：「御覽作『孔子』，下句同。」

〔九二〕宋咸注：「一作『貍』，非也。」錢熙祚曰：「御覽『貓』作『狸』。」　庶按：御覽作「俚」，錢氏失檢。莊子秋水篇：「騏驥驊騮，一日而馳千里，捕鼠不如狸狌。」是言「狸」之爲「貍」。廣雅釋獸：「狸，貓也。」

〔九三〕宋咸注：「問汝二人孰能識此？」

〔九四〕宋咸注：「曾子對以爲是閔子知此。」

〔九五〕冢田虎曰：「韓詩外傳記『昔者孔子鼓瑟，曾子、子貢側門而聽』，其事即是也。但以識其聲爲曾子，蓋其傳聞之異也已。」　庶按：韓詩外傳卷七：「昔者孔子鼓瑟，曾子、子貢側門而聽。曲終，曾子曰：『嗟乎！夫子瑟聲殆有貪狼之志、邪僻之行，何其不仁趨利之甚？』子貢以爲然，不對而入。夫子望見子貢有諫過之色、應難之狀，釋瑟而待之。子貢以曾子之言告。子曰：『嗟乎！夫參，天下之賢人也，其習知音矣。鄉者丘鼓瑟，有鼠出游，狸見於屋，循梁微行，造焉而避，厭目曲脊，求而不得。丘以瑟淫其音。參以丘爲貪狼邪僻，不亦宜乎！』」義與此文可互參。

孔叢子校釋卷之二

刑論第四〔一〕

仲弓問古之刑教與今之刑教。孔子曰：「古之刑省，今之刑繁。其爲教，古有禮，然後有刑，是以刑省；今無禮以教，而齊之以刑，刑是以繁〔二〕。書曰：『伯夷降典，折民維刑〔三〕。』謂下禮以教之〔四〕，然後繼以刑折之也〔五〕。夫無禮則民無恥，而正之以刑，故民苟免〔六〕。」

孔子適衛，衛將軍文子問曰〔七〕：「吾聞魯公父氏不能聽獄，信乎〔八〕？」孔子答曰：「不知其不能也。夫公父氏之聽獄，有罪者懼，無罪者恥。」文子曰：「有罪者懼，是聽之察，刑之當也。無罪者恥，何乎〔九〕？」孔子曰：「齊之以禮，則民恥矣；刑以止刑，則民懼矣〔一〇〕。」文子曰：「今齊之以刑，刑猶弗勝，何禮之齊〔一一〕？」孔子曰：「以禮齊民，譬之於御則轡也；以刑齊民，譬之於御則鞭也〔一二〕。執轡於此而動於彼，御之良也；無轡而用策，則馬失道矣〔一三〕。」文子曰：「以御言之，左手執轡，右手運策，不亦速乎〔一四〕？若徒轡無策，馬何懼哉？」孔子曰：「吾聞古之善御者，執轡如組，兩驂如舞〔一五〕，非策之助也。是以先王盛於禮而薄於刑〔一六〕，故民從命。今也廢禮而尚刑，故民彌暴〔一七〕。」文子曰：「吳、越之俗，無禮而亦治，何也？」孔子曰：「夫吳、越之俗，男女無別，同川而浴，民相輕犯，故其刑重而不勝，由無禮也〔一八〕。中國之教，爲外内以別男女，異器服以殊等類〔一九〕，故其民篤而法，其刑輕而勝，由有禮也〔二〇〕。」

孔子曰：「民之所以生者，衣食也。上不教民，民匱其生〔二一〕，飢寒切於身而不爲非者，寡矣。故古之於盜，惡之而不殺也〔二二〕。今不先其教，而一殺之〔二三〕，是以罰行而善不反，刑張而罪不省〔二四〕。夫赤子知慕其父母，由審故也〔二五〕，況爲政〔二六〕，興其賢者，而廢其不賢〔二七〕，以化民乎？知審此二者〔二八〕，則上盜先息〔二九〕。」

書曰：「茲殷伐有倫〔三〇〕。」子張問曰：「何謂也？」孔子曰：「不失其理之謂也〔三一〕。今諸侯不同德，每君異法〔三二〕，折獄無倫，以意爲限，是故知法之難也〔三三〕。」子張曰：「古之知法者與今之知法者，異乎？」孔子曰：「古之知法者能遠獄〔三四〕，今之知法者不失有罪〔三五〕。不失有罪，其於怨寡矣〔三六〕；能遠於獄〔三七〕，其於防深矣〔三八〕。寡怨近乎濫〔三九〕，防深治乎本〔四〇〕。書曰『維敬五刑，以成三德』〔四一〕，言敬刑所以爲德矣〔四二〕。」

書曰：「非從維從〔四三〕。」孔子曰：「君子之於人也，有不語也，無不聽也〔四四〕，況聽訟乎？必盡其辭矣〔四五〕。夫聽訟者，或從其情，或從其辭。辭不可從，必斷以情〔四六〕。書曰：『人有小罪，非眚，乃惟終，自作不典，式爾；有厥罪小，乃不可不殺。乃有大罪，非終，乃惟眚災，適爾，既道極厥辜，時乃不可殺〔四七〕。』」

曾子問聽獄之術。孔子曰：「其大法有三焉〔四八〕：治必以寬〔四九〕，寬之之術，歸於察〔五〇〕。察之之術，歸於義〔五一〕。是故聽而不寬，是亂也〔五二〕；寬而不察，是慢也〔五三〕；察而不中義，是私也〔五四〕。私則民怨〔五五〕。故善聽者，言不越辭〔五六〕，辭不越情，情不越義〔五七〕。書曰：『上下比罰，無僭亂辭〔五八〕。』」

書曰：「哀敬折獄〔五九〕。」仲弓問曰：「何謂也。」孔子曰：「古之聽訟者，察貧窮，哀孤獨及鰥寡，宥老弱不肖而無告者〔六〇〕，雖得其情，必哀矜之〔六一〕。死者不可生，斷者不可屬〔六二〕。若老而刑之〔六三〕，謂之悖；弱而刑之，謂之克〔六四〕；不赦過，謂之逆〔六五〕；率過以小罪，謂之枳〔六六〕。故宥過，赦小罪，老弱不受刑，先王之道也〔六七〕。書曰：『大辟疑，赦〔六八〕。』又曰：『與其殺不辜，寧失不經〔六九〕。』」

書曰：「若保赤子〔七〇〕。」子張問曰：「聽訟可以若此乎？」孔子曰：「可哉〔七一〕！古之聽訟者，惡其意，不惡其人〔七二〕；求所以生之，不得其所以生，乃刑之，君必與衆共焉〔七三〕，愛民而重棄之也〔七四〕。今之聽訟者〔七五〕，不惡其意，而惡其人，求所以殺，是反古之道也〔七六〕。」

孟氏之臣叛，武伯問孔子曰〔七七〕：「如之何？」答曰：「人臣而叛〔七八〕，天下所不容也，其將自反〔七九〕，子姑待之〔八〇〕。」三旬，果自歸孟氏。武伯將執之，訪於夫子。夫子曰：「無也〔八一〕。子之於臣，禮意不至〔八二〕，是以去子〔八三〕。今其自反，罪以反除，又何報焉〔八四〕？子脩禮以待之，則臣去子，將安往〔八五〕？」武伯乃止〔八六〕。

校釋

〔一〕宋咸注：「夫禮以先民，遂至於道。雖刑爲輔，亦自情設。故夫子之論，獨名於篇。此有論書者四，然皆主於刑義，故不附於前。」

〔二〕「刑是以繁」，説郛本作「是以刑繁」。錢熙祚曰：「御覽六百三十五作『是以刑繁』。」冢田虎曰：「上無禮教，則下民多叛道者也。」庶按：尚書大傳甫刑：「孔子曰：『古之刑者省之，今之刑者繁之。其教，古者有禮，然後有刑，是以刑省也；今也反是，無禮而齊之以刑，是以繁也。』」漢書刑法志：「孔子曰：『古之知法者能省刑，本也；今之知法者不失有罪，末矣。』」義與此文可互參。

〔三〕宋咸注："書吕刑之文。言堯命伯夷下禮典以教民，而斷折以法。"「維」，尚書吕刑篇作「惟」。姜兆錫曰："「伯夷，掌禮之官。刑本於此，古之刑所以省也。"冢田虎曰："「折，分斷也。舜時伯夷作秩宗，下典禮以教民，而後斷之以刑法也。"庶按：段玉裁説文解字注："『惟』，經傳多用爲發語之詞，毛詩皆作『維』，論語皆作『唯』，古文尚書皆作『惟』，今文尚書皆作『維』。"吕刑孔穎達正義："「降，下也，從上而下於民也。舜典，伯夷主禮典，教民而斷以法，即論語所謂『齊之以禮』也。"

〔四〕「下」，程榮本、崇禎本、鍾惺本、何允中本、清抄本、説郛本、冢田虎本並作「先」。錢熙祚曰："「别本『下』作『先』。按『下』字正釋『降』字，通解三十七亦作『下』。"庶按：錢説是。此作「下」，與上「降典」之「降」乃换文避複。

〔五〕原本「繼」作「維」，程榮本、崇禎本、鍾惺本、何允中本、清抄本、説郛本並作「繼」。錢熙祚曰："「别本『維』作『繼』。"冢田虎曰："「刑以威之，斷其從禮與不從也。"庶按：作「維」乃涉上「折民維刑」之「維」而訛。此言治民先以禮教爲主，繼以刑罰爲輔之意，故當以「繼」爲是，據改。

〔六〕冢田虎曰："「無禮以教之，則民不知人倫之别，故爲不道，無所恥於心。而刑以正之，則民欲苟免乎刑而已。"庶按：論語爲政篇："「子曰：『道之以政，齊之以刑，民免而無恥；

道之以德，齊之以禮，有恥且格。』」禮記緇衣篇：「子曰：『夫民，教之以德，齊之以禮，則民有格心；教之以政，齊之以刑，則民有遯心。』」郭店楚簡緇衣十二：「子曰：『長民者教之以德，齊之以禮，則民有勸心；教之以政，齊之以刑，則民有免心。」上海博物館藏戰國楚竹書緇衣：「教之以政，齊之以刑，則民有免心。」李零曰：「『免』，郭店本寫法不同，整理者不釋，以爲相當今本『遯』字，我已指出，該字是『娩』字的古寫，『免』與『遯』含義相近。」（上博楚簡校讀記（之二）·緇衣，上博館藏戰國楚竹書研究，上海書店出版社二〇〇二年）「免」猶出也，故與「遯」義近而文異。孔子家語刑政篇：「仲弓問於孔子曰：『雍聞至刑無所用政，至政無所用刑。至刑無所用政，桀、紂之世是也；至政無所用刑，成、康之世是也，信乎？』孔子曰：『聖人之治化也，必刑、政相參焉。太上以德教民，而以禮齊之。其次以政焉導民，以刑禁之。刑不刑也，化之弗變，導之弗從，傷義以敗俗，於是乎用刑矣。』」義與此文可互參。

〔七〕宋咸注：「文子，衛卿，名彌牟。」庶按：文子名木，字彌牟，衛靈公之孫。

〔八〕宋咸注：「公父氏，魯大夫季氏。」冢田虎曰：「公父氏，蓋穆伯，名靖，爲理官與？」

〔九〕「乎」，蔡宗堯本作「也」。冢田虎曰：「文子蓋以爲無罪則宜無恥問之也。」

〔一〇〕冢田虎曰：「恥於失其義也。書曰『刑期無刑』，又曰『辟以止辟乃辟』，此意也。如是則民懼刑也。」庶按：「刑以止刑」疑承孔子家語刑政篇「以刑禁之」而譌，此文當作「齊之以刑」。作「齊之以刑」與上「齊之以禮」相對，且下文「今齊之以刑，刑猶弗勝」乃承此而言。又下文「何禮之齊」、「以刑齊民」，俱爲「齊之以刑」之變文。

〔一一〕「刑猶弗勝」，淵鑑類函卷二百二十九作「而猶弗勝」。錢熙祚曰：「初學記二十二作『而猶弗勝』。」冢田虎曰：「言刑以威之，然猶不勝齊之，當何禮得齊之與？」

〔一二〕「以禮」、「以刑」，淵鑑類函卷二百二十九作「禮之」、「刑以」，「於御則鞭」作「以御則鞭策」。錢熙祚曰：「初學記『鞭』下有『策』字。」庶按：「鞭」疑爲「策」之訛，下文「無轡而用策」、「右手運策」、「若徒轡無策」、「非策之助也」等文句，俱言策而不言鞭，初學記、淵鑑類函「鞭策」連文，「鞭」當爲衍文，然足證「策」字當有。下文宋咸注「捨轡而用策」，言「策」不言「鞭」，則其所見本亦當作「策」。

〔一三〕宋咸注：「捨轡而用策，則馬失道；去禮而任刑，則民忘生。」冢田虎曰：「治之善者，上執禮讓，而民自化之。上無禮之教，而刑以齊之，則民將反失道也。」

〔一四〕「左手執轡，右手運策」，葉氏藏本、潘承弼校跋本並作「右手執轡，左手運策」。冢田虎曰：「言禮刑兩用，乃亦可速治。」

〔一五〕宋咸注：「鄭風大叔於田篇。言驂服和諧中節如組者，如織組之爲。」庶按：毛傳：「驂之與服和諧中節。」「如舞」，謂齊一如舞之步。淮南子主術篇：「聖主之治也，其猶造父之御，齊輯之於轡銜之際，而急緩之於脣吻之和。」呂氏春秋先己篇：「詩曰：『執轡如組。』孔子曰：『審此言也，可以爲天下。』……聖人組修其身，而成文於天下矣。」韓詩外傳卷二：「故御馬有法矣，御民有道矣。法得則馬和而歡，道得則民安而集。詩曰：『執轡如組，兩驂如舞。』此之謂也。」義與此文可互參。

〔一六〕禮記緇衣篇：「子曰：『政之不行也，教之不成也，爵禄不足勸也，刑罰不足恥也。故上不可以褻刑而輕爵。』」郭店楚簡緇衣：「子曰：『政之不行，教之不成也，則刑罰不足恥，而爵不足勸也。故上不可以褻刑而輕爵。』」春秋繁露卷三精華篇：「春秋之聽獄也，心本其事而原其志。……教，政之本也。獄，政之末也。其事異域，其用一也，不可不以相順，故君子重之也。」義與此文可互參。

〔一七〕冢田虎曰：「唯鞭策之用，則馬窮而必逸。徒刑罰之尚，則民窮而彌暴。」

〔一八〕冢田虎曰：「漢書賈捐之傳曰：『駱越之人，父子同川而浴。』是也。蠻夷以無禮如此，民輕相侵犯，故其刑雖重之，而不勝制之，是由其無禮教也。」

〔一九〕冢田虎曰：「器械衣服，皆别異之，以殊貴賤之等類也。」

〔二〇〕冢田虎曰：「民俗敦篤，而法其禮教，雖刑則輕也，而勝治之，是由其有禮也。」

〔二一〕冢田虎曰：「上不教之，則下民惰農桑而走末業，以致其生産匱乏也。」

〔二二〕冢田虎曰：「其盜則可惡之也，然其所以盜者，則由衣食之匱也，故教之生業而不敢殺。」

〔二三〕冢田虎曰：「爲盜則一殺之。」　庶按：尚書大傳甫刑：「子曰：『今之聽民者，求所以殺之；古之聽民者，求所以生之。不得其所以生之之道，乃刑殺。』」

〔二四〕冢田虎曰：「善不反，不善不反於善也。省，減也。」

〔二五〕冢田虎曰：「由其愛養之之審也。」

〔二六〕「況」下，葉氏藏本、蔡宗堯本、潘承弼校跋本並有「乎」字。「政」下，程榮本、崇禎本、鍾惺本、何允中本、姜兆錫本並有「者」字。

〔二七〕「興」、「廢」，程榮本、崇禎本、鍾惺本、何允中本、姜兆錫本並作「奪」、「與」。「不賢」下，程榮本、崇禎本、何允中本、姜兆錫本並有「者」字。冢田虎曰：「賢不賢，謂民之有善行者與不（庶按：「不」下疑有脱文）者也。」　庶按：此二句承上「罰行而善不反，刑張而罪不省」言之，由民之所需衣食而導入爲政之意，以反證設問，故當作「況乎爲政，奪其賢者而與其不賢者」，則文從字順。

〔二八〕姜兆錫曰：「二者，謂衣食也。不用賢，審其衣食，而以化民，難矣。」

〔二九〕宋咸注：「上盜猶大盜。」「盜」下，宛委別藏本、周叔弢藏本、周子義本、程榮本、馮夢禎本、孔胤植本、崇禎本、四庫全書本、何允中本、姜兆錫本並無「先」字。葉氏藏本、蔡宗堯本、潘承弼校跋本、章鈺校跋本並有「先」字。錢熙祚曰：「『先』字依通解三十七補。」庶按：錢説與宋本等合，是。

〔三〇〕宋咸注：「周書康誥之文。言此殷家刑罰有倫理者，亦當兼用之。」庶按：宋咸注文乃本孔氏康誥篇傳。康誥篇孔穎達正義：「言不濫刑。不但國内……此殷家刑罰有倫理者兼用之。……既衛居殷墟，又周承於殷，後刑書相因，故兼用其有理者，謂當時刑書或無正條，而殷有故事可兼用，若今律無條，求故事之比也。」

〔三一〕冢田虎曰：「先王制刑罰，皆有倫理也。」

〔三二〕「德」疑爲「聽」之訛。「不同聽」謂今之諸侯聽獄不同於古，即尚書大傳甫刑所謂「今之聽民者，求所以殺之；古之聽民者，求所以生之」之意。下文子張曰「古之知法者與今之知法者，異乎」，即承此而問「不同聽」之具體内容，故孔子以「古之知法者能遠獄，今之知法者不失有罪」爲答。其「遠獄」即大傳所言「求所以生之」，「不知有罪」即大傳所言「求所以殺之」之意。此上下文無涉「德」義，作「德」，恐傳抄者涉下文「敬刑所以爲德」之「德」而訛，此爲孔叢子傳抄之文誤而大傳不誤，陳壽祺以孔叢此文改大傳，其説當不可從。「每」，宛委別藏本、蔡宗堯本、周叔弢藏本、孔胤植本、指海本、姜兆錫本並作「國」，葉氏藏本、潘承弼校跋本、章鈺校跋本並作「每」。錢熙祚曰：「通解三十七『國』作『每』。」庶按：「每」字不誤，尚書大傳甫刑亦有「每君異法」之文，與此可互證。

〔三三〕冢田虎曰：「不則先王成憲而國各異刑法，而以己意爲限斷，則其折訟獄無倫理，是以法難知也。康誥復曰：『用其義刑義殺，勿庸以次汝封。』」

〔三四〕宋咸注：「遠謂能止其源，以禮教先之也。」原本「遠」下無「獄」字，葉氏藏本、潘承弼校跋本、章鈺校跋本並有「獄」字，是，據補。下文「能遠於獄」，正可證此處脱「獄」字。

〔三五〕冢田虎曰：「能遠者，謂防其源而不使民犯焉。今則不然，務執拘有罪而已。」

〔三六〕宋咸注：「既不先禮，復不以情，惟法爲得。」「怨」，葉氏藏本、潘承弼校跋本、章鈺校跋本並作「怨」。錢熙祚曰：「通解『怨』作『怨』，下同。」「怨」下，冢田虎本有「不」字，冢田曰：「招怨多也。」

〔三七〕原本「遠」下有「則」字，葉氏藏本、章鈺校跋本並無「則」字，是，據刪。

〔三八〕原本「其」下無「於」字，葉氏藏本、潘承弼校跋本、章鈺校跋本並有「於」字。冢田虎曰：「防禦民之非心深也。」庶按：有「於」字是，據補。作「其於防深」與上「其於怨寡」相對。

〔三九〕「寡」上，冢田虎本有「不」字，冢田曰：「濫，刑之溢也。詩曰：『不僭不濫。』言招怨多，斯刑之濫也。」

〔四〇〕冢田虎曰：「能治其本心也。」

〔四一〕宋咸注：「周書呂刑之文。言教以惟敬五刑，所以成剛、柔、正直之三德。」

〔四二〕「敬刑」，鍾惺本、姜兆錫本並作「微淵」。姜兆錫曰：「『微淵所以爲德』，猶云不顯維德，言敬德之爲至也。」冢田虎曰：「刑罰，斯非可以招怨也。敬刑，則所以爲德也爾。」庶按：呂刑篇孔氏傳：「先戒以勞謙之德，次教以惟敬五刑，所以成剛、柔、正直之三德也。」

〔四三〕宋咸注：「周書呂刑云：『察辭於差，非從惟從。』言察囚辭，當差錯，不可從，其僞辭必審，從所本之意。」庶按：呂刑篇孔氏傳：「察囚辭，其難在於差錯，非從其僞辭，惟從其本情。」

〔四四〕宋咸注：「有不語則已，語則無不聽，在審其真僞焉。」冢田虎曰：「語猶言也。君子之與人言語，我則有所不敢言焉。人之言則無所不聽焉。」

〔四五〕冢田虎曰：「凡言猶無所不聽焉，況於獄訟之言乎？必盡其囚辭，而審聽斷之也。」

〔四六〕冢田虎曰：「凡訟獄者，有辭與情相違者。而辭有巧拙，情有曲直，故聽訟者，審察其辭而求其情，不惟從辭以折之，當必從情以斷絶之也。」

〔四七〕宋咸注：「周書康誥之文。眚，過也。災，害也。典，常也。式，用也。適，從也。既，盡也。言人有小罪過誤，乃惟終，自作不常用，犯汝。厥罪雖小，乃不可不殺也。乃有大罪，非終，乃惟過誤，難（庶按：「難」當爲「雖」之訛）有其害，從汝盡聽訟之道，以拯其罪，是亦不可殺，必以罰宥論焉。」 庶按：宋咸注文乃本康誥篇孔氏傳意。潛夫論述赦篇：「尚書康誥：『王曰：「於戲！封，敬明乃罰。人有小罪匪省，乃惟終自作不典，戒爾，有厥罪小，乃不可不殺。」』言惡人有罪雖小，然非以過差爲之也，乃欲終身行之，故雖小，不可不殺也。何則？是本頑凶思惡而爲之者也。『乃有大罪匪終，乃惟省哉，適爾，既道極厥罪，時亦不可殺。』言殺人雖有大罪，非欲以終身爲惡，乃過誤爾，是不殺也。若此者，雖曰赦之可也。」亦言慎罰之義。

〔四八〕「有」，葉氏藏本、潘承弼校跋本、章鈺校跋本並作「也」。

〔四九〕冢田虎曰：「寬，容而不棄也。治獄當必容兩造辭。」

〔五〇〕宋咸注：「夫寬則民慢，慢則姦僞生焉，故明（庶按：「明」，説郛本注文作「歸」）之以察。」冢田虎曰：「審察囚情之曲直也。」

〔五一〕宋咸注：「夫察甚則或過乎暴，故以義爲質。」冢田虎曰：「必原人倫之義。」

〔五二〕宋咸注：「夫聽大函則失於詳，故事之是否亂焉。」冢田虎曰：「不能容兩造辭，乃亂其治。」

庶按：宋咸注文「大函」猶寬泛之意，「大」同「太」。

〔五三〕冢田虎曰：「慢其是非。」

〔五四〕宋咸注：「私謂刑失其正，若私曲然。」

〔五五〕冢田虎曰：「私，有偏黨之謂也。有所偏黨，則招民怨。」

〔五六〕原本「言」作「雖」，葉氏藏本、潘承弼校跋本、章鈺校跋本、黎堯卿本並作「聽」，姜兆錫本作「罪」。尚書大傳甫刑作「言」。「言」字是，據改，他本皆失之。「言不越辭」，謂得言當察之以辭。禮記哀公問篇：「孔子對曰：『君子過言則民作辭，過動則民作則。君子言不過辭，動不過則。』」亦謂慎言之意，與此文可互參。

〔五七〕宋咸注：「夫善聽者，得辭則審之以情，得情則斷之以義。」冢田虎曰：「善聽訟者，所聽則雖不出於辭，然察其情。而越情之辭，則不聽之。其辭則雖不越情，然協之義。而越義之情，則亦不從之。」

〔五八〕宋咸注：「周書呂刑之文。言上下比方其罪，無聽僭辭之亂以自疑。」姜兆錫曰：「言聽獄在仁、智、義之三德也。『上下比罰』，所謂上比下比也。」冢田虎曰：「上下猶曰輕重。罰，書作『罪』。言比方其罪之輕重，而可無聽僭亂之辭也。」庶按：宋咸注文乃本呂刑篇孔氏傳意。呂刑篇孔穎達正義：「罪條雖有多數，犯者未必當條，當取故事並之，上下比方其罪之輕重，上比重罪，下比輕罪，觀其所犯當與誰同。獄官不可盡賢，其問或有阿曲，宜預防之。『僭』，不信也。獄官與囚等或作不信之辭，以惑亂在上，人君無得聽此僭亂之辭，以自疑惑。」

〔五九〕宋咸注：「周書呂刑之文。言當哀人之所犯，而敬斷其獄。」「敬」，宛委別藏本、周叔弢藏本、周子義本、程榮本、馮夢禎本、孔胤植本、崇禎本、鍾惺本、王韜校跋本、四庫全書本、何允中本、指海本、陳錫麒本、清抄本、姜兆錫本、冢田虎本並作「矜」。冢田虎曰：「書呂刑『矜』作『敬』。」錢熙祚曰：「通解三十七『矜』作『敬』，與今書文同。」

〔六〇〕原本「老」上無「宥」字，尚書大傳甫刑：「子曰：『古之聽民者，察貧窮，哀孤獨矜寡，宥老幼不肖無告。』」冢田虎曰：「無告，謂無親族之可告報者也。」庶按：「宥」字當有，據補。老幼、不肖、無告，爲古之三赦對象，即周禮秋官司刺所謂「幼弱、老耄、惷愚」之人。

〔六一〕冢田虎曰：「凡訟獄者，多掩其實，則其情不易得。故聽訟者，要在得其情。然民之有訟獄，惟由上失其道，而貧民不得其所，是以君子得其情，則必哀愍之，而不敢即斷也。」

〔六二〕宋咸注：「屬，續也。」「屬」，蔡宗堯本作「續」。冢田虎曰：「大辟者，不可復生；劓刖者，不可再續，故折獄宜哀敬也。」庶按：尚書大傳甫刑：「死者不可復生，斷者不可復續也。」

〔六三〕原本「老」作「先」，宛委别藏本、葉氏藏本、蔡宗堯本、周叔弢藏本、周子義本、程榮本、馮夢禎本、孔胤植本、崇禎本、鍾惺本、潘承弼校跋本、王韜校跋本、四庫全書本、何允中本、指海本、章鈺校跋本、陳錫麒本、清抄本、姜兆錫本、冢田虎本並作「老」，是，據改。

〔六四〕「克」，周子義本、程榮本、馮夢禎本、崇禎本、鍾惺本、何允中本、冢田虎本並作「剋」，冢田虎曰：「剋、刻同，割剥也。」庶按：「克」、「剋」古今字，謂寡恩。尚書大傳甫刑作「暴」，與此文異而意同。

〔六五〕宋咸注：「臯陶云：『宥過無大，刑故無小。』是則過雖大，可宥焉。此云不赦過爲逆，是逆於道矣。」　庶按：宋咸注引臯陶文，在今本大禹謨篇。「逆」，尚書大傳甫刑作「賊」。

〔六六〕宋咸注：「『枳』，一作『疻』，猶傷也。夫過則宜（庶按：原本「宜」作「宣」，「宣」乃「宜」之訛，今改）宥，若率以爲小罪，亦傷乎義焉，況爲之大罪耶？」姜兆錫曰：「率，猶皆也，盡也。枳，棘類，多刺。」

〔六七〕姜兆錫曰：「此章即周禮『三宥』『三赦』之意也。」冢田虎曰：「三者，先王斷獄之道。」庶按：周禮秋官司刺：「司刺掌三刺、三宥、三赦之法……壹宥曰不識，再宥曰過失，三宥曰遺忘。……以此三法者求民情、斷民中，而施上服下服之罪，然後刑殺。」

〔六八〕宋咸注：「周書呂刑之文。言大（庶按：原本「大」作「天」，「天」乃「大」之訛，今改）辟死刑，疑則亦赦。」　庶按：呂刑篇孔穎達正義：「釋詁云：『辟，罪也。』死是罪之大者，故謂死刑爲大辟。」

〔六九〕宋咸注：「大禹謨之文。言寧失不常之罪，不枉不辜之人。」　庶按：大禹謨篇孔穎達正義：「與其殺不辜非罪之人，寧失不經不常之罪以等。枉殺無罪，寧妄免有罪也。」左傳襄公二十六年：「故夏書曰：『與其殺不辜，寧失不經。』」杜預注：「逸書也。」楊伯峻注：「作僞古文尚書者羼入大禹謨。不經即不守正法之人。」

〔七〇〕宋咸注：「周書康誥之文。言愛民若安嬰孩赤子然，不使失其欲。」冢田虎曰：「書康誥曰：『若保赤子，惟民其康乂。』」

〔七一〕冢田虎曰：「哀矜訟者，亦可若保養赤子也。」

〔七二〕宋咸注：「非喜怒其人，但疾其意之有險害。」冢田虎曰：「唯惡其意之姦慝，而非惡其人之躬也。」

〔七三〕冢田虎曰：「雖其事則當殺，而復論其所以犯焉，必即人倫之情義以權之，而求其所以可生之理也。古者聽獄，雖獄成也，又命三公卿士，參聽棘木之下，而後王以三宥之法聽之。」

〔七四〕宋咸注：「是所謂刑人於市，與衆棄之也。」宛委別藏本、周叔弢藏本、周子義本、程榮本、馮夢禎本、孔胤植本、崇禎本、鍾惺本、潘承弼校跋本、王韜校跋本、四庫全書本、何允中本、指海本、陳錫麒本、清抄本、姜兆錫本、冢田虎本、沈津本並無此「愛民而重棄之也」七字。庶按：此「重」爲慎重之意，孔子家語刑政篇有「刑人必於市，與衆棄之也」文，與此意不同，疑宋咸承家語文而注，則失孔叢子本意。

〔七五〕原本「令」作「今」，「今」乃「令」之訛，今改。

〔七六〕宋咸注：「蓋以喜怒愛惡（庶按：「喜怒愛惡」，宛委別藏本、周叔弢藏本、指海本注文並作

「任情」)而爲之刑，非反古而何？」姜兆錫曰：「亦上非眚非終之意也。」冢田虎曰：「尤罰附於事，而不論其情意如何，特求其罪之所以當死刑，是反戾於古道也。」庶按：漢書刑法志：「(孔子)又曰：『今之聽獄者，求所以殺之；古之聽獄者，求所以生之。』」義與此文可互參。

〔七七〕宋咸注：「武伯之家臣。」冢田虎曰：「武伯名彘。」

〔七八〕原本「人臣」作「臣人」，錢熙祚曰：「『人臣』二字原倒，依御覽六百二十一乙轉。」庶按：錢説是，據乙。

〔七九〕原本「將」作「狀」，宛委別藏本、葉氏藏本、蔡宗堯本、潘承弼校跋本、何允中本、指海本、陳錫麒本、清抄本並作「將」，錢熙祚曰：「『將』原誤『狀』，依御覽改。」庶按：錢説是，據改。

〔八〇〕宋咸注：「姑，且也。」冢田虎曰：「言察其叛狀，將自歸來，宜且待其歸也。」

〔八一〕冢田虎曰：「無可執之義也。」

〔八二〕「意」，鍾惺本、姜兆錫本並作「義」。

〔八三〕宋咸注：「夫禮不交則意不通，意不通則疑所以生，疑生則去矣。」冢田虎曰：「彼恚其不禮而去也。」

〔八四〕宋咸注：「此所謂過而能改，善莫大焉。故李廣殺降兵，世稱其非也。」冢田虎曰：「今其人自歸來，則其叛之罪，既自除焉，又何執之爲？」

〔八五〕「往」下，錢熙祚曰：「御覽有『哉』字。」冢田虎曰：「去有禮之主，而何處往乎？」

〔八六〕姜兆錫曰：「此章亦以禮義止刑之意，而罪以反除，亦寬也。」

記問第五〔一〕

夫子閒居，喟然而嘆〔二〕。子思再拜請曰〔三〕：「意子孫不脩，將忝祖乎〔四〕？羨堯、舜之道，恨不及乎〔五〕？」夫子曰：「爾孺子，安知吾志？」子思對曰：「伋於進善〔六〕，亟聞夫子之教：其父析薪，其子弗克負荷，是謂不肖〔七〕。伋每思之，所以大恐而不解也〔八〕。」夫子忻然笑曰：「然乎，吾無憂矣。世不廢業，其克昌乎〔九〕！」

子思問於夫子曰：「爲人君者，莫不知任賢之逸也，而不能用賢，何故〔一〇〕？」子曰：「非不欲也，所以官人失能者，由於不明也〔一一〕。其君以譽爲賞，以毀爲罰，賢者不居焉〔一二〕。」

子思問於夫子曰：「亟聞夫子之詔〔一三〕，正俗化民之政，莫善於禮樂也。管子任法以治齊，而天下稱仁焉，是法與禮樂異用而同功也，何必但禮樂哉〔一四〕？」子曰：「堯、舜之化〔一五〕，百世不輟，仁義之風遠也〔一六〕。管仲任法，身死則法息，嚴而寡恩也〔一七〕。若管仲之智，足以定法〔一八〕，材非管仲，而專任法，終必亂成矣〔一九〕。」

子思問於夫子曰：「物有形類〔二〇〕，事有真僞，必審之，奚由？」子曰：「由乎心。心之精神是謂聖〔二一〕，推數究理不以疑〔二二〕，周其所察〔二三〕，聖人難諸〔二四〕？」

趙簡子使聘夫子〔二五〕，夫子將至焉，及河，聞鳴犢與竇犨之見殺也〔二六〕，迴輿而旋，之衛〔二七〕，息鄹。遂爲操曰〔二八〕：「周道衰微，禮樂陵遲。文、武既墜，吾將焉師〔二九〕？周遊天下，靡邦可依。鳳鳥不識，珍寶梟鴟〔三〇〕。眷然顧之，慘焉心悲〔三一〕。巾車命駕〔三二〕，將適唐都〔三三〕。黄河洋洋，攸攸之魚〔三四〕。臨津不濟，還轅息鄹。傷予道窮，哀彼無辜〔三五〕。翱翔於衛，復我舊廬〔三六〕。從吾所好，其樂只且〔三七〕。」

哀公使以幣如衛迎夫子〔三八〕，而卒不能當〔三九〕，故夫子作丘陵之歌曰〔四〇〕：「登彼丘陵，峛崺其阪〔四一〕。仁道在邇，求之若遠〔四二〕。遂迷不復〔四三〕，自嬰屯蹇〔四四〕。喟然迴慮，題彼泰山〔四五〕。欝確其高，梁甫迴連〔四六〕。枳棘充路，陟之無緣〔四七〕。將伐無柯〔四八〕，患兹蔓延。惟以永嘆，涕霣潺湲〔四九〕。」

楚王使使奉金帛聘夫子〔五〇〕。宰予、冉有曰：「夫子之道，於是行矣〔五一〕。」遂請見，問夫子曰：「太公勤身苦志〔五二〕，八十而遇文王〔五三〕，孰與許由之賢〔五四〕？」夫子曰：「許由，獨善其身者也〔五五〕；太公，兼利天下者也〔五六〕。然今世無文王之君也〔五七〕，雖有太公，孰能識之〔五八〕？」乃歌曰：「大道隱兮禮爲基〔五九〕，賢人竄兮將待時，天下如一兮欲何之〔六〇〕？」

叔孫氏之車子曰鉏商，樵於野而獲獸焉〔六一〕，衆莫之識，以爲不祥，棄之五父之衢〔六二〕。冉有告夫子曰：「麕身而肉角〔六三〕，豈天之妖乎〔六四〕？」夫子曰：「今何在？吾將觀焉。」遂往，謂其御高柴曰：「若求之言，其必麟乎〔六五〕！」到視之，果信。言偃問曰：「飛者宗鳳，走者宗麟，爲其難至也。敢問今見，其誰應之〔六六〕？」子曰：「天子布德，將致太平，則麟鳳龜龍先爲之祥〔六七〕；今周宗將滅〔六八〕，天下無主，孰爲來哉〔六九〕？」遂泣曰：「予之於人，猶麟之於獸也。麟今出而死〔七〇〕，吾道窮矣〔七一〕。」乃歌曰：「唐、虞世兮麟鳳遊，今非其時來何求〔七二〕？麟兮麟兮我心憂〔七三〕。」

校釋

〔一〕宋咸注：「諸有問焉，夫子以法度之言爲之復，故目而記之。」姜兆錫曰：「此篇凡八章，惟第五、第六章無所問而自作歌，餘皆答聖孫問、答門弟子問者也。」

〔二〕宋咸注：「喟然，大息之聲。」

〔三〕宋咸注：「孔伋，字子思，孔子之孫，鯉之子，年六十二。」

〔四〕宋咸注：「忝，辱也。」

〔五〕「及」，何允中本、姜兆錫本、説郛本並作「反」。姜兆錫曰：「反，復也。」冢田虎曰：「言夫子之所以嘆者，於此二者將爲何等故乎？」　庶按：「反」字義勝。

〔六〕原本「善」作「瞻」，葉氏藏本、潘承弼校跋本並作「膳」，明天啟元年刊馮夢禎本有朱筆校語，改「瞻」爲「膳」。子思子無憂篇作「善」。　庶按：「膳」乃「善」之訛，「善」是，據子思子改。

〔七〕冢田虎曰：「君子創業垂統，而爲可繼焉。若爲其子孫不能繼焉，此之爲不肖也。」　庶按：「克」，猶能也。左傳昭公七年：「子産曰：『古人有言曰：其父析薪，其子弗克負荷。』」杜預注：「荷，擔也。以微薄喻貴重。」

〔八〕「解」，葉氏藏本、潘承弼校跋本、章鈺校跋本並作「懈」。冢田虎曰：「言每思不能負荷之，故今聞其嘆聲，則以爲爲之，乃大恐而不解也。」　庶按：「解」、「懈」古今字。

〔九〕宋咸注：「以子思知大恐析薪之憂，故所以無憂。」冢田虎曰：「悦其每思不能負荷焉，則不廢祖業，而其道將盛也。」

〔一〇〕冢田虎曰：「任賢者則自安逸，是爲人君者，非不知之。」

〔一一〕「失能」，周子義本、馮夢禎本、崇禎本、鍾惺本、何允中本、冢田虎本並作「任能」，冢田虎曰：「人君非不欲用賢者，然由其自不明。所以官人任能者，官非其人、任非其人也。」 庶按：「任」乃「失」之訛，冢田説乃承其所據本「任」字而强爲之解。

〔一二〕宋咸注：「譽己者賞之，毀己者罰之，則賢人去而佞人至矣，夫人主不可不察焉。」

〔一三〕宋咸注：「詔，告也。」「亟」，周子義本、程榮本、馮夢禎本、崇禎本、鍾惺本、何允中本、姜兆錫本並作「伋」。錢熙祚曰：「别本『亟』作『伋』。」 庶按：此「亟」字不誤，上文言「亟聞夫子之教」，此言「亟聞夫子之詔」，前後相承。作「伋」者，乃涉上「伋於進善」而訛。

〔一四〕宋咸注：「言儉（庶按：「儉」疑爲「任」字之訛）法則已，何必但須禮樂？」冢田虎曰：「管仲之治齊，任法而不任禮樂。法則詰姦禁暴，禮樂則正俗化民，是異其用也，然其治功則同也。孔子曰：『仁有三，與仁同功而異情。』今問如同其功，則政治不可必但禮樂也。」 庶按：冢説引「孔子曰」文，見禮記表記篇。

〔一五〕「化」，崇禎本、鍾惺本、何允中本、姜兆錫本並作「功」。

〔一六〕冢田虎曰：「聖人仁義之風化，則至乎百世猶不止也。」

〔一七〕冢田虎曰：「法禁之治，則威嚴而寡恩，故不及乎世也。」

〔一八〕原本「足」作「是」，葉氏藏本、蔡宗堯本、周子義本、程榮本、指海本、清抄本、姜兆錫本、冢田虎本並作「足」，是，據改。

〔一九〕宋咸注：「亦猶孟軻所謂『非伊尹之心則篡也』。」冢田虎曰：「人有其智如管仲，則足以定法，而猶爲終身之治。非其材如管仲，而專任法，則終成亂也。言管仲之治，則在其材而不在其法。」庶按：孟子盡心上：「孟子曰：『有伊尹之志則可，無伊尹之志則篡也。』」

〔二〇〕冢田虎曰：「形類，正形與似類也。」

〔二一〕「謂」，葉氏藏本、潘承弼校跋本、章鈺校跋本並作「乎」。冢田虎曰：「精神則無所不通也。」

〔二二〕宋咸注：「心誠神通則數不能遁。」「以」下，葉氏藏本、潘承弼校跋本、章鈺校跋本並有「物」字。冢田虎曰：「推物數，窮事理，而不以疑惑。」

〔二三〕錢熙祚曰：「韓非子外儲説右上云：『不以其所疑敗其所察，則難也。』此『以』（庶按：指「推數究禮不以疑」之「以」）下脱『所』字，『敗』誤作『周』。」姜兆錫曰：「周，遍也。」冢田虎曰：「偏明察之。」庶按：韓非子該文乃就知人而言，此則爲辨事而論，其意兩不相涉，錢氏僅以文字異同比附，不足據。

〔二四〕宋咸注：「雖聖人猶難，矧其下者，可不慎乎？」冢田虎曰：「聖人猶不以爲易也。」

〔二五〕宋咸注：「簡子，晉卿，趙文子之孫、景叔之子趙鞅也。」冢田虎曰：「簡子，晉卿趙孟。時孔子在衛。」庶按：「使」下疑脱一「使」字，三國志魏書劉廙傳裴松之注引劉向新序曰：

「趙簡子欲專天下，謂其相曰：『趙有犢犫，晉有鐸鳴，魯有孔丘，吾殺三人者，天下可王也。』於是乃召犢犫、鐸鳴而問政焉，已即殺之。使使者聘孔子於魯。」宋咸注文之「景叔」，國語晉語九韋昭注作「景子」。

〔二六〕宋咸注：「或作『鳴鐸、竇犫』，又作『竇鳴犢、舜華』，皆晉國之賢大夫也。」葉氏藏本、潘承弼校跋本有注文：「孔子家語云：『殺竇準、鳴犢及舜華。』又云：『趙簡子須此二人而後從政。』則竇準、鳴犢爲一人，舜華爲一人也。史記世家云：『竇鳴犢與舜華。』徐廣注云：『或作「鳴鐸、竇準」，今備存之。』」庶按：葉氏藏本、潘承弼校跋本之注文，不似宋咸注文之語氣，疑爲後人翻刻時所加。「聞」下，葉氏藏本、蔡宗堯本、潘承弼校跋本、章鈺校跋本並有「竇」字，「竇犫」並作「舜華」。

〔二七〕姜兆錫曰：「之衛，往衛也。」

〔二八〕宋咸注：「孔子曰：『趙簡子未得志之時，須此二人而後政；及已得志，殺之。夫鳴獸之於不義，尚知避之，況乎丘哉！』乃還，息乎陬鄉，作陬操以哀之。『陬』亦作『鄹』也。」庶按：宋咸注文「孔子曰」之語，乃約取史記孔子世家文。孔子世家司馬貞索隱：「此陬鄉非魯之陬邑。」孔子世家於「作爲陬操以哀之」下，亦有「而反乎衛，入主蘧伯玉家」之語，則陬鄉亦非衛地。琴操卷上：「將歸操者，孔子之所作也。趙簡子循執玉帛，以聘孔子。孔子將往，未至，渡狄水，聞趙殺其賢大夫竇鳴犢，喟然而嘆之曰：『夫趙之所以治者，鳴犢之力也，殺鳴犢而聘余，何丘之往也？夫燔林而田，則麒麟不至；覆巢破卵，則鳳凰不翔。鳥獸尚惡傷類，而況君子哉！』於是援琴而鼓之，云：『翱翔於衛，復我舊居，從吾所好，其樂只且。』」孫星衍校曰：「案：水經注漯水引孔子臨狄水而歌曰：『狄水衍兮風揚波，船輯顛倒更相加。歸來歸來兮胡爲斯？』疑是將歸操之脱文。今本水經注『狄』譌作『秋』，又脱末句，從宋本韓文考異引補。」水經河水注五：「琴操以爲孔子臨狄水而歌矣，曰：『狄水衍兮風揚波，船楫顛倒更相加。』」

〔二九〕「師」，宛委別藏本、蔡宗堯本、周叔弢藏本、周子義本、程榮本、馮夢禎本、孔胤植本、崇禎本、鍾惺本、王韜校跋本、四庫全書本、何允中本、指海本、陳錫麒本、清抄本、姜兆錫本、冢田虎本、沈津本並作「歸」。冢田虎曰：「二王之道既墜乎地，則將莫所依歸也。」庶按：「師」字協韻，師猶法也。

〔三〇〕宋咸注：「言不識鳳鳥，而以梟鴟爲珍。」冢田虎曰：「言君子則不知，以佞邪爲賢也。」庶按：此「梟鴟」爲倒文協韻，即鴟梟。

〔三一〕「焉」，宛委別藏本、蔡宗堯本、周叔弢藏本、周子義本、程榮本、馮夢禎本、孔胤植本、崇禎本、鍾惺本、王韜校跋本、四庫全書本、何允中本、指海本、陳錫麒本、清抄本、姜兆錫本、冢田虎本並作「然」。

〔三二〕姜兆錫曰：「巾，飾也。」冢田虎曰：「巾車，官車之長。」　庶按：文選西京賦「巾車命駕」，李善注：「巾車，主車官也。……鄭玄周禮注曰：『巾，猶衣也。』」

〔三三〕宋咸注：「晉乃唐堯所都之域。」冢田虎曰：「唐都，即謂晉也。」

〔三四〕姜兆錫曰：「『攸』、『悠』同，子自謂也。」冢田虎曰：「洋洋，水盛也。」

〔三五〕宋咸注：「既傷己之道窮，復哀彼二人無辜見殺。」

〔三六〕錢熙祚曰：「文選從軍詩注『廬』作『居』。」　庶按：琴操亦作「居」。作「廬」與上文「辜」協韻。

〔三七〕冢田虎曰：「所好，謂先王之道也。只且，語辭。家語曰『作槃操以哀之』，而不載此辭。」　庶按：文選西京賦「盤于游畋，其樂只且」，李善注：「毛詩曰：『其樂只且。』辭也。」

〔三八〕冢田虎曰：「如，往也。時冉求言於季康子，康子言於哀公而迎夫子於衛。事見左氏傳哀公十一年及家語正論解。」

〔三九〕宋咸注：「魯哀公雖迎之，而終不能用。」原本「當」作「賞」，葉氏藏本、潘承弼校跋本、章鈺校跋本並作「當」，姜兆錫本作「用」，指海本作「官」。錢熙祚曰：「『官』原誤『賞』，依御覽五百七十一改。」冢田虎曰：「不能嘉賞其道也。」　庶按：錢說非，「賞」乃「當」之訛，「當」是，據改。「當」謂任也。國語晉語九韋昭注：「當，猶任也。」以宋咸注文「而終不能用」觀之，正以「用」釋「當」。冢田虎謂「嘉賞」，乃承其本作「賞」而誤。姜兆錫徑改作「用」，則意是而文非。史記孔子世家：「會季康子逐公華、公賓、公林，以幣迎孔子，孔子歸魯。孔子之去魯凡十四歲而反乎魯。……然魯終不能用孔子，孔子亦不求仕。」

〔四〇〕宋咸注：「詩稱『周道如砥，其直如矢』，言明王之道，砥平矢直，故昏主之道艱且險，若丘陵然。故作是歌以託意焉。」　庶按：宋咸注文引詩，見小雅大東篇。

〔四一〕宋咸注：「峛崺猶崎嶇相屬也。丘陵既高且險，其阪又崎嶇而相屬。丘陵謂王室，阪指諸侯。」冢田虎曰：「峛崺，山阪卑長貌。二句蓋謂王道之凌夷也。」

〔四二〕宋咸注：「仁道本近，人自以爲遠而不能求之。太平可致，而昏主自以爲遠。」姜兆錫曰：「蓋窮則獨善其身之意也。」

〔四三〕「遂迷」，指海本作「迷而」，清抄本標記毛斧季藏宋本作「遂迷」。錢熙祚曰：「『迷而』原作『遂迷』，依御覽改。」

〔四四〕宋咸注：「時王、諸侯既迷塗不反，故我所以嬰此屯、蹇。」冢田虎曰：「嬰，縈累也。屯蹇，難進也。世人皆在於邇之道迷惑而不反復，愚蒙自嬰累而終不得進也。」　庶按：「嬰」通「攖」，遭遇。屯、蹇，易之卦名，謂困苦之意。

〔四五〕宋咸注：「題猶顧也。泰山，謂魯也。言歷諸國，既無所用，乃喟然而嘆，復顧魯而還也。」「迴」，葉氏藏本、蔡宗堯本、潘承弼校跋本並作「回」，姜兆錫本作「過」。

〔四六〕「確」，蔡宗堯本作「崔」。冢田虎曰：「欝確，茂峻貌。」　庶按：「欝確」連文，俱言高大之義。

〔四七〕冢田虎曰：「枳棘，謂羣小人。」

〔四八〕冢田虎曰：「柯，斧柄。」　庶按：新語辨惑篇：「詩云：『有斧無柯。』言何以治之也。」王利器校注引文廷式曰：「此逸詩也。」

〔四九〕宋咸注：「言顧魯而還。公室既欝確而險，大夫亦亂如枳棘之滿路，吾欲伐去之，乃無斧柯。梁甫，泰山下之小山，指三桓也。」「霣」，蔡宗堯本作「隕」。冢田虎曰：「潺湲，流貌。」

〔五〇〕宋咸注：「時楚昭王欲以書社地七百里封孔子，爲令尹子西諫而止。」「帛」，宛委別藏本、蔡宗堯本、周子義本、程榮本、馮夢禎本、孔胤植本、崇禎本、鍾惺本、王韜校跋本、四庫全書本、何允中本、指海本、陳錫麒本、清抄本、冢田虎本、沈津本、子苑本、淵鑑類函卷一百八十五並作「幣」。史記孔子世家：「於是使子貢至楚。楚昭王興師迎孔子，然後得免。昭王將以書社地七百里封孔子。」司馬貞索隱：「古者二十五家爲里，里則各立社。則書社者，書其社之人名於籍。蓋以七百里書社之人封孔子也。」　庶按：里社乃漢時之制，非先秦古事，司馬貞之文，可備一說。

〔五一〕「於是」，孔胤植本、指海本、沈津本並作「至是」。冢田虎曰：「嘉其將用於楚王也。」

〔五二〕原本「志」作「至」，宛委別藏本、葉氏藏本、蔡宗堯本、周叔弢藏本、周子義本、程榮本、馮夢禎本、孔胤植本、崇禎本、鍾惺本、潘承弼校跋本、王韜校跋本、四庫全書本、何允中本、指海本、章鈺校跋本、陳錫麒本、清抄本、冢田虎本、元蘇應龍輯新編類意集解諸子瓊林後集卷五引孔叢子節本並作「志」，是，據改。

〔五三〕「八十」，錢熙祚曰：「御覽五百七十一作『七十』。」　庶按：史記齊太公世家：「太公望呂尚者，東海上人……呂尚蓋嘗窮困，年老矣，以漁釣奸周西伯。西伯將出獵，卜之，曰『所獲非龍非彲，非虎非羆；所獲霸王之輔』。於是周西伯獵，果遇太公於渭之陽，與語大說，曰：『自吾先君太公曰「當有聖人適周，周以興」，子真是耶？吾太公望子久矣。』故號之曰『太公望』。載與俱歸，立爲師。」

〔五四〕宋咸注：「堯欲以天下禪許由，而許由遁去。太公八十，乃事文王。問二人孰賢？」冢田虎曰：「許由，堯時隱者也。欲問二子出處如何，以見夫子之翼楚王否也。」

〔五五〕莊子逍遥遊篇：「堯讓天下於許由，曰：『日月出矣而爝火不息，其於光也，不亦難乎！時雨降矣而猶浸灌，其於澤也，不亦勞乎！夫子立而天下治，而我猶尸之，我自視缺然。請致天下。』許由曰：『子治天下，天下既已治也。而我猶代子，我將爲名乎？名者，實之賓也。吾將爲賓乎？鷦鷯巢於深林，不過一枝，偃鼠飲河，不過滿腹。歸休乎君，予無所用天下爲！庖人雖不治庖，尸祝不越樽俎而代之矣。』」

〔五六〕「利」，説郛本作「善」。錢熙祚曰：「御覽『利』作『善』。」庶按：御覽卷五百七十一作「兼天下」，無「善」字，錢氏或失檢。

〔五七〕「君」下，指海本無「也」字，錢熙祚曰：「原有『也』字，依書鈔百六、御覽五百七十一删。」

〔五八〕宋咸注：「言今天下無文王，楚安能用我？」冢田虎曰：「夫子之志，固在兼利天下，然世無文王之君，則不得速其志也。」錢熙祚曰：「『孰能識之』，書鈔、御覽並作『孰識之哉』。」庶按：書鈔卷百六作「孰能識之」，錢氏或失檢。

〔五九〕「爲」，御覽卷五百七十一作「有」。姜兆錫曰：「『禮爲基』，謂以禮自守，即竄伏待時之意也。」庶按：作「禮有基」於義爲長。

〔六〇〕宋咸注：「是時諸侯皆亂，吾將何適？」「欲何之」下，葉氏藏本、潘承弼校跋本並有注文：「一作『待清時』。」原本「一」下無「兮」字，指海本有「兮」字，錢熙祚曰：「此『兮』字依御覽補。」姜兆錫曰：「『一』謂定於一也。定於一，則不必之楚矣。」冢田虎曰：「滔滔者，天下皆是也，則無所往之也。」庶按：錢説是，補「兮」字與下「唐、虞世兮」文例同，是，據補。

〔六一〕宋咸注：「春秋經哀公十四年：『西狩獲麟。』左氏曰『西狩於大野，叔孫氏之車子鉏商獲麟』，與此云『樵於野』小殊。」「子曰鉏商」，葉氏藏本、潘承弼校跋本、章鈺校跋本並作「卒曰子鉏商」。史記孔子世家作「狩大野，叔孫氏車子鉏商獲獸」，孔子家語辯物篇作「車士曰子鉏商」。王肅注：「車士，持車者。子，姓也。」左傳哀公十四年杜預注：「車子，微者。鉏商，名。」孔子世家裴駰集解：「服虔曰：『大野，藪名，魯田圃之常處，蓋今鉅野是也。』」張守節正義：「括地志云：『獲麟堆在鄆州鉅野縣東十二里。……國都城記云「鉅野故城東十里澤中有土臺，廣輪四五十步，俗云獲麟堆，去魯城可三百餘里」。』」司馬貞索隱：「春秋傳及家語並云『車子鉏商』，而服虔以『子』爲姓，非也。今以車子爲主車車士，微者之人也。人微故略其姓，則『子』非姓也。」

〔六二〕宋咸注：「衢，名（庶按：「名」上疑脱「道」字。左傳襄公十一年杜預注：「五父衢，道名，在魯國東南。」）也。」冢田虎曰：「家語作『棄之於郭外』。」 庶按：孔子世家張守節正義：「括地志云：『五父衢在兗州曲阜縣西南二里，魯城内衢道也。』」

〔六三〕「麕身」，公羊傳哀公十四年、孔子家語辯物篇並作「有麏」，「麏」乃「麕」之異體。作「有麕」，疑爲襲詩經召南「野有死麕」之文而寫。

〔六四〕宋咸注：「爾雅云：『麟，麕身，牛尾，一角。』毛詩義疏曰：『麟，馬足，黃色，圓蹄，角端有肉。』」冢田虎曰：「麢，鹿屬。」　庶按：宋咸注文引毛詩義疏，乃毛詩草木鳥獸蟲魚疏文，爾雅釋獸郝懿行義疏：「詩疏引草木疏云：『麢身，牛尾，馬足，黄色，員蹄，一角，角端有肉。』」

〔六五〕冢田虎曰：「子羔時御夫子之車也。言若求之所告焉，則其將必麟也。」　庶按：説文：「麟，大牝鹿也。」

〔六六〕冢田虎曰：「言其難致來之麟，於今見者，將誰應此瑞乎？」

〔六七〕荀子哀公篇：「是以鳳在列樹，麟在郊野。」

〔六八〕「周宗」，宛委别藏本、蔡宗堯本、周叔弢藏本、周子義本、程榮本、馮夢禎本、孔胤植本、崇禎本、鍾惺本、王韜校跋本、四庫全書本、何允中本、指海本、陳錫麒本、清抄本、冢田虎本並作「宗周」。

〔六九〕冢田虎曰：「諸侯争而天下無定主，今而麟之來，失其應也。」　庶按：公羊傳哀公十四年：「孔子曰：『孰爲來哉？孰爲來哉？』反袂拭面，涕沾袍。」

〔七〇〕原本「麟」下無「今」字，蔡宗堯本有「今」字，是，據補。

〔七一〕冢田虎曰：「夫子嘗曰：『文王既没，文不在茲乎？』當時天下皆無道，而夫子獨修先王之道，猶麟之於獸中。而其道之不遇乎世，斯如麟之出非其時也。」　庶按：冢田説引「夫子」

之言，見論語子罕篇。

〔七二〕「來」，宛委别藏本、蔡宗堯本、周叔弢藏本、周子義本、程榮本、馮夢禎本、諸子彙函本、孔胤植本、崇禎本、鍾惺本、王韜校跋本、何允中本、陳錫麒本、清抄本、姜兆錫本、冢田虎本並作「吾」。錢熙祚曰：「『來』原作『吾』，依御覽五百七十一、又八百八十九改。」姜兆錫曰：「麟鳳龜龍，禮運所謂四靈也。歌詞第二句，一云『今非其時兮來何求』。」庶按：錢説與宋本合，是，他本並誤。藝文類聚卷十引琴操：「魯哀公十四年，西狩，薪者獲麟，擊之，傷其左足，將以示孔子。孔子道與相逢見，俛而泣，抱麟曰：『爾孰爲來哉？孰爲來哉？』反袂拭面。」

〔七三〕錢熙祚曰：「御覽八百八十九有『因此幽憤作春秋焉』八字。」冢田虎曰：「家語曰：『子貢問曰：「夫子何泣爾？」孔子曰：「麟之至，爲明王也。出非其時而見害，吾是以傷焉。」』」

庶按：諸本皆無此八字，説苑貴德篇有「孔子……卒不遇，故睹麟而泣，哀道不行，德澤不洽，於是退作春秋」文，疑御覽卷八百八十九「因此幽憤作春秋焉」八字爲據此而增。

雜訓第六〔一〕

子上雜所習，請於子思〔二〕。子思曰：「先人有訓焉〔三〕：學必由聖，所以致其材也；厲必由砥，所以致其刃也〔四〕。故夫子之教，必始於詩、書，而終於禮樂，雜說不與焉，又何請〔五〕？」

子思謂子上曰：「白乎！吾嘗深有思而莫之得也，於學則寤焉；吾嘗企有望而莫之見也，登高則覩焉〔六〕。是故雖有本性而加之以學，則無惑矣〔七〕。」

縣子問子思曰〔八〕：「吾聞同聲者相求，同志者相好〔九〕。子之先君見子產時〔一〇〕，則兄事之〔一一〕，而世謂子產仁愛，稱夫子聖人，是謂聖道事仁愛乎〔一二〕？吾未諭其人之孰先後也〔一三〕，故質於子〔一四〕。」子思曰：「然，子之問也。昔季孫問子游〔一五〕，亦若子之言也。子游答曰：『以子產之仁愛譬夫子，其猶浸水之與膏雨乎〔一六〕！』康子曰：『子產死，鄭人丈夫捨玦珮，婦女捨珠瑱〔一七〕，巷哭三月，竽瑟不作〔一八〕。夫子之死也，吾未聞魯人之若是也，奚故哉？』子游曰：『夫浸水之所及也則生，其所不及則死，故民皆知焉〔一九〕。膏雨之所生也，廣莫大焉，民之受賜也普矣，莫識其由來者〔二〇〕。上德不德，是以無德〔二一〕。』季孫曰：『善。』」縣子曰：「其然。」

孟子車尚幼，請見子思〔二二〕。子思見之，甚悅其志，命子上侍坐焉，禮敬子車甚崇，子上不願也〔二三〕。客退〔二四〕，子上請曰：「白聞士無介不見〔二五〕，女無媒不嫁。孟孺子無介而見，大人悅而敬之，白也未諭，敢問。」子思曰：「然，吾昔從夫子於郯〔二六〕，遇程子於途〔二七〕，傾蓋而語終日〔二八〕，而別，命子路將束帛贈焉〔二九〕，以其道同於君子也〔三〇〕。今孟子車，孺子也，言稱堯、舜，性樂仁義，世所希有也〔三一〕，事之猶可，況加敬乎！非爾所及也〔三二〕。」

子思在魯，使以書如衛問子上〔三三〕。子上北面再拜，受書伏讀〔三四〕，然後與使者宴。遂爲復書，反中庭，北面再拜，以受〔三五〕。使者既受書，然後退〔三六〕。使者還魯，問子思曰：「吾子堂上南面立，授臣書，事畢送臣。子上中庭拜，授臣書而不送，何也〔三七〕？」子思曰：「拜而不送，敬也；使而送之，賓也〔三八〕。」

魯人有同姓死而弗吊者。人曰：「在禮，當免不免〔三九〕，當弔不吊，有司罰之〔四〇〕，如之何子之無吊也？」答曰：「吾以其踈遠也〔四一〕。」子思聞之，曰：「無恩之甚也〔四二〕。昔者季孫問於夫子曰〔四三〕：『百世之宗有絶道乎〔四四〕？』子曰：『繼之以姓〔四五〕，義無絶也〔四六〕。故同姓爲宗，合族爲屬〔四七〕。雖國子之尊〔四八〕，不廢其親，所以崇愛也〔四九〕。是以綴之以食，序列昭穆〔五〇〕，萬世婚姻不通，忠篤之道然也〔五一〕。』」

魯穆公訪於子思曰〔五二〕：「寡人不得〔五三〕，嗣先君之業三年矣，未知所以爲令名者〔五四〕，且欲掩先君之惡，以揚先君之善，使談者有述焉，爲之若何？願先生教之也〔五五〕。」子思答曰：「以伋所聞，舜、禹之於其父，非勿欲也，以爲私情之細，不如公義之大，故弗敢私之爲耳〔五六〕。責以虛飾之教，又非伋所得言〔五七〕。」公曰：「思之可以利民者〔五八〕。」子思曰：「顧有惠百姓之心〔五九〕，則莫如除一切非法之事也〔六〇〕。毀不居之室，以賜窮民；奪嬖寵之禄，以振困匱〔六一〕。無令人有悲怨，而後世有聞見，抑亦可乎〔六二〕？」公曰：「諾〔六三〕。」

懸子問子思曰：「顔回問爲邦，夫子曰：『行夏之時〔六四〕。』若是〔六五〕，殷、周異正爲非乎〔六六〕？」子思曰：「夏數得天，堯、舜之所同也〔六七〕。殷、周之王，征伐革命，以應乎天〔六八〕，因改正朔，若云天時之改爾〔六九〕，故不相因也〔七〇〕。夫受禪於人者，則襲其統〔七一〕；受命於天者，則革之，所以神其事，如天道之變然也〔七二〕。三統之義，夏得其正〔七三〕，是以夫子云〔七四〕。」

穆公問於子思曰：「立太子有常乎？」答曰：「有之，在周公之典〔七五〕。」公曰：「昔文王捨適而立其次〔七六〕，微子捨孫而立其弟〔七七〕，是何法也？」子思曰：「殷人質而尊其尊，故立弟；周人文而親其親，故立子，亦各其禮也。文質不同，其禮則異〔七八〕。文王捨適立其次，權也〔七九〕。」公曰：「苟得行權，豈唯聖人？唯賢與愛立也〔八〇〕。」子思曰：「聖人不以權教〔八一〕，故立制垂法，順之爲貴〔八二〕。若必欲犯，何有於異〔八三〕？」公曰：「捨賢立聖，捨愚立賢，何如〔八四〕？」子思曰：「唯聖立聖，其文王乎！不及文王者，則各賢其所愛，不殊於適，何以限之〔八五〕？必不能審賢愚之分，請父兄羣臣卜於祖廟，亦權之可也〔八六〕。」

孟軻問牧民何先〔八七〕，子思曰：「先利之〔八八〕。」曰：「君子之所以教民，亦仁義，固所以利之乎〔八九〕？」子思曰〔九〇〕：「上不仁則下不得其所，上不義則下樂爲亂也〔九一〕，此爲不利大矣〔九二〕。故易曰：『利者，義之和也〔九三〕。』又曰：『利用安身，以崇德也〔九四〕。』此皆利之大者也〔九五〕。」

校釋

〔一〕宋咸注：「諸侯、弟子有所請，而子思訓之非一理，故曰雜焉。」姜兆錫曰：「篇首因子上之雜所習，而以先訓正之，故以『雜訓』名篇。」

〔二〕宋咸注：「孔白字子上，子思之子，年四十七。雜謂諸子百家，非聖人之道者。」「雜所習請」，葉氏藏本、潘承弼校跋本、章鈺校跋本、黎堯卿本並作「請所習」。

〔三〕冢田虎曰：「先人，謂孔子。」

〔四〕「厲」，蔡宗堯本、子思子無憂篇並作「礪」，冢田虎曰：「不由聖學，則不能致材能；不由砥礪，則不能致刀刃。」庶按：「厲」、「礪」古今字。

〔五〕冢田虎曰：「詩、書，義之府也；禮樂，德之則也。聖人之教，不過於四經，諸子之雜説，則不聖教之所與焉，非所以請問也。」

〔六〕冢田虎曰：「『寤』與『悟』同，是即所謂『吾嘗終日不食，終夜不寢，以思無益，不如學也』，荀子亦有此語。」

〔七〕宋咸注：「性雖誠，不加學，無以極其道；目雖明，不登高，無以窮其遠。」冢田虎曰：「雖有性質之美者也，不學乎古訓，則於道義有所迷惑焉。」　庶按：説苑建本篇：「子思曰：『學所以益才也，礪所以致刃也。吾嘗幽處而深思，不若學之速；吾嘗跂而望，不若登高之博見。故順風而呼，聲不加疾，而聞者衆；登丘而招，臂不加長，而見者遠。故魚乘於水，鳥乘於風，草木乘於時。』」又見於荀子勸學篇、吕氏春秋順説篇，韓詩外傳卷五亦有相同之文意。

〔八〕宋咸注：「懸子，名瑣，魯之賢人。」

〔九〕原本「相」下無「求同志者相」五字，葉氏藏本、蔡宗堯本、潘承弼校跋本、章鈺校跋本、黎堯卿本並有「求同志者相」五字。錢熙祚曰：「原作『同聲者相好』，脱五字，依御覽四百一補。」

庶按：錢説是，據補。易乾文言：「子曰：『同聲相應，同氣相求。』」

〔一〇〕「子産」下，葉氏藏本無「時」字。

〔一一〕宋咸注：「子産，國僑，鄭成公少子（庶按：原本「子」作「乃」，「乃」爲「子」之訛，今據史記鄭世家改）也。相鄭，爲人仁愛，事君忠厚。孔子嘗過鄭，與子産如兄弟。」冢田虎曰：「孔子之於子産、晏子，自謂我皆兄事之，而加敬愛焉。」庶按：史記鄭世家：「子産者，鄭成公少子也。爲人仁，愛人，事君忠厚。孔子嘗過鄭，與子産如兄弟云。及聞子産死，孔子爲泣曰：『古之遺愛也！』」

〔一二〕宋咸注：「世稱子産乃仁愛之人，夫子乃聖人，然夫子以兄事子産，是謂以聖道事仁愛也。」「乎」，葉氏藏本、潘承弼校跋本並作「也」。冢田虎曰：「其謂兄事之者，以爲可疑。」

〔一三〕「先後」，諸子品節本作「後先」，淵鑑類函卷二百六十八「先」下無「後」字。錢熙祚曰：「御覽無『後』字。」

〔一四〕宋咸注：「言我不審其聖道仁愛之先後，故質正於子。」冢田虎曰：「夫子與子産，其德孰先孰後，不能喻曉之也。質，正也。」

〔一五〕宋咸注：「季孫，季康子，魯正卿，季悼子之孫，桓子之子，名肥。」

〔一六〕宋咸注：「仁愛之惠，猶浸水及物，白而易知。聖道之教，猶膏雨濟時，普而難曉。」冢田虎曰：「子産之惠愛，猶浸水也；夫子之大德，猶膏雨也。」

〔一七〕宋咸注：「言丈夫無暇佩其玦，婦人無暇飾其瑱。」「丈夫」，初學記卷二十六、御覽卷四百一、又六百九十二並作「大夫」。「瑱」，淵鑑類函卷三百七十二作「玉」。錢熙祚曰：「初學記二十六『玦佩』二字倒，『瑱』作『玉』，御覽六百九十二亦作『玉』。」冢田虎曰：「玦佩，佩也。珠瑱，首飾也。國中舉爲之喪也。」

〔一八〕「竽」，錢熙祚曰：「御覽四百一『竽』作『琴』。」庶按：史記鄭世家：「聲公五年，鄭相子產卒，鄭人皆哭泣，悲之如亡親戚。」循吏列傳：「子產者，鄭之列大夫也……治鄭二十六年而死，丁壯號哭，老人兒啼。」羣書治要卷四十二引新序有子貢説子產之死事，其言曰：「仕者哭於廷，商人哭於市，農人哭於野，處女哭於室，良人絶琴瑟，大夫解佩玦，婦人脱簪珥。」

〔一九〕宋咸注：「夫物得浸水則生，不得則死，故民皆易知。」冢田虎曰：「如以其乘輿濟冬涉者之類，民之所以知。」

〔二〇〕「者」下，指海本、淵鑑類函卷二百六十八並有「也」字，錢熙祚曰：「『也』字依御覽補。」冢田虎曰：「其德之所不及，衆舉被其澤，而不覺知之，所謂大德敦化。」庶按：説苑貴德篇：「季康子謂子游曰：『仁者愛人乎？』子游曰：『然。』『人亦愛之乎？』子游曰：『然。』康子曰：『鄭子產死，鄭人丈夫捨玦佩，婦人捨珠珥，夫婦巷哭，三月不聞竽瑟之聲。仲尼之死，吾不聞魯之愛夫子，奚也？』子游曰：『譬子產之與夫子，其猶浸水之與天雨乎！浸水所及則生，不及則死。斯民之生也，必以時雨，既以生，莫愛其賜。故曰：譬子產之與夫子也，猶浸水之與天雨乎！』」與此文可互參。

〔二〕冢田虎曰：「此老子之言。上德者，不言而化，無爲而成，不自以爲德，則民無亦以爲德。」姜兆錫曰：「此言大德，不同於小補也。」　庶按：此乃化用老子三十八章「上德不德，是以有德；下德不失德，是以無德」語句。漢人引述老子文句，已多失其本旨，當隨事而用。史記酷吏列傳：「老氏稱：『上德不德，是以有德；下德不失德，是以無德。法令滋章，盜賊多有。』」蓋見其一端耳。

〔三〕宋咸注：「『孟子車』，一作『子居』，即孟軻也。蓋軻常（庶按：「常」通「嘗」）師子思焉。言孟軻嘗居貧，坎軻，故名曰軻，字子居。先儒亦稱軻字子輿，乃子車之云耶？」錢熙祚曰：「御覽三百八十五『車』作『居』，下同。」姜兆錫曰：「子車，即亞聖孟軻也。亞聖有兩字，一字子輿。」冢田虎曰：「先儒或辨孟子之年時，不及子思。然今按之：子思事魯穆公者也，而依史記年表，從穆公元年至梁惠王元年，三十七年也，孟子之遊於魏、齊，既已耆老也，則其幼時見子思，不可敢以爲疑也。」

〔三〕宋咸注：「不願，言子上不樂子思禮子車之大優也。」

〔四〕冢田虎曰：「客，謂子車。」

〔五〕宋咸注：「古者主有擯，客有介。諸侯七擯七介，大夫五擯五介，士三擯三介。」　庶按：禮記聘義篇：「聘禮，上公七介，侯伯五介，子男三介，所以明貴賤也。介紹而傳命，君子於其所尊弗敢質，敬之至也。」

〔二六〕宋咸注：「郯國，少昊之後。」錢熙祚曰：「書鈔百三十四、御覽七百二『於』並作『適』，無『吾昔從』三字。」　庶按：四庫全書本書鈔卷百三十四引爲孔子家語文，作「孔子之郯」，疑錢氏失檢。

〔二七〕宋咸注：「仲尼稱程子爲天下之賢士。」冢田虎曰：「『程子』或作『程本子』。」

〔二八〕冢田虎曰：「蓋，車蓋也。」　庶按：史記鄒陽列傳司馬貞索隱引志林云：「傾蓋者，道行相遇，軿車對語，兩蓋相切，小欹之，故曰傾也。」漢書鄒陽傳顏師古注引文穎曰：「傾蓋，猶交蓋駐車也。」

〔二九〕冢田虎曰：「將，用也。」

〔三〇〕冢田虎曰：「其道同焉，則亦可不須紹介也。」　庶按：韓詩外傳卷二：「孔子遭齊程本子於郯之間，傾蓋而語終日。有間，顧子路曰：『由來！取束帛以贈先生。』子路不對。有間，又顧曰：『取束帛以贈先生。』子路率爾而對曰：『昔者由也聞之於夫子，士不中道相見。女無媒而嫁者，君子不行也。』孔子曰：『夫詩不云乎：「野有蔓草，零露漙兮。有美一人，青陽宛兮，邂逅相遇，適我願兮。」且夫齊程本子，天下之賢士也，吾於是而不贈，終身之不見也。大德不踰閑，小德出入可也。』」又見說苑尊賢篇、孔子家語致思篇。

〔三一〕「有」下，蔡宗堯本無「也」字。

〔三二〕姜兆錫曰：「此言至敬不同於凡禮也。」

〔三三〕宋咸注：「時子上在衛。」

〔三四〕冢田虎曰：「北面再拜，如面見父禮也。」

〔三五〕「受」，宛委別藏本、葉氏藏本、蔡宗堯本、周叔弢藏本、周子義本、程榮本、馮夢禎本、孔胤植本、崇禎本、鍾惺本、潘承弼校跋本、王韜校跋本、四庫全書本、何允中本、指海本、章鈺校跋本、陳錫麒本、清抄本、姜兆錫本、冢田虎本、淵鑑類函卷一百九十七並作「授」。冢田虎曰：「授復書於使者。」　庶按：「受」、「授」古今字。

〔三六〕冢田虎曰：「使者受書，則子上不送而退也。」

〔三七〕冢田虎曰：「子思則送其使者，而子上則不送父之使者，所以爲疑也。」

〔三八〕宋咸注：「言賓，則送之。今書於父所，非敢以賓禮送。」「使」下，葉氏藏本、潘承弼校跋本並有「人」字。冢田虎曰：「凡臣子之見君父，見畢則退，故子上不送而退，乃敬父之使也。凡賓之見主人，見畢而賓退，則主人送之。故子思送之，乃賓其使也。論語曰：『問人於他邦，再拜而送之。』此亦禮然也。」　庶按：冢田注引論語文，見鄉黨篇。禮記鄉飲酒義篇：「賓出，主人拜送。」

〔三九〕宋咸注：「言當爲免服。」　庶按：此謂喪禮中袒免之免，即去冠括髮之禮，適於五服之外。禮記大傳篇：「五世祖免，殺同姓也。」

〔四〇〕「有司」上，黎堯卿本有「則」字。冢田虎曰：「『免』與『絻』同，始發喪之服。又弔所執紼曰絻。」

〔四一〕冢田虎曰：「言雖爲同姓，以其屬今疎遠，故不得弔也。」

〔四二〕冢田虎曰：「謂以其疏遠故不弔者，甚無宗族之恩也。」

〔四三〕宋咸注：「季孫，季康子肥。」冢田虎曰：「季孫，蓋桓子也。」

〔四四〕冢田虎曰：「同姓爲宗，言同姓過百世，則有恩親之道絶乎？」

〔四五〕「繼」，指海本作「繫」，錢熙祚曰：「『繫』原誤『繼』，依子思子改。」姜兆錫曰：「『繼』，一作『綴』，連續之意也。」　庶按：錢氏引子思子，在喪服篇。作「繫」，與禮記大傳篇文合。然「繼」亦有連綴之義，可不必改。禮記大傳篇：「別子爲祖，繼別爲宗。……有百世不遷之宗，有五世則遷之宗。百世不遷者，別子之後也。宗其繼別子之所自出者，百世不遷者也。」

〔四六〕冢田虎曰：「繼續之以同姓，則於義無絶恩親也。」

〔四七〕冢田虎曰：「合同族於宗子家，以爲親屬。記曰：『同姓從宗，合族屬。』」　庶按：禮記大傳篇「同姓從宗，合族屬」，孔穎達正義：「同姓從宗者，同姓父族也。從宗，謂從大小宗也。

合族屬者，謂合聚族人親疏，使昭爲一行，穆爲一行，同時食，故曰合族屬也。」

〔四八〕宋咸注：「國子，諸侯、卿大夫之子。」「國子」，葉氏藏本、潘承弼校跋本、冢田虎本並作「國君」，冢田虎曰：「『國君』，本或作『國子』，非也。」

〔四九〕冢田虎曰：「國君之於同姓之臣，不廢其親，所以崇敬宗族之愛也。」

〔五〇〕冢田虎曰：「同姓之臣，則雖親盡，而有享食之禮，以連綴之，序列其族之昭穆也。」　庶按：禮記大傳篇「旁治昆弟，合族以食，序以昭繆」，孔穎達正義：「合族以食者，言旁治昆弟之時，合會族人以食之禮，又次序族人以昭穆之事。」

〔五一〕姜兆錫曰：「篤，厚也。此言聖人不以疎絶屬也。」冢田虎曰：「周之禮制，同姓則雖萬世，婚姻不得通也。家語『衛侯使其大夫求婚於季氏』章，及『有若問於孔子曰「國君之於同姓如之何」』章，可合見焉。」　庶按：禮記大傳篇：「繫之以姓而弗别，綴之以食而弗殊，雖百世而昏姻不通者，周道然也。」孔穎達正義：「言雖相去百世而婚姻不得通。」

〔五二〕宋咸注：「穆公，魯元公之子，名顯。」

〔五三〕「得」，葉氏藏本、潘承弼校跋本、姜兆錫本並作「德」，「得」猶「德」也。

〔五四〕冢田虎曰：「言即位三年，不能嗣先君之業，則未知所以成令名於世者。」

〔五五〕原本「生」作「王」，諸本並作「生」。冢田虎曰：「欲使世之談者有稱述先君之善也。」　庶按：作「生」是，據改。

〔五六〕宋咸注：「言叟、鮌無善，難以私情虛揚之。」「爲耳」，葉氏藏本、潘承弼校跋本、章鈺校跋本並作「焉耳」，宛委别藏本、蔡宗堯本、周叔弢藏本、周子義本、程榮本、馮夢禎本、孔胤植本、崇禎本、鍾惺本、王韜校跋本、四庫全書本、何允中本、指海本、陳錫麒本、清抄本、冢田虎本並作「云耳」。冢田虎曰：「舜之於瞽叟，禹之於鯀，豈不欲掩其惡而揚其善乎？然掩而不可掩，揚而不可揚，則是虛飾，而私情之細也已。故獨爲公義之大，而不敢以私之也。」

〔五七〕宋咸注：「魯自悼公之時，已卑於三桓之家，故無善名可述矣。」冢田虎曰：「虛飾之教，則非言之責也。」庶按：史記魯周公世家：「悼公之時，三桓勝，魯如小侯，卑於三桓之家。」

〔五八〕宋咸注：「復問亦有可以利民之事乎？」冢田虎曰：「穆公以爲公義之大，則可以利民者是也。」

〔五九〕「顧」，葉氏藏本、章鈺校跋本並作「願」，姜兆錫本作「君」。

〔六〇〕原本「除一切」作「一切除」，蔡宗堯本作「除一切」。冢田虎曰：「人主之所好，有非法之事，則自害百姓也。」庶按：作「除一切」是，據乙。

〔六一〕「振」，宛委别藏本、蔡宗堯本、周叔弢藏本、周子義本、程榮本、馮夢禎本、孔胤植本、崇禎本、鍾惺本、潘承弼校跋本、王韜校跋本、四庫全書本、何允中本、指海本、章鈺校跋本、陳錫麒本、清抄本、姜兆錫本、冢田虎本並作「賑」，「振」、「賑」古通用。

〔六二〕原本「可」下無「乎」字，葉氏藏本、蔡宗堯本、潘承弼校跋本、章鈺校跋本並有「乎」字。冢田虎曰：「其除非法之事，以惠百姓，如此，則人民無復有悲怨也。」　庶按：有「乎」字是，據補。

〔六三〕姜兆錫曰：「言聖人不以私棄公也。以可以利民爲問，即公義之意也。」

〔六四〕論語衛靈公篇：「顏淵問爲邦，子曰：『行夏之時，乘殷之輅，服周之冕，樂則韶、舞。』」邢昺疏：「顏淵問爲邦者，爲猶之治，問治國之禮法於孔子也。……夏之時，謂以建寅之月爲正也。據見萬物之生，以爲四時之始，取其易知，故使行之。」

〔六五〕錢熙祚曰：「通解二十六『是』作『時』，二字古通。」

〔六六〕宋咸注：「懸子瑣言夏以建寅爲正，夫子是，則商以子、丑爲正乃非乎？」「正」，蘇應龍輯本後集卷十三作「建」。　庶按：尚書舜典篇孔穎達正義：「鄭玄以爲帝王易代，莫不改正。堯正建丑，舜正建子。」此恐爲宋咸注文「商以子、丑爲正」説之本。

〔六七〕宋咸注：「夏以寅爲正，得天數之全，故堯、舜亦然。」冢田虎曰：「夏之曆數，固得天時氣節，羲、和之所歷象，唐、虞同焉。」

〔六八〕冢田虎曰：「古之論天，皆以天下之民心，即所以應乎天。」

〔六九〕「爾」，指海本作「耳」，錢熙祚曰：「通解『爾』。」

〔七〇〕宋咸注：「湯、武革命，所以應天，故變其正朔，蓋言若受天命然。」冢田虎曰：「其正朔不相因於前代之制也。」庶按：春秋繁露卷七三代改制質文篇：「故湯受命而王，應天變夏作殷號，時正白統。……文王受命而王，應天變殷作周號，時正赤統。」白虎通卷八三正篇：「王者受命必改朔何？明易姓，示不相襲也。明受之於天，不受之於人，所以變易民心，革其耳目，以助化也。」

〔七一〕宋咸注：「夏因人心之歸，以受舜禪，故亦因其朔，不改。」冢田虎曰：「虞、夏則受禪於人，而因襲其統緒也。」

〔七二〕冢田虎曰：「殷、周則受命於天，而革其統，是其革命之事，非人之所爲，實如天道之變，故所以神之也。」

〔七三〕姜兆錫曰：「此言聖人不以權廢經也。」

〔七四〕冢田虎曰：「建寅之正，得天道之正。子、丑之正，如天道之變。故若經爲邦，則宜行夏之時也。」

〔七五〕宋咸注：「言周典有之。」冢田虎曰：「必立長適。」

〔七六〕宋咸注：「文王捨其嫡（庶按：原本「嫡」作「嬌」，宛委別藏本、周叔弢藏本、指海本注文並作「嫡」，是，據改）長伯邑考而立次子武王發。」

〔七七〕宋咸注：「微子捨其孫腯而立其弟衍（庶按：原本「衍」作「愆」，宛委别藏本、周叔弢藏本、指海本注文並作「衍」，史記宋微子世家亦作「衍」，是，據改）微仲。」庶按：史記宋微子世家裴駰集解引鄭玄曰：「微子適子死，立其弟衍，殷禮也。」

〔七八〕冢田虎曰：「殷之禮，適子死，而其弟賢也，則捨適孫而立其弟，斯尚賢故，不主親親之等殺。周之禮，不擇賢愚，適子死，則立適孫，斯尚文故，主親親之等殺。」庶按：禮記表記篇：「殷人尊神，率民以事神，先鬼而後禮，先罰而後賞，尊而不親。……周人尊禮尚施，事鬼敬神而遠之，近人而忠焉，其賞罰用爵列，親而不尊。」禮記大傳篇：「上治祖禰，尊尊也。下治子孫，親親也。」

〔七九〕宋咸注：「以武王賢，故用權而立之。」原本「立」下無「其」字，葉氏藏本、潘承弼校跋本、子思子魯繆公篇並有「其」字。冢田虎曰：「隨時制宜也已，非禮之當然也。」庶按：有「其」字是，據補。補「其」字與上文「文王捨適而立其次，微子捨孫而立其弟」文例同。

〔八〇〕冢田虎曰：「言雖非聖人，亦唯擇賢與愛，而可權以立之也。」

〔八一〕宋咸注：「言（庶按：原本無「言」字，宛委别藏本、周叔弢藏本、指海本注文並有「言」字，是，據補）權者，見機而作，非可爲常教。」

〔八二〕冢田虎曰："以專順法制爲貴也。"

〔八三〕宋咸注："言（庶按：原本"言"作"脱"，"脱"乃"言"之訛，作"言"，與注文文例一貫，今改）不能順其法，違而犯之，亦何有異於用權？""異"，冢田虎本作"典"，冢田曰："言若必欲犯法制，則不可難於常典之有無也。"庶按：此蓋承上文"聖人不以權教"而言，"異"字不誤。

〔八四〕宋咸注："言或捨其賢子，而立其聖子；捨其愚子，而立其賢子，如何？"冢田虎曰："問其擇之如何？"

〔八五〕宋咸注："言有不及文王者，能推其所愛之賢者而立之，亦無殊於立嫡矣。"冢田虎曰："其所以爲賢者，非殊於適子、多溺乎愛，則無以爲賢愚之分限。"

〔八六〕宋咸注："言（庶按：原本"言"作"脱"，宛委别藏本、周叔弢藏本、指海本注文並作"言"，是，據改）不能審其賢愚，則於廟，卜其吉而立之，亦權之義也。"姜兆錫曰："聖立聖，公也。賢所愛，則私矣。故立賢立愛之權，不如立嫡之正。"冢田虎曰："若無長適，而於庶子中擇其賢愚，則請之衆議，卜之祖廟，而後立之，亦可謂權也。"

〔八七〕宋咸注："軻，子思弟子也。"

〔八八〕冢田虎曰："非利，則民不生。"

〔八九〕「君子之所以教民」下，黎堯卿本作「亦有仁義而已矣，何必曰利」。「亦」下，葉氏藏本、潘承弼校跋本、章鈺校跋本、子思子魯繆公篇並有「有」字。冢田虎曰：「孟軻疑其先利，故言君子之所以教民，亦仁義而已，然則仁義亦所以利民之道乎？」庶按：以上是證「亦」下當有「有」字。

〔九〇〕「曰」下，葉氏藏本、潘承弼校跋本、子思子魯繆公篇並有「仁義固所以利之也」八字。

〔九一〕原本「上不義則」下無「下」字，葉氏藏本、指海本、冢田虎本、黎堯卿本、子思子魯繆公篇並有「下」字。錢熙祚曰：「此句（庶按：指「下樂爲亂也」）原脱『下』字，依子思子補。」庶按：錢説是，據補。

〔九二〕冢田虎曰：「上行仁義，則下皆得其所而不爲亂，此言仁義亦所以利民也。」「爲」，沈津本作「謂」。原本「利」上無「不」字，宛委别藏本、葉氏藏本、蔡宗堯本、周叔弢藏本、周子義本、程榮本、馮夢禎本、孔胤植本、崇禎本、鍾惺本、潘承弼校跋本、王韜校跋本、四庫全書本、何允中本、指海本、章鈺校跋本、陳錫麒本、清抄本、姜兆錫本、冢田虎本、黎堯卿本、子思子魯繆公篇並有「不」字，是，據補。

〔九三〕冢田虎曰：「文言傳之文。義之所和，則爲天下之利也。」庶按：見周易乾文言。

〔九四〕冢田虎曰：「繫辭傳之詞。由利用安身，得以崇其德也。」庶按：見周易繫辭下。

〔九五〕宋咸注：「蓋言非財利之利。」姜兆錫曰：「此言君子能以義利民也。」冢田虎曰：「孟軻説梁王，何爲其與此異？」

居衛第七〔一〕

子思居衛，言苟變於衛君曰〔二〕：「其材可將五百乘，君任軍旅，率得此人，則無敵於天下矣。」衛君曰：「吾知其材可將，然變也嘗爲吏〔三〕，賦於民，而食人二雞子，以故勿用也〔四〕。」子思曰：「夫聖人之官人，猶大匠之用木也〔五〕，取其所長，棄其所短。故杞、梓連抱，而有數尺之朽，良工不棄，何也？知其所妨者細也，卒成不訾之器〔六〕。今君處戰國之世，選爪牙之士，而以二卵焉棄干城之將〔七〕，此不可使聞於鄰國者也〔八〕。」衛君再拜曰：「謹受教矣〔九〕。」

子思適齊。齊君之嬖臣美鬚眉立乎側〔一〇〕，齊君指之而笑，且言曰：「假貌可相易，寡人不惜此之鬚眉於先生也〔一一〕。」子思曰：「非所願也。所願者，唯君脩禮義，富百姓，而伋得寄帑於君之境内〔一二〕，從繦負之列〔一三〕，其庸多矣〔一四〕。若無此鬚鬣〔一五〕，非伋所病也。昔堯身脩十尺〔一六〕，眉乃八彩〔一七〕，實聖。舜身脩八尺有奇〔一八〕，面頷無毛〔一九〕，亦聖。

禹、湯、文、武及周公，勤思勞體，或折臂望視〔二〇〕，或禿骭背僂〔二一〕，亦聖，不以鬚眉美鬛爲稱也〔二二〕。人之賢聖在德，豈在貌乎？且吾先君生無鬚眉〔二三〕，而天下王侯不以此損其敬。由是言之，伋徒患德之不邵〔二四〕，不病毛鬢之不茂也〔二五〕。」

子思謂子上曰：「有可以爲公侯之尊〔二六〕，而富貴人衆不與焉者，非唯志乎〔二七〕？成其志者，非唯無欲乎〔二八〕？夫錦繢紛華〔二九〕，所服不過温體；三牲大牢，所食不過充腹。知以身取節者，則知足矣。苟知足，則不累其志矣〔三〇〕。」

曾子謂子思曰〔三一〕：「昔者吾從夫子遊於諸侯〔三二〕，夫子未嘗失人臣之禮，而猶聖道不行。今吾觀子有傲世主之心〔三三〕，無乃不容乎〔三四〕！」子思曰：「時移世異〔三五〕，各有宜也〔三六〕。當吾先君，周制雖毀，君臣固位，上下相持，若一體然〔三七〕。夫欲行其道〔三八〕，不執禮以求之，則不能入也〔三九〕。今天下諸侯方欲力爭，競招英雄以自輔翼，此乃得士則昌、失士則亡之秋也〔四〇〕。伋於此時不自高，人將下吾；不自貴，人將賤吾〔四一〕。舜、禹揖讓，湯、武用師，非故相詭，乃各時也〔四二〕。」

子思在齊。齊尹文子生子不類〔四三〕，怒而杖之，告子思曰：「此非吾子也，吾妻殆不婦，吾將黜之〔四四〕。」子思曰：「若子之言，則堯、舜之妃復可疑也。此二帝，聖者之英，而丹朱、商均不及匹夫。以是推之，豈可類乎〔四五〕？然舉其多者，有此父，斯有此子，道之常也〔四六〕。若夫賢父之有愚子，此由天道自然〔四七〕，非子之妻之罪也〔四八〕。」尹文子曰：「先生止之〔四九〕，願無言，文留妻矣。」

孟軻問子思曰：「堯、舜、文、武之道，可力而致乎？」子思曰：「彼，人也。我，人也。稱其言，履其行〔五〇〕，夜思之，晝行之。滋滋焉，汲汲焉〔五一〕，如農之赴時，商之趣利，惡有不致者乎〔五二〕？」

子思謂孟軻曰：「自大，而不脩其所以大，不大矣；自異，而不脩其所以異，不異矣〔五三〕。故君子高其行，則人莫能偕也〔五四〕；遠其志〔五五〕，則人莫能及也〔五六〕。禮接於人，人不敢慢；辭交於人，人不敢侮。其唯高遠乎〔五七〕！」

申祥問曰〔五八〕：「殷人自契至湯而王，周人自棄至武王而王，同嚳之後也〔五九〕，周人追王大王、王季、文王〔六〇〕，而殷人獨否，何也〔六一〕？」子思曰：「文質之異也〔六二〕。周人之所追王大王〔六三〕，王跡起焉〔六四〕。」又曰：「文王受命，斷虞、芮之訟〔六五〕，伐崇邦，退犬夷〔六六〕，追王大王、王季，何也〔六七〕？」子思曰：「狄人攻大王〔六八〕，大王召耆老而問焉，曰：『狄人何來？』耆老曰：『欲得菽粟財貨。』大王曰：『與之。』與之至無〔六九〕，而狄人不止〔七〇〕。大王又問耆老曰：『狄人何欲？』耆老曰：『欲土地。』大王曰：『與之。』耆老曰：『君不爲社稷乎？』大王曰：『社稷所以爲民也，不可以所爲民者亡民也〔七一〕。』耆老曰：『君縱不爲社稷，不爲宗廟乎〔七二〕？』大王曰：『宗廟者，私也。不可以吾私害民〔七三〕。』遂仗策而去，過梁山〔七四〕，止乎岐下〔七五〕。豳民之束脩〔七六〕，奔而從之者三千乘，一止而成三千乘之邑〔七七〕，此王道之端也。成王於是追而王之〔七八〕。王季，其子也，承其業，廣其基焉。雖同追王，不亦可乎〔七九〕！」

羊客問子思曰〔八〇〕：「古之帝王，中分天下，使二公治之，謂之二伯〔八一〕。周自后稷封爲王者，後子孫據國，至大王、王季、文王，此固世爲諸侯矣，焉得爲西伯乎〔八二〕？」子思曰：「吾聞諸子夏：殷王帝乙之時〔八三〕，王季以功，九命作伯〔八四〕，受珪瓚秬鬯之賜〔八五〕，故文王因之，得專征伐〔八六〕。此以諸侯爲伯，猶周、召之君爲伯也〔八七〕。」

子思年十六〔八八〕，適宋，宋大夫樂朔與之言學焉。朔曰：「尚書虞、夏數四篇，善也〔八九〕，下此以訖於秦、費，效堯、舜之言耳，殊不如也〔九〇〕。」子思答曰：「事變有極，正自當耳〔九一〕。假令周公、堯、舜不更時易處〔九二〕，其書同矣〔九三〕。」樂朔曰：「凡書之作，欲以喻民也，簡易爲上。而乃故作難知之辭，不亦繁乎〔九四〕？」子思曰：「書之意，兼複深奧，訓詁成義，古人所以爲典雅也〔九五〕。昔魯委巷〔九六〕，亦有似君之言者〔九七〕。伋聞之，曰：『道爲知者傳〔九八〕，苟非其人，道不傳矣〔九九〕。』今君何似之甚也〔一〇〇〕？」樂朔不悦而退，曰：「孺子辱吾。」其徒曰〔一〇一〕：「此雖以宋爲舊〔一〇二〕，然世有讎焉，請攻之〔一〇三〕。」遂圍子思。宋君聞之，駕而救子思〔一〇四〕。子思既免，曰：「文王囚於牖里，作周易〔一〇五〕，祖君屈於陳、蔡，作春秋〔一〇六〕，吾困於宋，可無作乎？」於是撰中庸之書四十九篇〔一〇七〕。

校釋

〔一〕宋咸注：「子思久去於魯，以居於衛，中有在齊適宋之言，蓋本自衛而往，故主衛名篇。」

〔二〕宋咸注：「一作『苟變名也』，衛人。（衛君）蓋衛昭公也。」

〔三〕「變」下，錢熙祚曰：「御覽六百二十七、又六百四十一並無『也』字。」

〔四〕冢田虎曰：「賦二卵於民以食之，人謂其不廉也，法無取卵也。」

〔五〕「大」，諸子彙函本作「之」。

〔六〕冢田虎曰：「杞、梓，皆美材。連抱，謂其大兩手抱之。訾，量也。成貴重不可量之器也。」

〔七〕「卵」下，沈津本、資治通鑑卷一並無「焉」字。「干」，御覽卷六百二十七、六百四十一並作「扞」。資治通鑑卷一胡三省注：「詩『糾糾武夫，公侯干城』，毛氏傳曰：『干，扞也。』……鄭氏箋曰：『干也，城也，皆所以禦難也。』」庶按：胡注引詩，爲周南兔罝文。

〔八〕「國」下，資治通鑑卷一無「者」字。錢熙祚曰：「御覽無『者』字。」

〔九〕宋咸注：「傳説胥靡，高宗得之而中興。管仲射鈎帶，齊桓納之而霸諸侯。陳平盜嫂，漢高用之而有天下。是皆不以細行棄大材。嗚呼！世主有以謗缺而棄非常之士者，豈非此之謂乎？」

〔一〇〕宋咸注：「齊君，蓋齊平公也。」　庶按：「齊」下，御覽卷三百七十四無「君」字。

〔一一〕宋咸注：「言假使人貌可以相改易，則吾不惜此嬖臣之貌而易與先生。」「鬚眉」上，指海本無「之」字，錢熙祚曰：「『鬚眉』上原衍『之』字，依御覽三百七十四刪。」　庶按：「之」字疑本在「鬚眉」下，傳抄而誤置於「鬚眉」上。

〔一二〕宋咸注：「帑乃其所資也。」冢田虎曰：「帑，妻子也。」

〔一三〕「繦」，葉氏藏本、潘承弼校跋本、四庫全書本並作「襁」。冢田虎曰：「繦，以負小兒於背者。論語曰：『四方之民襁負其子而至。』」　庶按：「繦」同「襁」。「襁負」，謂民歸之，此指歸於齊國之民。冢田説引論語，見子路篇。

〔一四〕「庸」，程榮本、崇禎本、鍾惺本、四庫全書本、何允中本、姜兆錫本並作「榮」。錢熙祚曰：「別本『庸』作『榮』。」冢田虎曰：「庸，功也。」　庶按：此「庸」字不誤。「庸」，猶所用也，承前「寄帑」、「從繦負」文，謂清貧之意。

〔一五〕「鬣」，姜兆錫本作「眉」。「鬚」、「鬣」義重，疑以「眉」爲是。

〔一六〕「脩」，宛委別藏本、周叔弢藏本、指海本並作「修」。錢熙祚曰：「書鈔一『修』作『長』。」

〔一七〕潛夫論五德志篇：「生伊堯，代高辛氏，其眉八彩。」抱朴子内篇怯惑：「世云堯眉八彩，不然也，直兩眉頭甚豎，似八字耳。」

〔一八〕宋咸注：「奇，餘也，言八尺有餘。」

〔一九〕「面」，馮夢禎本作「而」。

〔二〇〕宋咸注：「望視，猶若望羊視。」冢田虎曰：「望視，視遠也。」　庶按：「折臂」謂商湯，荀子非相篇「禹跳湯偏」，楊倞注引鄭注尚書大傳：「湯半體枯。」「望視」謂武王，論衡骨相篇：「武王望陽。」白虎通卷七聖人篇：「武王望羊。」

〔二一〕宋咸注：「骭，脛骨也。」冢田虎曰：「禿骭，腳脛不生毛也。荀子曰：『禹跳，湯偏，堯、舜三牟子，周公之狀，身如斷菑。』尹文子曰：『禹之勞，十年不窺其家，手不爪，脛不生毛，偏枯之病，步不相過。』」　庶按：「禿骭」謂夏禹，史記李斯列傳：「禹……而股無胈，脛無毛，手足胼胝，面目黎黑。」是脛無毛猶禿骭也。「背僂」謂周公，荀子非相篇「周公之狀，身如斷菑」，王先謙集解引郝懿行曰：「菑者，植立之貌。周公背僂，或如韉僂，其形曲折，不能直立，故身如斷菑矣。」論衡骨相篇：「周公背僂。」

〔二二〕「美」上，蔡宗堯本有「之」字，下無「鬣」字。「鬚眉美鬣」義重不詞，當作「不以鬚眉之美爲稱」，則文從字順。

〔二三〕原本「生」作「性」，上無「先君」二字，葉氏藏本、潘承弼校跋本、章鈺校跋本並作「生」，上有「先君」二字。錢熙祚曰：「原脱『先君』二字，『生』作『性』，依子思子補正。」庶按：錢説是，據改、補。「先君」謂孔子。

〔二四〕原本「邵」下有「美也」二字，葉氏藏本、潘承弼校跋本、章鈺校跋本、姜兆錫本、子思子過齊篇並無「美也」二字。冢田虎曰：「邵，高也。」庶按：無「美也」二字是，據删。小爾雅廣詁：「邵，美也。」此「美也」二字疑爲宋咸所注「邵」字之文，後誤入正文。且作「德之不邵」與下「毛鬢之不茂」正相對。法言修身篇：「公儀子、董仲舒之才之邵也。」李軌注：「此二子才德高美。」冢田虎謂「高也」，實得本文之旨。

〔二五〕「鬢」，子思子過齊篇作「鬚」，疑是。作「毛鬚」乃承上「鬚眉」而言。

〔二六〕原本「公」下無「侯」字，葉氏藏本、蔡宗堯本、潘承弼校跋本、章鈺校跋本、黎堯卿本並有「侯」字。錢熙祚曰：「子思子『公』下有『侯』字，與下注合。」庶按：有「侯」字是，據補。

〔二七〕宋咸注：「惟志之正，則可以踰公侯之尊。」冢田虎曰：「言雖其富貴可以爲上公，然非成其志。君子之成志，不敢與於富貴也。」

〔二八〕冢田虎曰：「無所貪欲，則成其志。」

〔二九〕冢田虎曰：「五彩曰繢。」　庶按：「繢」同「繪」。論語八佾篇：「繪事後素。」陸德明經典釋文論語音義：「本又作『繢』，同，畫文也。」説文：「繪，含五色繡也。」

〔三〇〕宋咸注：「志無所累，則可驕王公，故顔子之所以樂内也。」冢田虎曰：「衣食之於身，不知取其節，則不知足也。苟不知足也，則富貴與貧賤，皆病累其志也矣」。

〔三一〕「曾子」上，御覽卷四百九十八有「子思居衛」四字。

〔三二〕原本「遊」作「巡守」，葉氏藏本、潘承弼校跋本、章鈺校跋本、子思子胡毋豹篇並作「遊」。冢田虎曰：「『巡守』可疑也，當作『巡行』。」錢熙祚曰：「『巡』下原衍『守』字，依御覽四百九十八删。」　庶按：作「遊」是，據改。

〔三三〕「傲」，御覽卷四百九十八作「慠」，「世」下無「主」字。

〔三四〕「容」，姜兆錫本作「可」。

〔三五〕錢熙祚曰：「御覽『世』作『勢』。」　庶按：「世」字不誤。

〔三六〕原本「各」作「人」，葉氏藏本、蔡宗堯本、潘承弼校跋本、章鈺校跋本、子思子胡毋豹篇並作「各」。錢熙祚曰：「『各』原誤『人』，依御覽改。」冢田虎曰：「言人有所以宜於時世之行也。」　庶按：錢説是，據改。

〔三七〕宋咸注：「言夫子時，周室雖淩遲，然諸侯尚有欲以名尊周者。」

〔三八〕錢熙祚曰：「御覽無『夫』字。」

〔三九〕冢田虎曰：「春秋之時，先王之禮制雖毀廢也，然五霸嗣興，有相帥諸侯以尊王室，則未甚失君臣之禮，天下猶悦有禮者。故當時則欲行其道，苟非執禮以求之，則諸侯不能入用之也。」

〔四〇〕宋咸注：「周自敬王時，與子朝争立，屢出。自敬王崩，當元定主時，周已大亂，諸侯争雄。」冢田虎曰：「時不敢悦有禮者也。」　庶按：史記周本紀：「敬王元年，晉人入敬王，子朝自立，敬王不得入，居澤。四年，晉率諸侯入敬王於周，子朝爲臣，諸侯城周。十六年，子朝之徒復作亂，敬王奔於晉。十七年，晉定公遂入敬王於周。……四十二年，敬王崩，子元王仁立。」

〔四一〕冢田虎曰：「時人不尚禮義，而徒喜英雄。故不自高貴者，則人將賤下之。」

〔四二〕宋咸注：「易曰：『知至至之，可與機也；知終終之，可與存義也。』其此之謂乎！」「乃各時也」，指海本作「乃時也耳」，錢熙祚曰：「原作『乃各時也』，依御覽改。」姜兆錫曰：「言道宜以時移也。」冢田虎曰：「詭，違戾也。言湯、武之放伐，與舜、禹之揖讓，非特爲相違也，此乃各其時世之宜焉爾。」　庶按：宋咸注引易文，在乾文言，唯「機」作「幾」。「乃各時也」文意自通，可不必依御覽改。

〔四三〕宋咸注：「尹文子，齊大夫，有書三卷行於世，皆言治道。」冢田虎曰：「尹文，學刑名者，居齊稷下。不類，猶不肖，其才性不似父也。」

〔四四〕「黜」，蔡宗堯本作「出」。冢田虎曰：「以其子之不類，爲其妻失婦道故乎？」庶按：「黜」，猶出也。

〔四五〕「豈」上，説郛本有「子」字。

〔四六〕「道」上，葉氏藏本、潘承弼校跋本、章鈺校跋本、子思子任賢篇並有「人」字。

〔四七〕宋咸注：「言賢父之有賢子，乃道之常，儻賢父而有愚子，蓋由乎天道，堯、舜是也。」

〔四八〕冢田虎曰：「父賢則子賢，父愚則子愚，道理之常，而是多分然也。若賢父之有愚子，亦其希有者，而是由天之自然爾。」

〔四九〕冢田虎曰：「止之，止其言也。」

〔五〇〕冢田虎曰：「其言其行，其堯、舜、文、武。」

〔五一〕冢田虎曰：「滋滋，勉而不休也；汲汲，求而不息也。」庶按：「汲汲」，漢書揚雄傳顔師古注：「汲汲，欲速之義，如井汲之爲也。」法言學行篇：「堯、舜、禹、湯、文、武汲汲。」

〔五二〕宋咸注：「夫子曰：『我欲仁，斯仁至矣。』此之謂焉。」姜兆錫曰：「言道在自盡也。」冢田虎曰：「言人皆可至於堯、舜、文、武之道也。孟子之學風，全傚子思者，於此等之章，亦應以見焉。」庶按：宋咸注文引「夫子」語，在論語述而篇。

〔五三〕冢田虎曰：「自大，自以爲其志大於人也。自異，自以爲其行異於人也。雖自以爲大、以爲異也，而不修其志行，則亦不大於人、不異於人也。」

〔五四〕原本「偕」作「階」，葉氏藏本、蔡宗堯本、潘承弼校跋本、鍾惺本、姜兆錫本並作「偕」，是，據改。「偕」，猶及也，與下文「人莫能及」之「及」，乃換文避複。

〔五五〕原本「遠」下無「其」字，黎堯卿本有「其」字，是，據補。作「遠其志」與上「高其行」相對。

〔五六〕冢田虎曰：「言修其行而高之，修其志而遠之，則異於人，大於人。」

〔五七〕宋咸注：「仲尼之所以不自仁聖。詩云：『高山仰止，影行行止。』易曰：『謙尊而光，卑而不可喻。』豈非此之謂乎？」冢田虎曰：「禮義辭讓，以交接於人，則人不敢侮慢之。此禮義辭讓，乃所修其志行以高遠之也。」　庶按：宋咸注文引詩，在小雅車舝篇。引易，在謙，唯「喻」作「踰」。

〔五八〕宋咸注：「申祥，顓孫師之子。」　庶按：禮記檀弓上鄭氏注：「申祥，子張子。……太史公傳曰：『子張，姓顓孫。』今曰『申祥』，周、秦之聲，二者相近，未聞孰是。」

〔五九〕宋咸注：「帝嚳次妃簡狄生契，舜命作司徒，爲商之祖。帝嚳元妃姜嫄生棄，舜命作后稷，爲周之祖。」原本「同」作「周」，宛委別藏本、葉氏藏本、蔡宗堯本、周叔弢藏本、周子義本、程榮本、馮夢禎本、孔胤植本、崇禎本、鍾惺本、潘承弼校跋本、王韜校跋本、四庫全書本、何允中本、指海本、章鈺校跋本、陳錫麒本、清抄本、姜兆錫本、冢田虎本、子苑本、子思子魯繆公篇並作

「同」，是，據改。

〔六〇〕宋咸注：「太王，古公亶父也。王季，古公之子季歷，文王之父也。」

〔六一〕宋咸注：「言殷獨不追封其先。」冢田虎曰：「問其所以王同，而殷人獨無所追王者，何故也？」

〔六二〕冢田虎曰：「殷尚質，周尚文。」

〔六三〕原本「追」下無「王」字，以上文「周人追王大王、王季、文王」、下文「追王大王、王季何也」例之，此處當補「王」字。「追王」，猶追尊之義。史記周本紀：「追尊古公爲太王，公季爲王季。蓋王瑞自太王興。」禮記大傳篇：「追王大王亶父、王季歷、文王昌，不以卑臨尊也。」

〔六四〕冢田虎曰：「周之王跡，起於大王，故追王之。書曰：『至於大王，肇基王跡。』」庶按：詩經周頌閟宮：「后稷之孫，實維大王。居岐之陽，實始翦商。」鄭玄箋：「大王自豳徙居岐陽，四方之民咸歸往之，於時而有王跡。」冢田説引書，在尚書武成篇。

〔六五〕宋咸注：「文王斷虞、芮之訟，以爲受命之年。」庶按：詩經大雅緜：「虞、芮質厥成。」史記周本紀：「西伯陰行善，諸侯皆來決平。於是虞、芮之人有獄不能決，乃如周。入界，耕者皆讓畔，民俗皆讓長。虞、芮之人未見西伯，皆慚，相謂曰：『吾所争，周人所恥，何往爲？祇取辱耳。』遂還，俱讓而去。諸侯聞之，曰『西伯蓋受命之君』。……詩人道西伯，蓋受命之年稱王而斷虞、芮之訟。」尚書大傳西伯戡耆、説苑君道篇、詩經大雅緜毛傳、孔子家語好生篇並載此事。

〔六六〕宋咸注：「崇侯虎，商時諸侯，作亂，文王伐之。犬夷、獫狁猾夏，文王逐之。」「夷」，宛委别藏本、蔡宗堯本、周叔弢藏本、周子義本、程榮本、馮夢禎本、孔胤植本、崇禎本、鍾惺本、王韜校跋本、四庫全書本、何允中本、指海本、陳錫麒本、清抄本、姜兆錫本、冢田虎本並作「戎」。史記周本紀：「明年，伐犬戎。……明年，伐崇侯虎。」張守節正義：「虞、夏、商、周皆有崇國，崇國蓋在豐、鎬之閒。詩云『既伐於崇，作邑於豐』，是國之地也。」

〔六七〕冢田虎曰：「虞、芮二國争田不決，感周人之讓，而自止其訟。崇侯倡紂爲無道，文王伐滅之。犬戎侵中國，文王亦退之。申祥又問文王則有如此之大功，宜追王之也。大王、王季則有何功，以追王之乎？」

〔六八〕冢田虎曰：「大王初都豳，狄人攻其邦。」

〔六九〕「無」，馮夢禎本作「盡」。

〔七〇〕冢田虎曰：「盡以與之，國至虚無，狄人攻而不止。」

〔七一〕原本「所爲民」下無「者」字，蔡宗堯本、程榮本、鍾惺本、何允中本、清抄本標記毛斧季藏宋本、姜兆錫本並有「者」字。錢熙祚曰：「别本『爲民』下有『者』字。」冢田虎曰：「人君祭社稷，亦所以爲民祈土穀也。」　庶按：有「者」字是，據補，「所爲民者」承上「社稷」而言。此事古書數有記載，吕氏春秋審爲篇作「不以所以養害所養」，莊子讓王篇作「不以所用養害所養」，孟子梁惠王下作「君子不以其所以養人者害人」，淮南子道應篇作「不以其所養害其養」。唯孟子作「養人者」，與此文意相近。

〔七二〕冢田虎曰：「失土地則如宗廟何？」

〔七三〕冢田虎曰：「安民，則天下之公也。宗廟，則恩親之私也。言不可以私恩害公道也。」

〔七四〕宋咸注：「梁山在扶風西北，其南有周原。」　庶按：史記周本紀張守節正義：「括地志云：『梁山在雍州好畤縣西北八十里。』……然則梁山横長，其東當夏陽，西北臨河，其西當岐山東北，自豳適周，當踰之矣。」

〔七五〕吕氏春秋審爲篇高誘注：「岐山在右扶風美陽之北，其下有周地，周家因之以爲天下號也。」史記周本紀裴駰集解：「徐廣曰：『山在扶風美陽西北，其南有周原。』」詩經大雅緜：「古公亶父，來朝走馬。率西水滸，至於岐下。」

〔七六〕冢田虎曰：「束脩，謂束載修飾爲行裝也。」

〔七七〕宋咸注：「豳在新平、漆縣之東。」冢田虎曰：「一止乎岐下，直成大邑也。但文王之時，周猶方百里，而千乘之地也，今曰三千乘，可疑也。」　庶按：「三千乘之邑」，尚書大傳略説作

「三千户之邑」，此蓋極言其多，不必以實數之。豳之故地在今陝西彬縣。

〔七八〕「成王」疑爲「文王」之訛，此爲子思答申祥所問「文王受命，斷虞、芮之訟，伐崇邦，退犬夷，追王大王、王季何也」之事，故曰「文王於是追而王之」。史記周本紀：「西伯蓋即位五十年。……追尊古公爲太王，公季爲王季。」而於成王無涉，故當作「文王」爲是。

〔七九〕冢田虎曰：「書曰：『王季其勤王家。』」　庶按：冢田説引書，見尚書武成篇。

〔八〇〕宋咸注：「羊客，未詳何許人。」

〔八一〕冢田虎曰：「以上公以爲東西二伯。」錢熙祚曰：「此上十七字，通解二十八在下『聞諸子夏』下。」　庶按：錢説引通解當是，此十七字乃承「九命作伯」而來，公羊傳隱公五年：「天子三公稱公。……天子三公者何？天子之相也。天子之相，則何以三？自陝而東者，周公主之；自陝而西者，召公主之；一相處乎内。」

〔八二〕冢田虎曰：「言周世諸侯，而不爲上公，焉稱文王爲西伯？」

〔八三〕宋咸注：「帝乙，紂之父。」

〔八四〕宋咸注：「禮九命：一命受職，再命受服，三命受位，四命受器，五命受則，六命受官，七命受國，八命受牧，九命作伯。」　庶按：周禮春官大宗伯：「以九儀之命，正邦國之位，壹命受職，再命受服，三命受位，四命受器，五命賜則，六命賜官，七命賜國，八命作牧，九命作伯。」鄭氏注：「上公有功德者，加命爲二伯，得征五侯九伯者。」

〔八五〕宋咸注：「禮九錫：一曰車馬，二曰衣服，三曰樂器，四曰納陛，五曰虎賁，六曰朱户，七曰斧鉞，八曰弓矢，九曰圭瓚。」原本「鬯」上無「秬」字，葉氏藏本、潘承弼校跋本、章鈺校跋本、子思子魯繆公篇、楚辭天問洪興祖補注引並有「秬」字。冢田虎曰：「珪瓚以珪爲杓柄也。鬯，秬鬯也。黑黍之酒釀以鬯草也，祭祀用之，當以賜命告其祖廟，故受此賜。」庶按：有「秬」字是，據補。白虎通卷七攷黜篇：「朱户、納陛、虎賁者，皆與之制度，而鈇鉞、弓矢、秬鬯，皆與之物，各因其宜也。秬者，黑黍，一稃二米。鬯者，以百草之香鬱金而合釀之，成爲鬯。……所以灌地降神也。瓚者，器名也，所以灌鬯之器也。以圭飾其柄，灌鬯貴玉氣也。」九錫之禮，古書記載，名目小異，排列次序不一，唯無宋咸注文之「圭瓚」，而有「秬鬯」。

〔八六〕史記周本紀：「乃赦西伯，賜之弓矢斧鉞，使西伯得征伐。」

〔八七〕宋咸注：「周、召之地，在雍州岐山之陽。古公亶父避狄，自豳始遷於此，脩德以建王業，故商王帝乙命其子季歷以爲西伯。至紂，又命文王爲西伯，蓋商之州長曰伯，謂以文王爲伯而在西也。故文王行化，而雍、梁、荆、豫、徐、揚（庶按：原本「揚」作「楊」，朱熹儀禮經傳通解卷二十八引注作「揚」，是，據改）之人咸被其德而從之，故語曰『三分天下有其二，由（庶按：「由」，朱熹本作「以」）服事殷，惟冀、青、兗一分屬紂矣』。文王受命，作邑於豐，而岐陽周、召之地已空，故分賜周公、召公以爲采邑，施大王、王季之化於己所職之國，傳記言分陜而治者，蓋此也。」　庶按：楚辭天問洪興祖補注：「孔叢子：『羊客問於子思曰：「古之帝王，中分天下，使二公治之，謂之二伯。周自后稷封爲王者之後，子孫據國，至大王、王季，皆世爲諸侯矣，焉得爲西伯乎？」子思曰：「吾聞殷王帝乙之時，王季以九命作伯，受圭瓚秬鬯之賜，故文王因之，得專征伐。此以諸侯爲伯，猶周、召之君爲伯也。」』」文字與嘉祐本差異較大。

〔八八〕冢田虎曰：「『十六』當爲『二十六』，此脱『二』字耳，否則年時不合。」

〔八九〕宋咸注：「數四篇，猶言四五篇，宋語然。」「數」下，姜兆錫本、冢田虎本並無「四」字。許華峰曰：「後漢書卷三十五張曹鄭列傳：『數被引見，一日或至數四。』李賢注：『過三以至於四也。』……『數四』既爲表接近四這個數詞的約數，則『尚書虞、夏數四篇』的意思正是説『尚書虞、夏書三四篇』。……漢代的尚書傳本，無論是伏生本、馬融本、鄭玄本、王肅本，皆題曰虞夏書，而且都是堯典、皋陶謨、禹貢、甘誓四篇。」（孔叢子引尚書相關材料分析輔仁大學先秦兩漢學術第一期二〇〇四年三月）　庶按：此可備一説，然樂朔之言，本非確指，故宋咸注不誤。

〔九〇〕宋咸注：「言秦誓、費誓，但效堯典、舜典之言而殊不如。」「費」，淵鑑類函卷一百九十二作「誓」。冢田虎曰：「樂朔以爲周書訖秦、費二誓，則後人之擬作，故辭義殊不可知也。」

〔九一〕冢田虎曰：「言從唐、虞至周，而其事變之極，其義自相當也爾。」

〔九二〕原本「更」上無「不」字，程榮本、崇禎本、鍾惺本、何允中本、清抄本標記毛斧季藏宋本、姜兆錫本並有「不」字。「易」，蔡宗堯本、程榮本、崇禎本、鍾惺本、四庫全書本、何允中本、指海本、清抄本標記毛斧季藏宋本、姜兆錫本、子苑本並作「異」。有「不」字是，據補。

〔九三〕宋咸注：「言借（庶按：「借」疑爲「假」之訛）使堯、舜當周公時，其二典亦如周書也。」原本「同」作「周」，宛委别藏本、葉氏藏本、周叔弢藏本、程榮本、孔胤植本、崇禎本、潘承弼校跋本、王韜校跋本、四庫全書本、何允中本、指海本、鍾惺本、陳錫麒本、清抄本標記毛斧季藏宋本、姜兆錫本、冢田虎本、子思子過齊篇並作「同」，是，據改。

〔九四〕「亦」，子思子過齊篇作「以」。冢田虎曰：「朔之所言，蓋指周書諸誥也。諸誥中難了知之辭，亦繁多也。」

〔九五〕冢田虎曰：「書之意旨，將了知之者，兼其深奥而反復之，宜訓詁以成其義也。古人之所以爲典雅者，以其深奥也。」

〔九六〕「昔」上，崇禎本、鍾惺本、馮夢禎本並有「曰」字，清抄本於天頭批注：「僞本『昔』字上多『曰』字，非。」

〔九七〕宋咸注：「言魯國委巷間闗（庶按：「闗」疑爲「閻」之訛，「閭閻」謂民間，與「委巷」相對）中人亦有如君之言。」冢田虎曰：「委巷，巷名。」

〔九八〕原本「伋」作「仍」，宛委别藏本、葉氏藏本、周叔弢藏本、周子義本、程榮本、馮夢禎本、孔胤植本、崇禎本、鍾惺本、潘承弼校跋本、王韜校跋本、四庫全書本、何允中本、指海本、章鈺校跋本、陳錫麒本、清抄本、冢田虎本並作「伋」。原本「聞」作「答」，子思子過齊篇作「聞」。作「伋」、「聞」並是，據改。此承上文，仍爲子思答樂朔之言，故文中自稱曰「伋」，下文「道爲知者傳，苟非其人，道不傳矣」，爲子思所聞之言，「今君何似之甚也」仍爲承前「魯委巷亦有似君之言者」之語而作結，故「樂朔不悦而退」，前後文意一貫。

〔九九〕原本「傳」作「貴」，程榮本、崇禎本、鍾惺本、何允中本、姜兆錫本並作「傳」。錢熙祚曰：「『貴』原誤『貫』，别本作『傳』，蓋以意改，今依子思子改正。」庶按：四庫全書本子思子過齊篇作「傳」，不作「貴」，錢氏或失檢。作「傳」是，據改。此文爲子思所論非智者不傳其道之意，以此反駁樂朔所謂「故作難知之辭」之語，意爲樂朔乃非智者，故樂朔不悦而退。

〔一〇〇〕冢田虎曰：「不知者，不能深信之，故道不貴也。」庶按：冢田説所述，實爲「道不傳」之義，其謂「不貴」，乃涉其所見本而訛。

〔一〇一〕宋咸注：「其徒，樂朔之徒，御者。」

〔一〇二〕「此」，程榮本、崇禎本、鍾惺本、四庫全書本、何允中本、指海本並作「魯」。

〔一〇三〕冢田虎曰：「孔氏之先，宋之後也。初宋華父督殺孔父而取其妻。孔父之曾孫防叔避禍而奔魯，此世有怨讎於宋也。」

〔一〇四〕「駕」上，程榮本、崇禎本、鍾惺本、何允中本、清抄本並有「不待」二字。冢田虎本天頭有校語：「『駕』一作『不待駕』，疑是。」錢熙祚曰：「別本『駕』上有『不待』二字。」

〔一〇五〕原本「囚」作「死」，宛委別藏本、周叔弢藏本、指海本並作「囚」，葉氏藏本、蔡宗堯本、潘承弼校跋本、章鈺校跋本並作「厄」，周子義本、程榮本、馮夢禎本、崇禎本、鍾惺本、四庫全書本、子苑本並作「困」，冢田虎曰：「殷紂聽崇侯之譖，因文王於羑里，閎夭之徒賂以免之。」庶按：作「囚」是，據改。作「厄」、作「困」者，俱爲「囚」之委婉語。史記周本紀：「西伯蓋即位五十年。其囚羑里，蓋益易之八卦爲六十四卦。」

〔一〇六〕冢田虎曰：「楚昭王聘孔子，陳、蔡大夫出徒兵以圍夫子於中路。」庶按：孟子滕文公下：「孔子懼，作春秋。」史記孔子世家：「子曰：『弗乎弗乎，君子病没世而名不稱焉。吾道不行矣，吾何以自見於後世哉？』乃因史記作春秋，上至隱公，下訖哀公十四年，十二公。」

〔一〇七〕宋咸注：「作中庸凡四十九篇，以述聖祖之業，授弟子孟軻之徒數百人，禮記中庸篇乃其略也。」姜兆錫曰：「此因論經而言中庸所由作也。」家田虎曰：「今所有之中庸，斯其一篇與？或殘缺之餘與？」

孔叢子校釋卷之三

巡守第八〔一〕

子思遊齊，陳莊伯與登泰山而觀〔二〕，見古天子巡守之銘焉〔三〕。陳子曰：「我生獨不及帝王封禪之世。」子思曰：「子不欲爾〔四〕。今周室卑微，諸侯無霸，假以齊之衆〔五〕，義率鄰國以輔文、武子孫之有德者〔六〕，則齊桓、晉文之事不足言也〔七〕。」陳子曰：「非不悦斯道，力不堪也。子，聖人之後，吾願有聞焉。敢問昔聖帝明王巡守之禮，可得聞乎？」子思曰：「凡求聞者，爲求行之也。今子自計必不能行，欲聞何爲〔八〕？」陳子曰：「吾雖不敏，亦樂先王之道，於子何病而不吾告也〔九〕？」子思乃告之曰：「古者天子將巡守，必先告於祖、禰〔一〇〕，命史告羣廟及社稷、圻内名山大川〔一一〕。告者七日而徧〔一二〕，親告用牲〔一三〕，史告用幣〔一四〕。申命冢宰，而後道而出〔一五〕。必以遷廟之主行〔一六〕，載於齊車〔一七〕，每舍奠焉〔一八〕，及所經五岳、四瀆，皆有牲幣〔一九〕。歲二月，東巡守，至於岱宗，柴於上帝〔二〇〕，望秩於山川〔二一〕，所過，諸侯各待於境〔二二〕。天子先問百年者所在而親見之〔二三〕，然後覲方岳之諸侯〔二四〕。有功德者，則發爵賜服〔二五〕，以順陽義。無功者〔二六〕，則削黜貶退，以順陰義〔二七〕。命史采民詩謠，以觀其風〔二八〕。命市納賈，察民之所好惡，以知其志〔二九〕。命典禮正制度，均量衡，考衣服之等，協時、月、日、辰〔三〇〕。入其疆，土地荒穢〔三一〕，遺老失賢，掊克在位〔三二〕，則君免。山川社稷有不親舉者，則貶秩削土〔三三〕。土荒民遊爲無教，無教者則君退〔三四〕。民淫僭上者爲無法，無法者則君罪〔三五〕。入其疆，土地墾辟，養老尊賢，俊傑在位，則君有慶焉〔三六〕。遂南巡，五月，至於南岳。又西巡，八月，至於西岳。又北巡，十有一月，至於北岳。其禮皆如岱宗〔三七〕。歸，反，舍於外次〔三八〕，三日齊〔三九〕，親告於祖、禰，用特〔四〇〕。命有司告羣廟、社稷及圻內名山大川〔四一〕，而後入，聽朝。此古者明王巡守之禮也〔四二〕。」陳子曰：「諸侯朝乎天子，盟會霸主，則亦告宗廟、山川乎〔四三〕？」子思曰：「告哉〔四四〕！」陳子曰：「王者巡守不及四岳，諸侯盟會不越鄰國，則其禮同乎？異乎？」子思曰：「天子封圻千里，公侯百里，伯七十里〔四五〕，子男五十里，虞、夏、殷、周之常制也。其或出此封者，則其禮與巡守、朝、會無變〔四六〕。其不越封境〔四七〕，雖行，如國〔四八〕。」陳子曰：「旨哉！古之義也〔四九〕，吾今而後知不學者淺之爲人也〔五〇〕。」

校釋

〔一〕宋咸注：「莊伯之問（庶按：「問」，宛委別藏本、周叔弢藏本、指海本注文並作「論」），不及他義，獨明巡守，故專其目。」

〔二〕宋咸注：「莊伯，齊大夫。」冢田虎曰：「莊伯，陳成子之孫也。」

〔三〕宋咸注：「諸侯爲天子守土，故稱守。巡謂巡行之。王者受命，必封禪泰山。天以高爲尊，地以厚爲德，故增封泰山之高以報天，壇禪梁甫之厚以報地，皆刻石紀號，著己之績，古如此者七十二君。除地爲壇曰墠，以其祭神，故從示。」「守」，宛委別藏本、蔡宗堯本、周叔弢藏本、周子義本、程榮本、馮夢禎本、孔胤植本、崇禎本、鍾惺本、王韜校跋本、四庫全書本、何允中本、指海本、陳錫麒本、清抄本、姜兆錫本、冢田虎本並作「狩」。冢田虎曰：「古者天子巡守，則涉其方、岳，立石以勒銘。」庶按：「狩」、「守」古通用。孟子梁惠王上：「天子適諸侯曰巡狩。巡狩者，巡所守也。」公羊傳隱公八年何休注：「巡，猶循也。守，猶守也。循行，守視之辭。」白虎通卷六巡狩篇：「狩者，牧也。爲天下巡行守牧民也。」

〔四〕冢田虎曰：「言不欲及帝王封禪之世也爾。若實欲之，則可得而及也。」

〔五〕「之」下，葉氏藏本、潘承弼校跋本、章鈺校跋本並無「衆」字。

〔六〕宋咸注：「言以義結鄰國。」原本「義」下無「率」字，葉氏藏本、潘承弼校跋本、章鈺校跋本並有「率」字。錢熙祚曰：「『率』字依子思子補。」　庶按：錢説是，據補。子思子文見魯繆公篇。

〔七〕冢田虎曰：「毗輔二主之後有德者，以興周室，則桓、文之霸功不足言焉，猶將及乎帝王也。」

〔八〕冢田虎曰：「陳子自以爲力不堪也，故云爾。」

〔九〕冢田虎曰：「苟有樂道者，乃須告之也，又何慢不能行？」

〔一〇〕錢熙祚曰：「書鈔十六、御覽五百三十七『告』並作『造』。」冢田虎曰：「天子親告父祖之廟。」　庶按：造爲告祭之名，此謂至而告祭也。周禮大祝「六祈」，「二曰造」，鄭氏注：「造，祭於祖也。」禮記曾子問篇：「諸侯適天子，必告於祖，奠於禰。」禮記王制篇：「天子將出，類乎上帝，宜乎社，造乎禰。」孔穎達正義：「造乎禰者，造，至也，謂至父、祖之廟也。」字亦作「祰」，説文：「祰，告祭也。」

〔一一〕宋咸注：「圻内，境内也。」「廟」、「圻」，淵鑑類函卷一百五十八作「祀」、「幾」。「廟」、「祀」義同。「幾」猶「畿」也，與「圻」義同。

〔一二〕冢田虎曰：「期七日而偏告。」

〔一三〕冢田虎曰：「親告於祖、禰，用特牛。」

〔一四〕宋咸注：「親告用牲，亦用（庶按：原本「用」作「作」，「作」乃「用」之訛，今改。禮記曾子問篇：「孔子曰：『天子諸侯將出，必以幣、帛、皮、圭告於祖、禰，遂奉以出，載於齊車以行。』」）幣，史告惟用幣而已。」冢田虎曰：「羣廟及社稷山川，則用幣。」庶按：白虎通巡狩篇陳立疏證：「天子諸侯雖親告，亦不用牲。禮曾子問曰『凡告用牲幣』，注：『「牲」當爲「制」。』又云：『孔子曰：「諸侯適天子，必告於祖，奠於禰。」』注：『皆奠幣以告之。』又云：『孔子曰：「天子諸侯將出，必以幣、帛、皮、圭告以祖、禰，遂奉以出。」』是告廟不用牲也。」禮記曾子問篇孫希旦集解：「鄭氏見此章言『幣、帛、皮、圭』而不言『牲』，故破牲、幣爲制幣，而諸家於告出告反之禮，亦皆不言有牲。然以舜典、王制考之，則告禮有牲。此章不言『牲』者，蓋以主命之禮，所奉以出者唯幣、帛、皮、圭，牲非所奉以出者，故畧而不言耳。謂『告禮無牲』，非也。」

〔一五〕「後」下，程榮本、崇禎本、鍾惺本、四庫全書本、何允中本、指海本、清抄本標記毛斧季藏宋本並有「清」字。冢田虎曰：「申，重也。道，祭行神也。」庶按：此「清」字蓋傳抄者不明古禮而誤增。禮記曾子問篇：「乃命國家五官而後行，道而出。」鄭氏注：「祖道也。」聘禮：『出祖，釋軷，祭酒脯也。』」孫希旦集解：「道，祭行道之神於國城之外也。其禮以菩、芻、棘、柏爲神主，封土爲軷壇，厚二寸，廣五尺，輪四尺。既祭，以車轢之而去，喻行道時無險難也。」

〔一六〕原本「必」作「或」，禮記曾子問篇：「曾子問曰：『古者師行，必以遷廟主行乎？』孔子曰：『天子巡守，以遷廟主行，載於齊車，言必有尊也。』」孫希旦集解：「皇氏侃曰：『遷廟主，謂新遷之主。』愚謂遷廟主多，莫適載焉，宜奉其近者而載之，故知爲新遷廟之主也。」是「或」爲「必」之訛，據改。

〔一七〕「齊」，周子義本、程榮本、何允中本並作「齋」，「齊」、「齋」古今字。禮記曾子問篇鄭氏注：「齊車、金路。」孫希旦集解：「金路，王乘之以朝、覲、會、同。鄭氏齊僕注云：『王將朝、覲、會、同，必齊，所以敬宗廟及神明。』故金路曰『齊車』。載遷廟主必以金路者，巡守即會、同也。會、同乘金路，故載遷主亦以金路，象其生時之所乘也。」

〔一八〕宋咸注：「『舍』讀爲『釋』。」姜兆錫曰：「『每舍』之『舍』，謂舍次也。」冢田虎曰：「遷廟之主，高祖之父，新入祧廟之主也。載之以行者，示必有尊也。齊車、金路，每舍奠焉，以脯醢禮神，而後就舍也。」庶按：禮記曾子問篇孔穎達正義：「經云『每舍奠焉』，以其在路，不可恒設牲牢，故知以脯醢也。與殯奠同謂之奠，以其無尸故也。」

〔一九〕白虎通巡狩篇陳立疏證：「邵氏晉涵云：『冀州之霍山，與泰、華、衡、恒，唐、虞之五岳也。華、嶽、泰、恒、衡，周之五岳也。泰、衡、華、恒、嵩，漢初相傳之五岳也。泰、華、恒、嵩、霍，武帝所定之五岳也。』……水經河水注：『自河入濟，自濟入淮，自淮達江，水徑周通，故有四瀆之名。』」

〔二〇〕宋咸注：「燔柴祀上帝以告至。」

〔二一〕宋咸注：「凡岱嶽境内山川，皆如秩序，望祭之。」冢田虎曰：「東岳諸侯境内名山大川，如其秩次，望祭之也。」　庶按：尚書舜典：「歲二月，東巡守，至於岱宗，柴，望秩於山川。」孔氏傳：「東岳諸侯竟内名山大川，如其秩次，望祭之。」禮記王制篇：「柴而望祀山川，覲諸侯。」王制篇朱彬訓纂引三禮義宗：「祭天之後，乃望祀山川。」公羊傳僖公三十一年：「山川有能潤於百里者，天子秩而祭之。」風俗通義山澤篇：「王者報功，以次序之。」

〔二二〕宋咸注：「所過之國，其國君皆於境上迎待。」　庶按：禮記祭義篇：「天子巡守，諸侯待於竟。」白虎通巡狩篇陳立疏證：「天子諸侯分土而治，天子無事不得出圻内，諸侯無事不得至封外，故出則皆有告祭之禮，知天子巡守，惟待於竟焉。若至方岳之下，則一方諸侯皆宜出竟，朝天子，述職考黜也。」

〔二三〕宋咸注：「問老人以求民所疾苦。」「見」，冢田虎本、沈津本並作「問」。冢田虎曰：「親就其宅見之。」　庶按：「見」字不誤，作「問」者，乃涉上「先問」之「問」而訛。禮記祭義篇：「天子先見百年者。」鄭氏注：「問其國君以百年者所在而往見之。」風俗通義序：「覲諸侯，見百年。」禮記王制篇：「問百年者就見之。」孔穎達正義：「此謂到方嶽之下，見諸侯之後，問百年者就見之。若未至方嶽，於道路之上有百年者，則亦王先見之。」王制篇孫希旦集解：「百年之人，所閱天下之義理多矣，就而見之，亦欲以訪問政治之得失，非徒敬老之文已也。」

〔二四〕原本「覲」作「勤」，葉氏藏本、蔡宗堯本、周子義本、程榮本、崇禎本、鍾惺本、潘承弼校跋本、何允中本、清抄本標記毛斧季藏宋本、姜兆錫本並作「覲」。錢熙祚曰：「別本『勤』作『覲』。」

庶按：作「覲」，與禮記王制篇文合，是，據改。王制篇孫希旦集解：「覲諸侯者，覲見當方之諸侯也。諸侯朝王，四時禮異，至朝於方嶽，則一以覲禮行之，故其名皆曰覲也。」

〔二五〕禮記王制篇：「有功德於民者，加地進律。」

〔二六〕「功」下疑脱「德」字，作「無功德者」與上「有功德者」相對。

〔二七〕宋咸注：「賞以春、夏，故爲陽（庶按：原本「陽」作「賜」，「賜」乃「陽」之訛，今改）之義；刑之秋、冬，故爲陰之義。」冢田虎曰：「有功德於民者，發爵命以進之，賜章服以顯之。無功德者，則削地貶爵，以黜退之。慶賞郵罰，以順陰陽之義也。」

〔二八〕冢田虎曰：「詩者，所發乎情，以成風俗，故采民間詩謡而諷誦之，則觀其民俗之美惡也。王制曰：『命大師陳詩，以觀民風。』」庶按：禮記王制篇「命大師陳詩，以觀民風」，鄭氏注：「陳詩，謂采其詩而視之。」孫希旦集解：「大師掌教六詩，命大師陳風者，命諸侯大師之官各陳其所采國中之風謡。何休公羊注云『男年六十、女年五十無子者，官衣食之，使之民間求詩，鄉移於邑，邑移於國，國以聞於天子』，是也。」漢書藝文志六藝略：「故古有采詩之官，王者所以觀風俗、知得失、自考正也。」漢書食貨志：「孟春之月，羣居者將散，行人振木鐸徇於路，以采詩，獻之大師，比其音律，以聞於天子。故曰王者不窺牖户而知天下。」

〔二九〕宋咸注：「『賈』讀爲『價』，言以物貴賤之直，察其民好惡，知其奢儉之志。蓋儉則用物貴，奢則侈物貴也。」冢田虎曰：「市，典市者。賈，謂物賈貴賤也。所好者質，則用物貴；所好者淫，則侈物貴。足以知民志之邪正也。」庶按：禮記王制篇朱彬訓纂：「質則用物貴，淫則侈物貴。」王制篇孫希旦集解：「市，謂司市之官。命市納賈者，命諸侯司市之官各納其市賈之貴賤也。詩有貞淫、美刺，市賈有貴賤、質侈，觀之，所以見風俗之美惡、好尚之邪正。」

〔三〇〕宋咸注：「四時之氣節、月之大小、日之甲乙、辰之次序、度之長短、量之等平、衡之輕重、衣服之奇衺，皆命典禮以均正協同之。」冢田虎曰：「制度，凡法律也。量，斗斛。衡，斤兩也。衣服之等，五禮之衣服，各有貴賤等級也。時月日辰，四時之氣節，月之大小，日之甲乙也。」庶按：禮記王制篇：「命典禮考時、月，定日，同律、禮、樂、制度、衣服，正之。」孫希旦集解：「典，主也。典禮，謂大史……此謂天子之大史從王而出者也。周禮大史職云：『大會、同、朝、覲，以書協禮事。』時，謂四時。月，謂月之大小。日，謂日之甲乙。……凡此皆所以正其不正也。」

〔三一〕原本「疆」下無「土地荒穢」四字，葉氏藏本、蔡宗堯本、潘承弼校跋本、章鈺校跋本並有「土地荒穢」四字，子思子魯繆公篇作「土地荒蕪」，是證此四字當有，據補。下文「入其疆，土地墾辟」正承此而言。孟子告子下：「入其疆，土地荒蕪，遺老失賢，掊克在位，則有讓。」

〔三二〕宋咸注：「掊克猶苛克。」冢田虎曰：「掊克，自伐而好勝人者。有此三者，則免其君位。」　庶按：孟子告子下趙岐注：「掊克，不良之人。」詩經大雅蕩陸德明音義：「掊克，聚斂也。」

〔三三〕原本「舉」下無「者則貶秩削土」六字，葉氏藏本、潘承弼校跋本、章鈺校跋本、子思子魯繆公篇並有「者則貶秩削土」六字。姜兆錫曰：「不親舉，謂廢祀也。」冢田虎曰：「不親舉，不祭也。」　庶按：有「者則貶秩削土」六字是，據補。禮記王制篇：「山川神祇有不舉者爲不敬，不敬者君削以地。」此「貶秩削土」正釋王制篇之「削以地」之意。王制篇孔穎達正義：「山川是外神，故云『不舉』。不舉，不敬也。山川在其國竟，故削以地。」

〔三四〕冢田虎曰：「土荒民遊，惰乎農桑也，如此則無教之由，故黜退其君爵。」

〔三五〕冢田虎曰：「人民奢淫，而僭濫上位，則無法制之由，故罪其君身。」

〔三六〕冢田虎曰：「有土地爵服之慶賞也。此以上之文，與王制及孟子，可相照以見也。」　庶按：孟子告子下：「入其疆，土地辟，田野治，養老尊賢，俊傑在位，則有慶，慶以地。」趙岐

注：「慶，賞也。」

〔三七〕冢田虎曰：「上帝山川之祭以下，至襃貶諸侯，禮皆如東巡。」 庶按：禮記王制篇朱彬訓纂：「三禮義宗云：『唐、虞五載巡守一嶽，二十年方徧四嶽，周則四十八年矣。若一出四嶽皆徧，且闕四時祭享。唐、虞衡山爲南嶽，周氏霍山爲南嶽，其制吉行五十里，若以二月到東嶽，五月到南嶽，八月到西嶽，十一月到北嶽，路程遼遠，固必不及。此知每至一嶽即歸，斯義爲長也。』」

〔三八〕宋咸注：「舍於外次，未敢入其宮。」

〔三九〕冢田虎曰：「次宿外舍三日。」

〔四〇〕「特」，冢田虎本作「牲」，冢田曰：「告至也。其入齊，則出齊亦應知矣。」 庶按：禮記王制篇：「歸假於祖、禰，用特。」鄭氏注：「特，特牛也。」孫希旦集解：「謂歸至於祖、禰之廟而告至也。先告於大廟，而反齊車之主，然後歷告羣廟，至禰而畢。」

〔四一〕冢田虎曰：「有司，祝史。告至於前所告者也。」

〔四二〕冢田虎曰：「巡守之禮，起於舜典。」

〔四三〕宋咸注：「問諸侯朝天子洎與伯主盟會，則亦告宗廟、山川乎？」

〔四四〕禮記曾子問篇：「孔子曰：『諸侯適天子，必告於祖，奠於禰，冕而出視朝。命祝、史告於社稷、宗廟、山川……告者五日而徧，過是非禮也。凡告用牲、幣，反亦如之。諸侯相見，必告於禰，朝服而出視朝。命祝、史告於五廟、所過山川，亦命國家五官道而出。反必親告於祖、禰，乃命祝、史告至于前所告者，而後聽朝而入。』」

〔四五〕原本「伯」作「百」，宛委別藏本、葉氏藏本、蔡宗堯本、周叔弢藏本、周子義本、程榮本、馮夢禎本、孔胤植本、崇禎本、鍾惺本、潘承弼校跋本、王韜校跋本、四庫全書本、何允中本、指海本、章鈺校跋本、陳錫麒本、清抄本、姜兆錫本並作「伯」，是，據改。禮記王制篇：「天子之田方千里，公侯田方百里，伯七十里，子男五十里。」

〔四六〕宋咸注：「言出此千里、百里、七十里、五十里之封，則與巡守禮同，故曰無變。」

〔四七〕「越」下，葉氏藏本、潘承弼校跋本、子思子魯繆公篇並有「於」字。

〔四八〕宋咸注：「不越封，則如在國儀。」「如」下，葉氏藏本、潘承弼校跋本、子思子魯繆公篇並有「在」字。冢田虎曰：「諸侯出入之禮，詳於曾子問篇。」庶按：以宋咸注文，似其所據本亦有「在」字，疑有「在」字是。

〔四九〕原本「古」上無「旨哉」二字，葉氏藏本、潘承弼校跋本、子思子魯繆公篇並有「旨哉」二字，是，據補。補「旨哉」二字，下文「古之義也」乃有所承。

〔五〇〕宋咸注：「言不學則爲淺鄙之人，無所知曉。」冢田虎曰：「言不學者之淺於學者也。傳曰：

『吾淺之爲丈夫。』」

公儀第九〔一〕

魯人有公儀僭者〔二〕，砥節勵行，樂道好古，恬於榮利〔三〕，不事諸侯，子思與之友。穆公因子思欲以爲相〔四〕，謂子思曰：「公儀子必輔寡人〔五〕，參分魯國而與之一，子其言之。」子思對曰：「如君之言，則公儀子愈所以不至也〔六〕。君若饑渴待賢，納用其謀〔七〕，雖蔬食水飲，伋亦願在下風〔八〕。今徒以高官厚禄〔九〕，釣餌君子〔一〇〕，無信用之意〔一一〕，公儀子之智若魚鳥可也〔一二〕，不然，則彼將終身不躡乎君之庭矣〔一三〕。且臣不佞，又不任爲君操竿下釣，以傷守節之士也〔一四〕。」

閭丘温見田氏將必危齊〔一五〕，欲以其邑叛而適魯。穆公聞之，謂子思曰：「子能懷之，則寡人割邑如其邑以償子〔一六〕。」子思曰：「伋雖能之，義所不爲也〔一七〕。」公曰：「何？」子思對曰：「彼爲人臣，君將顛，弗能扶而叛之〔一八〕，逆臣制國，弗能以其身死而逃之〔一九〕，此罪誅之人也〔二〇〕。伋縱不能討，而又要利以召姦，非忍行也〔二一〕。」

穆公問子思曰：「吾聞龐欄氏子不孝〔二二〕，其行何如？」對曰：「臣聞明君之爲政，尊賢以崇德，舉善以勸民，則四封之內〔二三〕，孰敢不化〔二四〕？若夫過行〔二五〕，是細人之所識〔二六〕。不治其本而問其過，臣不知所以也〔二七〕。」公曰：「善。」

穆公謂子思曰：「子之書所記夫子之言，或者以謂子之辭也〔二八〕。」子思曰：「臣所記臣祖之言，或親聞之者，有聞之於人者，雖非其正辭〔二九〕，然猶不失其意焉〔三〇〕，且君之所疑者何？」公曰：「於事無非。」子思曰：「無非，所以得臣祖之意也。就如君言，以爲臣之辭，臣之辭無非，則亦所宜貴矣〔三一〕。事既不然，又何疑焉？」

穆公謂子思曰：「縣子言子之爲善〔三二〕，不欲人譽己，信乎？」子思對曰：「非臣之情也〔三三〕。臣之修善，欲人知之。知之而譽臣，是臣之爲善有勸也〔三四〕，此所願而不可得者也〔三五〕。若臣之脩善而人莫知，莫知則必毁臣〔三六〕，是臣之爲善而受毁也，此臣所不願而不可避者也〔三七〕。若夫雞鳴爲善，滋滋以至夜半〔三八〕，而曰不欲人之知，恐人之譽己，臣以爲斯人也者，非虛則愚也〔三九〕。」

胡毋豹謂子思曰〔四〇〕：「子好大，世莫能容子也，盍亦隨時乎〔四一〕？」子思曰：「大非所病，所病不大也〔四二〕。凡所以求容於世，爲行道也。毁道以求容，道何行焉〔四三〕？大不見容，命也〔四四〕，毁大而求容，罪也，吾弗改矣〔四五〕。」

子思居貧〔四六〕，其友有饋之粟者，受二車焉〔四七〕。或獻樽酒束脩，子思弗爲當也〔四八〕。

或曰：「子取人粟而辭吾酒脯，是辭少而取多也〔四九〕，於義則無名，於分則不全〔五〇〕，而子行之，何也〔五一〕？」子思曰：「然，伋不幸而貧於財，至乃困乏〔五二〕，將恐絶先人之祀。夫所以受粟〔五三〕，爲周乏也〔五四〕，酒脯，則所以飲宴也〔五五〕。方乏於食而乃飲宴，非義也，吾豈以爲分哉〔五六〕？度義而行也〔五七〕。」或者擔其酒脯以歸〔五八〕。

穆公問子思曰：「吾國可興乎〔五九〕？」子思曰：「可〔六〇〕。」公曰：「爲之奈何？」對曰：「苟君與大夫慕周公、伯禽之治，行其政化，開公家之惠，杜私門之利〔六一〕，結恩百姓，脩禮鄰國，其興也勃矣。」

子思曰：「吾之富貴甚易，而人由勿能〔六二〕。夫不取於人謂之富，不辱於人謂之貴〔六三〕。不取不辱，其於富貴庶矣哉〔六四〕！」

校釋

〔一〕宋咸注：「魯穆，國君。公儀，高人。方論於是而以僭專其篇，乃知千乘之貴，常詘於道矣。」

〔二〕宋咸注：「數本皆作『潛』。詳其行，已疑爲公儀修之昆弟。」「僭」，淵鑑類函卷二百六十八作「潛」。錢熙祚曰：「初學記十七、御覽四百二並作『潛』。」冢田虎曰：「『僭』本亦作『潛』。

穆公之時，公儀休爲相，有循吏之稱，疑潛即休之名字。而此未爲相之時與？將異人與？」

庶按：初學記卷十七「公儀潛」下有「賢者也」三字。說苑雜言篇：「魯穆公之時，公儀子爲政，子思、子庚爲臣。」公儀僭事無考，宋咸注文乃擬測之辭，不足據。

〔三〕冢田虎曰：「恬，安静也。言不動於榮利也。」

〔四〕宋咸注：「魯穆公欲假子思召僭爲相。」

〔五〕錢熙祚曰：「御覽『寡人』二字重。」

〔六〕冢田虎曰：「惡其以利禄衒賢者。」

〔七〕「饑」，淵鑑類函卷二百六十八作「飢」。「謀」，馮夢禎本、御覽卷四百二並作「言」。「饑」通「飢」。「言」字義勝。

〔八〕錢熙祚曰：「御覽作『儀雖蔬食水飲，亦願在下風』。」　庶按：「水飲」，御覽卷四百二作「飲水」，錢氏或失檢。

〔九〕「今」，周子義本、程榮本、馮夢禎本、冢田虎本並作「令」。

〔一〇〕「釣」，葉氏藏本、章鈺校跋本並作「鈎」。冢田虎曰：「釣餌，喻餌以釣魚也。」

〔一一〕「用」，御覽卷四百二、淵鑑類函卷二百六十八並作「人」。

〔一二〕冢田虎曰：「苟貪餌者也，則可以釣焉。」

〔一三〕原本「之」作「子」，宛委别藏本、葉氏藏本、蔡宗堯本、周叔弢藏本、周子義本、程榮本、馮夢禎本、孔胤植本、崇禎本、鍾惺本、潘承弼校跋本、王韜校跋本、四庫全書本、何允中本、指海本、章鈺校跋本、陳錫麒本、清抄本、姜兆錫本、冢田虎本、淵鑑類函卷二百六十八並作「之」。「庭」，説郛本作「廷」。「之」字是，據改。

〔一四〕宋咸注：「言君徒以高官厚禄魚待公儀子，臣不任爲君執釣以傷公儀子。」「傷」，宛委别藏本、蔡宗堯本、周叔弢藏本、周子義本、程榮本、馮夢禎本、孔胤植本、崇禎本、鍾惺本、王韜校跋本、四庫全書本、何允中本、指海本、陳錫麒本、清抄本、冢田虎本並作「蕩」，黎堯卿本作「薄」。錢熙祚曰：「御覽『蕩』作『傷』。」姜兆錫曰：「言用賢當以禮也。」冢田虎曰：「蕩，摇動之也。」

〔一五〕宋咸注：「温，齊大夫也。晏孺子元年，田乞與鮑牧以兵逐高昭子、國惠子而殺孺子。」冢田虎曰：「閭丘温……閭丘明之後。田氏，即陳氏。自陳恒弑簡公，陳氏專齊國，至恒之曾孫太公和遂簒，爲齊侯。」　庶按：史記齊太公世家：「晏孺子元年春，田乞僞事高、國者，每朝，乞參乘，言曰：『子得君，大夫皆自危，欲謀作亂。』又謂諸大夫曰：『高昭子可畏，及未發，先之。』大夫從之。六月，田乞、鮑牧乃與大夫以兵入公宫，攻高昭子。昭子聞之，與國惠子救公。公師敗，田乞之徒追之，國惠子奔莒，遂反殺高昭子。……悼公入宫，使人遷晏孺子於駘，殺之幕下。」

〔一六〕宋咸注：「欲割邑如温之邑以償子思。」「償子」，周子義本、程榮本、馮夢禎本、崇禎本、鍾惺本、四庫全書本、何允中本、姜兆錫本、冢田虎本並作「常宗」。錢熙祚曰：「(子)原誤『之』，依子思子改。」姜兆錫曰：「常宗，謂常尊禮之也，或曰謂紀於太常以尊之也。」冢田虎曰：「懷，來之也。言能懷閭丘温，則如其所以叛之邑，更割魯邑與子思，以爲之食邑，而常宗敬之也。」　庶按：錢氏所據子思子文，見胡毋豹篇。

〔一七〕冢田虎曰：「於義不可爲懷來之。」

〔一八〕「顛」，周子義本、程榮本、馮夢禎本、崇禎本、鍾惺本、四庫全書本、何允中本、姜兆錫本、冢田虎本並作「敗」。冢田虎曰：「彼，指閭丘。人臣之義，見其君之危，當致命以扶持之，豈又可有叛乎？」

〔一九〕原本「身」作「衆」，周子義本、程榮本、馮夢禎本、崇禎本、鍾惺本、四庫全書本、何允中本、姜兆錫本、冢田虎本並作「身」，是，據改。「身死」乃古之常語。墨子所染篇：「故國殘身死，爲天下僇。」荀子榮辱篇：「身死而名彌白。」孟子告子上：「鄉爲身死而不受。」韓非子喻老篇：「軍敗晉陽，身死高梁之東。」

〔二〇〕冢田虎曰：「當以身殉於國，而逃乎逆臣，如閭丘者，不免罪誅之人也。」

〔二一〕宋咸注：「言要邑之利以召温之姦，不忍行之。」姜兆錫曰：「此言事君當以義也……非忍，猶言不忍。」冢田虎曰：「言間丘之姦，於義則當討之也，況又可爲利故召之乎？」

〔二二〕宋咸注：「龐欄氏，魯人。」「龐」，馮夢禎本、孔胤植本、姜兆錫本、冢田虎本並作「龍」。「氏」下，馮夢禎本無「子」字。

〔二三〕「封」，宛委別藏本、周叔弢藏本、周子義本、程榮本、馮夢禎本、孔胤植本、崇禎本、鍾惺本、王韜校跋本、四庫全書本、何允中本、指海本、陳錫麒本、清抄本、姜兆錫本、冢田虎本、沈津本並作「方」，「方」猶「封」也。

〔二四〕冢田虎曰：「四竟之内，皆化於政，則無復有不孝民也。」

〔二五〕宋咸注：「過行，猶遺行。」

〔二六〕原本「人」下無「之」字，葉氏藏本、蔡宗堯本、潘承弼校跋本並有「之」字，是，據補。

〔二七〕「所以」二字，冢田虎本在「不知」上。姜兆錫曰：「言化民當以德也。」冢田虎曰：「孔子之爲大司寇，有父子訟者，夫子曰：『嗚呼！上失其道而殺其下，非理也。不教以孝，而聽其獄，是殺不辜也。』應照以見矣。」

〔二八〕「謂」，蔡宗堯本作「爲」。「也」，章鈺校跋本作「然」，子思子過齊篇作「乎」。冢田虎曰：「所謂書者，蓋中庸之類也。」　庶按：「謂」通「爲」。

〔二九〕原本「其正」作「正其」，葉氏藏本、潘承弼校跋本並作「其正」，是，據乙。據下宋咸注文「雖非夫子當時之正辭」觀之，其時之所見本亦當作「其正」。

〔三〇〕宋咸注：「言聞之於人，雖非夫子當時之正辭，然亦盡得其意。」冢田虎曰：「言記其所聞焉。則於其言辭，雖非必正之，然於其意義，則不失夫子旨也。」

〔三一〕冢田虎曰：「就，假令也。言是則雖何人之辭，亦宜貴也。」

〔三二〕宋咸注：「縣子，瑣也。」

〔三三〕冢田虎曰：「非不欲爲人所譽也。」

〔三四〕「爲善」下疑脱「而」字，作「爲善而有勸」，與下文「爲善而受毁」一律，當是。

〔三五〕冢田虎曰：「雖願爲人所譽，然無修善之實，則不可得譽也。」

〔三六〕冢田虎曰：「莫知其修善，則不譽之。不譽，則將毁之也。」

〔三七〕冢田虎曰：「受毁則所不願，而亦不可得而避也。」

〔三八〕「滋滋」，葉氏藏本作「孜孜」，蔡宗堯本作「孶孶」。冢田虎曰：「『滋滋』、『孶孶』同，勉强也。」庶按：「滋滋」、「孜孜」、「孶孶」古並通用。孟子盡心上：「孟子曰：『雞鳴而起，孶孶爲善者，舜之徒也。』」

〔三九〕宋咸注：「夫君子疾没世而名不稱，儻修善而不欲人之知，則後世何述焉？故非詐則愚也。」

庶按：論語衛靈公篇：「子曰：『君子疾没世而名不稱焉。』」

〔四〇〕宋咸注：「豹，魯人。」

〔四一〕冢田虎曰：「大，謂道之大也。盍，何不也。子貢曰：『夫子之道至大，故天下莫能容夫子，盍少貶焉。』此相似也。」

〔四二〕冢田虎曰：「唯慢其道之不大也。」　庶按：法言修身篇：「好大而不爲，大不大矣；好高而不高，高不高矣。」義與此文可互參。

〔四三〕原本「何」上「道」字作「容」，葉氏藏本、潘承弼校跋本並作「道」。冢田虎曰：「毁，壞也。縱欲爲世所容，毁道，則無可行也。」　庶按：「道」字是，據改。「容」不可謂行，作「道何行焉」，承上「凡所以求容於世，爲行道也」之文義而言，子思子胡毋豹篇作「毁道以求容，何行焉」，是謂「道何行」之意，亦可證此「容」乃「道」之訛。

〔四四〕冢田虎曰：「宜容之道。而不容者，則非人之所爲，天命也已。」

〔四五〕姜兆錫曰：「言行止當以道也。」冢田虎曰：「孔子之對子貢者，可徵於此矣。」

〔四六〕「子思」上，藝文卷八十五有「公儀曰」三字，疑是。

〔四七〕「二」，崇禎本、鍾惺本、何允中本、姜兆錫本並作「一」。

〔四八〕「子思弗爲當也」，錢熙祚曰：「藝文八十五、御覽八百四十並作『子思曰爲費而無當也』。」冢田虎曰：「束脩，十挺脯也。不敢當其禮而辭之也。」庶按：作「子思曰爲費而無當也」，與藝文卷八十五「公儀曰」乃成相承之語。下文之「或曰」、「子思曰」，俱爲公儀子所引述之語，因上文脱「公儀曰」三字，則此不可通也。

〔四九〕錢熙祚曰：「藝文、御覽『取』並作『受』。」

〔五〇〕宋咸注：「於交遊之分則不全。」「分」，宛委别藏本、指海本、陳錫麒本、清抄本並作「介」。錢熙祚曰：「『介』原誤『分』，依御覽四百二十六改，下同。」庶按：據宋咸注文，其所據本當作「分」。

〔五一〕冢田虎曰：「以其取二車粟，而不受酒脯，以爲不義，且分節不全也。」

〔五二〕「至乃」，葉氏藏本、潘承弼校跋本、章鈺校跋本、子思子無憂篇並作「至於」，蔡宗堯本作「乃至」。錢熙祚曰：「藝文『乃』作『及』。」

〔五三〕原本「夫」下無「所」字，葉氏藏本、蔡宗堯本、崇禎本、鍾惺本、潘承弼校跋本、指海本、章鈺校跋本、子思子無憂篇並有「所」字。錢熙祚曰：「原脱『所』字，依藝文八十五、御覽四百二十六、又四百七十八、又八百四十補。」庶按：錢説是，據補。

〔五四〕「周乏」，周子義本、程榮本、馮夢禎本、孔胤植本、崇禎本、鍾惺本、四庫全書本、何允中本、姜兆錫本、冢田虎本、藝文卷八十五並作「周之」，御覽卷四百二十六作「賙之」。冢田虎曰：「周，救也。言爲救其困乏也。」

〔五五〕「所」上，葉氏藏本、蔡宗堯本、潘承弼校跋本、子思子無憂篇並無「則」字。「所」下，藝文卷八十五無「以」字。

〔五六〕「吾豈」，蔡宗堯本作「豈吾」。「分」，宛委別藏本、周叔弢藏本、陳錫麒本、清抄本並作「介」。姜兆錫曰：「分謂分輕重也，此言辭受當以義也。」

〔五七〕冢田虎曰：「非以多少爲分節，其受與不受，皆量度義而行也。」

〔五八〕「擔」，蔡宗堯本作「携」。冢田虎曰：「蓋服其義也已。」

〔五九〕冢田虎曰：「當時魯最削弱。」

〔六〇〕冢田虎曰：「言可興也。」

〔六一〕冢田虎曰：「開發君之惠，杜塞臣之利。」

〔六二〕原本「而」下無「人」字，葉氏藏本、潘承弼校跋本、章鈺校跋本、黎堯卿本並有「人」字。「由」，葉氏藏本、潘承弼校跋本並作「猶」。姜兆錫曰：「由，猶也，謙言猶不能也。」冢田虎曰：「他所謂富貴則難求，我所謂富貴則易致，易致而猶不能治焉。」　庶按：有「人」字是，據補。

〔六三〕「辱」，記纂淵海卷四十四作「屈」。錢熙祚曰：「御覽四百七十二『辱』作『屈』。」　庶按：

以下文「不取不辱」例之，此作「辱」不誤。

〔六四〕宋咸注：「能知其足則不取於人，何富如之？能率於道則不辱於人，何貴如之？」冢田虎曰：「富者不貪取於人，貴者不屈辱於人。然則雖處於貧賤，守廉於己，而不取於人；修道於身，而不辱於人，則亦近乎富貴矣。此富貴之易致者，而人猶不能致也。」

抗志第十〔一〕

曾申謂子思曰〔二〕：「屈己以申道乎？抗志以貧賤乎〔三〕？」子思曰：「道申，吾所願也。今天下王侯，其孰能哉〔四〕？與屈己以富貴〔五〕，不若抗志以貧賤。屈己則制於人〔六〕，抗志則不愧於道〔七〕。」

子思居衛。衛人釣於河，得鰥魚焉〔八〕，其大盈車。子思問之曰〔九〕：「鰥魚，魚之難得者也〔一〇〕，子如何得之〔一一〕？」對曰：「吾始下釣，垂一魴之餌，鰥過而勿視也〔一二〕，更以豚之半體，則吞之矣。」子思喟然曰：「鰥雖難得，貪以死餌；士雖懷道，貪以死祿矣〔一三〕。」

子思居衛。魯穆公卒，縣子使乎衛，聞喪而服〔一四〕，謂子思曰：「子雖未臣，魯，父母之國也，先君宗廟在焉，奈何弗服〔一五〕？」子思曰：「吾豈愛乎？禮不得也〔一六〕。」縣子曰：「請問之〔一七〕。」答曰：「臣而去國，君不掃其宗廟〔一八〕，則爲之服〔一九〕。寄公寓乎是國〔二〇〕，而爲國服〔二一〕。吾既無列於魯〔二二〕，而祭在衛，吾何服哉〔二三〕？是寄臣而服所寄之君，則舊君無服，明不二君之義也〔二四〕。」縣子曰：「善哉！我未之思也，我未之思也。」

衛君言計非是，而羣臣和者如出一口〔二五〕。子思曰：「以吾觀衛〔二六〕，所爲『君不君、臣不臣』者也〔二七〕。」公丘懿子曰〔二八〕：「何乃若是〔二九〕？」子思曰：「人主自臧〔三〇〕，則衆謀不進〔三一〕。事是而臧之，猶却衆謀，況和非以長乎〔三二〕？夫不察事之是非，而悦人之讚己，闇莫甚焉〔三三〕；不度理之所在，而阿諛求容，諂莫甚焉〔三四〕。君闇臣諂，以居百姓之上，民弗與也〔三五〕。若此不已，國無類矣〔三六〕。」

子思謂衛君曰：「君之國事將日非矣〔三七〕。」君曰：「何故？」答曰：「有由然焉〔三八〕。君出言皆自以爲是〔三九〕，而卿大夫莫敢矯其非，卿大夫出言亦皆自以爲是，而士庶莫敢矯其非〔四〇〕。君臣既自賢矣，而羣下同聲賢之。賢之則順而有福，矯之則逆而有禍，故使如此〔四一〕。如此，則善安從生〔四二〕？詩云：『具曰「予聖」，誰知烏之雌雄？』抑亦似衛之君臣乎〔四三〕！」

衛君問子思曰〔四四〕：「寡人之政何如？」答曰：「無非〔四五〕。」君曰：「寡人不知其不肖，亦望其如此也〔四六〕。」子思曰：「希旨容媚〔四七〕，則君親之；中正弼非，則君疏之〔四八〕。夫能使人富貴貧賤者，君也〔四九〕，在朝之士，孰肯捨其所以見親，而取其所以見疏乎〔五〇〕？是故競求射君之心〔五一〕，而莫敢有非君之非者〔五二〕，此臣所謂無非也〔五三〕。」公曰：「然乎，寡人之過也，今知改矣〔五四〕。」答曰：「君弗能焉〔五五〕，口順而心不懌者，臨其事必疣〔五六〕。君雖有命，臣未敢受也〔五七〕。」

司徒文子改葬其叔父〔五八〕，問服於子思。子思曰：「禮，父母改葬，緦〔五九〕，既葬而除〔六〇〕，不忍無服送至親也〔六一〕。非父母無服〔六二〕，無服則吊服而加麻〔六三〕。」文子曰：「喪服既除，然後乃葬，則其服何服〔六四〕？」答曰：「三年之喪〔六五〕，未葬，服不變〔六六〕，除何有焉〔六七〕？期大功之喪〔六八〕，服其所除之服以葬〔六九〕。既葬而除之〔七〇〕，其虞也〔七一〕，吉服以行事也〔七二〕。」

公叔木謂申祥曰〔七三〕：「吾於子思，親而敬之，子思未吾察也〔七四〕。」申祥以告，曰：「人求親敬於子，子何辱焉〔七五〕？」子思答曰：「義也〔七六〕。」申祥曰：「請聞之。」答曰：「公叔氏之子，愛人之同己，慢而不知賢〔七七〕。夫其親敬，非心見吾所可親敬也〔七八〕。以人口而親敬吾〔七九〕，則亦以人口而疏慢吾矣〔八〇〕。」申祥曰：「其不知賢奈何？」答曰：「有龍穆者〔八一〕，徒好飾弄辭說〔八二〕，觀於坐席，相人眉睫以爲之意〔八三〕，天下之淺人也，而公叔子交之。橋子良修實而不修名〔八四〕，爲善，不爲人之知己，不撞不發，如大鍾然〔八五〕，天下之深人也，而公叔子與之同邑而弗能知，此其所以爲愛同己而不知賢也。」

子思自齊反衛，衛君館而問曰〔八六〕：「先生魯國之士，然不以衛之褊小〔八七〕，猶步玉趾而慰存之〔八八〕，願有賜於寡人也〔八九〕。」子思曰：「臣羈旅於此，而辱君之威尊，亟臨蓽門，其榮多矣〔九〇〕。欲報君以財幣，則君之府藏已盈，而伋又貧。欲報君以善言，恐未合君志〔九一〕，而徒言不聽也〔九二〕。顧有可以報君者〔九三〕，唯達賢爾〔九四〕。」衛君曰：「賢則固寡人之所願也。」子思曰：「未審君之願，將何以爲〔九五〕？」君曰：「必用以治政。」子思曰：「君弗能也〔九六〕。」君曰：「何故？」答曰：「衛國非無賢才之士，而君未有善政，是賢才不見用故也。」君曰：「雖然，願聞先生所以爲賢者。」答曰：「君將以名取士耶？以實取士耶？」君曰：「必以實〔九七〕。」子思曰：「衛之東境有李音者，賢而有實者也。」君曰：「其父祖何也？」答曰：「世農夫也。」衛君乃盧胡大笑曰〔九八〕：「寡人不好農，農夫之子，無所用之，且世臣之子未悉官之〔九九〕。」子思曰：「臣稱李音，稱其賢才也。周公大聖，康叔大賢，今魯、衛之君，未必皆同其祖考〔一〇〇〕。李音父祖雖善農〔一〇一〕，則音亦未必與之同也〔一〇二〕。君言『世臣之子未悉官之』，則臣所謂有賢才而不見用，果信矣〔一〇三〕。臣之問君，固疑君取士不以實也〔一〇四〕。今君不問李音之所以爲賢才，而聞其世農夫，因笑而不受，則君取士，果信名而不由實者也。」衛君屈而無辭。

衛君曰：「夫道大而難明〔一〇五〕，非吾所能也，今欲學術，何如〔一〇六〕？」子思曰：「君無然也。體道者〔一〇七〕，逸而不窮；任術者，勞而無功。古之篤道君子，生不足以喜之，利何足以動之；死不足以禁之，害何足以怨之〔一〇八〕？故明於死生之分，通於利害之變，雖以天下易其脛毛〔一〇九〕，無所槩於志矣〔一一〇〕。是以與聖人居，使窮士忘其貧賤，使王公簡其富貴〔一一一〕，君無然也〔一一二〕。」衛君曰：「善。」

齊王謂子思曰〔一一三〕：「今天下擾擾，諸侯無伯。吾國大人衆，圖帝何如〔一一四〕？」子思曰：「不可也。君不能去君貪利之心。」王曰：「何害〔一一五〕？」子思曰：「夫水之性清，而土壤汨之〔一一六〕；人之性安，而嗜慾亂之〔一一七〕。故能有天下者，必無以天下爲者也〔一一八〕；能有名譽者，必無以名譽爲者也〔一一九〕。達此，則其利心外矣〔一二〇〕。」

衛將軍文子之內子死〔一二一〕，復者曰〔一二二〕：「皐媚女復〔一二三〕。」子思聞之，曰：「此女氏之字，非夫氏之名也〔一二四〕。婦人於夫氏，以姓氏稱，禮也〔一二五〕。」

費子陽謂子思曰〔一二六〕：「吾念周室將滅〔一二七〕，泣涕不可禁也〔一二八〕。」子思曰：「然，此亦子之善意也。夫能以智知可知〔一二九〕，而不能以智知未可知，危之道也〔一三〇〕。今以一人之身，憂世之不治，而泣涕不禁，是憂河水之濁而泣清之也〔一三一〕，其爲無益莫大焉〔一三二〕。故微子去殷〔一三三〕、紀季入齊〔一三四〕，良知時也。唯能不憂世之亂而患身之不治者，可與言道矣〔一三五〕。」

齊王戮其臣不辜〔一三六〕，謂子思曰：「吾知其不辜，而適觸吾忿，故戮之，以爲不足傷義也。」子思曰：「文王葬枯骨而天下稱義〔一三七〕，商紂斬朝涉而天下稱暴〔一三八〕。夫義者，不必徧利天下也；暴者，不必盡虐海内也。以其所施而觀其意，民乃去就焉〔一三九〕。今君因心之忿，遷戮不辜，以爲無傷於義，此非伋之所敢知也〔一四〇〕。」王曰：「寡人實過，乃今聞命，請改之。」

衛公子交見於子思，曰：「先生聖人之後，執清高之操，天下之君子，莫不服先生之大名也。交雖不敏，切慕下風〔一四一〕，願師先生之行〔一四二〕，幸顧卹之。」子思曰：「公子不宜也〔一四三〕。夫清高之節，不以私自累，不以利煩意，擇天下之至道，行天下之正路〔一四四〕。今公子紹康叔之緒，處戰伐之世，當務收英雄，保其疆土，非所以明否臧〔一四五〕、立規檢、脩匹夫之行之時也〔一四六〕。」

衛公子交饋馬四乘於子思〔一四七〕，曰：「交不敢以此求先生之歡而辱先生之潔也。先生久降於鄙土，蓋爲賓主之餼焉〔一四八〕。」子思曰：「伋寄命以來，度身以服衛之衣，量腹以食衛之粟矣〔一四九〕，且又朝夕受酒脯及祭膰之賜〔一五〇〕，衣食已優，意氣已定〔一五一〕，以無行志，未敢當車馬之貺〔一五二〕。禮，雖有爵賜人，不踰父兄〔一五三〕。今重違公子之盛旨，則有陷禮之僭焉〔一五四〕，若何〔一五五〕？」公子曰：「交已言於君矣。」答曰：「不可〔一五六〕。爲人子者，三賜不及車馬〔一五七〕。」公子曰：「我未之聞也，謹受教。」

穆公欲相子思〔一五八〕，子思不願〔一五九〕，將去魯〔一六〇〕。魯君曰：「天下之王〔一六一〕，亦猶寡人也，去將安之〔一六二〕？」子思答曰：「蓋聞君子猶鳥也〔一六三〕，疑之則舉。今君既疑矣〔一六四〕，又以己限天下之君，臣切爲言之過也〔一六五〕。」

齊王謂子思曰：「先生名高於海內，吐言，則天下之士莫不屬耳目。今寡人欲相梁起，起也名少〔一六六〕，願先生談說之也〔一六七〕。」子思曰：「天下之士所以屬耳目者，以伋之言是非當也〔一六八〕。今君使伋虛談於起，則天下之士必改耳目矣〔一六九〕。耳目既改，又無益於起，是兩有喪也〔一七〇〕，故不敢承命〔一七一〕。」齊君曰：「起之不賢〔一七二〕，何也？」子思曰：「君豈未之知乎？厚於財色〔一七三〕，必薄於德，自然之道也。今起以貪成富，聞於諸侯，而無救施之惠焉〔一七四〕；以好色，聞於齊國，而無男女之別焉。有一於此，猶受其咎，而起二之，能無累乎？」王曰：「寡人之言實過，願先生赦焉〔一七五〕。」

子思見老萊子〔一七六〕。老萊子聞穆公將相子思〔一七七〕，老萊子曰：「若子事君，將何以爲乎？」子思曰：「順吾性情，以道輔之，無死亡焉〔一七八〕。」老萊子曰：「不可順子之性也，子性剛〔一七九〕，而傲不肖〔一八〇〕，且又無所死亡〔一八一〕，非人臣也。」子思曰：「不肖，故人之所傲也〔一八二〕。夫事君，道行言聽，則何所死亡〔一八三〕？道不行，言不聽，則亦不能事君〔一八四〕，所謂無死亡也〔一八五〕。」老萊子曰：「子不見夫齒乎？雖堅剛〔一八六〕，卒盡相摩；舌柔順，終以不弊〔一八七〕。」子思曰：「吾不能爲舌，故不能事君〔一八八〕。」

校釋

〔一〕宋咸注：「夫帝王之盛，而未嘗能屈於道，故志意脩則可驕於王侯。是篇皆子思抗志之言，大君子宜範焉。」

〔二〕宋咸注：「申，曾參之子。」

〔三〕冢田虎曰：「抗，高舉也。」

〔四〕冢田虎曰：「言道之伸，則雖固所願也，然今天下人主，無能使我道伸者也。」

〔五〕「富貴」疑爲「伸道」之訛，此上下文意，均與「富貴」無涉。上文言「今天下諸侯，其孰能哉」，即謂天下諸侯之中，無有使道伸之人，實乃言今道不得伸，故此言「與屈己以伸道，不若抗志以貧賤」，寓天下無道、獨善其身之意。後學徑改「伸道」爲「富貴」，以與下「貧賤」强與之對，則失其本旨。

〔六〕冢田虎曰：「苟不爲伸道，徒屈己以富貴，則所以不欲。」　庶按：冢田説「屈己以富貴」，乃承上文原本作「屈己以富貴」之訛而誤。

〔七〕宋咸注：「言雖欲屈己以伸其道，然當時王侯無能者，故不善（庶按：「善」疑爲「若」之訛）抗志以貧賤也。」冢田虎曰：「君子雖貧賤也，無所愧於道，則亦無病也。」

〔八〕錢熙祚曰：「初學記二十二『鰥』作『鯛』，下同。御覽八百三十四作『鱞』，注云：『一作「鯛魚」。』」冢田虎曰：「鰥，大魚也。」　庶按：「鰥」、「鱞」爲異體字，楚辭天問「舜閔在家，父何以鱞」，洪興祖補注：「『鱞』……經傳多作『鰥』。」「鰥」通「鯤」，詩經齊風敝笱篇「其魚魴鰥」，王先謙詩三家義集疏：「三家『鰥』作『鯤』。」莊子逍遥遊篇：「北冥有魚，其名爲鯤。」鯤爲大魚。

〔九〕「問」下，説郛本無「之」字。

〔一〇〕「魚之」，説郛本作「亦」。

〔一一〕原本「如」作「思」，葉氏藏本、潘承弼校跋本、指海本、淵鑑類函卷三百五十八並作「如」，宛委別藏本、蔡宗堯本、周叔弢藏本、周子義本、程榮本、馮夢禎本、孔胤植本、崇禎本、鍾惺本、王韜校跋本、四庫全書本、何允中本、陳錫麒本、清抄本、冢田虎本、沈津本、子苑本並作「果」，蘇應龍輯本前集卷二十一徑作「子何得之」。錢熙祚曰：「『如』原誤『果』，依初學記、御覽改。」

庶按：錢説是，據改。

〔一二〕「鰥」下，説郛本有「魚」字。

〔一三〕宋咸注：「故邦無道，富且貴，仲尼之所恥也。」冢田虎曰：「雖懷抱道之士，苟貪欲利禄，則或不得其死然。孔子見羅雀者所得，謂弟子曰：『善驚以遠害，利食而忘患，自其心矣。』此與今相似矣。」庶按：論語述而篇：「子曰：『飯疏食，飲水，曲肱而枕之，樂在其中矣。不義而富且貴，於我如浮雲。』」

〔一四〕冢田虎曰：「時縣子瑣亦使而在衛，聞其卒乃服也。」

〔一五〕冢田虎曰：「子思之居魯，蓋未委質爲臣乎？而孟子之書，以爲穆公之臣也，可疑也。」

〔一六〕冢田虎曰：「愛，惜也。言吾非惜爲之服，於禮不得服也。」

〔一七〕「問」，葉氏藏本、蔡宗堯本、子思子喪服篇並作「聞」，「問」、「聞」古通用。

〔一八〕宋咸注：「不埽其宗廟，尚存其祭祀，則爲之服。」「埽」，姜兆錫本、淵鑑類函卷一百八十並作「掃」，姜曰：「埽猶滅也。」錢熙祚曰：「書鈔九十三『埽』作『移』。」庶按：四庫全書本書鈔卷九十三作「臣而出國，君不埽其宗廟」，疑錢氏失檢。「埽」通「掃」，國語齊語：「恐宗廟之不掃除，社稷之不血食。」

〔一九〕「則」下，葉氏藏本、蔡宗堯本、章鈺校跋本、子思子喪服篇並有「不」字。錢熙祚曰：「御覽五百四十七『則』下有『不』字。」冢田虎曰：「仕而臣之，以道去之者，其君不掃去我宗廟，則爲之反服，否則，不服焉。儀禮喪服：『以道去君，而未絶者，爲其舊君，服齊衰三月。』又檀弓對穆公者，可以見焉。」庶按：葉氏藏本等「則」下之「不」字，皆爲曲解上文「掃」字而誤增，非。

〔二〇〕「公」疑爲「臣」之訛。此處上下文俱言「寄臣」之事，與「寄公」無涉，作「寄臣寓乎是國」，乃子思自指居衛之事，下文「寄臣而服所寄之君」，即承此而言。

〔二一〕冢田虎曰：「諸侯亡國而託諸侯，曰之寄公。寄公寓於他國，而本國有喪，則爲之服。」

〔二二〕宋咸注：「無列於魯，謂魯無著位。」

〔二三〕冢田虎曰：「子思無列位於魯，而今在衛，乃祭其先也。」

〔二四〕宋咸注：「言寄臣於衛而爲魯君服，是有二君矣。」冢田虎曰：「寄公則爲國服，爲所寓之國君服。寄臣則不得兩服，明無二君之義也。儀禮喪服：『寄公爲所寓服齊衰三月。』」

〔二五〕宋咸注：「言計雖非，而和者皆是之。」冢田虎曰：「於事之是非，其君之所以謀計，則羣臣舉應和之，而無違逆者也。」

〔二六〕原本「觀」下無「衛」字，葉氏藏本、潘承弼校跋本、章鈺校跋本、黎堯卿本、子思子任賢篇、資治通鑑卷一並有「衛」字，是，據補。

〔二七〕宋咸注：「言君能從諫，則可以謂之君；臣能强諫，則可以謂之臣。」「爲」，葉氏藏本、章鈺校跋本、子思子任賢篇、資治通鑑卷一並作「謂」。冢田虎曰：「君臣之所爲，皆失其道也。」

庶按：以宋咸注「謂之君」之文，似其所見本亦當作「謂」。「爲」、「謂」古通用。資治通鑑卷一胡三省注：「『君不君，臣不臣』，論語載齊景公之言。」論語顏淵篇：「齊景公問政於孔子，孔子對曰：『君君、臣臣、父父、子子。』公曰：『善哉！信如君不君，臣不臣，父不父，子不子，雖有粟，吾得而食諸？』」

〔二八〕宋咸注：「懿子，衛大夫。」資治通鑑卷一胡三省注：「公丘，復姓。」

〔二九〕冢田虎曰：「言何謂而若是。」

〔三〇〕宋咸注：「臧，善也。」

〔三一〕冢田虎曰：「凡人之情，不欲敢逆於君，故人主自以爲善，則雖其事非也，衆無敢進謀者也。」

〔三二〕宋咸注：「言事是而自善，尚卻去衆謀，況更和其非日長而無已乎？」「長」下，葉氏藏本、潘承弼校跋本、章鈺校跋本、黎堯卿本、資治通鑑卷一並有「惡」字。錢熙祚曰：「子思子『長』下有『惡』字。」冢田虎曰：「人主之所計，其事實是，而自以善之，猶卻退衆謀之道也，況其事之不是，敢應和之，以長育之非乎？」　庶按：據宋咸注「和其非日長而無已」之文，時其所據本當無「惡」字，此處無「惡」字文義亦通，可不必補。

〔三三〕冢田虎曰：「察，明也。讚，美也。如是則君之闇甚也。」

〔三四〕冢田虎曰：「偏應和之，而不謀度理之可否，如是，則臣之諂甚也。」

〔三五〕冢田虎曰：「君臣皆失其道，以臨百姓，則下民不可與黨也。」

〔三六〕宋咸注：「言國當亡，無噍類矣。」姜兆錫曰：「言上不可驕也。」冢田虎曰：「類謂世類也。無類，言將滅絶也。」　庶按：「噍類」謂善人，爾雅釋詁上：「類，善也。」下文「君臣既自賢矣，而羣下同聲賢之……如此則善安從生」，亦證此「類」當謂「善」也。

〔三七〕宋咸注：「言國之事當日日非壞。」

〔三八〕冢田虎曰：「有所由來，以爲然矣。」

〔三九〕原本「自」下無「以」字，宛委别藏本、葉氏藏本、蔡宗堯本、周叔弢藏本、周子義本、程榮本、馮夢禎本、孔胤植本、崇禎本、鍾惺本、潘承弼校跋本、王韜校跋本、四庫全書本、何允中本、指海本、章鈺校跋本、陳錫麒本、清抄本、冢田虎本、子思子任賢篇、資治通鑑卷一並有「以」字，是，據補。

〔四〇〕「庶」下，葉氏藏本、潘承弼校跋本、章鈺校跋本、黎堯卿本、子思子任賢篇、資治通鑑卷一並有「人」字。冢田虎曰：「上下皆與阿同而已。」

〔四一〕宋咸注：「夫愎諫之主、佞君之臣，視此足以自戉（庶按：原本「戉」作「戊」，「戊」乃「戉」之訛，今改。「自戍」猶自守）而愧焉。」冢田虎曰：「阿諛以賢之，則順乎上意，而自得福。匡救以矯之，則逆乎上意，而自得禍。故莫敢矯其非者如此也。」

〔四二〕冢田虎曰：「言羣下阿順如此，則國事自將日非也已，乃善政何由而生乎？」

〔四三〕宋咸注：「小雅正月，刺幽王之詩，言君闇臣愚，如烏（庶按：「烏」當爲「烏」之訛）之雌雄相類，無以別而知之。」姜兆錫曰：「誰知雌雄，謂不知是非也。」庶按：資治通鑑卷一胡三省注：「毛氏傳曰：『君臣俱自謂聖也。』鄭氏箋曰：『時君臣賢愚，適同如烏之雌雄相似，誰能別異之乎？』又曰：『烏之雌雄不可別者，以翼右掩左雄、左掩右雌，陰陽相下之義也。』」

〔四四〕宋咸注：「蓋衛敬公也。」庶按：史記衛康叔世家：「悼公五年卒，子敬公弗立。」裴駰集解：「世本云敬公費也。」

〔四五〕宋咸注：「無非，言（庶按：原本「言」作「元」，宛委別藏本、周叔弢藏本、指海本、清抄本注文並作「言」，是，據改）臣下皆諂，無敢非君之政者。」

〔四六〕冢田虎曰：「言希望政之無非也。」

〔四七〕冢田虎曰：「希旨，冀合於君之意旨也。」

〔四八〕冢田虎曰：「將匡弼君之非者則見疏。」

〔四九〕冢田虎曰：「親之，則富貴之；疏之，則貧賤之。」

〔五〇〕「肯」，指海本、清抄本作「有」。原本「捨」下無「其」字。「疏」下，宛委别藏本、蔡宗堯本、周叔弢藏本、周子義本、程榮本、馮夢禎本、孔胤植本、崇禎本、鍾惺本、王韜校跋本、四庫全書本、何允中本、指海本、章鈺校跋本、陳錫麒本、清抄本、冢田虎本、沈津本並有「者」字。錢熙祚曰：「御覽六百二十四『捨』下有『其』字。」冢田虎曰：「皆容媚而不弼非也。」庶按：有「其」字是，據補。「捨其所以見親」與下「取其所以見疏」相對。此句疑當讀作「在朝之士，孰有捨其所以見親，而取其所以見疏者乎」，乃文從字順。

〔五一〕宋咸注：「射度君之所爲而諛之。」冢田虎曰：「射猶中也。」

〔五二〕原本「莫」下無「敢」字，宛委别藏本、蔡宗堯本、周叔弢藏本、周子義本、程榮本、馮夢禎本、孔胤植本、崇禎本、鍾惺本、潘承弼校跋本、王韜校跋本、四庫全書本、何允中本、指海本、章鈺校跋本、陳錫麒本、清抄本、姜兆錫本、冢田虎本、沈津本並有「敢」字，是，據補。上文言「卿大夫莫敢矯其非」、「士庶莫敢矯其非」，是證此「敢」字當有。

〔五三〕「臣」下，蔡宗堯本有「之」字。「謂」，葉氏藏本、潘承弼校跋本並作「以」。冢田虎曰：「言皆希旨求媚，非亦是之也。」

〔五四〕冢田虎曰：「公初聞子思之言，以爲然矣，而謂改其所以親疏之過也。」

〔五五〕冢田虎曰：「言不能改其過也。」

〔五六〕宋咸注：「言口雖順而心不悦者，於事必有所疣病而不從。」「臨」下，指海本無「其」字，錢熙祚曰：「『臨』下原有『其』字，依御覽删。又御覽『疣』作『靡』。」冢田虎曰：「口則順言改之，而其心之不懌之者，臨其事也，必以其所聞爲贅疣，而不能行之也。」

〔五七〕冢田虎曰：「言其知改之命，則未敢聽受焉。」

〔五八〕宋咸注：「文子，衛之司徒。」冢田虎曰：「司徒，官氏，蓋衛司徒敬子之後。」

〔五九〕冢田虎曰：「緦，十五升布，三月喪服。」　庶按：儀禮喪服篇：「傳曰：『緦者十五升，抽其半。有事其縷，無事其布曰緦。』」穀梁傳莊公三年：「改葬之禮緦，舉下，緬也。」范甯集解：「江熙曰：『葬禮緦，舉五服之下，以喪緬藐遠也。天子諸侯易服而葬，以爲交於神明者不可以純凶，況其緬者乎！是故改葬之禮，其服唯輕。言緬，釋所以緦也。』」

〔六〇〕宋咸注：「言（庶按：原本「言」作「假」，「假」乃「言」之訛，他篇宋咸注亦有「言」訛爲「假」者，今改）其緦以改葬，葬訖而除，言不俟三月也。」　庶按：儀禮喪服篇「緦麻三月者」，賈公彦疏：「三月者，凡喪服變除，皆法天道，故此服之輕者，法三月一時，天氣變，可以除之，故三月也。」禮記檀弓上「既葬，各以其服除」，鄭氏注：「卒哭當變，衰麻者變之，或有除者，不視主人。」孫希旦集解：「謂既葬卒哭，則緦麻除服。」

〔六一〕冢田虎曰：「雖改葬也，送至親之父母，不忍無服而葬焉，故且服輕喪，既葬則除之也。」

〔六二〕冢田虎曰：「改葬無服。」　庶按：　禮記檀弓上「孔子之喪，門人疑所服。子貢曰：『昔者夫子之喪顏淵，若喪子而無服。……請喪夫子，若喪父而無服』」，鄭氏注：「無服，不爲衰，弔服而加麻，心喪三年。」白虎通喪服篇陳立疏證：「通典引賀循云：『無服，謂無正喪之服者也。』」

〔六三〕宋咸注：「非父母無服，則其叔父加麻矣。」原本「吊」下無「服」字，葉氏藏本、潘承弼校跋本、子思子喪服篇並有「服」字。指海本有「服」字，其「服」下無「而」字，錢熙祚曰：「原作『吊而加麻』，依御覽五百四十七改。」冢田虎曰：「非父母則唯弔服而加絰。正文『弔』下脱『服』字與？」　庶按：　御覽雖脱「而」字，然足證「服」字當有，冢田説所疑甚是，據補。白虎通喪服篇陳立疏證：「凡弔服加麻者，出則變服……師、朋友、嫂叔、族姑姊妹嫁者，皆弔服加麻者。禮疏引禮論云『爲師及朋友，皆既葬除之』。」

〔六四〕宋咸注：「言踰三年而後葬，當何服？」

〔六五〕禮記三年問篇：「三年之喪，何也？　曰：　稱情而立文，因以飾羣，別親疏、貴賤之節，而弗可損益也。」

〔六六〕禮記喪服小記篇「久而不葬者，唯主喪者不除，其餘以麻終月數者，除喪則已」，鄭氏注：

「『其餘』謂旁親也。『以麻終月數』，不葬者，喪不變也。」孔穎達正義：「久而不葬者，謂有事礙，不得依月葬者，則三年服身皆不得祥除也。今云『唯主喪者』，亦欲廣説子爲父、妻爲夫、臣爲君、孫爲祖得爲喪主，四者悉不除也。『其餘以麻終月數者』，『其餘』謂期以下至緦也。『麻終月數者』，主人既未葬，故諸親不得變葛，仍猶服麻，各至服限竟而除也。『除喪則已』者，謂月足而除，不待主人葬除也。」

〔六七〕宋咸注：「言父母之喪，未葬，則衰不變，何除之有焉？」冢田虎曰：「斬衰三升，既虞卒哭，受以成布六升，爲母疏衰四升，受以成布七升，期而小祥，練冠縓緣，要絰不除。若有故而未葬，則不變其衰，何除服之有？」

〔六八〕禮記喪服小記篇「再期之喪，三年也。期之喪，二年也。九月、七月之喪，三時也」，孫希旦集解：「七月之喪，大功殤服也。成人期喪，其長、中殤者皆爲之大功，長殤九月，中殤七月。」

〔六九〕儀禮喪服篇「其長殤皆九月，纓絰，其中殤七月，不纓絰。大功布衰裳，牡麻絰纓布帶，三月。受以小功衰，即葛九月者」，鄭玄注：「受猶承也。」

〔七〇〕冢田虎曰：「齊衰期年與大功九月，喪服既除，而後乃葬，則服其除喪之服以葬之，既葬，則除之。」庶按：禮記喪服小記篇「故期而祭，禮也。期而除喪，道也。祭不爲除喪也」，孫希旦集解：「期而除喪者，諫練而男子除首絰，婦人除要帶，祥而總除衰杖也。禮，謂舉祭禮以存親。道，順天道以除變也。由夫禮，則有不忍忘其親之心；順乎道，則有不敢過於哀之意。二者互義，各有所主，而不相爲也。然親固不可忘，而哀亦不可過。不忍忘，故有終身之憂，不敢過，故送死有已，復生有節，又並行而不相悖者也。」

〔七一〕「虞」，謂死者棺柩下葬後之祭。釋名釋喪制篇：「既葬，還祭於殯宮曰虞，謂虞樂安神，使還此也。」禮記檀弓下「葬日虞，弗忍一日離也。是日也，以虞易奠」，孫希旦集解：「虞以安神，葬日即虞，不忍一日離親之神也。葬前無尸，奠置於地，至虞，始立尸以行祭禮，故曰以虞易奠。」

〔七二〕宋咸注：「言大功未葬，則以所除之服葬，葬訖而除。其虞祭，則以吉服行之。」冢田虎曰：「其除喪之後而反虞也，則著吉服以行祭事也。吉服，謂祭服也，但三年之喪，其虞也猶服衰。」

庶按：禮記檀弓下「卒哭曰『成事』。是日也，以吉祭易喪祭，明日祔於祖父」，鄭氏注：「既虞之後，卒哭而祭，其辭蓋曰『哀薦成事』，成祭事也，祭以吉爲成。」孫希旦集解：「大夫以上，虞與卒哭異月，士虞與卒哭同月，則以末虞之明日卒哭、虞皆用柔日，而卒哭改用剛日，以死者之神將自殯宮而往祔於廟。用剛日者，取其變動之義，故不用内事以柔日之例也。曰『成事』，謂祝辭所稱。……至卒哭而改用吉祭之禮，故曰『以吉祭易喪祭』。」

〔七三〕宋咸注：「木，衛公叔文子之子，定公十四年奔魯，或爲『朱』，春秋作『戌』。」

〔七四〕冢田虎曰：「言未怜察我之所以親敬也。」

〔七五〕冢田虎曰：「不答其親敬，以卑辱之也。」

〔七六〕冢田虎曰：「於義，不可與親敬也。」

〔七七〕宋咸注：「人同己則愛之，不能知賢而敬之。」

〔七八〕冢田虎曰：「言其親敬我者，非知我以由其心也。望吾之所以亦可親敬彼也。」

〔七九〕葉氏藏本、潘承弼校跋本、章鈺校跋本並無此「以人口而親敬吾」七字。

〔八〇〕宋咸注：「言人之口譽我則隨而敬我，人之口毁我則必隨而慢我，非其心知我可敬而敬我也。」「亦」下，姜兆錫本有「可」字。冢田虎曰：「人譽之，則親敬之；人毁之，則疏慢之。惟以人口親疏之者，而不自知人之賢否？」

〔八一〕宋咸注：「孟子稱『龍子曰：「不知足而爲屨，我知其不爲蕢也」』，趙岐曰：『龍子，古之賢人。』臣咸疑龍子即穆也，詳其『爲屨不爲蕢』之言，止一辨士而已，與子思所謂『好飾辭説』義頗協，故不當爲古之賢人，蓋見孟子舉之，謂之賢人。孟軻亦舉易牙爲知味，又得爲賢人耶？所舉但取其近事爾。」　庶按：宋咸注文引孟子，在告子上，唯「屨」作「屨」。

〔八二〕「弄」，宛委别藏本、周叔弢藏本、周子義本、程榮本、崇禎本、鍾惺本、何允中本、姜兆錫本、子苑本並作「美」。冢田虎曰：「不修實行也。」

〔八三〕冢田虎曰：「偏欲人悦，以阿同爲意也。」

〔八四〕宋咸注：「子良，衛賢人。」

〔八五〕冢田虎曰：「記曰：『善待問者如撞鐘，叩之以小者則小鳴，叩之以大者則大鳴。』」庶按：墨子非儒下：「又曰：君子若鍾，擊之則鳴，弗擊不鳴。」「鍾」、「鐘」古通用。冢田説引記，爲禮記學記篇文。

〔八六〕宋咸注：「當衛敬公時。」姜兆錫曰：「館，謂臨其館也。」冢田虎曰：「君自就子思之館也。」

〔八七〕「不」上，指海本、姜兆錫本並無「然」字，「衛」下並無「之」字。錢熙祚曰：「原作『然不以衛之褊小』，依御覽四百二删。」

〔八八〕冢田虎曰：「言安存偏小之國。」

〔八九〕宋咸注：「賜，謂以教悔之言爲賜。」冢田虎曰：「欲聞其教訓也。」

〔九〇〕冢田虎曰：「以其辱臨爲寵榮矣。」

〔九一〕「志」，錢熙祚曰：「御覽『心』。」

〔九二〕冢田虎曰：「不見聽用，則是徒言也已，亦不可報以善言也。」

〔九三〕「顧」，御覽卷四百二作「願」。原本「顧」下有「未」字，錢熙祚曰：「『顧』下原衍『未』字，依御覽删。」　庶按：錢説是，據删。

〔九四〕「達」，冢田虎本作「進」，冢田曰：「將唯以進賢爲報也。」

〔九五〕宋咸注：「言未審君以何爲賢？」冢田虎曰：「言君之所以願賢者，將以賢何爲邪？未審其所願也。」

〔九六〕宋咸注：「言君必不能用爲政之賢。」

〔九七〕冢田虎曰：「欲必以實行取之也。」

〔九八〕宋咸注：「盧胡，笑之貌。」「盧胡」，宛委别藏本、蔡宗堯本、周叔弢藏本、周子義本、程榮本、馮夢禎本、孔胤植本、崇禎本、鍾惺本、王韜校跋本、四庫全書本、何允中本、指海本、章鈺校跋本、陳錫麒本、清抄本、冢田虎本、子思子任賢篇並作「胡盧」。「盧胡」猶「胡盧」，詞序不定，謂喉間之笑，後漢書應劭傳：「夫覩之者皆掩口盧胡而笑。」

〔九九〕宋咸注：「世臣之子，謂卿大夫之子。」

〔一〇〇〕宋咸注：「魯，周公之後。衛，康叔之後。然魯、衛之君，未必皆如其祖考之聖之賢。」冢田虎曰：「魯、衛之先，雖如是之聖賢也，然其子孫，未必皆與其祖先同焉。然則人之賢否，則未必依其祖考也。」

〔一〇一〕「善」，姜兆錫本作「雅」。

〔一〇二〕冢田虎曰：「李音未必善農也。古聖賢，亦不關其世類也久矣，故曰有教無類。」

〔一〇三〕冢田虎曰：「世臣之子，將亦有賢才，而未盡官使之，則是所謂衛有賢才，而不見用也。」

〔一〇四〕「取」上，宛委别藏本、蔡宗堯本、周叔弢藏本、周子義本、程榮本、馮夢禎本、孔胤植本、崇禎本、鍾惺本、王韜校跋本、四庫全書本、何允中本、指海本、陳錫麒本、清抄本、姜兆錫本、冢田虎本並有「之」字。「士」下，蔡宗堯本有「而」字。冢田虎曰：「前問之曰『將以名取士耶？以實取士耶』者，故疑君之故也。」

〔一〇五〕「夫」，姜兆錫本作「聖」。

〔一〇六〕宋咸注：「以聖人之道大而難明，欲學權詐之術。」

〔一〇七〕冢田虎曰：「體謂服之身也。」

〔一〇八〕宋咸注：「生尚不足喜，何利能動？死尚不足禁，何害能怨？『禁』或作『懼』，『怨』或作『忌』。」「禁」，葉氏藏本、潘承弼校跋本、章鈺校跋本、冢田虎本、黎堯卿本並作「懼」。「怨」，冢田虎本作「忌」，冢田曰：「篤道，信道之篤也。忌，憚也。死生利害，總不易其志也。」

庶按：疑作「死不足以懼之」爲是，老子七十四章：「民不畏死，奈何以死懼之？」

〔一〇九〕宋咸注：「一本作『脛一毛』。」庶按：脛毛，喻細微之物。孟子盡心上：「楊子最爲我，拔一毛而利天下，不爲也。」

〔一一〇〕宋咸注：「天下至大，脛毛至微，尚不以易之而動量其志。」姜兆錫曰：「槩，猶動也。」冢田虎曰：「槩，感觸也。死生各有性分之命，不可求而得，不可去而逃。順道則害變爲利，逆道則利變爲害。故體道者，雖以天下之富貴易腳脛之毛，而無所感觸於其志矣。」

〔一一一〕「王公」上，蔡宗堯本無「使」字。姜兆錫曰：「簡……猶輕也。」冢田虎曰：「簡，疏略也。窮士與聖人居，則忘己之貧賤。王侯與聖人居，則簡身之富貴。」

〔一一二〕冢田虎曰：「莫捨道而欲學術也。」

〔一一三〕宋咸注：「蓋齊簡公也。」冢田虎曰：「齊王田和也，田常之曾孫。田和初有齊國，而爲之齊威王。」

〔一一四〕冢田虎曰：「言齊大於他國，而人民衆，則將圖帝業也。」

〔一一五〕冢田虎曰：「言貪利之心，於爲帝何害？」

〔一一六〕宋咸注：「汨，亂也。」

〔一一七〕冢田虎曰：「嗜欲之亂性，猶土壤之汨水也。」庶按：淮南子俶真篇：「水之性真清而土汨之，人性安静而嗜欲亂之。」

〔一一八〕姜兆錫曰：「此言帝業不可悖也。孟子言仁義不言利，而子思言仁義所以利之。孟子言齊王猶反手，而子思言能有天下者，無以天下爲也。兩賢殊途而同歸也。」

〔一一九〕冢田虎曰：「不以嗜欲亂性者，天下也，名譽也。無以此爲意，而自能有之也。」

〔一二〇〕宋咸注：「言無驕之之心，則天下與名譽全。」

〔一二一〕宋咸注：「文子，名彌牟，司寇惠子叔蘭之兄也。卿之妻曰內子。」

〔一二二〕宋咸注：「招魂曰復。」庶按：禮記檀弓下「復，盡愛之道也。有禱祠之心焉。望反諸幽，求諸鬼神之道也。北面，求諸幽之義也」，鄭氏注：「復，謂招魂。……鬼神處幽闇，望其從鬼神所來。……禮，復者升屋北面。」

〔一二三〕宋咸注：「禮，人之死，升屋而號告曰『皐某復』，皐，美之稱。此其內子，故曰媚女復。」冢田虎曰：「皐，呼之聲也。媚，愛也。」庶按：禮記禮運篇「及其死也，升屋而號，告曰：『皐某復』」，孔穎達正義：「皐，引聲之言。某，謂死者名。」

〔一二四〕冢田虎曰：「女氏謂未嫁者。媚女者，此未嫁者之字，而非有夫家者之名也。」

〔一二五〕宋咸注：「婦人以夫氏，猶莊姜、穆姜、蔡姬之云。」姜兆錫曰：「夫氏，女氏之氏，猶家也。夫人在家，以字稱，於夫家，以姓氏稱。」

〔一二六〕宋咸注：「魯大夫之家臣。」冢田虎曰：「蓋魯費邑之士。」

〔一二七〕「周室」，宛委別藏本、蔡宗堯本、周叔弢藏本、周子義本、程榮本、馮夢禎本、孔胤植本、崇禎本、鍾惺本、潘承弼校跋本、王韜校跋本、四庫全書本、何允中本、指海本、章鈺校跋本、陳錫麒本、清抄本、姜兆錫本、冢田虎本並作「宗周」。錢熙祚曰：「藝文三十五、御覽四百八十八『宗周』並作『周室』。」　庶按：藝文卷三十五此條題爲「尸子曰」，非題孔叢子。

〔一二八〕「泣涕」，藝文卷三十五作「涕泣」，下同。錢熙祚曰：「御覽『泣涕』二字倒，下同。」

〔一二九〕姜兆錫曰：「知可知，憂世也。」

〔一三〇〕姜兆錫曰：「知未可知，知時也，能治其身也。而與時爲進退，則知時而世不足憂矣。」冢田虎曰：「言能者則當知我智之可知也，不能而將知己智之未可知者，危其身之道也。」

〔一三一〕原本「而」下有「以」字，葉氏藏本、潘承弼校跋本、子思子無憂篇並無「以」字，是，據刪。「泣清之」猶言流淚而欲之清，增「以」字則不詞。

〔一三二〕冢田虎曰：「河水常濁，千年而一清云。」

〔一三三〕宋咸注：「微子啓，商帝乙之首子，紂之庶兄。以紂淫亂，數諫不聽，終不可救，遂歸周，武王封於宋。」　庶按：史記宋微子世家「微子開者，殷帝乙之首子而帝紂之庶兄也。紂既立，不明，淫亂於政，微子數諫，紂不聽。……遂亡。……周武王伐紂克殷，微子乃持其祭器造於軍門，肉袒面縛，左牽羊，右把茅，膝行而前以告。於是武王乃釋微子，復其位如故」，司馬貞索隱：「尚書微子之命篇云命微子啓代殷後，今此名開者，避漢景帝諱也。……呂氏春秋云生微子時母猶爲妾，及爲妃而生紂。故微子爲紂同母庶兄。」

〔一三四〕宋咸注：「魯莊公三年，紀季以酅入於齊，爲附庸之君，附屬齊國。酅，紀邑。季，紀侯之弟。初，齊侯、鄭伯詐朝於紀，欲以襲之。紀人大懼，謀難於魯，請王命，以求成於齊。公告不能，齊遂偪之，遷其三邑。國有旦夕之危，而不能自入爲附庸，故分季以酅，使請事於齊。紀侯大去之後，季爲附庸，先祀不廢，社稷有奉，季之力也，故書字不書名、書入不書叛也。夫附庸之君，雖無爵命，而分地建國，爲南面之主，得立宗廟，守祭祀。」「入」，葉氏藏本、潘承弼校跋本並作「之」。　庶按：宋咸注文出於左傳莊公三年孔穎達正義。公羊傳莊公三年：「紀季者何？紀侯之弟也。何以不名？賢也。何賢乎紀季？服罪也。其服罪奈何？魯子曰：『請後五廟。』」又莊公四年：「紀侯大去其國，大去者何？滅也。孰滅之？齊滅之。」

〔一三五〕宋咸注：「世亂則非己所能支，身不治則亡可及。」姜兆錫曰：「言治身以從時也。」

〔一三六〕「臣」，葉氏藏本、潘承弼校跋本、子思子魯繆公篇並作「民」。

〔一三七〕原本「稱義」作「知仁」，沈津本作「稱義」，是，據改。下文「義者，不必偏利天下也；暴者，不必盡虐海内也」，亦「義」、「暴」對言，乃其證。呂氏春秋異用篇：「周文王使人抇池，得死人之骸，吏以聞於文王。文王曰：『更葬之。』吏曰：『此無主矣。』文王曰：『有天下者，天下之主也。有一國者，一國之主也。今我非其主也？』遂令吏以衣棺更葬之。天下聞之曰：

『文王賢矣，澤及髊骨，又況於人乎！』或得寶以危其國，文王得朽骨以喻其意，故聖人於物也無不材。」新序卷第五雜事：「周文王作靈臺，及爲池沼，掘地得死人之骨，吏以聞於文王。……文王得朽骨以喻其意，而天下歸心焉。」新書諭誠篇：「文王晝臥，夢人登城而呼己曰：『我東北陬之槁骨也，速以王禮葬我。』……於是，下信其上。」後漢書孝質帝紀：「昔文王葬枯骨，人賴其德。」資治通鑑外紀卷二：「西伯……爲池沼，掘得死人之骨……天下聞之曰：『西伯澤及朽骨，況於人乎！』」冢田虎注謂「周文王作靈沼，得死人之骨」，乃襲呂氏春秋文而更以漢人之說改之。

〔三八〕「斬」，葉氏藏本、蔡宗堯本、潘承弼校跋本、子思子魯繆公篇並作「斫」。尚書泰誓下：「斮朝涉之脛。」淮南子主術篇：「紂殺王子比干而骨肉怨，斮朝涉者之脛而萬民叛。」春秋繁露卷四王道篇：「斮朝涉之足察其拇。」蘇輿義證：「水經注：『老人晨將渡水，而沈吟難濟。紂問其故，左右曰：「老者髓不實，故晨寒也。」紂乃斮脛而視髓。』」

〔三九〕冢田虎曰：「民之所以去就焉，不必在事之多大，以其所施於一人，而觀其意之仁與暴也。」

〔四〇〕原本「伋」作「臣」，蔡宗堯本作「伋」。冢田虎曰：「因一朝之忿而遷其怒，以戮不辜之臣，豈得以爲無傷於義乎？」庶按：作「伋」是，據改。於齊王，子思自稱曰「伋」，非稱「臣」。

〔四一〕「切」，葉氏藏本、蔡宗堯本、周子義本、程榮本、馮夢禎本、崇禎本、鍾惺本、四庫全書本、何允中本、指海本、諸子品節本、黎堯卿本、焦竑本並作「竊」，「切」猶「竊」也。

〔一四二〕宋咸注：「欲師其所謂清高之行。」

〔一四三〕冢田虎曰：「言不宜乎執清高之操也。」

〔一四四〕冢田虎曰：「至道，仁也；正路，義也。」

〔一四五〕「否臧」，宛委别藏本、蔡宗堯本、周叔弢藏本、周子義本、程榮本、馮夢禎本、孔胤植本、崇禎本、鍾惺本、王韜校跋本、四庫全書本、何允中本、指海本、章鈺校跋本、陳錫麒本、清抄本、冢田虎本、子思子任賢篇並作「臧否」。「否臧」猶「臧否」，謂得失。

〔一四六〕宋咸注：「言清高之節，乃匹夫之爲，非公子所行，蓋子思謙爲之語。」冢田虎曰：「規檢，法式也。言其如是執清高之操者，身未任一國之事，故獨善其身而已，斯匹夫之行也。如公子，則當以保其疆土爲任，不可唯善其身也。」

〔一四七〕「交」，錢熙祚曰：「御覽四百七十七、又八百九十六並作『友』。」

〔一四八〕冢田虎曰：「賜人以牲，生曰餼。言將以馬代賓主之禮餼也。」

〔一四九〕「粟」下，錢熙祚曰：「御覽四百七十七無『矣』字。」冢田虎曰：「衣食皆取足，不苟求餘。」

〔一五〇〕「膰」，宛委别藏本、蔡宗堯本、周叔弢藏本、周子義本、程榮本、馮夢禎本、孔胤植本、崇禎本、鍾惺本、王韜校跋本、四庫全書本、何允中本、指海本、陳錫麒本、清抄本、姜兆錫本、冢田虎本並作「燔」，「燔」、「膰」古通用，左傳襄公二十二年陸德明音義：「『燔』本又作『膰』，音煩，祭肉也。」

〔一五一〕「定」，錢熙祚曰：「御覽『足』。」冢田虎曰：「又無所不足也。」

〔一五二〕宋咸注：「言己已安居於衛，無行志，故無以當乘馬之賜。」「未」，錢熙祚曰：「御覽無『未』字。」冢田虎曰：「言若得行志，而有功於衛國，乃宜受車馬。今未有行志，則未敢當此貺。」

庶按：御覽卷四百七十七有「未」字，「馬」下無「之」字。

〔一五三〕宋咸注：「禮，人子三賜，不及車馬，故雖有爵賜人，不踰父兄也。」冢田虎曰：「雖有爵位者，賜人不踰其父兄，禮也。今衛君未貺子思車馬，而公子賜之，固非禮也。」

〔一五四〕「陷」，葉氏藏本、潘承弼校跋本並作「諂」，宛委別藏本、蔡宗堯本、周叔弢藏本、周子義本、程榮本、馮夢禎本、孔胤植本、崇禎本、鍾惺本、王韜校跋本、四庫全書本、何允中本、指海本、陳錫麒本、清抄本、冢田虎本並作「失」。「僭」，指海本作「愆」，錢熙祚曰：「『愆』原作『僭』，依御覽改。」

〔一五五〕宋咸注：「言若重違盛意而受之，則有陷禮之過。」冢田虎曰：「言公子之賜，雖則非禮也，然今違其盛旨而不受之，則亦將重有失禮之僭差，若之何？」

〔一五六〕冢田虎曰：「於禮固不可也。」

〔一五七〕姜兆錫曰：「此言人子不可頒重賜也。『爲人子者，三賜不及車馬』，曲禮文。不及，謂不受也。又坊記云：『人子存，饋獻不及車馬。』文王世子云：『庶子正於公族，雖三命，不踰父兄。』則此蓋舉其禮，以見饋獻人與受賜於人，皆不及車馬之意也。然不踰父兄，據世子篇，則踰乃踰尊踰親之踰，猶僭越也。據此，則踰乃背違之意耳，蓋皆斷章之義與？」冢田虎曰：「三賜，三命也。凡仕者，一命而受爵，再命而受衣服，三命而受車馬。此曲禮之意，以臣之子謂之。今子思之言，以君子謂之。」

〔一五八〕宋咸注：「魯穆公欲以子思爲相。」

〔一五九〕「願」，姜兆錫本作「受」。

〔一六〇〕冢田虎曰：「蓋知其不可與爲也。」

〔一六一〕「王」，葉氏藏本、蔡宗堯本、潘承弼校跋本、冢田虎本、指海本並作「主」。錢熙祚曰：「原作『王』，依子思子改。」庶按：四庫全書本子思子過齊篇作「王」，錢氏或失檢。

〔一六二〕冢田虎曰：「言今天下之人主，賢否不與寡人異，則去魯將莫所適也。」

〔一六三〕「烏」，葉氏藏本、潘承弼校跋本並作「鳳」，宛委別藏本、蔡宗堯本、周叔弢藏本、周子義本、程榮本、馮夢禎本、孔胤植本、崇禎本、鍾惺本、王韜校跋本、四庫全書本、何允中本、指海本、章鈺校跋本、陳錫麒本、清抄本、姜兆錫本、冢田虎本、子思子過齊篇並作「鳥」。楚辭九章抽思洪興祖補注：「子思曰：『君子猶鳥也，疑之則舉矣。』」冢田虎曰：「疑謂不信愛之。」

庶按：疑作「鳳」是，喻高潔之舉。

〔一六四〕冢田虎曰：「不專信用子思。」

〔一六五〕宋咸注：「又億度天下之君皆如己，是言之過。」「爲言之過」，葉氏藏本、潘承弼校跋本、章鈺校跋本並作「謂君之言過矣」。姜兆錫曰：「言去就必審其幾也。」冢田虎曰：「諸侯之賢否不可知也，而謂天下之主，亦猶寡人也，斯以己定限之者，而其言也過。」

〔一六六〕宋咸注：「名少，言無所聞。」

〔一六七〕宋咸注：「欲子思談說以譽之。」原本「先」下無「生」字，葉氏藏本、潘承弼校跋本、章鈺校跋本、子思子任賢篇並有「生」字。冢田虎曰：「欲使子思談說起之賢於他人，以假之美名也。」　庶按：有「生」字是，據補。

〔一六八〕原本「以伋」作「欲伋」，姜兆錫本作「以伋」。錢熙祚曰：「『以』原誤『欲』，依子思子改。」冢田虎曰：「欲其言之所以是非中於義，故皆屬耳目於子思也爾。」　庶按：錢說是，據改。

〔一六九〕冢田虎曰：「於不可稱而稱之，斯虛談也。虛談而聽言不中，則不復屬耳目。」

〔一七〇〕「有」，葉氏藏本、潘承弼校跋本、章鈺校跋本並作「之」。

〔一七一〕冢田虎曰：「於子思則士改耳目，於梁起則強虛談無益，是兩失也。」

〔一七二〕「賢」，葉氏藏本、潘承弼校跋本、章鈺校跋本、黎堯卿本、子思子任賢篇並作「善」。

〔一七三〕「色」，宛委別藏本、周叔弢藏本、周子義本、程榮本、馮夢禎本、諸子彙函本、孔胤植本、崇禎本、鍾惺本、王韜校跋本、四庫全書本、何允中本、陳錫麒本、清抄本、冢田虎本並作「物」。錢熙祚曰：「原作『物』，依子思子改，與下文合。」庶按：「色」字不誤。四庫全書本子思子任賢篇作「物」，不作「色」，錢氏或失檢。

〔一七四〕冢田虎曰：「聞音問，下同。獨富而不施救貧窮。」

〔一七五〕姜兆錫曰：「言好惡必察其實也。」

〔一七六〕宋咸注：「老萊子，楚人也，耕於蒙山。楚王嘗聘之，不起。孝子傳稱老萊子至孝，奉二親，行年七十，著五彩襴褊衣，弄鶵鳥（庶按：原本「鶵鳥」作「烏烏」，據初學記卷十七引孝子傳改）於親側。著書十五篇，言道家之用。與孔子同時。」

〔一七七〕宋咸注：「聞魯穆公將以子思爲相。」

〔一七八〕冢田虎曰：「順吾性情，言直而不阿也。無死亡焉，言無徒爲君死亡也。」

〔一七九〕「性」下，葉氏藏本、潘承弼校跋本、章鈺校跋本、子思子過齊篇並有「唯太」二字。

〔一八〇〕姜兆錫曰：「傲不肖，猶上所謂察好惡。……然不肖，故人之所傲，雖亦大學之傲惰，爲人情所不能無者，而云順吾之性，則或不免於之其所矣，蓋亦大賢以上，過高之行與？」

〔一八一〕「亡」下，鍾惺本、姜兆錫本並有「焉」字。

〔一八二〕宋咸注：「周公下白屋，仲尼進互鄉，豈傲夫不肖？蓋老萊無意生雲，惟冲默自柔，故子思矯之，有所激之而去爾。」「故」下，葉氏藏本、潘承弼校跋本、子思子過齊篇並有「爲」字。冢田虎曰：「不肖之人，固之所以不恭敬。」

〔一八三〕冢田虎曰：「道行於其國，言聽於其君，則臣無所以死亡也。」

〔一八四〕姜兆錫曰：「『道不行，言不聽，則亦不能事君』，亦上所謂審去就也。」冢田虎曰：「致禄而退也已。」

〔一八五〕宋咸注：「使道行言聽則世治。主立，入乃無所死亡矣。否則，鴻飛冥冥，何死亡之有？」冢田虎曰：「道行與不行，亦是無所死亡也。」

〔一八六〕「雖」，宛委別藏本、周叔弢藏本、指海本、沈津本、諸子品節本、焦竑本、子苑本並作「齒」。

〔一八七〕冢田虎曰：「卒亦終也。磨猶毁損也。言强梁者不得其死，宜守柔順也。」庶按：戰國策楚策四：「公不聞老萊子之教孔子事君乎？示之其齒之堅也，六十而盡相靡也。」吴師道補注：「史記及漢志並云，孔子與老子、老萊子同時，孔叢子所記，舛也。」淮南子繆稱篇：「老子學商容，見舌而知守柔矣。」説苑敬慎篇：「老子曰：『夫舌之存也，豈非以其柔耶？齒之亡也，豈非以其剛耶？』」子書之記，以事繫人，蓋所傳聞異辭之語，非得以考據論之也。

〔一八八〕宋咸注：「魯受齊樂，夫子遂行，蓋亦不能爲舌爾。」冢田虎曰：「言以性不能柔順，故不能事時君也。」

小爾雅第十一〔一〕

廣詁第一

淵、懿、邃、𩑶，深也〔二〕。封、巨、莫、莽、艾、祁，大也〔三〕。頒、賦、鋪、敷，布也。蓋、戴、壽、蒙、冒，覆也。鐘、崇、府、最、積、灌、聚、樸，叢也〔四〕。閱、搜、履、庀，具也〔五〕。攻、爲、詁、相、旬、宰、營、匠，治也〔六〕。蠲、祓、禋、屑，潔也〔七〕。勿、篾、微、曼、末、没，無也〔八〕。隆、巢、岸、峻，高也〔九〕。逼、尼、附、切、扃、鄰、傅、戚，近也〔一〇〕。邵、媚、旨、伐，美也〔一一〕。賢、裒、繁、優、饒、夥，多也。幾、蔡、模、臬，法也〔一二〕。爰、换、變、貿、交、更，易也〔一三〕。生、造、奏、詣，進也〔一四〕。索、寒、探、裒、鉤、掠、採、略，取也〔一五〕。開、徹、接、通，達也〔一六〕。固、歷、彌、宿、舊、尚，久也。彌、愈、滋、强，益也〔一七〕。赫、燀、爽、曉、昕、著、讃、曙，明也〔一八〕。階、附、襲、就，因也〔一九〕。封、畛、際、限、疆、略，界也〔二〇〕。承、第、班、列，次也。户、悛、格、扈，止也〔二一〕。幽、曀、闇、昧，冥也。最、凡、目、質，要也。疆、窮、充，竟也。

而、乃、爾、若，汝也。控、彎、挽，引也〔二二〕。承、贊、涼、助，佐也〔二三〕。尋、由、以，用也。要、捷、集、載，成也。肆、赴、捷，疾也。造、之、如，適也。掇、督、撫，拾也〔二四〕。肄、孑、燼，餘也。拓、斥、啓、闢，開也。杜、實、充、牣，塞也。實、牣，滿也。獎、率、厲，勸也。勤、勉、事、力也〔二五〕。經、肩、省，過也〔二六〕。闕、缺、間，隙也〔二七〕。迭、遞、交，更也。熸、剗、没，滅也。玄、黔、驪、黝，黑也。縞、皓、素，白也。彤、粹、赬、緼，赤也〔二八〕。淫、溢、沉、滅，没也〔二九〕。載、功、物，事也。

廣言第二

晏、明，陽也。旰、晏，晚也。筭、麗，數也〔三〇〕。叜、艾，老也〔三一〕。僉、皆，同也。交、校，報也〔三二〕。舒、布，展也。揚、翥，舉也。索、略，求也。獲、干，得也〔三三〕。奚、害，何也〔三四〕。里、度，居也。周、浹，匝也〔三五〕。充、該，備也〔三六〕。列、厥，陳也〔三七〕。轓、輣，輿也。廢、措，置也。駕、乘，凌也〔三八〕。收、戢，斂也。囚、禁，録也〔三九〕。掌、司，主也。偏、贅，屬也。麗、著，思也〔四〇〕。載、略，行也。沓、襲，合也。抵、享，當也。庚、徹，道也〔四一〕。脩、杼，長也。校、戰，交也。謁、復，白也。勑、質，正也。裒、篾，末也〔四二〕。延、衍，散也。末、没，終也。仳、辨，别也〔四三〕。菲、凉，薄也〔四四〕。復、旋，還也。祖、翼，送也。走、卬，我也。

姓、命、孥，子也〔四五〕。諧、籲，和也。悛、寤，覺也〔四六〕。憾、猜，恨也。艾、盡，止也。擱，忿也〔四七〕。奸，犯也。汩、猾，亂也〔四八〕。縮、續，抽也〔四九〕。暨、捷，及也。苞、跋，本也〔五〇〕。肆、臬，極也。睇、題，視也。犯、肆，突也。束、縻，縛也。肆、從，遂也〔五一〕。放、投，棄也。莽、蕪，草也〔五二〕。暴、暵，曬也。焮也，晞、烯，乾也〔五三〕。迪、跡，蹈也。衍、演，廣也。衺、從，長也〔五四〕。荷、揭，擔也〔五五〕。仍，再也。徇，歸也。工，官也。稽，考也。顛，殞也。躋，陞也〔五六〕。戕，殘也。剿，截也〔五七〕。辟，除也。慁，患也。謫，責也〔五八〕。間，非也〔五九〕。順，退也〔六〇〕。抗，禦也。靳，取也〔六一〕。蚩，戲也〔六二〕。褊，狹也。惎，忌也〔六三〕。沮，疑也〔六四〕。虧，損也。毀，壞也。叛，散也。蔽，斷也〔六五〕。交，俱也。浮，罰也〔六六〕。夷，傷也。枳，害也〔六七〕。適，閑也〔六八〕。締，閉也〔六九〕。靡，細也。辨，使也〔七〇〕。牧，臨也。嘗，試也。賴，贏也〔七一〕。若，乃也。嗟，發聲也。奏，爲也。振，救也。庸，償也〔七二〕。賈，價也。贍，足也。曹，耦也。麗，兩也〔七三〕。驟，數也。逞，快也。越，遠也。姑，且也。哿，可也。釋，解也。庸，善也。荐，重也。登，升也。勵，勉也。赫，顯也。韙，是也。丕，莊也。佞，才也。暨，息也〔七四〕。話，善也〔七五〕。愿，謹也。丰，豐也。都，盛也〔七六〕。腆，厚也。肆，緩也。競，逐也。紀，基也。惎、心，教也〔七七〕。憖，願也〔七八〕。憖，强也〔七九〕。憖，且也〔八〇〕。薄，迫也。燀，炊也〔八一〕。資，取也。質，信也。餼，饋也。憑，依也。藉，借也。際，接也。裹，外也〔八二〕。閡，限也。廬，寄也。萃，集也。籓，倅也〔八三〕。尤，怪也。瞢，慙也。素，空也〔八四〕。素，故也。視，比也〔八五〕。偟，往也〔八六〕。矜，惜也〔八七〕。狃，忕也〔八八〕。覬，望也。何，任也。御，侍也。殿，填也〔八九〕。選，擇也。宣，示也。

廣訓第三

諸，之也，乎也〔九〇〕。諸，之乎也〔九一〕。旃，之也。旃，焉也〔九二〕。惡、乎、於，何也。烏乎，吁嗟也。吁嗟，嗚呼也。有所歎美，有所傷痛，隨事有義也〔九三〕。無念，念也。無寧，寧也〔九四〕。無顯，顯也。不承，承也〔九五〕。不肖，不似也。繩之，譽之也〔九六〕。詰朝，明旦也。遐不黃耇，言壽考也〔九七〕。公孫碩膚，德音不瑕，道成王大美，聲稱遠也〔九八〕。「鄂不韡韡」，言韡韡也〔九九〕。「我從事獨賢」，勞事獨多也〔一〇〇〕。「魴鱮甫甫」，語其大也〔一〇一〕；「麀鹿麌麌」，語其衆也〔一〇二〕。海物維錯，錯，雜也〔一〇三〕。雜毛曰氂〔一〇四〕，雜彩曰繪〔一〇五〕，雜言曰哤〔一〇六〕。

廣義第四

凡無妻無夫通謂之寡〔一〇七〕，寡夫曰煢〔一〇八〕，寡婦曰嫠〔一〇九〕。妾婦之賤者，謂之屬婦。

屬，逮也，逮婦之名，言其微也〔一一〇〕。非分而得謂之幸〔一一一〕，詰責以辭謂之讓〔一一二〕。男女不以禮交謂之淫〔一一三〕，上淫曰蒸，下淫曰報〔一一四〕，旁淫曰通〔一一五〕。不直失節謂之慙〔一一六〕，慙，愧也。面慙曰戁〔一一七〕，心慙曰恧〔一一八〕，體慙曰逡〔一一九〕。

廣名第五

諱死謂之大行〔一二〇〕，死而復生謂之蘇〔一二一〕，疾甚謂之阽〔一二二〕。請天子命曰未可以戚先王〔一二三〕，請諸侯命曰未可以近先君，請大夫命曰未可以從先子〔一二四〕。空棺謂之櫬〔一二五〕，有屍謂之柩〔一二六〕。饋死者謂之賵〔一二七〕，衣服謂之襚〔一二八〕。埋柩謂之殔〔一二九〕，殔坎謂之池〔一三〇〕。壙謂之窀〔一三一〕，下棺謂之窆〔一三二〕，填窀謂之封〔一三三〕。宰，冢也，壟，塋也〔一三四〕。無主之鬼謂之殤〔一三五〕。

廣服第六

治絲曰織〔一三六〕，織，繒也〔一三七〕。麻紵葛曰布，布，通名也〔一三八〕。纊，綿也〔一三九〕。絮之細者曰纊〔一四〇〕，繒之精者曰縞〔一四一〕，縞之麄者曰素〔一四二〕，葛之精者曰絺，麄者曰綌〔一四三〕。在首謂之元服〔一四四〕。弁髦，太古布冠，冠而敝之者也〔一四五〕。題，由也〔一四六〕，顛、顔、顙，頟也〔一四七〕。

璽謂之印〔一四八〕。紱謂之綬〔一四九〕，襜褕謂之童容〔一五〇〕，布褐而紩之謂之藍縷〔一五一〕。袴謂之襃〔一五二〕，蔽膝謂之袡〔一五三〕，帶之垂者謂之厲〔一五四〕。大巾謂之幂〔一五五〕，覆帳謂之幄，幄，幕也〔一五六〕。簀、牀，笫也〔一五七〕。大扇謂之翣〔一五八〕。杖謂之梃〔一五九〕。鍵謂之籥〔一六〇〕。棊局謂之奕〔一六一〕。在足謂之屨〔一六二〕，屨尊者曰達屨〔一六三〕，謂之金舃而金絇也〔一六四〕。

廣器第七

射有張布謂之侯〔一六五〕，侯中者謂之鵠，鵠中者謂之正，正方二尺〔一六六〕。正中者謂之槷，槷方六寸〔一六七〕。棘，戟也〔一六八〕。鏚、鉞，斧也〔一六九〕。干、瞂，盾也〔一七〇〕。戈，句孑戟也〔一七一〕。刃之削謂之室〔一七二〕，室謂之鞞，鞛珌，鞞之飾也〔一七三〕，矢服謂之弢〔一七四〕。小船謂之艇，艇之小者曰艄〔一七五〕，船頭謂之舳，尾謂之艫〔一七六〕，楫謂之橈〔一七七〕。車轅上者謂之轙〔一七八〕，轅謂之輈〔一七九〕，軫謂之枕〔一八〇〕，較謂之幹〔一八一〕。衡，扼也〔一八二〕，扼上者謂之烏啄〔一八三〕。纍、綆，繘也〔一八四〕。綯，索也〔一八五〕，大者謂之索，小者謂之繩〔一八六〕，詘而戾之爲緷〔一八七〕，繆而紾之爲索〔一八八〕。墉、城，地也〔一八九〕，墉墻謂之陴〔一九〇〕。高平謂之太原〔一九一〕。汪，池也〔一九二〕。水之北謂之汭〔一九三〕，澤之廣者謂之衍〔一九四〕。

廣物第八

藁謂之稈，稈謂之芻，生曰生芻〔一九五〕。穀謂之粒〔一九六〕，菜謂之蔬〔一九七〕。禾穗謂之穎，截穎謂之銍〔一九八〕。拔心曰揠，拔根曰擢〔一九九〕。把謂之秉，秉四曰筥，筥十曰稯〔二〇〇〕。棘之實謂之棗〔二〇一〕，桑之實謂之葚〔二〇二〕，柞之實謂之橡〔二〇三〕。

廣鳥第九

去陰就陽者，謂之陽烏，鳩鴈是也〔二〇四〕。純黑而反哺者，謂之慈烏〔二〇五〕。小而腹下白，不反哺者，謂之鴉烏〔二〇六〕。白項而羣飛者，謂之燕烏，白脰烏也〔二〇七〕。鴉烏，鷽也〔二〇八〕。

廣獸第十

豕，彘也。彘，豬也，其子曰豚〔二〇九〕。豕之大者謂之豜，小者謂之豵〔二一〇〕。鳥之所乳謂之巢，鷄雉所乳謂之窠〔二一一〕。鹿之所息謂之埸，兔之所息謂之窟，魚之所息謂之潛，潛，槮也，積柴水中而魚舍焉〔二一二〕。

度〔一二三〕

跬，一舉足也，倍跬謂之步〔一二四〕。四尺謂之仞〔一二五〕，倍仞謂之尋，尋，舒兩肱也〔一二六〕，倍尋謂之常〔一二七〕。五尺謂之墨，倍墨謂之丈〔一二八〕，倍丈謂之端，倍端謂之兩〔一二九〕，兩謂之疋〔一三〇〕，疋五謂之束〔一三一〕。

量

一手之盛謂之溢〔一三二〕，兩手謂之掬〔一三三〕，一升也〔一三四〕。掬二謂之豆，豆四謂之區，區四謂之釜〔一三五〕，釜二有半謂之藪〔一三六〕，藪二有半謂之缶〔一三七〕，缶二謂之鍾〔一三八〕，鍾二謂之秉，秉十六斛〔一三九〕。

衡

二十四銖曰兩〔一四〇〕，兩有半曰捷〔一四一〕，倍捷曰舉〔一四二〕，倍舉曰鋝，鋝謂之鍰〔一四三〕，二鍰四兩謂之斤〔一四四〕，斤十謂之衡〔一四五〕，衡有半謂之秤〔一四六〕，秤二謂之鈞〔一四七〕，鈞四謂之石〔一四八〕，石四謂之鼓〔一四九〕。

校釋

〔一〕宋咸注：「經傳字義有所未暢，繹而言之，於爾雅爲小焉。」

〔二〕宋咸注：「法言曰：『文王淵懿。』淵，深也。懿，美也。」續修四庫全書影印清莫栻小爾雅廣注：「詩豳風『女執懿筐』，注：『懿，深美也。』」庶按：宋咸注文引法言，在問明篇。莫栻引詩在七月篇，毛傳：「懿筐，深筐也。」「賾」，續修四庫全書影印清葛其仁小爾雅疏證：「字當作『嘖』。」遲鐸小爾雅集釋：「是『嘖』爲『賾』本字也。」

〔三〕宋咸注：「封、豕、莫、府、祈、寒，皆言大也。艾亦爲久也。」原本「莽」作「莾」，宛委別藏本、蔡宗堯本、周叔弢藏本、周子義本、程榮本、馮夢禎本、孔胤植本、崇禎本、鍾惺本、王韜校跋本、四庫全書本、何允中本、指海本、章鈺校跋本、陳錫麒本、清抄本、冢田虎本、明正德嘉靖間刻顧元慶編陽山顧氏文房小説據夷白齋宋本重雕小爾雅注、明嘉靖二十九年至三十年嘉趣堂刊袁褧編金聲玉振集本小爾雅、格致叢書本胡文煥校新刻小爾雅、續百川學海本潘之淙閱小爾雅、務本堂藏清同治七年刻藝苑捃華本小爾雅、續修四庫全書影印清王煦小爾雅疏、續修四庫全書影印清宋翔鳳小爾雅訓纂、續修四庫全書影印清胡承珙小爾雅義證、續修四庫全書影印清朱駿聲小爾雅約注、臺灣影印清代稿本百種彙刊胡世琦小爾雅義證本並作「莽」。「敷」，王煦本作「敷」。庶按：作「莽」是，據改。

〔四〕宋咸注：「詩『集於灌木』，言叢木也。棫樸，鄭康成云：『白桵相樸屬而生。』亦叢義也。餘皆叢皃（庶按：「皃」，宛委別藏本、周叔弢藏本、指海本注文並作「義」）。」「鐘」，顧元慶本、王煦本、胡承珙本並作「鍾」。「最」，葉氏藏本、潘承弼校跋本並作「㝡」。「積」下，袁褧本無「灌」字。「聚、樸、叢」，葉氏藏本、潘承弼校跋本並作「叢、樸、聚」。葛其仁曰：「『鐘』通作『鍾』。」王煦曰：「灌木者，周南葛覃云『集於灌木』，毛傳：『灌木，叢木也。』……棫樸者，毛公棫樸傳云：『樸，枹木。』」胡承珙曰：「『最』當從説文作『㝡』。説文：『㝡，積也。』『最，犯取也。』本爲二字，後人多混『㝡』爲『最』，『㝡』字遂廢。蓋『㝡』本有聚義，故『叢』亦通作『㝡』。」冢田虎曰：「『樸』字可疑，或『欑』誤與？ 叢，集也。」胡承珙曰：「文選陸士衡君子行『福鍾恒有兆』，李善注引小爾雅云：『鍾，聚也。』據此，似小爾雅此條本以諸字並訓爲『聚』，今本皆釋爲『叢』者，雖二字本通，疑傳寫者以聚與叢互易致誤耳。」

〔五〕「履」，葛其仁曰：「『履』義未詳，疑當作『展』，周禮充人『展牲』，先鄭云：『展，具也。』」

〔六〕宋咸注：「詁、旬未詳，餘皆常意。」「詁」，周叔弢藏本、周子義本、程榮本、馮夢禎本、孔胤植本、何允中本、指海本、藝苑捃華本、增定古今逸史明吴琯校小爾雅注本、顧元慶本、袁褧本、胡文焕本、潘之淙本並作「話」。章鈺校跋本正文作「話」，旁標「詁」。冢田虎本正文作「話」，天頭標注：「『話』疑『詁』誤。」「旬」，冢田虎本天頭標注：「『旬』疑『甸』誤。」葛其仁曰：「『話』義未詳，疑當作『詁』。周禮大司馬『詰禁』注：『詰，猶窮治也。』」王煦曰：「説文作『䛡』，云『合會也』。廣雅云：『話，調也。』二訓皆有治義。」莫栻曰：「『旬』疑『甸』字誤。」葛其仁曰：「穀梁桓十四年傳『必有兼甸之事』，釋文：『甸，一本作「旬」。』詩信南山『維禹甸之』，傳：『甸，治也。』」

〔七〕宋咸注：「吉蠲爲饎，祓其不祥，禋於六宗，皆言潔也。」王煦曰：「『吉蠲爲饎』，小雅天保文。釋文云：『蠲，舊音佳。』……孟子云『必有圭田』，趙岐注：『圭，潔也。』……『禋於六宗』，尚書帝典文。」

〔八〕「微」下，葉氏藏本、潘承弼校跋本並無「曼」字。

〔九〕宋咸注：「巢，取其巢居之高也。」

〔一〇〕宋咸注：「書謂『鄰哉！　未可以戚我先王』，皆言近也。」「尼」，葉氏藏本、潘承弼校跋本、章鈺校跋本並作「昵」。「扃」，宛委別藏本、周叔弢藏本、指海本、王煦本、胡承珙本並作「局」。王煦曰：「『未可以戚我先王』，周書金縢文。東晉孔傳云：『戚，近也。』」又曰：「尼者，字與『昵』通。爾雅『昵，近也』，郭注：『尼者，近也。』」「附」，宋翔鳳曰：「依説文，當從土作

『坿』。」　庶按：尚書益稷篇：「臣哉！鄰哉，鄰哉！臣哉。」孔氏傳：「鄰，近也。」「扄」與「局」同。

〔一一〕宋咸注：「法言云『之才之邵』，詩『旨酒』，皆言美也。」「伐」下，蔡宗堯本無「美」字。葛其仁曰：「法言重黎篇『賢者不足邵也』，注：『邵，美也。』」　庶按：法言修身篇：「公儀子、董仲舒之才之邵也。」詩經小雅鹿鳴篇：「我有旨酒。」

〔一二〕宋咸注：「幾者，動之微，亦可爲法。蔡取蓍龜，義亦法也。」宋翔鳳曰：「論語『臧文仲居蔡』，鄭康成、包咸並云：『蔡，國君之守龜出蔡地，因以爲名焉。』是蓍蔡之蔡，因以地得名，不取法義也，舊注非爾。」王煦曰：「周書顧命云：『爾無以釗冒貢於非幾。』非幾，猶東晉古文湯誥言『匪彝』，謂非法也。」

〔一三〕宋咸注：「爰亦爲易（庶按：原本「易」作「於」，考宋咸注文之例，此「於」乃「易」之訛，今改）也。」胡承珙曰：「僖十五年左傳『晉於是乎作爰田』，疏引服虔、孔晁皆云：『爰，易也。賞衆以田，易其疆畔。』」

〔一四〕「生」下，袁褧本有「主」字。

〔一五〕「寒」，葉氏藏本、潘承弼校跋本、章鈺校跋本、冢田虎本並作「搴」。「裒」，葉氏藏本、潘承弼校跋本並作「裹」。原本「略」下無「取」字，葉氏藏本、蔡宗堯本、潘承弼校跋本、胡承珙本、宋翔鳳本並有「取」字。王昫曰：「『寒』當與『搴』通。……哀者，易謙卦云『君子以哀多益寡』，虞翻本作『捊』，云『取也』。」冢田虎本天頭標注：「『哀』與『抔』通。」宋翔鳳曰：「『哀』字當作『裒』。」　庶按：王昫本徑以「取」義釋「索、寒、探、哀、鉤、掠、採、略」條諸字，是。「取」字當有，據補。

〔一六〕「開」，葉氏藏本、潘承弼校跋本並作「聞」。

〔一七〕原本「滋」下有「彌」字，諸本並無「彌」字，是，據删。

〔一八〕宋咸注：「斁、讚未詳。」原本「燡」作「斁」。胡承珙曰：「燡者，文選魯靈光殿賦『赫燡燡而燭坤』，注云：『燡，光明貌。』案：洪範曰『驛』，古文尚書作『圛』，周禮疏引鄭注尚書云：『圛，色澤而光明也。』方言云：『曎，明也。』圛、曎並與燡同。一切經音義卷二十四引小爾雅：『赫、燡，明也。』『燡』近本作『斁』，今訂正。」「讚」，王昫曰：「字本作『贊』。易說卦傳云『幽贊於神明』，釋文云：『贊，明也。』本或作『讚』，按：孔龢碑云：『孔子演易，幽讚神明。』是其證也。」　庶按：胡說是，當作「燡」，據改。

〔一九〕原本「階」作「皆」，葉氏藏本、潘承弼校跋本、章鈺校跋本並作「階」。胡承珙曰：「階者，文選南都賦『高祖階其塗』，曹植應詔詩『遵彼河滸，黃坂是階』，王元長永明十一年策秀才文『斯路何階？人或誰可』，李善注並引小爾雅曰：『階，因也。』」　庶按：胡說是，據改。

〔二〇〕「疆」下，宋翔鳳本無「略」字。袁褧本「略」作「路」。冢田虎曰：「略，取也。」

〔二一〕宋咸注：「户取其閡礙，悛取其改，亦皆止之義。」王煦曰：「説文：『礙，止也。』户閡所以止行，故曰閡礙。……悛爲改者，東晉古文尚書泰誓云『惟受罔有悛心』，孔傳：『悛，改也。』杜預左傳注同。蓋過而能改，其過即止，故曰『皆止之義』。」

〔二二〕「挽」，王煦本作「輓」，王曰：「舊本作『挽』，今依説文改。」葛其仁曰：「字當作『輓』，説文：『輓，引車也。』」庶按：「輓」、「挽」古今字。

〔二三〕「涼」，蔡宗堯本、崇禎本、鍾惺本、何允中本、指海本、冢田虎本、王煦本、胡承珙本、胡世琦本、葛其仁本、朱駿聲本並作「凉」，「涼」、「凉」正俗字。

〔二四〕「督」，宋翔鳳本作「叔」。「撫」，葉氏藏本、潘承弼校跋本、章鈺校跋本並作「摭」。宋翔鳳曰：「（叔）一本作『督』，聲與『叔』相近，可通用。」莫栻曰：「『撫』字疑『摭』字誤。禮禮器『有順而摭也』，注：『摭猶拾取也。』」朱駿聲曰：「『撫』借爲『摭』。」

〔二五〕「勤」，孔胤植本、胡承珙本並作「勸」。

〔二六〕「經」，葛其仁本作「淫」，曰：「『淫』，舊本作『經』，文選七發注引爾雅：『淫，過也。』案：爾雅無此文，今據改。」宋翔鳳曰：「『經』當作『淫』。」胡世琦曰：「文選司馬相如上林賦『對疆畫界者，非爲守禦，所以禁淫也』，李善注引小爾雅云：『淫，過也。』『淫』，各本譌作『經』，今改正。」

〔二七〕「間」，馮夢禎本、指海本、宋翔鳳本、葛其仁本、朱駿聲本並作「閒」，「間」乃「閒」之分化字。

〔二八〕「頳」，明、清刻巾箱本多脱之，惟宋本及葉氏藏本、蔡宗堯本、潘承弼校跋本、顧元慶本存之，是。「赤」，宛委別藏本、周叔弢藏本、馮夢禎本、孔胤植本、指海本、顧元慶本、袁褧本、王煦本、葛其仁本、朱駿聲本並作「朱」，宋翔鳳本於「赤」上有「朱」字。

〔二九〕朱駿聲曰：「『溢』下脱『也』字，當別爲一節。」

〔三〇〕宋咸注：「麗取其數，各有所麗著也。」「筭」，袁褧本、王煦本、胡承珙本、葛其仁本並作「算」。胡世琦曰：「『筭』，經傳或作『算』。」胡承珙曰：「一切經音義卷三引小爾雅：『算』，數也。」宋翔鳳曰：「説文：『筭，長六寸，計歷數者，從竹從弄，言常弄乃不誤也。』又『算，數也，從竹從具。讀若「筭」』。此『筭』當從具作『算』。」王煦曰：「『麗著』者，易離卦『日月麗乎天』，左氏宣十二年傳『射麋麗龜』，王弼、杜預注並云：『麗，著也。』『取其數各有所麗著』者，徐岳數術紀遺曰：『黄帝爲法，數有十等，及其用也，乃有三焉。十等者，億、兆、京、垓、秭、壤、溝、澗、正、載也。三等者，謂上、中、下也。其下數者，十十變之，若言十萬曰億、十億曰兆、十兆曰京也。中數者，萬萬變之，若言萬萬曰億、萬億曰兆、萬兆曰京也。上數者，數窮則變，若言萬萬曰億、億億曰兆、兆兆曰京也。』甄鸞曰：『毛注云：「萬萬曰億。」此即中數也。

鄭注云：「十萬曰億。」此卽下數也。上數宏廓，世不可用。」韋昭楚語注：『十萬曰億，古數也，今人乃以萬萬爲億。』是中數之說起於秦、漢也。此卽『各有麗著』之義也。」

〔三一〕「叜」，顧元慶本、胡文焕本、吴琯本、王煦本、莫栻本、葛其仁本、朱駿聲本並作「叟」。冢田虎曰：「『叜』，古『叟』字。」

〔三二〕宋咸注：「犯而不校，言報也。」王煦曰：「論語泰伯篇文。包咸注：『校，報也。』何休公羊隱十年傳注云：『君子當犯而不校。』疏云：『校，謂交接之交，不謂爲報也。』是校兼交、報二義也。」朱駿聲曰：「一説論語『犯而不校』，此報爲以德報怨之報，乃『復』之借字。」

〔三三〕「獲、干，得也」四字，宋本、葉氏藏本、蔡宗堯本、潘承弼校跋本並有，餘本皆脱。

〔三四〕宋咸注：「詩『害澣害否』，蓋言何也。」王煦曰：「周南葛覃文。毛傳：『害，何也。』」

〔三五〕「匝」，王煦本、葛其仁本、朱駿聲本、胡世琦本並作「帀」。王煦曰：「説文：『帀，周也。』字林作『迊，周也，偏也』，以『匝』爲俗字。」宋翔鳳曰：「『匝』字正作『帀』。」胡世琦曰：「『帀』本又譌作『匝』。匝係迊之俗體字，廣韻、集韻並以『迊』與『帀』同。」庶按：「帀」、「匝」正俗字。

〔三六〕「該」，葛其仁曰：「依字當作『晐』。」宋翔鳳曰：「説文：『晐，兼晐也。』……則作『晐』爲正。」王煦曰：「通作『賅』，莊子齊物論『賅而存焉』，司馬彪注：『賅，備也。』」

〔三七〕宋咸注：「『厥』未詳。」「厥」，胡承珙本、胡世琦本並作「㕟」。宋翔鳳曰：「『厥』當作『㕟』，傳寫之誤。」王煦曰：「説文：『㕟，陳輿服於庭也。』」

〔三八〕「凌」，宛委別藏本、周叔弢藏本、袁褧本、胡承珙本並作「淩」，指海本作「夌」，王煦本、葛其仁本、朱駿聲本並作「陵」。朱駿聲曰：「『陵』則『夌』之借字。」宋翔鳳曰：「陵有加高之義，故乘駕皆釋爲陵，此叚凌陰之凌，非正字也。」莫栻曰：「玉篇『凌』與『陵』通。」

〔三九〕原本「禁」上無「因」字，葉氏藏本、潘承弼校跋本、章鈺校跋本並有「因」字。「禁」，葛其仁曰：「當爲『麓』字之譌。」宋翔鳳曰：「列子楊朱篇：『拘此廢虐之主，録而不捨。』此録亦有禁義。」　庶按：有「因」字是，據補。此條上下文，皆爲連舉二字爲一釋，補「因」字，與上下文例同。

〔四〇〕「思」，冢田虎曰：「思蓋『思服』之也。」王煦曰：「思即『罳』也……鄭氏玉藻注云：『屏謂之樹，今桴思也。』參考諸文，則桴思爲樓，亦爲屏也。……麗乃樓名，著乃屏名也；思既爲樓，又爲屏；麗亦爲樓，著亦爲屏。故云『麗、著，思也』。」

〔四一〕「道」，葉氏藏本、潘承弼校跋本並作「近」，周子義本、程榮本、馮夢禎本、四庫全書本、冢田虎本、潘之淙本、藝苑捃華本、宋翔鳳本、莫栻本並作「通」。

〔四二〕「褭」，周叔弢藏本、周子義本、程榮本、馮夢禎本、王韜校跋本、四庫全書本、指海本、章鈺校跋本、冢田虎本、袁褧本、潘之淙本、藝苑捃華本並作「商」。冢田虎本天頭標注：「疑『啇』。」胡承珙曰：「近本『啇』作『商』……傳寫誤作『商』耳，今訂正。」

〔四三〕「辨」上，葉氏藏本、潘承弼校跋本並無「仳」字。「辨」下，葉氏藏本、潘承弼校跋本、章鈺校跋本並有「詁」字。

〔四四〕「涼」，指海本、王煦本、胡承珙本、葛其仁本、朱駿聲本並作「涼」。宋翔鳳曰：「説文：『涼，薄也，從水京聲。』按：從『仌』者，俗。」

〔四五〕宋咸注：「姓（庶按：原本「姓」作「性」，宛委別藏本、周叔弢藏本、指海本注文並作「姓」，是，據改），禮所謂子姓。命，未詳。」王煦曰：「命無正訓，故曰『未詳』。或云：依上下文例，當爲衍文。」宋翔鳳曰：「命無子義，當作『姓，命也。孥，子也』。」朱駿聲曰：「『命』即『孥』之誤字重出。一説『命』下脱『也』字，别爲一節。」胡世琦曰：「姓、命之訓爲子，同因生得義也。俗本譌以『命』爲衍字，今不從。」庶按：儀禮特牲饋食禮篇「子姓兄弟，如主人之服」，鄭氏注：「言子姓者，子之所生。」禮記喪大記篇鄭氏注：「子姓，謂衆子孫也。」此當爲宋咸注文所本。依此條上下文例，王煦「衍文」説近是。

〔四六〕「悛」，孔胤植本旁注：「詮」。

〔四七〕宋咸注：「左氏傳云：『今執事撊然。』」莫栻曰：「原注左氏『今執事撊然』，杜注：『撊，忿貌。』按：左氏昭公十八年：『今執事撊然授兵登陴，將以誰罪？』」

〔四八〕「猾」，葉氏藏本作「滑」。宋翔鳳曰：「説文無『猾』字，當作『滑』。……從犬作『猾』者，俗字。」胡承珙曰：「『猾』又與『滑』通。」

〔四九〕「續」，葉氏藏本、潘承弼校跋本並作「紬」，冢田虎本天頭標注：「『續』當爲『讀』。」莫栻曰：「『續』疑『讀』字之誤。」

〔五〇〕宋咸注：「禮『燭跋』，易『苞桑』，皆言本也。」王煦曰：「禮記曲禮云『燭不見跋』，鄭注：『跋，本也。』正義云：『手把處也。』『苞桑』者，易否卦九五爻辭鄭注：『苞，植也。』李鼎祚集解引陸績云：『苞，本也。』」

〔五一〕原本「遂」作「逐」，葉氏藏本、潘承弼校跋本、宋翔鳳本、胡承珙本、葛其仁本、朱駿聲本、胡世琦本並作「遂」。胡承珙曰：「近本訛作『逐』，今訂正。」胡世琦曰：「洪稺存云：『「遂」，今本作「逐」，王逸楚辭章句雖有「逐，從也」之訓，然此則當作「遂」，有周禮、國語等古注可證。今改正。』」庶按：諸説並是，據改。

〔五二〕原本「莽」作「蕣」，諸本並作「莽」，是，據改。

〔五三〕宋咸注：「左氏傳曰：『司馬、司寇列居於道，行火所焮。』『烯』，一作『熮』。」「焮也，晞、烯，乾也」六字，宛委別藏本、顧元慶本作「焮，晞也，烯，乾也」，周叔弢藏本、周子義本、程榮本、四庫全書本、冢田虎本、袁褧本、藝苑捃華本、潘之淙本並作「焮也，晞、烯，乾也」，與宋本同。葉氏藏本、潘承弼校跋本作「焮也，晞、熮，乾也」，與宋咸注文「一作『熮』」之本合。馮夢禎本作「欣、晞、烯，乾也」，指海本作「焮、晞，乾也」。清以來各注疏家莫衷一是。今辯之：一、本書後附小爾雅廣言釋文「焮也（香靳切），烯乾（欣衣切），作熮（桑感切）」，則「作熮」爲釋宋咸注文「一作『熮』」之「熮」，明「熮」非宋咸注所據本之字，則「熮」乃「烯」之異文。二、指海本作「焮、晞，乾也」，雖合於廣言前後文例，然核於宋本，宋咸乃於「焮也」下注有「左氏傳曰：『司馬、司寇列居於道，行火所焮』」文，錢熙祚未見宋嘉祐本，乃臆改之。三、此「焮也」處，當自爲一條，疑宛委別藏本、顧元慶本作「焮，晞也」是，蓋「也」原在「晞」下，傳抄者誤置於「焮」下，乃致文義乖亂。四、「烯，乾也」當別爲一條，「烯」爲「熮」之訛，「熮」乃「燥」之異體。此二條當讀爲「焮，晞也。熮，乾也」。左傳昭公十八年「司馬、司寇列居火道，行火所焮」，杜預注：「焮，炙也。」

〔五四〕「從」，葉氏藏本、潘承弼校跋本並作「縱」。王煦曰：「『從』、『縱』古今字。」

〔五五〕「揭」，周叔弢藏本、周子義本、馮夢禎本、孔胤植本、冢田虎本、顧元慶本、袁褧本、吴琯本並作「揚」。王煦曰：「舊本『揭』或作『揚』。按：衆經音義三引是文，字並作『揭』，當形近之誤。」

〔五六〕王煦曰：「『陞』當依說文作『升』。易序卦傳云：『聚而上者謂之升。』是其義也。」朱駿聲曰：「『陞』當作『升』，借爲『登』字。」

〔五七〕「勦」，顧元慶本作「剿」。宋翔鳳曰：「『勦』當從刀作『剿』，依說文作『劋』。說文：『劋，絶也。』」胡世琦曰：「勦讀爲『剿』，古通用。」

〔五八〕原本「謫」作「讁」，宛委別藏本、周叔弢藏本、周子義本、程榮本、馮夢禎本、孔胤植本、崇禎本、鍾惺本、王韜校跋本、何允中本、指海本、顧元慶本、袁褧本、胡文煥本、吴琯本並作「讁」，陳錫麒本、清抄本、冢田虎本並作「謫」。王煦曰：「說文：『謫，罰也。』方言云：『楚人相非議人曰謫。』『讁』即『謫』字。」庶按：「謫」爲「謫」之訛，「讁」、「謫」異體字，據改。

〔五九〕宋咸注：「人無間言，蓋非之謂也。」「間」，指海本、王煦本、朱駿聲本並作「閒」。王煦曰：「論語云：『人不間於其父母昆弟之言。』」庶按：「閒」、「間」古今分化字。

〔六〇〕「退」，冢田虎本天頭標注：「『退』疑『遜』誤。」冢田曰：「儀禮大射義『順左右隈』，注：『順，放之也。』今訓『退』者，蓋此意與？」胡承珙曰：「『順』與『遜』通。易坤：『履霜堅冰至，蓋言順也。』春秋繁露作『蓋言遜也』。爾雅釋言云：『遜，遯也。』易雜卦傳：『遯則退也。』」

〔六一〕「斬」，藝苑捃華本作「靳」。宋翔鳳曰：「『斬』字通『蘄』。……荀子儒效『跨天下而無蘄』，

注：『蘄，求也。』求、取義同。」「取」，冢田虎本天頭標注：「『取』當爲『耻』。」王煦本作「耻」，曰：「左氏莊十一年傳云『宋公蘄之』，杜預注：『戲而相愧曰蘄。』正義引服虔云：『耻而惡之曰蘄。』」

〔六二〕原本「戲」作「戯」，蔡宗堯本、周叔弢藏本、周子義本、馮夢禎本、孔胤植本、崇禎本、鍾惺本、王韜校跋本、四庫全書本、何允中本、指海本、陳錫麒本、清抄本、冢田虎本、顧元慶本、胡文煥本、潘之淙本、吴琯本、藝苑捃華本、王煦本、宋翔鳳本、胡承珙本、葛其仁本、朱駿聲本並作「戲」。胡承珙曰：「一切經音義卷二十一、卷二十二、卷二十五並引小爾雅：『蚩，戲也。』」庶按：「戲」字是，據改。

〔六三〕宋咸注：「左氏傳曰：『趙襄子由是惎知伯。』」宋翔鳳曰：「定四年左傳『惎間王室』，哀廿七年左傳『趙襄子由是惎知伯』，注並云：『惎，毒也。』忌、毒義同。」庶按：「惎」疑爲「諅」之訛，說文：「諅，忌也。」

〔六四〕葛其仁曰：「說文無『沮』字，當作『阻』。左閔二年傳『狂夫阻之』，注：『阻，疑也。』」王煦曰：「『沮』與『阻』通。爾雅『沮丘』，釋名作『阻丘』。」

〔六五〕宋咸注：「書云：『惟先蔽志。』周禮亦云（庶：原本「云」作「出」，「出」當爲「云」之訛，今改）。」王煦曰：「東晉古文尚書大禹謨云『官占惟先蔽志』，今文尚書康誥云『丕蔽要囚』，孔傳並云：「『蔽，斷也。』」宋翔鳳曰：「『蔽』又通作『獘』，周禮大宰『以獘邦治』，注：『獘，斷也。』」

〔六六〕原本「浮」作「俘」，宛委別藏本、蔡宗堯本、周叔弢藏本、馮夢禎本、王韜校跋本天頭王韜校語、四庫全書本、何允中本、指海本、王煦本、宋翔鳳本、朱駿聲本、胡世琦本並作「浮」。錢熙祚曰：「『浮』原誤『俘』，依禮投壺疏改。」王煦曰：「禮記投壺：『若是者浮。』……孔疏引小爾雅云：『浮，罰也。』」庶按：「浮」是，據改。

〔六七〕宋咸注：「一作『疻』。」王煦曰：「(枳)亦通作『疻』。……應劭曰：『以杖手毆擊人，剝其皮膚，腫起青黑而無創瘢者，律謂之疻痏。』按：說文：『疻，毆傷也。』」庶按：朱駿聲說文通訓定聲：「疻謂疾病也，口戾不正。」口戾不正，指口之傷，睡虎地秦墓竹簡法律答問：「或與人鬭，夬人脣，論可殹？比疻痏。」此謂鬭毆撕裂他人嘴脣，與打人致使皮膚青腫或破傷同等論處。故疻有傷害義。

〔六八〕原本「枳，害也」下無「適，閑也」三字，葉氏藏本、蔡宗堯本、潘承弼校跋本並有「適，閑也」三字，是，據補。

〔六九〕「靡，細也」上，蔡宗堯本無「締，閉也」三字。

〔七〇〕「辨」，王煦曰：「周書酒誥『勿辨乃司』，東晉孔傳云：『辨，使也。』」宋翔鳳曰：「字正作

『辯』，經典通爲『辨』。」胡世琦曰：「廣雅：『辯，使也。』……此條『使』字，一本作『便』。據義，爾雅：『便便，辯也。』鄭康成論語注：『便，辯也。』義並相同。」「使」，朱駿聲曰：「『使』爲『便』之誤字。」

〔七一〕原本「嬴」作「羸」，蔡宗堯本、崇禎本、鍾惺本、何允中本、指海本、冢田虎本、顧元慶本、王煦本、宋翔鳳本、胡承珙本、莫栻本、葛其仁本、朱駿聲本、胡世琦本並作「嬴」。王煦曰：「説文：『賴，嬴也。』」庶按：「嬴」是，據改。

〔七二〕「庸」，胡承珙曰：「『庸』疑當作『庚』。禮記檀弓『請庚之』，注云：『庚，償也。』」王煦曰：「『庸』字或當作『賡』……又與『庚』通。」「償」，冢田虎本天頭標注：「『償』也可疑。」

〔七三〕宋咸注：「亦作『灑』」（庶按：「灑」疑爲「儷」之訛）。」

〔七四〕宋咸注：「大雅曰：『不解於位，民之攸暨。』」「暨」，宋翔鳳本、莫栻本、葛其仁本、朱駿聲本並作「塈」。王煦曰：「詩大雅嘉樂、泂酌兩言『民之攸塈』，毛傳：『塈，息也。』……左氏成二年、昭二十一年傳兩引詩云『不懈於位，民之攸暨』，杜注並云：『暨，息也。』據左氏所引，則知詩『塈』字古本作『暨』，杜預之注，依用毛傳，則知西晉時毛詩本猶作『暨』也。後人因『暨』、『塈』形近，遂至譌『暨』爲『塈』。……李氏（庶按：王煦誤以宋咸注爲李軌注，故稱之「李氏」，後出李氏同此，爲避繁複，不再辨之）所引，即詩假樂、泂酌文也。可知東晉時毛詩本猶作『曁』字，今詩本雖誤，幸有左傳及杜注可證，是『塈』之當改從『曁』，斷可識矣。」庶按：明、清刻本，凡存有宋咸注文者，俱脱「不解於位」四字。宋咸注文實出大雅假樂篇。洞酌篇作「豈弟君子，民之攸曁」，非宋咸所取。

〔七五〕「善」，周子義本、程榮本、馮夢禎本、孔胤植本、崇禎本、鍾惺本、四庫全書本、何允中本、指海本、冢田虎本、潘之淙本、藝苑捃華本、莫栻本、胡世琦本並作「言」。宋翔鳳曰：「毛詩『告之話言』，傳：『話言，古之善言也。』」胡承珙曰：「爾雅釋詁云：『話，言也。』書疏引舍人注云：『話，政之善言也。』又引孫炎注云：『話，善人之言也。』」胡世琦曰：「此條『言』字，本一作『善』。據義，春秋文公六年左傳『箸之話言』，十八年傳『不知話言』，杜注並云：『話，善也。』當即用小爾雅（玉裁按：吴琯刻本『話，善也』，當從之）。」

〔七六〕宋咸注：「史稱甚都，言盛也。」王煦曰：「史記司馬相如傳云：『車從雍容，閑雅甚都。』是服御之盛謂之都也。」胡承珙曰：「文選上林賦：『妖冶嫺都。』李善注引小爾雅曰：『都，盛也。』」

〔七七〕宋咸注：「亦作『□』（庶按：「作」下一字已殘，無法辨識，以「□」標志）。」「心」，宛委别藏本、周叔弢藏本、周子義本、程榮本、馮夢禎本、孔胤植本、崇禎本、鍾惺本、王韜校跋本、四庫全書本、何允中本、指海本、陳錫麒本、清抄本、冢田虎本、顧元慶本、胡承珙本、潘之淙本、吴琯本、藝苑捃華本、宋翔鳳本、莫栻本、葛其仁本、朱駿聲本並作「忌」，葉氏藏本、潘承弼校跋本此條在上「褊狹也」條下，作「惎，教也」。胡承珙曰：「今本『惎』下多『忌』字，疑是爲『惎』字作音，傳寫誤爲正文。」 庶按：宋本後附孔叢子釋文釋此條有「惎忌（渠記切）」字，則釋文撰者所據本此條當作「惎，忌，教也」。宋本「惎」下有「心」字，「心」字雖待考，然足證「惎」下、「教」上當有一字，因宋咸注文「亦作」下有一字已殘，該殘字必爲「惎」或「心」字之異文，經仔細辨認，該殘字左半似爲部首「忄」，右半綜其殘存之筆，疑爲「真」，則此字可能爲「慎」，且存疑。

〔七八〕原本「憖」作「整」，指海本、王煦本並作「整」，胡承珙本作「憖」。王煦曰：「左氏春秋『公子憖』，公羊作『公子整』。陸德明釋左氏云：『「憖」，一讀爲「整」。』釋公羊云：『「整」或作「憖」。』是二字音義通也。又周官太祝職釋文引爾雅云：『憖，願也，彊也，且也。』」 庶按：「憖」是，據改。

〔七九〕宋咸注：「詩小雅云：『不憖遺一老。』憖者，心不欲，自强之辭。」原本「憖」作「慗」。宋翔鳳本作「慗」。王煦曰：「『慗』即『憖』字別體。……詩小雅十月之交云『不憖遺一老』，鄭箋：『憖者，心不欲，自彊之辭。』」胡承珙曰：「『憖』訓『願』，又訓『强』者，古訓多有相反者……『憖』近本作『慗』。……『憖』與『整』字相涉易亂，故上文『憖』誤作『整』。俗『整』字作『慗』，故此又誤爲『慗』耳。」　庶按：「憗」字是，據改。

〔八〇〕原本「憗」作「整」。「整，且也」三字，宋本以外存世諸本俱脱之。胡承珙曰：「詩十月釋文引爾雅：『憗，且也。』是小爾雅於『憗』字本有三訓，今本脱此條耳。」宋翔鳳曰：「爾雅云『願也，强也，且也』，按：爾雅無此文。凡陸德明音義、孔穎達正義引爾雅而不在爾雅者，如賓之初筵正義引『射張皮謂之侯』云云，小弁音義引『小而腹下白』云云，並小爾雅文，則此『强也』下當脱『憗且也』三字，宜補入。……『憝』亦『憗』之俗字。」　庶按：胡承珙、宋翔鳳二説與宋本暗合，甚是。此亦當作「憗」，據改。

〔八一〕宋咸注：「左氏傳曰：『燀之以薪。』」王煦曰：「昭二十年文。杜注：『燀，炊也。』」

〔八二〕「褏，外也」三字，唯宋本、葉氏藏本、蔡宗堯本、潘承弼校跋本存之，其他傳世諸本皆脱，故明、清治小爾雅諸家無釋。「褏」與「裔」爲異體字，楚辭九歌湘夫人「蛟何爲兮水裔」，王逸章句：「『裔』，一作『褏』。」洪興祖補注：「裔，邊也，末也。」説文：「裔，衣裾也。」段玉裁注引方言曰：「『裔，夷狄之總名。』郭云：『邊地爲裔。』」古以華夏爲内，夷狄爲外，邊地猶言外地也。此或爲「褏，外也」所本。

〔八三〕「簉」，胡世琦曰：「『簉』當作『𦽅』，説文作『𦽅』。」宋翔鳳曰：「『倅』字説文無，當作『萃』。」莫栻曰：「左氏昭公十一年『泉邱人有女，僖子使助薳氏之簉』，注：『簉，倅也。』薳氏，僖子妾，使泉邱人女爲之副倅也。簉，初救切。張衡西京賦『屬車之簉』，注：『簉，副也。』與周禮車僕『掌戎路之萃』謂供副車以待乏用同義。」

〔八四〕「素」，宛委別藏本、葉氏藏本、蔡宗堯本、周叔弢藏本、周子義本、程榮本、馮夢禎本、孔胤植本、崇禎本、鍾惺本、潘承弼校跋本、王韜校跋本、四庫全書本、何允中本、指海本、章鈺校跋本、陳錫麒本、清抄本、冢田虎本、顧元慶本、胡文煥本、潘之淙本、吴琯本、藝苑捃華本、王煦本、宋翔鳳本、胡承珙本、莫栻本、葛其仁本、朱駿聲本並作「索」。冢田虎本天頭標注：「『索』恐『素』誤。」王煦曰：「『索』與『素』古字並通，釋名：『索，素也。』」宋翔鳳曰：「廣雅釋詁三並云：『素，空也。』」

〔八五〕原本「比」作「此」，葉氏藏本、蔡宗堯本、潘承弼校跋本、指海本、章鈺校跋本、顧元慶本、吴琯本、胡文煥本、王煦本、宋翔鳳本、胡承珙本、朱駿聲本、胡世琦本並作「比」。冢田虎曰：「『此』當作『比』。」胡世琦曰：「廣雅云：『視，比也。』……比，俗本譌作『此』，今改正。」

庶按：「比」字是，據改。

〔八六〕「偟」，王煦曰：「古『偟』字作『皇』。詩小雅楚茨云『先祖是皇』，鄭箋：『皇，往也。』」胡世琦曰：「『皇』、『偟』古今字。」

〔八七〕「矜」，諸本並作「矜」。宋翔鳳曰：「『矜』字當作『矛』旁『令』。漢唐扶頌『不侮矜寡』，洪適隸釋、石經論語殘碑『則哀矜而勿喜』，是漢人隸書並從『令』。」王煦曰：「廣韻云：『矜，本矛柄也。字樣云：「借爲矜憐字。」』東晉古文尚書旅獒云：『不矜細行。』猶言不惜小節也。」　庶按：宋翔鳳「矜」字説與宋本暗合，是。則小爾雅爲漢時人所撰，此又一明證。

〔八八〕原本「忕」作「忲」，蔡宗堯本、指海本、王煦本、朱駿聲本並作「忕」。宋翔鳳曰：「後漢西羌傳『狃忕邊利』，注：『狃忕，習慣也。』」胡世琦曰：「後漢書戴就傳注：『忸，忕，猶言習慣也。』『忸』與『狃』同。」　庶按：作「忕」是，據改。

〔八九〕宋咸注：「一作『填』。」原本「填」作「慎」，葉氏藏本、蔡宗堯本、潘承弼校跋本、王煦本、宋翔鳳本、胡世琦本、葛其仁本、朱駿聲本並作「填」。冢田虎曰：「『慎』當作『鎮』。」王煦曰：「『填』古『鎮』字，今班、馬書『鎮』猶作『填』。……舊本『填』作『慎』，今據義改。」宋翔鳳曰：「説文無『填』字，此當作『鎮』。」胡世琦曰：「『鎮』，一本作『填』，鎮、填亦通。俗本譌作『慎』。」　庶按：作「填」，與宋咸注文「一作『填』」、葉氏藏本後附孔叢子釋文「殿填」之「填」合，是，據改。

〔九〇〕原本「之」下無「也」字，葉氏藏本、潘承弼校跋本並有「也」字，是，據補。「諸」可訓爲「之」，亦可訓爲「乎」，詳王引之經傳釋詞卷九。

〔九一〕「諸，之乎也」四字，各本皆脱，故明、清以來，治小爾雅諸家無訓。觀上一條葉氏藏本作「諸，之也，乎也」，而致諸家之説各異，實則小爾雅廣言「諸」收有三訓：一曰「之也」，二曰「乎也」，三曰「之乎也」。王引之經傳釋詞卷九：「急言之曰『諸』，徐言之曰『之、乎』。」

〔九二〕「旃，之也。旃，焉也」，諸本皆有脱誤，或作「旃，之也」，或作「旃，焉也」。明、清以來，諸家莫衷一是，或合而爲之「旃，之焉也」作解。「旃」爲虚詞有三訓：一曰「之也」，二曰「焉也」，三曰「之焉也」。「之焉」乃合聲爲訓，古書習見，故廣言僅收「之也」、「焉也」二訓。

〔九三〕「有義」，葉氏藏本、潘承弼校跋本並作「爲義」。

〔九四〕葛其仁曰：「『無念』者，詩文王『無念爾祖』，傳：『無念，念也。』正義謂『反而言之』。『無甯』者，左隱十一年『無甯滋許公』，注：『無甯，甯也。』」

〔九五〕「無顯」，葉氏藏本、潘承弼校跋本、胡承珙本、朱駿聲本並作「不顯」。葛其仁曰：「『無顯』當爲『不顯』。詩清廟：『不顯不承。』……又文王篇『有周不顯』，傳：『不顯，顯也。』」王煦曰：「毛傳：『顯於天矣，見承於人矣。』」

〔九六〕宋翔鳳曰：「廣雅釋詁四：『譝，譽也。』玉篇亦云：『譝，譽也。』廣韻：『譝，稱舉也。』蓋『繩』、『譝』字通。」

〔九七〕王煦曰：「『遐不黄者』，小雅南山有臺文，此釋之也。」葛其仁曰：「鄭訓南山有臺第四章『遐不眉壽』爲近眉壽。此不從不字，連下讀，與『不顯不承』一例。不黄耇，言壽考也。破鄭義『遐』，不作『近』解也。」朱駿聲曰：「『遐』當作『瑕』。遐不，猶胡不也。詩南山有臺四章『遐不壽眉』、旱麓『遐不作人』、隰桑『遐不謂矣』皆同。」

〔九八〕宋咸注：「碩，大；膚，美也。不瑕，言成王不可疵瑕。」冢田虎曰：「孫音遜。碩膚，大功也。美稱彼遠方也。」王煦曰：「『公孫碩膚，德音不瑕』，豳風狼跋文，此釋之也。毛傳：『公孫，成王也，豳公之孫也。碩，大；膚，美；瑕，過也。』按：毛義與小爾雅同，惟毛訓瑕爲過，此訓遐（庶按：疑作瑕）爲遠，小異。」胡承珙曰：「小爾雅所釋正與毛合……鄭箋云『言不可疵瑕』，乃與毛異義。今本毛傳『瑕，過也』，『過』蓋『遠』之誤耳，此釋『德音不瑕』爲聲稱遠者，亦與毛傳合也。不瑕言瑕，與上文『不顯，顯也。不承，承也』一例。」

〔九九〕宋咸注：「鄂言常棣之柎鄂得華之，韡韡然，盛而光明也。」王煦曰：「小雅常棣文，此釋之也。毛傳：『鄂猶鄂鄂然，言外發也。韡韡，光明也。』正義：『王述之曰：「不韡韡，言韡韡也。」』並與此文同。至鄭箋以承華者爲鄂，『不』讀作『柎』，鄂足也，亦與毛傳異，非雅義也。」宋翔鳳曰：「正義：『王肅曰：「不韡韡，言韡韡也。以興兄弟能內睦外禦，則强盛而有光耀，若常棣之華發也。」』箋云：『承華者曰鄂。不，當作跗。跗，鄂足也。鄂足得華之光明則韡韡然。』與毛傳、小爾雅異。」朱駿聲曰：「鄂借爲『咢』。詩常棣『不』，鄭本作『柎』，謂咢足也。」胡世琦曰：「箋讀『不』爲『柎』，訓爲鄂足，又一義也。」胡承珙曰：「毛無破字之例。此之所訓，自與毛傳合也。」　庶按：宋咸注文乃以鄭箋釋詩之義作解，唯疑「得」上脱「足」字。

〔一〇〇〕王煦曰：「『我從事獨賢』，小雅北山文，此釋之也。毛傳：『賢，勞也。』按：廣詁云：『賢，多也。』賢有勞、多二義，故釋云『勞事獨多』。」

〔一〇一〕王煦曰：「『魴鱮甫甫』……大雅韓奕文，此釋之也。按：爾雅云：『甫，大也。』此重言『甫甫』，義與甫同。」

〔一〇二〕宋咸注：「牝鹿曰麀。麌麌，言衆多也。」莫栻曰：「詩小雅吉日之篇。鹿，林獸也。麀，牝鹿。麌麌，詩作『噳噳』，毛氏：『噳噳，衆多也。』」王煦曰：「説文：『噳噳，麋鹿羣口相聚貌。』……毛氏韓奕傳云：『甫甫然，大也；噳噳然，衆也。』義與此合。釋文云：『噳，本亦作「麌」。』」胡承珙曰：「『麌』當從説文作『噳』。……夏小正云：『八月鹿人從。』鹿人從者，從者，從羣也。羣聚是衆之義，故於麀鹿言衆矣。」

〔一〇三〕王煦曰：「『海物維錯』，尚書禹貢文，此釋之也。東晉孔傳云：『錯，雜，非一種。』」

〔一〇四〕原本「氂」作「麾」，宛委別藏本、王煦本、胡承珙本、葛其仁本並作「麾」。胡承珙曰：「周禮司服『毳冕』，司農注云：『毳，罽衣也。』鄭注尚書云：『毳，亂毛也。』是罽與毳同。亂毛者，雜毛。」　庶按：「氂」字是，據改。

〔一〇五〕「繪」，胡世琦本作「綷」。王煦曰：「文選射雉賦『丹臆蘭綷』，李善引是文云：『雜采曰綷。』是『繪』本或作『綷』也。」胡世琦曰：「『綷』，俗本譌作『繪』，今改正。」

〔一〇六〕「哤」下，宛委别藏本、周叔弢藏本、指海本並有注文「莫江切」三字。王煦曰：「説文：『哤，哤異之言。一曰雜語。』徐鍇曰：『哤，雜異也。』」

〔一〇七〕王煦曰：「凡，都凡也，猶今言一槩也。……毛氏小雅鴻雁傳云：『偏喪曰寡。』是寡乃無妻無夫之通稱也。」

〔一〇八〕「煢」，宛委别藏本、蔡宗堯本、周叔弢藏本、周子義本、馮夢禎本、崇禎本、鍾惺本、王韜校跋本、何允中本、指海本、陳錫麒本、清抄本、冢田虎本、顧元慶本、胡文焕本、潘之淙本、吴琯本、藝苑捃華本、宋翔鳳本、胡承珙本、葛其仁本、朱駿聲本、胡世琦本並作「煢」，王煦本作「索」。莫栻曰：「玉篇：『「煢」同「煢」。』孟子引詩小雅：『哀此煢獨。』」王煦曰：「廣言云：『索，空也。』空即曠義。孟子謂之曠夫。」庶按：「煢」、「煢」正俗字。

〔一〇九〕「鰥」，宛委别藏本、葉氏藏本、蔡宗堯本、周叔弢藏本、周子義本、程榮本、崇禎本、鍾惺本、潘承弼校跋本、王韜校跋本、四庫全書本、何允中本、指海本、章鈺校跋本、陳錫麒本、清抄本、冢田虎本、説郛本、顧元慶本、袁褧本、胡文焕本、潘之淙本、吴琯本、藝苑捃華本、宋翔鳳本、胡承珙本、莫栻本、葛其仁本、朱駿聲本、胡世琦本並作「鰥」。錢熙祚曰：「詩正義作『丈夫曰索，婦人曰嫠』。」王煦本作「釐」，其於「釐」下有「無兄弟曰甇」五字，曰：「説文無『嫠』字，『釐』即『嫠』也。……後漢西羌傳：『兄亡則納其釐嫂。』是古字作『釐』，舊本作『嫠』，今據改。又舊本作『寡夫曰甇，寡婦曰嫠』，無下『無兄弟』句。今按：詩疏引爾雅云：『無夫無婦並謂之寡，丈夫曰索，婦人曰嫠。』諸傳、注又云：『無兄弟曰甇。』則當爲舊本舛錯也。」宋翔鳳曰：「（昭）廿四年傳：『嫠不恤其緯。』陸氏音義：『本「嫠」，並作「釐」。』」庶按：「釐」、「嫠」古今字。「嫠」與「釐」同。

〔一一〇〕冢田虎曰：「周書梓材曰：『至於敬寡，至於屬婦。』言至乎寡婦猶敬屬之也。今逮婦之義，殆可疑也。」葛其仁曰：「屬爲逮者，禮記中庸：『所以逮賤也。』凡言逮者，皆及於微賤之義也。」

〔一一一〕胡承珙曰：「荀子王制篇『朝無幸位，民無幸生』，楊倞注云：『幸，僥幸也。』」

〔一一二〕胡承珙曰：「廣雅釋詁云：『詰，讓也。』説文云：『責，求也。』又云：『讓，相責讓也。』周禮司救『凡民之有衺惡者，三讓而罰』，疏云：『凡欲治罰人者，皆先以言語責讓之。』」

〔一一三〕王煦曰：「『淫』，依説文當作『婬』，云：『私逸也。』……禮記曰：『夫禮，防民之淫。』又曰：『禮者，所以綴淫也。』不以禮交，故謂之淫。下云『上淫』、『下淫』、『旁淫』者，猶禮言上治、下治、旁治。蓋於淫之中分釋其名，使人知倫之不可黷也。」

〔一一四〕宋翔鳳曰：「宣三年傳曰『文公報鄭子之妃』，服虔曰：『鄭文公叔父子儀也。報，復也。淫親屬之妻曰報。漢律淫季父之妻曰報。則報與亂爲類，亦鳥獸之行也。』」胡承珙曰：「漢律當因左傳此文而設。據服虔云，鄭子是文公叔父子儀，故以報名屬之淫季父之妻，其實君淫臣妻正所謂下淫。」

〔一一五〕王煦曰：「左氏桓十八年傳云：『公與姜氏如齊，齊侯通焉。』襄公與文姜，兄妹也。閔二年傳云：『共仲通於哀姜。』共仲與哀姜，叔嫂也。論其親屬，皆在旁治之例，故皆曰通。若泛而言之，則凡男女之有私者，皆謂之通也。」

〔一一六〕王煦曰：「直者，不屈之義。左氏成十三年傳云：『聖達節，次守節，下失節。』襄十四年傳云：『札雖不才，願附於子臧，以無失節。』是皆以不屈守其節者也。若不直，即失其節矣。」

〔一一七〕冢田虎曰：「（𧇻）與『赧』通。」王煦曰：「『𧇻』，本或作『赧』。」胡承珙曰：「一切經音義卷二引小爾雅『面愧曰赧』，小司寇賈疏、史記周本紀索隱、文選季重答東阿王書李注、一切經音義卷二十二並引作『面慙曰赧』，惟爾雅釋言釋文引小爾雅作『面慙曰𧇻』，與今刻同。」

〔一一八〕宋翔鳳曰：「方言六注引小爾雅曰：『心愧爲恧。』」王煦曰：「方言：『㥦、恧，慙也。荆、揚、青、徐之閒曰㥦，若梁、益、秦、晉之閒言心内慙矣。山之東西自愧曰恧。』」

〔一一九〕宋咸注：「一本作『逡』。」胡承珙曰：「爾雅釋言云：『逡，退也。』注云：『逡巡，却去也。』文選上林賦注引廣雅云：『逡巡，却退也。』案：體懾無所形見，逡巡却退即是懾懼之意。」

〔二〇〕「大行」，莫栻曰：「韋昭曰：『大行者，不反之辭。』風俗通：『凡天子新崩未有謚號，故總其名曰大行皇帝也。』」

〔二一〕原本「蘇」上有「大」字，葉氏藏本、潘承弼校跋本、胡承珙本、葛其仁本、朱駿聲本、胡世琦本並無「大」字。葛其仁本於「蘇」下有「蘇，寤也」三字。莫栻曰：「陸氏曰：『蘇者，死而更生也。』」王煦曰：「衆經音義引小爾雅云：『死而復生謂之穌。穌，寤也。』與『蘇』同。據此，則『大』字疑衍文。蓋因上言大行，趁文而誤耳。」宋翔鳳曰：「廣韻十一模：『蘇，紫蘇草也。穌，息也，死而更生也。』則字當作『穌』爲正。故東晉尚書仲隗之誥『後來其蘇』，音義：『一本作「穌」。』……凡作『蘇』，並叚藉字。」　庶按：王煦說是，據刪「大」字。「穌」、「蘇」古今字。王煦引衆經音義「穌，寤也」三字與廣名前後文例不協，疑原本爲注文，衆經音義作正文而引。

〔二二〕宋咸注：「阽猶言危也。」胡承珙曰：「疾甚欲死，如臨危欲墮，故謂之阽也。」　庶按：楚辭離騷洪興祖補注：「小爾雅曰：『疾甚謂之阽。』」

〔二三〕宋咸注：「書云：『未可以戚我先王。』戚，近也。」原本「王」作「生」，諸本及宋咸注文並作

「王」。王煦曰：「廣詁云：『戚，近也。』東晉孔氏金縢傳同。」葛其仁曰：「請天子命，言爲天子祈永命也。……正義曰：『死則神與先王相近，故言近先王。』」庶按：「生」乃「王」之訛，據改。

〔二四〕王煦曰：「經傳稱先王者，乃始祖以下之通稱。其稱先君、先子，則多指其父。」胡世琦曰：「先君之名，諸侯與天子例得通也。……先子之名，大夫與士亦得通也，此皆對文則異耳。」

〔二五〕「櫬」，王煦曰：「櫬者，說文：『櫬，棺也。』杜預左傳襄四年注云：『櫬，親身棺也。』……太平御覽引外傳云：『凡棺之重數，從内數向外，如席之重。兕革棺，一名椑棺，又名櫬。』是櫬爲親身棺也。又廣韻云：『櫬，空棺也。』」

〔二六〕「柩」，王煦曰：「釋名云：『尸已在棺曰柩。柩，究也。送終隨身之制，皆究備也。』白虎通云：『柩之爲言究也，久也，不復變也。』是柩爲有尸之稱也。」

〔二七〕「賵」，王煦曰：「穀梁隱三年傳云：『歸死者曰賵，歸生者曰賻。』」宋翔鳳曰：「『饋』與『歸』，古今字也。……儀禮既夕云『公賵，元纁束馬兩』，鄭注：『賵，所以助主人送葬也。』」

〔二八〕「襚」，胡承珙曰：「說文云：『襚，衣死人也。』士喪禮『君使人襚』，注云：『襚之言遺也。』……衛風碩人『說於農郊』，箋云：『「說」當作「襚」。禮、春秋之襚，讀皆宜同。衣服曰襚，今俗語然。』」

〔一二九〕「殔」下，宛委别藏本、周叔弢藏本、程榮本、孔胤植本、四庫全書本、指海本並有注文「羊至切」三字。宋翔鳳曰：「説文：『殔，瘞也。从歺，隶聲。』經典皆作『肂』。士喪禮『掘殔見衽』，注：『肂，埋棺之坎也，掘之於西階上。……自天子至士，殯皆曰肂。呂氏春秋先識覽『威公薨，肂九月不得葬，周乃分爲二』，高注：『下棺置地中謂之肂。』釋名喪制曰：『於西壁下塗之曰殯。殯，賓也。』……蓋殯、肂對文乃異，散文則通也。」

〔一三〇〕「池」，王煦曰：「禮記檀弓云：『主人既祖，填池，推柩而反之。』」宋翔鳳曰：「鄭注：『「填池」當爲「奠徹」，聲之誤也。奠徹謂徹遣奠，設祖奠，反於載處，榮曾子弔欲更始。』按：依小爾雅，『填池』當讀如字。殔、池並謂埋棺之坎。將殯則掘肂，遷柩則填池。『推柩而反之』，謂雖填池而仍反柩於殯，所以受弔也。」胡世琦曰：「喪禮之坎有二：有埋棺之坎，有棄餘潘水之坎……疑此當即棄潘水之坎也。以土得名則謂之坎，以水得名則謂之池，其實一也，故坎謂之池也。『殔』字，緣上句『殔』字相承而衍，傳寫譌耳。」

〔一三一〕「竁」，王煦曰：「説文：『竁，穿地也。』周禮春官小宗伯『卜葬兆甫竁』，鄭注：『鄭大夫讀竁爲「穿」，杜子春讀竁爲「毳」，皆謂葬穿壙也。』」

〔一三二〕「窆」，王煦曰：「説文：『窆，葬下棺也。』」

〔一三三〕胡承珙曰：「『填竁』者，以土填其穿中。禮記王制注云：『封謂聚土爲墳。』是也。」胡世琦曰：「封既爲下棺之名，又别爲填窴之名也。窴，穿土也。填窴謂下棺之後，以所穿土復填而爲冢，故又謂之復土。……復土與聚土、築土義同，故填窴謂之封也。」

〔一三四〕「冢」，葉氏藏本、潘承弼校跋本並作「塚」。王煦曰：「説文：『冢，高墳也。』」胡世琦曰：「郭注方言云：『古者卿大夫有采地，死葬之，因名也。』埰與宰以聲相近而義同，郭注失之。廣雅疏證云：『冢謂之宰，亦謂之埰，猶官謂之宰，亦謂之宷。』」宋翔鳳曰：「方言十三：『冢，秦、晉之閒謂之墳，或謂之壠。』」胡世琦曰：「壠與『壟』同。墳與塋義亦同。舉其地域則謂之塋，狀其高腫則謂之墳，其實一也。」

〔一三五〕宋咸注：「言無其祀，猶長殤、下殤之人。」王煦曰：「説文云：『殤，不成人也。人年十九至十六死爲長殤，十五至十二死爲中殤，十一至八歲死爲下殤。』」葛其仁曰：「男女未冠笄而死者謂之殤，在外死者亦謂之殤，殤之言傷也……無主之鬼，猶言無後也。禮記：『宗子爲殤而死，庶子弗爲後也。』殤無爲人父之道，故絶無後，爲之祭主，是爲無主之鬼。」宋翔鳳曰：「按：『殤』字當作『裼』。禮記郊特牲『鄉人裼』，鄭注：『裼，强鬼也。』……禮有殤服，有殤祭，不得爲無主矣。」庶按：楚辭九歌國殤洪興祖補注：「小爾雅曰：『無主之鬼謂之殤。』」

〔一三六〕「織」，王煦曰：「説文：『織，作布之總名也。』」胡承珙曰：「此惟言治絲曰織者，織作之功於絲爲多也。」

〔一三七〕葛其仁曰：「史記集解引：『鹽鐵論刺議篇云：『文繒薄織，不鬻於市。』是織與繒同物也。」宋翔鳳曰：「衆經音義六云：『爾雅：「通五色皆曰繒。」』三蒼：『雜帛曰繒。』是也。……按：『通五色曰繒』，今爾雅無此文，據文義，當是小爾雅脱文。」

〔一三八〕胡承珙曰：「詩疏引陸璣云：『紵亦麻也，科生數十莖，宿根在地中，至春自生，不歲種也。荆、揚之間一歲三收。今南越紵布皆用此麻。……顔師古急就篇注：『紵，織紵爲布及疏也。』文選吴都賦『果布輻湊而常然』，劉淵林注云：『布，箋紵之屬。』葛者，儀禮士虞禮『冪用絺布』，注云：『絺布，葛屬。』禹貢疏云：『葛，越南方布名。』是麻、紵、葛皆曰布，布爲通名也。」

〔一三九〕「綿」，王煦本、宋翔鳳本、胡承珙本、葛其仁本並作「緜」。王煦曰：「舊本『緜』作『綿』，衆經音義引作『緜』，今據改。」莫栻曰：「玉篇：『纊，綿也。』」庶按：「緜」、「綿」異體字。

〔一四〇〕宋翔鳳曰：「(衆經音義六)『纊，綿也。』……故此云『絮之細者曰纊也』。」葛其仁曰：「急就篇注：『漬繭擘之，精者曰緜，粗者曰絮。』按：上文云『纊，緜也』，知緜、纊一物，緜之精者爲絮，故絮之細者曰纊也。」

〔一四一〕「縞」，王煦曰：「竊謂縞即縑也，與素微異。說文：『縑，並絲繒也。』釋名云：『縑，兼也。其絲細緻，數兼於絹，染兼五色。細緻，不漏水也。』……是縑視素爲精也。」

〔一四二〕王煦曰：「禮記雜記云『純以素』，鄭注：『素，生帛也。』今江東呼帛之未練者曰生絹，越俗謂之綎絲，知此即素也。素本白緻，但視縞爲麤，故云縞之麤者曰素。」

〔一四三〕王煦曰：「說文：『絺，細葛也。』『綌，麤葛也。』」

〔一四四〕「元服」，胡承珙曰：「後漢書順帝紀注云：『元服，冠也。』安帝紀注云：『元服謂之冠也。』」王煦曰：「元服之名則爵弁、皮弁、緇布冠也。」

〔一四五〕冢田虎曰：「布冠，緇布冠也。冠禮始加之，冠畢則敝之也。」胡世琦曰：「說文：『髦，髮也。』詩柏舟篇『髧彼兩髦』，傳云：『髦者，髮至眉，子事父之飾。』」王煦曰：「儀禮記云『冠義，始冠之緇布之冠也。太古冠布，齊則緇之，冠而敝之可也』，鄭注：『太古，唐、虞以上。重古始冠，冠其齊冠。』即此所謂太古布冠也。……左氏昭九年傳云『豈如弁髦，而因以敝之』，杜注：『童子垂髦始冠，必三加冠成禮而棄其始冠，故言弁髦，因以敝之。』是即以弁髦爲緇布冠也。」葛其仁曰：「正義（庶按：禮記玉藻篇）：『冠而敝之可也者，言緇布之冠，初加暫用冠之，罷冠，則敝棄之可也。』」

〔一四六〕宋咸注：「題，頷也。頷，額也。白亦云鬼頭。」「由」，葉氏藏本、蔡宗堯本、潘承弼校跋本並作「定」，周子義本、程榮本、馮夢禎本、孔胤植本、崇禎本、鍾惺本、王韜校跋本、四庫全書本、何允中本、指海本、陳錫麒本、清抄本、冢田虎本、藝苑捃華本、潘之淙本、王煦本、胡承珙本、葛其仁本、朱駿聲本並作「頭」。　庶按：宋咸注文之「白亦」不可解，疑「白」爲「由」之形訛。「鬼頭」當指額頭，古亦謂之雕題。禮記王制篇「南方曰蠻，雕題交趾，有不火食者矣」，孔穎達正義：「彫，謂刻也。題，謂額也。謂以丹青彫刻其額。」

〔一四七〕原本「顙」作「類」。胡世琦曰：「此條與上『題頭也』當並是上篇廣名文錯簡在此。」王煦曰：「方言云：『額、顏，顙也。中夏謂之額，東齊謂之顙，汝、潁、淮、泗之閒謂之顏。』」

庶按：「類」爲「顙」之訛，當作「顙」是，今改。

〔一四八〕宋翔鳳曰：「蔡邕獨斷云：『璽者，印也。印者，信也。古者尊卑共之。』」

〔一四九〕朱駿聲曰：「『紱』當作『韍』，蔽膝也。綬者，組帶之大名，所以係韍者。秦、漢時韍廢而存其係，即謂之韍也。」

〔一五〇〕宋咸注：「襜褕亦云蔽膝，又曰童容。」宋翔鳳曰：「廣雅釋器：『襜褕，襌褣也。』襌褣即童容，從衣者，俗童容亦取宏裕之義。……方言四：『襜褕，江、淮、南楚謂之襌褣。自關而西謂之襜褕。』此襜褕謂衣裳相連者，與蔽厀之襜不同，舊注非爾。」　庶按：宋翔鳳説是，上條之「紱」即謂蔽膝，此條不應重出，復作蔽膝解。

〔一五一〕宋咸注：「紩，縫也。漢、晉人呼縫衣爲黹。方言云：『楚謂凡人貧衣破醜敝爲藍縷，謂敝衣也。』言其縷破藍藍然。」莫栻曰：「褐有毛褐有布褐，兹言布褐，粗布寬博衣也。」王煦曰：「左氏宣十二年傳『篳路藍縷』，杜注：『藍縷，敝衣也。』正義引服虔曰：『言其縷破藍藍然。』即其義也。」宋翔鳳曰：「方言四：『裯謂之襤，無緣之衣謂之襤。』又云：『楚謂無緣之衣曰襤，紩衣謂之褸，秦謂之緻。自關而西秦、晉之閒，無緣之衣謂之裗裾。』方言三：『褸裂、須捷，斯敗也。南楚凡人貧，衣被醜敝謂之須捷，或謂之褸裂，或謂之襤褸。故左傳曰「篳路襤褸以啟山林」，殆謂此也。』方言『衣被』，宣十二年左傳、小爾雅舊注引方言『被』並作『破』，則今本誤也，謂無緣之衣又加以縫紉，故云襤褸。……今宣十二年左傳作『藍縷』，與小爾雅同，皆叚藉字。正義引服虔云『言其縷破藍藍然』，非正訓也。藍縷，楚世家作『藍婁』。」朱駿聲曰：「藍縷，雙聲連語，敝意也。」

〔一五二〕莫栻曰：「袴，脛衣也，一名觸衣，俗呼小衣。褰，説文：『袴也。』」王煦曰：「方言云：『齊、魯之閒袴謂之䙵，或謂之襱。關西謂之袴。小袴謂之芺蓉衫，楚通語也。』」宋翔鳳曰：『(方言)郭璞注引傳曰：『徵䙵與襦。』今昭二十五年左傳『䙵』作『褰』，褰是正字也。廣雅釋器：『䙵謂之絝。』」

〔一五三〕「衶」，宋翔鳳曰：「『衶』即『襜』字。爾雅釋器：『衣蔽前謂之襜。』郭璞注：『今蔽膝也。』……説文：『襜，衣蔽前。』則正字作『襜』，經典通爲『袡』，又作『幨』。……釋名：『韍，韠也。韠，蔽膝也，所以蔽膝前也，婦人蔽膝亦如之。齊人謂之巨巾，田家婦女出自田野，以覆其頭，故因以爲名也。又曰跪襜，跪時襜襜然張也。』皆廣蔽䄬之異名也。」胡世琦曰：「廣雅疏證云：『凡言襜皆障蔽之義：衣蔽前謂之襜，牀前帷謂之幨，車裳帷謂之幨，幰謂之幨，其義一也。』」

〔一五四〕宋咸注：「厲，大帶也。」朱駿聲曰：「『厲』借爲『裂』。」王煦曰：「説文：『帶，紳也。男子鞶革，婦人鞶絲。』……按：古帶多用韋布之屬，取其下垂爲飾。」宋翔鳳曰：「厲爲垂帶之貌，後遂以大帶爲厲也。」胡承珙曰：「桓二年左傳疏云：『大帶之垂者，名之爲紳，而復名爲厲者，紳是垂之名，厲是垂之貌。』」

〔一五五〕「冪」下，宛委別藏本、周叔弢藏本、指海本並有注文「莫狄切」三字。胡承珙曰：「周禮冪人職『掌共巾冪』注云：『共巾可以覆物。』疏云：『據經巾冪俱用，鄭惟言共巾，不言冪者，但冪惟衹覆物，其巾則兼以拭物，故特解巾可以覆物者也。』據此，是拭物之巾容有大有小，若冪惟衹覆物，必用大巾，故云大巾謂之冪。」

〔一五六〕王煦曰：「釋名云：『幄，屋也。以帛衣版施之，形如屋也。』覆帳謂之屋者，説文：『覆，蓋也。』『帳，張也。』鄭氏周官幕人注：『四合象宮室曰幄。』疏引顔延之纂要云：『四合象宫曰幄。四合，即覆帳之形也。』……周禮序官幕人鄭注：『幕，帷覆上者。』」胡世琦曰：「春秋昭公十三年左傳正義云：『幕大而幄小，幄在幕下張之。』蓋對文則幄幕有大小之分，散文則幄幕實通稱也。」

〔一五七〕王煦曰：「爾雅云：『簀謂之笫。』……古人簀皆編竹爲之，然或亦閒有用版者，今時俗猶然，但總以編竹者爲正。」胡世琦曰：「笫或編以木，乃如今之牀版；或編以竹，乃如今之牀席也。廣雅疏證云：『笫之言齊也，編竹木爲之，均齊平正，聲轉爲簀。』」

〔一五八〕「翣」，葉氏藏本、馮夢禎本、潘承弼校跋本並作「箑」。王煦曰：「説文：『箑，扇也。或體作篓。』又云：『翣，棺羽飾也。天子八，諸侯六，大夫四，士二。』是箑爲招涼之扇，翣爲棺飾之扇，字殊義别。……釋名云：『齊人謂扇爲翣，象翣扇爲清凉也。翣有黼有畫，各以其色名之也。』則合招涼與棺飾之扇皆爲翣矣。……扇本迎涼所用之名，因棺飾之翣似扇而大，故謂之大扇。説文以爲棺羽飾者，蓋古時喪翣或用羽爲之，故字從羽也。」宋翔鳳曰：「『箑』亦通『萐』，白虎通封禪篇：『萐莆者，樹名也。其葉大於門扇，不摇自扇，於飲食清凉，助供養也。』此大扇爲翣之證。是翣作『箑』，又作『篓』，又作『萐』（庶按：「萐」原作「篓」，「篓」乃「萐」之訛，今改）。後以翣爲喪翣，故扇翣多作『箑』字矣。」胡承珙曰：「鄭注喪大記引漢禮云：『翣以木爲筐，廣三尺，高二尺四寸，方兩角；高衣以白布，畫雲氣，柄長五尺。』」

〔一五九〕宋咸注：「史有白挺。」「挺」，宛委別藏本、蔡宗堯本、周叔弢藏本、周子義本、程榮本、馮夢禎本、孔胤植本、崇禎本、鍾惺本、王韜校跋本、四庫全書本、何允中本、指海本、章鈺校跋本、陳錫麒本、清抄本、冢田虎本、顧元慶本、袁褧本、王煦本、宋翔鳳本、胡承珙本、莫栻本、葛其仁本、朱駿聲本、胡世琦本並作「梃」。王煦曰：「『挺』、『梃』古今字。」宋翔鳳曰：「廣雅釋器：『梃，杖也。』孟子：『殺人以挺與刃。』呂覽簡選篇『耡櫌白梃』，趙岐、高誘並云：『梃，杖也。』應劭注漢書諸侯王表云：『白梃，大杖也。』」

〔一六〇〕宋咸注：「鈐鍵乃扃籥義，亦作『鑰』。」王煦曰：「方言云：『户鑰，自關而東陳、楚之閒謂之鍵，自關而西謂之鑰。』」葛其仁曰：「『籥』當作『𨷲』，『籥』乃『𨷲』之叚借字，後世更以金爲之，別作『鑰』。」胡承珙曰：「門關之鍵當從木作『楗』……古門關之楗，蓋皆以木爲之，故字從木，後或以金爲之，故又從金作『鍵』，經傳遂多作『鍵』。……漢書五行志：『長安章城城門牡自亡。』牡即鍵也。鍵自是削木爲牡形納入孔中以閉門者，今人門户猶有鍵名，但多以鐵爲之耳。」 庶按：宋咸注文之「鈐」字疑爲「鉉」之訛，説文：「鍵，鉉也。」鉉原爲貫穿鼎耳之横木，後與貫户牡之鍵同義，故宋咸注乃以「鉉鍵」釋「籥」。

〔一六一〕「奕」，宛委別藏本、周叔弢藏本、指海本、顧元慶本、王煦本、胡承珙本、葛其仁本、朱駿聲本並作「弈」。王煦曰：「説文：『弈，圍棋也。』『局，博所以行棋。象形。』方言：『博謂之棋，圍棊謂之弈，所以行棊謂之局，或謂之曲道。』」胡世琦曰：「『此棊局亦圍棊之局，故曰謂之弈也。此條與上『大扇謂之翣』、『杖謂之梃』、『鍵謂之籥』，當並是下篇廣器文，錯簡在此。』」

庶按：「奕」、「弈」古通用。

〔一六二〕「履」，葉氏藏本、潘承弼校跋本並作「屨」（下二「履」字同）。「屨」、「履」古今字。

〔一六三〕王煦曰：「詩小雅車攻云『赤芾金舄』，毛傳：『諸侯赤芾金舄。舄，達屨也。』鄭箋：『金舄，朱黄色也。』正義曰：『金舄者，天官屨人注云：「舄有三等，金舄爲上，冕服之舄。下有白舄、黑舄。」此云金舄者，即禮之赤舄也。故箋云：「金舄，朱黄色。」加金爲飾，故謂之金舄也。白舄、黑舄猶有在其上者，爲尊未達。其赤舄則所尊莫是過，故曰達屨，言是屨之最上達者也。此舄也，而曰屨。屨，通名。』」

〔一六四〕宋咸注：「禮：『黑履青絇，赤舄黑絇。』絇之言拘也，以爲行戒，狀如刀衣鼻，在屨頭。」「謂」上，葉氏藏本、潘承弼校跋本並有「達」字。王煦曰：「李氏據士冠禮文，赤舄即纁履也。鄭氏天官屨人職注云：『絇謂之拘，著舄屨之頭以爲行戒。』又士冠禮注云：『絇如刀衣鼻，在屨頭。』皆李氏所本也。」莫栻曰：「周禮履人注：『重底曰舄，單底曰屨。絇，今鞋帶之屬。』……絇古單作『句』……蓋屨頭飾着之以爲行戒。」冢田虎曰：「絇，履頭之飾也。」

庶按：「謂」上當復有「達履」二字，此二句疑當讀作「履尊者曰達履，達履謂之金舄而金約也」。上文之「達履」爲釋「履尊者」，此「謂之金舄而金約也」正爲釋何爲「達履」而言。葉氏藏本等於「達」下脱一「履」字，宋本等則「達履」並脱。補「達履」二字，與「覆帳謂之幄，幄，幕也」、「射有張布謂之侯，侯中者謂之鵠」等上下文例一貫。「而」猶「以」也。

〔一六五〕宋咸注：「凡侯，天子熊侯，諸侯麋侯，卿大夫布侯。言布侯者，謂不采其地，直於布上（庶按：原本「上」作「止」，宛委別藏本、周叔弢藏本、指海本注文並作「上」，是，據改）正面畫虎豹頭而已。」「布」，宋翔鳳本、葛其仁本並作「皮」。王煦曰：「鄉射禮記云『凡侯：天子熊侯，白質；諸侯麋侯，赤質；大夫布侯，畫以虎豹；士布侯，畫以鹿豕』，鄭注：『此所謂獸侯也。燕射則張之，鄉射及賓射當張采侯二正。而記此者，天子、諸侯之燕射各以其鄉射之禮，而張此侯，則經「獸侯」是也。由是云焉，白質、赤質皆爲采其地也。其地不采者，白布也。熊、麋、虎豹、鹿豕，皆正面畫其頭象於正鵠之處耳。』」宋翔鳳曰：「鄉射用此侯，其言大夫、士布侯用畫，則熊侯、麋侯棲皮爲鵠，對文見異矣。大夫、士獸侯用布，此云張皮，從其多者。今本小爾雅作『張布』者誤，此據王肅所引改。」胡承珙曰：「小雅正義云：『王肅引爾雅「射張皮謂之侯」。』『皮』字恐誤，仍依今本作『布』爲是。」胡世琦曰：「大射、賓射、燕射、鄉射之侯無不以布者，故曰射有張布謂之侯。」

〔一六六〕宋咸注：「凡畫采謂之正，棲皮謂之鵠。方制獸皮，帖於侯中，如鳥之棲木也。畫五色於侯中爲正，内以朱方二尺（庶按：原本「尺」作「疋」，宛委别藏本、周叔弢藏本、指海本注文並作「尺」，是，據改），次以白，以蒼，以黄，以玄。」王煦曰：「梓人注云：『正之方外如鵠，内二尺。五采者：内朱，白次之，蒼次之，黄次之，黑次之。諸侯三采：朱、白、蒼。大夫、士二采：朱、緑。李氏約取其義也。」宋翔鳳曰：「是凡侯必有鵠、有正，鵠棲皮在外，正差小，故畫采以别之。正之最中一層爲質，即鄉射記所云：『天子白質，諸侯赤質，大夫、士畫者丹質。』……質最小，其畫最明。」

〔一六七〕「槷」下，宛委别藏本、周叔弢藏本、指海本並有注文「槷，倪結切」四字。宋翔鳳曰：「『槷』，依説文作『臬』，云：『臬，射準的也。從木從自。』考工記匠人『置槷以縣』，注：『槷，古文臬，假借字。』知古文『臬』作『槷』。」王煦曰：「賓筵疏引王肅云：『爾雅正中謂之槷，方六寸也。槷則質也。舊云方四寸，今云方六寸，爾雅説之明，宜從之。』……據此，則槷當以六寸爲正也。槷方六寸處正二尺之中，故曰正中者謂之槷。」胡承珙曰：「肅所引即此小爾雅。蓋鵠及正、槷皆在一侯，於一侯之中遞爲差等。但侯則取數於侯道，鵠則取於侯中，尺寸非一。惟正及槷則皆以二尺及六寸者爲定，無復差等。故上文侯、鵠不言尺寸，而於此正與槷特言之也。」

〔一六八〕王煦曰：「説文：『棘，有枝兵也。』引周禮：『戟長丈六尺。』……蓋古者作戟，象棘之有茦，故字多作棘。後人因爲兵器，復制戟字，遂專以棘爲荆棘字矣。此釋之者，所以明古今之異也。」胡承珙曰：「『戟』正字，『棘』乃借字。然經典相承，多有作『棘』者，故此釋之。」

〔一六九〕宋翔鳳曰：「廣雅：『戉、戚，斧也。』說文：『戉，斧也。』『戚，戉也。』則戚、戉字並不從金。」王煦曰：「今經傳多作『鏚』、『鉞』，恐改之驚俗，姑從舊本。」

〔一七〇〕「盾也」下，宛委別藏本、周叔弢藏本、指海本並有注文「瞂，房越切」四字。王煦曰：「方言云：『自關而東謂之干，或謂之瞂，或謂之盾。』」

〔一七一〕宋咸注：「鄭康成周禮注稱戈，今句孑戟。」王煦曰：「周禮考工記冶氏『爲戈戟。戈，廣二寸，内倍之，胡三之，援四之』，『戟，廣寸有半寸，内三之，胡四之，援五之』，鄭注：『戈，今句孑戟也。或謂之雞鳴，或謂之擁頸。』」胡承珙曰：「說文：『戈，平頭戟也。從弋，一橫之，象形。』戈既爲平頭戟，其鋒當橫出，即所謂援。援者，引也。橫出乃可用以句引，故謂之句兵。先鄭以援爲直刃，非是。援近柲處折而下垂者爲胡，如喉承頦折而直下也。援兩面有刃，胡則近援處有刃，近内者無刃，故又謂之孑。……然則漢時以戈爲句孑戟者，句即考工記之援，孑即考工記之胡。……援即爲句，胡即爲孑，故謂之『句孑戟』也。」胡世琦曰：「說文：『戟，有枝兵也。』蓋對戈之句孑而右有枝者爲戟，則對戟之雙枝，而句孑無右枝者，即可定爲戈矣。……說文：『孑，無右臂也。』戈獨枝爲孑，取其義且象其形也。戈爲句兵以句，雖有援以刺，而以句刃爲主，故云句孑也。其曰戟者，戈與戟異名亦通稱也。且戈戟形相似，故往往以戈定戟，以戟定戈。方言『凡戟而無刃，秦、晉之間謂之鈎……吴、趙之間謂之戈』，此言戟無右刃者謂之戈也。不言右，省文耳。又云『三刃枝，南楚、宛、郢謂之匽戟』，此言戈左右有刃，並直刃謂之戟也。……說文：『戈，平頭戟也。』此戈對戟之右枝上向者爲平頭，猶戟對戈之句孑者爲枝兵也。戈、戟彼此互文見義，而形制可定，古訓之精如此。戈之平頭指句刃不上而言，非必去其直刃乃爲平頭也。」

〔一七二〕宋翔鳳曰：「方言九：『劍削，自河而北燕、趙之間謂之室，自關而東或謂之廓，或謂之削，自關而西謂之鞞。』」

〔一七三〕宋咸注：「鞞，佩刀削上飾。鞛，下飾。鞛亦作『琫』。」宋翔鳳曰：「『𩎟』即『鞞』字。……『鞛』字正，俗『琫』。……說文：『琫，佩刀上飾。』『珌，佩刀下飾。』……禮經言鞞飾制，先琫後珌，知琫在上、珌在下爲是。……藝文類聚六十引字林云：『琫，佩刀下飾也。天子以玉，諸侯以金。琕，佩刀上飾也。』蓋據毛詩、左傳先鞞後琫，故謂鞞上琫下，不知鞞是全體，琫是上飾，略珌不言耳。字林、左傳注及小爾雅舊注並非是。釋名：『刀室曰削。削，陗也，其形陗殺，裹刀體也。室口之飾曰琫。琫，捧也，捧束口也。下末之飾曰琕。琕，卑也，在下之言也。』玉篇以琕爲『玭』之異文。琕、珌聲之轉也。」　庶按：宋咸注文「削」下，指海本注文有「珌」字，疑是。此注或當本左傳桓公二年杜預注「鞞，佩刀削上飾，鞛，下飾」文，然此正文明言「鞛珌，鞞之飾也」，宋咸或誤讀而解。

〔一七四〕宋翔鳳曰：「按：弢字從弓，知非矢服，當作『矢室謂之服，弓室謂之弢』。」王煦曰：「矢服之名多矣……弓、矢可以同器，則器亦可以通名，故對文則弓曰弢、矢曰服，散文則弢祇取韜藏之義。」胡世琦曰：「旌囊亦謂之弢。……劍衣亦謂之弢。」葛其仁曰：「『弢』、『韜』古今字。」胡承珙曰：「弓藏矢藏之名各有專屬，而皆可以互通。……『服』與『弢』對文則別，散文皆可通也。」

〔一七五〕莫栻曰：「揚子方言：『艇長而薄者謂之艜，艇短而深者謂之艀。』短而深者，言其艇之小也。」胡世琦曰：「說文無『艇』字，本作『梃』。……艇之小者曰『艀』，猶筏之小者曰『泭』……艀之小者又曰『舼』，猶泭之小者曰『桴』。韋昭齊語注『編相泭，小泭曰桴』，是也。」

〔一七六〕胡承珙曰：「車前謂之軸，船前謂之舳，聲義相近。……蓋舳艫前後本可互名，故諸書訓各不同與？」葛其仁曰：「舳艫亦爲船頭尾之通稱。」宋翔鳳曰：「按：舳艫，雙聲字，當依漢律舳艫連言爲正。當代俗儒强爲分析，故說各參差。」

〔一七七〕王煦曰：「方言云：『揖謂之橈，橈謂之櫂。』按：古揖、楫、輯並同。」葛其仁曰：「蓋楫、橈、櫂一物而三名。……楚辭湘君『蓀橈兮蘭旌』，注：『橈，船小楫也。』」宋翔鳳曰：「橈、櫂，説文並無，俱當從手旁。」

〔一七八〕朱駿聲曰：「『𨏶』當作『龐』。轅謂軥也。軥之曲而上者爲龐，謂其穹隆而高，猶曰軒轅也。」

〔一七九〕王煦曰：「説文：『轅，軥也。』方言云：『轅，楚、衛之閒謂之軥。』釋名：『軥，句也，轅上句也。』」宋翔鳳曰：「軥、轅大要相類，細別則殊。軥在輿下，爲當兔、爲踵，如輿之長。輿，式前爲軓。軓前十尺上曲爲前侯、爲頸。……軥取上曲如句……是句者謂之軥，爲小車轅，駕馬；直者謂之轅，爲大車轅，駕牛。……諸家多以轅、軥爲一者，散文互見也。」胡世琦曰：「大車謂之轅，小車謂之軥。直木謂之轅，曲木謂之軥。轅與軥亦通稱。」

〔一八〇〕王煦曰：「方言曰：『軫謂之枕。』」宋翔鳳曰：「輿下四面材謂之軫。其三面前有式，左右有較，軫皆不見，唯軫後一面，人共見之，故諸家皆以車後横木釋軫。」

〔一八一〕宋咸注：「幹，輿後横木。較，兩輢上出式者。一作『榷』。」莫栻曰：「崔豹古今注：『較，車耳也，輂上重起如牛角。』……考工記輿人注：『較，兩輢上出軾者，今之平隔也。』」王煦曰：「考工記『以其隧之半爲之較崇』，鄭注：『較，兩輢上出式者，故書作「榷」。杜子春云「當爲較」。』賈疏云：『較謂車輿兩相，今人謂之平隔。兩較謂車相兩旁竪之者。以其較之兩頭皆置於輢上，二木相附，故據兩較出式言之。』」胡世琦曰：「本文『幹』當爲『軒』，以字形相涉而譌。說文：『軒，曲輈轓車也。』……景帝紀『令長吏二千石車朱兩轓，千石至六百石朱左轓』，應劭注云：『車耳反出，所以謂之藩屏，屏翳塵泥也。』又以其重出式上如角然，故謂之角。角、較古字通。……轓之爲軒，猶較之爲軒也。……車輿内謂之箱，前謂之式，式下謂之軨。輿兩旁謂之輢，輢内亦謂之軨。其上謂之較，較外蔽謂之轓。有轓謂之軒。車軨上較曰軒，猶宮室，軨上板亦曰軒也。」

〔一八二〕「扼」，葉氏藏本、蔡宗堯本、潘承弼校跋本、王煦本、胡承珙本、胡世琦本並作「軛」。宋翔鳳曰：「說文：『軶，轅前也。』『軥，軶下曲者。』按：此知軶即衡，軥即烏啄。說文又云：『槅，大車枙。』按：槅與軶通，隸又作『枙』……小爾雅『軶』作『扼』者，說文作『搹』，或從『戹』作『扼』，取扼搤之義，故字亦通用也。」胡承珙曰：「論語集解引包注謂衡即軶，則衡與軶本是一物，言其制謂之衡，言其用謂之軶耳。」朱駿聲曰：「輈耑有平衡之木爲衡，衡下有缺處下向叉制馬頸爲軶。衡亦名軶者，軶在衡體。」

〔一八三〕原本「扼」作「振」，宛委別藏本、蔡宗堯本、周叔弢藏本、周子義本、程榮本、馮夢禎本、孔胤植本、崇禎本、鍾惺本、王韜校跋本、四庫全書本、何允中本、指海本、陳錫麒本、清抄本、冢田虎本、袁褧本、胡文焕本、潘之淙本、吴琯本、藝苑捃華本、宋翔鳳本並作「扼」。「謂」上，葉氏藏本、潘承弼校跋本並無「者」字。王煦曰：「釋名云：『枙在馬曰烏啄，下向叉馬頸，似烏開口向下啄物時也。』」宋翔鳳曰：「小車軥耑有衡，衡上又有軥，謂之烏啄，下叉馬頸。以大車任重，牛領又寬，加衡不虞其掉。小車輕疾，馬領又削，必加以烏啄，然後不脱也。」胡承珙曰：「此文『軛上者謂之烏啄』，『上』疑『下』字之譌，軛下別有曲木，縛於軛以壓馬頸，謂之烏啄者，以形得名。軛非即烏啄。」胡世琦曰：「衡謂之軛，軛下叉馬頸者謂之烏啄，實一物也。」朱駿聲曰：「即衡下缺處扼馬頸者，扼之，則馬領垂下，似烏啄物也。『上者』二字當删，即承上文言，『上』亦當作『下』。」　庶按：「扼」字是，據改。

〔一八四〕宋翔鳳曰：「方言『繘，自關而東周、洛、韓、魏之閒謂之綆，或謂之絡，關西謂之繘』，注云：『汲水索也。』」莫栻曰：「纍、綆、繘三者皆汲水索，特隨地以異其名耳。」

〔一八五〕王煦曰：「説文無『縚』字。……疑當與『絛』通。」宋翔鳳曰：「『縚』即詩『宵爾索綯』之『綯』。……廣雅：『綯，索也。』縚、綯字説文無，當作『絛』。」胡承珙曰：「『綯』與『縚』字異而音義同。……蓋索謂之縚，猶編絲繩謂之絛矣。」　庶按：本書後附孔叢子釋文：「縚，亦作『絛』。」

〔一八六〕胡承珙曰：「索與繩散文則通，對文則別。文選注引字林云：『糾，兩合繩。纆，三合繩。』漢書注引臣瓚曰：『纆，索也。』此大者謂索之證也。」

〔一八七〕宋咸注：「『緈』，一作『績』，縈也。」冢田虎曰：「『緈』亦作『綪』。」莫栻曰：「博雅：

『詘，曲也。戾，斜曲也。絣，急縈也，與「綪」同。』儀禮士喪禮『陳襲事於房中，而領南上不綪』，注：『綪讀爲絣，屈也。江、沔之間謂縈，收繩索爲絣。』」胡承珙曰：「『詘』，古『屈』字。」胡世琦曰：「『詘』與『屈』古通用，『絣』與『綪』聲近義同。」

〔一八八〕宋咸注：「樛，繆，猶揉結然。」「索」，宛委別藏本、馮夢禎本、孔胤植本、崇禎本、鍾惺本、王韜校跋本、四庫全書本、何允中本、指海本、陳錫麒本、清抄本、冢田虎本、胡文焕本、潘之淙本、吴琯本、藝苑捃華本、王煦本、宋翔鳳本、莫栻本、葛其仁本、朱駿聲本並作「絏」，胡承珙本、胡世琦本並作「紲」。宋翔鳳曰：「『絏』，依說文作『紲』。……蓋以索係物爲紲。……論語『雖在縲絏之中』，孔注：『絏，攣也，所以拘罪人。』……蓋凡纏係人、物皆曰紲。淮南本經『以相繆紾』，高注：『繆紾，相纏結也。』即此『樛而紾之』也。」王煦曰：「『樛而紾之』亦上文『詘而戾之』之意，但施之佩服謂之絣，施之罪人及馬牛謂之絏，此其異耳。」庶按：上文以「索」、「繩」對言，謂辯其粗、細之别。此文以「詘而戾之」與「樛而紾之」對舉，當爲辯其制作過程先後之别。上文之「絣」字，宋咸注文「一作『績』」，「績」字當取。績爲緝麻，即折麻搓接成線，纏繞成團，即「詘而戾之」。禮記檀弓下正義「樛，謂兩股交也。古之制繩，初時當先以手工，將兩股麻線搓揉，合而成之」，即「樛而紾之」。宋咸注文「猶揉結然」當爲正解，清儒以係人與係物曲而解之，則盡失小爾雅釋名物之本意。

〔一八九〕「墉、城，地也」，宛委别藏本、周叔弢藏本、崇禎本、鍾惺本、王韜校跋本、何允中本、指海本、陳錫麒本、清抄本、冢田虎本、潘之淙本、王煦本、宋翔鳳本、胡承珙本、葛其仁本、朱駿聲本、胡世琦本並作「垌，地也」。「城」下「地」字疑爲衍文，詩經大雅皇矣毛傳：「墉，城也。」此墉、城爲同義互訓，是言城之整體，下文「墉墻謂之陴」，指城上之女墻而言，是言城之部分，此「墉，城也。墉墻謂之陴」，爲一前後承接、相對完整的釋義部分。釋義由整體而言及部分，爲小爾雅釋詞的文例之一。清儒以「垌，地也」爲釋，恐非小爾雅本意。

〔一九〇〕宋咸注：「左氏傳：『授兵登陴。』」朱駿聲曰：「左宣十二年傳：『子産授兵登陴。』城上女墻也。」王煦曰：「説文：『陴，城上女墻俾倪也。』……釋名云：『城上垣曰俾倪，於其孔中俾倪非常，亦曰陴。陴，裨也，裨助城之高也，亦曰女墻。言其卑小比之於城，如女子之於丈夫也。或名堞，取其重疊之義也。』」

〔一九一〕「太」，葉氏藏本、潘承弼校跋本並作「大」。莫栻曰：「説文：『高平曰原。』與此合。又爾雅釋地：『大野曰平，高平曰陸，廣平曰原。』」　庶按：「大」、「太」古今字。

〔一九二〕宋咸注：「左氏傳：『祭仲殺雍糾，尸諸周氏之汪。』」王煦曰：「左氏桓十五年傳云『尸諸周氏之汪』，杜注：『汪，池也。』」宋翔鳳曰：「汪蓋池之至深廣者爾。」

〔一九三〕王煦曰：「禹貢『涇屬渭汭』，東晉孔傳云：『水北曰汭。言治涇水入於渭。』」胡承珙曰：

「汭字訓各不同……至水北之訓惟見於小爾雅。東晉古文尚書孔傳訓汭字即本此。汭之名固未可專屬於水北，然水北曰汭，古人自有此名。……大雅『芮鞫之即』，傳云：『芮，水涯也。』箋云：『芮之言内也。』釋文：『「芮」本又作「汭」。』鄭云：『水内即是水北。』蓋以南面言之，則北爲内也。」

〔一九四〕「廣」下，顧元慶本無「者」字。葛其仁曰：「澤之廣謂衍者，周禮大司徒注：『下平曰衍。』淮南墬形訓『澤氣多仁』，注：『下而汙者曰衍。』」胡承珙曰：「釋名亦云：『下平曰衍，言漫衍也。』……蓋衍本不專是澤名，以有廣義，故澤之廣者通名焉。」

〔一九五〕原本「曰」下無「生芻」二字，葉氏藏本、潘承弼校跋本並有「芻」字，宋翔鳳本、葛其仁本、朱駿聲本、胡世琦本並有「生芻」二字。冢田虎曰：「（曰）下疑有闕文。」王煦曰：「說文：『稾，稈也。』『稈，禾莖也。』或體作『秆』。」宋翔鳳曰：「衆經音義二引小爾雅云：『稈謂之茭，所以飼獸曰茭。』茭，古文『蒭』。又十七卷引小爾雅云：『稈謂之芻，所以飼獸曰芻，生曰生芻。』按：今本無『所以飼獸曰芻』六字，當補入。祭統云『士執芻』，鄭注：『芻謂稾也。』……按：散文則草皆爲芻，故說文：『芻，刈草也。』周禮大宰『七曰芻秣之式』，鄭注：『芻秣，養牛馬禾穀也。』又充人『芻之三月』，注：『養牛羊曰芻。』並所以飼獸之證。小雅：『生芻一束。』衆經音義云：『生芻謂青稾也。』」胡世琦曰：「蓋稾與之爲言槁也。

枯槁者謂之藁，青藁其新刈者，故曰生芻也。各本『生曰』下脱『生芻』二字，今據一切經音義補正。」朱駿聲曰：「黄者爲藁，青者爲生。」庶按：藁、生之别，胡世琦、朱駿聲已明之。「曰」下當據補「生芻」二字。一切經音義卷十七引小爾雅「所以飼獸曰芻」六字，不似小爾雅正文之語，疑爲釋正文「稈謂之芻」的注文。

〔一九六〕原本「粒」作「粒」，諸本並作「粒」，本書後附孔叢子釋文：「『粒』，亦作『粒』。」胡承珙曰：「穀食乃謂之粒。王制：『有不粒食者矣。』謂不穀食也。」庶按：「粒」爲「粒」之俗字，今改作「粒」。

〔一九七〕莫栻曰：「爾雅注：『凡菜可食者通名爲蔬。』」宋翔鳳曰：「説文無『蔬』字，經典皆作『疏』。」胡世琦曰：「一切經音義引字林云：『蔬，菜也。』論語鄉黨篇『飯疏食』，孔安國注云：『疏食，菜食也。』」

〔一九八〕宋咸注：「刈禾鐮曰銍。」胡承珙曰：「書疏云：『禾穗用銍以刈。』故以銍表禾穗。其實穫禾之鐵當作『銍』，截禾之穎當作『挃』。周頌釋文及正義引小爾雅『截穎爲之銍』作『銍』，惟爾雅釋文及邢昺疏引小爾雅作『挃』，據文當本作『挃』。」

〔一九九〕宋咸注：「揠猶『宋人揠苗』之揠。」冢田虎曰：「（心）心藁之心。」宋翔鳳曰：「方言三『揠、擢，拔也。自關而西或曰拔，或曰擢。東齊、海、岱之間曰揠』，郭注：『今呼拔草心曰揠。』」王煦曰：「孟子云『宋人有閔其苗之不長而揠之者』，趙岐注：『揠，挺拔之，欲亟長也。』」

〔二〇〇〕宋咸注：「秉猶握也。筥、𥢑乃多少之差。」「𥢑」下，胡世琦本有「稯十曰秅」四字。葛其仁曰：「『𥢑』當爲『稯』，熊忠古今韻會『筥』字下引小爾雅作『稯』。」王煦曰：「儀禮聘禮記云『四秉曰筥，十筥曰稯，十稯曰秅，四百秉爲一秅』，注：『此秉爲刈禾盈手之秉也。筥，穧名也。若今萊陽之間，刈稻聚把有名爲筥者。』」胡承珙曰：「司馬彪注莊子云：『一手曰把。』故云把謂之秉也。」胡世琦曰：「稯之爲言總也。……説文：『總，聚束也。』……筥與穧、積，稯與緵、總，並聲近而義同。……『稯十曰秅』之文，聘禮、説文、廣雅並載，不應此獨遺之，當是傳寫脱四字也。熊忠古今韻會『筥』字注引小爾雅『把謂之秉，秉四曰筥，筥十曰稯，稯十曰秅』，今據以補。俗本譌爲𥢑，今改。」　庶按：「𥢑」疑爲「稯」之訛，然宋咸注文已作「𥢑」，待考。

〔二〇一〕原本「棘」下無「之」字，葉氏藏本、蔡宗堯本、潘承弼校跋本、指海本、王煦本並有「之」字。莫栻曰：「詩豳風『八月剥棗』，陸佃曰：『大者棗，小者棘。』」朱駿聲曰：「棘、棗一物，皆叢生，庳小而不實者爲棘，高大而實者爲棗。」　庶按：有「之」字是，據補。補「之」字與下「桑之實」、「柞之實」一律。

〔二〇二〕王煦曰：「説文：『葚，桑實也。』」胡承珙曰：「文選注引聲類云：『黮，深黑色。』桑實謂之葚，正以其色名之。」

〔二〇三〕朱駿聲曰：「『橡』當作『樣』。」葛其仁曰：「詩緜『柞棫拔矣』，箋：『柞，櫟也。』……莊子『狙公賦芧』，司馬云：『芧，橡子也。』『芧』即『柔』，『樣』即『橡』，古今字。」

〔二〇四〕冢田虎曰：「『鳩』疑『鴻』誤。」胡世琦曰：「凌次仲云：『「鳩雁」當爲「鴻雁」，形之誤也。』……琦謂：小爾雅各舊本並無以鳩爲鴻者，鳩爲陽鳥，既有顯據，宜從之。」

〔二〇五〕原本「烏」上無「慈」字，指海本、胡承珙本並有「慈」字。錢熙祚曰：「『慈』字原無，依水經濛水注補。」胡世琦曰：「後漢書趙典傳『且烏鳥反哺，而況士耶』，李賢注引小爾雅云：『黑而反哺者謂之烏。』則唐時小爾雅本已脱『慈』字，唯酈道元水經濛水注引小爾雅云：『純黑反哺者謂之慈烏。』蓋渾言之則反哺者統謂之烏，晰言之則反哺者獨謂之慈烏，名以義起也。與下雅烏、燕烏、蒼烏文體一例，今據以補正。」　庶按：「慈」字當有，據補。水經濛水注楊守敬疏曰：「後漢書趙典傳、文選盧子諒贈劉琨詩注引並同。然以此作『慈烏』爲是，爾雅釋鳥釋文引小爾雅，亦有『慈』字，可證。」

〔二〇六〕「鵶」，王煦本、宋翔鳳本、葛其仁本、朱駿聲本、胡世琦本並作「雅」。胡世琦曰：「『雅』，一本作『鵶』，或體字也。」王煦曰：「水經注引是文，於此句下又有『大而白頭（庶按：「頭」，楊守敬本作「項」，其按曰：「項，朱訛作『頭』」）者謂之蒼烏』九字……當爲酈氏附益也。」

〔二〇七〕「項」，指海本作「脰」。「燕烏」下，胡承珙本、葛其仁本、朱駿聲本復有「燕烏」二字，指海本有「大而白脰者，謂之蒼烏」九字。原本「白脰鳥」作「白脰烏」。錢熙祚曰：「『脰』原作『項』，依戴校水經注改。此九字（庶按：指「大而白脰者，謂之蒼烏」）原脱，依水經注補。」胡承珙曰：「爾雅釋鳥云『燕，白脰烏』，郭注云：『脰，頸。』邢疏引小爾雅云：『白項而羣飛者謂之燕烏。燕烏，白脰烏也。』」庶按：作「白脰烏」是，據改。

〔二〇八〕宋咸注：「鸒斯也，亦曰鵯鶋。江東呼（庶按：原本「呼」作「烏」，「烏」乃「呼」之訛，今改）爲鵯（庶按：原本「鵯」作「鴨」，「鴨」乃「鵯」之訛，今改）烏。」王煦曰：「詩與爾雅皆言『鸒斯』，此獨言『鸒』者，『斯』本語助，猶『螽斯』、『鹿斯』之比……『鵯鶋』，説文作『卑居』，玉篇加『鳥』作『鵯鶋』。」胡世琦曰：「曰雅烏，曰鸒，曰卑居，曰鵯烏，曰楚烏，曰賈烏，曰雅烏，曰雅，皆異名而實同。」庶按：依小爾雅文例，此廣烏之「鳩雁是也」、「白脰烏也」、「鴉烏，鸒也」，皆疑原爲注文，於傳抄中誤入正文。

〔二〇九〕宋翔鳳曰：「方言八云：『豬，關東、西或謂之彘，或謂之豕，其子或謂之豚，吳、揚之間謂之豬子。』」

〔二一〇〕宋咸注：「毛萇以爲豕一歲曰豵，三歲曰豜，與此大小異。」王煦曰：「詩豳風七月云『言私其豵，獻豜於公』，毛傳云：『一歲曰豵，三歲曰豜。大獸公之，小獸私之。』按：經云『獻豜於公』，而傳云『大獸公之』，是亦以豜爲大也。經云『言私其豵』，而傳云『小獸私之』，是亦以豵爲小也。與此經及諸家之説並合。」胡承珙曰：「爾雅釋畜『豕五尺爲豟』，郭注引尸子曰：『大豕爲豟。今漁陽呼豬大者爲豟。』釋文引小爾雅云：『豕之大者謂之豜豟。』近本無『豟』字，今據補。」

〔二二〕「雉」，王煦本作「之」。宋翔鳳曰：「衆經音義卷一引小爾雅云：『雞雉所乳之窠，在樹曰巢，在穴曰窟也。』……説文：『巢，鳥在木上曰巢，在穴曰窠。』」

〔二三〕原本「鹿之所息」下無「謂之場，兔之所息謂之窟，魚之所息」十四字，葉氏藏本、蔡宗堯本、潘承弼校跋本並有此十四字。冢田虎曰：「『鹿』當作『魚』。詩曰：『潛有多魚。』」錢熙祚曰：「（兔之所息謂之窟）此句原脱，依衆經音義補。（潛）經典釋文作『橬』，下同。」胡世琦曰：「詩東山篇『町疃鹿場』，傳云：『町疃，鹿跡也。』……蓋鹿跡止息之地亦謂之鹿場。」王煦曰：「詩周頌潛云『潛有多魚』，毛傳：『潛，槮也。』爾雅云『槮謂之涔』，郭注：『今之作「槮」者，聚積柴木於水中，魚寒得入其裏藏隱，因以薄圍捕取之。』詩釋文云：『「潛」，爾雅作「涔」。韓詩云：「涔，魚也。」小雅作「橬」。』『槮』，詩傳及爾雅並作『米』旁『參』。小爾雅云：『魚之所息謂之橬。橬，槮也。』謂積柴水中令魚依之止息，因而取之也。郭景純因改爾雅從小爾雅，作『木』旁『參』。字林作『罧』。孔穎達曰：『釋器云：「槮謂之涔。」……槮字，諸家本作「米」邊，爾雅作「木」邊，積柴之義也。然則槮用木不用米，當從木爲正也。「涔」、「潛」古今字。……然則小爾雅本或作「潛」，或作「橬」也。』」胡世琦曰：「『涔』、『潛』、『橬』同，『罧』、『糝』、『槮』同，並古今字也。」　庶按：錢氏所引，乃一切經音義卷七之文，有「雞雉所乳謂之窠，兔之所息謂之窟」十四字。當據補「謂之場，兔之所息謂之窟，魚之所息」十四字。宋陸佃埤雅卷三鹿下引小爾雅：「鳥之所乳謂之巢，雞雉所乳謂之窠。兔之所息謂之窟，鹿之所息謂之場。」

〔二三〕「度」，顧元慶本作「廣度十一」。胡承珙曰：「直齋書録解題云：『自廣詁至廣獸凡十章，又度、量、衡爲三章。』據此知舊本自此以下三章篇目無『廣』字，殆後人因前十章有『廣』字而加之與？」　庶按：胡説與宋嘉祐本合，是。

〔二四〕宋咸注：「司馬法：『六尺爲步。』倍跬乃其大略。」説郛本有注文「雙舉足也」四字。原本「謂」作「爲」，葉氏藏本、蔡宗堯本、潘承弼校跋本、指海本、顧元慶本、王煦本並作「謂」。朱駿聲曰：「『跬』當作『趌』。」胡世琦曰：「『類篇引司馬法：『凡人一舉足曰跬。跬，三尺也。』」王煦曰：「説文：『趌，半步也。讀若跬，同。』莊子駢拇云『敝跬譽無用之言』，釋文云：『向、崔本作「趌」。向云：「近也。」』是跬與趌同之證。……蔡邕獨斷云：『夏十寸爲尺，殷九寸爲尺，周八寸爲尺。』何以知其八寸爲尺也？王制曰：『周制八尺爲步。』司馬法曰：『一舉足曰跬，跬三尺。兩舉足曰步，步六尺。』儀禮注：『武，跡也。中人之跡尺二寸，五武爲步，步六尺。』故禮書以周尺六尺四寸爲步。」宋翔鳳曰：「一舉足爲一躍，非謂趾踵相接，故有三尺也。」胡承珙曰：「禮記王制疏云：『古者八寸爲尺，以周尺八尺爲步，則一步有六尺四寸。今以周尺六尺四寸爲步，則一步有五尺二寸。』」　庶按：爲、謂雖可通用，然按此文例，當作「謂」，與下文一律，據改。

〔二五〕宋咸注：「包咸以爲七尺曰仞，與此殊。」王煦曰：「按：傳注家釋仞，説各不同，許慎説文、趙岐孟子注、孔安國古文尚書傳、顔籀漢書食貨志注俱云八尺曰仞。鄭康成禮記注、包咸論語注、陸德明禮記釋文俱云七尺曰仞，應劭漢書食貨志注云『五尺六寸曰仞』，考工記匠人疏引王肅云『四尺曰仞』。竊謂諸家之説蓋雜舉周、秦、漢尺而言，從周尺者皆云八寸（庶按：「寸」當爲「尺」之訛），從漢末及魏尺者少至五尺六寸。蓋尺之制異，非仞之制異也。惟王肅四尺之説與本經同，與衆家懸殊。按：以古今大小之尺亦不可合。以意揆之，似主周尺而取其半也。」胡承珙曰：「黄生義府云：『四尺曰仞，倍仞曰尋，此正義也。蓋人伸兩臂以度謂之尋，尋，八尺也。但伸一臂則謂之仞，仞，四尺也。』」朱駿聲曰：「程瑶田通藝録云：『人伸兩臂爲尋，八尺，言度廣也。度深則身側臂曲而爲七尺。考工匠人「廣二尋、深二仞謂

〔二六〕之澮」，尋、仞異文，必廣、深不同也。』程説精確，若是四尺，則溝深二仞，與洫深八尺不異。」

〔二七〕「謂之尋」下，説郛本有注文「尋，兩肱也」四字，無下正文「尋，舒兩肱也」五字。胡承珙曰：「一切經音義引淮南云：『人臂四尺，尋自倍，故八尺曰尋。』」

〔二八〕葛其仁曰：「釋名：『車戟曰常，丈六尺，車上所持也。八尺曰尋，倍尋曰常，故稱常也。』考工記廬人『車戟常』，注：『倍尋曰常。』疏：『殳長丈二，而云車戟崇於殳四尺，則丈二之外有四尺，總丈六尺，是倍尋曰常也。』」

〔二九〕王煦曰：「古者記數以墨……周語云『墨丈尋常』，韋昭注：『五尺爲墨。』按：今江東作布者，先用墨塗其經，織成後，識其墨處謂之一墨、二墨，是其遺制也。」庶按：國語周語下韋昭注：「五尺爲墨，倍墨爲丈。」

〔三〇〕朱駿聲曰：「此言帛度也。『端』借爲『耑』，二丈爲一耑，二耑爲一兩。」胡承珙曰：「周官媒氏『純帛無過五兩』，注云：『五兩，十端也。』雜記曰『納幣一束，束五兩，兩五尋，然則每端二丈』，疏云：『古者二端相向卷之，共爲一兩，五兩故十端也。』」

〔三一〕原本「兩」上有「倍」字。王煦曰：「古者謂匹爲兩。左氏閔二年傳云『重錦三十兩』，杜注：『三十兩，三十匹也。』……舊本『兩』上有『倍』字，蓋因上有倍丈、倍端之文，傳寫者遂趁文羼入『倍』字，致上下皆轇轕耳，今特據經傳訂正。」宋翔鳳曰：「兩謂之匹，猶仞謂之尋，異名同實。」胡承珙曰：「匹即兩也。兩與匹特古今語耳。……以廣衡篇『倍舉曰鋝。鋝謂之鍰』二語例之，此蓋本是『兩謂之匹』。」胡世琦曰：「左傳正義亦云：『兩，五尋，四丈。謂之兩者，分爲兩段故也。謂之匹者，兩兩合卷，若匹耦然也。』」庶按：諸説並是，「倍」字爲衍文，據删。

〔三二〕宋咸注：「禮『玄纁五兩』，以兩爲束。蓋每束兩兩卷之，二丈雙合則成疋，凡十卷爲五束，以應天九地十之數，與此制異焉。」原本「五」作「有」，葉氏藏本、潘承弼校跋本「有」下並有「五」字，蔡宗堯本「有」下有「有」字，指海本「有」下有「半」字，冢田虎本天頭標注：「『匹有』，一作『匹二有半』。」胡承珙曰：「此『有』字下當有『五』字，或『有』即『五』字之譌耳。」葛其仁曰：「御覽八百三十引作『匹有五謂之束』。以意繹之，『匹』當是『兩』之誤，『有』字或即『五』字之誤。」胡世琦曰：「雜記『束五兩』是也，亦謂之五匹。……俗本『兩』譌作『疋』，今改正。『有』下脱『五』字，今補正（玉裁按：「各本『有』字乃『五』字之譌。正文當云『兩五謂之束』，不得云『有』。凡言『有』者皆『又』之假借，如『十有一年』是也。又按，匹即兩也。二個『匹』字相接，依今本而改『有』作『五』，作『匹五謂之束』，則善矣。『兩五』則是『五匹』，此處自是以二個『匹』字銜接）。」王煦曰：「十者，象五行十日相成也。士大夫以元纁束帛，天子加以穀圭，諸侯加以大璋。李但云『元纁五兩』者，指士昏禮言也。云『十卷爲五束』者，每兩之束也。經文云『匹二有半謂之束』者，指五兩之揔束也。」 庶按：諸說各有所長，綜而核之，易「有」爲「五」是，據改。

〔三二〕宋咸注：「溢，滿也，謂滿一手云爾。」

〔三三〕莫栻曰：「『掬』與『匊』同。」宋翔鳳曰：「掬蓋俗字。周禮考工記陶氏疏引小爾雅：『匊，二升。二匊爲豆，豆，四升。四豆曰區，四區曰釜。二釜有半謂之庾。』按：所引與此本不同者，疑彼所據爲李軌本，此則孔叢本也。其云匊二升則溢一升，與鄭所説僅校二十四分升之一耳，蓋舉其成數。又按：篆文升與手字相近，『一手』、『兩手』，當是『一升』、『兩升』之誤。」胡承珙曰：「『掬』當本作『匊』。」

〔三四〕「一升也」，葉氏藏本、潘承弼校跋本並作「掬一升也」，宛委別藏本、蔡宗堯本、周叔弢藏本、指海本、顧元慶本、王煦本、莫栻本並無「一升也」三字，有注文「半升也」三字。説郛本、胡承珙本此處有注文「一升也」三字。莫栻曰：「埤雅椒釋：『或曰廣雅以兩手謂之掬，掬，一升也。』與此多寡迥異。」 庶按：此「一升也」三字，疑爲注文誤入正文。

〔三五〕宋咸注：「昔齊國舊四量，乃豆、區、釜、鍾也。四升爲豆，四豆爲區，區斗六升也。四區爲釜，全（庶按：「全」當爲「釜」之訛）六斗四升也。釜十爲鍾，鍾六斛四斗也。齊陳氏以五升爲豆，五豆爲區，五區爲釜，亦釜十爲鍾。今此豆、區、釜與齊舊量同。」原本「掬二」作「掬四」。宋翔鳳曰：「『掬四謂之豆』，依考工記疏所引，『四』當作『二』。昭三年左傳『齊舊四量，豆、區、釜、鍾。四升爲豆，各自其四，以登於釜，釜十則鍾』，杜注：『四豆爲區，區斗六升，四區爲釜，釜六斗四升，鍾六斛四斗。』」胡世琦曰：「豆爲四升，以匊二升計之，則當云『匊二謂之豆』。俗本作『匊四』，以下文『豆四』、『區四』相誘而誤。……太平御覽卷八百三十引小爾雅：『匊二謂之豆。』」　庶按：宋翔鳳、胡世琦二説並是，據改。

〔二六〕宋咸注：「凡一斛六斗。『藪』，一作『簍』。」莫栻曰：「周禮注：『十斗爲斛，十六斗爲藪。』」胡世琦曰：「國語『野有庾積』，韋注云：『十六斗曰庾。』十六斗即釜二有半之數。」

〔二七〕宋咸注：「凡四斛。」宋翔鳳曰：「按：（禮器鄭注）此知缶受四斛，三倍於壺。」胡承珙曰：「此『有半』二字疑衍。十六斗曰籔，二籔爲三斛有二斗，二缶則六斛有四斗，正與鍾數合。若如籔二有半，則缶是四斛，鍾是八斛，乃晏子所謂陳氏之量皆加一焉。『鍾乃大矣』者，是八斛之鍾，非六斛四斗之鍾矣。不應與上文豆、區、釜、籔之量忽生異數，故疑『有半』二字爲衍。」王煦於上文「區四謂之釜」下曰：「經文云『豆四爲區，區四爲釜』，是釜爲六斗四升，據齊之舊量而言也。下文云『釜二有半謂之藪，藪二有半謂之缶，缶二謂之鍾』，是鍾爲八斛，據齊之新量而言也。蓋舉舊量而不舉新量，則義有未備，新舊兼舉，則文復太繁，故於斗、區、釜存舊量之數，於鍾別新量之數，錯舉以見義也。」

〔二八〕宋咸注：「凡八斛。」原本「缶二」作「二缶」，宛委別藏本、蔡宗堯本、周叔弢藏本、周子義本、程榮本、馮夢禎本、孔胤植本、崇禎本、鍾惺本、王韜校跋本、四庫全書本、何允中本、指海本、陳錫麒本、清抄本、冢田虎本、顧元慶本、王煦本、宋翔鳳本、胡承珙本、朱駿聲本並作「缶二」。王煦曰：「此缶二之鍾乃爲八斛，據陳氏新量而言。」宋翔鳳曰：「自陳氏改量，則周、秦之際大抵以八斛爲鍾，小爾雅出其後，故亦云爾。」　庶按：作「缶二」與上文「掬二」等一律，是，據改（下文原「二鍾」亦同此，徑改）。

〔二九〕宋咸注：「馬融亦以十六斛爲秉。」莫栻曰：「八斛爲鍾，二鍾十六斛也。」王煦曰：「説文：『斛，十斗也。』論語『冉子與之粟五秉』，馬融曰：『十六斛爲秉，五秉合八十斛也。』日本皇侃疏曰：『聘禮云：「十斗曰斛，十六斗曰籔，十籔曰秉。」』是馬注與聘禮之數同也。新量之鍾八斛，故二鍾爲十六斛。」

〔三〇〕宋咸注：「黄鍾之龠，容千二百黍，重十二銖，兩之爲兩，故二十四銖爲兩。」王煦曰：「漢書律曆志曰：『本起於黄鍾之重。一龠容千二百黍，重十二銖。兩之爲兩，二十四銖爲兩。』」胡世琦曰：「説苑辨物篇：『度量衡以十粟生之，十粟重一豆，六豆重一銖，二十四銖重一兩。』」

〔三一〕「捷」，袁褧本作「揵」，下同。莫栻曰：「計三十六銖。戴氏東原駁之曰：『此句於古無本。』」

〔二二二〕宋咸注：「舉三兩。」王煦曰：「上文捷爲兩有半，此舉倍捷，當爲三兩。」

〔二二三〕宋咸注：「鋝六兩，故六兩爲鍰。」胡承珙曰：「吕刑疏云：『六兩曰鍰，蓋古語存於今也。』……考周官職金疏引夏侯、歐陽説云：『墨罰疑赦，其罰百率。古以六兩爲率。』據此，知六兩爲鍰，本尚書今文家説，與小爾雅合。」

〔二二四〕王煦曰：「律曆志云：『斤三百八十四銖。』按：鍰六兩爲百四十四銖，二鍰爲二百八十八銖，又加四兩爲九十六銖，合之得三百八十四銖。」胡世琦曰：「説苑辨物篇亦云：『十六兩爲一斤。』皆二鍰有四兩之數也。」

〔二二五〕王煦曰：「三百八十四銖爲斤，斤十爲衡，則衡當得三千八百四十銖也。」胡世琦曰：「衡爲斤兩之統名，又爲十斤之專稱。猶『稱』爲銓衡之統名，亦爲衡有半之專稱也。古義爲通訓而亦得分屬者，此類甚多。」

〔二二六〕宋咸注：「秤十有五斤。」宋翔鳳曰：「衡稱，識斤兩之器，有十斤，有十五斤，故以爲名。『秤』字俗，當作『稱』。」　庶按：「秤」、「稱」異體字。

〔二二七〕宋咸注：「鈞，三十斤。」胡世琦曰：「説苑辨物篇：『三十斤爲一鈞。』即稱二之數也。」

〔二二八〕王煦曰：「説文『石』作『柘』，云：『百二十斤也。』」宋翔鳳曰：「（柘）經典假爲『石』，石亦爲量名。」

〔三九〕「鼓」下，葉氏藏本、蔡宗堯本、潘承弼校跋本並有「然則鼓四百八十斤也」九字。錢熙祚曰：「御覽四百八十（庶按：在御覽卷八百三十，不在卷四百八十）此下有『然則鼓四百八十斤也』。」葛其仁曰：「斗石之石，容四十斤，十二石則四百八十斤。鈞石之石重百二十斤，四石亦四百八十斤。」胡世琦曰：「石、鼓爲量名，又爲衡名。曲禮、管子、荀子、廣雅之鼓皆量器名也。……太平御覽卷八百三十引小爾雅『石四謂之鼓，然則鼓四百八十斤也』，末句與廣量篇『秉十六斛也』同一文例。各本脱此九字，今據以補（玉裁按：「然則」二字不當有）。」庶按：宋本無此九字。增此九字，與上文文例不協，疑此九字爲注文誤入他本正文。

孔叢子校釋卷之四

公孫龍第十二〔一〕

公孫龍者，平原君之客也〔二〕，好刑名，以白馬爲非馬〔三〕。或謂子高曰〔四〕：「此人小辨而毁大道〔五〕，子盍往正諸？」子高曰：「大道之悖，天下之交往也〔六〕，吾何病焉？」或曰：「雖然，子爲天下故，往也〔七〕。」子高適趙，與龍會平原君家，謂之曰：「僕居魯，遂聞下風，而高先生之行也，願受業之日久矣。然所不取於先生者，獨不取先生以白馬爲非馬爾〔八〕。誠去白馬非馬之學〔九〕，則穿請爲弟子〔一〇〕。」公孫龍曰〔一一〕：「先生之言悖也。龍之學，正以白馬爲非馬著也〔一二〕，今使龍去之，則龍無以教矣。今龍無以教〔一三〕，而乃學於龍，不亦悖乎！且夫學於龍者，以智與學不逮也〔一四〕。今教龍去白馬非馬〔一五〕，是先教也而後師之〔一六〕，不可也。先生之所教龍者〔一七〕，似齊王之問尹文也〔一八〕。齊王曰：『寡人甚好士，而齊國無士。』尹文曰：『今有人於此，事君則忠，事親則孝，交友則信，處鄉則順〔一九〕，有此四行者，可謂士乎？』王曰：『善！是真吾所謂士者也。』尹文曰：『王得此人，肯以爲臣乎？』王曰：『所願不可得也〔二〇〕。』尹文曰：『使此人於廣庭大衆之中，見侮而不敢鬭，王將以爲臣乎？』王曰：『夫士也見侮而不敢鬭〔二一〕，是辱也〔二二〕，則寡人不以爲臣矣〔二三〕。』尹文曰：『雖見侮而不敢鬭〔二四〕，是未失所以爲士也〔二五〕；然而王不以爲臣〔二六〕，則鄉所謂士者〔二七〕，乃非士乎？夫王之令：「殺人者死，傷人者刑。」民有畏王令，故見侮終不敢鬭〔二八〕，是全王之法也〔二九〕。而王不以爲臣，是罰之也〔三〇〕。王以不敢鬭爲辱，必以敢鬭爲榮。是王之所賞，吏之所罰也〔三一〕；上之所是〔三二〕，法之所非也〔三三〕。賞、罰、是、非相與曲謬〔三四〕，雖十黄帝，固所不能治也〔三五〕。』齊王無以應。且白馬非馬者〔三六〕，乃子先君仲尼之所取也〔三七〕。龍聞楚王張繁弱之弓〔三八〕，載忘歸之矢，以射蛟兕於雲夢之囿〔三九〕，反而喪其弓。左右請求之，王曰：『止也！楚人遺弓，楚人得之，又何求乎？』仲尼聞之曰：『楚王仁義而未遂。亦曰「人得之」而已矣〔四〇〕，何必楚乎〔四一〕？』若是者，仲尼異楚人於所謂人也。夫是仲尼之異楚人於所謂人，而非龍之異白馬於所謂馬〔四二〕，悖也〔四三〕。先生好儒術，而非仲尼之所取也〔四四〕。欲學，而使龍去所以教，雖百龍之智，固不能當前也〔四五〕。」子高莫之應，退而告人曰：「言非而博〔四六〕，巧而不理，此固吾所不答也〔四七〕。」

異日，平原君會衆賓而延子高。平原君曰：「先生聖人之後也，不遠千里來顧臨之，欲去夫公孫子白馬之學。今是非未分，而先生飜然欲高逝〔四八〕，可乎〔四九〕？」子高曰：「理之至精者，則自明之，豈任穿之退哉〔五〇〕？」平原君曰：「至精之說，可得聞乎？」答曰：「其說皆取之經傳，不敢以意〔五一〕。春秋記『六鷁退飛』，『覩之則六，察之則鷁〔五二〕』，鷁猶馬也〔五三〕，六猶白也。覩之則見其白〔五四〕，察之則知其馬〔五五〕，色以名別，内由外顯，謂之『白馬』，名實當矣〔五六〕。若以絲麻，加之女功〔五七〕，爲緇素青黃，色名雖殊，其質故一〔五八〕。是以詩有『素絲』〔五九〕，不曰絲素。禮有『緇布』〔六〇〕，不曰布緇。『犧牛』、『玄武』，此類甚衆。先舉其色，後名其質，萬物之所同，聖賢之所常也〔六一〕。『君子』之謂，貴當物理，不貴繁辭。若尹文之折齊王之所言，與其法錯故也〔六二〕。穿之所說於公孫子，高其智，悅其行也〔六三〕。去白馬之說，智行固存，是則穿未失其所師者也〔六四〕。稱此云云，沒其理矣〔六五〕。是楚王之言『楚人亡弓，楚人得之』，先君夫子探其本意，欲以示廣，其實狹之，故不如曰『亦曰人得之而已』也〔六六〕。是則異楚王之所謂楚，非異楚王之所謂人也。以此爲喻，乃相擊切矣〔六七〕。凡言人者，總謂人也，亦猶言馬者，總謂馬也。楚自國也，白自色也。欲廣其人，宜在去楚；欲正名色，不宜去白〔六八〕。誠察此理，則公孫之辨破矣〔六九〕。」平原君曰：「先生之言〔七〇〕，於理善矣！」因顧謂衆賓曰：「公孫子能答此乎？」燕客史由對曰：「辭則有焉，理則否矣〔七一〕。」

公孫龍又與子高氾論於平原君所〔七三〕，辨理至於臧三耳〔七三〕。公孫龍言臧之三耳甚辨析〔七四〕，子高弗應，俄而辭出。明日復見〔七五〕，平原君曰：「疇昔公孫之言信辨也，先生實以爲何如？」答曰：「然，幾能臧三耳矣〔七六〕。雖然，實難〔七七〕。僕願得又問於君：今爲臧三耳，甚難而實非也；謂臧兩耳，甚易而實是也〔七八〕。不知君將從易而是者乎？亦其從難而非者乎〔七九〕？」平原君弗能應。明日，謂公孫龍曰：「公無復與孔子高辨事也，其人理勝於辭，公辭勝於理，辭勝於理，終必受詘〔八〇〕。」

李寅言曹良於平原君〔八一〕，欲仕之。平原君以問子高，子高曰：「不識也〔八二〕。」平原君曰：「良嘗得見於先生矣，故敢問。」子高曰：「世人多自稱上用我則國無患。夫用智莫若觀其身，其身且由不免於患，國用之，亦惡得無患乎〔八三〕？」平原君曰：「良之有患，時不明也。居家理，治可移於官〔八四〕。良能殖貨，故欲仕之〔八五〕。」子高曰：「未可知也。今有人於此，身脩，會計明而貧者〔八六〕，志不存也〔八七〕；身不脩，會計闇而富者，非盜，無所得之也〔八八〕。」

校釋

〔一〕宋咸注：「公孫詭辨，因是而被（庶按：原本「被」作「破」，指海本注文作「被」，是，據改）名，書於題，所以顯子高之正論。」

〔二〕宋咸注：「平原君，趙勝，趙惠文王弟，最賢，喜賓客。相惠文王及孝成王（庶按：原本「王」作「主」，宛委別藏本、周叔弢藏本、指海本注文並作「王」，是，據改）。三去相，三復位，封於東武城。公孫龍喜爲堅白之辨，平原君嘗厚待之。及鄒衍（庶按：原本「鄒」作「邵」，宛委別藏本、周叔弢藏本、指海本注文並作「鄒」，是，據改）過趙，言至道，乃絀公孫龍。」庶按：史記平原君列傳「平原君趙勝者，趙之諸公子也」，裴駰集解：「徐廣曰：『魏公子傳曰趙惠文王弟。』」

〔三〕宋咸注：「龍之學，但曰馬而已，何獨以白爲？故曰以白馬爲非（庶按：原本「非」下有「白」字，乃涉原本正文之衍文「白」而衍，據刪）馬。」原本「非」下有「白」字，錢熙祚曰：「『非』下原衍『白』字，依藝文九十三、御覽八百九十六刪，與公孫龍子合。」冢田虎曰：「刑名，漢志所謂法家與名家也。龍之書，有堅白論及白馬論。」庶按：錢説是，據刪。「刑」通「形」。公孫龍子跡府篇：「公孫龍，六國時辯士也。疾名實之散亂，因資材之所長，爲『守白之論』。假物取譬，以『守白』辯，謂『白馬爲非馬』也。白馬爲非馬者，言白所以名『色』，言馬所以名『形』也。色形，非形，非色也（庶按：此「色形，非形，非色」文有誤，御覽卷四百六十四引桓譚新論作「色非形，形非色」，當是）。夫言色則形不當與，言形則色不宜從，今合以爲物，非也。如求白馬於廄中，無有，而有驪色之馬；然不可以應有白馬也。不可以應有白馬，則所求之馬亡矣。亡則白馬竟非馬。欲推是辯以正名實而化天下焉（此據譚戒甫公孫龍子形名發微本）。」

〔四〕宋咸注：「子高，孔穿（庶按：「穿」下，宛委別藏本、周叔弢藏本、指海本注文並有「之」字），孔箕之子，伋之玄孫，年五十一，嘗著讕言十二篇。」

〔五〕宋咸注：「以白馬爲非馬（庶按：原本「非」下有「白」字，今删），是猶以小人爲非小人，無乃毁道之甚。」

〔六〕宋咸注：「言既悖大道，則天下當同往而正之。」「交往」，程榮本、崇禎本、何允中本、清抄本標記毛斧季藏宋本並作「校枉」，鍾惺本作「交枉」。姜兆錫本作「校」，注曰：「校，争也。」冢田虎曰：「若大道悖亂，則天下之士，將交往正之也，吾獨何病焉？言龍之小辯，固不足敢毁大道也。」譚戒甫本作「校往」，其案語曰：「『校往』，子彙本作『交往』，崇文本作『校枉』，兩皆有誤。此即承上『往正』之義，猶言大道之悖，天下之校正之者自然趨往也。」

〔七〕「往」，鍾惺本作「枉」。

〔八〕原本「非」下有「白」字，公孫龍子跡府篇無「白」字。錢熙祚曰：「『非』下原衍『白』字，依藝文、御覽删。」　庶按：錢説是，據删。

〔九〕原本「非」上無「白馬」二字，「非」下有「白」字。錢熙祚曰：「此『非』字亦衍文。」譚戒甫本此句作「誠去白馬非馬之學」，其案語曰：「原作『誠去非白馬之學』，大誤，兹據上文改正。」

庶按：錢説非是，當從譚説，補「非」上「白馬」二字，删「非」下「白」字。

〔一〇〕冢田虎曰：「欲激以設論爾。」

〔一一〕原本「龍」下復有「龍」字，譚戒甫本無「龍」下之「龍」字，是，據删。

〔一二〕原本「白馬」下無「爲」字，葉氏藏本、潘承弼校跋本、章鈺校跋本、譚戒甫本並有「爲」字。原本「非」下有「白」字，錢熙祚曰：「『非』下原衍『白』字。」原本「著」作「者」，譚戒甫本作「著」，其案語曰：「『著』，原誤作『者』，兹改正。著，即前龍之所以爲名之意。」　庶按：錢、譚説並是，據補「爲」字，據删「白」字。「著」字是，據改。

〔一三〕原本「令」作「今」，四庫全書本、姜兆錫本、譚戒甫本並作「令」。原本「龍」下有「爲」字，葉氏藏本、潘承弼校跋本、章鈺校跋本並無「爲」字。「令」字是，據改。「令龍無以教」承上「使龍去之」而言，下文「欲學，而使龍去所以教」，亦可證此當作「令」，與公孫龍子跡府篇「無以教而乃學於龍」文意正合。無「爲」字是，據刪。

〔一四〕冢田虎曰：「以不及於龍，故學於龍也。」

〔一五〕原本「非」下有「白」字，公孫龍子跡府篇無「白」字。錢熙祚曰：「『非』下原衍『白』字。」庶按：錢説是，據刪。

〔一六〕原本「先」作「失」，周子義本、程榮本、孔胤植本、崇禎本、鍾惺本、四庫全書本、何允中本、指海本、清抄本標記毛斧季藏宋本、姜兆錫本、冢田虎本、諸子品節本、焦竑本並作「先」。冢田虎曰：「先導以教龍，則不可師龍也。」譚戒甫本作「是先教也。先教而後師之，不可也」，其案語曰：「據四部叢刊本補下『先教』二字，但彼二『先』字均譌作『失』。」庶按：作「先」是，據改。

〔一七〕原本「生」作「王」，葉氏藏本、蔡宗堯本、周叔弢藏本、周子義本、程榮本、馮夢禎本、孔胤植本、崇禎本、鍾惺本、潘承弼校跋本、王韜校跋本、四庫全書本、何允中本、指海本、章鈺校跋本、陳錫麒本、清抄本、姜兆錫本、冢田虎本、公孫龍子跡府篇並作「生」，是，據改。

〔一八〕宋咸注：「尹文，齊大夫。」王琯公孫龍子懸解曰：「尹文，吕氏春秋、説苑均載與齊宣王、湣王問答事，蓋當時稷下士也。」吴毓江公孫龍子校釋曰：「漢書藝文志名家有尹文子一篇，注云：『説齊宣王，先公孫龍。』師古曰：『劉向云：「與宋鈃俱遊稷下。」』」

〔一九〕「順」，吕氏春秋正名篇記此事作「悌」。

〔二〇〕冢田虎曰：「言雖固所願，而如此之士，則不可得也。」

〔二一〕原本「不」下無「敢」字，葉氏藏本、章鈺校跋本並有「敢」字，是，據補。

〔二二〕原本「辱」下無「也」字，葉氏藏本、蔡宗堯本、潘承弼校跋本、章鈺校跋本、公孫龍子跡府篇、吕氏春秋正名篇並有「也」字，是，據補。

〔二三〕「則」上，公孫龍子跡府篇、吕氏春秋正名篇並有「辱」字。「寡人」上，葉氏藏本、潘承弼校跋本並無「則」字。冢田虎曰：「見侮慢而不鬬，是士之恥辱。恥辱之士，則不願以爲臣也。」

〔二四〕原本「不」下無「敢」字，依上下文例補。

〔二五〕冢田虎曰：「雖忍其恥辱，而非失四行之所以爲士也。」

〔二六〕「王」下，王琯本、吴毓江本公孫龍子跡府篇有「一以爲臣一」五字。「一以爲臣」指「有此四行」者，「一不以爲臣」指「見辱而不敢鬬」者，則王、吴本公孫龍子文義爲全。吕氏春秋正名篇：「未失其所以爲士一而王以爲臣，失其所以爲士一而王不以爲臣。」意與此可互參。

〔二七〕宋咸注：「『鄉』讀爲嚮明之嚮。」冢田虎曰：「鄉，嚮也。王嚮謂是真吾所謂士者也，乃是非士乎？」

〔二八〕「故」，吕氏春秋正名篇作「深」。「見侮」猶受辱，則「深」字義勝。

〔二九〕「法」，呂氏春秋正名篇作「令」。冢田虎曰：「不缺失王法也。」庶按：以上文「王之令」、「畏王令」例之，此處當作「全王之令」爲是。

〔三〇〕冢田虎曰：「可以爲臣而不爲臣，則是罰之也。」

〔三一〕宋咸注：「言鬬則吏當罰，而王反賞之。」冢田虎曰：「吏則罰犯法令者也。」

〔三二〕公孫龍子跡府篇「上之所是」，王琯曰：「『上』字，證以前後文，疑當爲『王』字，體近而訛。」

庶按：作「王之所是」，與上「王之所賞」一律。

〔三三〕宋咸注：「言鬬則法所非，而反爲上所是。」冢田虎曰：「君王以鬬爲是，法令以之爲非。」

〔三四〕「曲」，王琯本作「四」，曰：「『相與四謬』，猶云『共爲四謬』，指上『賞罰是非』四者言也。……『四』，孔叢子公孫龍篇譌作『曲』。」譚戒甫曰：「（四謬）原作『曲謬』，亦通。然韓子五蠹篇云：『故法之所非，君之所取；吏之所誅，上之所善也。法趣上下四相反也，而無所定，雖有十黄帝，不能治也。』文與此差近，作四相反。故茲仍照上段作四謬。」

〔三五〕宋咸注：「言雖以十人（庶按：「人」字疑衍）黄帝，亦不能治。」冢田虎曰：「雖衆聖人，如是之曲謬，則不能治也。」吴毓江曰：「舊注：『君不顧法，則國無政。故聖倍十黄帝不能救其亂也。』」

〔三六〕原本「非」下有「白」字，錢熙祚曰：「『非』下原衍『白』字，公孫龍子不誤。」庶按：錢説是，據刪。

〔三七〕宋咸注：「龍强以仲尼去楚言人，而與己學義同。」

〔三八〕「楚王」，説苑至公篇作「楚共王」，孔子家語好生篇作「昭王」。「繁弱」，荀子性惡篇「繁弱、鉅黍，古之良弓也」，楊倞注：「繁弱，封父之弓。」

〔三九〕宋咸注：「雲夢，楚澤也。」

〔四〇〕「亦曰」下，公孫龍子跡府篇有「人亡弓」三字，説苑至公篇亦作「人遺弓，人得之」。此當作「人亡弓，人得之」，文義乃全。

〔四一〕吴毓江曰：「陳澧云：『此二條皆後人所述。故同一事而一舉楚人遺弓之説，一舉齊王謂尹文之説，所聞有異也。孔叢（庶按：「孔叢」，續修四庫全書本陳澧公孫龍子注作「孔叢子」）合爲一，是也。』」庶按：楚人遺弓之事，互見吕氏春秋貴公篇、説苑至公篇，唯公孫龍子跡府篇所載，與本篇文字相合較多，或本篇此文出於公孫龍子。

〔四二〕原本「於」下無「所」字，葉氏藏本、潘承弼校跋本、章鈺校跋本、清抄本標記毛斧季藏宋本、公孫龍子跡府篇並有「所」字，是，據補。作「所謂馬」與上「所謂人」相對。下文宋咸注文有「所謂馬」之語，亦證此處當脱「所」字。

〔四三〕冢田虎曰：「言楚王所謂楚人，與仲尼所謂人異之。今以是之，而以所謂白馬與馬異爲非，理之悖也。」

〔四四〕宋咸注：「以仲尼異楚人於所謂人，而同己異白馬於所謂馬，是小辨矣。」

〔四五〕宋咸注：「言雖一百公孫龍不能當。」「當」下，葉氏藏本、潘承弼校跋本、章鈺校跋本並有「其」字。姜兆錫曰：「當前，猶承教也。」冢田虎曰：「去其所以教之學，則雖其智百倍，又無可以教者也。」

〔四六〕「博」，指海本作「悖」，錢熙祚曰：「別本『博』。」

〔四七〕冢田虎曰：「巧言飾非者，不知窮也。」

〔四八〕姜兆錫曰：「高逝，謂不應而退也。」

〔四九〕冢田虎曰：「欲爲去白馬之學，故不遠千里來，其説是非未分，則不可逝也。」

〔五〇〕「任」，葉氏藏本、蔡宗堯本、潘承弼校跋本、何允中本並作「在」。冢田虎曰：「言至精於理之人，則各將自明其是非，雖穿之不應而退焉，又不可惑於龍之言也。」

〔五一〕宋咸注：「言不敢以己意辨。」

〔五二〕「記」，諸子品節本、焦竑本並作「傳」。「覩」，諸子品節本作「觀」。「鶂」，崇禎本、鍾惺本、何允中本並作「鷁」。譚戒甫曰：「案二語爲公羊傳之辭。『覩之』，原作『視之』。」庶按：公羊傳僖公十六年：「六鷁退飛，記見也。視之則六，察之則鷁。」「鷁」、「鶂」異體字。

〔五三〕原本「猶」上無「鶂」字，諸本並有「鶂」字，是，據補。

〔五四〕「則」，宛委別藏本、蔡宗堯本、周叔弢藏本、周子義本、程榮本、馮夢禎本、孔胤植本、崇禎本、鍾惺本、王韜校跋本、四庫全書本、何允中本、指海本、章鈺校跋本、陳錫麒本、清抄本、姜兆錫本、冢田虎本並作「得」。

〔五五〕冢田虎曰：「猶覩之則六，察之則鶂。」

〔五六〕宋咸注：「言鶂之不可去六，猶馬之不可去白也。」冢田虎曰：「以騂、白、黑之色，而名其馬之別，而謂其白馬、黑馬，内實由外色以顯也。不以外色稱白黑，則不知其馬之別。故謂之白馬者，名與實相當也。」

〔五七〕冢田虎曰：「女工，謂染采之。」

〔五八〕「故」，宛委別藏本、周叔弢藏本、周子義本、程榮本、馮夢禎本、孔胤植本、崇禎本、鍾惺本、王韜校跋本、四庫全書本、何允中本、指海本、章鈺校跋本、陳錫麒本、清抄本、姜兆錫本、冢田虎本並作「則」。

〔五九〕「素絲」，見詩經召南羔羊篇，又見國風鄘風干旄篇。

〔六〇〕「緇布」，禮記雜記上：「緇布裳帷。」

〔六一〕宋咸注：「舉色名質，聖賢所同。白馬去白，龍非自顯。」

〔六二〕冢田虎曰：「言其所以賞罰，與其法令差錯也。」

〔六三〕冢田虎曰：「以悦其智行，故欲説之以使去白馬之説。」

〔六四〕冢田虎曰：「所師者，則其智行也。」

〔六五〕宋咸注：「『稱此云云』，猶言者以白馬爲非馬（庶按：原本「非」下有「白」字，今删）云云者，則於理箴矣。」冢田虎曰：「言龍之稱白馬之説，而所以云云者，皆失其理也。『没』猶失。」

〔六六〕宋咸注：「言楚王云楚人得之，欲示其廣，反乃狹之，不若云人得之人（庶按：「人」疑爲「云」之訛）。」原本「如」下「曰」字在「不」字上。譚戒甫曰：「案『不如曰』，原作『曰不如』，疑誤倒，兹乙。」冢田虎曰：「夫子探楚王本意，欲以示其廣，而言楚人得之者，則其實限楚狹之也，故以爲去楚，將曰人得之而已也。」　庶按：譚説是，據乙。以宋咸注文「不若云」，亦證此當作「不如曰」。

〔六七〕冢田虎曰：「夫子之謂，則非曰楚人非楚人，而以此喻白馬非白馬（庶按：「非白馬」，乃冢田氏承其所見本而譌）者，乃相礙也矣。『擊切』，支礙也。」

〔六八〕冢田虎曰：「去楚而曰人，則人自廣；去白而曰馬，則馬之名色不分。此言理不相比也。」

〔六九〕宋咸注：「去楚則義廣，去白則物紊。」

〔七〇〕原本「先生」下無「之」字，葉氏藏本、蔡宗堯本、潘承弼校跋本並有「之」字，是，據補。

〔七一〕宋咸注：「使小辨之辭則有，合大道之理則否。」姜兆錫曰：「此言立言以理不以辭也。」冢田虎曰：「言龍之巧辯，於辭猶可有言，然於理則不可有復答也。」

〔七二〕冢田虎曰：「『氾』當作『討』。」

〔七三〕姜兆錫曰：「『臧三耳』，猶言莊子『雞三足』也。兩耳，形也，與聽而三。」

〔七四〕宋咸注：「臧，善也。龍以書有四目、四聰之義，遂以聽天、地、人爲三耳，如達四方之成四聰也，用是爲堅異之辨，猶白馬非馬（庶按：原本「非」下有「白」字，今删）之云，當時皆善之而不能破，故子高曰『今爲臧三耳，甚難而實非也；謂臧兩耳，甚易而實是也』。臧三耳，一説作『臧三牙』，皆當時説辨云。」冢田虎曰：「臧三耳，蓋臧人姓名。其人聰敏，以同時聞三人之言，辯有三耳之理與？意者，以臧文仲之多智，當時辯士，假以爲辯論之目標與？」庶按：「臧三牙」見於呂氏春秋淫辭篇。陳奇猷呂氏春秋新校釋所載舊注各異，要之有下列之説：一謂「羊三耳」，猶雞三足也（畢沅引謝墉説）。二謂「臧」乃人之名（范耕研有説）。三謂「臧三牙」爲「臧三互」，猶堅白論石藏於堅白之中（心史有説）。四謂當作「藏二耳」，藏爲藏匿之藏，耳爲「而已」之義，指堅白之辭而言（王啟湘有説）。其「牙」當爲「耳」之形譌，「臧三耳」謂二「實」加一「名」之義。錢穆先秦諸子繫年曰：「淫辭『臧三牙』，孔叢作『臧三耳』，則實今呂覽字誤。畢氏沅、盧氏文弨皆據孔叢以改呂覽，是也。黄式三曰：『莊子天下，惠子言雞三足，與臧三耳相似。龍意兩耳，形也，又有一司聽者以君之，故爲三耳。』」今按黄説甚是，惟改臧爲羊則非。……則臧是臧獲，謂僕人耳。」（孔穿與公孫龍辨於平原君所考）

〔七五〕「見」下，資治通鑑卷四有「平原君」三字。

〔七六〕冢田虎曰：「幾音祈。」

〔七七〕宋咸注：「言近（庶按：「近」疑爲「幾」之譌）能爲臧三耳之辨，雖實難，然理甚非。」冢田虎曰：「以兩耳之人爲三耳，實辯之難者也。」

〔七八〕冢田虎曰：「實兩耳而非三耳。」

〔七九〕「亦其從難」，吕氏春秋淫辭篇作「將從難」。「其」猶「將」也，詳王引之經傳釋詞卷五。

〔八〇〕冢田虎曰：「『詘』與『屈』同。誣理之辯，其辭終屈也已。」

〔八一〕宋咸注：「李寅、曹良皆趙人。」

〔八二〕冢田虎曰：「不知其賢愚也。」

〔八三〕冢田虎曰：「蓋良時有罹於患難也。」

〔八四〕「治」上，姜兆錫本有「故」字。冢田虎曰：「二句，孝經語。」庶按：孝經廣揚名章「居家理，故治可移於官」，邢昺注：「君子所居則化，故可移於官也。」

〔八五〕宋咸注：「言曹良居家能殖貨，必能於官，故欲仕之。」冢田虎曰：「言使之仕，則欲亦能富其國也。」

〔八六〕原本「脩」下無「會」字，姜兆錫本有「會」字，是，據補。作「會計明」與下「會計闇」相對。

〔八七〕宋咸注：「志不存，猶言不得其志云。」冢田虎曰：「其志不在於貨利也。」

〔八八〕宋咸注：「不賢而富，非盜焉至。」冢田虎曰：「盜，不唯穿窬之謂，凡陰私自利皆謂之盜也。」

儒服第十三〔一〕

子高曳長裾，振褒袖，方屐麤翣〔二〕，見平原君。平原君曰〔三〕：「吾子亦儒服乎？」子高曰：「此布衣之服〔四〕，非儒服也，儒服非一也。」平原君曰：「請吾子言之。」答曰：「夫儒者，居位行道，則有袞冕之服；統御師旅，則有介冑之服〔五〕；從容徒步，則有若穿之服〔六〕，故曰非一也〔七〕。」平原君曰：「儒之爲名，何取爾〔八〕？」子高曰：「取包衆美，兼六藝，動静不失中道〔九〕。」

子高遊趙，平原君客有鄒文、季節者〔一〇〕，與子高相友善〔一一〕。及將還魯，諸故人訣既畢〔一二〕，文、節送行三宿。臨别，文、節流涕交頤，子高徒抗手而已，分背就路〔一三〕。其徒問曰：「先生與彼二子善，彼有戀戀之心，未知後會何期，悽愴流涕，而先生厲聲高揖，無乃非親親之謂乎〔一四〕！」子高曰：「始吾謂此二子丈夫爾〔一五〕，乃今知其婦人也。人生則有四方之志，豈鹿豕也哉，而常羣聚乎〔一六〕？」其徒曰：「若此，二子之泣非耶？」答曰：「斯二子，良人也，有不忍之心。其於敢斷〔一七〕，必不足矣〔一八〕。」其徒曰：「凡泣者，一無取乎？」子高曰：「有二焉：大姦之人，以泣自信〔一九〕。婦人懦夫，以泣著愛。」

平原君與子高飲，强子高酒，曰：「昔有遺諺：堯、舜千鍾，孔子百觚〔二〇〕，子路嗑嗑，尚飲十榼〔二一〕。古之賢聖〔二二〕，無不能飲也，吾子何辭焉？」子高曰：「以穿所聞，賢聖以道德兼人〔二三〕，未聞以飲食也〔二四〕。」平原君曰：「即如先生所言，則此言何生〔二五〕？」子高曰：「生於嗜酒者。蓋其勸厲獎戲之辭〔二六〕，非實然也。」平原君欣然曰：「吾不戲子，無所聞此雅言也。」

平原君問子高曰〔二七〕：「吾聞『子之先君親見衛夫人南子』，又云『南遊過乎阿谷〔二八〕，而交辭於漂女〔二九〕』，信有之乎？」答曰：「士之相保〔三〇〕，聞流言而不信者〔三一〕，何哉？以其所已行之事占之也〔三二〕。昔先君在衛，衛君問軍旅焉，拒而不告，色不在己〔三三〕，攝駕而去〔三四〕。衛君請見，猶不能終，何夫人之能覿乎？古者大饗，夫人與焉〔三五〕。於時禮儀雖廢，猶有行之者〔三六〕。意衛君夫人饗夫子，則夫子亦弗獲已矣〔三七〕。若夫阿谷之言，起於近世，殆是假其類以行其心者之爲也〔三八〕。」

子高適魏，會秦兵將至〔三九〕，信陵君懼〔四〇〕，造子高之館而問祈勝之禮焉〔四一〕。子高曰：「命勇謀之將以禦敵，先使之迎於敵所從來之方〔四二〕，爲壇，祈克乎五帝〔四三〕，衣服隨其方色，執事人數從其方之數〔四四〕，牲則用其方之牲。祝、史告於社稷、宗廟、邦域之內名山大川。君親素服〔四五〕，誓衆於太廟，曰：『某人不道，侵犯大國，二三子尚皆同心比力〔四六〕，死而守〔四七〕。』將帥稽手，再拜受命。既誓，將帥勒士卒，陳於廟之右〔四八〕，君立太廟之庭，祝、史立於社，百官各警其事，御於君以待命〔四九〕。乃大鼓於廟門，詔將帥命卒，習射三發，擊刺三行〔五〇〕，告廟，用兵於敵也。五兵備効〔五一〕，乃鼓而出以即敵，此古諸侯應敵之禮也〔五二〕。」信陵君曰：「敬受教。」信陵君問子高曰：「古者軍旅賞人必於祖，戮人必於社〔五三〕，其義何也？」答曰：「賞功於祖，告分之均，示弗敢專也〔五四〕；戮罪於社，告中於士〔五五〕，示聽之當也〔五六〕。」

陳庢性多穢訾〔五七〕，每得酒食，輒先撥捐之〔五八〕，然後乃食。子高告之曰：「子無然也，似有態者〔五九〕。昔君子之於酒食，有卒嘗之義〔六〇〕，無捐放之道〔六一〕。假其可食，其上下何擇〔六二〕？假令不潔，其下滋甚〔六三〕。」陳庢曰：「吾知其無益，意欲如此。」子高曰：「意不可恣也。夫木之性〔六四〕，曲者以隱括自直〔六五〕，可以人而不如木乎？子不見夫雞耶？聚穀如陵，跑而啄之〔六六〕。若縱子之意，則與雞豈有異乎〔六七〕？」陳厄跪曰〔六八〕：「吾今而後知過矣，請終改之〔六九〕。」

子高任司馬乂爲將於齊〔七〇〕，與燕戰而敗。齊君曰：「以子賢明，故信子也〔七一〕。」答曰：「君知穿，孰若周公？」齊君曰：「周公聖人，而子賢者，弗如也。」子高曰：「然，臣故弗如周公也。以臣之知乂，孰若周公之知其弟？」齊君曰：「兄弟審於他人。」子高曰：「君之言是也。夫以周公之聖，兄弟相知之審，而近失於管、蔡〔七二〕，明人難知也。臣與乂相見，觀其材志，察其所履〔七三〕，齊國之士，弗能過也。書曰〔七四〕『知人則哲，惟帝難之』〔七五〕，穿何慙焉〔七六〕？且曹子爲魯將〔七七〕，三與齊戰，三敗失地。然後以勇敢之節，奮三尺之劍，要桓公、管仲於盟壇，卒收其所喪〔七八〕。夫君子之敗，如日月之蝕〔七九〕。人各有能，乂庸可棄乎〔八〇〕？今燕以詐破乂〔八一〕，是乂不能於詐也〔八二〕。臣之稱乂，稱其武勇才藝，不稱其有詐也。乂雖敗，臣固未失其所稱焉〔八三〕。」齊君屈辭〔八四〕，而不黜司馬乂。

校釋

〔一〕宋咸注：「皇極之道皆出於儒，故所以首衆說。」

〔二〕宋咸注：「簍，扇也。」「曳」，沈津本、諸子品節本、焦竑本、子苑本並作「衣」。庶按：「褒袖」，猶大袖之衣。「羸簍」，猶大扇。

〔三〕原本「平原君」下無「平原君」三字，葉氏藏本、潘承弼校跋本、沈津本、諸子品節本、焦竑本、子苑本並有「平原君」三字，是，據補。

〔四〕原本「布」作「而」，諸本並作「布」，是，據改。

〔五〕宋咸注：「蓋言將相亦儒者所爲。」「御師旅」，姜兆錫本作「衆御師」。冢田虎曰：「袞冕九章，公之服也。介，甲也。言居位則可爲宰相，臨軍則可爲將帥也。」庶按：禮記雜記上「復，諸侯以褒衣、冕服、爵弁服」，鄭氏注：「冕服者，上公五，侯伯四，子男三。褒衣，亦始命爲諸侯及朝覲見加賜之衣也。褒猶進也。」孫希旦集解：「褒衣者，謂天子所褒賜之衣，或用其本服，或加賜於本服之外。」

〔六〕「若」，説郛本作「常」。

〔七〕「曰」下，説郛本有「服」字。冢田虎曰：「言不更有儒服也。」

〔八〕冢田虎曰：「問取何義以名儒乎？」

〔九〕宋咸注：「仲尼云：『汝爲君子儒，無爲小人儒。』子高之言，豈非所謂君子儒乎？」「道」下，葉氏藏本、蔡宗堯本、潘承弼校跋本並有「耳」字。姜兆錫曰：「此言儒道之大而難名也。」冢田虎曰：「其詳有孔子之儒行解在焉。周禮冢宰之職，以九兩繫邦國之民，四曰儒，以道得民。」庶按：論語雍也篇：「子謂子夏曰：『女爲君子儒，無爲小人儒。』」何晏集解：「孔曰：『君子爲儒，將以明道；小人爲儒，則矜其名。』」

〔一〇〕「客」下，錢熙祚曰：「御覽四百九有『之』字。」

〔一一〕「與」下，蘇應龍輯本前集卷二十三、淵鑑類函卷三百並無「子高」二字。錢熙祚曰：「御覽四百九、又四百八十九『相』下並有『友』字。」庶按：有「友」字與宋本、葉氏藏本、潘承弼校跋本合，是。「與」下無「子高」二字於義爲長。

〔一二〕「魯」下，説郛本有「與」字。「諸」，葉氏藏本、潘承弼校跋本並作「詣」。冢田虎曰：「訣，別辭也。」

〔一三〕「抗手」，御覽卷三百六十九作「撫手」。「背」，蔡宗堯本作「皆」。此數句蘇應龍本作「送行三宿，文、節流涕，子高抗手高揖而已」。冢田虎曰：「行者向前路，送者向後路，分背乃別。」

〔一四〕「無乃」上，宛委別藏本、蔡宗堯本、周叔弢藏本、程榮本、馮夢禎本、孔胤植本、崇禎本、鍾惺本、王韜校跋本、四庫全書本、何允中本、指海本、章鈺校跋本、陳錫麒本、清抄本、冢田虎本並有「此」字。冢田虎曰：「疑其結交之情踈也。」

〔一五〕「吾」，程榮本、諸子彙函本、崇禎本、鍾惺本、何允中本、姜兆錫本並作「焉」。「謂」，説郛本作

「以」。

〔一六〕原本「常」下無「羣」字，記纂淵海卷四十八、蘇應龍本、淵鑑類函卷三百並有「羣」字。錢熙祚曰：「原脱『羣』字，依御覽補。」冢田虎曰：「古者男子生，則懸弧於門，以示有四方之志也，故非如鹿豕，可以常聚居者也。」　庶按：錢説是，據補。

〔一七〕「其」，周子義本、程榮本、崇禎本、鍾惺本、何允中本、四庫全書本、姜兆錫本、冢田虎本並作「若」。「敢」，宛委別藏本、周叔弢藏本、周子義本、程榮本、馮夢禎本、孔胤植本、崇禎本、鍾惺本、王韜校跋本、四庫全書本、何允中本、指海本、陳錫麒本、清抄本、姜兆錫本、冢田虎本並作「取」。錢熙祚曰：「御覽四百九十八無『取』字。」

〔一八〕宋咸注：「言於事不能以理斷。」姜兆錫曰：「此言交情之正而能斷也。」冢田虎曰：「非大丈夫之心，則於取義以斷決事，乃必不足也。」

〔一九〕「自」，冢田虎本作「見」，冢田曰：「見，示也。」　庶按：「自」疑爲「見」之訛。

〔二〇〕宋咸注：「觚，飲器，受三升。」　庶按：周禮冬官考工記梓人「梓人爲飲器，勺一升，爵一升，觚三升」，鄭氏注：「『觚』當作『觶』。」賈公彦疏：「今韓詩説，一升曰爵，二升曰觚，三升曰觶。」論語雍也篇「觚不觚」，何晏集解引馬注：「觚，禮器。一升曰爵，二升曰觚。」是觚容二升，宋咸或別有所本。

〔二一〕「嗑嗑」，御覽卷四百二十六作「溘溘」。「十榼」，指海本作「百榼」。錢熙祚曰：「原作『千榼』，别本並作『十榼』。依初學記二十六、藝文二十五、又七十二、御覽四百六十七、又四百九十六、又七百六十一、又八百四十五改。」冢田虎曰：「鍾、觚、榼皆酒器也。嗑嗑蓋少飲貌，字書多以爲多言貌，然不協於此。」庶按：論衡語增篇：「傳語曰：『文王飲酒千鍾，孔子百觚。』」黄暉校釋：「後漢書孔融傳注引融集與曹操書曰：『堯不千鍾，無以建太平。孔非百觚，無以堪上聖。』」……抱朴子祛惑篇：『堯爲人長大，美髭髯，飲酒一日中二斛餘，世人因加云千鍾，實不能也。』或云堯、舜，或云周文、孔子，主命不定，殊難徵信。」「子路」疑爲「子貢」之訛。「嗑嗑」謂多言，史載子路好勇，而子貢善辯，史記仲尼弟子列傳：「子貢利口巧辭，孔子常黜其辯。……故子貢一出，存魯，亂齊，破吴，彊晉而霸越。」與多言之意相合。此言堯、舜、孔子，皆以聖賢論之，子貢以利口巧辭之才，得列孔子之後。「十榼」不誤，此文言千鍾、百觚、十榼者，爲傳言中以數字遞減而喻能飲之意，非確指。

〔二二〕「賢聖」，錢熙祚曰：「二字原倒，依初學記、藝文、御覽四百九十六、又八百四十五乙轉。」

庶按：錢説是，作「賢聖」與宋本合。

〔二三〕「兼」，御覽卷四百六十六作「爲」。

〔二四〕「飲」下，御覽卷四百六十六、淵鑑類函卷三百九十二、又三百九十九並無「食」字。錢熙祚曰：「初學記、藝文並無『食』字。」姜兆錫曰：「此言聖人之不溺於欲也。」冢田虎曰：「不有以强飲多食兼人也。」　庶按：無「食」字義勝。

〔二五〕冢田虎曰：「即猶若也。」「生」，淵鑑類函卷二百九十九作「出」（下「生」字亦作「出」），錢熙祚曰：「藝文『生』作『出』，下同。」

〔二六〕「勸厲」下，淵鑑類函卷三百九十二無「獎戲」二字。

〔二七〕「問」，葉氏藏本、潘承弼校跋本並作「謂」。

〔二八〕「過」，宛委别藏本、周叔弢藏本、周子義本、程榮本、馮夢禎本、孔胤植本、崇禎本、鍾惺本、王韜校跋本、四庫全書本、何允中本、指海本、章鈺校跋本、陳錫麒本並作「遇」。

〔二九〕宋咸注：「以水擊絮曰漂。」

〔三〇〕「保」，程榮本、崇禎本、鍾惺本、何允中本、姜兆錫本並作「信」。錢熙祚曰：「别本『信』。」　庶按：「相保」乃古之常語，周禮地官大司徒「令五家爲比，使之相保」，鄭氏注：「保猶任也。」

〔三一〕冢田虎曰：「儒行曰：『久相别，聞流言而不信。』」

〔三二〕「已」，葉氏藏本、潘承弼校跋本、章鈺校跋本並作「在」。冢田虎曰：「占，隱度也。言雖有人之流言在焉，度其士之行事，以知其所言之不實也。」

〔三三〕「色」，程榮本、孔胤植本、崇禎本、鍾惺本、何允中本、清抄本標記毛斧季藏宋本並作「問」。原本「不」下無「在」字，葉氏藏本、潘承弼校跋本、章鈺校跋本並有「在」字。錢熙祚曰：「別本『色』作『問』。」　庶按：有「在」字是，據補。史記孔子世家：「他日，靈公問兵陳。孔子曰：『俎豆之事則嘗聞之，軍旅之事未之學也。』明日，與孔子語，見蜚鴈，仰視之，色不在孔子，孔子遂行，復如陳。」「已」，通「矣」。

〔三四〕宋咸注：「攝，取也。言顧其顏色，尚問之不已，遂取（庶按：原本「遂」下無「取」字，宛委別藏本、周叔弢藏本、指海本注文並有「取」字，是，據補）駕而去。」冢田虎曰：「色不已，欲聞之者，發乎顏色，而不止也。攝，取也。」　庶按：宋咸、冢田虎所言與史記不合，爲其所見本脱「在」字，致曲解文義。

〔三五〕冢田虎曰：「大饗，諸侯饗來朝者也，夫人與之。同姓則親獻，異姓則使人攝。」

〔三六〕冢田虎曰：「記曰：『禮，非祭，男女不交爵，以此坊民。陽侯猶殺繆侯，而竊其夫人，故大饗廢夫人之禮。』」　庶按：冢田説引記爲禮記坊記篇文。

〔三七〕宋咸注：「史稱『夫人在絺帷中，孔子入門，北面稽首。夫人自帷中再拜，環佩玉聲璆然。孔子曰：「吾鄉爲弗見，見之禮答焉。」』」冢田虎曰：「於禮不得不見焉。」　庶按：宋咸注文乃本史記孔子世家。論語雍也篇：「子見南子，子路不説。」法言五百篇：「曰：『仲尼於南子，所不欲見也。』」汪榮寶義疏曰：「孔子世家云：『孔子過蒲，反乎衞。靈公夫人有南子者，使人謂孔子曰：「四方之君子不辱欲與寡君爲兄弟者，必見寡小君。寡小君欲見。」孔子辭謝，不得已而見之。……』按：史稱是歲魯定公卒，則此定公十五年事。……孔叢此説，乃因坊記有『陽侯殺繆侯而竊其夫人，故大饗，廢夫人之禮』之語而傅會之，而不知其悖於禮乃愈甚也。毛氏奇齡四書改錯云：『諸侯大饗，夫人出，行裸獻。禮，同姓諸侯有之，異姓則否。故禮正義謂：「王饗諸侯，及諸侯自相饗，同姓則后夫人親獻，異姓則使人攝獻。」自繆侯、陽侯以同姓而遭此變，凡後同姓亦攝獻。』然則因大饗而見夫人，惟同姓諸侯有。然孔子，魯之大夫，衞君夫人安得以待同姓諸侯之禮待之？縱衞君夫人有其事，孔子安得受之？錢氏坫論語後録乃謂：『此孔叢子之説，必有所據。』可謂無識。論語劉疏則云：『南子雖淫亂，然有知人之明，故於蘧伯玉、孔子皆特致敬。其請見孔子，非無欲用孔子之意。子路亦疑夫子此見爲將詘身行道，而於心不説。正猶公山弗擾、佛肸召，子欲往，子路皆不説之比。非因南子淫亂而有此疑也。』其説似爲近是。而謂南子有欲用孔子之意，而孔子見之，則亦害於理。蓋孔子之自蒲反衞，主蘧伯玉家，未嘗無仕衞之志。孔子言衞靈公無道，『而仲叔圉治賓客，祝鮀治宗廟，王孫賈治軍旅。夫如是，奚其喪』，則猶足用爲善。魯爲孔子父母之邦，衞則魯兄弟之國，不得志於魯，猶思行其道於衞。孔子之去魯而即適衞，去衞未幾而復反者以此。

是時衛俗仕於其國有見其小君之禮，世家所云『四方之君子欲與寡君爲兄弟者，必見寡小君』，明南子之見異邦之臣，不自孔子始。孔子既欲仕衛，則依其國俗行之。猶魯人獵較，孔子亦獵較之意。故於南子之請雖辭謝，而猶終應之者，以行道之利天下大、見小君之爲非禮小也。若吕氏春秋貴因云：『孔子道彌子瑕見釐夫人，因也。』淮南子泰族云：『孔子欲行王道，東、西、南、北七十説而無所偶，故因衛夫人、彌子瑕而欲通其道。』鹽鐵論論儒云：『孔子適衛，因嬖臣彌子瑕以見衛夫人。』此乃秦、漢間流俗相傳之陋説，不足置辯也。」論衡問孔篇黄暉校釋曰：「是漢儒并不疑此事。後人爲聖諱者，多辯其妄。孔叢子謂：『禮大享，夫人遇（庶按：當作「與」）焉。衛君夫人享夫子。』」藝文類聚卷六十七引典略：「孔子返衛，衛夫人南子使人謂之曰：『四方君子之來者，必見寡小君。』孔子不得已見之。夫人在錦帷中，孔子北面稽首，夫人自帷中再拜，環佩之聲璆然。」子見南子，及大饗廢夫人之禮之事，毛奇齡四書改錯卷十六辨之甚詳，其曰：「古並無此禮，遍考諸禮文及漢、晉、唐儒諸言禮者，亦並無此説……又曰『記云「陽侯殺繆侯而竊其夫人，故大饗廢夫人之禮」』，疑大夫見夫人之禮亦已久矣，靈公、南子特舉行耳』，是又以饗禮爲見禮，以諸侯禮爲大夫禮，且以諸侯之同姓爲異姓仕於其國之禮。既自言杜撰，而又多方解説，致衛靈夫婦自知非禮，而卑詞以乞見者，亦且曰衛靈、南子舉行饗禮，是解一見禮而使覿禮、饗禮一齊謬亂，何苦爲此？考古無男女相見之禮，惟祭則主婦獻尸，尸酢主婦，謂之交爵，非祭則否，故坊記云『非祭，男女不交爵』，且交爵亦並非相見即助祭，卿大夫亦並不因此妄行見禮。若夫人初至，則娶婦迎婦，大夫職掌然，亦不見。即至日，行覿禮，大夫之婦名宗婦，捧贄入覿，而大夫終不與……至諸侯大饗……是男女無相見禮，無覿禮，祇有交爵、饗獻二禮，而既則交爵存而饗獻亦廢。古禮雖盡亡，亦尚有影響可舉似者，豈可造一禮而使他禮皆大錯如此？」

〔三八〕宋咸注：「戰國用詐，聖人道塞，故有假其醜類，厚誣仲尼以行其邪心人。」姜兆錫曰：「此言聖人之不愆於禮也。」冢田虎曰：「好色之人，假設其似類，將以行其淫心，而所作爲之言也。」

庶按：韓詩外傳卷一：「孔子南遊適楚，至於阿谷之隧，有處子佩璜而浣者。孔子曰：『彼婦人其可與言矣乎？』抽觴以授子貢，曰：『善爲之辭，以觀其語。』子貢曰：『吾北鄙之人也，將南之楚。逢天之暑，思心潭潭，願乞一飲，以表我心。』婦人對曰：『阿谷之隧，隱曲之氾，其水載清載濁，流而趨海，欲飲則飲，何問於婢子？』受子貢觴，迎流而挹之，奐然而棄之，從流而挹之，奐然而溢之，坐置之沙上，曰：『禮固不親授。』子貢以告。孔子曰：『丘知之矣。』抽琴去其軫，以授子貢曰：『善爲之辭，以觀其語。』子貢曰：『嚮子之言，穆如清風，不悖我語，和暢我心。於此有琴而無軫，願借子以調其音。』婦人對曰：『吾野鄙之人也，僻陋而無心，五音不知，安能調琴？』子貢以告。孔子曰：『丘知之矣。』抽絺紘五兩以授子貢，曰：

『善爲之辭，以觀其語。』子貢曰：『吾北鄙之人也，將南之楚。於此有絺綌五兩，吾不敢以當子身，敢置之水浦。』婦人對曰：『行客之人，嗟然永久，分其資財，棄之野鄙。吾年甚少，何敢受子？子不早去，今竊有狂夫守之者矣。』」許維遹集釋曰：「宋洪氏容齋隨筆亦議之，是此文久爲儒者所訽病，不惜毀棄者已。」

〔三九〕冢田虎曰：「是時范雎亡魏，相秦爲應侯，發兵圍大梁。」

〔四〇〕宋咸注：「秦圍趙邯鄲，魏公子信陵君無忌矯晉鄙兵以投趙，遂留趙。秦聞公子在趙，日夜出兵東伐魏。魏王患之，使使往請公子。公子歸投（庶按：「投」，史記魏公子列傳作「救」）魏。諸侯聞公子將，各遣將將兵救魏。公子率五國之兵破秦軍於河外，走蒙驁，乘勝逐秦軍至函谷關，抑秦，秦兵不敢出。」庶按：宋咸注文爲約取史記魏公子列傳。

〔四一〕宋咸注：「言祈祀以求勝。」

〔四二〕原本「敵」作「適」，宛委別藏本、葉氏藏本、周叔弢藏本、程榮本、馮夢禎本、孔胤植本、崇禎本、鍾惺本、潘承弼校跋本、王韜校跋本、四庫全書本、何允中本、章鈺校跋本、陳錫麒本、清抄本、冢田虎本並作「敵」。錢熙祚曰：「別本『適』作『敵』，二字古通。通解三十六亦作『適』。」

庶按：「適」、「敵」二字雖古通用，然上文已作「敵」，故此當從諸本作「敵」爲是，據改。

〔四三〕冢田虎曰：「克，勝也。五行之神，佐成上帝，謂之五帝。」

〔四四〕宋咸注：「從其方之數，則北方七人，南方九人，東方十一人，西方十三人。」冢田虎曰：「東方木，其成數八。南方火，其成數七。西方金，其成數九。北方水，其成數六。」

〔四五〕冢田虎曰：「兵，凶事，故素服。」

〔四六〕「力」，錢熙祚曰：「通解續二十六『力』作『志』。」冢田虎曰：「某，某敵國也。二三子，稱爲將帥者也。尚，庶幾也。」

〔四七〕「死」上，葉氏藏本、潘承弼校跋本並有「各」字。「死」下，宛委別藏本、周叔弢藏本、指海本並無「而」字。錢熙祚曰：「通解及通解續『死』下並有『而』字。」冢田虎曰：「死守，謂當致死命以守禦之也。」　庶按：有「而」字與宋嘉祐本合。

〔四八〕冢田虎曰：「勒，選録也。吉事貴左，凶事貴右，故陳於廟右。」

〔四九〕冢田虎曰：「百官各警勒其所司之事，以待軍令也。御，侍也。」

〔五〇〕冢田虎曰：「蓋前及左右，各一發一擊。」

〔五一〕冢田虎曰：「効，致也。」　庶按：「五兵」，墨子節用上「其爲甲盾五兵何」，孫詒讓閒詁：「周禮司兵云『掌五兵五盾』，又『軍事，建軍之五兵』，鄭衆注云：『五兵者，戈、殳、戟、酋矛、夷矛。』鄭康成云：『步卒之五兵，則無夷矛而有弓矢。』司馬法定爵篇云：『弓矢圍，殳矛守，戈戟助。凡五兵，當長以衛短、短以救長。』案：五兵古説多差異，惟鄭君與司馬法合，當爲定論。」

〔五二〕原本「此」下無「古」字，葉氏藏本、潘承弼校跋本、章鈺校跋本並有「古」字。姜兆錫曰：「此言祭禱之不虚行也。信陵問祈勝之禮，陋矣。首答以命將禦敵，而因以禮行之，此主輔所以交得也。」庶按：有「古」字是，據補。

〔五三〕「賞人」、「戮人」下，葉氏藏本、潘承弼校跋本、章鈺校跋本並有「之」字。冢田虎曰：「甘誓曰『用命賞於祖，弗用命戮於社』，是也。古者天子親征，必載遷廟之祖主以行，有功者，則於祖主前賞之。又載社主以行，不用命奔北者，則於社主前戮之，謂之社事。」

〔五四〕宋咸注：「人君親征，必載廟主於齊車。有功則賞於廟主之前，示不專兼親祖之義。」冢田虎曰：「告其賞賜之無偏頗也。」

〔五五〕「土」，葉氏藏本、潘承弼校跋本、章鈺校跋本並作「主」。

〔五六〕宋咸注：「人君親征，又載社主而行。不用命奔北者，則戮之於社主前。蓋社主陰（庶按：原本「陰」下有「陽」字，社不主陽，「陽」字爲衍文，今删），主殺焉。土居中，故亦曰『告中於土』，示聽之得中而當。」姜兆錫曰：「此言法令之不敢專也。」冢田虎曰：「告天所以私輕重其戮，而示聽斷之當罪也。社主陰，陰主殺。」

〔五七〕宋咸注：「陳荘，魏人。」冢田虎曰：「多穢訾，於飲食之物，以爲汚穢毁訾之也。」

〔五八〕「輒」，宛委別藏本、蔡宗堯本、周叔弢藏本、周子義本、程榮本、馮夢禎本、孔胤植本、崇禎本、鍾惺本、王韜校跋本、四庫全書本、何允中本、指海本、陳錫麒本、清抄本、冢田虎本並作「必」。

〔五九〕宋咸注：「言似驕而有作體態者。」冢田虎曰：「態，僞態也。」

〔六〇〕原本「卒」作「率」，葉氏藏本、蔡宗堯本、潘承弼校跋本並作「啐」。姜兆錫曰：「率，偏也。」　庶按：姜說失之。「率」乃「卒」之形訛，「卒」與「啐」通，「卒嘗」爲同義複合詞。詩經小雅彤弓「一朝右之」，鄭玄箋：「右之者，主人獻之，賓受爵，奠於薦右。既祭俎乃席末坐，卒爵之謂也。」孔穎達正義：「彼『啐酒』即此『卒爵』，爵即酒也。」

〔六一〕冢田虎曰：「人饋之酒食，則循而嘗其少許，禮也。放亦棄也。」

〔六二〕原本「何」作「如」，葉氏藏本、蔡宗堯本、潘承弼校跋本、冢田虎本並作「何」。冢田虎曰：「穢潔不可擇也。」　庶按：作「何」是，據改。

〔六三〕宋咸注：「言食之上下一爾。假上可穢，則下愈甚焉。」

〔六四〕「性」，猶言生也。

〔六五〕宋咸注：「隱括，揉木器也。」「隱括」上，蔡宗堯本有「以」字。冢田虎曰：「隱括，正邪曲之器。言木猶得揉而直之，人性豈不可以揉焉乎？」　庶按：荀子性惡篇：「故枸木必將待檃栝、烝、矯然後直。」淮南子脩務篇：「木直中繩，揉以爲輪，其曲中規，檃栝之力。」「隱括」

同「檃栝」。

〔六六〕原本「跑」作「跪」，葉氏藏本、蔡宗堯本、潘承弼校跋本並作「跑」。姜兆錫曰：「跪而啄之，謂以足撥而食也。」冢田虎曰：「雞之啄餌，穀粒之聚如丘陵，猶跑而啄之也。跪，足也。」庶按：「跪」乃「跑」之訛，據改。跑乃「刨」之古字。宋本廣韻肴韻：「跑，足跑地也。」姜、冢之說，義是而文非。

〔六七〕姜兆錫曰：「此言檢身之勿以意恣也。」

〔六八〕「跪」，姜兆錫曰：「謂長跽也。」

〔六九〕「請」下，蔡宗堯本無「終」字。

〔七〇〕宋咸注：「司馬乂，齊人。任謂保任之。」

〔七一〕冢田虎曰：「蓋詰其失任也。」

〔七二〕冢田虎曰：「周公使管、蔡二叔監於殷祿父，二叔以殷叛。此人之難知明矣。」庶按：呂氏春秋察微篇：「故智士賢者相與積心愁慮以求之，猶尚有管叔、蔡叔之事與東夷八國不聽之謀。」管、蔡事，詳見史記魯周公世家。

〔七三〕冢田虎曰：「所履，謂行事也。」

〔七四〕原本「書」上有「尚」字，宛委別藏本、蔡宗堯本、周叔弢藏本、周子義本、程榮本、馮夢禎本、孔胤植本、崇禎本、鍾惺本、王韜校跋本、四庫全書本、何允中本、指海本、章鈺校跋本、陳錫麒本、清抄本、姜兆錫本、冢田虎本並無「尚」字，是，據删。

〔七五〕冢田虎曰：「書臯陶謨之省文。」　庶按：尚書臯陶謨篇「惟帝其難之，知人則哲」，孔氏傳：「哲，智也。」

〔七六〕冢田虎曰：「知人則帝堯之所以難焉。雖失其任，不可以爲恥也。」

〔七七〕原本「魯」下無「將」字，姜兆錫本有「將」字，是，據補。

〔七八〕宋咸注：「曹子，魯將曹沫也。魯莊公與齊桓公爲柯邑之盟，曹沫以匕首劫桓公於壇，請反魯之侵地。遂與沫三敗所亡地。」　庶按：宋咸注文爲約取史記齊太公世家。柯之盟曹沫手劍之事，亦見於春秋公羊傳莊公十三年、戰國策燕策、齊策、史記魯周公世家、刺客列傳。左傳莊公十年記「曹劌論戰」事、十三年記「柯之盟」，並無曹沫手劍劫桓公之事。楊伯峻有辨，詳其春秋左傳注莊公十三年。

〔七九〕冢田虎曰：「雖有一時之敗，不缺其能。」

〔八〇〕冢田虎曰：「庸，豈也。」

〔八一〕「詐」下，葉氏藏本、潘承弼校跋本、章鈺校跋本並有「敗」字。

〔八二〕「不」上，姜兆錫本有「特」字。冢田虎曰：「其自不能於詐，故亦不慮敵之詐也。」

〔八三〕冢田虎曰：「言乂雖戰敗也，是不能於詐也。臣所稱之武勇才藝，則非失之也。」

〔八四〕「屈辭」，葉氏藏本、蔡宗堯本、潘承弼校跋本、章鈺校跋本並作「辭屈」。

對魏王第十四〔一〕

魏王問人主所以爲患〔二〕，子高對曰：「建大臣而不與謀，嬖幸者言用，則知士以疎自疑〔三〕、孽臣以遇僥幸者〔四〕，内則射合主心，外則挺主之非〔五〕，此最人主之大患也〔六〕。」

子高謂魏王曰：「臣入魏國，見君之二計臣焉：張叔謀有餘，范威智不逮，然其功一也〔七〕。」王曰：「叔也有餘，威也不逮，何同乎〔八〕？」答曰：「鴽、驥同轅，伯樂爲之咨嗟〔九〕；玉、石相揉〔一〇〕，和氏爲之嘆息〔一一〕。故賢愚共貫〔一二〕，則能士匿謀；真僞相錯，則正士結舌〔一三〕。叔雖有餘，猶威不逮也〔一四〕。」

魏王問如何可謂大臣，子高答曰：「大臣則必取衆人之選〔一五〕，能犯顔諫争〔一六〕、公正無私者〔一七〕。許陳事成〔一八〕，主裁其賞；事敗，臣執其咎〔一九〕。主任之而無疑，臣當之而弗避。君總其契〔二〇〕，臣行其義〔二一〕。然則君不猜於臣〔二二〕，臣不隱於君〔二三〕，故動無過計，舉無敗事，是以臣主並各有得也〔二四〕。」

信陵君問曰：「古之善爲國，至於無訟，其道何由？」答曰：「由乎政善也〔二五〕。上下勤德而無私〔二六〕，德無不化，俗無不移〔二七〕。衆之所譽〔二八〕，政之所是也；衆之所毁，政之所非也〔二九〕。毁、譽、是、非與政相應，所以無訟也〔三〇〕。」

齊王行車裂之刑〔三一〕，羣臣諍之，弗聽。子高見齊王曰〔三二〕：「聞君行車裂之刑〔三三〕，無道之刑也，而君行之，臣切以爲下吏過也〔三四〕。」王曰：「寡人爾〔三五〕。民多犯法，爲法之輕也〔三六〕。」子高曰：「然，此誠君之盛意也。夫人含五常之性，有哀樂喜怒，哀樂喜怒無過其節〔三七〕，節過則毁於義〔三八〕。民多犯法，以法之重〔三九〕，無所措手足也〔四〇〕。今天下悠悠，士亡定處，有德則往，無德則去〔四一〕。欲規霸王之業，與衆大國爲難〔四二〕，而行酷刑以懼遠近，國内之民將畔〔四三〕，四方之士不至，此乃亡國之道，君之下吏不具以聞〔四四〕，徒恐逆主意以爲憂〔四五〕，不慮不諫之危亡〔四六〕，其所矜者小，所喪者大，故曰下吏之過也〔四七〕。臣觀之，又非徒不諍而已也。心知此事之爲不可，將有非議在後，則因曰君忿意實然〔四八〕，我諫諍，必有龍逢、比干之禍〔四九〕，是爲虚自居於忠正之地〔五〇〕，而闇推君主，使同於桀、紂也〔五一〕。且夫爲人臣，見主非而不諍，以陷主於危亡，罪之大者也。人主疾臣之弼己而惡之，資臣以箕子、比干之忠〔五二〕，惑之大者也〔五三〕。」齊王曰：「謹聞命。」遂除車裂之法焉〔五四〕。

子高見齊王，齊王問誰可爲臨淄宰〔五五〕，稱管穆焉〔五六〕。王曰：「穆容貌陋，民不敬〔五七〕。」答曰：「夫見敬在德。且臣所稱，稱其材也〔五八〕。君不聞晏子、趙文子乎〔五九〕？晏子長不過六尺〔六〇〕，面狀醜惡〔六一〕，齊國上下莫不宗焉〔六二〕。趙文子其身如不勝衣〔六三〕，其言如不出口，非但體陋，辭氣又吶吶〔六四〕，然其相晉國，晉國以寧，諸侯敬服，皆有德故也〔六五〕。以穆軀形方諸二子〔六六〕，猶悉賢之〔六七〕。昔臣常行臨淄市〔六八〕，見屠商焉〔六九〕，身脩八尺，鬚髯如戟〔七〇〕，面正紅白〔七一〕，市之男女，未有敬之者，無德故也。」王曰：「是所謂祖龍始者也〔七二〕，誠如先生之言〔七三〕。」於是乃以管穆爲臨淄宰。

校釋

〔一〕宋咸注：「此篇雖有齊王之問，然魏居多，故曰『對魏王』焉。」

〔二〕宋咸注：「魏王合（庶按：「合」字不可解，疑爲「盍」之誤，「盍」與「蓋」古通用）魏安釐王，乃昭王之子也。問人主之大患者。」

〔三〕宋咸注：「大臣既不與謀，復見嬖幸者言用，則自疑上之踈己矣。」原本「士」作「上」，葉氏藏本、周子義本、程榮本、崇禎本、鍾惺本、潘承弼校跋本、四庫全書本、何允中本、指海本、清抄本標記毛斧季藏宋本、姜兆錫本、冢田虎本並作「士」。冢田虎曰：「人主不與大臣謀政事，而聽用嬖幸者之言，則智士以見疎外，自疑其進退也。」　庶按：作「士」是，據改。

〔四〕「孽」，宛委别藏本、蔡宗堯本、周叔弢藏本、周子義本、程榮本、馮夢禎本、孔胤植本、崇禎本、鍾惺本、潘承弼校跋本、王韜校跋本、四庫全書本、何允中本、指海本、陳錫麒本、清抄本、姜兆錫本、冢田虎本並作「嬖」。此作「孽臣」，與上文「嬖幸者」爲换文避複。

〔五〕冢田虎曰：「内則希的，中於主之所好惡，以合其心；外則欲挺主之非，以取其利權。」

〔六〕宋咸注：「言爲人主，大患無出乎此也。」姜兆錫曰：「此言不當以小加大也。按：千古權佞妙術，不出『内』『外』二語，而其原，則起於踈大臣。」冢田虎曰：「大臣智士見踈，而嬖倖小人見用，此古今人主之大患，而聖賢之所以同誡也。」

〔七〕冢田虎曰：「有餘與不及，其功同也。」

〔八〕「何」，御覽卷四百四十七作「可得」。冢田虎曰：「言須有優劣也。」　庶按：御覽「可」字不誤，惟「可」下衍「得」字。「何」、「可」古常互用，「何」猶言可也。詳裴學海古書虚字集釋卷四。

〔九〕「佰」，諸本作「伯」。「佰」、「伯」古通。

〔一〇〕「揉」，葉氏藏本、潘承弼校跋本、黎堯卿本、御覽卷四百四十七並作「糅」。冢田虎曰：「『揉』當作『糅』，雜也。」　庶按：「揉」、「糅」古通用。

〔一一〕「和」，葉氏藏本、潘承弼校跋本、章鈺校跋本並作「卞」。冢田虎曰：「和氏，楚人卞和也。」

〔一二〕冢田虎曰：「共貫，言一賢愚而不分其用也。」

〔一三〕「正」，錢熙祚曰：「御覽四百四十七『正』作『智』。」冢田虎曰：「結舌，不敢出謀議也。」

〔一四〕宋咸注：「言謀智雖異，而其所謂相揉相錯同焉。」姜兆錫曰：「此言不當以愚混賢也。」冢田虎曰：「有餘與不及，共貫而不分其材，則其功不異也。」

〔一五〕宋咸注：「舜有天下，選於衆，舉皋陶，不仁者遠矣。湯有天下，選於衆，舉伊尹，不仁者遠矣。故大臣有（庶按：「有」上疑脱「莫」字）不由衆人之選。」冢田虎曰：「『選』猶『舞則選兮』之選，謂才能出於等倫也。言取用衆人之所以選出者也。」

〔一六〕原本「争」作「事」，宛委别藏本、蔡宗堯本、周叔弢藏本、周子義本、程榮本、馮夢禎本、孔胤植本、崇禎本、王韜校跋本、四庫全書本、何允中本、指海本、陳錫麒本、清抄本、姜兆錫本、冢田虎本並作「争」，是，據改。「争」乃「諍」之古字，「諫争」爲古之常語。

〔一七〕冢田虎曰：「其事君也，犯嚴毅之顔，以諫争之，公正無阿私者也。」

〔一八〕「許」，葉氏藏本、蔡宗堯本、周子義本、程榮本、崇禎本、鍾惺本、潘承弼校跋本、四庫全書本、何允中本、指海本、清抄本標記毛斧季藏宋本、冢田虎本並作「計」。此「許」字不誤，「許」猶所也，詳王引之經傳釋詞卷四。

〔一九〕宋咸注：「事成則歸美於君，事敗則歸（庶按：原本「則」下無「歸」字，宛委别藏本、周叔弢藏本、指海本注文並有「歸」字，是，據補）咎於己。」冢田虎曰：「己之計謀陳列，而其事成則使君裁制其賞，以賜與事者。若事敗，則己執其咎責也。」

〔二〇〕「契」，宛委别藏本、周叔弢藏本、指海本、姜兆錫本、冢田虎本、子苑本並作「美」。

〔二一〕冢田虎曰：「君任之事，而無所疑貳，以總取其美功。臣當其任，而不避艱難，以能行其義命。」

〔二二〕「於」，指海本作「其」。錢熙祚曰：「『其』原作『於』，依御覽六百二十一改。」庶按：「於」猶「其」也，字可不必改。詳裴學海古書虛字集釋卷一。

〔二三〕冢田虎曰：「孔子曰：『爲上可望而知也，爲下可述而志也，則君不疑於其臣，而臣不惑於其君。』」庶按：冢田説引「孔子曰」文，在禮記緇衣篇。

〔二四〕「並」下，指海本無「各」字，錢熙祚曰：「『並』下原衍『各』字，依御覽删。」冢田虎曰：「君則得長守其社稷，臣則得能保其禄位。如此，則所謂大臣也。」

〔二五〕冢田虎曰：「書曰：『德惟善政。』」庶按：冢田説引書，在大禹謨篇。

〔二六〕「勤德而無私」，淵鑑類函卷一百二十二作「勤德而和」。錢熙祚曰：「御覽六百二十四作『勤德而和』。」

〔二七〕冢田虎曰：「君臣皆勤德而無偏私，則民德無不化於厚，風俗無不移於淳。」

〔二八〕原本「衆」作「動」，宛委別藏本、葉氏藏本、蔡宗堯本、周叔弢藏本、周子義本、程榮本、馮夢禎本、崇禎本、鍾惺本、潘承弼校跋本、王韜校跋本、四庫全書本、何允中本、指海本、陳錫麒本、清抄本標記毛斧季藏宋本、姜兆錫本、冢田虎本並作「衆」，是，據改。下文「衆之所毁」正承此「衆之所譽」而言。

〔二九〕宋咸注：「衆譽而賞及之，是至公於賢也；衆毁而罰及之，是不私乎惡也。」冢田虎曰：「衆民之所以毁譽，不違於政之所以爲是爲非也。」

〔三〇〕宋咸注：「賞當其功，罰中其罪，俗無（庶按：原本「無」作「不」，上文正文已言「俗無不移」，此注文故當作「俗無不化」，據改。宛委別藏本、周叔弢藏本、指海本注文作「俗自化」，亦謂俗無不化之義）不化，夫何訟之有？」姜兆錫曰：「此言君當以德政化民。」

〔三一〕宋咸注：「齊王乃齊平公之子宣公也。」宛委別藏本、周叔弢藏本並有注文「齊宣王，平王子」六字，與宋本同。指海本有注文「齊宣王，威王子」六字，不知何出？史記齊太公世家：「平公八年，越滅吴。二十五年卒，子宣公積立。」

〔三二〕「見」下，宛委别藏本、蔡宗堯本、周叔弢藏本、周子義本、程榮本、馮夢禎本、王韜校跋本、崇禎本、鍾惺本、王韜校跋本、四庫全書本、何允中本、指海本、陳錫麒本、清抄本、冢田虎本並有「於」字。

〔三三〕「車裂之刑」下，錢熙祚曰：「御覽六百四十五有『夫車裂之刑』五字。」

〔三四〕宋咸注：「不欲斥王，故以爲下吏之過。」「吏」下，宛委别藏本、蔡宗堯本、周叔弢藏本、周子義本、程榮本、馮夢禎本、孔胤植本、崇禎本、鍾惺本、王韜校跋本、四庫全書本、何允中本、指海本、章鈺校跋本、陳錫麒本、清抄本、姜兆錫本、冢田虎本並有「之」字。冢田虎曰：「諷以爲非君意也。」　庶按：「切」、「竊」古通用。

〔三五〕冢田虎曰：「言非下吏之過，寡人實爾。」

〔三六〕冢田虎曰：「重法，以欲使民不犯。」

〔三七〕「哀樂喜怒」，錢熙祚曰：「御覽此四字不重。」原本「無」下有「不」字，宛委别藏本、周叔弢藏本、周子義本、程榮本、馮夢禎本、崇禎本、鍾惺本、王韜校跋本、四庫全書本、何允中本、指海本、章鈺校跋本、陳錫麒本、清抄本、姜兆錫本、冢田虎本並無「不」字，是，據删。

〔三八〕冢田虎曰：「中庸曰：『喜怒哀樂之未發，謂之中。發而皆中節，謂之和。』若夫不中節，則害毁五常之義也。」

〔三九〕原本「法」下無「之」字，葉氏藏本、蔡宗堯本、潘承弼校跋本、章鈺校跋本、御覽卷六百四十五並有「之」字，是，據補。作「法之重」與上文「法之輕」相對。

〔四〇〕冢田虎曰：「民無所安處，則迷惑而犯法也。」

〔四一〕冢田虎曰：「士之去住，由人主德之有無爾。」

〔四二〕宋咸注：「言今天下之王（庶按：原本「王」作「士」，「士」乃「王」之訛，今改），欲規圖霸王之業，與衆大國以事之，爲難得也。」「衆」，葉氏藏本、蔡宗堯本、潘承弼校跋本並作「諸」。冢田虎曰：「人主欲規圖霸王之業者，當必與衆俱也。」

〔四三〕「畔」，宛委别藏本、蔡宗堯本、周叔弢藏本、周子義本、程榮本、馮夢禎本、崇禎本、鍾惺本、王韜校跋本、四庫全書本、何允中本、指海本、陳錫麒本、清抄本、姜兆錫本、冢田虎本並作「叛」。「畔」、「叛」古通用。

〔四四〕「具」，御覽卷六百四十五作「得」，「得」猶能也。

〔四五〕「憂」，蔡宗堯本作「愛」。作「憂」與下文「不慮」義重，「以爲愛」猶以此見愛，言不逆主之意而獲主之愛，即下文所謂「虚自居於忠正之地」之義，故「愛」字當是。

〔四六〕「不慮」上，姜兆錫本有「而」字。冢田虎曰：「於其國之危亡，不慮不諫焉。」庶按：「之」猶其也，詳王引之經傳釋詞卷九。作「之」，與下「其」爲换文避複。

〔四七〕冢田虎曰：「非惟君之爲也。」

〔四八〕宋咸注：「言君忿意（庶按：原本「忿意」作「意忿」，宛委别藏本、周叔弢藏本、指海本注文並作「忿意」，與正文「忿意」合，是，據乙）民犯法，故實如是爾。」

〔四九〕冢田虎曰：「此事謂車裂也。關龍逢諫紂見刑，王子比干諫紂見殺。言其不諫静者，於君之所爲，心知其爲不可，而於後有非議。其不諫者，則將以君比桀、紂，以己比龍逢、比干，而曰我不諫静者，爲之故也。」

〔五〇〕錢熙祚曰：「御覽『忠』作『中』。」

〔五一〕冢田虎曰：「其不敢諫静，而謂將有龍逢、比干之禍，是虚居忠正之地。而雖不言也，自使君主同於桀、紂也。」

〔五二〕「資」，謂取也。

〔五三〕冢田虎曰：「其臣惡君，乃將弼之，而人主憎疾之。斯反以箕、比之忠，爲臣之資也。」

〔五四〕「法」，錢熙祚曰：「書鈔四十五『法』作『刑』。」姜兆錫曰：「此言君不當以淫刑虐下也。」

〔五五〕原本「可」下無「爲」字，葉氏藏本、潘承弼校跋本、章鈺校跋本並有「爲」字。錢熙祚曰：「『爲』字原脱，依御覽三百八十二補。」庶按：錢説是，據補。

〔五六〕宋咸注：「管穆，齊之賢人。」冢田虎曰：「子高稱其可任。」

〔五七〕「貌」下，淵鑑類函卷二百五十五有「醜」字。「敬」下，葉氏藏本、潘承弼校跋本、章鈺校跋本並有「也」字。

〔五八〕「材」，淵鑑類函卷二百五十五作「能」。錢熙祚曰：「御覽『材』作『能』。」冢田虎曰：「不稱其貌。」

〔五九〕原本「不」作「王」，淵鑑類函卷二百五十五作「不」。錢熙祚曰：「御覽『王』作『不』。」庶按：作「不」是，與下「乎」字相應，且子高於齊王問答中，但稱「君」，不稱「君王」，據改。

〔六〇〕原本「六」作「三」，指海本、淵鑑類函卷二百五十五並作「六」，錢熙祚曰：「原作『三尺』，依御覽三百八十二、又四百三、又六百三十二改。」庶按：錢說是，據改。

〔六一〕「狀」，沈津本、淵鑑類函卷二百五十五並作「貌」。原本「惡」上無「醜」字，葉氏藏本、潘承弼校跋本、章鈺校跋本、指海本並有「醜」字。錢熙祚曰：「原脱『醜』字，依御覽補。」庶按：錢說是，據補。

〔六二〕「宗」，御覽卷三百八十二作「崇」。「宗」、「崇」古通用，猶尊也。

〔六三〕冢田虎曰：「謂瘦弱也。」

〔六四〕冢田虎曰：「呐呐，言緩也。言非如穆唯容貌陋也。」

〔六五〕宋咸注：「趙文子，晉獻文子趙武也。其中退然如不勝衣，其言呐呐然如（庶按：原本「如」

作「始」，「始」乃「如」之訛，據禮記檀弓下改（庶按：原本「出」作「豈」，亦據禮記檀弓下改）諸其口。所舉晉國管庫之士七十有餘家。生不及利，死不屬其家，此其爲有德者也。」冢田虎曰：「二大夫皆是非以容貌也。」庶按：宋咸注文約取禮記檀弓下，字小異。鄭氏檀弓下注：「中，身也。退，柔和貌。」孔穎達正義：「文子身形退然柔相，似不勝其衣，言形貌之卑退也。其發言舒小，似吶吶然，如不出諸口，謂言語卑下也。」左傳昭公元年：「劉子歸，以語王曰：『諺所謂老將知而耄及之者，其趙孟之謂乎！爲晉正卿，以主諸侯，而儕於隸人，朝不謀夕，棄神人矣。』」言未老先衰，即中退之義。

〔六六〕「軀」，御覽卷三百八十二、淵鑑類函卷二百五十五並作「體」。冢田虎曰：「方，比較也。」

〔六七〕「猶悉賢之」，淵鑑類函卷二百五十五作「猶賢遠矣」。錢熙祚曰：「御覽三百八十二作『猶賢之遠矣』。」冢田虎曰：「賢，勝也。」

〔六八〕「常」，諸本作「嘗」。冢田虎曰：「『常』與『嘗』通。」

〔六九〕宋咸注：「屠商蓋言商之爲屠人者。」

〔七〇〕姜兆錫曰：「如戟，英挺貌。」

〔七一〕冢田虎曰：「顏面端正，色紅白。」

〔七二〕宋咸注：「祖龍始乃屠商之姓名，子高於市見之，不知其姓名，但曰屠商。齊王執之，故曰是所謂祖龍始者也。」

〔七三〕「誠」，指海本作「忱」。錢熙祚曰：「御覽六百三十二『忱』作『誠』。」

孔叢子校釋卷之五

陳士義第十五〔一〕

魏王遣使者奉黄金束帛，聘子順爲相〔二〕。子順謂使者曰：「若王信能用吾道，吾道故爲治世也，雖蔬食水飲〔三〕，吾猶爲之。若徒欲治服吾身，委以重禄，吾猶一夫爾〔四〕，則魏王不少於一夫〔五〕，子度魏王之心以告我。」使者曰：「魏國狹小，乏於聖賢，寡君久聞下風〔六〕，願委國先生，親受教訓。如肯降節〔七〕，豈唯魏國君臣是賴，其亦社稷之神祇實永受慶〔八〕。」於是乃之魏。魏王郊迎，謂子順曰：「寡人不肖，嗣先君之業。先生聖人之後，道德懿邵〔九〕，幸見顧臨，願圖國政。」對曰：「臣，羈旅之臣，慕君高義，是以戾此〔一〇〕。君辱貺而問以政事〔一一〕，敢不敬受君之明令〔一二〕！」

魏王朝羣臣，問理國之所先，季文對曰〔一三〕：「唯在知人。」王未之應。子順進曰：「知人則喆。帝堯所病，故四凶在朝，鯀任無功〔一四〕。夫豈樂然哉！人難知故也〔一五〕。今文之對，不稱吾君之所能行，而乃欲强吾君以聖人所難，此不可行之説也〔一六〕。」王曰：

「先生言之。」對曰：「當今所急，在脩仁尚義，崇德敦禮〔一七〕，以接鄰國而已〔一八〕。昔舜命衆官，羣臣竟讓得〔一九〕，禮之致也〔二〇〕。苟使朝臣皆有推賢之心〔二一〕，主雖不知人，則臣位必當〔二二〕。若皆以知人爲治〔二三〕，則人主宜未過堯〔二四〕，且其目所不見者，亦必漏矣〔二五〕。」王曰：「善矣〔二六〕！」

秦王得西戎利刀，以之割玉，如割木焉〔二七〕。以示東方諸國〔二八〕。魏王問子順曰：「古亦有之乎？」對曰：「昔周穆王大征西戎，西戎獻錕鋙之劍、火浣之布。其劍長尺有咫〔二九〕，鍊鋼赤刃〔三〇〕，用之切玉，如切泥焉〔三一〕。是則古亦有也〔三二〕。」王曰：「火浣之布若何〔三三〕？」對曰：「周書，火浣布，垢必投諸火〔三四〕，布則火色，垢乃灰色〔三五〕。出火振之，皜然疑乎雪焉〔三六〕。」王曰：「今何以獨無？」對曰：「秦貪而多求，求欲無厭，是故西戎閉而不致，此以素防絶之也〔三七〕。然則人主貪欲〔三八〕，乃異物所以不至，不可不慎也〔三九〕。」

魏王曰：「吾聞道士登華山，則長生不死〔四〇〕，意亦願之。」對曰：「古無是道，非所願也。」王曰：「吾聞信之〔四一〕。」對曰：「未審君之所聞，親聞之於不死者耶？聞之於傳聞者耶？若聞之於傳聞者〔四二〕，傳者妄也〔四三〕；若聞之於不死者，不死者今安在？在者，君學之勿疑；不在者，君勿學無疑〔四四〕。」

李由之母少寡，與李音竊相好而生由。由有才藝，仕於魏，王甚愛之〔四五〕。或曰：「李由母姦，不知其父，不足貴也〔四六〕。」王以告由，且曰：「吾不以此賤子也。雖然，古之賢聖，亦有似子者乎〔四七〕？吾將舉以折毀子者〔四八〕。」李由對曰：「今人不通於遠，在臣欲言誰爾？且孔子少孤，則亦不知其父者也〔四九〕。孔子母死，殯於五父之衢，人見之，皆以爲葬。問郰曼父之母，得合葬於防〔五〇〕。此則聖人與臣同者也〔五一〕。」王笑曰：「善。」子順聞之，問魏王曰：「李由安得斯言？」王曰：「假以自顯，無傷也〔五二〕。」對曰：「虚造謗言，以誣聖人，非無傷也。且夫明主之於臣，唯德所在，不以小疵妨大行也〔五三〕。昔鬬子文生於淫，而不害其爲令尹〔五四〕。今李由可，則寵之，何患於人之言而使横生不然之說。若欺有知，則有知不受，若欺凡人，則凡人疑之〔五五〕，必亦問臣，則臣亦不爲君之故〔五六〕，誣祖以顯由也〔五七〕。如此，羣臣更知由惡〔五八〕，此惡必聚矣〔五九〕。所謂求自潔而益其垢，猶抱石以救溺，愈不濟矣〔六〇〕。」

魏王使相國脩好鄰國〔六一〕，遂聯和於趙。趙王既賓之而燕〔六二〕，問子順曰：「今寡人欲來北狄，不知其所以然〔六三〕。」答曰：「誘之以其所利，而與之通市，則自至矣。」王曰：「寡人欲因而弱之，若與交市，分我國貨，散於夷狄，是强之也，可乎〔六四〕？」答曰：「夫欲之市者〔六五〕，將以我無用之貨，取其有用之物，是故所以弱之之術也〔六六〕。」王曰：「何謂我之無用，彼之有用？」答曰：「衣服之物，則有珠玉五彩〔六七〕；飲食之物，則有酒醪五熟〔六八〕。此即我之所有而彼之所利者也〔六九〕。夷狄之貨，唯牛馬、旃裘、弓矢之器，是其所饒而輕以與人者也〔七〇〕。以吾所有，易彼所饒〔七一〕，如斯不已，則夷狄之用，將糜於衣食矣〔七二〕，殆可舉棰而驅之，豈徒弱之而已乎？」趙王曰：「敬受教。」

枚産問子順曰〔七三〕：「臣匱於財，聞猗頓善殖貨，欲學之。然先生同國也〔七四〕，當知其術，願以告我。」答曰：「然，知之〔七五〕。猗頓，魯之窮士也，耕則常飢，桑則長寒，聞陶朱公富，往而問術焉〔七六〕。朱公告之曰：『子欲速富，當畜五牸〔七七〕。』於是乃適河東〔七八〕，大畜牛羊於猗氏之南〔七九〕。十年之間，其滋息不可計〔八〇〕，貲擬王公〔八一〕，馳名天下，以興富於猗氏，故曰猗頓〔八二〕。且夫爲富者，非唯一術，今子徒問猗頓，何也？」枚産曰：「亦將問之於先生也。」答曰：「吾貧，而子問以富術，縱有其術，是不可用之術也。昔人有言能得長生者，道士聞而欲學之。比往，言者死矣，道士高蹈而恨〔八三〕。夫所欲學，學不死也。其人已死，而猶恨之，是不知所以爲學也。今子欲求殖貨而問術於我，我且自貧，安能教子以富乎〔八四〕？子之此問，有似道士之學不死也。」

東里閭空腹而好自賢〔八五〕，欲自親於子順，子順弗下顔〔八六〕。或曰：「夫君子之交於世士，亦取其一節而已。東閭子疏達亮直〔八七〕，大丈夫也〔八八〕，求爲先生役，而先生無意接之。斯者，無乃非周公之交人乎〔八九〕！」子順曰：「此吾所以行周公之行也〔九〇〕。夫東閭子外質頑拙，有似疏直〔九一〕，然内懷容媚諂鬽〔九二〕，非大丈夫之節也。若其度骸稱膚〔九三〕、面目鬒眉〔九四〕，實美於人。聖人論士，不以爲貴者，無益於德故也。然東閭子中不應外，侮慢世士，即所謂愚人而謂人爲愚者也。恃其虚狀〔九五〕，以不德於人，此乃周公之所罪，何交之有？」

宫他見子順曰〔九六〕：「他困貧賤〔九七〕，將欲自託富貴之門，庶克免乎〔九八〕？」子順曰：「夫富而可以託貧、貴而可以寄賤者，天下寡矣。非信義君子，明識窮達，則不可〔九九〕。今子所欲託者，誰也？」宫他曰：「將適趙公子〔一〇〇〕。」子順曰：「非其人矣。雖好養士，自奉而已，終弗能稱也〔一〇一〕。」宫他曰：「將適燕相國。」子順曰：「彼徒兄弟甥舅〔一〇二〕，各濟其私〔一〇三〕，無求賢之志，不足歸也〔一〇四〕。」宫他曰：「將適齊田氏〔一〇五〕。」子順曰：「齊，大國也，其士大夫皆有自多之心〔一〇六〕，不能容子也。」他曰：「然則何嚮而可？」子順曰：「吾勿識也。」宫他曰：「唯先生知人，願告所擇，將往庇焉〔一〇七〕。」子順曰：「濟子之欲，則宜若郈成子者可也〔一〇八〕。昔郈成子自魯聘晉，過乎衛。右宰穀臣止而觴之〔一〇九〕，陳樂而不作〔一一〇〕，送以寶璧〔一一一〕。反，過而不辭〔一一二〕。其僕曰：『日者〔一一三〕，右宰之觴吾甚歡也，今過而不辭，何也？』成子曰：『夫止而觴我，與我歡也〔一一四〕。陳樂而不作，告我哀也。送我以璧，寄之我也〔二五〕。若由此觀之〔二六〕，衛其有亂乎！』背衛三十里〔二七〕，聞甯喜作難〔二八〕，右宰死之〔二九〕。還車而臨〔三〇〕，三舉而歸〔三一〕。反命於君，乃使人迎其妻子〔三二〕，隔宅而居之〔三三〕，分禄而食之。其子長，而反其璧〔三四〕。夫子聞之曰：『智可與微謀〔三五〕、仁可與託孤、廉可以寄財者，其郈成子之謂乎！』今子求若人之比庇焉，可也〔三六〕。」宫他曰：「循先生之言，捨先生〔三七〕，將安之？請從執事〔三八〕。」子順辭，不得已，乃言之魏王，而升諸朝〔三九〕。

子順相魏，改嬖寵之官以事賢才〔三〇〕，奪無任之禄以賜有功〔三一〕。諸喪職秩者不悦，乃造謗言。文咨以告〔三二〕，且曰：「夫不害前政而有成，孰與變之而起謗哉〔三三〕？」子順曰：「民之不可與慮始久矣〔三四〕。古之善爲政者，其初不能無謗。子産相鄭，三年而後謗止〔三五〕。吾先君之相魯，三月而後謗止。今吾爲政日新，雖不能及聖賢，庸知謗止獨無時乎〔三六〕？」文咨曰：「子産之謗，嘗亦聞之。未識先君之謗何也？」子順曰：「先君初相魯〔三七〕，魯人謗誦曰〔三八〕：『麛裘而芾，投之無戾。芾之麛裘〔三九〕，投之無郵〔四〇〕。』及三月〔四一〕，政成化既行〔四二〕，民又作誦曰：『袞衣章甫，實獲我所。章甫袞衣，惠我無私〔四三〕。』」文咨喜曰：「乃今知先生亦不異乎聖賢矣。」

魏王謂子順曰：「吾欲致天下之士，奈何？」子順對曰：「昔周穆王問祭公謀父曰〔一四四〕：『吾欲得天下賢才。』對曰：『去其帝王之色，則幾乎得賢才矣。』今臣亦請君去其尊貴之色而已〔一四五〕。」王曰：「吾欲得無欲之士爲臣，何如？」子順曰：「人之可使，以有欲也〔一四六〕。故欲多者，其所得用亦多；欲少者，其所得用亦少〔一四七〕。夫夷、齊無欲〔一四八〕，雖文、武不能制〔一四九〕，君安得而臣之〔一五〇〕？」

校釋

〔一〕宋咸注：「是篇多賢否之論，故曰陳士義焉。」

〔二〕宋咸注：「孔武後名斌，字字順，乃子高之子。嘗相魏安釐王，年五十七。一作『子愼』。」冢田虎曰：「此時信陵君無忌卒，而無相，故聘子順。」

〔三〕「蔬食」，冢田虎曰：「菜食也。」

〔四〕冢田虎曰：「莫行其道，徒見制其身，則一夫而已。」

〔五〕宋咸注：「一夫，猶言一夫役人爾。」「不」，資治通鑑卷五作「奚」。冢田虎曰：「言魏國固於一夫之用，則非不足也。」

〔六〕「君」，冢田虎本作「人」。此爲使者所表述魏王之意，故「君」字不誤。

〔七〕冢田虎曰：「降節，言屈節仕之。」

〔八〕冢田虎曰：「慶，福也。」

〔九〕宋咸注：「邵，美也。」冢田虎曰：「懿，美。邵，高。」

〔一〇〕冢田虎曰：「戾，至。」

〔一一〕「眖」下，葉氏藏本、潘承弼校跋本並有「之」字。冢田虎曰：「辱眖，謂其使聘及郊迎也。」

〔一二〕「令」，指海本、清抄本標記毛斧季藏宋本並作「命」。

〔一三〕宋咸注：「季文，魏大夫。」

〔一四〕「喆」，古「哲」字。尚書皋陶謨篇：「皋陶曰：『都！在知人，在安民。』禹曰：『吁！咸若時，惟帝其難之。知人則哲，能官人。安民則惠，黎民懷之。』」史記五帝本紀：「堯又曰：『嗟，四嶽，湯湯洪水滔天，浩浩懷山襄陵，下民其憂，有能使治者？』皆曰鯀可。堯曰：『鯀負命毀族，不可。』嶽曰：『異哉！試不可用而已。』堯於是聽嶽用鯀。九歲，功用不成。」又「此三族世憂之。至於堯，堯未能去。縉雲氏有不才子，貪於飲食，冒於貨賄，天下謂之饕餮。天下惡之，比之三凶。舜賓於四門，乃流四凶族，遷於四裔。」孟子萬章上：「舜流共工於幽州，放驩兜於崇山，殺三苗於三危，殛鯀於羽山，四罪而天下咸服，誅不仁也。」子順蓋混四嶽與四凶爲一以言之。

〔一五〕宋咸注：「言堯豈樂四凶與鯀而用之哉？　盍夫人之難知然也。」冢田虎曰：「四凶，共工、驩兜、三苗、鯀，舜之所以罪也。堯使鯀治洪水，九載績用不成。言堯豈樂如四凶與鯀者哉？　所以然者，實人之難知故也爾。」

〔一六〕冢田虎曰：「記曰：『不援其所不及，不煩其所不知，則君不勞矣。』」庶按：冢田説引記，爲禮記緇衣篇文。

〔一七〕原本「敦」作「孰」，諸本並作「敦」，是，據改。「敦」猶厚也。

〔一八〕冢田虎曰：「當戰國時，所以爲急務，獨在鄰國交接也。」

〔一九〕「得」，宛委别藏本、葉氏藏本、周叔弢藏本、潘承弼校跋本、姜兆錫本並作「德」。「得」猶「德」也。尚書益稷篇：「虞賓在位，羣后德讓。」

〔二〇〕冢田虎曰：「舜命二十二臣以官職，各自推讓於有德者，此禮教之所致也。」

〔二一〕「使朝」，鍾惺本作「爲人」。

〔二二〕冢田虎曰：「羣臣皆能推讓於賢，則衆臣之職位，將自中於其才德，然則人主不必須知人也。」

〔二三〕「治」，鍾惺本作「務」。「務」字義勝。

〔二四〕冢田虎曰：「堯猶難知人，人主寧可易之乎？」

〔二五〕冢田虎曰：「不可得以一人之目周見之也。」

〔二六〕「善」下，葉氏藏本、潘承弼校跋本、章鈺校跋本並無「矣」字。

〔二七〕「割玉」、「割木」之「割」字，葉氏藏本、潘承弼校跋本、黎堯卿本並作「切」。

〔二八〕宋咸注：「秦王乃秦昭王。得西戎利刀，以示關東諸侯。」「國」，沈津本作「侯」。

〔二九〕宋咸注：「八寸曰咫。」

〔三〇〕原本「刃」作「劒」，葉氏藏本、潘承弼校跋本、章鈺校跋本、黎堯卿本並作「刃」。冢田虎曰：「鋼，堅鐵也。其劍，所堅鐵以鍛煉而色赤也。」　庶按：作「刃」是，據改。

〔三一〕原本「如」下無「切」字，葉氏藏本、潘承弼校跋本、章鈺校跋本、黎堯卿本並有「切」字，是，據補。

〔三二〕宋咸注：「十洲記作『西胡獻昆吾刀，切玉如切土』。」　庶按：十洲記鳳麟洲：「周穆王時，西胡獻昆吾割玉刀。……刀長一尺……刀切玉如切泥。……秦始皇時，西胡獻切玉刀。」宋咸注文或所據版本有異。

〔三三〕「火浣之布」，王韜校跋本校記：「火浣布，余不嘗見之，乃係川蜀石絨所制，殊不足貴。」

〔三四〕原本「布」下無「垢」字，宛委别藏本、蔡宗堯本、周叔弢藏本、周子義本、程榮本、馮夢禎本、崇禎本、鍾惺本、四庫全書本、何允中本、指海本、陳錫麒本、清抄本、姜兆錫本、冢田虎本、沈津本、諸子品節本、焦竑本、清經國堂刻明郭偉輯新鐫分類評註文武合編百子金丹本孔叢子節本並有「垢」字，是，據補。博物志卷二：「周書曰：『西域獻火浣布。昆吾氏獻切玉刀。火浣布汙，燒之即潔。刀切玉如脂。布，漢世有獻者，刀則未聞。』」

〔三五〕「灰」，當從列子湯問篇作「布」。「灰」下，姜兆錫本無「色」字，蓋臆删。

〔三六〕宋咸注：「後漢書蠻夷傳亦作『火毳』。」　庶按：後漢書南蠻西南夷列傳：「有梧桐木華，績以爲布，幅廣五尺，絜白不受垢汙。」李賢注：「廣志曰：『梧桐有白者，剽國有桐木，其華有白毳，取其毳淹漬，緝織以爲布也。』」此當爲宋咸注文所出。後漢書西域傳：「大秦國一名犁鞬……土多金銀奇寶，有夜光璧……作黄金塗、火浣布。」列子湯問篇：「周穆王大征西戎，西戎獻錕鋙之劍、火浣之布。其劍長尺有咫，練鋼赤刃，用之切玉如切泥焉。火浣之布，浣之必投於火；布則火色，垢則布色；出火而振之，皓然疑乎雪。」抱朴子内篇論仙：「魏文帝窮覽洽聞，自呼於物無所不經，謂天下無切玉之刀、火浣之布，及著典論，嘗據言此事。其閒未期二物畢至。帝乃嘆息，遽毁斯論。」十洲記玄洲：「又有火林山，山中有火光獸……取其獸毛，以緝爲布，時人號爲火浣布。」又流洲：「在西海中……上多山川積石，名爲昆吾冶。其石作鐵作劍，光明洞照如水精狀，割玉物如割泥。」水經瀑水注：「東方朔神異傳云：『南方有火山焉……火中有鼠，重百斤，毛長二尺餘，細如絲，色白，時時出外，以水逐而沃之則死。取其毛，績以爲布，謂之火浣布。』」當爲所傳聞異辭之説。

〔三七〕宋咸注：「言戎防秦之貪，故絶之也。」「以」，鍾惺本作「亦」。冢田虎曰：「言戎則非敢不致焉，秦以其素行貪，防絶之也。」

〔三八〕「主」，葉氏藏本、潘承弼校跋本、章鈺校跋本並作「立」，鍾惺本作「而」。

〔三九〕冢田虎曰：「書曰：『不寶遠物，則遠人格。』此遠人來至，則不求而異物可致也。」庶按：冢田説引書文，在尚書旅獒篇。

〔四〇〕原本「長」下無「生」字，蔡宗堯本、周子義本、崇禎本、鍾惺本、四庫全書本、何允中本、指海本、姜兆錫本並有「生」字，是，據補。

〔四一〕「信之」，葉氏藏本、潘承弼校跋本、章鈺校跋本並作「之信」。

〔四二〕原本「若」作「君」，葉氏藏本、潘承弼校跋本、章鈺校跋本、黎堯卿本並作「若」，是，據改。

〔四三〕原本「妄」上無「傳者」二字，葉氏藏本、蔡宗堯本、潘承弼校跋本、章鈺校跋本、黎堯卿本並有「傳者」二字，是，據補。「傳者妄也」與下「不死者今安在」義相承。

〔四四〕「無」，鍾惺本作「勿」。此「無」與上「勿學」之「勿」爲換文避複。抱朴子内篇登陟：「凡爲道合藥，及避亂隱居者，莫不入山。然不知入山法者，多遇禍害。故諺有之曰：太華之下，白骨狼藉。」

〔四五〕「王」，葉氏藏本、潘承弼校跋本、章鈺校跋本並作「魏王」。

〔四六〕冢田虎曰：「言私通之所生可賤。」

〔四七〕原本「亦」作「豈」，宛委别藏本、蔡宗堯本、周叔弢藏本、周子義本、程榮本、馮夢禎本、崇禎本、鍾惺本、王韜校跋本、四庫全書本、何允中本、指海本、陳錫麒本、清抄本、姜兆錫本、冢田虎本並作「亦」，是，據改。

〔四八〕冢田虎曰：「言有古聖賢之生似李由者，則將舉之，以面折謗毁由者也。」

〔四九〕宋咸注：「言今四方之遠，假有如臣者，臣又不能通於遠，欲言誰耶？故以孔子之父爲之言。」

〔五〇〕冢田虎曰：「此事子順之時，初得聞之，則知是當時好事之誣説，而李由稱之也已。而戴記取以雜記之。且司馬遷附以野合之誣者，皆妄也矣。其不然者，於家語應知矣。陳澔辯之是。」

〔五一〕宋咸注：「叔梁紇與顔氏女野合而得孔子。孔子生而叔梁紇死，葬於防山。孔子疑其父墓處，母諱（庶按：原本「諱」作「誨」，據史記孔子世家改）之也。孔子母死，乃殯於五父之衢。郰人輓父之母誨孔子父墓，然後往合葬於防。『輓』亦作『曼』。」庶按：宋咸注爲約取孔子世家文。禮記檀弓上「孔子少孤，不知其墓，殯於五父之衢。人之見之者，皆以爲葬也。其慎也，蓋殯也。問於郰曼父之母，然後得合葬於防」，鄭氏注：「孔子之父郰叔梁紇與顔氏之女徵在野合而生孔子，徵在恥焉不告……孔子亦爲隱焉。殯於家，則知之者無由怪已。欲發問端。五父，衢名，蓋郰曼父之鄰。『慎』當爲『引』，禮家讀『然』，聲之誤也。殯引，飾棺以輤。葬引，飾棺以柳翣。孔子是時以殯引，不以葬引，時人見者，謂不知禮。」檀弓上孫希旦集解：「陳氏澔曰：『孔子少孤，及顏氏死，孔子成立久矣。……且母死而殯於衢，必無室廬而死於道路者不得已之爲耳。……此經雜出諸子所記，其間不可據以爲實者多矣。』愚謂野合者，謂不備禮而婚耳，未足深恥也。且野合與葬地，事不相涉，恥野合而諱葬地，豈人情哉！孔子成立時，當時送葬之人必多有在者，即顏氏不告，豈不可訪問而得之？既殯之後，孝子廬於中門之外，朝夕不離殯宮，其慎之如此。若殯於五父之衢，則與棄於道路何異？此記之所言，蓋事理之所必無者。」

〔五二〕冢田虎曰：「言假借以照顯我之所受毀，又無傷害於義也。」

〔五三〕冢田虎曰：「捨其小疵瑕，而取大德行，是明君用臣之道也。」

〔五四〕宋咸注：「楚鬭伯比淫於邧子之女，生子文。邧夫人使棄諸雲夢澤中，虎乳之。邧子田，見之，懼而歸。夫人以告，遂收之。楚人謂乳『穀』，謂虎『於菟』，故命之曰鬭穀於菟，以其女妻伯比，實爲令尹子文。」「淫」下，葉氏藏本、潘承弼校跋本、章鈺校跋本並有「女」字。庶按：宋咸注出於左傳宣公四年文。

〔五五〕「疑之」，冢田虎本作「無知」，冢田曰：「無知事之虛實。」

〔五六〕原本「臣」下無「亦」字，宛委别藏本、蔡宗堯本、周叔弢藏本、周子義本、程榮本、馮夢禎本、崇禎本、鍾惺本、四庫全書本、何允中本、指海本、陳錫麒本、清抄本、姜兆錫本、冢田虎本並有「亦」字，是，據補。

〔五七〕冢田虎曰：「將必辯其説之所以不然也。」

〔五八〕「羣」上，葉氏藏本、潘承弼校跋本、章鈺校跋本並有「則」字。

〔五九〕原本「此」下無「惡」字，葉氏藏本、潘承弼校跋本、章鈺校跋本並有「惡」字。冢田虎曰：「辯李由之所以生誣説焉，則由之惡，益爲羣臣所知也。聚，猶多。」庶按：有「惡」字是，據補。

〔六〇〕宋咸注：「言李由若可用，則寵之，何患人之言？若以仲尼之事折毁由者，則由之惡名愈聚，是猶求潔而益垢、抱石而救溺矣。」姜兆錫曰：「按：子思子嘗薦李音於衛侯。此李音未知即其所薦否耶？如其然，音亦不足薦矣。或曰子慎，子思五世孫。由與子慎同時，則其母與音世相遠，而魏與衛亦地相隔，殆非一人也。」

〔六一〕「好」下，葉氏藏本、潘承弼校跋本、章鈺校跋本並有「於」字。冢田虎曰：「相國即子順。」

〔六二〕宋咸注：「是時乃趙孝成王也。『燕』謂享燕，亦作『宴』。」

〔六三〕冢田虎曰：「不知其所以可來之方也。」

〔六四〕冢田虎曰：「疑與夷狄交市之不利也。」

〔六五〕「欲」，清抄本標記毛斧季藏宋本、冢田虎本並作「與」。「欲」下，葉氏藏本、潘承弼校跋本並有「與」字。

〔六六〕「故」，蔡宗堯本作「固」，姜兆錫本作「乃」。冢田虎曰：「故，固也。」 庶按：「固」猶乃也。詳王引之經傳釋詞卷五。

〔六七〕「彩」，葉氏藏本、潘承弼校跋本並作「采」。「采」、「彩」古今字。

〔六八〕宋咸注：「五熟謂五味之熟物。」冢田虎曰：「謂五味之調熟，此皆無用於守御也。」

〔六九〕「彼」下，葉氏藏本、潘承弼校跋本並無「之」字。

〔七〇〕冢田虎曰：「『旃』與『氈』同，夷狄之服。饒，多也。」

〔七一〕冢田虎曰：「彼所饒者，皆是有用之物。」

〔七二〕宋咸注：「麋，餰類，言散潰如之。」「麋」，葉氏藏本、潘承弼校跋本、章鈺校跋本並作「糜」。冢田虎曰：「『麋』與『糜』通，費也，散也。言如斯交易而不止，則夷狄有用之物，終將費散於飲食之物也。」 庶按：呂氏春秋仲秋紀「行麋粥飲食」，畢沅曰：「『麋』與『糜』同。」「餰」同「饘」。廣雅釋器：「糜，饘也。」是麋、糜、餰、饘文異而義同。糜猶散也，玄應一切經音義卷八「糜盡」注：「糜，散也。」

〔七三〕宋咸注：「枚産，魏人。」「問」，葉氏藏本、蔡宗堯本、章鈺校跋本並作「謂」。

〔七四〕「先」上，葉氏藏本、潘承弼校跋本並無「然」字。

〔七五〕「然」下，指海本有「我」字，錢熙祚曰：「『我』字原脱，依文選吴季重答東阿王書注補。」

〔七六〕宋咸注：「范蠡本南陽人，既與越王勾踐雪會稽之恥，乃扁舟浮於江湖，變名易姓。適齊爲鴟夷子皮，之陶爲陶朱公。乃治産，十九年之中三致千金。後年老而聽子孫，子孫脩業而息之，遂（庶按：原本「遂」作「逐」，依史記改）至鉅萬。」庶按：宋咸注文爲約取史記貨殖列傳。國語越語下：「（范蠡）遂乘輕舟以浮於五湖，莫知其所終極。」

〔七七〕冢田虎曰：「牸，牝牛。」

〔七八〕原本「河東」作「西河」，淵鑑類函卷二百八十六作「河東」。法言學行篇「猗頓之富以爲孝」，汪榮寶義疏：「按孔叢陳士義文，『西河』當作『河東』。漢書地理志河東郡有猗氏。文選賈誼過秦論李注引孔叢正作『乃適河東』。」庶按：作「河東」是，據改。

〔七九〕冢田虎曰：「猗氏，縣名。」

〔八〇〕「滋息不可計」，淵鑑類函卷四百三十五作「子息萬計」。錢熙祚曰：「初學記二十九作『子息萬計』。」

〔八一〕冢田虎曰：「貲，財貨也。」

〔八二〕宋咸注：「史記稱猗頓用盬（庶按：原本「盬」作「鹽」，「鹽」乃「盬」之訛，據史記貨殖列傳改）鹽起。」　庶按：史記貨殖列傳「猗頓用盬鹽起」，司馬貞索隱：「盬音古。案：周禮鹽人云『共苦鹽』，杜子春以爲苦讀如盬。盬謂出鹽直用不煉也。一説云盬鹽，河東大鹽；散鹽，東海煮水爲鹽也。」

〔八三〕冢田虎曰：「其往之上頁，言得長生者死矣，道士乃蹈踊，以恨會其人死，而不得學焉也。」

〔八四〕原本「教」作「殺」，諸本並作「教」，是，據改。

〔八五〕宋咸注：「東里閭，魏人。」冢田虎曰：「空腹，謂無實德。自賢，自矜以爲賢也。」

〔八六〕宋咸注：「不下顔色而禮之。」

〔八七〕「東」上，葉氏藏本、潘承弼校跋本、章鈺校跋本並有「今」字。冢田虎曰：「疏，通。『亮』、『諒』同。言其人雖節義不全，疏達亮直，亦其一節也。」

〔八八〕宋咸注：「易稱：『師貞，丈人吉。』王弼以爲『丈人，嚴莊之稱』。大丈夫亦丈人之謂。」庶按：宋咸注文引易，見師卦。

〔八九〕冢田虎曰：「周公之交人，一食三吐脯，一沐三握髮，猶下乎白屋之士。」

〔九〇〕冢田虎曰：「邪媚虚飾者則拒焉，此周公之行也。」

〔九一〕冢田虎曰：「其似疏達亮直者，此其質之頑鈍野拙也。」

〔九二〕宋咸注：「『彪』亦『魑魅』之魅。」「彪」，冢田虎本作「魅」，冢田曰：「魅，蓋狂惑之謂。」

〔九三〕姜兆錫曰：「度，猶言體度。稱，去聲，言與膚革相稱也。」冢田虎曰：「計度形骸，稱量體膚，謂僞飾其容貌也。」

〔九四〕「鬌」，鍾惺本、姜兆錫本作「鬒」。

〔九五〕原本「恃」作「特」，葉氏藏本、蔡宗堯本、潘承弼校跋本並作「恃」。冢田虎本作「持」，冢田曰：「徒持其虚僞之狀貌，而不有施德於人也。」庶按：作「恃」是，據改。

〔九六〕宋咸注：「宫他，魏人。」庶按：戰國策「宫他」凡三見，皆不言爲魏人，疑與此宫他非同一人。

〔九七〕「困」下，葉氏藏本、潘承弼校跋本、章鈺校跋本並有「於」字。錢熙祚曰：「御覽四百四十七『困』下有『於』字。」

〔九八〕錢熙祚曰：「御覽無『將』字。『免』作『濟』。」冢田虎曰：「言庶幾能免貧賤乎？」

〔九九〕「窮達」，錢熙祚曰：「御覽作『通達』。」冢田虎曰：「明識窮達之理者，則可以富貴容貧賤也。」

〔一〇〇〕宋咸注：「謂趙公子勝，平原君也。」

〔一〇一〕冢田虎曰：「平原君喜賓客，常養數千人。稱，舉也。不能舉用也。」

〔一〇二〕錢熙祚曰：「御覽『徒』作『從』。」

〔一〇三〕冢田虎曰：「濟，成也。」

〔一〇四〕宋咸注：「是時燕相乃昌國君樂閒（庶按：原本「閒」作「聞」，據史記樂毅列傳，樂閒爲樂毅之子，封昌國君，是「聞」乃「閒」之訛，據改）洎栗腹焉。」「足」，蔡宗堯本作「可」。

〔一〇五〕宋咸注：「盍田和之族。」冢田虎曰：「此時孟嘗君田文相齊。」

〔一〇六〕「自多」，御覽卷四百四十七作「多黨」。冢田虎曰：「自多，各自矜其能也。」

〔一〇七〕冢田虎曰：「將往託其人，以庇蔭己也。」

〔一〇八〕宋咸注：「成子乃郈昭伯之族。」「者」下原無「可」字，蘇應龍輯本前集卷二十三有「可」字，御覽卷四百四十七作「則宜若郈成子可也」，雖脱「者」字，然足證「可」字當有。有「可」字是，據補。

〔一〇九〕冢田虎曰：「右宰穀臣，衛大夫。左氏傳作『右宰穀』，疑今衍『臣』字與？止成子而飯之酒也。」

〔一一〇〕「作」，呂氏春秋觀表篇、風俗通義過譽篇並作「樂」。冢田虎曰：「徒陳列其器而不作樂，又以璧送其之晉。」呂氏春秋觀表篇陳奇猷新校釋：「則作『陳樂而不樂』是也，孔叢非也。」庶按：陳説據呂氏春秋而否孔叢此文，非是，此「陳樂而不作」與呂氏春秋之「陳樂而不樂」，文異而意同，二者當爲材料來源不同，而此「不作」正釋其「不樂」之義。冢田虎謂「不作樂」，則不失爲公允。風俗通義作「不樂」，與呂氏春秋同，當別論。

〔一一〕「送以寶璧」，錢熙祚曰：「文選廣絕交論注作『酣畢而送以璧』。」庶按：淵鑑類函卷二百五十三作「飲畢而送以璧」，呂氏春秋觀表篇：「酒酣而送之以璧。」以下文「送我以璧」、「其子長而反其璧」，則「寶」字當爲衍文。

〔一二〕冢田虎曰：「成子反自晉，復過乎衛，而不辭謝於右宰。」庶按：呂氏春秋觀表篇「顧反，過而弗辭」，高誘注：「反，還也。自晉還，過衛，不辭右宰穀臣。」

〔一三〕冢田虎曰：「日，往日也。」

〔一四〕「與我歡」，淵鑑類函卷二百五十三作「親我」。錢熙祚曰：「文選注：『親我也。』」冢田虎曰：「夫，指右宰。言其所以觴我者，委與其歡心於我也。」

〔一五〕「寄之我」，淵鑑類函卷二百五十三作「託我」。錢熙祚曰：「文選注：『託我也。』」

〔一六〕「若由此觀之」，陳奇猷新校釋曰：「『若』、『由』二字，當衍其一。」

〔一七〕「背」，葉氏藏本、潘承弼校跋本、章鈺校跋本並作「過」，文選注作「行」。姜兆錫曰：「背，離也。」冢田虎曰：「背，猶違去也。」

〔一八〕宋咸注：「衛獻公以師曹亂出奔齊，孫文子、甯惠子共立殤公。甯喜與孫文子爭寵相惡，殤公使甯喜攻孫文子。文子奔晉，復求入故衛獻公。晉平公執殤公與甯喜，而復入衛獻公。」

庶按：宋咸注文爲約取史記衛康叔世家。此事亦見於左傳襄公十四年、二十年、二十六年、二十七年。

〔一九〕「右宰」下，呂氏春秋觀表篇有「穀臣」二字，文選注作「轂臣」。冢田虎曰：「甯喜，衛卿，謚悼子，弑其君剽而納獻公，而專，公患之。公孫免餘攻甯氏，殺甯喜及右宰穀，事出左傳襄公二十六年、三十七年。」　庶按：呂氏春秋觀表篇高誘注：「甯喜，衛大夫甯惠子殖之子悼子也。惠子與孫林父共逐獻公，出之。惠子疾，臨終謂悼子曰：『吾得罪於君，名載諸侯之策。君入則掩之。若能掩之，則吾子也。』悼子許諾。魯襄二十六年，殺衛侯剽而納獻公，故曰『甯喜之難作』也。」

〔二〇〕冢田虎曰：「還音旋，反衛而臨哭右宰尸也。」　庶按：呂氏春秋觀表篇「還車而臨」，高誘注：「臨，哭也。」

〔二一〕姜兆錫曰：「三舉，謂三舉哀也。」冢田虎曰：「三舉，三舉聲之謂與？疑『舉』當作『哭』。」

庶按：呂氏春秋觀表篇高誘注：「右宰息如是者三，故曰『三舉』。」

〔二二〕冢田虎曰：「迎右宰之妻子於魯。」

〔二三〕冢田虎曰：「爲別也。」　庶按：「居」，呂氏春秋觀表篇作「異」，畢沅曰：「孔叢『異』作

『居』。」觀表篇許維遹集釋曰：「類聚八十四引『異』亦作『居』，然『異』非誤文。淮南泰族篇有『割宅而異之』語。」

〔一二四〕宋咸注：「反其璧與穀臣之子。」

〔一二五〕原本「微」作「徵」，葉氏藏本、潘承弼校跋本並作「微」。錢熙祚曰：「『微』原誤『徵』，依呂氏春秋觀表篇改。」　庶按：錢説是，據改。「微謀」，猶藏謀。

〔一二六〕宋咸注：「若人，如此人。」

〔一二七〕冢田虎曰：「舍，止也。言止而不託於人。」

〔一二八〕冢田虎曰：「言將爲子順之役，而從其所之。」

〔一二九〕冢田虎曰：「使舉以仕魏朝也。」

〔一三〇〕「事」，指海本作「任」，錢熙祚曰：「『任』原誤『事』，依御覽六百二十四改。」冢田虎曰：「事賢才，猶九德咸事之言，使賢才用其官事也。」　庶按：御覽卷六百二十四作「事」，不作「任」，錢氏或失檢。

〔一三一〕「奪」下，御覽卷六百二十四有「其」字。「無任」，指海本作「不任」，錢熙祚曰：「『不任』原作『無任』，依御覽改。」冢田虎曰：「無任，謂幸位者。」　庶按：資治通鑑卷五亦作「無任」。胡三省注：「無任之禄，謂不任事而失禄者。」「無任」自通，可不必改。

〔一三二〕宋咸注：「文咨，魏人。」「以告」下，資治通鑑卷五有「子順」二字。胡三省注：「文，姓也。越有大夫文種。」

〔一三三〕宋咸注：「言寧順前政而有成，孰可變更而興起其謗？」

〔一三四〕冢田虎曰：「唯可與要終也。」

〔一三五〕宋咸注：「子産，國僑，相鄭。從政一年，輿人誦之，曰：『取我衣冠而褚之，取我田疇而伍（庶按：原本「伍」作「位」，左傳襄公十一年作「伍」，是，據改。呂氏春秋樂成篇作「賦」，謂納田税，與「伍」字通）之，孰殺子産？吾其與之。』及三年，又誦之，曰：『我有子弟，子産誨之。我有田疇，子産殖之。子産而死，誰其嗣之？』」 庶按：左傳昭公四年：「鄭子産作丘賦，國人謗之，曰：『其父死於路，己爲蠆尾。以令於國，國將若之何？』」

〔一三六〕冢田虎曰：「庸，豈也。遠則三年，近則三月，當有謗止之時也。」

〔一三七〕原本「君」作「生」，諸本並作「君」，是，據改。

〔一三八〕「魯人」下，資治通鑑卷五無「謗」字。淵鑑類函卷三百七十「謗」下無「誦」字。錢熙祚曰：「御覽無『謗』字。」 庶按：「謗誦」，呂氏春秋樂成篇作「鷖誦」，陳奇猷謂「鷖」即「翳」之異文，曰：「此文『魯人鷖誦之』，猶言魯人密誦之，即今語『背後誦之』。……孔叢、御覽皆因不明鷖字之義而改之，不足據。」疑「謗」下無「誦」字是。此言「謗曰」，下文言「又作誦曰」，乃上下相承之意，陳説駁之不當。且「又作誦」不能證明上文「謗」下必有「誦」字。「魯人謗曰」是魯人背後議論，「民又作誦曰」是魯人公開稱頌，此乃以明、暗對舉，説明魯人對孔子爲相的認識過程。

〔一三九〕「之」，指海本作「而」，錢熙祚曰：「『而』原誤『之』，依御覽改。」　庶按：吕氏春秋樂成篇亦作「而」。「之」猶「而」也，詳裴學海古書虚字集釋卷九。

〔一四〇〕宋咸注：「麛，鹿子也。其皮以爲裘，加裼衣以朝，斥夫子也。芾，小貌。投，棄也。戾、郵，罪也。」姜兆錫曰：「『芾』、『韍』同。『郵』、『尤』同。」　庶按：資治通鑑卷五胡三省注：「大夫以上赤芾乘軒。戾，罪也。『郵』與『尤』同，過也。章甫，殷冠。……古者大夫羔裘以居，狐裘以朝。『麛裘而芾』，謂芾與麛裘相稱也。刺孔子裘衣而章甫，言孔子相魯能行古之道也。」「芾」，吕氏春秋樂成篇作「韠」。畢沅曰：「舊訛『鞞』，當作『韠』，與『芾』、『韍』、『紱』字同。孔叢子陳士義篇正作『芾』。」芾爲朝賀之禮服。左傳桓公二年「袞冕黻珽」，孔穎達正義：「鄭玄詩箋云：『芾，大古蔽膝之象也。……以韋爲之。』……詩云『赤芾在股』，則芾是當股之衣，故云『以蔽膝』也。鄭玄易緯乾鑿度注云：『古者田漁而食，因衣其皮，先知蔽前，後知蔽後。後王易之以布帛，而獨存其蔽前者，重古道而不忘本也。』……士冠禮『士服皮弁玄端』，皆服韠，是他服謂之韠。……經傳作『黻』，或作『韍』，或作『芾』，音義同也。……魏、晉以來，用絳紗爲之……以其用絲，故字或有爲『紱』者。」宋咸注文謂「小貌」，指其與麛裘相對而言。「郵」、「尤」古通。爾雅釋言：「郵，過也。」陳奇猷新校釋謂此以「韠」喻孔子與時不相容，投棄而無過。

〔一四一〕「三月」，錢熙祚曰：「『三月』原誤『三年』。」庶按：呂氏春秋樂成篇作「三年」。此爲傳聞之辭，疑本當作「三年」。孔叢子行文以與子産之比，而作「三月」。

〔一四二〕「化」下，葉氏藏本、潘承弼校跋本、章鈺校跋本並無「既」字。資治通鑑卷五作「政化既成」，淵鑑類函卷三百七十作「政化既行」。錢熙祚曰：「『政』下衍『成』字，並依御覽六百二十四、又六百八十五删改。」庶按：錢説與淵鑑類函同，當是。

〔一四三〕宋咸注：「衮衣，公侯之服。章甫，儒冠，亦指夫子也。」冢田虎曰：「言亦當有美誦也。」

〔一四四〕宋咸注：「穆王，周昭王之子，名滿。祭，畿内之國。祭公爲王卿士。謀父，字也。」

〔一四五〕「亦請君」，黎堯卿本作「謂君亦」。冢田虎曰：「人君挾尊貴，以示驕傲，則賢才不歸。」

〔一四六〕冢田虎曰：「人性皆欲名欲利，故爵禄可以使之也。若無欲者，則不可得而使也。」

〔一四七〕冢田虎曰：「孔子曰：『事君大言入則望大利，小言入則望小利。』然則無欲者，乃不得其用也。」庶按：冢田説引「孔子曰」文，在禮記表記篇。

〔一四八〕「夫」，葉氏藏本、潘承弼校跋本、章鈺校跋本並作「矣」，屬上爲句。

〔一四九〕「制」，説郛本作「致」。

〔一五〇〕宋咸注：「伯夷、叔齊，孤竹君墨台（庶按：史記伯夷列傳司馬貞索隱作「墨胎」，宋咸注「台」疑爲「胎」之壞字）初之二子。伯夷名允，字公信。伯，長。夷，謚。叔齊名智，字公違（庶按：「違」，宛委別藏本、周叔弢藏本、指海本注文並作「達」。司馬貞索隱：「叔齊名致，字公達。」）。齊，謚。聞西伯昌善養老，往歸之。乃武王伐紂，叩馬而諫，義不食周粟，隱於首陽山，采薇而食之，遂餓死焉。」庶按：宋咸注文爲約取史記伯夷列傳。呂氏春秋誠廉篇記伯夷、叔齊事，較史記爲詳，文亦異。

論勢第十六〔一〕

魏王問相國曰：「今秦負强〔二〕，以無道陵天下，天下莫不患。寡人欲割國之半，以親諸侯，求從事於秦，可乎〔三〕？」子順對曰：「以臣觀之，殆無益也。今天下諸侯畏秦之日久矣，數被其毒，無欲復之之志〔四〕。心無所計，委國於遊説之士〔五〕。遊説之士挾强秦以爲資，賣其國以收利〔六〕，叉手服從，曾不能制〔七〕。如君之謀，未獲其利而秖爲名，適足以速秦之首誅，則無以得之〔八〕，不如守常以須其變也〔九〕。」王曰：「秦其遂有天下乎？」對曰：「必然焉〔一〇〕。雖然，取不以義〔一一〕，得不以道，自古以來，未有能終之者〔一二〕。」

五國約而誅秦〔一三〕。子順會之秦，未入境而還〔一四〕。諸侯留兵於成皋〔一五〕。子順謂市丘子曰〔一六〕：「此師楚爲之主，今兵罷而不散，殆有異意〔一七〕，君其備之。」市丘子曰：「先生幸而教之，願以國寄先生。」子順許諾，遂見楚王曰：「王約五國而西伐秦，事既不集〔一八〕，又久師於市丘〔一九〕，謗君者或以君欲攻市丘，以償兵費〔二〇〕。天下之士且以是輕君而重秦，且又不義君之爲矣，王胡不卜交乎〔二一〕？」楚王曰：「奈何〔二二〕？」子順曰：「王今出令〔二三〕，使五國勿攻市丘。五國重王，則聽王之令矣。不重王，則且反王之令而攻市丘。以此卜五國交王之輕重〔二四〕，必明矣。」楚王敬諾，而五國散〔二五〕。

趙閒魏，將以求親於秦〔二六〕。子順謂趙王曰〔二七〕：「此君之下吏計過也。比目之魚，所以不見得於人者〔二八〕，以耦視而俱走也〔二九〕。今秦有兼吞天下之志，日夜伺間，不忘於側息也〔三〇〕。趙、魏與之鄰接，而强弱不敵〔三一〕。秦所以不敢圖并趙、魏者，徒以二國并目周旋者也〔三二〕。今無故自離，以資强秦，天下拙謀，無過此者，故臣曰君之下吏計過也。夫連鷄不能上棲〔三三〕，亦猶二國構難，不能自免於秦也，願王孰慮之。」趙王曰：「敬受教。」

韓與魏有隙，子順謂韓王曰：「昭釐侯，一世之明君也〔三四〕；申不害，一世之賢相也〔三五〕。韓與魏，敵侔之國〔三六〕，而釐侯執圭見梁君者〔三七〕，非好卑而惡尊，慮過而計失也〔三八〕。與嚴敵爲鄰〔三九〕，而動有滅亡之變〔四〇〕，獨勁不能支二難〔四一〕，故降心以相從，屈己以求存也〔四二〕。申不害慮事而言〔四三〕，忠臣也；昭釐侯聽而行之，明君也。今韓弱於始之韓〔四四〕，魏均於始之魏〔四五〕，秦强於始之秦〔四六〕，而背先人之舊好，以區區之衆，居二敵之間，非良策也。齊、楚遠而難恃，秦、魏呼吸而至〔四七〕，捨近而求遠，是以虚名自累，而不免近敵之困者也〔四八〕。爲王計者，莫如除小忿、全大好也〔四九〕。吴、越之人，同舟濟江，中流遇風波，其相救如左右手者，所患同也〔五〇〕。今不恤所同之患〔五一〕，是不如吴、越之舟人也。」韓王曰：「善。」

秦兵攻趙，魏大夫以爲於魏便。子順曰：「何謂？」曰：「勝趙，則吾因而服焉。不勝趙，則可承弊而擊之〔五二〕。」子順曰：「不然。秦自孝公以來，戰未常屈〔五三〕。今皆良將，何弊之承〔五四〕？」大夫曰：「縱其勝趙，於我何損？鄰之不脩，國之福也〔五五〕。」子順曰：「秦，貪暴之國也。勝趙，必復他求，吾恐於時受其師也〔五六〕。先人有言〔五七〕：燕雀處屋〔五八〕，子母相哺，煦煦焉其相樂也〔五九〕，自以爲安矣。竈突決〔六〇〕，上棟宇將焚〔六一〕，燕雀顔色不變〔六二〕，不知禍之將及己也〔六三〕。今子不悟趙破患將及己，可以人而同於燕雀乎〔六四〕！」

齊攻趙，圍廩丘〔六五〕。趙使孔青帥五萬擊之〔六六〕，尅齊軍，獲尸三萬。趙王詔：「勿歸其尸，將以困之〔六七〕。」子順聘趙，問王曰：「不歸尸，其困何也〔六八〕？」曰：「其父兄子弟悲苦無已，廢其産也〔六九〕。」子順曰：「非所以窮之也。死，一也。歸尸與不歸〔七〇〕，悲苦胡異焉〔七一〕？以臣愚計，貧齊之術，乃宜歸尸。」王曰：「何謂？」對曰：「使其家遠來迎尸，不得事農，一費也。歸所葬〔七二〕，使其送死終事，二費也。一年之中，喪卒三萬，三費也。欲無困貧，不能得已〔七三〕。」王曰：「善。」繼而齊士大夫聞其子順之謀〔七四〕，曰：「君子之謀，其利博哉〔七五〕！」

子順相魏，凡九月，陳大計輒不用，乃喟然曰：「不見用〔七六〕，是吾言之不當也〔七七〕。言不當於主，而居人之官，食人之禄，是尸利也〔七八〕。尸利素餐〔七九〕，吾罪深矣。」退而以病致事〔八〇〕。魏三遣使入其館〔八一〕，謝曰：「寡人昧於政事，不顯明是非，以啟罪於先生，今知改矣〔八二〕。願先生爲百姓故，幸起而教之〔八三〕。」辭曰：「臣有犬馬之疾，不任國事〔八四〕，苟得從四民之列，子弟供魏國之征〔八五〕，乃君惠也，敢辱君命，以速刑書〔八六〕。」人謂子順曰：「王不用子，子其行乎？」答曰：「吾將行，如之山東〔八七〕，則山東之國將并於秦〔八八〕。秦爲不義，義所不入〔八九〕。」遂寢於家。

秦急攻魏〔九〇〕，王恐〔九一〕。或謂子順曰：「如之何？」答曰：「吾私有計〔九二〕，然豈能賢於執政？故無言焉〔九三〕。」魏王聞之，駕如孔氏，親問焉，曰：「國亡矣，如之何？」對曰：「夫棄之不如用之之易也〔九四〕，死之不如棄之之易也〔九五〕。人能棄之，弗能用也；能死之，不能棄也，此人過也〔九六〕。今王亡地數百里，亡城數十，而患不解〔九七〕，是王棄之，非用之也〔九八〕。秦之强，天下無敵。魏之弱，甚矣！而王是以質秦〔九九〕，此王能死，不能棄之也〔一〇〇〕，是重過也。若能用臣之計，則虧地不足傷國，卑體不足苦身，患解而怨報矣〔一〇一〕。今秦四境之内，執政以下〔一〇二〕，固曰『與嫪氏乎？與吕氏乎〔一〇三〕』，雖門閭之下，廊廟之上，猶皆如是〔一〇四〕。今王誠能割地賂秦，以爲嫪毒功〔一〇五〕，卑身尊秦，以因嫪毒〔一〇六〕，王是以國贊嫪毒也〔一〇七〕。則嫪毒勝矣〔一〇八〕，於是太后之德王也，深如骨肉〔一〇九〕，王之交，最爲天下之上矣〔一一〇〕。孰不棄吕氏而從嫪毒〔一一一〕？天下皆然，則王怨必報矣〔一一二〕！」

校釋

〔一〕宋咸注：「盍論諸侯强弱之勢云。」

〔二〕宋咸注：「當秦昭襄王時。」

〔三〕冢田虎曰：「欲割地以賂諸侯，與之相連合，而西伐强秦也。」

〔四〕宋咸注：「無讎秦之志。」冢田虎曰：「諸侯皆數爲秦所陵犯而被其毒害，然猶畏怖其勢，乃無報復其讎之志也。」

〔五〕冢田虎曰：「遊説之士，蘇秦、張儀等，此時既死，猶蘇代、犀首之徒在。」

〔六〕冢田虎曰：「以秦之强，爲其所説之資助，各自賣其國，以取利於己耳。」

〔七〕冢田虎曰：「叉手，拱手也。諸侯皆拱手，服從於遊士之説焉，曾不能自斷制之也。」

〔八〕冢田虎曰：「速，召也。秦之討諸侯，必以魏爲首誅，則無以得利，而是以招其害也。」

〔九〕宋咸注：「須，待也。」「須」，蔡宗堯本作「俟」。冢田虎曰：「於今莫於秦何？則且可守其常，以待天下之變而已。」

〔一〇〕「然」下，葉氏藏本、潘承弼校跋本、章鈺校跋本並無「焉」字。

〔一一〕「義」，子苑本作「道」。

〔一二〕宋咸注：「故秦始皇雖并天下財五十餘年，趙高殺二世，立子嬰。子嬰立月餘，項羽誅之，遂滅秦。」冢田虎曰：「順天應人，而以其道，非如殷、周焉，則雖且取地得民，而不能終保有之。言秦之不道，將不能終之也。」

〔一三〕宋咸注：「魏公子無忌既自趙歸，率楚、齊、韓、衛兵攻秦，敗之河外，蒙驁走，當秦莊襄王時也。」錢熙祚曰：「原脱『約』字，別本『而』作『西』，蓋以意改，今依御覽四百六十二補正。」

庶按：錢説與宋本合，是。戰國策韓策一「五國約而攻秦」，吴師道補曰：「此懷王爲從長，合齊、趙、韓、魏、燕及匈奴伐秦時，事在懷王十一年、韓宣惠王十五年。……此策文見孔叢子，以爲子順之言，其注謂魏公子無忌率五國兵敗蒙恬，爲尤誤。」

〔一四〕宋咸注：「子順未入秦境而還。」「之」下「秦」字，指海本在「入」字下，錢熙祚曰：「『秦』字原誤在『未入』上，依御覽乙轉。」　庶按：宋咸注爲釋「未入境」之義，故宋本不誤，錢説非。

〔一五〕宋咸注：「成皋故虎牢地，屬三川郡。」冢田虎曰：「成皋本韓地，前此秦拔之。」

〔一六〕宋咸注：「市丘子，守市丘者，不見其名氏。」「市丘子」，指海本作「市丘君」，錢熙祚曰：「『君』原作『子』，依御覽改，下同。按：戰國策亦作『君』。」冢田虎曰：「市丘小國，蓋秦附庸，地近乎成皋。」　庶按：戰國策鮑本吴師道補曰：「留成皋而將攻市丘，市丘必韓地。不然，則策當在楚，不在韓。」戰國策韓策黄丕烈札記：「此策文，吴氏以爲見孔叢子，其實孔叢依此以作僞耳。」

〔一七〕冢田虎曰：「異意，言楚有攻市丘之意。」

〔一八〕冢田虎曰：「集，成也。時秦出兵，五國乃罷。」

〔一九〕冢田虎曰：「猶不散其師。」

〔二〇〕冢田虎曰：「言謗楚王者，以爲其留兵於成臯者，此欲攻市丘以所獲償兵費之故也。」

〔二一〕原本「胡」作「故」。錢熙祚曰：「『胡』原誤『故』，別本作『可』，蓋以意改。今依御覽改正。」

〔二二〕冢田虎曰：「言王特不可卜稽諸侯之所以交王之輕重乎？」庶按：錢説是，戰國策韓策一亦作「胡」，據改。葉氏藏本、潘承弼校跋本並作「何」，義亦通。程榮本、崇禎本、鍾惺本、四庫全書本、何允中本、清抄本標記毛斧季藏宋本並作「可」，「可」亦猶「何」也。

〔二三〕冢田虎曰：「問卜之奈之何？」

〔二三〕「出」下，指海本原無「令」字，錢熙祚曰：「『令』字依御覽補。」庶按：錢説與宋本合，是。

〔二四〕冢田虎曰：「輕重謂輕之與重之也。」

〔二五〕吳師道注戰國策韓策一正曰：「是役本六國，言五國重王，則楚在外。史年表等書五國，故因此稱五國。……其曰：合五國之衆，一籌不畫，逡巡而却，乃欲攻一小邑以償費。楚王爲從長，不知諸侯與己之深淺，始欲卜交，宜乎秦以折箠笞之。」

〔二六〕冢田虎曰：「趙，魏舊連和之國，而今與魏爲閒隙，欲以爲秦所親也。」

〔二七〕宋咸注：「趙悼襄王。」

〔二八〕錢熙祚曰：「御覽四百五十無『所以』二字。」

〔二九〕宋咸注：「比目魚以左右分目，不比不行，南越謂之板魚。」

〔三〇〕宋咸注：「側息猶少息。」冢田虎曰：「側息，猶言片息，伺諸侯之間隙者，不須臾忘也。」

〔三一〕冢田虎曰：「趙、魏皆非可敵於秦之强。」

〔三二〕「目」，錢熙祚曰：「御覽『目』作『力』。」

〔三三〕「上」，諸子品節本、焦竑本並作「止」。原本「棲」作「捷」，葉氏藏本、蔡宗堯本、潘承弼校跋本、章鈺校跋本、冢田虎本並作「棲」。冢田虎曰：「連雞，連繫雞足也。『棲』本作『捷』，誤。」錢熙祚曰：「原誤『捷』，依御覽改。戰國策亦云『連雞不能俱上於棲』。」庶按：冢田、錢説並是，據改。戰國策秦策一：「諸侯不可一，猶連雞之不能俱止於棲之明矣。」吴師道補注：「姚本續：李善引作『俱上於棲亦明矣』。鮑本：『連，謂繩繫之。棲，雞所宿也。』」文選西征賦「連雞互而不棲」，李善注：「猶連雞之不能俱止於棲，亦明矣。」

〔三四〕宋咸注：「韓王謂宣惠王也，乃昭釐侯之子。韓自宣惠始稱爲王。」

〔三五〕宋咸注：「申不害學本黄老，主於刑名，著書有上下二篇、中書六篇。相韓，事昭釐侯，國内以治，諸侯不來侵伐，於昭侯二十二年死。」

〔三六〕冢田虎曰：「侔，齊等也。」

〔三七〕宋咸注：「梁君即魏王也。」冢田虎曰：「圭，瑞玉，所執以通信。魏都大梁，故亦稱梁君。」

〔三八〕冢田虎曰：「言鼇侯之所以朝見於魏王者，非敢好卑屈也，亦非計慮之過失也。」

〔三九〕冢田虎曰：「嚴敵，謂秦與魏。」

〔四〇〕「變」，宛委别藏本作「憂」。錢熙祚曰：「吴師道戰國策注引作『憂』。」

〔四一〕姜兆錫曰：「二難，二敵，謂魏與秦也。」

〔四二〕冢田虎曰：「與魏有隙，則魏及秦爲韓之二難。故鼇侯降屈，以與魏相順從，以求國之安存也。」

〔四三〕宋咸注：「謂策其事而後言。」「言」下，錢熙祚曰：「戰國策有『之』字。」

〔四四〕宋咸注：「言今宣惠王弱於昭鼇侯之時。」

〔四五〕宋咸注：「均，同也。」「均」，冢田虎本作「弱」，冢田曰：「『魏弱』之『弱』，疑當爲『强』。」

〔四六〕錢熙祚曰：「御覽四百五十云『今之韓弱於始之韓，今之秦强於始之秦』，無『魏弱於始之魏』句，疑是。」庶按：戰國策韓策三亦無「魏均於始之魏」句。吴師道於鮑本補曰：「按此文（孔叢子）與策上文略同，其下則異。子順之言，主除忿全好，策文主尊秦，非子順意也。」

〔四七〕冢田虎曰：「呼吸，喻其近也。」

〔四八〕冢田虎曰：「弱而有强名，乃以虚名自繫累，而反有附近敵之困也。」

〔四九〕宋咸注：「除有隙之小忿，全執圭之大好。」冢田虎曰：「其與魏有隙者，以小忿也。而二國舊相約，以拒强秦者，是大好也。」

〔五〇〕冢田虎曰：「吴與越，舊仇讎敵戰之國。然同風波之患，則其相救猶一體也。」

〔五一〕冢田虎曰：「所同之患，謂强秦之難也。」

〔五二〕宋咸注：「言秦勝則我因服秦，或秦敗則承其弊而擊之。」

〔五三〕「常」，沈津本作「嘗」，「常」、「嘗」古通用。

〔五四〕宋咸注：「時武安君穰侯輩爲秦將，皆良。」「皆」，資治通鑑卷五作「又屬其」，胡三省注：「良將，謂白起也。」「承」，冢田虎本作「乘」，冢田曰：「孝公，始皇六世祖，用商鞅法，以務富强，初與六國敵。子順之時，蒙驁、王齮、麃公等爲秦將軍。」

〔五五〕冢田虎曰：「言趙之不修，則魏之福也。」

〔五六〕宋咸注：「言秦既勝趙，必更他求，當加兵於魏，故曰受其師。」「時」下，沈津本、資治通鑑卷五並有「魏」字。胡三省注：「『於時』猶言此時也。」冢田虎曰：「彼勝趙，則必將復攻魏。」

〔五七〕「先人」，吕氏春秋諭大篇作「季子」，務大篇作「孔子」。

〔五八〕「屋」，焦竑本作「堂」。

〔五九〕「焉」，沈津本作「然」。冢田虎曰：「呴呴，娱樂貌。」庶按：吕氏春秋務大篇「區區焉相樂也」，高誘注：「區區，得志貌也。」畢沅曰：「『區區』當作『嘔嘔』，下同。前諭大篇作『姁姁』。」則「呴呴」、「嘔嘔」、「姁姁」音義並同。

〔六〇〕冢田虎曰：「突，竈窻。字又作『堗』。」

〔六一〕「上」字上疑脱「火」字，吕氏春秋諭大篇作「火上焚棟」。資治通鑑卷五作「竈突炎上，棟宇將焚」，胡三省注：「竈窻謂之突。」

〔六二〕原本「色」下無「不」字，葉氏藏本、潘承弼校跋本、章鈺校跋本、姜兆錫本、沈津本、吕氏春秋諭大篇、務大篇、資治通鑑卷五並有「不」字，是，據補。

〔六三〕「及」上，沈津本無「將」字。

〔六四〕冢田虎曰：「此後秦果拔魏地。比年，終被大患矣。」

〔六五〕宋咸注：「左氏傳襄公二十六年：『齊烏餘以廩丘奔晉。』烏餘，齊大夫也。蓋廩丘於春秋時屬齊。」冢田虎曰：「廩丘本齊地，齊宣公五十一年田會以廩丘反屬趙。」

〔六六〕宋咸注：「孔青，趙將。」

〔六七〕冢田虎曰：「欲以使齊困貧。」

〔六八〕吕氏春秋不廣篇：「齊攻廩丘，趙使孔青將死士而救之。與齊人戰，大敗之，齊將死。得車二千，得尸三萬，以爲二京。甯越謂孔青曰：『惜矣，不如歸尸以内攻之。』」許維遹集釋：「蘇時學曰：『孔叢本之吕氏春秋。今以紀年考之，此事在魏文侯時，甯越爲周威公師，正其時人也。若子順相魏，乃安釐王世，相去百餘年矣。』」

〔六九〕冢田虎曰：「言各廢其產業，則其國將自困貧也。」

〔七〇〕原本「不」下無「歸」字，葉氏藏本、潘承弼校跋本並有「歸」字，是，據補。

〔七一〕宋咸注：「言死既一，則歸尸與不歸尸、悲苦與不悲苦亦無異也。」

〔七二〕「歸所葬」，指海本作「歸而葬之」，錢熙祚曰：「『而』原誤『所』，又脫『之』字，依御覽四百六十二補正。」　庶按：「而」猶「所」也，詳裴學海古書虛字集釋卷九。此文義自通，可不必改。

〔七三〕「不能得已」，錢熙祚曰：「御覽『弗可得已』。」冢田虎曰：「其民缺農事，又行其葬事，又固死喪之卒三萬，有此三費，而得無困貧乎？」

〔七四〕「聞」下，葉氏藏本、潘承弼校跋本、章鈺校跋本並無「其」字。

〔七五〕冢田虎曰：「能使死者之親行喪事，又使趙王得其計，此其所利博也。」

〔七六〕「不」上，資治通鑑卷五有「言」字。

〔七七〕冢田虎曰：「其所陳言不中於世主情也。」

〔七八〕冢田虎曰：「尸利，猶曰尸祿。記曰：『近而不諫，則尸利也。』」　庶按：冢田說引記文，在禮記表記篇。

〔七九〕原本「餐」作「飧」（「飧」之俗字），宛委别藏本、蔡宗堯本、何允中本、章鈺校跋本、陳錫麒本、清抄本、資治通鑑卷五並作「餐」，蘇應龍輯本後集卷四作「湌」。資治通鑑卷五胡三省注：「尸，主也。素，空也。尸利言仕不能行道而主於利也。素餐言空食君之禄而不能有所爲也。」「飧」、「湌」異名而同實，析言之，古時「飧」爲晚飯，「湌」是水泡飯，爲晚飯時所食。然「素餐」乃古之常語，「餐」、「飧」形近易訛，古代字書多混餐、飧爲一字，説文「餐」字下段玉裁注：「飧與餐其義異，其音異。」此作「餐」是，據改。

〔八〇〕宋咸注：「謂致其國事以還君。」「事」，資治通鑑卷五作「仕」，胡三省注：「致仕言致其仕事。」冢田虎曰：「致事，歸職事於君也。」

〔八一〕「三」，葉氏藏本、蔡宗堯本、周子義本、程榮本、崇禎本、鍾惺本、潘承弼校跋本、四庫全書本、何允中本、指海本、姜兆錫本、冢田虎本並作「王」。

〔八二〕冢田虎曰：「言改其不用之罪，自今將聽其計也。」

〔八三〕冢田虎曰：「欲其起乎病，復教諭政事也。」

〔八四〕冢田虎曰：「言有廢疾而不堪事也。」

〔八五〕冢田虎曰：「征謂賦役。」

〔八六〕冢田虎曰：「速，召也。言不任國事，則殆辱累君命，將以招刑法，是所不敢也。」

〔八七〕宋咸注：「之，往也。」

〔八八〕宋咸注：「言如往山東之國，則山東諸國當謂秦所並。」冢田虎曰：「山東之國，韓、趙、燕、齊也。」

〔八九〕冢田虎曰：「論語曰：『親於其身爲不善者，君子不入也。』」　庶按：冢田説引論語文，在陽貨篇。

〔九〇〕「魏」下，葉氏藏本、潘承弼校跋本復有「魏」字。錢熙祚曰：「戰國策注『魏』字重。」　庶按：錢説引戰國策注爲魏策四吴師道補鮑本注引孔叢子文。

〔九一〕宋咸注：「是時魏景湣王也。」　庶按：戰國策魏策四「秦攻魏急」，鮑本注：「始皇五年攻魏，取二十城，此元年。」秦始皇元年爲魏安釐王三十一年，始皇五年爲景湣王元年，宋咸注乃概言之。

〔九二〕「有」，戰國策魏策四吴師道補注引孔叢子作「其」。

〔九三〕宋咸注：「是時子順已還政，寢於家矣。」冢田虎曰：「執政猶將有良計焉。」

〔九四〕戰國策魏策四鮑本注：「棄，謂戰而喪地。用，謂割地賂之。」

〔九五〕冢田虎曰：「棄土地難，用土地易，爲地死則難，棄地則易也。」　庶按：戰國策魏策四鮑本注：「死，謂敗死。」

〔九六〕宋咸注：「言棄其地不如用其地，以攻守爲易；死其地不如棄其地，以圖存爲易。蓋當計其勢如何爾，在棄之用之得其宜。」「此人過也」，戰國策魏策四作「此人之大過也」。冢田虎曰：「能爲其難，而不能爲其易也。」　庶按：「人過」疑爲「大過」之譌。

〔九七〕宋咸注：「魏自秦昭王時嘗亡大縣數十、名都數百。洎始皇立，又拔二十城，以爲秦東郡矣。」「患」上，戰國策魏策四有「國」字。

〔九八〕冢田虎曰：「景湣王立，而彼年亡城地於秦矣。」

〔九九〕宋咸注：「景湣王爲太子，嘗質秦。」冢田虎曰：「安釐王三十年，太子增質於秦，即今王也。」

〔一〇〇〕冢田虎曰：「以秦、魏强弱之懸而質之，此能死也。」

〔一〇一〕原本「患」下無「解」字，葉氏藏本、潘承弼校跋本並有「解」字。冢田虎曰：「亡地卑體，易於傷國苦身。」　庶按：有「解」字是，戰國策魏策四作「解患而怨報」，是證「解」字當有，據補。

〔一〇二〕原本「執」作「報」，葉氏藏本、蔡宗堯本、周子義本、程榮本、崇禎本、鍾惺本、潘承弼校跋本、四庫全書本、何允中本、指海本、陳錫麒本、清抄本標記毛斧季藏宋本、姜兆錫本並作「執」，是，據改。

〔一〇三〕宋咸注：「秦始皇既立，文信侯呂不韋與太后私通，後恐覺，禍及私，求嫪毒詐爲腐，侍太后於雍宫，愛幸之事，皆決於毒。」　庶按：宋咸注文爲約取史記呂不韋列傳。

〔一〇四〕宋咸注：「言非獨四境之内、執政之下皆有是言，雖門閭廊廟内外，亦皆如是。」冢田虎曰：「門閭之下，謂黔首也。廊廟之上，謂執政也。言秦國上下，猶皆疑惑於二氏之可以與黨也。」

〔一〇五〕戰國策魏策四鮑本注：「因毒而割，故功在毒。」

〔一〇六〕原本「因」作「固」，戰國策魏策四作「因」，是。「固」乃「因」之訛，據改。

〔一〇七〕原本「是」作「受」，宛委别藏本、蔡宗堯本、周叔弢藏本、程榮本、馮夢禎本、崇禎本、鍾惺本、何允中本、陳錫麒本、清抄本、姜兆錫本、冢田虎本並作「是」，是，據改。戰國策魏策四鮑本注：「毒貴矣，今又因之以割，是以魏助之也。」

〔一〇八〕冢田虎曰：「以侯國贊助嫪毒，乃嫪氏之權勢，將勝呂氏也。」

〔一〇九〕「深如骨肉」，戰國策魏策四作「深於骨髓」。疑「深」當作「親」爲是。

〔一一〇〕宋咸注：「言太后德王，則秦不加兵，是乃王以此交秦，爲天下之上矣。」

〔一一一〕冢田虎曰：「時始皇年少，事皆決於二氏，而太后以愛嫪毒之由，而以魏王爲德，其交如骨肉，則天下視之，乃皆將以棄呂氏而從嫪毒也。」　庶按：戰國策魏策四鮑本注：「時二人已惡。」

〔一三〕「王怨必報矣」下，周子義本、四庫全書本有注文：「按：此策甚踈，必非子順語。」冢田虎曰：「天下皆從嫪毐，則秦國必有内亂矣，而乘其釁隙，則必可得報其怨矣。意者此子順之計，實救其危急之奇策也已。」庶按：戰國策魏策四鮑本正曰：「大事記以此章附見於始皇八年封嫪毐長信侯之下，謂嫪、吕争權，略見於此。景湣元年，秦拔二十城，策言亡地數百里，亡城數十，則在此後矣。二年，拔朝歌。三年，拔汲。大事記所書，則拔汲之年。所謂秦攻魏急者，蓋其時矣。」吴師道補曰：「大事記曰：『子順進退有聖賢之風，寧忍出此乎？』」

執節第十七〔一〕

趙孝成王問曰〔二〕：「昔伊尹爲臣而放其君，其君不怨〔三〕，何行而得乎此也〔四〕？」子順答曰〔五〕：「伊尹執人臣之節，而弼其君以禮，亦行此道而已矣〔六〕。」王曰：「方以放君爲名，而先生稱禮，何也？」子順曰：「以禮括其君，使入於善也。」曰：「其説可得聞乎？」答曰：「其在商書。太甲嗣立而干冢宰之政〔七〕，伊尹曰：『惟王舊行不義，習與性成，予不狎於不順，王始即桐〔八〕，邇於先王其訓，罔以後人迷，王往居憂，允思厥祖之明德〔九〕。』是言太甲在喪，不明乎人子之道，而欲知政〔一〇〕，於是伊尹使之居桐，近湯之墓，處憂哀之地，放之不得知政〔一一〕。三年服竟，然後反之〔一二〕，即所以奉禮執節事太甲者也〔一三〕。率其君以義，强其君以孝道，未有行此見怨也〔一四〕。」王曰：「善哉！我未之聞也。」

魏安釐王謂子順曰〔一五〕：「馬回之爲人，雖少才文，梗梗亮直，有大丈夫之節〔一六〕，吾欲以爲相，可乎？」答曰：「知臣莫若君，何有不可？至於亮直之節，臣未明也。」王曰：「何故？」答曰：「聞諸孫卿云〔一七〕：『其爲人也，長目而豕視者，必體方而心員〔一八〕。』每以其法相人，千百不失〔一九〕。臣見回非不偉其體幹也，然甚疑其目〔二〇〕。」王卒用之。三月，果以諂得罪〔二一〕。

新垣固謂子順曰〔二二〕：「賢者所在，必興化致治。今子相魏，未聞異政而即自退，其有志不得乎〔二三〕？何去之速也〔二四〕？」答曰：「以無異政，所以自退也。且死病無良醫〔二五〕，今秦有吞食天下之心，以義事之，固不獲安〔二六〕，救亡不暇〔二七〕，何化之興？昔伊摯在夏〔二八〕，吕望在商〔二九〕，而二國不理〔三〇〕，豈伊、吕之不欲哉？勢不可也〔三一〕。當如今日，山東之國弊而不振，三晉割地以求安，二周折節而入秦，燕、齊、宋、楚已屈服矣〔三二〕。以此觀之，不出二十年，天下其盡爲秦乎〔三三〕！」

季節見於子順〔三四〕，子順賜之酒，辭。問其故，對曰：「今日家之忌日也，故不敢飲〔三五〕。」子順曰：「飲也〔三六〕。禮，雖服衰麻，見於君及先生，與之粱肉〔三七〕，無辭，所以敬尊長而不敢遂其私也。忌日方於有服〔三八〕，則輕矣。」

魏安釐王問天下之高士〔三九〕，子順曰：「世無其人也。抑可以爲次，其魯仲連乎〔四〇〕？」王曰：「魯仲連，强作之者，非體自然也〔四一〕。」答曰：「人皆作之，作之不止，乃成君子〔四二〕。文、武欲作堯、舜而至焉。昔我先君夫子欲作文、武而至焉〔四三〕。作之不變，習與體成〔四四〕。習與體成，則自然矣〔四五〕。」

虞卿著書，名曰春秋〔四六〕。魏齊曰：「子無然也〔四七〕。春秋，孔聖所以名經也〔四八〕，今子之書，大抵談説而已，亦以爲名何〔四九〕？」答曰：「經者，取其事常也。可常，則爲經矣。是不爲孔子，其無經乎〔五〇〕？」齊問子順，子順曰：「無傷也。魯之史記曰春秋，春秋經因以爲名焉〔五一〕，又晏子之書亦曰春秋〔五二〕。吾聞太山之上，封禪者七十有二君，其見稱述，數不盈十，所謂貴賤不嫌同名也〔五三〕。」

邯鄲之民，以正月之旦獻雀於趙王，而綴之以五綵〔五四〕，趙王大悦〔五五〕。申叔以告子順〔五六〕，子順曰：「王何以爲也？」對曰：「正旦放之，示有生也〔五七〕。」子順曰：「此委巷之鄙事爾〔五八〕，非先王之法也，且又不令〔五九〕。」申叔曰：「敢問何謂不令？」答曰：

「夫雀者，取其名焉，則宜受之於上，不宜取之於下〔六〇〕，下人非所得制爵也〔六一〕，而王悅此，殆非吉祥矣〔六二〕。昔虢公祈神，神賜之土田，是失國而更受田之祥也〔六三〕。今以一國之王受民之雀〔六四〕，將何悅哉〔六五〕？」

申叔問曰：「犬馬之名，皆因其形色而名焉，唯韓盧、宋鵲獨否，何也？」子順答曰：「盧，黑色；鵲，白黑色，非色而何〔六六〕？」

魏公子無忌死，韓君將親吊焉〔六七〕。其子榮之以告子順〔六八〕，子順曰：「必辭之。禮，鄰國君吊，君之主〔六九〕。今君不命子，則子無所受其君也〔七〇〕。」其子辭韓〔七一〕，韓君乃止。

子高以爲趙平原君霸世之士〔七二〕，惜不遇其時也。其子子順以爲衰世之好事公子，無霸相之才也。申叔問子順曰：「子之家公，有道先生，既論之矣，今子易之，是非焉在〔七三〕？」答曰：「言貴盡心，亦各其所見也〔七四〕。若是非，則明智者裁之〔七五〕。」

申叔問子順曰：「禮，爲人臣三諫不從，可以稱其君之非乎〔七六〕？」答曰：「禮，所不得也〔七七〕。」曰：「叔也昔者逮事有道先生，問此義焉，而告叔曰『得稱其非者，所以欲天下人君使不敢遂其非也〔七八〕』。」子順曰：「然，吾亦聞之〔七九〕。是亡考起時之言，非禮意也〔八〇〕。禮，受放之臣，不說人以無罪〔八一〕。先君夫子曰：『事君，欲諫不欲陳〔八二〕。』言不欲顯君之非也。」申叔曰：「然則晏子、叔向皆非禮也。」答曰：「此二大夫相與私燕，言及國事，未以爲非禮也〔八三〕。晏子既陳『屨賤而踴貴』於君，其君爲之省刑。然後以及叔向，叔向聽晏子之私，又承其問所宜，亦答以其事也〔八四〕。」

魏王問子順曰：「寡人聞昔者上天神異后稷，而爲之下嘉穀，周以遂興〔八五〕。往者中山之地〔八六〕，無故有穀，非人所爲，云天雨之，反亡國，何故也〔八七〕？」答曰：「天雖至神，自古及今，未聞下穀與人也。詩美后稷，能大教民種嘉穀，以利天下〔八八〕，故詩曰『誕降嘉種〔八九〕』，猶書所謂『稷降播種，農植嘉穀〔九〇〕』，皆說種之，其義一也。若中山之穀，妖怪之事，非所謂天祥也。」

趙王問相於平原君，平原君曰：「鄒文可〔九一〕。」王曰：「其行如何？」對曰：「夫孔子高，天下之高士也，取友以行，交遊以道。文與之遊，稱曰好義〔九二〕。王其用之。」王卒不用。後以平原君言問子順，且曰：「先生知之乎？」答曰：「先父之所交也，何敢不知？」王曰：「寡人雖失之在前，猶願聞其行於先生也。」答曰：「行不苟合，雖賤不渝，君子人也〔九三〕。」王遂禮之，固以老辭〔九四〕。

趙王謂子順曰：「寡人聞孔氏之世，自正考甫以來，儒林相繼〔九五〕，仲尼重之以大聖。自茲以降，世業不替，天下諸侯咸資禮焉〔九六〕。先生承其緒，作二國師〔九七〕，從古及今，載德流聲〔九八〕，未有若先生之家者也〔九九〕。先生之嗣〔一〇〇〕，率由前訓，將與天地相敵矣〔一〇一〕。」答曰：「若先祖父，並稟聖人之性〔一〇二〕，如君王之言也。至如臣者，學行不敏〔一〇三〕，寄食於趙，禄仕於魏，幸遇二國之君，寬以容之〔一〇四〕。若乃師也，未敢承命〔一〇五〕。假令賴君之福〔一〇六〕，願後世克祚，不忝前人，不泯祖業，豈徒一家之賜哉？亦天下之慶也〔一〇七〕。」王曰：「必然。必然。」

校釋

〔一〕宋咸注：「夫臣節之固，莫右乎伊尹，故凡論事不詘，亦所以附焉。」

〔二〕宋咸注：「趙孝成王，乃惠文王之子，立二十一年卒。」

〔三〕冢田虎曰：「君謂太甲也。事出於尚書太甲篇。又左氏傳曰：『伊尹放太甲而相之，卒無怨色。』」　庶按：孟子萬章上：「湯崩，太丁未立，外丙二年，仲壬四年。太甲顛覆湯之典刑，伊尹放之於桐。三年，太甲悔過，自怨自艾，於桐處仁遷義；三年，以聽伊尹之訓己也，復歸於亳。」

〔四〕「行」，葉氏藏本、潘承弼校跋本、章鈺校跋本並作「可」。

〔五〕「子順」上，子苑本有「孔」字。

〔六〕冢田虎曰：「以禮弼君，此其道也。」

〔七〕原本「冢」作「家」，諸本並作「冢」，是，據改。

〔八〕「始」，葉氏藏本、潘承弼校跋本、姜兆錫本並作「姑」。

〔九〕宋咸注：「此文與尚書差多，疑其未删，舊語尚存。」　庶按：尚書太甲上：「伊尹曰：『茲乃不義，習與性成，予弗狎於弗順，營於桐宮，密邇先王其訓，無俾世迷。王徂桐宮居憂，克終允德。』」

〔一〇〕冢田虎曰：「知，猶主也。」

〔一一〕「得」，宛委别藏本、蔡宗堯本、周叔弢藏本、周子義本、程榮本、馮夢禎本、崇禎本、鍾惺本、四庫全書本、何允中本、指海本、章鈺校跋本、陳錫麒本、清抄本、冢田虎本、子苑本並作「俾」。冢田虎曰：「俾，使。」

〔一二〕冢田虎曰：「太甲居桐宮，能思念其祖，而終其允德，故三年服喪竟，伊尹以冕服奉之，反之位也。」

〔一三〕冢田虎曰：「所以爲放之，即是奉禮以執人臣之節也。」

〔一四〕冢田虎曰：「以義與孝弼之，此非爲君所怨之行也。」

〔一五〕宋咸注：「魏安釐王乃昭王之子，立三十四年卒。」

〔一六〕宋咸注：「『梗』亦作『鯁』。」宛委別藏本、周叔弢藏本有注文：「一作『緶』。」「才」，指海本作「然」。原本「丈夫」作「夫夫」，諸本並作「丈夫」。錢熙祚曰：「『然』原誤『才』。又佝在『文』字上，依御覽四百四十四改正。又四百四十七『梗梗』作『桓桓』，亦無『才』字，又七百三十一『梗』作『鯁』，與注合。」冢田虎曰：「『梗』與『鯁』同。剛直之義。」庶按：作「丈夫」是，據改。

〔一七〕宋咸注：「荀卿，趙人，年五十始來遊學於齊。齊襄王時，卿最爲老師，三爲祭酒。齊人或讒之，乃適楚，而春申君以爲蘭陵令。後廢，因家蘭陵。嘗疾濁世之政，推儒、墨、道德之事，著數萬言。漢避宣帝諱，多稱孫卿焉。」「聞」上，錢熙祚曰：「御覽四百四十四有『臣』字。」「孫卿」，淵鑑類函卷二百二十三作「鄉人」。庶按：宋咸注文爲約取史記荀卿列傳，其「漢避宣帝諱，多稱孫卿焉」文，出於司馬貞索隱。

〔一八〕「視」下，淵鑑類函卷二百六十一無「者」字。冢田虎曰：「冢視，視之不静也。貟，無廉隅也。言外體有圭角，而中心無廉隅也。」

〔一九〕宋咸注：「言孫卿之相法：夫體雖方而心必圜，心圜則多姦。」

〔二〇〕「然甚」，淵鑑類函卷二百六十一作「而終」。姜兆錫曰：「聽其言也，觀其眸子，是也。」冢田虎曰：「不可爲亮直也。」

〔二一〕「果」上，指海本有「回」字，錢熙祚曰：「原脱『回』字，依御覽補。又御覽七百三十一『諂』作『詐』。」姜兆錫曰：「此言執節之必戒諂也。」

〔二二〕宋咸注：「魏安釐王嘗使新垣衍説趙帝秦，今新垣固乃衍族。」庶按：資治通鑑卷五胡三省注：「新垣，姓也。陳留風俗傳：『周畢公之後居於梁爲新垣氏。』梁有新垣衍，漢有新垣平是也。」

〔二三〕「其有」，沈津本作「其行」，資治通鑑卷五作「意者」。「乎」，周子義本、程榮本、馮夢禎本、崇禎本、鍾惺本、四庫全書本、何允中本、冢田虎本並作「白」。冢田虎曰：「白，顯也。」

〔二四〕宋咸注：「蓋子順相魏，九有陳大計輒不用，遂喟然而嘆，寢於家者也。」

〔二五〕資治通鑑卷五胡三省注：「病不可爲則良醫束手，故無良醫。」

〔二六〕冢田虎曰：「秦不尚義。」

〔二七〕宋咸注：「秦自昭、莊以還，已并東、西周、諸侯國。是時秦政始立，有吞天下之心，故曰救亡不暇。」

〔二八〕資治通鑑卷五胡三省注：「伊摯即伊尹。伊尹五就桀，五就湯。」

〔二九〕資治通鑑卷五胡三省注：「史記曰：『太公博聞，嘗事紂。紂無道，去之。游説諸侯，無所遇而卒西歸周西伯。』」

〔三〇〕「理」，錢熙祚曰：「御覽六百二十四引作『治』。」

〔三一〕宋咸注：「言君昏世衰，雖伊尹、太公亦不能使夏、商治之。」

〔三二〕「楚」下，葉氏藏本、潘承弼校跋本、章鈺校跋本復有「楚」字。

〔三三〕宋咸注：「始皇立二十有六年，并天下爲三十六郡。」原本「盡」上無「其」字，資治通鑑卷五有「其」字，胡三省注：「自此至秦始皇二十五年并天下，凡三十八年。」姜兆錫曰：「此言事强之難倖存也。」　庶按：有「其」字是，據補。此「其」爲擬測之辭，故當有。

〔三四〕宋咸注：「季節，魏人也。」冢田虎曰：「季節，蓋子順弟子。」

〔三五〕冢田虎曰：「孝子有終身之喪，忌日之謂也，故不敢飲。」

〔三六〕宋咸注：「禮，忌日不樂，而已未有無飲者。」　庶按：禮記檀弓上：「故君子有終身之憂，而無一朝之患，故忌日不樂。」又祭義篇：「君子有終身之喪，忌日之謂也。忌日不用，非不祥也，言夫日，志有所至，而不敢盡其私也。」

〔三七〕錢熙祚曰：「御覽五百六十二『見於』下有『君先生』三字。」　庶按：「雖」下，御覽卷五百六十二無「服」字。原本「粱」作「梁」，宛委別藏本、葉氏藏本、周叔弢藏本、程榮本、潘承弼校跋本、章鈺校跋本、陳錫麒本、清抄本、姜兆錫本、冢田虎本並作「粱」，是，據改。

〔三八〕冢田虎曰：「方，比方也。」

〔三九〕冢田虎曰：「高士，謂志操之高也。」

〔四〇〕宋咸注：「魯仲連，齊人，不肯仕宦任職，好持高節。嘗遊趙，挫新垣衍帝秦。又爲齊田單與燕將書，遂下聊城。田單歸而言其功，齊欲爵之，魯連乃逃隱於海上，曰：『吾與富貴而詘於人，寧貧賤而輕世肆志焉。』」　庶按：宋咸注文爲約取史記魯仲連列傳。漢書藝文志諸子略有魯仲連子十四篇，馬國翰有魯仲連子輯佚一卷。

〔四一〕冢田虎曰：「言勉强以作高者，而非其體質之所有然也。」

〔四二〕冢田虎曰：「人非自然，而志操高者，多皆勉强以作之。作之不休止，乃終自成君子也。」

〔四三〕冢田虎曰：「言文、武、二王及孔子，皆强作之，而至乎其德也。」

〔四四〕冢田虎曰：「作之而其志不變，則所習與體質相成矣。」

〔四五〕冢田虎曰：「書曰：『習與性成。』孔子曰：『習慣如自然。』」　庶按：冢田説引書文見太甲篇。

〔四六〕宋咸注：「虞卿，游説之士。爲趙孝成王上卿，後不得意，乃著書，上採春秋，下觀近世，節義、稱號、揣摩、政謀凡八篇，以刺譏國家得失，世傳之曰虞氏春秋。」　庶按：宋咸注文爲約取史記虞卿列傳。漢書藝文志諸子略有虞氏春秋十五篇，馬國翰有虞氏春秋輯佚一卷。

〔四七〕宋咸注：「魏齊，魏之公子，爲魏相。」冢田虎曰：「言可無名曰『春秋』也。」　庶按：史記虞卿列傳司馬貞索隱：「魏齊，魏相，與應侯有仇，秦求之急，乃抵虞卿。卿棄相印，乃與齊閒行亡歸梁，以託信陵君。信陵君疑未決，齊自殺。故虞卿失相，乃窮愁而著書也。」

〔四八〕孟子離婁下：「孟子曰：『王者之跡熄而詩亡，詩亡然後春秋作。晉之乘，楚之檮杌，魯之春秋，一也。其事則齊桓、晉文，其文則史。孔子曰：「其義則丘竊取之矣。」』」

〔四九〕冢田虎曰：「詰以『春秋』爲名之由。」

〔五〇〕冢田虎曰：「言雖不爲孔子，其事之可常，則亦以爲經，乃可名之以『春秋』也。」

〔五一〕史記孔子世家：「子曰：『弗乎弗乎，君子病没世而名不稱焉。吾道不行矣，吾何以自見於後世哉？』乃因史記作春秋。」

〔五二〕宋咸注：「晏嬰（庶按：原本「晏」作「宴」，「宴」乃「晏」之訛，今改），字平仲，萊之夷維人。事齊靈公、莊公、景公，以節儉力行重於齊。後著書曰晏子春秋，見行於世。」庶按：宋咸注文爲約取史記管晏列傳。史記管晏列傳：「至其書，世多有之，是以不論，論其軼事。」司馬貞索隱：「嬰所著書名晏子春秋。今其書有七篇。」

〔五三〕宋咸注：「史記述無懷氏以來封禪之事。司馬相如封禪文稱七十二君，然有名氏可稱述者，不盈於十，言切（庶按：「切」字不詞，當爲「其」字之訛）名雖同，而其實自殊，無足怪也。」姜兆錫曰：「此言著書難以僞雜真也。」冢田虎曰：「封禪者雖多也，見稱述者，則不有幾何。

名『春秋』者，則雖多也，所稱述者，唯孔子之經也。猶人雖知貴人之名，而不知賤人之名，則不嫌貴賤同名也。」　庶按：宋咸注文謂無懷氏以來封禪事，見史記封禪書。

〔五四〕「綵」，葉氏藏本、蔡宗堯本、潘承弼校跋本、章鈺校跋本、指海本並作「綵」，淵鑑類函卷十七作「采」。錢熙祚曰：「初學記四、藝文九十二、御覽二十九、又九百二十二『旦』上、『綴』下並無『之』字。又藝文四、書鈔百五十五『雀』並作『爵』，下同。」

〔五五〕「趙王」下，姜兆錫本有「受之」二字。

〔五六〕宋咸注：「申叔，趙人也。」

〔五七〕冢田虎曰：「以示生育物之恩也。」

〔五八〕冢田虎曰：「委巷，邊邑。」

〔五九〕宋咸注：「令，善也。」冢田虎曰：「不令，猶曰不祥。」

〔六〇〕冢田虎曰：「雀，爵也。爵則上之所命也。」

〔六一〕「非」上，姜兆錫本無「人」字。姜本蓋以「下人」不詞而删「人」字。「人」當爲「民」，即「邯鄲之民」。

〔六二〕冢田虎曰：「受雀於民，此爲民所制也。」

〔六三〕宋咸注：「虢公林父，乃周惠王卿士。惠王十五年，有神降於莘。莘，虢地也。虢公使祝應、宗區、史嚚享焉。神賜之土田。史嚚曰：『虢其亡乎！吾聞之：國將興（庶按：原本「興」作「与」，據左傳莊公三十二年改），聽於民；將亡，聽於神。神，聰明正直而壹（庶按：原本「壹」作「喜」，據左傳文改）者也，依人而行。虢多涼德，其何土之能得？』」庶按：宋咸注文爲約取左傳莊公三十二年。事又見國語周語中、説苑辨物篇。

〔六四〕冢田虎本天頭校語：「『王』當作『主』。」

〔六五〕冢田虎曰：「以爲失爵之祥也爾。」

〔六六〕姜兆錫曰：「此言察物當以名實考也。」冢田虎曰：「如盧弓盧矢，皆黑色爲盧。鵲色白黑，故謂白黑駁毛爲鵲。韓、宋皆其國名。」庶按：戰國策齊策三：「韓子盧者，天下之疾犬也。」説苑善説篇：「韓氏之盧，天下疾狗也。」博物志卷六：「韓國有黑犬，名盧。宋有駿犬，曰誰。」「誰」與「鵲」同。

〔六七〕宋咸注：「無忌率五國之兵破秦軍於河外，秦兵不敢出，公子威振天下。秦王患之，乃行金萬斤求晉鄙客，令毀公子於魏王。魏王後果使人代（庶按：原本「代」作「伐」，據史記魏公子列傳改）公子將。公子自知以（庶按：「以」上，史記有「再」字）毀廢，遂謝病不朝，與賓客爲長夜飲（庶按：原本「飲」作「欲」，據史記改），竟病酒而卒。是時韓、魏爲從，故將親吊焉。」

〔六八〕冢田虎曰：「榮之，無忌子。」

〔六九〕「君之主」，葉氏藏本、潘承弼校跋本、章鈺校跋本並作「君爲之主」。冢田虎曰：「衛靈公適魯，遭季桓子之喪。衛君請弔，哀公辭，不得弔。公爲主。」

〔七〇〕「其」，葉氏藏本、潘承弼校跋本、章鈺校跋本並作「韓」。冢田虎曰：「魏君不命榮之以使爲之主，則人臣無受他邦君之弔之禮也。」

〔七一〕「韓」，清抄本標記毛斧季藏宋本作「焉」。

〔七二〕「世」，葉氏藏本、潘承弼校跋本、章鈺校跋本並作「相」。據下文「無霸相之才」，疑此當作「相」爲是。

〔七三〕冢田虎曰：「子高是爲有道先生，而子順與其父易論焉，不知其論是非如何？」

〔七四〕「各其」，王韜校跋本校曰：「『其』字誤，改爲『有』。」冢田虎曰：「人心之不同，雖父子也，亦其所見，各異其慮，則及乎有所言論，唯盡其心爲貴也。」

〔七五〕宋咸注：「父子皆賢，爲論豈異？彼哲人正士，綸於邪説，亦可蕩（庶按：原本「蕩」訛作「湯」，今改）焉。」

〔七六〕公羊傳莊公二十四年：「三諫不從，遂去之，故君子以爲得君臣之義也。」何休注：「孔子曰：『所謂大臣者，以道事君，不可則止。』此之謂也。」徐彦疏曰：「下二十七年傳云『君子辟内難而不辟外難』者，謂三諫不從之屬是也。而曲禮下篇云『三諫不聽則逃之』，蓋士不待放，故言逃之。」

〔七七〕冢田虎曰：「人臣而稱揚其君之非，則禮之所無。」

〔七八〕宋咸注：「言臣得稱君之非，則君有所憚而改之。」「欲」，宛委別藏本、蔡宗堯本、周叔弢藏本、周子義本、程榮本、馮夢禎本、崇禎本、鍾惺本、四庫全書本、何允中本、指海本、陳錫麒本、清抄本、姜兆錫本、冢田虎本並作「使」，「君」下並無「使」字。

〔七九〕冢田虎曰：「亦嘗聞其稱其非之説也。」

〔八〇〕宋咸注：「言此乃是亡父起時之言，非禮之本意當然也。起時謂動時之權爾。」冢田虎曰：「亡考起時，謂無稽之言起於一時也。」

〔八一〕冢田虎曰：「此見於曲禮，不以己無罪説於人，嫌彰其君之過也。」庶按：禮記曲禮下「大夫、士去國，踰竟，爲壇位，鄉國而哭，素衣，素裳，素冠，徹緣……不祭食，不説人以無罪，婦人不當御，三月而復服」，鄭氏注：「言以喪禮自處也。臣無君，猶無天也。……不自説於人以無罪，嫌惡其君也。」

〔八二〕冢田虎曰：「見於表記。其君有非，則諫於内，而不陳之於外也。」庶按：禮記表記篇「子曰『事君，欲諫不欲陳』」，鄭氏注：「陳謂言其過於外也。」

〔八三〕宋咸注：「齊侯使晏嬰請繼室於晉，嬰遂與羊舌肸各言其國將亂之事。」冢田虎曰：「同志之燕語，則不可敢以爲非禮也。」

〔八四〕宋咸注：「齊景公以晏子之宅近市，欲更之。公曰：『子近市，識貴賤乎？』景公素繁於刑，有鬻踊者，故對曰：『踊貴屨賤。』故景公爲是省刑。故曰叔向語而稱之，非特言君之非也。」姜兆錫曰：「此言諫君之不顯其非也。」庶按：晏嬰請繼室及景公更宅之事，並見左傳昭公三年，又見晏子春秋内篇雜下。

〔八五〕「以遂」，宛委別藏本作「遂以」。錢熙祚曰：「初學記一、御覽二『以遂』二字並倒。」冢田虎曰：「此説既起於戰國，而漢儒多信祥瑞，傳此説以釋經者，皆妄也矣。」

〔八六〕原本「往」下無「者」字，葉氏藏本、蔡宗堯本、潘承弼校跋本、章鈺校跋本並有「者」字，是，據補。

〔八七〕宋咸注：「言往日中山嘗天雨其穀，何反亡其國？」「反」下，指海本、淵鑑類函卷三百九十四並有「以」字，錢熙祚曰：「原脱『以』字，依御覽八百三十七補。」冢田虎曰：「趙獻公十年，中山武公初立，惠文王三年，與齊、燕共滅中山。」

〔八八〕「種嘉穀」，淵鑑類函卷三百九十四作「善種穀」。左傳昭公二十九年：「有烈山氏子曰柱，爲稷，自夏以上祀之。周弃亦爲稷，自商以來祀之。」禮記祭法篇：「是故厲山氏之有天下也，其子曰農，能殖百穀。夏之衰也，周弃繼之，故祀以爲稷。」呂氏春秋君守篇「后稷作稼」，高誘

注：「后，君；稷，官也。」史記周本紀：「周后稷，名弃……弃爲兒時，仡如巨人之志。其游戲好種樹麻、菽，麻、菽美。及爲成人，遂好耕農，相土之宜，宜穀者稼穡焉，民皆法則之。」

〔八九〕宋咸注：「大雅生民。詩云：『誕降嘉穀（庶按：「穀」，詩作「種」），維秬維秠。』注以爲天應堯以顯后稷，爲之下嘉穀。今詳詩人之意，殊無天下嘉穀之義。子順之言宜是。」庶按：生民篇毛傳：「天降嘉種。秬，黑黍也。」鄭玄箋：「天應堯之顯后稷，故爲之下嘉種。」

〔九〇〕冢田虎曰：「詩、書之義一，而非自天降穀之謂也。」庶按：書爲尚書呂刑篇文。

〔九一〕宋咸注：「鄒文，趙之賢人。」

〔九二〕冢田虎曰：「子高稱鄒文曰好義也。」

〔九三〕冢田虎曰：「鄒文之爲人，不爲苟合。於世之行，雖處貧賤，不變其志，可謂君子人也。渝，變也。」

〔九四〕「固」上，姜兆錫本有「文」字，姜曰：「此言用人可卜於交也。」冢田虎曰：「以相禮聘之，而文以老固辭也。」

〔九五〕宋咸注：「魯大夫孟釐子病且死，誡其嗣懿子曰：『孔丘，聖人之後，其祖弗父何始有宋而嗣讓厲公。及正考父佐戴公、宣公，三命茲益恭。故孔子，宋人也。防叔生伯夏，伯夏生叔梁紇。

紇與顏氏野合生孔子。」冢田虎曰：「正考父，宋大夫，孔子八世祖也。」庶按：宋咸注文爲約取史記孔子世家前後二段文字顛倒綴合而成。

〔九六〕「資」，葉氏藏本、潘承弼校跋本、章鈺校跋本並作「賓」。冢田虎曰：「替，廢也。資，取也。取禮法於孔氏而傚之也。」

〔九七〕宋咸注：「二國，謂趙與魏。」

〔九八〕冢田虎曰：「載德，負載其祖德以行之也。流聲，流布其名聲以傳之也。」

〔九九〕原本「若」下無「先生之家者也」六字，葉氏藏本、蔡宗堯本、潘承弼校跋本、章鈺校跋本並有「先生之家者也」六字，是，據補。「未有若先生之家者」承上「世業不替」而言。

〔一〇〇〕「之」，蔡宗堯本作「承」。

〔一〇一〕原本「相敵」作「相敞」，葉氏藏本、潘承弼校跋本、章鈺校跋本並作「相敵」，子苑本作「齊敞」。冢田虎曰：「率，循也。言其垂乎無窮，將與天地同，不可有敝敗之時也。」庶按：作「相敵」是，據改。「敵」、「適」古同字，相敵，猶相應也。

〔一〇二〕冢田虎曰：「稟聖人之性，言其稟性皆能續孔子之氣血也。」

〔一〇三〕冢田虎曰：「不敏猶遲鈍。」

〔一〇四〕冢田虎曰：「謂寄食禄仕者，言不能敢行道焉。幸遇其寬宥，苟容身也。」

〔一〇五〕冢田虎曰：「言若其曰作二國師，則未敢受命也。」

〔一〇六〕原本「之」下無「福」字，葉氏藏本、潘承弼校跋本、章鈺校跋本並有「福」字。冢田虎曰：「假，若也。」　庶按：有「福」字是，據補。

〔一〇七〕「慶」，蔡宗堯本作「願」。冢田虎曰：「後世克祚，言子孫能保其福祚也。忝，辱。慶，福也。」

孔叢子校釋卷之六

詰墨第十八〔一〕

墨子稱：「景公問晏子以孔子而不對，又問三，皆不對。公曰：『以孔子語寡人者衆矣，俱以爲賢聖人〔二〕。今問子而不對，何也？』晏子曰：『嬰聞孔子之荆，知白公謀，而奉之以石乞〔三〕。勸下亂上，教臣弒君，非賢聖之行也。』」詰之曰：「楚昭王之世，夫子應聘如荆，不用而反，周旋乎陳、宋、齊、衛。楚昭王卒〔四〕，惠王立。十年，令尹子西乃召王孫勝以爲白公〔五〕，是時魯哀公十五年也，夫子自衛反魯，居五年矣〔六〕。白公立一年，然後乃謀作亂。亂作，在哀公十六年秋也，夫子已卒十旬矣〔七〕。墨子雖欲謗毁聖人，虛造妄言，奈此年世不相值何〔八〕？」

墨子曰：「孔子之齊，見景公。公悦之，封之以尼谿〔九〕。晏子曰：『不可。夫儒，法居而自順〔一〇〕，立命而怠事。崇喪遂哀〔一一〕，盛用繁禮。其道不可以治國，其學不可以導家〔一二〕。』公曰：『善〔一三〕。』」詰之曰：「即如此言，晏子爲非儒惡禮，不欲崇喪遂哀也。

察傳記，晏子之所行，未有以異於儒焉。又景公問所以爲政，晏子答以禮云，景公曰：『禮其可以治乎？』晏子曰：『禮於政，與天地並〔一四〕。』此則未有以惡於禮也。晏桓子卒〔一五〕，晏嬰斬衰，枕草，苴絰、帶、杖，菅菲，食粥，居於倚廬〔一六〕，遂哀三年。此又未有以異於儒也〔一七〕。若能以口非之而躬行之，晏子所弗爲。」

墨子曰：「孔子怒景公之不封己，乃樹鴟夷子皮於田常之門〔一八〕。」詰之曰：「夫樹人爲其信己也〔一九〕。記曰〔二〇〕：『孔子適齊，惡陳常而終不見，常病之〔二一〕，亦惡孔子。』交相惡而又任事〔二二〕，其不然矣〔二三〕。記又曰：『陳常殺其君，孔子齋戒沐浴而朝，請討之〔二四〕。』觀其終不樹子皮審矣〔二五〕。」

墨子曰：「孔子爲魯司寇〔二六〕，舍公家而奉季孫〔二七〕。」詰之曰：「若以季孫爲相，司寇統焉，奉之，自法也〔二八〕。若附意季孫〔二九〕，季孫既受女樂，則孔子去之〔三〇〕；季孫欲殺囚，則孔子赦之〔三一〕，非苟順之謂也。」

墨子曰：「孔子厄於陳、蔡之間，子路烹豚，孔子不問肉之所由來而食之。剥人之衣以沽酒，孔子不問酒之所由來而飲之〔三二〕。」詰之曰：「所謂厄者，沽買無處，藜羹不粒〔三三〕，乏食七日。若烹豚飲酒，則何言乎厄？斯不然矣。且子路爲人，勇於見義，縱有豚酒，不以義不取之，可知也，又何問焉？」

墨子曰：「孔子諸弟子，子貢、季路輔孔悝以亂衛〔三四〕，陽虎亂魯〔三五〕，弗肸以中牟畔〔三六〕，漆彫開形殘〔三七〕。」詰之曰：「如此言，衛之亂，子貢、季路爲之耶？斯不待言而了矣〔三八〕。陽虎欲見孔子，孔子不見〔三九〕，何弟子之有？弗肸以中牟叛，召孔子，則有之矣，爲孔子弟子，未之聞也〔四〇〕。且漆彫開形殘，非行己之致〔四一〕，何傷於德哉？」

墨子曰：「孔子相魯，齊景公患之，謂晏子曰：『鄰有聖人，國之憂也。今孔子相魯，爲之若何？』晏子對曰：『君其勿憂。彼魯君，弱主也。孔子，聖相也。不如陰重孔子，欲以相齊，則必强諫魯君。魯君不聽，將適齊。君勿受，則孔子困矣〔四二〕。』」詰之曰：「案如此辭，則景公、晏子畏孔子之聖也。上而云非聖賢之行〔四三〕，上下相反，若晏子悖可也。不然，則不然矣〔四四〕。」

墨子曰：「孔子見景公，公曰：『先生素不見晏子乎？』對曰：『晏子事三君而得順焉，是有三心，所以不見也〔四五〕。』公告晏子，晏子曰：『三君皆欲其國安，是以嬰得順也。聞「君子獨立不慙於景」〔四六〕，今孔子伐樹削跡，不自以爲辱〔四七〕；身窮陳、蔡，不自以爲約〔四八〕。始吾望儒貴之，今則疑之〔四九〕。』」詰之曰：「若是乎孔子、晏子交相毁也，小人有之，君子則否〔五〇〕。孔子曰：『靈公汙，而晏子事之以整；莊公怯〔五一〕，而晏子事之以勇；景公侈，而晏子事之以儉：晏子，君子也〔五二〕。』梁丘據問晏子曰：『事三君，而不同心〔五三〕，而俱順焉，仁人固多心乎？』晏子曰：『一心可以事百君，百心不可以事一君，故三君之心非一也，而嬰之心非三也〔五四〕。』孔子聞之，曰：『小子記之：晏子以一心事三君，君子也。』如此則孔子譽晏子，非所謂毁而不見也。景公問晏子曰：『若人之衆，則有孔子乎〔五五〕？』對曰：『孔子者，君子行有節者也〔五六〕。』晏子又曰：『盈成匡，父之孝子、兄之悌弟也〔五七〕。其父尚爲孔子門人〔五八〕，門人且以爲貴〔五九〕，則其師亦不賤矣。』是則晏子亦譽孔子，可知也。夫德之不脩，己之罪也。不幸而屈於人，己之命也〔六〇〕。伐樹削跡，絶粮七日，何約乎哉〔六一〕？若晏子以此而疑儒，則晏子亦不足賢矣〔六二〕。」

墨子曰：「景公祭路寢〔六三〕，聞哭聲，問梁丘據。對曰：『魯孔子之徒也。其母死，服喪三年〔六四〕，哭泣甚哀。』公曰：『豈不可哉？』晏子曰：『古者聖人非不能也，而不爲者，知其無補於死者，而深害生事故也。』」詰之曰：「墨子欲以親死不服，三日哭而已〔六五〕，於意安者，卒自行之〔六六〕，空用晏子爲引而同於己，適證其非耳〔六七〕。且晏子服父以禮〔六八〕，則無緣非行禮者也〔六九〕。」

曹明問子魚曰〔七〇〕：「觀子詰墨者之辭，事義相反，墨者妄矣。假使墨者復起，對之乎〔七一〕？」答曰：「苟得其禮，雖百墨，吾益明白焉〔七二〕。失其正，雖一人，猶不能當前也〔七三〕。墨子之所引者，矯稱晏子〔七四〕。晏子之善吾先君，先君之善晏子〔七五〕，其事庸盡乎〔七六〕？」曹明曰：「可得聞諸？」子魚曰：「昔齊景公問晏子曰：『吾欲善治，可以霸諸侯乎〔七七〕？』對曰：『官未具也。臣亟以聞，而君未肯然也〔七八〕。臣聞孔子聖人，然猶居處勸惰，廉隅不修，則原憲、季羔侍〔七九〕。血氣不休〔八〇〕，志意不通，則仲由、卜商侍〔八一〕。德不盛，行不勤，則顏、閔、冉、雍侍〔八二〕。今君之朝臣萬人，立車千乘，不善之政加於下民者衆矣，未能以聞者〔八三〕，臣故曰官未備也〔八四〕。』此又晏子之善孔子者也。子曰：『晏平仲善與人交，久而敬之〔八五〕。』此又孔子之貴晏子者也。」曹明曰：「吾始謂墨子可疑，今則決妄不疑矣〔八六〕。」

校釋

〔一〕宋咸注：「墨翟當戰國時，有弟子禽滑釐等三百餘人。孟子稱楊朱、墨翟之言盈天下。楊氏爲我，是無君也；墨氏兼愛，是無父也。無父無君，是禽獸也。其著書，誣稱孔、晏之事，故孔鮒詰而辨（庶按：原本「辨」作「卞」，宛委別藏本、周叔弢藏本、指海本注文並作「辨」，是，據改）之。」

〔二〕「賢聖人」，葉氏藏本、蔡宗堯本、潘承弼校跋本並作「賢聖也」，墨子非儒下作「賢人也」。

〔三〕宋咸注：「楚昭王卒，公子閭乃與子西、子綦迎昭王妾越女之子章立之，是爲惠王。惠王二年，子西召故平王太子建之子勝於吴，以爲巢大夫，號曰白公。白，楚之邑也。白公好兵（庶按：原本「兵」作「丘」，據史記楚世家改）而下士（庶按：原本「士」作「土」，據楚世家改）。後晉伐鄭，鄭告急於楚。使子西救鄭，受賂而去。白公勝怒，乃遂與勇士石乞等襲殺令尹子西、子綦於朝，因劫惠王，置之高府，欲殺之。惠王從者屈固負王走昭王夫人宮。白公自立爲王。月餘，會葉公來救楚。楚惠王之徒共殺白公，惠王乃復位。」庶按：宋咸注文爲約取史記楚世家。墨子非儒下「孔某之荊，知白公之謀，而奉之以石乞」，孫詒讓閒詁：「其與石乞作亂事，見哀十六年左傳。此事不可信。列子説符篇、吕氏春秋精通篇、淮南子道應訓並載白公與孔子問答，或因彼而誤傳與？……蘇云：『此誣罔之辭，殊不足辨。唯據白公之亂，在景公卒後十二年，而晏子之卒更在景公之先，又安能預知後事，而先與景公言之？』」

〔四〕冢田虎曰：「春秋哀公六年楚子軫卒，即昭王。」

〔五〕宋咸注：「史記云二年，此云十年，疑子鮒（庶按：原本「子鮒」作「子順」，因上文宋咸注文已言「故孔鮒詰而辨之」，故此當作「子鮒」，據改）言是。」

〔六〕冢田虎曰：「夫子之反，在十一年冬。」

〔七〕宋咸注：「孔子於哀公十六年四月卒，白公於秋始亂，是孔子卒已十旬。」冢田虎曰：「十旬，猶百日。夫子卒夏四月十八日。白公作亂，秋七月。」

〔八〕冢田虎曰：「今按晏子之卒年，雖年時不審，然仕靈、莊、景三君。景公之時，晏子既老，景公立五十八年而卒，乃魯哀公五年也。而晏子之事，見於昭公二十六年傳之後，又不復見焉，則知其卒在昭公二十六七年中也矣。然則先於白公亂三十七八年也。墨子之妄，愈可以見矣。」

〔九〕宋咸注：「史稱景公欲以尼谿田封孔子。尼谿，齊邑也。諸本或作『雞』，誤也。」庶按：孫詒讓閒詁：「史記孔子世家同，晏子春秋外篇作『爾稽』。孫星衍云：『「尼」、「爾」、「稽」、「谿」，聲皆相近。』詒讓案：尼谿地無考，呂氏春秋高義篇又作『景公致廩丘以爲養』。」墨子非儒下吳毓江校注：「淮南子氾論訓『孔子辭廩丘』，高注云：『廩丘，齊邑，今屬濟陰。』」

〔一〇〕「法居」，葉氏藏本、潘承弼校跋本並作「倨法」，章鈺校跋本作「踞」。孔胤植本、指海本並作「浩居」，與墨子非儒下同。孫詒讓閒詁：「盧云：『晏子外篇與此多同，「浩居」作「浩裾」。』畢云：『案史記作「倨傲自順」。』顧云：『漢書酷吏郅都傳「丞相條侯至貴居也」，讀作「居」。』詒讓案：王制云『喪祭，用不足曰暴，有餘曰浩』，鄭注云：『浩猶饒也。』『居』、『裾』並『倨』之叚字。家語三恕篇云『浩裾者則不親』，王肅注云：『浩裾，簡略不恭之貌。』大戴禮記文王官人篇云『自順而不讓』，又云『有道而自順』，孔廣森云：『自順，謂順非也。』」吳毓江校注：「『浩居』，宋本孔叢子作『泆居』，曹箋亦改作『泆居』。」　庶按：吴航江所言宋本孔叢子之「泆居」，今見傳世宋本、或曰出自宋本、或曰以宋本校、或曰以宋本翻刻者，皆無作「泆居」之文。于省吾雙劍誃諸子新證謂非儒下之「浩居」當讀作「傲倨」。

〔一二〕墨子非儒下「宗喪循哀」，孫詒讓閒詁：「『宗』、『崇』字通。詩周頌烈文鄭箋云：『崇，厚也。』書盤庚僞孔傳云：『崇，重也。』循，史記、孔叢作『遂』。晏子作『久喪道哀』。王云：『「循」、「遂」一聲之轉。遂哀，謂哀而不止也。』」

〔一三〕「家」，墨子非儒下作「衆」。孫詒讓閒詁：「畢云：『孔叢作「家」，非。』」　庶按：晏子春秋外篇第八作「民」。

〔一三〕宋咸注：「史稱晏嬰進曰：『夫儒者滑稽而不可軌法；倨傲自順，不可以爲下；崇喪遂哀，破産厚葬，不可以爲俗；游説乞貸，不可以爲國。今孔子盛容飾，繁登降之禮，趍翔（庶按：「翔」，史記孔子世家作「詳」，墨子非儒下作「翔」）之節，累世不能殫其學，當年不能究其禮。君欲用之以移齊俗，非所以先細民也。』與此文微（庶按：原本「微」作「徽」，據上下文義改）異。」冢田虎曰：「墨子之修喪也，以薄爲其道，故亦設此誣已。」　庶按：宋咸注文爲約取史記孔子世家。

〔一四〕冢田虎曰：「事詳於左傳昭公二十六年。」　庶按：左傳昭公二十六年：「齊侯與晏子坐於路寢。……公曰：『善哉！是可若何？』對曰：『唯禮可以已之。在禮，家施不及國。民不遷，農不移，工賈不變，士不濫，官不滔，大夫不收公利。』公曰：『善哉！我不能矣。吾今而後知禮之可以爲國也。』對曰：『禮之可以爲國也，久矣。與天地並。』」又見晏子春秋外篇第七。

〔一五〕宋咸注：「桓子，嬰之父。」

〔一六〕冢田虎曰：「斬衰，三升布也。苴，麤也。絰，首絰。帶，要絰。杖亦苴杖。菅菲，草履。倚廬，於門墻下，倚木爲廬也。此與士喪禮同，事見左傳襄公十七年。」庶按：「菲」通「屝」，謂草屨。左傳襄公十七年：「齊晏桓子卒，晏嬰麤縗斬，苴絰、帶、杖，菅屨，食鬻，居依廬，寢苫，枕草。」又見晏子春秋内篇雜上第五。

〔一七〕原本「未」下無「有」字，宛委别藏本、蔡宗堯本、周叔弢藏本、周子義本、程榮本、馮夢禎本、孔胤植本、崇禎本、鍾惺本、四庫全書本、何允中本、指海本、章鈺校跋本、陳錫麒本、清抄本、冢田虎本並有「有」字。冢田虎曰：「晏子崇禮，又在晏子春秋，乃可見焉。」庶按：有「有」字是，據補。作「未有以異於儒」，與上文「未有以惡於禮」文例同。

〔一八〕宋咸注：「鴟夷形若榼，以馬革爲之。吴王夫差取五子胥尸（庶按：「尸」原作「尺」，「尺」乃「尸」之訛，今改），盛以鴟夷革，浮之江中。此云『樹鴟夷子皮』，蓋言若皮鴟夷然。范蠡去越之齊，自號鴟夷子皮。田常乃田和之曾（庶按：「曾」原作「魯」，「魯」乃「曾」之訛，今改）祖，殺簡公，立平公，遂專齊政。此言夫子欲田常知己欲去而用之云。」庶按：墨子非儒下：「孔丘乃志怒於景公與晏子（按：此句從吴毓江説），乃樹鴟夷子皮於田常之門。」孫詒讓閒詁：「淮南子氾論訓云：『昔者齊簡公釋其國家之柄，而專任大臣，故使陳成田常、鴟夷子皮得成其難。』説苑指武篇又云：『田成子常與宰我争，宰我夜伏卒，將以攻田成子。鴟夷子皮聞之，告田成子。』即此。」吴毓江校注：「據史記，田常殺簡公在周敬王三十九年、魯哀公十四年。其時越未滅吴，范蠡尚在越。此鴟夷子皮助田常作亂，當别爲一人，非范蠡也。」説苑臣術篇：「陳成子謂鴟夷子皮曰：『何與常也？』」向宗魯校證：「而田常之黨實有子皮其人，本書指武篇載其助田常攻宰我事，韓非説林載其從田常奔燕事……是子皮塙爲田常死黨。」錢穆撰有鴟夷子皮及陶朱公非范蠡化名辨一文，可參（見其先秦諸子繫年三四（附一））。

〔一九〕原本「爲」下無「其」字，葉氏藏本、潘承弼校跋本、章鈺校跋本並有「其」字。冢田虎曰：「樹，立也。因其信己，乃樹人於其門以爲之援也。」庶按：有「其」字是，據補。

〔二〇〕漢書藝文志：「記百三十一篇。」班固自注：「七十子後學者所記也。」此記或爲漢志之記。

〔二一〕宋咸注：「陳常即田常。」

〔二二〕「任事」，葉氏藏本、潘承弼校跋本並作「往仕」，孔胤植本、章鈺校跋本並作「往事」。此疑當作

「往仕」。

〔二三〕原本「其」下無「不」字，葉氏藏本、潘承弼校跋本並有「不」字。「然」，冢田虎本作「乎」，冢田曰：「必不可然也。」　庶按：有「不」字是，據補。

〔二四〕冢田虎曰：「論語、家語之屬，皆舊其家之所記，故都稱之記已。」

〔二五〕宋咸注：「田常殺齊簡公，孔子請魯伐之，而哀公不聽，是不樹子皮可審。」　庶按：論語憲問篇：「陳成子弒簡公，孔子沐浴而朝，告於哀公曰：『陳恒弒其君，請討之。』」左傳哀公十四年：「甲午，齊陳恒弒其君壬於舒州。孔丘三日齊，而請伐齊三。」

〔二六〕史記孔子世家：「定公十四年，孔子年五十六，由大司寇行攝相事，有喜色。」

〔二七〕宋咸注：「季孫，三桓之家，時專魯政。」　庶按：吕氏春秋舉難篇：「季孫氏劫公家，孔子欲諭術則見外，於是受養而便説，魯國以呰。孔子曰：『龍食乎清而遊乎清，螭食乎清而遊乎濁，魚食乎濁而遊乎濁。今丘上不及龍，下不若魚，丘其螭邪？』」

〔二八〕冢田虎曰：「司寇固爲相所統，則奉之者，自其法也。」

〔二九〕宋咸注：「附意謂阿意附季孫。」

〔三〇〕「既」下，葉氏藏本、潘承弼校跋本並有「季孫既離公室，則孔子合之，季孫既」十四字，章鈺校跋本亦有此文，唯無「離」字。論語微子篇：「齊人歸女樂，季桓子受之，三日不朝，孔子行。」

史記魯周公世家：「季桓子受齊女樂，孔子去。」裴駰集解引孔安國曰：「桓子使定公受齊女樂，君臣相與觀之，廢朝禮二日。」

〔三一〕冢田虎曰：「以此三事，而亦見焉，皆非苟順乎季孫之謂也。」 庶按：荀子宥坐篇：「孔子爲魯司寇，有父子訟者，孔子拘之，三月不別。其父請止，孔子舍之。季孫聞之不説，曰：『是老也欺予，語予曰：「爲國家必以孝。」今殺一人以戮不孝，又舍之。』冉子以告。孔子慨然嘆曰：『嗚呼！上失之，下殺之，其可乎！不教其民而聽其獄，殺不辜也。』」韓詩外傳卷三：「傳曰：『魯有父子訟者，康子欲殺之。孔子曰：「未可殺也。夫民不知父子訟之爲不義久矣，是則上失其道。上有道，是人亡矣。」』」又見説苑政理篇。

〔三二〕墨子非儒下：「孔丘窮於陳、蔡之閒，藜羹不糂，十日，子路爲享豚，孔丘不問肉之所由來而食。褫（庶按：「褫」原作「號」，從吴毓江説改）人衣以酤酒，孔丘不問酒之所由來而飲。」

〔三三〕冢田虎曰：「不粒，猶曰不飯。」

〔三四〕宋咸注：「季路以衛出公難，結纓而死。孔悝竟立蒯聵爲莊公。孔悝乃孔圉文子之子（庶按：原本「之」下無「子」字，據史記衛康叔世家「初，孔圉文子取太子蒯聵之姊，生悝」文而補）、蒯聵之甥。衛之亂，子貢時不與。」冢田虎曰：「『子貢』當爲『子羔』。」 庶按：墨子非儒下「子貢、季路輔孔悝亂乎衛」，孫詒讓閒詁：「莊子盜跖篇：『跖曰：「子路欲殺衛君而事不成，身菹於衛東門之上，是子教之不至也。」』案子貢未聞與孔悝之難，亦謾語也。鹽鐵論殊路篇云：『子路仕衛，孔悝作亂，不能救君，出亡，身菹於衛。子貢、子皋遁逃，不能死其難。』然則時子貢或適在衛與？」吳毓江校注曰：「秋山云：『「子貢」當作「子羔」，音誤。孔子家語及史記、説苑皆作「羔」，是。』案：秋山説近是。哀十五年左傳『孔子聞衛亂，曰：柴也其來，由也死矣』，正指此事，則『子貢』之當作『子羔』甚明。孫引鹽鐵論殊路篇，其『子貢、子皋遁逃』句，似總承上文宰我身死於齊、子路身菹於衛而言。蓋謂宰我死而子貢逃，子路死而子皋逃，同遇一難，或死或亡，所謂殊路是也。惟據左傳、史記，其時子貢在魯，仁衛、仕齊兩無徵耳。」　庶按：宋咸注文見史記衛康叔世家、仲尼弟子列傳。

〔三五〕宋咸注：「陽虎欲盡殺三桓，載季桓子，將殺之，桓子詐而得脱。三桓共攻，陽虎奔齊。」庶按：陽虎亂魯事，詳左傳定公九年、史記魯周公世家。

〔三六〕「畔」通「叛」。墨子非儒下「佛肸以中牟叛」，孫詒讓閒詁：「論語陽貨篇云：『佛肸召，子欲往。子路曰：「佛肸以中牟畔，子之往也，如之何？」』集解：『孔安國云：「晉大夫趙簡子之邑宰。」』史記孔子世家：『佛肸爲中牟宰，趙簡子攻范、中行，伐中牟。佛肸畔，使人召孔子。』左傳哀五年『夏，趙鞅伐衛，范氏之故也，遂圍中牟』，即其時也。肸蓋范、中行之黨，孔安國以爲趙氏邑宰，誤也。」

〔三七〕宋咸注：「形殘，惡疾。」　庶按：墨子非儒下「桼雕刑殘」，孫詒讓閒詁：「『桼』正字，經典多叚『漆』爲之。……孔子弟子列傳尚有漆雕哆、漆雕徒父二人，此所云或非開也。韓非子顯學篇説孔子卒後，儒分爲八，有漆雕氏之儒，又云『漆雕之議，不色撓，不目逃，行曲則違於臧獲，行直則怒於諸侯』，此亦非漆雕開明甚。孔叢僞託，不足據也。」

〔三八〕宋咸注：「孔悝與蒯聵作亂，子路聞之而後往，是時子貢爲魯使於齊。」冢田虎曰：「了，明也。」

〔三九〕論語陽貨篇：「陽貨欲見孔子，孔子不見。歸孔子豚。孔子時其亡也，而往拜之。遇諸塗。」

〔四〇〕冢田虎曰：「二者皆在論語，明矣。」

〔四一〕「行己」，疑當爲「己行」之譌。

〔四二〕事見晏子春秋外篇第八，文小異。晏子春秋外篇吴則虞集釋：「孔子相魯在定公十四年，晏子已卒，此亦傳聞之辭也。……韓非子外儲説下作『黎且對景公』，與此略似。」

〔四三〕「上而云」，葉氏藏本作「而上云」，孔胤植本、指海本、冢田虎本並作「上乃云」。「而」猶「乃」也，詳王引之經傳釋詞卷七。

〔四四〕宋咸注：「言晏子前稱孔子所爲皆非聖賢之行，此又以爲聖相，是先後相反矣。」

〔四五〕宋咸注：「言事靈公、莊公、景公三君，皆得順。似諂而不正，若有三心然。」

〔四六〕晏子春秋外篇第八：「嬰聞之，君子獨立不慚於影，獨寢不慚於魂。」淮南子繆稱篇：「周公不（庶按：「不」字依王念孫説補）慚乎景，故君子慎其獨也。」禮記大學：「此謂誠於中，形於外，故君子必慎其獨也。」義與此可互參。

〔四七〕宋咸注：「言孔子伐樹於宋，削跡於衛。」庶按：史記孔子世家：「孔子去曹適宋，與弟子習禮大樹下。宋司馬桓魋欲殺孔子，拔其樹。孔子去。」吕氏春秋慎人篇：「夫子逐於魯，削跡於衛，伐樹於宋。」畢沅曰：「舊校云：『伐』一作『拔』。案：風俗通窮通篇作『拔』。」陳奇猷謂「削跡」爲「匿跡」，可備一説。

〔四八〕「身窮陳、蔡」事，見墨子非儒下、荀子宥坐篇、莊子讓王篇、吕氏春秋任數篇、新語本行篇、説苑雜言篇、風俗通義窮通篇。

〔四九〕語見晏子春秋外篇第八，文小異。

〔五〇〕宋咸注：「言小人則相毁如是，君子則不然。」

〔五一〕冢田虎曰：「『怯』，晏子春秋作『壯』，非。」

〔五二〕宋咸注：「言晏子隨其君所蔽而轉拂之。」庶按：語見晏子春秋外篇第七，文小異。

〔五三〕冢田虎曰：「三君不同心，而晏子俱順之也。」

〔五四〕宋咸注：「言君之心非一，名（庶按：「名」疑爲「各」之訛）有所蔽也。嬰事君之心非三，推正而已。」冢田虎曰：「一心，唯忠之謂。」庶按：晏子春秋内篇問下第四「一心可以事百君，三心不可以事一君」，吴則虞集釋：「『百』字疑本作『三』，『一心事三君』與『三心……事一君』相對文。下文『晏子以一心事百君』，『百』亦當『三』，即承此『一心事三君』而來，後人改『三』爲『百』，致淆亂。詰墨『晏子以一心事三君』，猶作『三』，不作『百』，是未經竄改前之本也。」説苑反質篇：「故一心可以事百君，百心不可以事一君。」語又見風俗通義過譽篇。

〔五五〕「乎」上，葉氏藏本、潘承弼校跋本並有「賢」字。冢田虎曰：「言於衆人之中，則將亦有如孔子者也。」庶按：晏子春秋外篇第八：「景公出田，寒，故以爲渾，猶顧而問晏子曰：『若人之衆，則有孔子焉乎？』」據此，「乎」上本當有「焉」字，「焉」又訛爲「賢」。

〔五六〕冢田虎曰：「節，操也。」

〔五七〕宋咸注：「言盈成匡乃人父之孝子、人兄之悌弟。」

〔五八〕宋咸注：「盈成匡之父爲孔子門人，不在七十子之列。」庶按：晏子春秋外篇第七：「晏子對曰：『西郭徒居布衣之士盆成适也，父之孝子、兄之順弟也。又嘗爲孔子門人。』」吴則虞集釋：「孟子盡心有『盆成括仕於齊』，古『适』、『括』通，似一人矣。然一則爲孔子弟子，一則爲孟子弟子，似齊有兩盆成适。説苑建本篇有虞君問盆成子語，是『盆成』二字爲姓，此『适』字或本作『匡』。」

〔五九〕冢田虎曰：「以孝弟之稱爲貴也。」

〔六〇〕冢田虎曰：「德則修而成。可修而不修，己之罪也。德修而受屈辱，命之不免也。」

〔六一〕冢田虎曰：「伐樹，孔子適宋，與弟子習禮於大樹下，桓魋欲殺之，而伐其樹也。削跡，孔子去衛，衛人惡之，以削其跡云。然是於二語，傳記無所見焉，其事實未審焉。莊周書云：『夫子再逐於魯，削跡於衛，伐樹於宋，何約乎哉？』言此等之事，則不幸而屈於人者，而非德不修之罪，乃不自以爲困約也已。」

〔六二〕「則」下，蔡宗堯本無「晏子」二字。

〔六三〕「祭」，葉氏藏本、潘承弼校跋本、章鈺校跋本並作「登」。晏子春秋外篇第八：「景公上路寢，聞哭聲。」墨子佚文作「祭路寢」。疑作「登」者，爲涉晏子春秋而改。

〔六四〕原本「喪」作「哀」，蔡宗堯本、周子義本、程榮本、孔胤植本、崇禎本、鍾惺本、四庫全書本、何允中本、指海本、冢田虎本、清抄本標記毛斧季藏宋本、墨子佚文、晏子春秋外篇第八並作「喪」，是，據改。作「哀」乃蒙下「哀」字而訛。

〔六五〕冢田虎曰：「已，止也。墨子之教，雖父母不喪服焉，哭三日而止矣。」

〔六六〕冢田虎曰：「言於墨子意，以此爲安者，則當自行之而已矣。斯孔子責宰我，曰『爾安則爲之』之意。」

〔六七〕宋咸注：「言墨子以親死欲不哭，於意爲安，則終自行之，何必用晏子爲引，以同於己哉？」

〔六八〕原本「父」下無「以」字，葉氏藏本、潘承弼校跋本、章鈺校跋本並有「以」字，是，據補。

〔六九〕冢田虎曰：「晏子之服父，固無違於禮，則是無非毀行禮者之由也。緣，由也。」

〔七〇〕宋咸注：「曹明，未詳何許人。子魚，孔鮒字，子順之子，爲陳涉博士，年五十七。」

〔七一〕宋咸注：「言墨子今已死，使其復起，則子敢對之乎？」

〔七二〕「益」，葉氏藏本、潘承弼校跋本、章鈺校跋本並作「亦」。

〔七三〕宋咸注：「言詰之得其禮，雖百墨子，吾益明。自失其正，則雖一人之少，吾亦不能當之。」

〔七四〕原本「矯」下無「稱」字，葉氏藏本、潘承弼校跋本、章鈺校跋本並有「稱」字。冢田虎曰：「矯，詐誣也。」庶按：有「稱」字是，據補。

〔七五〕「先君」上，葉氏藏本、蔡宗堯本、潘承弼校跋本並有「吾」字。

〔七六〕冢田虎曰：「庸，豈也。言不盡於此。」

〔七七〕冢田虎曰：「晏子春秋作『吾欲善治齊國之政，以干霸王於諸侯』。」庶按：見晏子春秋內篇問上第三。

〔七八〕冢田虎曰：「數以聞官之不具也。『然』，晏子作『聽』。」

〔七九〕宋咸注：「原憲，字子思。季羔，高柴也，字子羔。」冢田虎曰：「原思、高柴，侍坐而補其廉隅。」　庶按：「季羔」，晏子春秋作「季次」。

〔八〇〕「一食血氣不休」，葉氏藏本、蔡宗堯本作「血氣不休」，孔胤植本、指海本、冢田虎本並作「氣鬱而疾」。作「氣鬱而疾」與晏子春秋内篇問上第三文合。

〔八一〕冢田虎曰：「子路、子夏，佐以通其志氣。」

〔八二〕冢田虎曰：「顏淵、閔子騫、仲弓助以盛其德行。『顏閔』，晏子作『顏回』。」

〔八三〕宋咸注：「未能有善以聞於時。」　庶按：晏子春秋作「未有能士敢以聞者」。

〔八四〕「備」，晏子春秋作「具」。此與晏子春秋意同而文有小異。

〔八五〕「曰」上，葉氏藏本、潘承弼校跋本並無「子」字。論語公冶長篇：「子曰：『晏平仲善與人交，久而敬之。』」

〔八六〕冢田虎曰：「得決墨子之妄矣。」

獨治第十九〔一〕

子魚生於戰國之世，長於兵戎之間，然獨樂先王之道，講習不倦。季則謂子魚曰〔二〕：「大丈夫不生則已〔三〕，生則有云爲於世者也〔四〕。今先生淡泊世務〔五〕，脩無用之業，當身不蒙其榮，百姓不獲其利，竊爲先生不取也。」子魚曰：「不如子之言也。武者可以進取，文者可與守成〔六〕。今天下將擾擾焉，終必有所定〔七〕。子脩武以助之取，吾脩文以助之守，不亦可乎！且吾不才，無軍旅之任，徒能保其祖業，優遊以卒歲者也。」

秦始皇東并〔八〕。子魚謂其徒叔孫通曰：「子之學可矣，盍仕乎〔九〕？」對曰：「臣所學於先生者，不用於今，不可仕也。」子魚曰：「子之材，能見時變，今爲不用之學，殆非子情也〔一〇〕。」叔孫通遂辭去，以法仕秦〔一一〕。

尹曾謂子魚曰〔一二〕：「子之讀先王之書〔一三〕，將奚以爲？」答曰：「爲治也〔一四〕。世治則助之行道〔一五〕，世亂則獨治其身，治之至也。」

陳餘謂子魚曰〔一六〕：「秦將滅先王之籍〔一七〕，而子爲書籍之主，其危矣。」子魚曰〔一八〕：「顧有可懼者〔一九〕，必或求天下之書焚之。書不出則有禍〔二〇〕，吾將先藏之以待其求，求至無患矣〔二一〕。」

子魚居魏〔二二〕，与張耳、陳餘相善。耳、餘，魏之名士也〔二三〕。秦滅魏，求耳、餘，懼走〔二四〕。會陳勝、吳廣起兵於陳〔二五〕，欲以誅秦。餘謂陳王曰：「今必欲定天下、取王侯者，其道莫若師賢而友智。孔子之孫今在魏〔二六〕，居亂世能正其行，修其祖業，不爲時變。其父相魏〔二七〕，以聖道輔戰國，見利不易操，名稱諸侯〔二八〕，世有家法〔二九〕。其人通材，足以幹天下〔三〇〕；博知，足以慮未形。必宗此人〔三一〕，天下無敵矣。」陳王大悦，遣使者齎千金加束帛，以車三乘聘焉〔三二〕。耳又使謂子魚曰〔三三〕：「天下之事已可見矣，今陳王興義兵，討不義，子宜速來，以集其事。王又聞子賢，欲諮良謀，虚意相望也。」子魚遂往，陳王郊迎而執其手議世務〔三四〕。子魚以霸王之業勸之，王悦其言，遂尊以博士，爲太師諮度焉〔三五〕。

子魚名鮒甲〔三六〕，陳人或謂之子鮒，或稱孔甲〔三七〕。陳勝既立爲王，其妻之父兄往焉，勝以衆賓待之，長揖不拜，無加其禮〔三八〕。其妻之父怒曰：「怙亂僭號而傲長者〔三九〕，不能久矣！」不辭而去。陳王跪謝，遂不爲顧。王心慙焉〔四〇〕，遂適博士太師之館而言曰：「予雖丈夫哉，然蹇於禮義，以啟於姻婭〔四一〕，唯先生幸訓誨之，使免於戾，可乎〔四二〕？」子魚曰：「王所問者，善也。敢固無辭而對乎！今以禮言耶，則禮無不拜〔四三〕，且宗族婚媾，又與衆賓異敬者也。敬而加親，自古以然也〔四四〕。」王曰：「雖已失之於前，庶欲收之於後也〔四五〕，願先生脩明其事，必奉尊焉。」對曰：「昔唐之内親九族，外協萬邦〔四六〕。禮以婚爲昆弟〔四七〕，妻之父母爲外舅姑〔四八〕。由是明之，則拜之可知〔四九〕。夫婚親之義，非宗賢之類也，雖自已臣，莫敢不敬〔五〇〕。昔魏信陵君嘗以此質臣之父〔五一〕，臣之父曰：『於諸母之昆弟、妻之諸父，則以親配〔五二〕。德年以上〔五三〕，雖拜之可也；幼於己者，揖之可也。此出於人情而可常者也〔五四〕。』」王曰：「善哉！請問同姓而服不及者〔五五〕，其制何耶？」對曰：

「先王制禮，雖國君，有合族之道〔五六〕，宗人掌其列〔五七〕，繼之以姓而無別〔五八〕，醊之以食而無殊〔五九〕，各隨本屬之隆殺〔六〇〕。屬近，則死爲之免〔六一〕；屬遠，則吊之而已，禮之政也〔六二〕。是故臣之家哭孔氏之别姓於弗父之廟〔六三〕，哭孔氏則於夫子之廟〔六四〕，此有據而然也。周之道，雖百世，婚姻不通〔六五〕，重先君之同體也〔六六〕。」王跪曰：「先生之言〔六七〕，厥義博哉！寡人雖固，敢不盡心〔六八〕！」

校釋

〔一〕宋咸注：「此言行已如是，則可自抗不詘，獨治於己。」

〔二〕宋咸注：「季則，蓋魯三桓之後。」

〔三〕原本「大」下無「丈」字，葉氏藏本、潘承弼校跋本、章鈺校跋本並有「丈」字，是，據補。孟子滕文公下：「富貴不能淫，貧賤不能移，威武不能屈，此之謂大丈夫。」宛委别藏本、蔡宗堯本、周叔弢藏本、周子義本、程榮本、馮夢禎本、孔胤植本、四庫全書本、何允中本、指海本、陳錫麒本、清抄本、姜兆錫本、冢田虎本並作「丈夫」，蓋脱「大」字爾。

〔四〕冢田虎曰：「『有云爲』謂有事也。古者男子生，則懸弧於門，示其有事也。」

〔五〕原本「生」作「王」，諸本並作「生」。冢田虎曰：「淡泊，無爲貌。」 庶按：作「生」是，據改。

〔六〕冢田虎曰：「武者，所以進取功也；文者，所以與人守成功也。其所施不一焉。」

〔七〕冢田虎曰：「擾擾，亂也。言亂亦不可久焉，終將必有所定也。」

〔八〕冢田虎曰：「秦王政東滅六國。二十六年，初并天下，立爲始皇帝。」

〔九〕冢田虎曰：「可，謂可用也。」

〔一〇〕冢田虎曰：「有隨時應變之材，而偏學先王之道，以不用於今者，則非其志情也。」

〔一一〕宋咸注：「叔孫通，魯之薛人，秦時以文學徵待詔博士。漢王定天下，以爲博士。」冢田虎曰：「爲高祖起朝儀。」

〔一二〕宋咸注：「尹曾，未詳何許人。」冢田虎曰：「蓋齊人。」

〔一三〕「讀」上，葉氏藏本、潘承弼校跋本、章鈺校跋本並有「誦」字。

〔一四〕「也」，御覽卷六百二十四作「世」。冢田虎曰：「傳曰：『君子爲治而不爲亂。』子魚之時，世皆爲亂，故答云爾。」 庶按：「也」疑爲「世」之訛，下文「世治」、「世亂」當承此而言。

〔一五〕「治」下，黎堯卿本有「之」字。

〔一六〕宋咸注：「陳餘，大梁人，後爲張耳與韓信擊破趙井陘軍，斬餘泜水上。」

〔一七〕冢田虎曰：「始皇三十四年，用李斯之議，禁於天下，令無藏詩、書、百家語。」

〔一八〕「曰」下，葉氏藏本、蔡宗堯本、潘承弼校跋本、章鈺校跋本並有「吾不爲有用之學，知吾者唯友。秦非吾友，吾何危哉？然」二十一字。

〔一九〕冢田虎曰：「顧，念也。」

〔二〇〕冢田虎曰：「李斯奏言，天下敢有藏詩、書、百家語者，悉詣守尉雜燒之，有敢偶詩、書，棄市。」

〔二一〕冢田虎曰：「於此子魚與其弟子襄謀，而藏其家書於孔子舊宅壁中。」

〔二二〕原本「魏」作「衛」，宛委别藏本、章鈺校跋本、陳錫麒本、清抄本、蘇應龍輯本後集卷十並作「魏」。王韜校跋本校：「『衛』字誤，作『魏』。」　庶按：王校是，據改。

〔二三〕宋咸注：「張耳，大梁人也。陳餘年少，父事耳，爲刎頸交。漢高祖爲布衣時，耳（庶按：史記張耳陳餘列傳「耳」上有「從」字，疑宋咸注文此處脱「從」字）遊。秦滅魏，購求耳千金，餘五百金。兩人變姓名，俱之陳。陳涉起，耳、餘謁涉。後餘説武安君。武臣立爲趙王，餘爲大將軍，耳爲丞相。後有隙，卒斬餘於泜水上。」

〔二四〕「餘」，指海本作「魚」，錢熙祚曰：「『魚』疑『餘』。」　庶按：錢氏所疑與宋嘉祐本合，是。

〔二五〕「吴廣」下，潘承弼校跋本、指海本有「自立爲王，耳、餘並爲將」九字。錢熙祚曰：「此九字原脱，依御覽四百七十四補。」　庶按：御覽卷四百七十四「將」上有「之」字，錢氏失檢「之」

字。

〔二六〕「孫」上，姜兆錫本有「裔」字。冢田虎曰：「謂子魚也。」

〔二七〕宋咸注：「其父乃子順也。」

〔二八〕原本「名」下無「稱」字，葉氏藏本、潘承弼校跋本並有「稱」字，是，據補。

〔二九〕冢田虎曰：「至乎子順、子魚，世世不失家法。」

〔三〇〕冢田虎曰：「幹爲之楨幹也。」

〔三一〕冢田虎曰：「宗，謂尊用之也。」

〔三二〕「聘焉」，錢熙祚曰：「御覽作『迎之』。」冢田虎曰：「聘子魚於魏也。」

〔三三〕「耳」下，葉氏藏本、潘承弼校跋本並有「餘」字。

〔三四〕錢熙祚曰：「御覽『世』作『時』。」

〔三五〕姜兆錫曰：「按李慊序，稱陳勝聘爲博士，鮒以目疾辭。蓋鮒往陳，陳以此尊之，而未幾即辭云。」

〔三六〕冢田虎曰：「甲，其一名。」

〔三七〕冢田虎曰：「以上十六字，疑當附上章末，置此章首，寫誤爾。」

〔三八〕「加」下，指海本無「其」字，錢熙祚曰：「『加』下原有『其』字，依御覽四百九十一刪。」

〔三九〕原本「怗」作「佔」，宛委别藏本、葉氏藏本、蔡宗堯本、周叔弢藏本、馮夢禎本、潘承弼校跋本、章鈺校跋本、陳錫麒本、清抄本、姜兆錫本、冢田虎本、御覽卷四百九十二並作「怗」。冢田虎曰：「僭號，自立爲王也。」　庶按：作「怗」是，據改。怗亂，謂乘亂而取利。史記陳涉世家「由是無親陳王者」，司馬貞索隱：「顧氏引孔叢子云：『陳勝爲王，妻之父兄往焉。勝以衆賓待之。妻父怒云：「怗强而慠長者，不能久焉。」不辭而去。』」

〔四〇〕冢田虎曰：「謝其失禮，然遂不顧而去，王故慙愧。」

〔四一〕冢田虎曰：「敓，謂發罪也。壻之父曰姻，兩壻相謂曰婭耳。」

〔四二〕宋咸注：「言僅能爲丈夫爾，然禮義則塞而不通，雖聞姻婭而不能曉達，唯幸訓誨以免愆戾。」原本「戾」作「戻」，諸本並作「戾」。「乎」上，葉氏藏本、潘承弼校跋本、章鈺校跋本並無「可」字。　庶按：作「戾」是，據改。

〔四三〕冢田虎曰：「君父之於臣子，亦猶答拜。」

〔四四〕冢田虎曰：「重婚曰媾。加，益也。宗族婚媾益敬，古之禮然也。」

〔四五〕冢田虎曰：「庶，幸也。收，言收其失。」

〔四六〕「唐之」，葉氏藏本、蔡宗堯本、周子義本、程榮本、孔胤植本、崇禎本、鍾惺本、潘承弼校跋本、四庫全書本、何允中本、指海本、姜兆錫本、冢田虎本並作「唐堯」。冢田虎曰：「言之者，見不先内親親族，則不能外和人民也。堯典曰：『以親九族，九族既睦，平章百姓。百姓昭明，協和萬邦。黎民於變時雍。』」

〔四七〕宋咸注：「禮稱『某之子有父母之喪，不得嗣爲兄弟』是也。」　庶按：宋咸注文引禮，見禮記曾子問篇。

〔四八〕宋咸注：「爾雅云：『妻之父爲外舅，妻之母爲外姑。』」　庶按：宋咸注文引爾雅，在釋訓篇。

〔四九〕冢田虎曰：「婦之黨爲婚兄弟，壻之黨爲姻兄弟。既有昆弟舅姑之名，則不得不拜也。」

〔五〇〕冢田虎曰：「婚親之義，非敢與其才德，專王恩也已。故雖已爲之臣，如其親族，則莫敢不敬也。」

〔五一〕冢田虎曰：「質，正也。是正禮親之義於子順也。」

〔五二〕宋咸注：「此悉以親配，非尚於德。」

〔五三〕「年」上，章鈺校跋本有「齊」字。「年」下，葉氏藏本、潘承弼校跋本並有「齊」字，並以「德」屬上爲讀，以「齊年」或「年齊」爲句。冢田虎曰：「諸母、諸父，謂伯父母、叔父母、從祖父母之屬也。以其親屬敬之，與敬有德同也。年以上，謂長於己。」　庶按：「德年」，猶「年德」也。

〔五四〕冢田虎曰：「不忍傲乎其親屬，則人情之常而爾。」

〔五五〕宋咸注：「服不及（庶按：原本「及」上有「言」字，蓋蒙下「言」字而衍，今刪），言同姓而無服者。」冢田虎曰：「問同姓而無服之制如何。」

〔五六〕冢田虎曰：「雖國君之尊，以同姓親之，猶有合之序昭穆之義也。」庶按：禮記大傳篇「君有合族之道，族人不得以其戚，戚君位也」，鄭氏注：「君恩可以下施，而族人皆臣也，不得以父兄子弟之親自戚於君位。謂齒列也，所以尊君別嫌也。」

〔五七〕宋咸注：「列猶藉也。」冢田虎曰：「宗人，掌親屬之官。周禮，小宗伯掌三族之別，以辨親疏是也。」庶按：禮記文王世子篇「其在宗廟之中，則如外朝之位。宗人授事，以爵以官」，鄭氏注：「宗人掌禮及宗廟也。以爵，貴賤異位也；以官，官各有所掌也。」

〔五八〕原本「別」作「制」，諸本並作「別」，是，據改。禮記大傳篇：「繫之以姓而弗別，綴之以食而弗殊。」

〔五九〕冢田虎曰：「『醊』與『綴』通，連繫也。家語及禮記皆作『綴』。君有享食族人之禮，雖五世親盡，猶連綴之，不別殊也。」

〔六〇〕「隆」，宛委別藏本作「際」，本書後附孔叢子釋文作「降」。冢田虎曰：「隨其昭穆之次序、恩親之隆殺，而齒列之也。」

〔六一〕宋咸注：「爲之免服。」冢田虎曰：「『免』與『絻』同，始發喪之服。此謂不在五服屬也。」庶按：「則死」二字疑誤倒，以上下文義例之，讀作「屬近，死則爲之免；屬遠，則吊之而已」，文從字順。

〔六二〕「政」，冢田虎本作「正」。

〔六三〕宋咸注：「別姓猶言別宗。弗父何，宋愍公之子，孔子之始祖。」庶按：禮記大傳篇：「別子爲祖，繼別爲宗，繼禰者爲小宗。」史記孔子世家：「其先宋人也，曰孔防叔。」司馬貞索隱：「家語：『孔子，宋微子之後。宋襄公生弗父何，以讓弟厲公。弗父何生宋父周，周生世子勝，勝生正考父，考父生孔父嘉，五世親盡，別爲公族，姓孔氏。孔父生子木金父，金父生睪夷。睪夷生防叔，畏華氏之逼而奔魯，故孔氏爲魯人也。』」

〔六四〕宋咸注：「孔氏大小宗則於夫子之廟。」

〔六五〕禮記大傳篇「雖百世而昏姻不通者，周道然也」，孔穎達正義：「言雖相去百世而婚姻不得通……言周道如此，異於殷也。」

〔六六〕冢田虎曰：「言之者，以同姓則雖無服之屬，猶有宗道，答其問也爾。」

〔六七〕原本「生」作「王」，諸本並作「生」，是，據改。

〔六八〕宋咸注：「固，猶言固陋。」冢田虎曰：「言其於宗族婚媾，將盡心也。」

問軍禮第二十〔一〕

陳王問太師曰：「行軍之禮，可得備聞乎？」答曰：「天下有道，禮樂征伐自天子出〔二〕。自天子出，必以歲之孟秋，賞軍，帥武人於朝〔三〕，簡練傑俊，任用有功，命將選士，以誅不義〔四〕。於是孟冬以級授軍〔五〕，司徒搢扑〔六〕，北面而誓之。誓於社，以習其事。先期五日，大史筮於祖廟〔七〕。擇吉日齋戒，告於郊、社稷、宗廟。既筮，則獻兆於天子〔八〕。天子使有司以特牲告社〔九〕，告以所征之事而受命焉。舍奠於帝學以受成〔一〇〕，然後乃類於上帝〔一一〕，柴於郊以出〔一二〕。以齊車載遷廟之主及社主行，大司馬職奉之〔一三〕。無遷廟主，則以幣、帛、皮、圭告於祖、禰，謂之主命，亦載齊車〔一四〕。凡行主、皮、圭、幣、帛，皆每舍奠焉，而後就館〔一五〕。主車止於中門之外、外門之內。廟主居於道左，社主居於道右〔一六〕。其所經名山大川，皆祭告焉〔一七〕。及至敵所〔一八〕，將戰，太史卜戰日，卜右御〔一九〕。先期三日，有司明以敵人罪狀告之史。史定誓命、戰日〔二〇〕。將帥陳列車甲卒伍於軍門之前〔二一〕，有司讀誥誓，使周定三令五申〔二二〕。既畢，遂禱戰，祈克於上帝，然後即敵。將士戰，全已克敵，史擇吉日，復禡於所征之地〔二三〕，柴於上帝，祭社、奠祖，以告克者，不頓兵傷士也。戰不克，則不告也[二四]。凡類、禡，皆用甲、丙、戊、庚、壬之剛日。有司簡功行賞，不稽於時[二五]。其用命者，則加爵，受賜於祖奠之前。其奔北犯令者，則加刑罰，戮於社主之前[二六]。然後鳴金振旅[二七]，有司偏告捷於時所有事之山川[二八]。既至，舍於國外，三日齋，以特牛歸格於祖禰[二九]，然後入，設奠以反主[三〇]。若主命，則卒奠斂玉[三一]，埋之於廟兩階間[三二]，反社主如初迎之禮，舍奠於帝學，以訊馘告[三三]，大享於羣吏，用備樂，饗有功於祖廟，舍爵、策勳焉，謂之飲至[三四]，天子親征之禮也[三五]。」

陳王曰：「其命將出征則如之何？」太師曰：「古者，大將受命而出則忘其國[三六]，即戎師陣則忘其家[三七]。故天子命將出征，親絜齊盛服，設奠於祖以詔之[三八]。大將先入，軍吏畢從，皆北面再拜，稽首而受[三九]。天子當階南面，命受之節鉞[四〇]。大將受[四一]，天子乃東回西面而揖之[四二]，示弗御也[四三]，然後告太社[四四]。冢宰執蜃，宜於社之右[四五]，南面授大將[四六]。大將北面稽首，再拜而受之[四七]，承所頒賜於軍吏[四八]。其出不類，其克不禡[四九]，戰之所在有大山川，則祈焉[五〇]，禱克於五帝。捷則報之[五一]，振旅復命[五二]。簡異功勤[五三]，親告廟、告社，而後適朝，禮也。」王曰：「將居軍中之禮，勝敗之變，則如之何？」太師曰：「將帥尚左，士卒尚右[五四]。出國先鋒，入國後刃[五五]。介冑在身，執鋭在列，雖君父不拜[五六]。若不幸軍敗，則馹騎赴告[五七]，不載櫜韔[五八]。天子素服，哭於庫門之外三日，大夫素服，哭於社，亦如之。亡將失城，則皆哭七日〔五九〕。天子使使迎於軍，命將帥無請罪〔六〇〕。然後將帥結草自縛，袒右肩而入，蓋喪禮也〔六一〕。」

王曰：「行古禮如何？」大師曰：「古之禮固爲於今也〔六二〕。有其人〔六三〕，行其禮則可；無其人〔六四〕，行其禮則民弗與也。」

校釋

〔一〕宋咸注：「陳王涉請問軍禮，子魚答之，乃獨專於篇。」

〔二〕冢田虎曰：「文武之事，一受天子命，而諸侯不得自制焉。此孔子之語。」庶按：論語季氏篇：「孔子曰：『天下有道，則禮樂征伐自天子出。』」

〔三〕原本「帥」作「師」，指海本作「帥」，錢熙祚曰：「『帥』原誤『師』，依通解三十六改，與月令合。」庶按：錢説是，據改。

〔四〕冢田虎曰：「月令：『孟秋，迎秋於西郊，還反，賞軍帥武人於朝。天子乃命將帥，選士厲兵，簡練桀俊，專任有功，以征不義。』」

〔五〕姜兆錫曰：「級，爵級也。」冢田虎曰：「級，六軍將帥之等級。」

〔六〕宋咸注：「以等級授其鞭扑。」「搢扑」，錢熙祚曰：「原作『執扑』，依通解改，與月令合。」冢田虎曰：「司徒，教官。扑，榎楚也。會同曰誥，軍旅曰誓。周禮大司徒：『大軍旅，大田役，以旗鼓致萬民，而治其徒庶之政令。』」庶按：錢説與宋嘉祐本合，是。禮記月令篇：「司徒搢扑，北面誓之。」

〔七〕冢田虎曰：「周禮太史：『大師抱天時，與大師同車。』又大卜：『大師，則貞龜。』又記曰：『天子無筮。』言天子祭祀、征伐、巡守之事，皆惟用卜而無筮也。今曰『筮』者，可疑焉。」庶按：朱熹通解卷三十六：「大史『大師抱天時，與大師同車』，注：『鄭司農云：未出師，則大史主抱式，以知天時，處吉凶。史官主知天道。』」冢田説引記文，在禮記表記篇。

〔八〕姜兆錫曰：「兆，吉兆也。」冢田虎曰：「獻卜兆也。」

〔九〕原本「特牲」作「牲特」。錢熙祚曰：「通解續二十六『牲特』二字倒。」冢田虎曰：「牲特，特牛。起大事，動大衆，必先有事於社。告而後出，謂之宜社。」庶按：禮記郊特牲篇：「郊特牲而社稷大牢。」本篇下文「以特牛歸格於祖禰」，特牛即特牲，據乙。

〔一〇〕宋咸注：「成謂師律已成定。」姜兆錫曰：「舍，釋也。」冢田虎曰：「舍奠，釋菜奠幣也。帝學即辟廱，所以禮先聖。受成，定兵謀也。」庶按：禮記王制篇：「天子將出征，類乎上帝，宜乎社，造乎禰，禡於所征之地。受命於祖，受成於學。出征執有罪，反，釋奠於學，以訊馘告。」

〔一一〕原本「類」下無「於」字，諸本並有「於」字。冢田虎曰：「類，祭名。蓋非常祀而祭天之謂類也。」庶按：有「於」字與王制篇合，是，據補。

〔一二〕冢田虎曰：「柴，燔柴以告天也。郊，即南郊。」

〔一三〕宋咸注：「言以大司馬奉所遷廟、社之主。」原本「車」下無「載」字，姜兆錫本、冢田虎本並有「載」字。錢熙祚曰：「『載』字依通解續補。」冢田虎曰：「遷廟之主，謂新遷祧廟之主也。載二主行者，示於軍中不敢專賞罰也。書曰『用命賞於祖，弗用命戮於社』是也。記曰：『「古者師行，必以遷廟主行乎？」孔子曰：「天子巡守，以遷廟主行，載於齊車，言必有尊也。」』大司馬，政官，統六師者。正文本脱『載』字。」庶按：錢、冢田説並是，據補。冢田説引書文，見尚書甘誓篇；記文，見禮記曾子問篇。周禮春官小宗伯「若大師，則帥有司而立軍社，奉主車」，鄭氏注：「有司，大祝也。王出軍，必先有事於社及遷廟，而以其主行。社主曰軍社，遷主曰祖。」

〔一四〕冢田虎曰：「記又曾子問曰：『古者師行無遷主，則何主？』孔子曰：『主命。』問曰：『何謂也？』孔子曰：『天子諸侯將出，必以幣、帛、皮、圭告於祖、禰，遂奉以出，載於齊車以行。每舍，奠焉而後就舍。』」庶按：曾子問孔穎達正義：「孔子言天子諸侯將出，既無遷主，乃以幣、帛及皮、圭告於祖、禰之廟，遂奉以出行，載於齊車，以象受命，故云主命。……每至停舍之處，先以脯醢奠此幣、帛、皮、圭，而後始就停舍之處。」

〔一五〕宋咸注：「言廟、社行主及皮、圭、幣、帛之主命，每所至之地，則先舍奠，而後就館，示有尊也。『舍』當作『釋』，音與『釋』同。」姜兆錫曰：「『每舍』之舍，次也。」冢田虎曰：「凡軍之行，主及主命，皆每舍宿而奠之，乃敢即安也。」庶按：曾子問孔穎達正義：「經云『每舍，奠焉』，以其在路，不可恒設牲牢，故知以脯醢也。與殯奠同謂之奠，以其無尸故也。」

〔一六〕冢田虎曰：「道左右，其舍館之中門、外門間之左右也。」

〔一七〕冢田虎曰：「武成所謂『告於皇天后土，所過名山大川』，是也。」

〔一八〕「及」下，葉氏藏本、潘承弼校跋本並無「至」字。

〔一九〕冢田虎曰：「車右與御戎也。」

〔二〇〕冢田虎曰：「定誓命之辭及戰之期日。」

〔二一〕原本「帥」、「伍」作「師」、「五」，諸本並作「帥」、「伍」，是，據改。

〔二二〕冢田虎曰：「師出以律，三令五申之，必使周定之。」

〔二三〕宋咸注：「禡，師祭名也。」冢田虎曰：「於內曰類，於野曰禡。祭社奠祖，所載齋車以行者，此戰畢而告勝也。」

〔二四〕冢田虎曰：「以其頓兵傷士，畏神威也。」

〔二五〕冢田虎曰：「簡，擇閲也。稽，遲留也。」

〔二六〕宋咸注：「書稱：『用命則賞於祖，弗用命則戮於社（庶按：原本「社」作「祉」，朱熹通解卷三十六引注文作「社」，與尚書甘誓篇合，是，據改）。』」冢田虎曰：「此不敢專賞罰也。祖主德，故賞則於祖前；社主陰，故罰則於社前。親祖嚴社之義。」

〔二七〕冢田虎曰：「出曰治兵，入曰振旅，言整衆也。」

〔二八〕冢田虎曰：「捷，軍勝所獲得。時所有事，謂師出時所祭告也。」

〔二九〕原本「歸」作「親」。冢田虎曰：「格，至也，先自告至焉。」庶按：尚書舜典：「歸，格於藝祖，用特。」白虎通義卷五三軍篇：「王者將出，辭於禰，還格於祖、禰者，言子辭面之禮、尊親之義也。」是「親」乃「歸」之訛，據改。「格」訓「至」也，詳顧頡剛、劉起釪尚書校釋譯論。

〔三〇〕宋咸注：「設奠，反其主於廟於社。」

〔三一〕「玉」，錢熙祚曰：「原誤『王』，別本作『主』，蓋以意改，今依通解作『玉』，與曾子問合。」庶按：錢説與宋本合，是。

〔三二〕宋咸注：「言埋玉，則幣、帛焚之。」冢田虎曰：「奠畢，乃圭、璧則斂藏之，皮、幣則瘞埋之也。」庶按：禮記曾子問篇：「藏諸兩階之間。」藏，猶埋也。

〔三三〕冢田虎曰：「訊，生獲。馘，截耳。」

〔三四〕冢田虎曰：「享，燕也。備樂，升歌及笙各之終，間歌三終。合樂之終，謂之樂一備。享，大飲賓也。享卒，置酒爵，書功勳於策，謂之爲飲至也。」庶按：左傳桓公二年：「凡公行，告於宗廟；反行，飲至、舍爵、策勳焉，禮也。」隱公五年「歸而飲至，以數軍實」，杜預注：「飲於廟，以數車徒、器械及所獲也。」

〔三五〕「天子」上，蔡宗堯本、指海本、姜兆錫本並有「此」字。錢熙祚曰：「『天子』上原脱『此』字，依通解補。」

〔三六〕宋咸注：「忘其國中之事，一於命而已。」

〔三七〕宋咸注：「忘其家之爲，一於戎而已。」冢田虎曰：「奉命應敵，無二心也。」庶按：尉繚子武議篇：「將受命之日忘其家，張軍宿野忘其親，援枹而鼓忘其身。」史記司馬穰苴列傳：「穰苴曰：『將受命之日則忘其家，臨軍約束則忘其親，援枹鼓之急則忘其身。』」風俗通義過譽篇：「立朝忘家，即戎忘身。」文選西征賦李善注引六韜：「爲將者受命忘家，當敵忘身。」

〔三八〕宋咸注：「詔，告之。」冢田虎曰：「亦示不自專焉。受命於祖廟也。」

〔三九〕宋咸注：「受所命。」冢田虎曰：「畢，悉也。皆入廟而受詔命。」

〔四〇〕「受」，諸本並作「授」。冢田虎曰：「古者天子賜之斧鉞，而得專征伐。故命將授節鉞者，亦所以許之可專軍事。六韜曰：『君入廟，西面而立。將軍入，北面立。君親操鉞，持其首，授將其柄。』」庶按：「受」、「授」古今字。

〔四一〕宋咸注：「謂受所賜節鉞。」

〔四二〕宋咸注：「謂轉南面，自東遂西面而揖。」「東回西面」，宛委别藏本、蔡宗堯本、周叔弢藏本、周子義本、程榮本、馮夢禎本、孔胤植本、崇禎本、鍾惺本、王韜校跋本、四庫全書本、何允中本、指海本、章鈺校跋本、陳錫麒本、清抄本、姜兆錫本、冢田虎本並作「東向西面」，葉氏藏本、潘承弼校跋本並作「東面西向」。冢田虎曰：「從階南面，乃東鄉而降焉，西面而揖將也。」庶按：「東回」疑爲「東向」之訛。

〔四三〕宋咸注：「謂既揖已，則不御坐。」原本「示」作「亦」，宛委别藏本、葉氏藏本、周叔弢藏本、馮夢禎本、潘承弼校跋本、章鈺校跋本、陳錫麒本、清抄本、冢田虎本並作「示」。錢熙祚曰：「通解『亦』作『示』。」冢田虎曰：「其舍南面而降，特西面者，示亦不以制御之也。」庶按：作「示」是，據改。淮南子兵略篇：「將軍受命，乃令祝史太卜齋宿三日，之太廟，鑽靈龜，卜吉日，以受鼓旗。君入廟門，西面而立；將入廟門，趨至堂下，北面而立。」説苑指武篇：「將師受命者：將率入，軍吏畢入，皆北面再拜稽首受命。天子南面而授之鉞，東行西面而揖之，示弗御也。」

〔四四〕冢田虎曰：「告所征之事也。」

〔四五〕宋咸注：「左傳云：『戎有受脤（庶按：原本「脤」作「服」，宛委別藏本、周叔弢藏本、指海本注文並作「脤」，是，據改。下「脤」字同）。』脤，祭社之肉，盛以蜃器。」冢田虎曰：「冢宰，治官，佐王治邦國。……宜，祭名。」　庶按：宋咸注文引左傳，在成公十三年。國語晉語五：「受命於廟，受脤於社。」

〔四六〕冢田虎曰：「冢宰攝王以宜社，故南面乃授蜃於大將也。」

〔四七〕原本「大」作「太」，諸本並作「大」，是，據改。淮南子兵略篇「主親操鉞……乃爪鬋，設明衣也，鑿凶門而出」，注：「凶門，北出門也。將軍之出，以喪禮處之，以其必死也。」

〔四八〕冢田虎曰：「『承所』下有缺文與？或二字衍與？」

〔四九〕冢田虎曰：「祀天則天子之所以親爲。」

〔五〇〕冢田虎曰：「祈勝也。」

〔五一〕冢田虎曰：「勝而有獲得，則報祭於五帝及山川。」

〔五二〕「振旅」，左傳隱公五年「三年而治兵，入而振旅」，杜預注：「振，整也。旅，衆也。」

〔五三〕「勤」，冢田虎本作「勒」，冢田曰：「蓋以告天子，乃將行賞也。」

〔五四〕冢田虎曰：「老子曰：『吉事尚左，凶事尚右。偏將軍居左，上將軍居右。』言以喪禮處之。然則今左右之言，宜易地與？」

〔五五〕冢田虎曰：「凡兵器，出則刃前嚮，入則刃後嚮。」

〔五六〕冢田虎曰：「記曰：『介者不拜。』爲其拜而蓌拜。」　庶按：冢田説引記文，在禮記曲禮上。

〔五七〕冢田虎曰：「急告其敗於朝也。告凶事曰赴。」

〔五八〕宋咸注：「大雅曰：『載櫜弓矢。』櫜，韜也。韔，弓衣。」原本「不載」作「于載」，冢田虎本、指海本並作「不載」。冢田虎曰：「示當報也。『不』字本作『于』，誤矣。」錢熙祚曰：「『不』原誤『于』，依通解改，與檀弓合。」　庶按：冢、錢説並是，據改。禮記檀弓下「軍有憂，則素服哭於庫門之外，赴車不載櫜韔」，鄭氏注：「憂，謂爲敵所敗也。素服者，縞冠也。……以告喪之辭言之，謂還告於國。櫜，甲衣。韔，弓衣。」

〔五九〕宋咸注：「軍敗三日哭，將亡城失則七日哭，蓋輕重之差。」

〔六〇〕原本「帥」作「師」，諸本並作「帥」。「罪」，葉氏藏本作「命」。「帥」字是，據改。

〔六一〕冢田虎曰：「自縛者，所以自囚，不辭罪焉。袒而入者，蓋是喪禮也。」

〔六二〕姜兆錫曰：「爲，猶行也。」

〔六三〕姜兆錫曰：「有其人，猶言得其人。」

〔六四〕宋咸注：「其人蓋言田（庶按：「田」疑爲「由」之壞字）道之人。」姜兆錫曰：「無其人，猶言非其人也。」冢田虎曰：「禮者，待其人而後行。記曰：『苟無忠信之人，則禮不虛道。』是以得其人之爲貴也。」庶按：姜説得之。無其人，謂無知禮之人。冢田説引記文，在禮記禮器篇。

答問第二十一〔一〕

陳人有武臣，謂子鮒曰〔二〕：「夫聖人者，誠高材美稱也。吾謂聖人之知，必見未形之前，功垂於身後〔三〕，立教而戾夫弗犯〔四〕，吐言而辯士不破也。子之先君，可謂當之矣。然韓子立法，其所以異夫子之謂者〔五〕，紛如也。予每探其意而校其事，持久歷遠，遏姦勸善，韓氏未必非，孔氏未必得也。吾今而後乃知聖人無世不有爾。前聖後聖，法制固不一也。若韓非者，亦當世之聖人也，子以爲奚若〔六〕？」子鮒曰：「子信之爲然，是固未免凡俗也〔七〕。今世人有言高者必以極天爲稱，言下者必以深淵爲名〔八〕，是資勢之談〔九〕，而無其實者也。好事而穿鑿者〔一〇〕，必言經以自輔，援聖以自賢〔一一〕，欲以取信於羣愚而度其說也。若諸子之書，其義皆然，吾先君之所自志也〔一二〕。請略說一隅，而吾子審其信否焉〔一三〕。」武臣曰：「喏。」子鮒曰：「乃者，趙、韓、魏共并知氏〔一四〕，趙襄子之行，賞先加其臣而後有功〔一五〕。韓非書云『夫子善之』，引以張本，然後難之〔一六〕，豈有不似哉？然實詐也〔一七〕。何以明其然？昔我先君以春秋哀公十六年四月己丑卒。至三十七年，荀瑤與韓、趙、魏伐鄭，遇陳恒而還〔一八〕，是時夫子卒已十一年矣，而晉四卿皆在也〔一九〕。後悼公十四年，知氏乃亡〔二〇〕。此先後甚遠，而韓非公稱之，曾無怍意〔二一〕。是則世多好事之徒〔二二〕，皆非之罪也。故吾以是默口於小道〔二三〕、塞耳於諸子久矣。而子立尺表以度天，直寸指以測淵〔二四〕，蒙大道而不悟〔二五〕，信誣說以疑聖，殆非所望也。」武臣叉手跪謝，施施而退〔二六〕，遂告人曰：「吾自以爲學之博矣，而可吞於孔氏〔二七〕，方知學不在多，要在精之也。」

陳王問太師曰：「寡人不得爲賢所推〔二八〕，而得南面稱孤〔二九〕，其幸多矣。今既賴二三君子，且又欲規久長之圖〔三〇〕，何施而可？」答曰：「信王之言，萬世之福也，敢稱古以對。昔周代殷〔三一〕，乃興滅繼絶，以爲政首〔三二〕。今誠法之，則六國之不携，抑久長之本〔三三〕。」王曰：「周存二代，又有三恪〔三四〕，其事云何？」答曰：「封夏、殷之後，以爲二代。紹虞帝之胤〔三五〕，備爲三恪〔三六〕。恪，敬也，禮之如賓客也〔三七〕。非謂特有二代，別有三恪也。凡所以立二代者，備王道、通三統也。」王曰：「三統者何？」答曰：「各自用其正朔，二代與周，是謂三統〔三八〕。」王曰：「六國之後君，吾不能封也。遠世之王，於我何有〔三九〕？吾亦自舉不及於周〔四〇〕，又安能純法之乎〔四一〕？」

陳王涉讀國語言申生事〔四二〕，顧博士曰：「始余信聖賢之道，乃今知其不誠也〔四三〕，先生以爲何如？」答曰：「王何謂哉？」王曰：「晉獻惑聽讒，而書又載驪姬夜泣公，而以信入其言〔四四〕。人之夫婦夜處幽室之中，莫能知其私焉，雖黔首猶然，況國君乎？予以是知其不信，乃好事者爲之辭，將欲成其說，以誣愚俗也，故使予並疑於聖人也。」博士曰：「不然也。古者，人君外朝則有國史，内朝則有女史。舉則左史書之〔四五〕，言則右史書之，以無諱示後世，善以爲式，惡以爲戒〔四六〕。廢而不記，史失其官〔四七〕。故凡若晉侯、驪姬牀第之私、房中之事，不得掩焉〔四八〕。若夫設教之言，驅羣俗，使人入道而不知其所以者也〔四九〕。今此皆書實事，累累若貫珠，可無疑矣。」王曰：「先生真聖人之後風也〔五〇〕。今幸得聞命，寡人無過焉〔五一〕。」

陳王涉使周章爲將，西入關，將以誅秦〔五二〕。秦使將章邯距之〔五三〕。陳王以秦國之亂也，有輕之之意，勢若有餘而不設敵備〔五四〕。博士太師諫曰：「章邯，秦之名將，周章非其敵也。今王使使霈然自得而不設備〔五五〕，臣竊惑焉。夫雖天之所舍〔五六〕，其禍福吉凶，大者在天，小者由人。今王不修人利以應天祥，若跌而不振，悔之無及也〔五七〕。」王曰：「寡人之軍，先生無累也，請先生息慮也。」又諫曰：「臣聞兵法『無恃敵之不我攻〔五八〕，恃吾之不可攻也〔五九〕』，今恃敵而不自恃，非良計也〔六〇〕。」王曰：「先生所言計策深妙，予不識也，先生休矣〔六一〕。」已而告人曰：「儒者可與守成，難與進取，信哉！」博士他日復諫曰：「臣聞國大兵衆，無備難恃。一人善射，百夫決拾〔六二〕。章邯梟將，卒皆死士也。周章弱懦〔六三〕，使彼席卷來前，莫有當其鋒者。」王曰：「先生所稱，寡人昧昧焉〔六四〕，願以人間近事喻之〔六五〕。」答曰：「流俗之事，臣所不忍也。今王命之，敢不盡情？願王察之也〔六六〕。臣昔在梁，梁人有陽由者，其力扛鼎，伎巧過人。骨騰肉飛〔六七〕，手搏[足毚]獸〔六八〕，國人懼之。然無治室之訓，禮教不立，妻不畏憚，浸相泄瀆〔六九〕。方乃積怒，妻坐於牀答焉〔七〇〕。左手建杖，右手制其頭〔七一〕。妻亦奮恚，因授以背，使杖擊之，而自撮其陰〔七二〕，由乃仆地，氣絶而不能興。鄰人聞其凶凶也〔七三〕，窺而見之，趣而救之。妻愈贑忿，莫肯舍旃〔七四〕。或發其裳，然後乃放〔七五〕。夫以無敵之伎力〔七六〕，而劣於女子之手者何？以輕之無備故也。今王與秦角强弱，非若由之夫妻也〔七七〕，而輕秦過甚，臣是以懼。故區區之心，欲王備慮之也〔七八〕。」王曰：「譬類誠佳，然實不同也。」弗聽。周章果敗而無後救，邯遂進兵擊陳王，師大敗〔七九〕。

博士凡仕六旬，老於陳〔八〇〕。將没，戒其弟子曰〔八一〕：「魯，天下有仁義之國也〔八二〕。

戰國之世〔八三〕，講頌不衰〔八四〕，且先君之廟在焉〔八五〕。吾謂叔孫通處濁世而清其身，學儒術而知權變，是今師也。宗於有道，必有令圖，歸必事焉〔八六〕。」

校釋

〔一〕宋咸注：「武安君（庶按：原本「君」作「軍」，「軍」乃「君」之訛，今改）洎陳王涉有所問，子魚得詳而答之，故以名篇。」

〔二〕宋咸注：「武臣，即武安君。」冢田虎曰：「武臣，亦與張耳、陳餘俱爲陳涉將者。」

〔三〕「身」下，葉氏藏本、潘承弼校跋本並有「殁之」二字。

〔四〕宋咸注：「雖狂戾之夫亦不能犯。」

〔五〕「謂者」，葉氏藏本、潘承弼校跋本、章鈺校跋本並作「論者」。

〔六〕宋咸注：「韓非喜刑名法術（庶按：原本「刑名法術」作「刑法名術」，宛委別藏本、周叔弢藏本、指海本注文及史記韓非列傳並作「刑名法術」，是，據改）之學，本於黄、老。爲人口吃，不能道説，而善著書，作孤憤、五蠹、内、外儲、説林、説難十餘萬言。後韓王遣非使秦。秦王悦之，未信用。李斯、姚賈毁之曰：『韓非，韓之諸公子也。今王欲并諸侯，非終爲韓不爲秦，此人之情也。今王不用，久留而歸之，此自遺患也，不如以過法誅之。』秦王以爲然，下吏治非。李斯使人遺非藥，使自殺。然非知説之難，爲説難書，終死於秦，不能自脱。」冢田虎曰：「聖人之道，要敬禮義，而使人修德行者也。韓非之術，專任刑法，而不使民起姦惡者也，而庸人多惑乎非之立言焉。」　庶按：宋咸注文爲約取史記韓非列傳。

〔七〕「固」，葉氏藏本、潘承弼校跋本、章鈺校跋本並作「故」。

〔八〕冢田虎曰：「徒設高且深之説，以爲名聞耳。」

〔九〕「勢」，葉氏藏本、潘承弼校跋本、章鈺校跋本並作「世」。冢田虎曰：「資，取也。」

〔一〇〕原本「者」作「也」，葉氏藏本作「者」，是，據改。

〔一一〕冢田虎曰：「欲自輔己，以誣言經義，欲自賢己以攀援聖人。」

〔一二〕「志」，冢田虎本作「惡」，冢田曰：「辯言利口，夫子之所嘗自惡也。『惡』本作『志』，誤。」

庶按：以下文「故吾以是默口於小道，塞耳於諸子久矣」觀之，「惡」字疑是。

〔一三〕原本「吾」作「君」，葉氏藏本、潘承弼校跋本並作「吾」。冢田虎曰：「『君子』疑當作『吾子』。」　庶按：冢田説是。此「吾子」乃稱「武臣」，據改。

〔一四〕原本「韓」下無「魏」字，葉氏藏本、潘承弼校跋本、章鈺校跋本並有「魏」字，是，據補。史記晉世家：「哀公四年，趙襄子、韓康子、魏桓子共殺知伯，盡并其地。」

〔一五〕宋咸注：「趙襄子立四年，知伯與趙、韓、魏盡分其范、中行故地。後知伯益驕，請地韓、魏，韓、魏與之。又請地於趙，不與。知伯怒，遂率韓、魏攻趙。趙襄子懼，出奔晉陽。三（庶按：原本「陽」、「三」作「王」、「王」，宛委別藏本、周叔弢藏本、指海本注文及史記趙世家並作「陽」、「三」，是，據改）國攻晉陽（原本「陽」訛作「楊」，今改，下同），羣臣皆有外心，惟高共不敢失禮。襄子懼，乃夜使相張孟同（庶按：「同」，宛委別藏本、周叔弢藏本、指海本注文並作「談」，下同。趙世家司馬貞索隱：「戰國策作『張孟談』。談者，史遷之父名，遷例改爲『同』」）私於韓、魏。韓、魏與合謀，反滅知氏，共分其地。於是襄子行賞，高共爲上。張孟同曰：『晉陽之難，惟共無功。』襄子曰：『方晉陽急，羣臣皆懈，惟共不敢失人臣禮，是以先之。』」原本「其」作「具」，鍾惺本、姜兆錫本並作「其」，是，據改。宋咸注文乃本史記趙世家。「高共」，趙世家裴駰集解：「徐廣曰：『（共）一作「赫」。』」事又見韓非子難一篇、呂氏春秋義賞篇、説苑復恩篇。

〔一六〕「然」下，葉氏藏本、章鈺校跋本並無「後」字。韓非子難一篇：「或曰：『仲尼不知善賞矣。夫善賞罰者，百官不敢侵職，羣臣不敢失禮，上設其法，而下無姦詐之心。如此，則可謂善賞罰矣。使襄子於晉陽也，令不行，禁不止，是襄子無國、晉陽無君也，尚誰與守哉？今襄子於晉陽也，知氏灌之，臼竈生鼃，而民無反心，是君臣親也。襄子有君臣親之澤，操令行禁止之法，而猶有驕侮之臣，是襄子失罰也。爲人臣者，乘事而有功則賞。今赫僅不驕侮，而襄子賞之，是失賞也。明主賞不加於無功，罰不加於無罪。今襄子不誅驕侮之臣，而賞無功之赫，安在襄子之善賞也？故曰：「仲尼不知善賞。」』」

〔一七〕「詐」，葉氏藏本、潘承弼校跋本、章鈺校跋本並作「非」。

〔一八〕原本「恒」作「垣」，錢熙祚曰：「『恒』原誤『垣』，別本改爲『東垣』，謬甚。」庶按：錢説是，據改。

〔一九〕宋咸注：「哀公二十七年，晉荀瑶帥師伐鄭，次於同丘。鄭駟弘請救於齊，齊師救鄭。知伯聞之，乃還，曰：『我卜伐鄭，不卜敵齊。』是此時知伯與中行氏諸卿猶在，而仲尼已卒也。」冢田虎曰：「四卿，即知、韓、趙、魏也。」

〔二〇〕冢田虎曰：「悼公，哀公之子也。哀公二十七年而出遜於邾，乃遂如越，魯人乃立悼公。韓、趙、魏之滅知氏，在其十四年。」

〔二一〕冢田虎曰：「趙襄子之事，距夫子之卒，其年數相懸如此甚遠，而韓非公然稱説之，以誑羣愚焉，曾無怍恥於知者之意矣。」

〔二二〕「則」上，葉氏藏本、潘承弼校跋本、章鈺校跋本並無「是」字。

〔二三〕冢田虎曰：「小道即謂諸子之所説也。」

〔二四〕「直」，周子義本、馮夢禎本、崇禎本、鍾惺本、何允中本並作「植」。冢田虎曰：「以韓非之言論聖人之道，則其不稱量猶此也已。」　庶按：「直」、「植」古今字。

〔二五〕冢田虎曰：「矇，見之暗也。」

〔二六〕宋咸注：「施施，猶俯傴然。」冢田虎曰：「施施，自得之貌。」

〔二七〕「可吞」，葉氏藏本、潘承弼校跋本並作「屈」，章鈺校跋本作「屈右」，宛委别藏本、周叔弢藏本、指海本、冢田虎本並作「可否」。冢田虎曰：「素自以爲博學而後辨事之可否。」　庶按：此句謂「使孔氏屈服」之意，文待考。

〔二八〕「爲」下，葉氏藏本、潘承弼校跋本、章鈺校跋本並有「諸侯羣」三字。

〔二九〕冢田虎曰：「南面，人君之位。」

〔三〇〕「又」，鍾惺本作「以」。冢田虎曰：「規，謀度也。」

〔三一〕「代」，指海本作「伐」，錢熙祚曰：「别本『伐』作『代』。」

〔三二〕冢田虎曰：「武王之代殷，而王於天下，其未及還師，乃封黄帝、堯、舜、夏、商之後，以興滅國，繼絶世，爲仁政之首，故天下之民歸心。」

〔三三〕冢田虎曰：「言今誠法乎周，以封六國之後，則六國定不攜貳，將永蕃屏焉，是亦當久長之本也。」

〔三四〕「又」，周子義本、程榮本、孔胤植本、崇禎本、鍾惺本、何允中本、姜兆錫本、冢田虎本並作「别」。

〔三五〕原本「帝」下無「之」字，葉氏藏本、潘承弼校跋本並有「之」字，是，據補。作「紹虞帝之胤」與上「封夏、殷之後」例同。

〔三六〕冢田虎曰：「封杞爲夏後，封宋爲殷後，又封虞胡公於陳，以爲舜後，備之稱三恪。」

〔三七〕冢田虎曰：「不敢臣先代之後也。」

〔三八〕宋咸注：「周以建子爲正，子時爲朔。商以建丑爲正，丑時爲朔（庶按：原本「爲」下無「朔」字，宛委别藏本、周叔弢藏本、指海本注文並有「朔」字，是，據補）。夏以建寅爲正，寅時爲朔。」

〔三九〕冢田虎曰：「言近封六國之後君，猶不能爲焉，況唐、虞、三代之遠世，於我何封之有？」

〔四〇〕「舉」，葉氏藏本、潘承弼校跋本、章鈺校跋本並作「有」。姜兆錫曰：「舉，猶稱也。」

〔四一〕「純」，指海本作「統」，錢熙祚曰：「别本『統』作『純』。」冢田虎曰：「陳王以爲其自舉事，不及乎周德，則又不可得純法其興滅繼絶之政也。」

〔四二〕宋咸注：「晉獻公卜伐驪戎，史蘇占之曰：『勝而不吉。』公弗聽，遂伐驪戎，克之，獲驪姬以歸。有寵，立爲夫人，生奚齊。其娣生（庶按：原本「生」作「王」，國語晉語作「生」，是，據改）

卓子。驪姬請使太子申生主曲沃，重耳處蒲城，夷吾處屈，奚齊處絳。後驪姬將立奚齊，謂申生曰：『君夢齊姜，必速祭之。』太子祭於曲沃，歸胙於公。公田，姬寘諸宮。六日，公至，毒而獻之。公祭之地，地墳。之犬，犬斃。與小臣，小臣斃。姬泣曰：『賊由太子。』太子奔新城。公殺傅杜原款，申生縊於城。姬遂譖二公子曰：『皆知之。』重耳奔蒲，夷吾奔屈。呂氏春秋云：『申生遂以劍死。』鄭康成稱雉經。」庶按：宋咸注文爲約取國語晉語、左傳僖公四年文合之而成。引呂氏春秋文，在上德篇。

〔四三〕「誠」，黎堯卿本作「情」。

〔四四〕宋咸注：「而以信入其言，謂獻公以驪姬爲信而受其言。」庶按：國語晉語一：「優施教驪姬夜半而泣謂公曰：『吾聞申生甚好仁而彊，甚寬惠而慈於民，皆有所行之。今謂君惑於我，必亂國，無乃以國故而行彊於君。君未終命而不殁，君其若之何？盍殺我，無以一妾亂百姓。』……公說。是故使申生伐東山……仆人贊聞之，曰：『太子殆哉！』」

〔四五〕宋咸注：「舉，動也。」

〔四六〕冢田虎曰：「使後世以其善爲楷式、以其惡爲鑒戒也。」

〔四七〕冢田虎曰：「免黜史之官。」

〔四八〕「掩」，宛委別藏本、周子義本、程榮本、崇禎本、鍾惺本、四庫全書本、何允中本、指海本、陳錫麒本、清抄本、姜兆錫本、冢田虎本並作「捨」。冢田虎曰：「第，簀也。其閨房之事，亦皆舉而書之。」

〔四九〕姜兆錫曰：「若言而不知其所以者，乃設教之虛言，非事實比也。」冢田虎曰：「於是設教之言，乃羣俗讀之，則各不知其所以入道，而自使之勸惡懲惡者也。」

〔五〇〕「後」下，姜兆錫本無「風」字。

〔五一〕冢田虎曰：「言爾後讀書，將無過誤焉。」

〔五二〕「以」上，宛委別藏本、周叔弢藏本、周子義本、程榮本、孔胤植本、崇禎本、鍾惺本、四庫全書本、何允中本、指海本、陳錫麒本、清抄本、姜兆錫本、冢田虎本並無「將」字。

〔五三〕宋咸注：「陳涉遣周章等將西至戲，兵數十萬。二世大驚，使章邯將，擊破周章軍，遂殺章於曹陽。」「將」下，清抄本標記毛斧季藏宋本有「軍」字。冢田虎曰：「章邯，秦少府。」庶按：宋咸注文本史記陳涉世家。

〔五四〕「若有」，沈津本作「力自」。冢田虎曰：「周章行收兵至關，車千乘，卒數十萬，其勢如有餘。然陳王有輕慢秦之意，而不使之設備焉。」

〔五五〕「霈」上「使」字，沈津本作「章」。冢田虎曰：「霈然，大雨貌。言恃其大軍，而不顧慮焉。」

〔五六〕「夫」，姜兆錫本作「秦」。「舍」，葉氏藏本、章鈺校跋本並作「命」。

〔五七〕冢田虎曰：「若有天祥，亦宜修人利以應之也。而今不設備，是不修人利也。跌，謂軍事顛蹶也。」

〔五八〕宋咸注：「言常爲攻我之備也。」

〔五九〕冢田虎曰：「不可攻，言不可爲敵所攻也。孫武之書曰：『用兵之法，無恃其不來，恃吾有以待之；無恃其不攻，恃吾有所不可攻也。』」庶按：語見孫子兵法九變篇。孫子兵法九變篇曹操注：「安不忘危，常設備也。」

〔六〇〕冢田虎曰：「輕秦之亂而不設備，此恃敵而不自恃也。」

〔六一〕冢田虎曰：「陳涉以爲其勢有餘，乃迂子魚之言而不聽也。」

〔六二〕冢田虎曰：「言一人善射，則百夫竟著決拾而發之也。此語見左傳、國語，蓋古語。」庶按：國語吴語：「夫一人善射，百夫決拾。」韋昭注：「決，鉤弦。拾，捍。言申胥、華登善用兵，衆必化之，猶一人善射，百夫競著決拾而效之。」國語吴語徐元誥集解：「詩車攻篇毛傳曰：『決，鉤弦也。拾，遂也。』正義曰：『決著於右手大指，所以鉤弦開體。遂著於左臂，所以遂弦。』元誥按：決以象骨爲之，如今之班指。遂以皮爲之，如今之套袖，非其射時，則謂之拾。拾，斂也，所以蔽膚斂衣也。」

〔六三〕原本「弱」作「若」，葉氏藏本、潘承弼校跋本、章鈺校跋本並作「弱」，是，據改。

〔六四〕冢田虎曰：「昧昧，不明了也。」

〔六五〕宋咸注：「言欲先生以近事爲之議。」

〔六六〕宋咸注：「言俗事臣不忍言，今王命不敢違，故下以梁由喻之。」

〔六七〕宋咸注：「言其驍捷若骨騰肉飛然。」冢田虎曰：「謂大骨肥肉也。」

〔六八〕冢田虎曰：「蹝，疾走貌。」

〔六九〕冢田虎曰：「狎侮而不敬也。」

〔七〇〕冢田虎曰：「不孫之狀。」

〔七一〕「左」上，葉氏藏本、潘承弼校跋本並有「由乃」二字。冢田虎曰：「『建』與『揵』通，舉也。制，檢也，謂束取其頭髮。」

〔七二〕冢田虎曰：「撮，卒取之也。妻伏夫之胯下，而撮其陰也。」

〔七三〕宋咸注：「『凶凶』當作『哅哅』，宣戾之聲。」庶按：「凶」通「訩」。

〔七四〕冢田虎曰：「贛，愚也。舍，止。旃，之也。」庶按：「旃」，猶「之焉」也。

〔七五〕冢田虎曰：「發，啟也。放舍其所撮。」

〔七六〕原本「夫」作「人」，諸本並作「夫」，是，據改。

〔七七〕冢田虎曰：「角，比方也。陳王之軍，雖勢有餘，然與秦角之，非若由之夫妻，其强弱相懸也。」

〔七八〕「慮」，沈津本作「患」。冢田虎曰：「區區，小也。欲其設備，且不輕侮之也。」

〔七九〕冢田虎曰：「史記云：『周文敗走出關，止次曹陽二三日，章邯追敗之。復走，次黽池。十餘日，章邯擊，大破之。周文自剄，軍遂不戰。』漢書全同焉。」

〔八〇〕冢田虎曰：「子魚之仕陳涉，其已立爲王之後也。而陳涉王凡六月而滅。於此仕之僅六旬，而遂老於陳也已。」

〔八一〕宋咸注：「襄，長九尺六寸，嘗爲漢惠帝博士，遷長沙太守，年五十七。」「子」，葉氏藏本、潘承弼校跋本、章鈺校跋本並作「襄」。　庶按：據宋咸注文，其所見本亦當作「襄」。

〔八二〕冢田虎曰：「左傳曰：『周禮盡在魯矣。』蓋春秋以後，猶有其餘風云爾。記亦稱魯曰『天下以爲有道之國』。」　庶按：冢田說引記文，在禮記明堂位篇。

〔八三〕「世」，葉氏藏本、潘承弼校跋本、章鈺校跋本並作「時」。

〔八四〕「頌」，葉氏藏本、潘承弼校跋本、章鈺校跋本並作「誦」。

〔八五〕冢田虎曰：「先君，即謂孔子也。」

〔八六〕宋咸注：「叔孫通，魯之薛人，秦時以文學待詔博士。漢王入彭城，通以弟子百餘人降漢。後定漢儀，拜爲奉常，尋爲太子太傅。惠帝復徙通爲奉常。」冢田虎曰：「言如叔孫通者，今世之師也。苟爲有道君所宗，則必將有良圖也。按叔孫通初辭於子魚，而仕秦始皇，如前章所載，而今觀於此章，則知及乎二世之亂，蓋又退處於魯，而後降漢也與？」

孔叢子校釋卷之七

連叢子上第二十二

敘書

家之族胤，一世相承，以至九世相魏，居大梁〔一〕。始有三子焉〔二〕：長子之後承殷統，爲宋公〔三〕，中子之後奉夫子祀，爲褒成侯〔四〕，小子之後彦以將事高祖有功，封蓼侯〔五〕，其子臧嗣焉〔六〕。歷位九卿，遷御史大夫。辭曰：「臣世以經學爲業〔七〕，家傳相承〔八〕，作爲訓法〔九〕。然今俗儒繁説遠本，雜以妖妄，難可以教。侍中安國受詔〔一〇〕，綴集古義〔一一〕，臣乞爲太常典禮〔一二〕。臣家業與安國紀綱古訓，使永垂來嗣。」孝武皇帝難違其意，遂拜太常典禮〔一三〕，賜如三公。在官數年，著書十篇而卒〔一四〕。先時嘗爲賦二十四篇，四篇別不在集，似其幼時之作也。又爲書與從弟及戒子〔一五〕，皆有義，故列之於左。

諫格虎賦〔一六〕

帝使亡諸大夫問乎下國〔一七〕。下國之君，方帥將士於中原。車騎駢闐〔一八〕，被行崗巒。手格猛虎，生縛貙豻〔一九〕。昧爽而出，見星而還。國政不恤，惟此爲歡。乃夸於大夫曰〔二〇〕：「下國鄙固，不知帝者之事〔二一〕，敢問天子之格虎，豈有異術哉？」大夫未之應。因又言曰：「下國褊陋，莫以虞心〔二二〕。故乃闢四封以爲藪，圍境内以爲林。禽鳥育之〔二三〕，驛驛淫淫〔二四〕。晝則鳴嚾，夜則噑吟〔二五〕。飛禽起而翳日，走獸動而雷音。犯之者其罪死，驚之者其刑深。虞侯苑令〔二六〕，是掌厥禁。於是分幕將士，營遮榛叢。戴星入野，列火求蹤。見虎自來，乃往尋從。張罝綱，羅刃鋒，驅檻車，聽鼓鍾〔二七〕。猛虎顛遽，奔走西東。怖駭内懷，迷冒怔忪〔二八〕。耳目喪精，值網而衝〔二九〕。局然自縛〔三〇〕，或隻或雙。車徒抃讚，咸稱曰工〔三一〕。亦乃縛以絲組，斬其爪牙〔三二〕。支輪登較〔三三〕，高載歸家。孟賁被髮瞋目〔三四〕，躁猾紛華。故都邑百姓〔三五〕，莫不於邁。陳列路隅，咸稱萬歲。斯亦畋獵之至樂也〔三六〕。」大夫曰：「順君之心樂矣。然則樂之至也者〔三七〕，與百姓同之之謂也〔三八〕。夫兕虎之生，與天地偕，山林澤藪，又其宅也。被有德之君，則不爲害。今君荒於遊獵，莫恤國政。驅民入山林，格虎於其廷。妨害農業，殘夭民命。國政其必亂〔三九〕，民命其必散。國亂民散，君誰與處？以此爲至樂，所未聞也。」於是下國之君乃頓首曰：「臣實不敏，習之日久矣。幸今承誨，請遂改之。」

楊柳賦

嗟茲楊柳，先生後傷。蔚茂炎夏，多陰可涼。伐之原野，樹之中塘。溉浸以時，日引月長。巨本洪枝，條脩遠揚〔四〇〕。夭繞連枝，猗那其房〔四一〕。或拳句以逮下土〔四二〕，或擢跡而接穹蒼。緑葉累疊，鬱茂翳沈。蒙籠交錯，應風悲吟〔四三〕。鳴鵠集聚，百變其音。爾乃觀其四布，運其所臨。南垂太陽，北被宏陰〔四四〕。西掩梓園，東覆果林。規方冒乎半頃，清室莫與比深〔四五〕。於是朋友同好，几筵列行。論道飲燕，流川浮觴。殽核紛雜〔四六〕，賦詩斷章。各陳厥志〔四七〕，考以先王〔四八〕。賞恭罰慢，事有紀綱。洗觶酌樽，兕觥並揚〔四九〕。飲不至醉，樂不及荒。威儀抑抑〔五〇〕，動合典常〔五一〕。退坐分別，其樂難忘。惟萬物之自然，固神妙之不如〔五二〕。意此楊樹〔五三〕，依我以生。未經一紀，我賴以寧。暑不御篓，淒而涼清〔五四〕。内蔭我宗〔五五〕，外及有生。物有可貴，云何不銘？乃作斯賦，以敘厥情。

鴞賦

季夏庚子，思道靜居。爰有飛鴞，集我屋隅〔五六〕。異物之來，吉凶之符，觀之歡然。覽考經書，在德爲祥〔五七〕，棄常爲妖。尋氣而應，天道不踰〔五八〕。昔在賈生，有識之士，忌茲服鳥〔五九〕，卒用喪已〔六〇〕，咨我令考。信道秉真，變怪生家，謂之天神。脩德滅邪，化及其鄰。禍福無門〔六一〕，唯人所求。聽天任命，慎厥所脩。栖遲養志〔六二〕，老氏之疇〔六三〕。祿爵之來〔六四〕，秖增我憂。時去不索，時來不逆〔六五〕。庶幾中庸，仁義之宅。何思何慮？自今勤劇〔六六〕。

蓼蟲賦

季夏既望，暑往涼還。逍遥諷誦，遂歷東園。周旋覽觀，憩乎南藩。覩茲茂蓼，結葩吐榮〔六七〕。猗那隨風，緑葉紫莖。爰有蠕蟲，厥狀似螟。羣聚其間，食之以生。於是悟物託事，推況乎人。幼長斯蓼，莫或知辛。膏粱之子，豈曰不云。惟非德非義〔六八〕，不以爲家。安逸無心，如禽獸何？逸必致驕，驕必致亡。匪唯辛苦，乃丁大殃〔六九〕。

與從弟書〔七〇〕

臧報侍中：相知忿俗儒淫辭冒義，有意欲校亂反正，由來久矣〔七一〕。然雅達博通，不世而出〔七二〕；流學守株，比肩皆是。衆口非非〔七三〕，正將焉立？每獨念至此，夙夜反側；誠懼仁弟道未信於世〔七四〕，而以獨知爲愆也。人之所欲，天必從之〔七五〕。舊章潛於壁室〔七六〕，正於紛擾之際，欻爾而見〔七七〕。俗儒結舌，古訓復申，豈非聖祖之靈欲令仁弟讚明其道，以闡其業者哉〔七八〕？且曩雖爲今學，亦多所不信，唯聞尚書二十八篇取象二十八宿，謂爲至然也。何圖古文〔七九〕，乃自百篇耶〔八〇〕？如堯典，説者以爲堯、舜同道，弟素常以爲雜有舜典〔八一〕，今果如所論〔八二〕。及成王道雷風〔八三〕，周公信自在〔八四〕，俗儒羣驅〔八五〕，狗吠雷同，不得其髣髴，惡能明聖道之真乎？知以今讎古，以隸篆推科斗〔八六〕，已定五十餘篇，並爲之傳〔八七〕。云其餘錯亂文字摩滅，不可分了，欲垂待後賢，誠合先君闕疑之義。顧惟世移，名制變改，文體義類轉益難知。以弟博洽温敏，既善推理，又習其書，而猶尚絶意，莫肯垂留三思。縱使來世亦有篤古碩儒，其若斯何〔八八〕？嗚呼！惜哉！先王遺典，闕而不補，聖祖之業，分半而泯〔八九〕，後之君子，將焉取法？假令顏、閔不歿，游、夏更生，其豈然乎？其豈然乎？不能已已，貴復申之。

與子琳書

告琳〔九〇〕：頃來聞汝與諸友生講肄書傳〔九一〕，滋滋晝夜，衎衎不怠〔九二〕，善矣！人之進道，唯問其志。取必以漸，勤則得多。山霤至柔，石爲之穿；蝎蟲至弱，木爲之弊。夫霤非石之鑿，蝎非木之鑿，然而能以微脆之形，陷堅剛之體，豈非積漸之致乎？訓曰「徒學知之未可多，履而行之乃足佳〔九三〕」，故學者，所以飾百行也〔九四〕。侍中子國〔九五〕，明達淵博，雅好絶倫〔九六〕。言不及利，行不欺名，動尊禮法，少小及長，操行如故〔九七〕。雖與羣臣並參近待，見待崇禮〔九八〕，不供褻事，獨得掌御唾壺〔九九〕。朝庭之士，莫不榮之。此汝親所見也〔一〇〇〕。詩不云乎：「無念爾祖，聿修厥德〔一〇一〕。」又曰：「操斧伐柯，其則不遠〔一〇二〕。」遠則尼父，近則子國。於以立身，其庶矣乎！

敘世

臧子琳，位至諸吏，亦傳學問。琳子黄〔一〇三〕，厥德不脩，失侯爵。大司徒光〔一〇四〕，以其祖有功德而邑土廢絶，分所食邑三百户。封黄弟茂爲關内侯〔一〇五〕。茂子子國，生子卬，爲諸生，特善詩、禮而傳之。子卬生仲驩，爲博士弘農守。善春秋三傳，公羊、穀梁訓諸生。

仲驩生子立，善詩、書。少遊京師，與劉歆友善〔一〇六〕。嘗以清論譏貶史丹〔一〇七〕，史丹諸子並用事〔一〇八〕，爲是不仕，以詩、書教於闕里數百人。子立生子元，以郎校書。時歆大用事，而子元校書七年，官不益，故或譏以爲不恤進取，唯楊子雲善之〔一〇九〕。子元生子建，與崔義幼相善、長相親也。義仕王莽，爲建新大尹〔一一〇〕，數以世利勸子建仕。子建答曰：「吾有布衣之心，子有袞冕之志。各從所好，不亦善乎！且習與子幼同志，故相友也。今子以富貴爲榮，而吾以貧賤爲樂，志已乖矣。乖而相友，非中情也。請與子辭。」遂歸鄉里〔一一一〕。光武中興，天下未悉從化，董憲、彭豐等部衆暴於鄒、魯之間〔一一二〕，郡守上黨鮑府君君長患之〔一一三〕。是時闕里無故荆棘叢生，一旦，自闕廣千數百步，從舊講堂坦然至里門。府君大驚，謂子建曰：「豈卿先君欲令太守行饗禮，助太守誅惡耶？」子建對曰：「其然。」府君曰：「爲之奈何？」對曰：「庠序之儀，廢來久矣。今誠修之，民必觀焉。且憲、豐爲盜，或聚或散，非有堅固部曲也。若行饗射之禮，内爲禽之之備，外示以簡易，憲等無何依衆觀化，可因而縛也。」府君從之，用格憲等〔一一四〕。子建生子仁，以文學爲議郎博士南海太守。生子豐，子豐以學行聞，三府交命委質司空〔一一五〕，拜高第御史。建初元歲大旱〔一一六〕，天子憂之〔一一七〕。問羣臣政教得失，子豐乃上疏曰：「臣聞爲不善而災至，報得其應也。爲善而災至，遭時運也。陛下即位日新〔一一八〕，視民如傷，而不幸耗旱，時運之會爾，非政教之所致也。昔成湯遭旱，因自責省故〔一九〕，散積減御損膳而大有年。意者陛下未爲成湯之事焉。」天子納其言而從之。三日，雨即降。轉拜黄門侍郎，典東觀事。子豐生子和〔二〇〕。

太中大夫鮑彦曰〔二一〕：「人之性分，氣度不同。有體貌亢疏，色厲矜莊，儀容冰栗〔二二〕，似若能斷，而當事少決，不遂其爲者；或性玄静，不與俗競，氣不勝辭，似若無能，而涉事不顧，臨危不撓者〔二三〕。是爲似若强焉，而不能勝量〔二四〕；似若弱焉，而不可奪也。君子觀之，以表推内，察容而度心，所以得之也。若是似類相亂，如何取實乎？」子豐曰：「夫人者〔二五〕，患在不察也。人之所綜物才志也〔二六〕，慮協於理，固以守之〔二七〕，此之謂强。知足以通變，明足以破僞，情足以審疑，果足以必志，固可以先事而功成矣〔二八〕！即所謂寬柔内思，不報無道之强，豈待形氣之助乎？若乃貌濟内荏〔二九〕，高氣亢戾，多意倨跡〔三〇〕，理不充分，業不一定，執志不果，此謂剛愎，非强者也，是故君子欲必其行〔三一〕。由是論之，强弱之分，不取於氣色明矣。必也察志，在觀其履事乎？非定計於内，而敏發於外，孰能稱此强名乎哉？」

子豐曰：「夫物有定名，而論有一至。是故有可一言而得其極〔三二〕，雖十言而不能奪者〔三三〕，唯析理即實爲得，不以濫麗説辭爲賢也。然而世俗之人，聰達者寡，隨聲者衆；持論無主，俯仰爲資；因貴勢而附從，託浮説以爲定；不求之於本，不考之於理，故冗長溷殽之言〔一三四〕，而衆莫能折其中，所以爲口費而無得也。夫論辨者，貴其能別是非之理，非巧説之謂也。當要者〔一三五〕，訥言得理〔一三六〕，此乃辨也，聽者由弗之察。辭氣支離，取喻多端，幸較以類〔一三七〕。理不應實，而聽者因形飾僞，徒讚然之〔一三八〕，是所謂以巧辭多喻爲辨，而莫識一言之別實者也〔一三九〕。人皆欲剖析分理，揆度真僞，固不知所以精之。如自爲得其謬〔一四〇〕，惑莫之甚焉。是故舉多敗事，而寡特之知，困於羣醜也。夫聰者不可亂以淫聲〔一四一〕，明者不可眩以邪色，而世人不必聰明〔一四二〕。故有氣勢者，益得之半〔一四三〕。無此二者，損得之半也。」

子豐善於經學〔一四四〕，不好諸家書。鮑彦與子豐名齊而業殊，故謂子豐曰：「諸家書多〔一四五〕，才辭莫過淮南也，讀之令人斷氣〔一四六〕，方自知爲陋爾。」子豐曰：「試説其最工不可及者。」彦曰：「『君子有酒，小人鼓缶。雖不可好，亦不可醜〔一四七〕』，此語何如？」子豐曰：「不急爾。」彦曰：「且効作此語。」子豐曰：「『君子樂醼，小人擊抃。雖不足貴，亦不可賤。君子舞象，小人擊壤。上化使然，又何足賞』，吾能作數十曲，但無益於世，故不爲爾。」鮑子於是屈而無辭。

左氏傳義詁序〔一四八〕

先生名奇〔一四九〕，字子異，其先魯人，即褒成君次儒第二子之後也〔一五〇〕。家於茂陵，以世學之門，未嘗就遠方師也。唯兄君魚，少從劉子駿受春秋左氏傳，於其講業最明〔一五一〕，精究其義，子駿自以學才不若也。其或訪經傳於子駿，輒曰：「幸問孔君魚，吾已還從之諮道矣。」由是大以春秋見稱當世〔一五二〕。王莽之末，君魚避地至大河之西，以大將軍竇融爲家〔一五三〕，常爲上賓，從容以論道爲事。是時先生年二十一矣，每與其兄議學，其兄謝服焉。及世祖即祚，君魚乃仕，官至武都太守關内侯，以清儉聞海内。先生雅好儒術，淡忽榮禄，不願從政，遂删撮左氏傳之難者，集爲義詁。發伏闡幽，讚明聖祖之道，以祛後學。著書未畢，而早世不永。宗人子通痛其不遂，惜茲大訓不行於世，乃校其篇目，各如本第，並序答問，凡三十一卷。將來君子，儻肯遊意，幸詳録之焉〔一五四〕。

校釋

〔一〕宋咸注：「孔子生鯉，字伯魚。鯉生伋，字子思。伋生白，字子上。白生求，字子家。求生箕，字子京。箕生穿，字子高。穿生子順，相魏。自叔梁紇至子順，凡九世。居（庶按：「世」下原無「居」字，宛委别藏本、周叔弢藏本、指海本注文並有「居」字，是，據補）魏城大梁。」

〔二〕冢田虎曰：「子順相魏，後致仕，遂寢於家。生三子：子魚名鮒，及子襄名騰，及子交名祔也。」

〔三〕冢田虎曰：「長子子魚，爲陳涉博士，卒於陳下。生元生，名育云。漢成帝綏和元年，封孔子世，爲殷紹嘉公是也。」

〔四〕冢田虎曰：「中子，子襄，爲惠帝博士，遷長沙王太傅，生忠，或曰季中名員。忠生武及安國，武生延年，延年生霸，字次儒，昭帝末年爲博士，宣帝時爲太中大夫。元帝即位，賜爵關内侯，食邑八百户，號褒成君。」

〔五〕宋咸注：「言事高祖爲將。」原本「産」作「彦」。冢田虎曰：「少子，子文。『彦』當作『産』。子文生冣，字子産。從高祖，以左司馬將軍佐韓信，破楚於垓下，以功封蓼侯。子産生臧。」

庶按：漢書藝文志儒家「太常蓼侯孔臧十篇」，班固自注：「父聚，高祖時以功封，臧嗣爵。」陳國慶漢書藝文志注釋彙編：「章炳麟曰：『按臧父即蓼夷侯孔藂。藂叢同字。則臧書或題其父也。而今本孔叢子後附連叢其謬如是。世人多以孔叢爲王肅僞作。然今本必非王肅之舊（一九一九、五國故）。』孔叢子連叢子上云：在官數年，著書十篇而卒。父聚，今家語本作彦。」史記高祖功臣侯者年表第六：「以左司馬入漢，爲將軍，三以都尉擊項羽，屬韓信，功侯。」司馬貞索隱：「姚氏按：『孔子家語云：「子武生子魚及子文，子文生冣，字子產。」』説文以『冣』爲『積聚』字，此作『藂』，不同。」「冣」「聚」正俗字，「聚」與「藂」義同。是其人以名言之則爲「聚」，以字言之則爲「産」，故此當以作「産」爲是，據改。作「彦」者，乃「産」之訛。

〔六〕冢田虎曰：「臧嗣封蓼侯，武帝時官至太常。」

〔七〕原本「爲」下無「業」字，葉氏藏本、潘承弼校跋本並有「業」字，是，據補。

〔八〕原本「傳」作「轉」，葉氏藏本作「傳」，是，據改。

〔九〕原本「作」下無「爲」字，葉氏藏本、潘承弼校跋本並有「爲」字，是，據補。

〔一〇〕宋咸注：「安國，孔忠之子，以治尚書爲武帝博士、臨淮太守。時爲侍中。」

〔一一〕冢田虎曰：「安國與孔臧，再從兄弟。安國受武帝詔，爲尚書五十九篇，作古訓傳。」

〔一二〕原本「典」下無「禮」字，史記高祖功臣侯者年表第六司馬貞索隱引此文於「典」下有「禮」字。冢田虎曰：「太常，禮官，周所謂宗伯也，武帝建元元年制。太常職典天地，兼掌宗廟。」庶按：有「禮」字是，據補。

〔一三〕原本「難」作「重」，「典」作「其」，司馬貞索隱作「難」、「典」，是，據改。史記高祖功臣侯者年表第六：「元朔三年，侯臧坐爲太常。」漢書百官公卿表第七下：「元朔二年，蓼侯孔臧爲太常。」

〔一四〕冢田虎曰：「漢志儒家有『太常蓼侯孔臧十篇』。」

〔一五〕冢田虎曰：「從弟，安國。子，琳也。」

〔一六〕冢田虎曰：「『格』與『挌』通，擊也。此天子或有格虎，故以諷諫焉。」

〔一七〕宋咸注：「亡，無也。諸，之也。無之大夫，言本無此大夫，假有之以爲辭，猶馮虛公子、安處先生之類也。」冢田虎曰：「皆設問也。」

〔一八〕「駢闐」，冢田虎曰：「羣行聲。」

〔一九〕宋咸注：「『犴』亦作『豻』，音岸。貙，豻貙，虎之大者爲貙豻，文如狸。」庶按：「貙犴」同「貙豻」。

〔二〇〕「夸」，葉氏藏本、潘承弼校跋本並作「誇」。「夸」、「誇」古通用。

〔二一〕原本「知」作「如」，葉氏藏本、蔡宗堯本、周子義本、程榮本、孔胤植本、崇禎本、鍾惺本、潘承弼校跋本、四庫全書本、何允中本、指海本、嚴可均全漢文並作「知」，是，據改。

〔二二〕「虞」，宛委別藏本、蔡宗堯本、周子義本、程榮本、馮夢禎本、孔胤植本、崇禎本、鍾惺本、四庫全書本、何允中本、指海本、陳錫麒本、清抄本、冢田虎本、嚴可均本並作「娛」。「虞」、「娛」古通用。

〔一三〕「烏」，諸本並作「鳥」。

〔一四〕宋咸注：「驛驛淫淫，充牣貌。」冢田虎曰：「驛驛，連屬。淫淫，衆多也。」

〔一五〕冢田虎曰：「嗚嚾，鳥聲。嘷吟，獸聲。」

〔一六〕宋咸注：「虞人之侯，林苑之令也。」

〔一七〕「鍾」，潘承弼校跋本、四庫全書本、冢田虎本並作「鐘」。「鍾」、「鐘」古通用。

〔一八〕「怔忪」，冢田虎曰：「遑遽。」

〔一九〕原本「網」作「綱」，諸本並作「網」。冢田虎曰：「衝，相入貌。」庶按：作「網」是，據改。

〔二〇〕「局」，冢田虎曰：「屈身也。」

〔二一〕宋咸注：「言車從之徒，歡抃以稱其工。」

〔二二〕原本「其」下無「爪」字，葉氏藏本、蔡宗堯本、周子義本、程榮本、馮夢禎本、孔胤植本、崇禎本、鍾惺本、潘承弼校跋本、四庫全書本、何允中本、指海本、冢田虎本並有「爪」字，是，據補。

〔二三〕宋咸注：「『支』或作『枝』，與『揞』同。言獲獸多可揞其輈輪，登滿較式。」

〔二四〕「瞋目」下，嚴可均校：「當有脱文。」

〔二五〕「都」上，葉氏藏本無「故」字。

〔三六〕原本「畋」作「略」，諸本並作「畋」，是，據改。

〔三七〕「則」，葉氏藏本、潘承弼校跋本並作「非」，「者」上有「至樂」二字，屬下讀。

〔三八〕原本「之」下無「之」字，「謂」下無「也」字，葉氏藏本、潘承弼校跋本並有「之」、「也」二字，是，據補。

〔三九〕原本「必」作「心」，諸本並作「必」，是，據改。作「必亂」與下「必散」相承。

〔四〇〕原本「揚」作「楊」，宛委別藏本、蔡宗堯本、周叔弢藏本、周子義本、程榮本、馮夢禎本、孔胤植本、崇禎本、鍾惺本、四庫全書本、何允中本、指海本、陳錫麒本、清抄本並作「揚」，是，據改。

〔四一〕「房」，葉氏藏本、潘承弼校跋本並作「旁」。冢田虎曰：「夭繞，少茂貌。猗那，柔順。房，萌芽未拆者。」

〔四二〕原本「下」下無「土」字，葉氏藏本、潘承弼校跋本並有「土」字。冢田虎曰：「拳局，屈曲。」

庶按：有「土」字是，據補。作「下土」與下文「穹蒼」相對。

〔四三〕「悲吟」，冢田虎曰：「枝條相鳴也。」

〔四四〕「宏」，周子義本、程榮本、孔胤植本、四庫全書本、冢田虎本並作「玄」。

〔四五〕「比深」，冢田虎曰：「其幽深優於清室也。」

〔四六〕冢田虎曰：「核，籩豆實也。」

〔四七〕原本「各」作「合」，葉氏藏本、潘承弼校跋本並作「各」，是，據改。

〔四八〕宋咸注：「言考以先王之禮。」

〔四九〕宋咸注：「兕光（庶按：「光」當作「觥」）亦兕觴，角爵，一云罰爵。」原本「兕」下無「觥」字，諸本並有「觥」字。冢田虎曰：「觶，三升；觥，五升，皆角爵，以罰不敬者。」庶按：有「觥」字是，據補。以宋咸注文，似其時所據本亦有「觥」字。

〔五〇〕冢田虎曰：「抑抑，恭遜貌。」

〔五一〕「常」，葉氏藏本、潘承弼校跋本並作「章」。冢田虎曰：「典常，謂禮法也。」

〔五二〕「如」，錢熙祚曰：「此字不合韻，有脱誤。」

〔五三〕「意」下，冢田虎本有「唯」字。「樹」疑當作「柳」，與篇名乃合。

〔五四〕「淒」，同「棲」，謂駐足。

〔五五〕「宗」，宛委別藏本、蔡宗堯本、周叔弢藏本、周子義本、程榮本、馮夢禎本、孔胤植本、崇禎本、鍾惺本、王韜校跋本、四庫全書本、何允中本、指海本、章鈺校跋本、陳錫麒本、清抄本、冢田虎本、嚴可均本並作「宇」。

〔五六〕「屋隅」，錢熙祚曰：「御覽九百二十七作『室隅』。」

〔五七〕「祥」，宛委別藏本、蔡宗堯本、周叔弢藏本、周子義本、程榮本、馮夢禎本、崇禎本、鍾惺本、四庫全書本、何允中本、指海本、章鈺校跋本、陳錫麒本、清抄本、冢田虎本、嚴可均本並作「常」。錢熙祚曰：「藝文九十二作『祥』。」　庶按：「常」、「祥」古通用。

〔五八〕「踰」，葉氏藏本、蔡宗堯本、潘承弼校跋本並作「渝」。「踰」、「渝」古通用，謂變也。

〔五九〕「服鳥」，史記賈生列傳「楚人命鴞曰服」，司馬貞索隱：「案：鄧展云『似鵲而大』。晉灼云『巴蜀異物志有鳥〔如〕小雞，體有文色，土俗因形名之曰服。不能遠飛，行不出域』。荆州記云『巫縣有鳥如雌雞，其名爲鴞，楚人謂之服』。吴録云『服，黑色，鳴自呼』。」

〔六〇〕宋咸注：「賈誼爲長沙王傅，有鵩飛入誼舍，止於坐隅。鵩似鴞，不祥鳥也。誼既以謫居長沙，自傷悼，以爲壽不得長，乃爲賦以自廣。」

〔六一〕冢田虎曰：「無門，言無知所去來也。荀子曰：『禍與福鄰，莫知其門。』」　庶按：荀子文見大略篇。

〔六二〕原本「栖」作「拪」。冢田虎曰：「栖遲，遊息也。」　庶按：「拪」乃「栖」之譌，今改。「栖」與「棲」同。「棲遲」，猶偃息也。

〔六三〕「疇」，蔡宗堯本作「儔」。冢田虎曰：「老子曰：『禍兮福之所倚，福兮禍之所伏，孰知其極？』而恬淡養志，則老子之流也。」庶按：疇，猶類也。段玉裁説文解字注謂唐以前用從田之疇訓「類」者，不用從人之儔。

〔六四〕「來」，宛委別藏本、蔡宗堯本、周叔弢藏本、周子義本、程榮本、孔胤植本、崇禎本、鍾惺本、潘承弼校跋本、四庫全書本、何允中本、指海本、章鈺校跋本、陳錫麒本、清抄本、冢田虎本並作「求」。

〔六五〕「逆」，程榮本、孔胤植本作「道」。王韜校跋本校：「『道』字誤。今日本冢田本作『逆』。」

庶按：「逆」字不誤，逆猶迎也。

〔六六〕「令」，藝文卷九十二作「令」。「令」字疑是，自令勤劇，猶自使勤苦，承上棲遲養志、不求爵禄之義而言。

〔六七〕「結」，錢熙祚曰：「藝文八十二、御覽九百四十八『結』並作『紛』。」

〔六八〕「惟非德非義」，葉氏藏本、潘承弼校跋本並作「惟非德義」，指海本、嚴可均本並作「苟非德義」。錢熙祚曰：「『苟』原作『惟』，『德』下又衍『非』字，並依藝文刪正。」

〔六九〕宋咸注：「言是蟲浸辛而弗以爲辛，猶高梁（庶按：「高梁」當作「膏粱」）之子浸驕而不以爲驕，遂至乎大殃。」

〔七〇〕宋咸注：「從弟乃安國也。」

〔七一〕「校」，葉氏藏本作「撥」。冢田虎曰：「欲考校義之亂，以反復道之正，孔臧與安國俱有意於茲，由來久也。臧既辭於武帝曰：『臣家業與安國紀綱古訓，使永垂來嗣。』」

〔七二〕宋咸注：「猶言希世而出。」

〔七三〕冢田虎曰：「非非，毁也。」

〔七四〕冢田虎曰：「仁弟，指安國。」

〔七五〕原本「從」下無「之」字，葉氏藏本、潘承弼校跋本並有「之」字，是，據補。

〔七六〕「章」，指海本作「書」，錢熙祚曰：「『書』原作『章』，依史記儒林傳索隱改。」

〔七七〕「而見」，錢熙祚曰：「史記索隱作『復出』。」

〔七八〕宋咸注：「言既得屋壁之書，安國爲傳，邪説遂寢。」原本「業」作「叢」，宛委別藏本、葉氏藏本、周叔弢藏本、周子義本、程榮本、孔胤植本、崇禎本、鍾惺本、潘承弼校跋本、四庫全書本、何允中本、指海本、章鈺校跋本、陳錫麒本、清抄本、冢田虎本並作「業」，是，據改。

〔七九〕「何」，宛委別藏本、蔡宗堯本、周叔弢藏本、馮夢禎本並作「河」。冢田虎曰：「漢時稱壁中之書，以爲河圖古文。」王韜校跋本校：「『河』字誤，據考證改。日本冢注謂漢時獨壁中之學爲河圖古文，望文生義，恐不足據，且與『耶』字不相呼應。」庶按：儒林列傳司馬貞索隱作「何圖」，是。

〔八〇〕宋咸注：「壁（庶按：原本「壁」作「璧」，「璧」乃「壁」之譌，今改）書未出，好作之學遂有此言，悉以爲然。」「自」，指海本作「有」，錢熙祚曰：「『有』原誤『自』，依史記索隱改。」王韜校跋本校語同。

〔八一〕「弟」下，葉氏藏本、潘承弼校跋本並無「素」字。

〔八二〕宋咸注：「故今堯典自虞書所録。」

〔八三〕宋咸注：「『道』亦作『導』。」「道」，葉氏藏本、潘承弼校跋本、冢田虎本並作「遇」。錢熙祚曰：「『道』疑『遭』。」　庶按：據尚書金縢篇文義，錢説當是。

〔八四〕「信自在」，葉氏藏本、潘承弼校跋本並作「見任」。冢田虎曰：「在，察也。」　庶按：尚書金縢篇：「今天動威，以彰周公之德，惟朕小子其新逆；我國家禮亦宜之。」即此事之謂。

〔八五〕「驅」，疑爲「謳」之譌。孟子告子下「昔者王豹處於淇而河西善謳」，焦循正義：「聚衆聲而爲謳。」

〔八六〕原本「以」作「之」，葉氏藏本、潘承弼校跋本並作「以」。冢田虎曰：「讎，校也。壁中之書，皆科斗文字。安國以今文之書，考校之隸篆，更以竹簡寫之。」　庶按：作「以」字是。儒林列傳司馬貞索隱：「即知以今讐古，隸篆推科斗。」彼「隸」上雖承前省「以」字，然足證孔叢子此處當作「以」字，據改。

〔八七〕宋咸注：「時安國所得壁中書，皆科斗文字，遂以今讐古，凡得五十九篇。」　庶按：文選孔安國尚書序：「至魯共王好治宫室，壞孔子舊宅，以廣其居，於壁中得先人所藏古文虞、夏、商、周之書，及傳、論語、孝經，皆科斗文字。……科斗書廢已久，時人無能知者。以所聞伏生之書，考論文義，定其可知者，爲『隸古定』，更以竹簡寫之……承詔爲五十九篇作傳。」

〔八八〕宋咸注：「若斯何，猶言其奈此何。」

〔八九〕冢田虎曰：「泯百篇之半分。」

〔九〇〕「告」，子苑本作「子」。

〔九一〕原本「肆」作「隸」，葉氏藏本、指海本並作「肆」。「書」，沈津本、子苑本並作「學」。錢熙祚曰：「原作『與諸友書講肆學傳』，依藝文五十五、書鈔九十八改。」庶按：「肆」字是，據改。

〔九二〕「怠」，錢熙祚曰：「書鈔『倦』。」

〔九三〕宋咸注：「此言古訓有之，謂學以能踐爲善。」冢田虎曰：「此訓未審出處，蓋其家之遺訓。」

〔九四〕「飾」，宛委別藏本、周叔弢藏本並作「節」。錢熙祚曰：「『飭』原作『節』，依文選秋胡詩注改。別本作『飾』。『飾』與『飭』形相似。」庶按：「飾」、「飭」古通用。尚書大傳略說：「子曰：『君子不可以不學，見人不可以不飾。』」

〔九五〕宋咸注：「子國，安國字。」

〔九六〕「好」，宛委別藏本、蔡宗堯本、周叔弢藏本、周子義本、程榮本、孔胤植本、崇禎本、鍾惺本、四庫全書本、何允中本、指海本、章鈺校跋本、陳錫麒本、清抄本、冢田虎本並作「學」。

〔九七〕原本「小」下無「及」字，「操」下無「行如」二字，葉氏藏本、潘承弼校跋本並有「及」字、「行如」二字，是，據補。

〔九八〕「並參近侍，見待崇禮」，葉氏藏本、潘承弼校跋本並作「並居近侍，頗見崇禮」。錢熙祚曰：「御覽二百十九『特見崇禮』，又七百三『近見崇禮』。」

〔九九〕「獨得」，淵鑑類函卷八十五作「猶復」。錢熙祚曰：「初學記十二、御覽七百三『獨得』並作『猶復』。又書鈔五十八云：『侍中悉執虎子，惟安國掌玉壺。』」冢田虎曰：「掌御唾壺，謂掌詔命也。」庶按：四庫全書本書鈔卷五十八作「侍中安國，羣臣近見崇禮，不供褻事，猶復掌御唾壺」。

〔一〇〇〕宋咸注：「漢書云：『侍中，此二千石，無員。左蟬右貂，本秦丞相史往來殿内，故謂之侍中，分掌乘輿服物，下至褻器虎子之屬。』武帝時，孔安國爲侍中，以其儒者，特聽掌御唾廉（庶按：「廉」當爲「壺」之訛），朝廷榮之。」

〔一〇一〕詩經大雅文王篇文。

〔一〇二〕冢田虎曰：「此豳風伐柯之事章……言『其則』即在所操之柯也。」庶按：詩經豳風伐柯篇：「伐柯如何？匪斧不克。娶妻如何？非媒不得。伐柯伐柯，其則不遠。」

〔一〇三〕「黄」，史記高祖功臣侯者年表第六司馬貞索隱作「璜」。

〔一〇四〕宋咸注：「光字子夏，父霸，字次儒。成帝即位，舉爲博士，後爲太師，賜靈壽杖。年七十，元始五年薨。」　庶按：漢書孔光傳：「孔光字子夏，孔子十四世之孫也。」

〔一〇五〕冢田虎曰：「先褒成君孔霸之第四子，哀帝時爲大司徒，平帝時爲太師太傅，後益封，凡食邑萬一千户。孔臧仕武帝而有功德，復封蓼侯，子琳亦嗣其爵。而至孫黄，失其侯爵，故孔光恤之，分所食邑三百户，以封茂也。」

〔一〇六〕宋咸注：「劉歆，字子駿，成帝召見爲黄門郎，與父向領校祕書，講六藝、傳記。諸子、詩賦、術數、方技，無所不究。向死，歆復爲中壘校尉。哀帝時爲侍中，遷騎都尉、奉車光禄大夫。貴幸，復領五經，卒父前業。」　庶按：宋咸注文見漢書劉歆傳。

〔一〇七〕「譏」，冢田虎本作「議」。

〔一〇八〕宋咸注：「史丹字君仲，事元帝、成帝，爲上將軍。薨，有男女二十人，九男皆以丹任爲侍中諸曹，親近在左右。凡四人侯，至卿大夫二千石者十餘人。」　庶按：宋咸注文見漢書史丹傳。

〔一〇九〕「楊」疑當作「揚」，漢書作「揚雄」。

〔一一〇〕冢田虎曰：「及王莽之竊位，官職皆改其名，乃更郡太守曰大尹。」

〔一一〕宋咸注：「『義』當作『毅』。崔篆之子，以疾隱身不仕。漢書稱：『子建少遊長安，與崔篆友善。及篆仕王莽爲建新太尹，嘗勸子建仕。對曰：「吾有布衣之心，子有袞冕之志。各從所好，不亦善乎！道既垂（庶按：「垂」，後漢書孔僖傳作「乖」）矣，請從此辭。」遂歸，終於家。』臣咸今詳連叢之文，其理與漢書同而其名異。且漢書稱崔毅以疾隱身不仕，蓋後疾愈復仕，故子建絶子（庶按：「子」疑爲「之」之譌），俱漢書誤作崔篆焉。何則？詳連叢文，『毅』誤作仁義之『義』，字可辨也。」庶按：宋咸注文引漢書，實見後漢書儒林孔僖傳。

〔一二〕原本「衆」下無「暴」字，葉氏藏本、潘承弼校跋本並有「暴」字，是，據補。

〔一三〕原本「君」下無復有「君」字，周子義本、程榮本、馮夢禎本、孔胤植本、崇禎本、鍾惺本、四庫全書本、何允中本、指海本並復有「君」字，是，據補。「君長」乃鮑永之字，詳下宋咸注文。

〔一四〕宋咸注：「鮑永，字君長，初事更始。更始亡，歸光武，拜諫議大夫。時東海人董憲起兵，其裨將屯兵於魯，侵害百姓。乃拜永爲魯郡太守。永到，擊討，大（庶按：原本「大」作「火」，後漢書鮑永傳作「大」，據改）破之，降者數千人。惟别帥彭豐、虞休、皮常等各千餘人，稱『將軍』，不肯下。頃之，孔子闕里無故荆棘自除，從講堂至於里門。永異之，謂府丞及魯令曰：『方今危急而闕里自開，斯豈夫子欲令太守行禮，助吾誅無道耶？』乃會人衆，修鄉射之禮，請豐等共會觀視，欲因此禽之。豐等亦欲圖永，乃持牛酒勞饗，而潛挾兵器。永覺之，手格殺豐等。漢書無永詢子建之辭，蓋録之不詳。」　庶按：宋咸注文見後漢書鮑永傳。水經泗水注：「後漢初，闕里荆棘自闢，從講堂至孔里。鮑永爲相，因修饗祠，以誅魯賊彭豐等。」事又見御覽卷一百五十七引東觀漢記。「用」，猶而也。詳裴學海古書虚字集釋卷二。

〔一一五〕冢田虎曰：「三府，漢哀、平間，以大司馬、大司徒、大司空爲三公，後漢因之。質，贄也，仕者之所執。」

〔一一六〕宋咸注：「建初乃漢孝章帝元年。」「元」下，淵鑑類函卷二十二有「年」字。錢熙祚曰：「藝文百、御覽六百二十四『元』下並有『年』字，則『歲』字屬下讀。」　庶按：御覽卷六百二十四無「歲」字。

〔一一七〕原本「子」作「下」，周子義本、程榮本、馮夢禎本、孔胤植本、崇禎本、鍾惺本、四庫全書本、何允中本、指海本並作「子」，是，據改。

〔一一八〕冢田虎曰：「日新，謂其修德也。」

〔一一九〕「故」，指海本作「畋」，錢熙祚曰：「『畋』原作『故』，依御覽改。」

〔一二〇〕宋咸注：「史作孔僖，字仲和。此書蓋孔氏子孫所集，故多不書其名，然字又與史小異。」

〔一二一〕宋咸注：「鮑彦，史無其傳。」

〔一二二〕原本「冰」作「水」，諸本並作「冰」。冢田虎曰：「亢疏，强大也。冰栗，嚴肅也。」　庶按：

作「冰」是，據改。

〔一二三〕「撓」，葉氏藏本、潘承弼校跋本並作「橈」，「撓」、「橈」古通用。

〔一二四〕「勝」下，周子義本、程榮本、馮夢禎本、孔胤植本、崇禎本、鍾惺本、四庫全書本、何允中本、指海本並無「量」字。

〔一二五〕「夫」，蔡宗堯本、崇禎本、鍾惺本、何允中本、指海本並作「失」。

〔一二六〕「所綜物才志也」，葉氏藏本、潘承弼校跋本並作「所綜物方志也」，冢田虎本作「於物所綜理也，志合慮協」。

〔一二七〕「固」，子苑本作「因」。「因」字疑是。作「固」，乃蒙下文「固足以」之「固」而譌。

〔一二八〕「可」，葉氏藏本、潘承弼校跋本並作「足」。此爲總括上「知」、「明」、「情」、「果」諸文而言，故曰「可以先事而功成」，則「可」字不誤。

〔一二九〕「濟」，葉氏藏本、潘承弼校跋本並作「肅」，蔡宗堯本、周子義本、程榮本、馮夢禎本、孔胤植本、崇禎本、鍾惺本、四庫全書本、何允中本、指海本、子苑本並作「厲」。冢田虎曰：「荏，柔懦也。」

〔一三〇〕冢田虎曰：「多意，志意不專一也。倨跡，行跡不恭慎也。」

〔一三一〕「行」下，葉氏藏本、潘承弼校跋本並有「而違其貌」四字。

〔一三二〕「可」下，宛委别藏本、蔡宗堯本、周叔弢藏本、周子義本、程榮本、馮夢禎本、孔胤植本、崇禎本、鍾惺本、四庫全書本、何允中本、指海本、章鈺校跋本、陳錫麒本、清抄本、冢田虎本並有「以」字。「其」下，葉氏藏本、潘承弼校跋本並有「難」字。

〔一三三〕「十」，葉氏藏本、潘承弼校跋本並作「千」。

〔一三四〕「故」下，葉氏藏本、潘承弼校跋本並無「冗」字。「殺」下，葉氏藏本、潘承弼校跋本並無「之」字。

〔一三五〕「當」，葉氏藏本、潘承弼校跋本並作「掌事」。

〔一三六〕「言」下，葉氏藏本、潘承弼校跋本並有「而」字。

〔一三七〕「幸」，葉氏藏本、潘承弼校跋本並作「弗」。

〔一三八〕「徒」，葉氏藏本、馮夢禎本、孔胤植本、潘承弼校跋本並作「從」。

〔一三九〕「之」，葉氏藏本、潘承弼校跋本並作「而」。「之」猶「而」也。

〔一四〇〕「自」下之「爲」字，葉氏藏本、潘承弼校跋本並位於「其」字下。

〔一四一〕「亂」，葉氏藏本、潘承弼校跋本並作「惑」。

〔一四二〕「色」下，葉氏藏本、潘承弼校跋本並無「而世人不必聰明」七字。

〔一四三〕「益得」，葉氏藏本、潘承弼校跋本並作「佑德」。

〔一四四〕原本「子豐善於經學」一段在「左氏傳義詁序」之後，今移於此，文乃一貫。

〔一四五〕原本「家」上無「諸」字，葉氏藏本、蔡宗堯本並有「諸」字。錢熙祚曰：「疑脱『諸』字。」庶按：錢説是，據補。

〔一四六〕宋咸注：「斷氣猶言悶絶然。」

〔一四七〕「醜」，子苑本作「配」。

〔一四八〕「左氏傳義詁序」，葉氏藏本作「敘作左氏傳義」。冢田虎曰：「此子豐之所序，故並録於茲也。」

〔一四九〕「先生」上，葉氏藏本有「詰者曰」三字。其「詰」當爲「詁」字之譌。

〔一五〇〕宋咸注：「孔霸字次儒，孔延年之子。宣帝時爲太中大夫，以選授皇太子經。元帝即位，以師賜爵關内侯，號褒成君。霸四子：長子福，次子捷，弟三子喜，弟四子光。」庶按：宋咸注文「弟四子光」下，宛委别藏本、周叔弢藏本、指海本有注文「奇，捷之後也」五字，當據補。

〔一五一〕「於」下，葉氏藏本無「其」字。

〔一五二〕宋咸注：「孔奮（庶按：原本「奮」作「奪」，指海本注文作「奮」，與後漢書孔奮傳合，是，據改）字君魚，霸之曾孫。少從劉歆受春秋左傳，歆稱之，謂門人曰：『吾已從君魚受道矣。』後爲武都太守。弟奇遊學洛陽，奮以奇經明當仕，上病去官，守約鄉閭，卒於家。奇博通經典，作春秋左氏删，言删定其義也。」　庶按：宋咸注文見後漢書孔奮傳。

〔一五三〕宋咸注：「竇融，字周公。更始初，融見東方尚擾，不欲出關，累世在河西，知其土俗。即將家屬而西。後事光武，爲大司空。及顯宗朝，年七十八薨。」「以」，周子義本、程榮本、馮夢禎本、崇禎本、鍾惺本、四庫全書本、何允中本、指海本並作「依」。原本「將」下無「軍」字，葉氏藏本有「軍」字，與後漢書竇融傳合，是，據補。宋咸注文見後漢書竇融傳。

〔一五四〕冢田虎曰：「後漢書，孔奮少從劉歆，受春秋左氏傳。又奮弟奇，作春秋左氏删。奮子嘉，作左氏説云。然並湮没不傳，則不知其著何，獨有此子豐之序存焉。」

連叢子下第二十三

元和二年三月〔一〕，孝章皇帝東巡狩，還過魯〔二〕，幸闕里，以太牢祠聖師〔三〕，作六代之樂。天子升廟，西面。羣臣在庭，北面，皆再拜。天子進爵而後坐，乃召諸孔丈夫年二十以上者六十三人〔四〕，臨賜酒飯。子和自陳曰〔五〕：「臣草莽所蔽，才非幹時，行非絶倫，託備先聖遺嗣〔六〕，世名學家〔七〕。陛下謬加拔擢，徵臣蘭臺令史〔八〕。會值車駕東巡，先禮聖師，猥以餘福，惠及臣宗，誠非碎首所能報謝。」詔曰：「治何經？」對曰：「爲詩、書，頗涉禮、傳〔九〕。」詔曰：「今日之會，寧於卿宗有光榮乎？」對曰：「非所敢當也。臣聞明王聖主，莫不尊師而貴道。今陛下尊臣祖之靈，貴臣祖之道，親屈萬乘，辱臨弊里，此乃陛下所以崇聖也。若夫顧其遺嗣，得與羣臣同受釐福，此乃陛下愛屋及烏，惠下之道〔一〇〕，所以崇德作聖，臣宗弗與於光榮，非所敢承。」天子嘆曰：「非聖者子孫，惡有斯言？」遂拜子和郎中〔一一〕，詔隨車駕，賜孔氏男女錢帛。子和從還京師，遂校書東觀。其年十二月爲臨晉令。其友崔駰以其家卦林占之〔一二〕，謂爲不吉。語子和曰：「盍辭乎？」答曰：「學不爲人，仕不擇官，所以爲吉也。且卜以決疑，不疑何卜？吉凶由人，而由卦林乎？」徑往之官〔一三〕。三年秋八月，天子巡后土，登龍門。子和自請從，行在所〔一四〕。天子識其狀貌，燕見移時，賜帛十端。還。而九月既望，寢疾，浸而不瘳，乃命其二子留葬焉〔一五〕。二子長曰長彥，年十有二；次曰季彥，年十歲。父之友西洛人姚進先有道，徵不就，養志於家，長彥、季彥常受教焉。既除喪，則苦身勞力，以自衣食。家有先人遺書，兄弟相勉，諷誦不倦。於時蒲阪令汝南許君然造其宅，勸使歸魯，奉車二乘〔一六〕。辭曰：「載柩而返，則違父遺命。捨墓而去，則心所不忍。」君然曰：「以孫就祖，於禮爲得〔一七〕，願子無疑。」答曰：「若以死有知也，祖猶鄰宗族〔一八〕，父獨留此，不以劇乎〔一九〕？吾其定矣〔二〇〕。」遂還其車。於是甘貧味道，研精墳典，十餘年間，會徒數百。故時人爲之語曰：「魯國孔氏好讀經〔二一〕，兄弟講誦皆可聽。學士來者有聲名，不過孔氏那得成。」長彥頗隨時，爲今學〔二二〕。季彥壹其家業，兼修史、漢，不好諸家之書。

華陰張太常問如何斯可謂備德君子〔二三〕，季彥答曰：「性能沈邃〔二四〕，則不可測；志不在小，則不可度；砥厲廉隅，則不可越；行高體卑，則不可階。興事教業〔二五〕，與言俱立。捨己從善，不耻服人。交友以義，不慕勢利。並立相下，不倡游言〔二六〕。若此可謂備德矣。」張生曰：「不有孝悌忠信乎？」答曰：「別而論之，則應此條。總而目之，則曰孝悌忠信。」張生聞是言，喜而書之。

魯人有同歲上計而死者〔二七〕，欲爲之服，問於季彥。季彥曰：「有恩好者，其緦乎〔二八〕！昔諸侯大夫共會事於王，及以君命同盟霸主，其死則有哭臨之禮〔二九〕。今之上計，並覲天子，有交燕之歡。同名緆素〔三〇〕，上紀先君，下録子弟，相敦以好，相厲以義。又數相往來，特有私親〔三一〕，雖比之朋友，不亦可乎〔三二〕！」

崔駰學於太學而糧乏〔三三〕，鄧衛尉欲餽焉而未果〔三四〕。季彥年九歲，以其父命往見衛尉曰：「夫言不在多，在於當理；施不在豐，期於救乏。崔生，臣父之執也，不幸而貧。公許賑之，言既當理矣。從來有日，嘉貺未至，或欲豐之，然後乃致乎？」答曰：「家物少，須租入，當猥送〔三五〕。」季彥曰：「公顧眄崔生，欲分禄以周其無，君之惠也。必欲待君租入，然後猥致，則於崔生爲羸。非義〔三六〕，崔生所不爲也。且今已乏矣，而方須租入，是猶古人欲決江海以救牛蹄之魚之類也〔三七〕。」鄧公曰：「諾。」

梁人取後妻，後妻殺夫，其子又殺之。季彥返魯，過梁，梁相曰〔三八〕：「此子當以大逆論〔三九〕。禮，繼母如母〔四〇〕，是殺母也。」季彥曰：「言如母，則與親母不等，欲以義督之也。昔文姜與殺魯桓，春秋去其『姜氏』。傳曰〔四一〕：『不稱「姜氏」，絶不爲親，禮也〔四二〕。』絶不爲親，即凡人爾。且夫手殺重於知情。知情猶不得爲親，則此下手之時，母名絶矣。方之古義，是子宜以非司寇而擅殺當之，不得爲殺母而論以逆也。」梁相從之。

弘農太守皇甫威明問仲淵曰〔四三〕：「吾聞孔氏自三父之後〔四四〕，能傳祖之業者〔四五〕，常在於叔祖。今觀連叢所記，信如所聞〔四六〕。然則伯季之後〔四七〕，弗克負荷矣。」答曰：「不然也。先君所以爲業者，非唯經傳而已。可以學則學，可以進則進，可以止則止，故曰『無可無不可也〔四八〕』。蓋唯執行中庸，其於得道〔四九〕，非末嗣子孫所能及也。是以先父各取所能：能仕則仕，能學則學。自伯祖之子孫，世仕有位〔五〇〕。季祖之子孫，或學或仕，或文或武，所統不壹〔五一〕。故學不稽古，仕無高官，文非俎豆，武非戢兵〔五二〕，不專故也。」皇甫曰：「如高明之言，是故弗克負荷已。」答曰：「伯之子孫，今何其仕〔五三〕？季之子孫，何所仕〔五四〕？所以世得聞焉〔五五〕。且人之才性〔五六〕，受天有分。若如君之論，則成王、伯禽雖致泰平〔五七〕，皆當以不聖蒙弗克負荷之罪乎？」皇甫笑曰：「善。」既而或謂仲淵曰：「以古人推之〔五八〕，自可如皇甫之言爾。而子矜之，何也？皇甫雖口與子，心實不與也。」答曰：「吾其然。然此君來言，頗欲相侵，故激至於此，豈曰得道？由不獲已也。」

長孫尚書問季彥曰〔五九〕：「處士，聖人之後也，豈知聖人之德惡乎齊〔六〇〕？」答曰：「德行邈於世，智達秀於人，幾於如此矣。」曰：「聖人者，必能聞於無聲，見於無形，然後稱聖爾。如處士所言，大賢則能爲之。」季彥曰：「君之論，宜若未之近也。夫有聲，故可得而聽；有形，故可得而見。若乃無聲，雖師曠側耳，將何聞乎？無形，雖離婁並照，將何覿乎〔六一〕？書曰『惟狂克念作聖〔六二〕』，狂人念思道德，猶爲聖人。聖人，大賢之清者也。賢人，中人之清者也。」

孔大夫謂季彥曰〔六三〕：「今朝廷以下，四海之内，皆爲章句内學〔六四〕，而君獨治古義。治古義則不能不非章句内學。非章句内學，則危身之道也。獨善固不容於世，今古義雖善，時世所廢也，而獨爲之，必將有患〔六五〕，盍固已乎〔六六〕？」答曰：「君之此言，殆非所望也。君以爲學，學知乎？學愚乎？」大夫曰：「學所以求知也。」季彥曰：「君頻日聞吾說古義〔六七〕，一言輒再稱善，善其使人知也。以爲章句内學迂誕不通，即使人愚也。今欲使吾釋善善之知業，習迂誕不通之愚學，爲人謀如此，於義何居〔六八〕？且君子立論，必折是非〔六九〕，以是易非，何傷之如？主上聰明庸知〔七〇〕，不欲兩聞其義，博覽古今，擇善從之，以廣其聖乎！吾學不要禄，貴得其義爾〔七一〕，復以此受患〔七二〕，猶甘心焉。先聖遺訓，壁出古文，臨淮傳義〔七三〕，可謂妙矣，而不在科策之列，世人固莫識其奇矣〔七四〕。斯業之所以不泯，賴吾家世世獨修之也。今吾猥爲禄利之故，欲廢先君之道，此殆非所望也。若從君言，是爲先君之義滅於今日，將使來世達人見今文俗説，因嗤笑前聖。吾之力此〔七五〕，蓋爲先人也。物極則變，比百年之外，必當有明真君子〔七六〕，恨不與吾同世者。」於是大夫悵然曰：「吾意實不及此也，敢謝不敏。」

楊太尉問季彦曰〔七七〕：「吾聞臨晉君異才博聞，周洽羣籍〔七八〕，而世不歸大儒何〔七九〕？」答曰：「不爲禄學故也。惡直醜正，實繁有徒〔八〇〕。辯經説義，輒見憎疾，但以所據者正，故衆人不能害爾〔八一〕。免害爲幸，何大儒之見歸乎〔八二〕？」

季彦見劉公〔八三〕。客適有獻魚者，公孰視魚，嘆曰：「厚哉！天之於人也，生五穀以爲食，育鳥獸以爲之肴〔八四〕。」衆座僉曰：「誠如明公之教〔八五〕。」季彦曰：「賤子愚意，竊與衆君子不同，以爲不如明公之教也。何者？萬物之生，各稟天地，未必爲人，人徒以知得而食焉。孝經曰『天地之性，人爲貴〔八六〕』，貴有知也。伏羲始嘗草木可食者，一日而遇七十二毒，然後五穀乃形，非天本爲人之生也〔八七〕。蚊蚋食人，蚓蟲食土，非天故爲蚊蚋生人，爲蚓蟲生地也。知此不然，則五穀鳥獸之生，本不爲人，可以爲無疑矣。」公良久，曰：「辨哉！」衆坐默然。

永初二年〔八八〕，季彦如京師，省宗人仲淵。是年夏，河南四縣雨雹如桮杯，大者如斗，殺禽畜雉兔，折樹木，秋苗盡〔八九〕。天子責躬省過，並令幽隱有道術之士，各得假變事，亟陳厥故〔九〇〕。季彦與仲淵説道其意狀曰：「此陰乘陽也。貴臣擅權，母后黨盛，多致此異，然乃漢家大忌〔九一〕。」時下邳長孫子逸止仲淵第，聞是言也〔九二〕，心善之，因見上，説焉。上召季彦，季彦見於德陽殿〔九三〕，陳其事，如與仲淵言也，曰：「陛下增修聖德，慮此二者而已矣〔九四〕。夫物之相感，各以累推，其甚者必有山崩地震，白氣相因〔九五〕，其事不可盡論。往者延平之中，鄧后稱制，而東垣巨屋山大崩，聲動安邑〔九六〕，即前事之驗者。」帝默然，左右皆不善其言〔九七〕。季彦聞之，曰：「吾豈容媚勢臣而欺天子乎？」後子逸相魯〔九八〕，舉季彦孝廉，固辭不就。會遭兄長彦憂，遂止乎家。季彦爲人謙退愛厚，簡而不華〔九九〕，終不以容利變其恬然之志。見不義而富貴者，視之如僕隸。其筆則典誥成章〔一〇〇〕，吐言必正名務理，故每所交遊，莫不推先以爲楷則也。年四十有九，延光三年十一月丁丑卒〔一〇一〕。

校釋

〔一〕「二年」，指海本作「三年」。「三月」，淵鑑類函卷一百六十二作「春」，後漢書儒林孔僖傳亦作「元和二年春」。年下，錢熙祚曰：「書鈔八十八、御覽五百二十六並有『春』字。」

〔二〕原本「巡」下無「狩」、「還」二字，淵鑑類函卷一百六十二有「狩」、「還」二字。錢熙祚曰：「原脱『狩』、『還』二字，依書鈔、御覽補。」　庶按：錢説是。孔僖傳作「帝東巡狩，還過魯」，有「狩」、「還」二字，據補。

〔三〕錢熙祚曰：「藝文三十八及書鈔、御覽並作『以太牢祀孔子及七十弟子』。」　庶按：「七十弟子」，御覽作「七十二子」，錢氏或失檢。後漢書肅宗孝章帝紀及孔僖傳並作「七十二弟子」。

〔四〕「召諸孔丈夫年二十以上者六十三人」，淵鑑類函卷一百六十二作「大會孔氏男子二十以上者六十三人，講經論義」。錢熙祚曰：「藝文、書鈔、御覽並作『大會孔氏男子』。」「人」下，錢熙祚曰：「書鈔、御覽並有『命儒者講論』五字。」　庶按：中華書局標點本後漢書儒林孔僖傳作「命儒者講論語」，當爲所傳聞異辭。

〔五〕冢田虎曰：「孔僖，字子和，子豐之子。」

〔六〕原本「聖」下無「遺」字，葉氏藏本有「遺」字，是，據補。

〔七〕「學家」，蔡宗堯本作「家學」。

〔八〕原本「徵」作「微」，宛委别藏本、周叔弢藏本並作「徵」。冢田虎曰：「掌奏記文書官。」庶按：作「徵」是，據改。孔信傳：「帝始亦無罪信等意，及書奏，立詔勿問，拜信蘭臺令史。」

〔九〕冢田虎曰：「『爲』亦治也。漢儒多以一經名家，故有此詔對。」

〔一〇〕宋咸注：「周公旦曰：『臣聞愛其人者，愛其屋上烏；憎其人者，憎其除（庶按：指海本注文「除」作「餘」）胥。』此言天子愛先聖而及其子孫也。」原本「下」下無「之」字，葉氏藏本、蔡宗堯本、周子義本、程榮本、孔胤植本、崇禎本、鍾惺本、四庫全書本、何允中本、指海本並有「之」字。冢田虎曰：「『螯』、『禧』同，神之所福也。愛屋及烏，以喻崇聖人則及聖孫也。」庶按：有「之」字是，據補。尚書大傳牧誓：「太公曰：『臣聞之也，愛人者，兼其屋上之烏；不愛人者，及其胥餘。』」注：「胥餘，里落之壁。」藝文類聚卷九十二引六韜爲周公語，此當爲宋咸注文所本。「胥餘」，説苑貴德篇作「餘胥」，御覽卷九百二十引六韜作「除胥」。

〔一一〕「拜子和郎中」，孔信傳作「拜信郎中」。冢田虎曰：「光武分尚書官爲六曹，各置郎中六人，合有三十六郎云。」

〔一二〕宋咸注：「『卦林』當作『易林』。案：後漢崔篆嘗著易林六十四篇，用決吉凶，多所占驗。

篆乃駰之祖父也，故曰以其家易林占之。一作『家林』。」　庶按：孔僖傳：「冬，拜臨晉令，崔駰以家林筮之。」李賢注：「崔篆所作易林也。」

〔一三〕冢田虎曰：「徑，直也，亦往也。」

〔一四〕宋咸注：「天子所至曰行在所。」

〔一五〕冢田虎曰：「不歸葬於鄉，而留葬於臨晉也。」

〔一六〕宋咸注：「史（庶按：原本「史」作「吏」，史指孔僖傳，據改）稱蒲坂（庶按：原本「蒲坂」作「薄陂」，據孔僖傳改）令許君然勸令返魯，乃無『奉車二乘』之文。」

〔一七〕冢田虎曰：「孫承祖統，以就其鄉，此於禮不以爲失也。」

〔一八〕「族」下，葉氏藏本有「焉」字。

〔一九〕「以」，蔡宗堯本作「亦」。「劇」，葉氏藏本作「極」。錢熙祚曰：「御覽三百八十『以』作『已』，二字古通。」

〔二〇〕宋咸注：「是時遂留華陰。」「其」，蔡宗堯本作「已」，指海本作「以」，錢熙祚曰：「御覽『以』作『其』。」

〔二一〕錢熙祚曰：「御覽無『國』字。」

〔二二〕宋咸注：「『隨時爲今學』，言其時多爲章句學。」

〔二三〕宋咸注：「時季彦留華陰，然張太常其華陰之人歟？本無其名。」

〔二四〕「邃」，宛委别藏本作「遠」。

〔二五〕「教」，葉氏藏本作「効」。

〔二六〕宋咸注：「謂聞流言不稱，倡而信之。」冢田虎曰：「『下』謂排斥我。『倡』、『唱』通。『游言』，與浮言同。記曰：『大人不倡游言。』」庶按：冢田説引記文，在禮記緇衣篇。

〔二七〕原本「上」作「之」，葉氏藏本、蔡宗堯本、周子義本、程榮本、馮夢禎本、孔胤植本、崇禎本、鍾惺本、四庫全書本、何允中本、指海本、冢田虎本並作「上」，是，據改。

〔二八〕原本「好」下無「者」字，葉氏藏本有「者」字。錢熙祚曰：「書鈔七十九『有恩好者，其惟緦乎』，御覽五百四十七亦有『者』字。」冢田虎曰：「緦，三月服。禮，朋友則緦。」庶按：有「者」字是，據補。四庫全書本書鈔卷七十九無「有恩好者，其惟緦乎」八字。

〔二九〕「則」下，葉氏藏本有「皆」字。

〔三〇〕「名」，蔡宗堯本、冢田虎本並作「盟」。錢熙祚曰：「『名』原作『盟』，依御覽改。」冢田虎曰：「同盟則服緦素之謂與？然緦素之爲服，於禮典未之審也。」庶按：錢説與宋本合，是。

〔三一〕「特有私親」，錢熙祚曰：「御覽『時有思親』。」庶按：御覽卷五百四十七作「特有思親」，錢氏或失檢。

〔三二〕錢熙祚曰：「御覽無『雖』字，『可』作『重』。」

〔三三〕宋咸注：「崔駰字亭伯。漢肅宗巡守方岳，駰上四巡頌。帝雅好文章，見駰頌，嗟嘆之，謂侍中竇憲曰：『卿寧知崔駰乎？』對曰：『班固數爲臣説之，然未見也。』帝曰：『公愛班固而忽崔駰，此葉公之好龍也。』及憲爲車騎將軍，辟駰爲掾，後出爲長岑長，不之官，卒於家。」庶按：宋咸注文見後漢書崔駰傳。

〔三四〕宋咸注：「鄧衛尉乃鄧訓，即禹之子，謙恕下士，無貴賤，見之如舊朋友。建初三年拜謁者，後拜張掖太守、護羌（庶按：原本「羌」作「苤」，據鄧訓傳改）校衛。」庶按：宋咸注文見後漢書鄧訓傳。

〔三五〕冢田虎曰：「租，謂官録租税也。猥猶多也。」

〔三六〕「非」上，葉氏藏本有「受人以自羸」五字。

〔三七〕莊子外物篇：「莊周忿然作色曰：『周昨來，有中道而呼者。周顧視車轍中，有鮒魚焉。周問之曰：「鮒魚來！子何爲者耶？」對曰：「我，東海之波臣也。君豈有斗升之水而活我哉？」周曰：「諾。我且南遊吴、越之王，激西江之水而迎子，可乎？」鮒魚忿然作色曰：「吾失我常與，我無所處。吾得斗升之水然活耳。君乃言此，曾不如早索我於枯魚之肆！」』」

〔三八〕原本「過梁」下無「梁」字，諸本並有「梁」字，是，據補。

〔三九〕原本「此子」下復有「此子」二字，諸本並無「此子」二字，是，據删。

〔四〇〕「繼」，清抄本標記毛斧季藏宋本作「後」。

〔四一〕原本「傳」下復有「傳」字，諸本並無「傳」字，是，據删。

〔四二〕宋咸注：「文姜，齊女，爲魯桓公夫人。桓公與齊侯會於樂，遂與夫人姜氏如齊。齊侯通焉。齊侯使公子彭生乘公，拉殺之。莊公即位，夫人遜於齊。不稱姜氏，以示義也。」庶按：公羊傳莊公元年：「夫人何以不稱姜氏？貶。曷爲貶？與弑公也。」

〔四三〕宋咸注：「皇甫規，字威明，爲度遼將軍，尋爲尚書，後遷弘農太守，封壽成亭（庶按：原本「成」下無「亭」字，據後漢書皇甫規傳補）侯，讓封不受，轉爲護羌（庶按：原本「羌」譌作「差」，據皇甫規傳改）校尉，年七十一（皇甫規傳作「七十二」）卒。仲淵乃季彦族人。」

〔四四〕宋咸注：「禮『別子爲祖，繼別爲宗』，今云『三父之後』，猶伯、季、叔之三宗也。」冢田虎曰：「三父，蓋子魚、子襄、子文也。」庶按：宋咸注文引禮爲禮記喪服小記篇。

〔四五〕「傳」上，蔡宗堯本無「能」字。冢田虎曰：「叔祖，謂子襄。子襄之後，奉夫子祀爲褒成侯，如敘書所記。」

〔四六〕冢田虎曰：「連叢所記，以上篇敘書及孔臧書謂之也。」

〔四七〕冢田虎曰：「伯，子魚。季，子文。」

〔四八〕冢田虎曰：「論語。」　庶按：論語微子篇。

〔四九〕「其」，葉氏藏本作「期」，「其」、「期」古今字。

〔五〇〕冢田虎曰：「子魚之後。」

〔五一〕冢田虎曰：「子文之後。」

〔五二〕冢田虎曰：「俎豆，禮器也。戢，斂也，止也。」

〔五三〕原本「何」作「可」，葉氏藏本作「何」，是，據改。

〔五四〕原本「所」下有「能」字，葉氏藏本無「能」字，是，據删。「何其仕」、「何所仕」相對爲文，一作「其」，一作「所」，乃換文避複。「其」猶「所」也。

〔五五〕冢田虎曰：「言季之子孫，不必任於仕，故其世或以學聞，或以仕聞也。」

〔五六〕原本「性」作「聖」，葉氏藏本作「性」。冢田虎曰：「『聖』疑當作『性』。」　庶按：冢田説是，據改。

〔五七〕原本「伯」下有「霸」字，諸本並無「霸」字，是，據删。

〔五八〕冢田虎曰：「古人，謂孔氏先世三父之後也。」

〔五九〕宋咸注：「長孫尚書，本無其名。」冢田虎曰：「長孫尚書，蓋下章所謂長孫子逸。」

〔六〇〕冢田虎曰：「『齊』、『劑』通，分限也。問聖德之分如何。」

〔六一〕宋咸注：「離婁，古之明（庶按：原本「明」作「名」，「名」乃「明」之譌，今改）目者，黄帝時人。黄帝亡其玄珠，使離朱索之。離朱乃離婁也。能視百步之外，見秋毫之末。」庶按：離婁目明之言，並見孟子離婁上、韓非子觀行篇、淮南子原道篇。

〔六二〕冢田虎曰：「書多方篇。」庶按：尚書多方篇「惟聖罔念作狂，惟狂克念作聖」，孔氏傳：「惟聖人無念於善則爲狂人，惟狂人能念於善則爲聖人。」

〔六三〕宋咸注：「孔大夫乃孔昱，字元世，霸七世孫。少習家學，太尉舉方正，對策不合，乃辭病去。後徵拜議郎，補洛陽令，以師喪棄官，卒於家。云大夫，蓋時以邑稱然。」庶按：宋咸注文見後漢書孔昱傳。

〔六四〕宋咸注：「西漢士論，以經術爲内學，以諸子雜説爲外學，故褚季孫曰：『臣幸得以經術爲郎而好讀外家傳語。』又東方朔以好傳書（庶按：「傳書」疑當作「書傳」），愛經術，多所博觀外家之語。當季彦時，方尚辭文，乃以章句爲内學、以經術爲外學焉。」

〔六五〕原本「患」作「忠」，諸本並作「患」，是，據改。

〔六六〕「固」，蔡宗堯本、周子義本、崇禎本、鍾惺本、四庫全書本、何允中本、指海本並作「姑」。冢田虎曰：「『固』當作『姑』，以音訛耳。」庶按：「固」猶「姑」也，詳裴學海古書虚字集釋卷五。

〔六七〕宋咸注：「頻日猶往日。」

〔六八〕冢田虎曰：「居，語助。」

〔六九〕「折」，葉氏藏本、周子義本、程榮本、馮夢禎本、冢田虎本並作「析」，崇禎本、鍾惺本、四庫全書本、何允中本、指海本並作「斷」。錢熙祚曰：「別本『斷』作『析』。」　庶按：疑「折」爲「析」之譌。

〔七〇〕「庸」，葉氏藏本、蔡宗堯本、崇禎本、鍾惺本、何允中本、指海本並作「睿」。錢熙祚曰：「『睿』原誤『庸』。」　庶按：「庸」字不誤。「庸知」謂「何知」，意即無所不知之義，且與下「乎」字相應。作「睿知」者，乃習於睿知之義而臆改。

〔七一〕原本「得」下「其」字作「正」，宛委別藏本、蔡宗堯本、周叔弢藏本、周子義本、程榮本、馮夢禎本、孔胤植本、崇禎本、鍾惺本、四庫全書本、何允中本、指海本、章鈺校跋本、陳錫麒本、清抄本、冢田虎本並作「其」，是，據改。

〔七二〕原本「患」作「忠」，諸本並作「患」，是，據改。

〔七三〕宋咸注：「孔安國嘗爲臨淮太守。」

〔七四〕冢田虎曰：「漢時射策，以甲乙爲科，故曰科策。古文尚書則未在科策之例，故時人莫識古文奇妙也。」

〔七五〕冢田虎曰：「力此，勉强於此業也。」

〔七六〕「真」，葉氏藏本作「德」，宛委别藏本、蔡宗堯本、周叔弢藏本、周子義本、程榮本、崇禎本、鍾惺本、四庫全書本、何允中本、指海本、章鈺校跋本、陳錫麒本、清抄本、冢田虎本、子苑本並作「慎」，「真」、「慎」古通用，猶誠也。

〔七七〕宋咸注：「楊震字伯起，明經博覽，無不窮究。漢安帝永寧初爲司徒，後爲中常侍。樊豐及侍中周廣、謝惲等譖策收太尉印綬，詔譴（庶按：原本「譴」作「遺」，據後漢書楊震傳改）歸本郡，因飲酖而卒，時年七十矣（庶按：楊震傳「矣」作「餘」）。」

〔七八〕「洽」，周子義本、程榮本、四庫全書本、冢田虎本並作「合」。錢熙祚曰：「别本『洽』作『合』。」

〔七九〕宋咸注：「季彦父子和爲臨晉令。不歸大儒，言世不以大儒歸之。」「而」，子苑本作「如」。「何」下，葉氏藏本有「也」字。

〔八〇〕冢田虎曰：「左氏傳曰：『鄭書有之：惡直醜正，實蕃有徒。』」

〔八一〕原本「害」作「周」，錢熙祚曰：「『周』疑當作『害』，别本作『用』，謬甚。」庶按：錢説可從。下文言「免害」，當承此而言，據改。

〔八二〕「見」，宛委别藏本、蔡宗堯本、周叔弢藏本、周子義本、程榮本、崇禎本、鍾惺本、四庫全書本、何允中本、指海本、章鈺校跋本、陳錫麒本、清抄本、冢田虎本並作「能」。

〔八三〕宋咸注：「劉公，本無其名。」

〔八四〕「肴」上，宛委別藏本、蔡宗堯本、周叔弢藏本、周子義本、程榮本、崇禎本、鍾惺本、四庫全書本、何允中本、指海本、章鈺校跋本、陳錫麒本、清抄本、冢田虎本並無「之」字。

〔八五〕「教」下，葉氏藏本有「也」字。

〔八六〕「性」，猶生也。孝經聖治章：「子曰：『天地之性，人爲貴。』」注：「貴其異於萬物也。」

〔八七〕「之」，蔡宗堯本、周子義本、程榮本、崇禎本、鍾惺本、四庫全書本、何允中本、指海本並作「而」，「之」猶「而」也。

〔八八〕宋咸注：「永初二年，乃後漢孝安皇帝時。」

〔八九〕「是年夏，河南四縣雨雹如棬杯，大者如斗，殺禽畜」，淵鑑類函卷九作「永初三年夏，河西縣大雨雹，皆如杯棬，大者或如斗，殺畜生」。「畫」下，葉氏藏本有「於是」二字。錢熙祚曰：「御覽十四有『於是』二字。」

〔九〇〕「假」，葉氏藏本作「因」。「厥故」，孔僖傳作「變眚」。

〔九一〕「家」下，葉氏藏本有「之所」二字。冢田虎曰：「時鄧太后猶臨朝。后之兄弟四人，鄧騭爲車騎將軍，封上蔡侯。悝，虎賁中郎將。弘及閶皆侍中，亦各爲萬户侯。」

〔九二〕宋咸注：「孫（庶按：「孫」上疑脱「長」字）子逸，史無其名（庶按：原本「名」作「石」，「石」乃「名」之譌，今改）。止謂止於仲淵所而聞是言。」

〔九三〕「季彦」上，孔僖傳無復有「季彦」二字。「德陽殿」，冢田虎曰：「東京正殿。」

〔九四〕宋咸注：「二者，謂貴臣擅權、母后黨盛。」

〔九五〕「白」，宛委别藏本、蔡宗堯本、周叔弢藏本、周子義本、程榮本、孔胤植本、崇禎本、鍾惺本、四庫全書本、何允中本、指海本、章鈺校跋本、陳錫麒本、清抄本、冢田虎本並作「乖」。冢田虎曰：「乖氣，謂陰陽乖逆。」

〔九六〕宋咸注：「漢孝殤帝誕育百餘日即位，鄧太后臨朝稱制，改延平元年。河東垣山崩，郡國三十七雨水。」庶按：宋咸注文見後漢書孝殤帝紀。

〔九七〕宋咸注：「史稱延光元年，河西大雨雹，大者如斗。安帝詔有道術之士極陳變眚。乃召季彦見於德陽殿。帝親問其故，遂有此對。帝默然，左右皆惡之。」

〔九八〕冢田虎曰：「魯蓋謂濟北王也。」

〔九九〕冢田虎曰：「簡，要略也。不華，務實行也。」

〔一〇〇〕「其筆」，葉氏藏本作「其下筆」，宛委别藏本、蔡宗堯本、周叔弢藏本、周子義本、程榮本、孔胤植本、崇禎本、鍾惺本、四庫全書本、何允中本、指海本、章鈺校跋本、陳錫麒本、清抄本、冢田虎本並作「舉筆」。冢田虎曰：「典誥，常教。」　庶按：作「舉筆」與下「吐言」相對。

〔一〇二〕宋咸注：「史稱年四十七。」冢田虎曰：「延光，安帝之末。」　庶按：見孔僖傳。

附録一

孔叢子釋文

嘉言第一

萇〔音長〕 安施〔商移切〕 或弛〔詩止切〕 好禮〔虚到切〕 事夫〔風無切〕 使于〔疏史切〕 遇𢗰〔許偉切〕 後瘳〔丑鳩切〕 與在〔音預〕 爲病〔于僞切〕 夫三折〔上音扶，下食列切〕 已之已人〔已並養里切，下已之同〕 既宴〔伊甸切〕 夫死〔音扶〕 與計〔音預〕 盍姑已〔上轄臘切，下音以〕 夫以〔音扶〕 繫方〔胡計切，又吉詣切，下繫絶同〕 塡之〔堂練切〕 已矣〔音以〕 難易〔上那于切，下以豉切〕 富説〔輸爇切〕 知者〔音智〕 夫不〔音扶〕

論書第二

曠夫〔風無切〕 已殁〔音以〕 已之〔音紀〕 彤日〔以中切〕 之惡〔烏各切〕 論事〔盧困切〕 錯行〔七各切〕 樂之〔音落，下同〕 愀然〔七小切〕 而已〔音以〕 惡覩〔音烏〕 大麓〔音鹿〕 已而

〔音以〕　迷錯〔七各切〕　禋燔〔符袁切〕　死難〔奴旦切〕　與於〔音預〕　祇祇〔旨夷切〕　刑錯〔七故切〕　三監〔古咸切（原本無「古咸切」三字，據葉氏藏本補）〕　孟長〔展兩切〕　所任〔汝鴆切〕　除過〔古郎切〕　應之〔去聲〕　之長〔展兩切〕

記義第三

饁夫〔許記切〕　施人〔施智切〕　名歜〔舒玉切〕　相室〔息亮切〕　從死〔才用切〕　長者〔展兩切〕　好人〔虛到切〕　譽己〔音紀〕　好外〔虛到切，下好内同〕　瘠色〔秦昔切〕　女知〔音智，下男知同〕　令德〔力正切〕　任臣〔汝鴆切，下自任同〕　已耳〔音以〕　己已〔上音紀，下音以（葉氏藏本作「並音以」）〕　其知〔音智，下爲知同〕　使宰〔爽士切〕　使於〔疏史切〕　以遺〔以醉切〕　若夫〔音扶〕　使人〔爽士切〕　舍實〔音捨〕　私昵〔尼質切，亦作暱〕　陷辟〔彼亦（原本「亦」上之字模糊，據葉氏藏本作「彼」）切〕　淇澳〔乙六切〕　苞苴〔子余切〕　好賢〔呼告切，下好賢同〕　豳公〔悲巾切，亦作邠〕　造周〔在早切〕　躐跆〔上力涉切，下極業切〕　與於〔音預〕　將意〔資良切〕　蓼莪〔力竹切〕　裳裳〔如字〕　清澈〔敕列切〕　爲施〔商移切〕

刑論第四

刑省〔所景切〕　降典〔古巷切〕　折民〔之烈切〕　弗勝〔詩證切，又書蒸切，下同〕　無別〔彼烈切，下同〕　刑重〔直隴切〕　民匱〔求位切〕　惡之〔烏故切〕　不省〔所景切〕　夫赤〔音扶〕　折獄〔之烈切〕　非從〔墻容切〕　則已〔音以〕　適爾〔施隻切〕　不中〔丁（葉氏藏本作「陟」）仲切〕　比罰〔卑履切〕　斷者〔徒玩切〕　之悖〔蒲没切〕　之枳〔諸氏切，亦作疻〕　惡其〔烏故切，下同〕　間居〔音閑〕

記問第五

孔伋〔音級〕　析薪〔先的切〕　負荷〔下可切〕　任賢〔汝鴆切〕　亟聞〔訖力切〕　任法〔汝鴆切〕　之知〔音智〕　難諸〔那干切〕　竇犫〔蚩周切〕　息郰〔側鳩切，亦作鄹〕　操曰〔七到切〕　已得〔音以〕　焉師〔於虔切〕　梟鴟〔上堅堯切〕　慘焉〔尤虔切〕　所好〔虛到切〕　只且〔上諸氏切，下子余切〕　使以〔爽士切〕　峛崺〔上力紙切，下移尔切〕　自嬰〔伊盈切〕　蔓延〔夷然切，亦去聲〕　永嘆〔他干切〕　涕霣〔羽敏切，亦作隕〕　使使〔上爽士切，下疏史切〕　車子〔斤於切，又昌遮切〕　鉏商〔牀魚切〕　五父〔方矩切〕　麕身〔居筠切，又作麏、麇，同〕　今見〔賢遍切〕　應之〔於證切〕

雜訓第六

由砥〔諸氏切〕　不與〔音預〕　相好〔虛到切〕　舍玦〔上音捨，下古穴切〕　珠瑱〔他甸切〕　子車〔斤於切〕　於郯〔徒甘切〕　而別〔皮列切〕　使以〔疏吏切，同下〕　當免〔亡運切，下同，亦作絻〕　疏遠〔音踈〕　爲屬〔殊玉切〕　令名〔力正切〕　之惡〔烏各切〕　各卑〔音以〕　以振〔音賑〔宋本無「以振」條，據葉氏藏本補〕〕　受禪〔時戰切〕　舍適〔上音捨，下音的，下同〕

居衛第七

可將〔即亮切，下同〕　百乘〔繩證切〕　君任〔汝鴆切〕　不訾〔即移切〕　適齊〔施隻切〕　相易〔夷益切〕　寄帑〔他曩切〔葉氏藏本作「與孥同」〕〕　有奇〔居宜切〕　折臂〔食列切〕　禿骭〔下晏切〕　背僂〔隴主切〕　不與〔音預〕　大牢〔音泰〕　不累〔力僞切〕　惡有〔音烏〕　其行〔下孟切〕　行行〔上下孟切，下户庚切〕　行只〔音士〕　自挈〔私列切，亦作偰、卨〕　同嚳〔祐〔「祐」疑當作「祜」，葉氏藏本作「枯」〕〕泼切〕　追王〔于況切〕　大王〔音泰〕　不爲〔于僞切，下爲民同〕　千乘〔繩澄切〕　焉得〔於虔切〕　珪瓚〔才贊切〕　秬鬯〔上音鉅，下丑亮切〕　亹父〔扶雨切〕　適宋〔施隻切〕　樂朔〔音嶽〕

巡守第八

巡守〔音狩〕 禪泰〔時戰切，亦作檀（「檀」原本作「禶」，據葉氏藏本改）〕 曰墠〔時戰切〕 齊車〔側皆切〕 舍奠〔上音釋〕 納賈〔音價〕 好惡〔上虚到切，下烏故切〕 鼙辟〔音闢〕 日齊〔側皆（葉氏藏本「皆」作「偕」）切〕

公儀第九

參〔音三〕 要利〔伊消切〕 其行〔下孟切〕 過行〔下孟切〕 胡毋〔音無〕 甚易〔以豉切〕

抗志第十

鰥魚〔姑頑切〕 一魴〔音房〕 使乎〔疏史切〕 和者〔胡卧切，下同〕 以長〔丁丈切〕 無已〔音以，下同〕 故使〔爽士切〕 舍所〔音捨〕 必疣〔音尤〕 期大〔居之切〕 爲人〔于僞切〕 府藏〔才浪切〕 之分〔扶問切〕 無伯〔如字，又音霸〕 汩之〔古忽切〕 不禁〔居吟切〕 適觸〔施隻切〕 自累〔力僞切〕 四乘〔繩證切〕 餼焉〔許既切〕 祭膰〔符表切〕 已優〔音以，下同〕 行志〔户庚切〕 食已（原本作「巳已」，據宋本正文及葉氏藏本改）〔下音以〕 重違〔直隴切〕 已言〔音以〕 談説〔式鋭

切〕　屬耳〔之欲切〕　喪也〔四浪切〕　卒盡〔即律切〕

小爾雅第十一

廣詁〔原本「詁」作「話」，徑改〕

莽艾〔牛蓋切〕　頒賦〔逋還切，亦作盼〕　聚樸〔博木切〕　模臬〔原本「臬」作「臯」，據宋本正文及葉氏藏本改〕〔倪結切〕　開徹〔敕列切〕　造之〔七到切〕　熸剡〔將廉切〕

廣言

憲何〔曷葛切〕　麗著〔直略切〕　偹杍〔直吕切〕　仳辨〔匹彼切〕　卬我〔俄剛切〕　籲和〔俞戍切〕　汩猾〔古忽切〕　焮也〔香靳切〕　烯乾〔欣衣切〕　作〔葉氏藏本作「晞」〕燪〔桑感切〕　勦截〔楚交切〕　辟除〔比激切〕　惎忌〔渠記切〕　燀之〔稱延切〕　瞢憅〔原本無「瞢憅」及下「偟往」、「狃忕」、「殿填」諸切語，據葉氏藏本補〕〔莫中切，又莫鳳、毋亘二切〕　偟往〔胡光切〕　狃忕〔上女九切，下时制切〕　殿填〔顛甸切，下音鎮〕

廣訓

惡乎（音烏） 聲（赤澄切） 韡韡（羽鬼切，亦作翔） 魴鱮（上符方切，下象吕切） 麀鹿（於丘切） 麌麌（虞矩切） 曰哤（莫江切）

廣義

曰焭（渠營切，亦作惸） 曰𪓰（陵之切，本作嫠） 屬婦（時欲切） 非分（扶問切） 曰戁（乃版切） 曰恧（女六切）

廣名

之阽（余廉切） 從先（墻容切） 之賵（撫鳳切） 之襚（宋本「襚」譌作「隧」，據葉氏藏本改）（徐醉切） 之殔（羊至切） 之竁（昌絹切，又充芮切）

廣服

織繒（慈陵切） 曰縞（古孝切） 由也（分物切，一作内，而隴切） 頞（據宋本正文，當作「額」）也

〔丁定切〕　紱謂〔分物切〕　襜褕〔上蚩上切，下容朱切〕　紩之〔直質切〕　之袡〔如廉切〕　幂〔莫狄切〕　牀笫〔壯士切〕　鍵謂〔巨偃切〕

廣器

之鵠〔古毒切〕　之正〔諸城切〕　之槷〔倪結切，亦作臬〕　鏚鉞〔食（葉氏藏本作「鎗」）歷切〕　干瞂〔房越切（葉氏藏本有「又徒本切」四字）〕　句孑〔上古侯切，下吉列切〕　鞞鞛〔上布頂切，下布孔切〕　珌〔壁吉切〕　之弢〔他力切〕　之艇〔待鼎切〕　曰艀〔薄故切〕　之轆〔力公切〕　較〔訖岳切〕　喙（宋本正文作「啄」）〔吁穢切〕　纍〔力追切〕　繘〔以律切〕　縚〔他刀（宋本「刀」作「力」，據葉氏藏本改）切，亦作絛〕　綪〔仄莖切〕　繆〔居虯切〕　紾〔章忍切，或作縝〕　牌〔頻弥切〕

廣物

之稈〔古旱切〕　之粒〔力入切，亦作粒〕　之銍〔陟栗切〕　曰揠〔烏轄切〕　曰筥〔居謣（葉氏藏本作「許」）切〕　曰稯〔於求切〕　之葚〔食荏切，又作黮堪〕　之橡〔徐兩切〕

廣烏

之鴉〔五下切，本亦只作雅〕　之燕〔於甸切〕　白脰〔田侯切〕　鸒〔羊茹切〕　鶡鴡（「鶡鴡」爲宋咸注文，非孔叢子正文）〔上譬吉切，下斤於切〕

廣獸

之豣〔古賢切〕　之豵〔子紅切〕　槮也〔桑感切〕　魚舍〔如字〕

度

跬一〔丘弭切〕　之㒳〔力讓切〕

量

之盛〔時往（葉氏藏本「往」作「征」）切〕　之溢〔弋質切〕　簍〔郎斗切〕

衡

銖〔傭朱切〕　鋝〔龍輟切〕　緩〔胡関切〕

公孫龍第十二

瀾〔「瀾」爲宋咸注文，非孔叢子正文〕〔郎干切，又落未、落旱二切〕　盍往〔轄臘切〕　之悖〔蒲没切〕　之令〔力政切〕　兕〔徐姊切〕　而喪〔四浪切〕　其行〔下孟切，下同〕　狹之〔音狎〕　氾論〔音泛〕　幾能〔音機〕　惡得〔音烏〕

儒服第十三

篓〔色洽切〕　而已〔音以，下已行同〕　與焉〔音預〕　獲已〔音以〕　比力〔卑履切〕　訾〔音紫〕　所喪〔四浪切〕

對魏王第十四

與謀〔音預〕　則射〔神夜切〕　相揉〔忍九切〕　相錯〔倉落切〕　所喪〔四浪切〕　惡之〔烏故切，

下同〕 呐呐〔儒劣切〕

陳士義第十五

使者〔疏史切〕 蔬食〔音嗣〕 一夫〔音膚〕 降節〔如字〕 夫豈〔音扶〕 欲强〔巨兩切〕 必當〔丁浪切〕 錕鋙〔上公渾切，下五乎切〕 皓（宋本正文及葉氏藏本作「皜」）然〔胡老切〕 少寡〔燒照切，下同〕 相好〔虚到切〕 折毀〔旃列切〕 五父〔音甫（原本「甫」作「父」，據葉氏藏本改）〕 合葬〔音閤〕 梁紇（「梁紇」爲宋咸注文，非孔叢子正文）〔下没切〕 輓父〔（「輓父」爲宋咸注文，非孔叢子正文）〔无販切〕 大行〔下孟切〕 於鄖（「於鄖」爲宋咸注文，非孔叢子正文）〔音雲〕 乳穀（「乳穀」爲宋咸注文，非孔叢子正文）〔奴汁切〕 於菟（「於菟」爲宋咸注文，非孔叢子正文）〔上音烏，下音塗〕 女妻（「女妻」爲宋咸注文，非孔叢子正文）〔七計切〕 横生〔户孟切〕 由惡〔烏各切〕 使相〔爽士切〕 修好〔虚到切〕 而燕〔音宴〕 强之〔如字〕 不已〔音以〕 麋於〔旻悲切〕 貲擬〔音資〕 疏達〔音踈〕 之行〔下孟切〕 謟髟〔音痳〕 度骸〔度各切〕 稱膚〔赤證切〕 論士〔盧困切〕 宫他〔唐何切，又湯何切〕 作難〔乃旦切〕 相惡〔烏各切〕 而臨〔力鴆切〕 舍先〔音捨〕 相魏〔悉亮切，下同〕 喪職〔四浪切〕 麛裘〔旻悲切〕 而芾〔愽蓋切，又方味切〕 幾乎〔音機〕

論勢第十六

求從（將容切）　數被（色角切）　好卑（虚到切）　惡尊（烏故切）　二難（乃旦切）　自（宋本「自」訛爲「目」，據宋本正文及葉氏藏本改）累（力縋切）　質秦（音致）　嫪毐（上郎到切，下哀改切）　在喪（如字）

執節第十七

義强（巨兩切，下强作同）　談説（舒贅切）　省刑（所省切）　問相（悉亮切）　其行（下孟切，下以行同）　卒不（遵律切）　學行（下孟切）

詰墨第十八

崇喪（蘇郎切）　惡禮（烏故切）　苴絰（宋本「絰」訛作「經」，據宋本正文及葉氏藏本改）（子余切）

菅菲（古顔切）　躬行（户庚切）　鴟夷（處脂切）　亦惡（烏各切，下相惡同）　惡疾（烏各切）　行已（户庚切）　陰重（直隴切）　强諫（其良切）　卒自（遵律切）

獨治第十九

泜水〔陳尼切，又冒之切〕 易操〔食躁切〕 名鮒〔方遇切〕 塞於〔桑則切〕 媾〔音遘〕 隆〔宋本「隆」訛作「降」，據宋本正文改〕殺〔上如字，下色戒切〕 之免〔音問〕 弗父〔音甫〕

問軍禮第二十

齊戒〔側皆切，下齊車、三日齊同〕 舍奠〔音釋〕 訊馘〔古獲切〕 歆至〔於禁切〕 絜齊〔側皆切〕

答問第二十一

之知〔音智〕 戾夫〔風無切〕 當之〔如字〕 爲韓〔于僞切，下爲秦同〕 中行〔户剛切〕 説難〔奴册切〕 度其〔唐落切，下度天同〕 知氏〔音智〕 難之〔乃旦切〕 知伯〔音智〕 施施〔余友切〕 何施〔商移切〕 三恪〔康落切〕 其娣〔大計切〕 第〔壯士切〕 累累〔力追切〕 使使〔上爽士切，下疏史切〕 霈然〔普蓋切〕 跌而〔田烈切〕 無累〔力縋切〕 決拾〔極業切（葉氏藏本作「古穴切」）〕 梟將〔堅堯切〕 扛鼎〔古雙切〕 蹴獸〔初銜切〕 吅吅〔許拱切〕 贛忿〔陟降切，亦作惷〕 舍旃

〔音捨〕　令圖〔力政切〕

連叢子上第二十二

相魏〔湘亮切〕　將事〔鄉亮切〕　蓼俟〔力竹切〕　轉相〔思漿切〕　繁説〔遄爇切〕　使永〔爽士切〕　方帥（宋本「帥」譌作「師」，據宋本正文及葉氏藏本改）〔音率〕　駢闐〔音田〕　貙犴〔上勑朱切，下音岸〕　乃夸〔音誇〕　翳日〔於計切〕　苑令〔力政切〕　怔忪〔上諸城切，下諸容切〕　喪精〔四浪切〕　登較〔古學切〕　孟賁〔逋昆切〕　瞋目（宋本「目」譌作「日」，據宋本正文改）〔音軫〕　蹂猾〔柔首切〕　至樂〔郎各切，下同〕　猗那〔上於宜切，下奴何切〕　飲燕〔音宴〕　洗觶〔友義切〕　兕觥〔序姊切〕　鴞〔古堯切〕　喪已〔四浪切〕　鵩〔音服〕　令考〔力政切〕　蓼蟲〔盧皎切〕　蠕蟲〔而兗切〕　焉立〔於虔切〕　惡能〔音烏〕　將焉〔於虔切〕　衎衎〔空旱（宋本「旱」譌作「早」，據葉氏藏本改）切〕　山霤〔力舊切〕　雅好〔虚到切〕　褻事〔先烈切〕　性分〔扶問切〕　亢疏〔上音抗，下音踈〕　知足〔音智〕　謂强〔如字，下同〕　剛愎〔憑壁切〕　稱此〔赤證切〕　析理〔星歷切，下剖析同〕　溷殽〔上胡困切，下何交切〕　折其〔章烈切〕　揆度〔唐落切〕　斷氣〔徒管切〕

連叢子下第二十三

行非〔下孟切〕　令史〔力政切〕　得與〔音預，下同（宋本「同」譌作「音」，據葉氏藏本改）〕　受釐〔虛其切，亦作禧〕　惡有〔音烏〕　盍辭〔轄臘切〕　爲人〔于僞切〕　請從〔才用切〕　燕見〔音宴〕　造其〔倉到切〕　可度〔唐落切〕　行高〔下孟切〕　別而〔彼列切〕　交燕〔音宴〕　綈素〔杜奚切〕　以好〔虛到切〕　又數〔色角切〕　葉公〔音歙〕　賑之〔止忍切〕　爲贏〔餘輕切〕　取後〔音娶〕　與殺〔音預〕　荷已〔音以〕　有分〔扶問切〕　惡乎〔音烏〕　幾於〔音機〕　已乎〔音以〕　學知〔音智，下同〕　何居〔音基〕　要禄〔音要自（「要自」疑爲「腰」之譌）〕　悵然〔丑亮切〕　惡直〔烏故切〕　知得〔音智，下同〕　省宗〔相井切，下同〕　棬杯〔驅圓切〕　乘陽〔神陵切〕

孔叢子佚文

（一）孔叢子曰：「趙人公孫龍云：『白馬非馬。馬者所以命形，白者所以命色。夫命色者非命形，故曰白馬非馬也。』」（劉孝標世説新語文學第四注引）

（二）孔叢曰：「夫子墓塋方一里，在魯城北六里泗水上。諸孔氏封五十餘所，人名昭穆，不可復識。有銘碑三所，獸碣具存。」（酈道元水經泗水注引）

（三）孔叢云：「夫子墓（庶按：淵鑑類函卷三百七十四「墓」作「墳」）方二（庶按：淵鑑類函卷三百七十四「二」作「一」）里，諸弟子各以四方木（庶按：淵鑑類函卷三百七十四「木」上有「奇」字）來植之，今盤根猶存。」（藝文類聚卷四十引伍輯之從征記引）

（四）孔叢子曰：「儒有合志同方，營道同術。」（初學記卷十八引）

（五）孔叢子云：「井里之厥。」又云：「玉人琢之爲天下寶。」（法苑珠林引）

（六）孔叢子：「子思在衛，緼袍無表（庶按：淵鑑類函卷三百七十四「表」作「裏」），田子方遺其狐白之裘。子思曰：『吾聞遺人食物，不肯（庶按：淵鑑類函卷三百七十四「肯」作「義」）者受之，如棄物於溝壑中。吾雖無德，不敢以身爲溝壑。』遂不受，出（庶按：淵鑑類函卷三百七十四無「出」字）。」（白孔六帖卷十二引）

（七）孔叢子曰：「子思居魯，穆公師而尊之。」（太平御覽卷四百四引）

（八）臺中孔叢子曰：「智伯欲伐仇由，而道難不通，乃鑄大鍾遺仇由。仇由君悦，除道將内之。赤章曼支諫曰：『不可。此小之所以事大，而今大以遺小，卒必隨之，不可内。』不聽，遂内之。曼支因以斷轂而馳至齊，十月而仇由亡。」（太平御覽卷四百五十七引）

（九）臺中孔叢子曰：「秦繆公以女樂二八與良宰遺戎王。戎王喜，迷惑大亂。由余驟諫而不聽，因怒而歸繆公也。」（太平御覽卷四百五十七引）

（一〇）諫木孔叢子曰：「趙簡子曰：『厥也愛我，鐸也不我愛。厥諫我必於無人之所；鐸之諫我也，喜質我於人中，必使我愧。』尹鐸對曰：『厥愛君之愧也，而不愛君之過也；鐸也愛君之過，而不憂君之愧也。』此簡子之賢也，人主賢則人臣之言直。」（太平御覽卷四百五十七引）

（一一）諫木孔叢子曰：「越饑，請食於吴。子胥諫曰：『不可與也。夫吴之與越，仇讎之國。非吴喪越，越必喪吴。若燕、秦、齊、晉，山處陸居，豈能踰五湖九江、越十地以有吴哉？今將輸之粟，是長仇讎。財匱民怨，悔無及也。』」（太平御覽卷四百五十七引）

（一二）孔藂子曰：「竇皇后弟廣國曰：『姊去我西時，與我訣於傳舍中，沐我而去。』」又曰：「成帝遣定陶王之國，王辭去，上與相對涕泣而訣。」（太平御覽卷四百八十九引）

（一三）孔叢子曰：「田駢以道術説齊王。王曰：『願聞國之政。』駢對曰：『臣之言無政而可以爲政，譬若林木無林而可以爲林，願王察其所謂而自取齊國之政焉。天地之間，六合之内，可陶冶而變化也，齊國之政，何足問哉！』」又曰：「法之生也，以輔仁義。重法而棄義，是貴其冠履而忘其頭足也。故仁義者，爲厚基者也。不益其基而張其廣者毀，不益其基而增其厚者覆。」孔叢子曰：「昔者，五帝三王之涖政，施教必用三伍。何謂三伍？仰取象於天，俯取度於地，中取法於人。」（淵鑑類函卷一百二十五引）

（一四）孔叢子云：「昔西域國苑中有柰樹，生果，中有一女子，王收爲妃，乃以苑地施佛，爲伽藍，故曰王柰苑。」（淵鑑類函卷三百十六引）

（一五）固，亦故也。（一切經音義卷廿四引小爾雅）

（一六）分，次也。（文選魯靈光殿賦注引作爾雅）

（一七）碩，遠也。（一切經音義卷三引小爾雅）

（一八）迕，犯也。（文選運命論注引作小雅）

（一九）暴，乾也。（一切經音義卷廿二引小爾雅）

（二〇）廣，横也。（一切經音義卷二引小爾雅）

（二一）區，域也。（後漢書方術傳注引小爾雅）

（二二）盥，澡也，洒也。（莊子寓言篇釋文引小爾雅）

（二三）祭山川曰祈沈。（周禮考工記釋文引小爾雅）

（二四）桑土，桑根也。（詩鴟鴞釋文引作小雅）

（二五）通五色皆曰繒。（一切經音義卷六引作爾雅）

（二六）縞，皓也。（後漢書順帝紀注引作爾雅）

（二七）杻謂之梏，械謂之桎。（易蒙卦釋文引小爾雅）

（二八）所以飼獸曰芻。（一切經音義卷十七引作爾雅）

（二九）淫，過也。（文選上林賦注引作小雅）

（三〇）大而白項者，謂之蒼烏。（酈道元水經灅水注引小爾雅）

（三一）羌（庶按：文選注作「嗟」），發聲也。（文選西京賦注引作小雅）

按：孔叢子佚文中標「孔叢子曰（或稱「云」）」者，第一、第十三、第十四條，爲張明博士所輯；第四至第一二條，爲孫少華、王兆萍所輯（孔叢子輯佚考實，東方論壇二〇〇八年第二期）；第十五條以下，標名小爾雅、小雅或爾雅者，爲清人所輯（標明小雅、爾雅者，清人考證俱爲小爾雅文）。孔叢子佚文中有些内容與今傳世本不類，且從材料來源上看，出自唐、宋類書者居多，反映出了宋咸未「删定」前的一些情況。清代學者王煦、宋翔鳳、葛其仁、王寶仁、胡承珙等俱輯有小爾雅佚文，然互有重出者，亦

及重出其去，上礎基輯所人清在者筆今。者節章體具雅爾小入補意文據可有亦，者本刻世傳今於見有

校釋中所補入者，實則得小爾雅佚文十七條、「孔叢子曰」類佚文十四條，共計三十一條，列之於右。

附録二

主要版本序跋

一、宋嘉祐八年刻宋咸孔叢子注七卷本呂逢序

孔叢子者，先生廣平公序之詳矣。先生頃得是書，未幾，因領憲計二政於嶺南，公餘遂釋而進之。先皇帝嘗賜金紫以寵嘉之，然尚藏於祕閣，而天下樂聞乎道者，欲有之而未能得。逢學於先生之門，得其本，又可私善諸己而已耶？因命工刊焉。庶乎與樂聞道者共，使知逢之心異蔡邕帳下之論衡云耳。

時嘉祐八年癸卯冬十一月日，門人呂逢序。

二、杭州葉氏舊藏明翻宋刻孔叢子七卷本王藺後書

孔叢子記先聖之遺訓與世家有足稽者，近世鮮有流傳。今夏官貳卿林公填江右時，取其書刊之，以惠學者。既而召去，余適繼至，得書，以此爲託。且曰：「校讎之未精也。」因取而閱之，譌□至多。遂訪得蜀書，意其據而脱繆乃滋甚，幸有可以互見者，又旁證遠取，凡刊誤幾六百字，今可讀矣。然前輩謂

校書如几塵，隨去隨有。故歐陽公讀韓文，得石刻，益知讎正之難。因書其末，以諗後之君子。淳熙戊申七月，濡須王藺書。

三、宛委別藏影宋巾箱本孔叢子注七卷阮元提要

舊本題曰孔鮒撰，宋宋咸注。咸字貫之，建陽人，天聖二年進士，仕至都官郎中，詳何喬遠閩書。是編依宋巾箱本影鈔，與晁公武郡齋讀書志、陳振孫直齋書録解題卷帙相合。以世所傳三傳（庶按：此「傳」字涉上「傳」字而訛，當爲「卷」字）之本校之，夐然不同。如小爾雅廣言，俗刻作「俘罰也」，此作「浮罰也」。禮記投壺「若是者浮」正義所引，可據也。咸注亦典核簡潔，卷首載自序並進書表。王伯厚玉海稱咸上所注揚子、孔叢子，賜三品服。今所注揚子更不可得矣。（庶按：此提要後收入四庫未收書目題要及揅經室集外集卷二）

四、明萬曆年程榮刊漢魏叢書孔叢子三卷本李濂序

大梁李濂氏曰：「孔叢子七卷，爲篇二十有三，世傳漢孔鮒撰。鮒字子魚，一名甲，魏相子順之子也。秦并六國，召鮒爲魯國文通君，拜少傅。始皇三十四年，丞相斯議令燔書。鮒懼遺典之滅亡也，方來之無徵也，違令之禍烈也，乃與其弟子襄歸，藏書壁中，隱居嵩山之陽。無何，陳涉起爲楚王，聘鮒爲

博士。鮒以目疾辭，退而著是書。乃蒐輯仲尼而下，子思伋、子上帛、子高穿、子順慎之言行，列爲六卷。至漢孝武朝，太常孔臧又以所著賦與書謂之連叢上下篇，合爲一卷，附焉，曰孔叢子云，蓋言有善而叢聚之也。嘉祐中，宋咸嘗爲之註矣。嗚呼！是書也果鮒之手筆否耶？按：漢志無孔叢子，而儒家有孔臧十篇，雜家有孔甲盤盂二十六篇。宋晁氏謂孔叢子疑即漢志所謂孔甲盤盂者也，然考顔監註云『甲，黄帝史。或曰夏帝孔甲』，疑皆非。又史稱田蚡學盤盂書，註亦云『黄帝史』，謂鮒著盤盂，豈徵信哉？朱子云：『其文軟弱，不類西京，多似東漢人語。』愚謂或子豐、季彦輩集先世遺文而成之，故其書東京始行。謂爲盤盂書，則不可知，其自孔子則無疑也，故彙（庶按：「故彙」，鍾惺本此序作「乃去孔臧所贅」）而刻之。丁丑夏日志。」

五、明崇禎六年刻孔叢子三卷本孔胤植重刻孔叢子序、孔尚達孔叢子後序

昔先聖嘗曰「述而不作」，庸曰「祖述堯、舜」，述固未易言也。漢太傅孔叢子，聖祖九世孫也。余纘承祀統，且衍而至六十五代矣。聖祖以大成之聖，生未造之周，其綏來動和之化不得見於當時，而詩、書、禮、樂之教猶得垂於後世，誠以及門三千士述於一堂，而奕世之子若孫，自能述於無窮也。堯之後有丹朱，舜之後有商均，前有大美，恒慮後之無傳。余不能理至作經、氣至作子，而守義明道，不至湮前人之遺跡，幸矣！余考叢子著述，峨峨乎高者躪九峯，津津乎深瀾之泖，斐然成一家言，莫不守家法而垂

道脉。余纘其統而不克廣其集，不幾貽譏於蠹魚耶？用是爰進梓人。公之後世述叢子□（庶按：「子」下一字模糊，疑爲「逮」字）聖祖不作之訓，於吾孔氏家傳，庶無墜云爾。崇禎癸酉重陽，太子太傅襲封衍聖公裔孫孔胤植撰。

予生聖人之鄉，爲哲人之後。時得校閲漢、唐碑記，披覽故府藏書，見古今之作者如林，彬彬代起，未嘗不掩卷而嘆予陋也。當弱冠，從先君宦遊，北歷燕、趙，南抵吴、越間。嘗飛一葉攀於尋訪博雅之侶，索未見之書，獲覩孔叢子一卷，乃吾家故物也，始覺闕里靈氣甲天下，藏書亦甲天下也。予祖廟中有奎文閣，即聖祖藏書處。代變人殊，半飽蠹魚之腹，半盡兵火之焰。千百什一之藏，不外吾大宗故府中矣。予每於晨窻静宵時，檢點殘編，收羅斷簡，特以操筆有志，刊木無力。幸際博雅如宗主，百廢俱興，於聖門典籍猶加意焉。一日詔予曰：「家乘告竣，九世祖叢子一書，不可不急爲訂証也。」予遂得專事青黄，校閲成集。因思族中甲第聯翩，俱爲名手，但持節廟廊，而無暇從事鉛槧，予何敢當斯任也？雖然士各有志，不可謂曉藜夕月中，絶無漢官威儀也。昔叢子治則行道，亂則卷懷，其曉曾尹（庶按：當作「尹曾」）者，一求志達道之家法也。脩人和以應天祥，恃吾之不可攻，其諫陳涉者，一持危扶傾之祖訓也。至於三辭不就，五聘後行，鄭重其出處者，又難進易退之宗傳也。予不能效樂天白沙，以布衣執詞壇牛耳，竟得藉宗主之盛舉，遂予四十年之夙志。廻思燕、吴風氣，果不能與闕里片席争甲乙也。至於叢子就録，自有大宗主裁，予安能從旁贊一詞也。闕里裔孫孔尚達書於僊源之餘芳亭。

六、明刻孔叢子七卷本潘承弼跋

孔叢子以宋咸注七卷本爲善，宋槧原本不可見。舊傳阮文達藏有宋刊巾箱一本，據孝慈堂目係安正堂所刊。吾家滂喜齋有元刊宋咸注七卷一本，前後皆有咸序，每半葉十二行，行大二十三四字，小二十七八字不等，後有嘉祐八年吕逢刊書序，宋諱遇「敬」、「儆」字缺筆，蓋季滄葦書目所著録者。余曾取校俗本，多所是正。此明本七卷，前後所録序、跋與元本同。稱宋咸注本，而實無注文，遇宋諱亦不缺筆，每半葉八行，行十七字，白口，版心記「前」、「後」等字。按四庫所收爲三卷本，明刊自緜眇閣以下，咸不足取，此本當居諸刻之上。以視舊藏元槧則遜而居乙矣。然兩本互有佳處，實爲雙璧也。余別藏鄉先輩葉緣督先生手校一本，羅列各本異同，允稱精核。經亂，未知存佚，爲可惜矣！戊寅五月二十八日，□縣潘承弼跋於滬濱斜橋寓廬（庶按：此跋文後收入著硯樓書跋）。

七、清孔毓圻孔毓埏校刻孔叢子三卷本王韜跋

癸未仲秋下澣，天南遯叟校閲一過，大致與程榮漢魏叢書本無異，更求宋刻善本，以正其脱誤。時年五十有六，養痾春申浦上。

余藏書東瀛，刊本亦非精刻。以之讎校，約略相同。洵乎善本不易得也。乙酉仲夏之杪，遯叜識，時年五十有八（庶按：以上記於小爾雅文下）。

此書有宋宋咸注者，未之見也。咸書凡分七卷，其二十三篇之序，仍如其舊。前有咸序及嘉祐三年進書表、四年謝賜金紫表及有後序，爲泰興季滄葦家藏，今已入天府，人間不得寓目矣。余所藏此本，猶是明刻，特尚有訛字，不獲善本爲之一讎校也。光緒乙酉仲夏小暑後一日天南遯叟識，時年五十有八。

按：晁公武郡齋讀書志、陳振孫直齋書録解題皆載有宋咸注七卷，然則其佚當在宋以後矣。近爲阮文達公所訪得，載入四庫未收書目中，言咸注典核簡潔，並唯有揚子云此□注，今此注幸存，而揚子注竟不可得矣。每嘗以兩本參校。光緒甲午端午後三日天南遯叜，時年六十有七（庶按：以上記於李濂序下）。

八、清光緒元年湖北崇文書局刻百子全書孔叢子二卷本章鈺跋

孔叢子宋咸注七卷，宋巾箱本，孝慈堂書目云係安正堂刊本。鐵琴銅劍樓著録一本，則云明人翻梓，有「程以進閲」一行。正盦（庶按：鄧正盦）從姜伯藝遺書得一本，雖無「程閲」一行，亦無安正刊的

據，且通部不避宋諱一字。王蓮生題爲嘉祐本，未知何故？無注者皆三卷，鄂刻不知何出？既删連叢，棄小爾雅，無之（庶按：「之」當作「知」），可謂惡札。既借正盦本校讀正文，復按行格補録所缺目，記於恭端。甲寅三月後七日長洲章鈺，時寓析津。

天禄琳瑯有元刊本，有嘉祐四年謝賜紫金表及後序，並「茶陵桂山書院校正版行」墨記，不言爲巾箱本，是宋本外尚有元本也。明萬曆五年刊子彙本篇次蓋同宋注七卷本，復校一遍，與注本同者以「〇」識之。四月三十日。

廿遯又得明七卷無注本，三校之後，補脱訂誤不志。凡几所見各本，以此爲最佳。每半葉八行，行十八字，中縫四卷前有「前」字，四卷後有「後」字（無注。連序、表還得八十六葉，連釋文與跋，還得十葉）。無注而有宋進表及注序，末附釋文一卷，爲各本所無。又淳熙王藺跋云亦罕見，惟連叢上約脱二百八十餘字，爲一大疵。五月二十九日夏至節校畢記（王文敏批注邵佳西目有此本，廿遯所得□，即王本也。）

此志（庶按：指李濂序）明本有之，首云孔叢子七卷，爲篇二十有三，又云嘉祐中宋咸嘗爲之注，是明本雖删宋氏注，并七卷爲三卷，尚未大害。於理鄂刻不知何據，脱出詰墨爲外篇，又删去小爾雅、連叢，且舉李濂原文删改，以掩其語妄之跡。前人每云明人刻書而書亡，豈知數百年後，有更謬於明人者，可怪□甚！

九、海昌陳錫麒重刊宋巾箱本孔叢子七卷跋

世傳孔叢子三卷，此七卷並連叢子，宋槧本也。庚申避亂，流離播遷，篋中僅攜此書。每謂家人曰：汝曹與此俱脱於戹也。嚮見硤山蔣生沐廣文别下齋藏有七卷本，紙墨少遜。廣文言是儀徵阮相國藏本。又聞南潯蔣氏、上海郁氏亦有此本。兵燹之後，三家本不識有存焉否？茲仿巾箱式重刊，原書乃棄篋。衍其第五卷第四葉，原闕亦乃其舊云。海昌陳錫麒襄夔甫跋。

一〇、清海昌陳錫麒重刊宋巾箱本孔叢子注七卷李鴻章序

孔叢子一書，隋書經籍志始著録陳勝博士孔鮒撰，晁公武因漢志無孔叢子，欲以儒家孔臧十篇當之，又牽合附會，以爲即孔甲盤盂書，李燫、王謨紛紛辨詰。考書中記鮒之歿，固不得爲鮒書，又有紀延平、延光中事，又安得謂爲孝武時之孔臧書也？陳振孫以爲孔氏子孫記其先世系言行之書，蓋近之矣。考詰墨篇以孔子卒時證白公作亂之事，斥墨子爲虛造，而雜訓篇記子思從夫子於郯之語，以年考之，亦

不合，不幾郵而效之乎！其書王霸雜用，如「欲以無用之貨溺人之國」，固疑非聖人之言，至「欲割地賂秦以爲嫪毐功」，則雖縱横之士，亦羞舉其説，謂此孔氏之徒而計出於此，恐不然也。在隋以前，惟水經注泗水篇引孔叢之文，其文亦與全書不類，他書未有援引者。朱子謂孔叢文氣不似西漢，予則謂多魏晉以後人語，如僞孔傳、僞家語之類。然古昔嘉言至論，亦徒存於其中，故司馬光作通鑑，楊簡作先聖大諷，多采取之。又中有小爾雅一書，猶弟子職之存於管子，亦考古者所不廢。隋志作七卷，晁、陳志、録及文獻通考所記並同。明鍾惺去連叢子及詰墨、小爾雅，并爲四卷，不知何人并爲三卷？何氏叢書復并爲上下二編。足本之傳於世者甚寡，嘉祐中，宋咸注成，表進本猶不易遘。錢尊王得空居閣臧本，尚是從元人所鈔重録者。陳君襄夔廼得宋槧本而什襲之，近復重雕，以廣其傳。予嘗謂宋槧古書日久亡佚，獨賴好古之士珍護而栞播之，是亦守先待後之一端。因嘉襄夔之舉而爲之序。光緒元年龍集乙亥孟春之月，合肥李鴻章。

一一、日本寬政七年冢田虎孔叢子注十卷展親跋

書曰：「無偏無陂，遵王之義。」其學先王者，寧可忘之乎？苟言之有可以徵諸聖經，則不以人廢言，唯義之與比，而不可懷偏頗於彼我也。自古至今，名儒碩學勃興於時，飛辯馳言，雖互張門，其所建設，不過臆斷。考諸經傳，則多有紕繆，未見以爲至公之説，各陷其見與習，而亦不能出於偏頗，實是古

今之公患而通者之通蔽也。學之不明，職此之由。我大峯先生嘗有慨焉。耿思聖典，好古之篤，片言集語，壹是斷諸古言而莫所敢私，其所論著固歸至公。吾儕小人，每陪下風，受教之際，使目見未見，耳聞未聞，不啻發蒙，將使後進不沿漢魏以降，而直遡闕里正風，豈不愉快！今茲孔叢子之注成矣，令展親校焉。展親豈敢當焉乎？然又不獲命，則音之遺闕，字之訛舛，義之疑似，敢敬而校其一二，若於注文天地乎補焉，乃揭之標。考業既畢而嘆曰：於乎，有是哉！聖人之降，上昉於周末，下至東漢，統宗不斬，世世繼業，不墜其聲。於其烈操，實可尊信也。且如論書、記義二篇，方講經籍古訓可徵者，不亦鮮矣。其它諸篇古言遺事，裨益於學者，大非諸子之比也，如之何其廢之？而自朱之言一出，學者唾棄而不省，何寃也？偏頗之蔽，悲夫！我先生之注此書，誠有由也。夫此注出後，學者左旋右抽，有所折衷，則豁然有所得焉。及附剞劂氏也，先生使余殿焉，不敢揣妄庸附驥於後云。寬政乙卯季秋，岩名展親謹撰。

一二、明隆慶元年刻沈津輯百家類纂本孔叢子題辭

大梁李濂氏曰：「孔叢子七卷，爲篇二十有三，世傳漢孔鮒撰。鮒字子魚，一名甲，魏相順之子也。秦并六國，召鮒爲魯國文通君，拜少傅。始皇三十四年，丞相斯議令燔書。鮒懼遺典之滅亡也，方來之無徵也，違令之禍烈也，乃與其弟子襄歸，藏書壁中，隱居嵩山之陽。無何，陳涉起爲楚王，聘鮒爲博士。

鮒以目疾辭，退而著是書。乃蒐輯仲尼而下，子思伋、子上帛、子高穿、子順慎之言行，列爲六卷。至漢孝武朝，太常孔臧又以所著賦與書，謂之連叢上下篇，合爲一卷附焉，曰孔叢子云，蓋言有善而叢聚之也。嘉祐中，宋咸嘗爲之注之矣。嗚呼！是書也果鮒之手筆否耶？按：漢書藝文志無孔叢子，而儒家有孔臧十篇，雜家有孔甲盤盂二十六篇。宋晁氏謂孔叢子即漢志所載孔甲盤盂者也。夷考顏師古注謂甲爲黄帝史，或曰夏孔甲，姓名偶同，世代異矣。顧可以鮒爲著盤盂者哉？晦菴朱氏嘗謂『是書文氣緩弱，不類西京』。」本朝潛溪宋氏亦有辨説，疑即注者宋咸所作，要皆有特見者。然則纂之奈何？曰七卷之中，皆推尊孔氏，緒論雅正，儒者尚焉，固不可不纂而傳之也。孔叢子題辭畢。

一三、清莫栻小爾雅廣注陳景鐘序

箋注訓詁之學，爾雅實權輿也。孔叢子復爲小爾雅，盖所以□爾雅之未盡者耳。迨後廣雅、埤雅、通雅、博雅諸書接跡而起，愈推愈博，愈引愈伸，亦可見古今道理之在天地，紬繹之無盡藏也。輓世綴學之士亦少，别風淮雨，不識所沿，梠酒欓犂，莫窮其出，遺譏大雅，見笑方家，所不免矣。余鑽故紙堆號三十年，苦宅無暘，書考訂不廣，終不敢於古人未注者闡明推廣，爲後學一導先路，蓋亦有志未逮耳。吾友右張莫子，胸羅最富，與之言，温温不克，而於古今事物，鉤深索隱，則不憚窮日之力以追之，必使無剌義，□□□□□□□□□□□□子當爲我注之，庶牽迷附會，足以張吾軍而助之談也。甲寅秋，余卧病苫上，右張寄我小爾雅廣注一册，屬余題其首。蓋是書在前漢藝文志已録之，内有宋咸注，實寥寥數筆，不能盡字義之半。右張取而廣之，故謂之「廣注」。閲之，幽隱畢著，凡疑處，皆曠若發矇，其津梁後學，固不爲小。然余猶有惜者，此書原本甚少，每讀之，階前梧影未移，而卷已告罄。右張窮搜博討，萬不能於本文外更增支節，故於胸中所有，十亦未吐其一二也。願右張更從事於廣雅諸書，於前人未注者注之，注而未廣者廣之，足以盡吐胸中之奇，以貽駿惠於學圃，豈非生平一快事乎！則此注可當嚆失（庶按：「失」當爲「矢」之譌）耳。若余貧病交攻，未學者既不克悉心進取而已。學者且日就荒落，欲效右張廣小爾雅注尚不能也，敢期其大者、遠者乎？書竟，不勝浩嘆者終日。雍正歲次閼逢攝提格日在斗月，同學弟陳景鐘拜題於苕溪之□思閣。

一四、清葛其仁小爾雅疏證阮元敘

直齋書録解題，小爾雅三卷，漢志有此書，亦不著名氏。唐志有李軌解一卷。今館閣書目云：「孔鮒撰，即孔叢子第十一篇也，曰廣詁、廣言、廣訓、廣義、廣名、廣服、廣器、廣物、廣鳥、廣獸凡十章，又廣度、量、衡爲十三章。當時好事者鈔出别行。」又李濂孔叢序：「嘉祐中，宋咸嘗爲之注矣。」李軌之書，自宋南渡後即不傳，宋咸所注甚簡略。吴師道國策補注所引有出今本外者，則其爲後人删節久矣！攷漢志，其書入於孝經家，而不從小學之列，可知其來已古。曩元編輯經籍籑詁，亦曾採及其書，頗以無箋疏本爲歉。今致仕歸，竊見葛君鍈生所著疏證四卷，並其友婿王君研雲所掇叔之佚文一卷附疏篇末，共五卷，廣徵博引，粲然畢具。近年吴門宋氏有訓纂五卷，離析廣服、廣器爲卷四，廣物以下爲卷五，與此小異。後坿佚文僅數條，未經箋釋，且間與正文重出，不逮此書之詳備精審。葛君爲吾郡邵子顯學師，受業姊聟。學師以是書索敘，因書此以應。道光二十年春，揚州節性齋老人阮元序，時年七十有七。

一五、清胡世琦小爾雅義證朱琦序

余友胡君玉樵太史之治小爾雅，尚在未第以前。後同族墨莊觀察復爲之。二君撰著時，一在都，一在里，兩不相謀。君於廣詁篇引墨莊語，特偶札商，實未先見其書，乃並署名義證，亦通符所謂「閉門造車，出門合轍」者也。迨墨莊書刊行，而君書猶藏巾篋。旋謝世。子半修，爲人忠信厚重，敦品勤學，不事舉業，工行楷，善琴，好吟詠，詩秀雅可愛。今欲將此書付剞劂，持至蘇，屬加審定，恐人疑與墨莊書複疊。不知理之所在，解人略同。近者，我鄉戴東原校水經注，而浙人趙東潛往往有合，段茂堂大令謂「二公皆非襲人書」者，君與墨莊何以異是？頃又得長洲宋于廷學博小爾雅訓纂，聞學博成書遠在黔中，二君猶未識。余乃比而觀焉，大抵各有推闡，亦各有疏密。

宋君凡字體多準説文，最確當。但廣詁「履，具也」，履不得訓「具」，當爲「展」。「諝，治也」，諝蓋「詁」之誤字。「皆，因也」，皆蓋「階」之壞字。廣言「衍、演、廣，遠也」，「遠」當爲衍字。「嗟，發聲也」，文選西都賦注引小爾雅「羌，發聲也」，則「嗟」下脱「羌」字。「越，遠也」，一切經音義引小爾雅「碩，遠也」，則「越」下脱「碩」字。廣器「坰，地也」，據説文「坰」作「冂」，象遠界也，魯頌毛傳「坰，遠野也」，則「地」上當脱「遠」字。廣物秉筥之數，君依韻會所引，於「筥十曰稯」下尚有「稯十曰秅」。廣獸「雞雉之乳謂之窠」，陸佃埤雅所引尚有「兔之所息謂之窟，鹿之所息謂之場」，而宋君皆未及。廣言「慭，强也」，宋君與墨莊據詩十月釋文引爾雅「慭，且也」。今爾雅無此文，當即小爾雅，而君亦未及也。廣器「射有張布謂之侯」，詩賓之初筵釋文據王肅引小爾雅「射張皮謂之侯」，君與墨莊仍從作「布」之本。墨莊引説文：「侯，從人從厂，象張布。」鄉射禮「乃張侯」，注：「侯，謂所射布也。」君引周禮司裘注：「虎侯、熊侯、豹侯、麋侯，以皮飾其側謂侯。上下俱用布，惟兩旁飾以皮，雖謂之皮侯，猶張布也。」據此知大射、賓射、燕射、鄉射之侯，無不以布者。余謂言布可以該皮，言皮不可以該布。宋君依王肅作「皮」，轉以作「布」爲誤，恐未然。廣量「藪二有半謂之缶。缶二謂之鍾。鍾二謂之秉」，君與墨莊謂「藪二」下「有半」二字當在「鍾二」下，蓋衍於前而脱於後。若如今本，則缶爲四斛，鍾爲八斛，正左傳所稱「陳氏三量，皆登一焉，鍾乃大矣」者，不應與上文豆、區、釜、藪之量忽生異數。「鍾二爲秉」，又與聘禮記「秉，十六斛」之數不合，且太平御覽引小爾雅作「藪二謂之缶。缶二謂之鍾。鍾二有半謂之秉」，確鑿可證。宋君仍今本之誤，謂「自陳氏改量，周、秦之際大率以八斛爲鍾，小爾雅出其後，故亦云爾」，意爲之説，殆非也。

至君之説，有與墨莊相出入者。廣詁「掠，取也」，墨莊引説文：「掠，奪取也。」此字乃新附，非許氏之舊，不得克據爲説文。君謂「掠」字説文所無，「掠」即「倞」之别體，説文「倞，彊也」，倞取猶今言彊取，古聲同也。「撫，拾也」，墨莊引説文徐鍇本云：「撫，安也。一曰揗也。」君謂此繫傳語，而玉篇、廣韻、集韻引説文，俱無下四字，不得爲許氏本文。别引廣雅：「撫，持也。」持、拾一聲之轉，持猶拾也。二義皆勝。「經，過也」，墨莊既如字釋之，而於補遺别出「淫」字。君於宋君謂「經，當作『淫』」。君據文選上林賦注、宋君據七發注，並引作「淫，過也」，則作「淫」是矣。余謂「淫」字或爲「經」下之脱文，而君言淫與涇、徑通。所引釋名及楚辭招魂注、淮南覽冥訓注皆涇、徑與「經」同聲可通，未嘗言與「淫」通也。廣言「麗、著，思也」，墨莊據劉逵吴都賦注引爾雅「麗，附也」，今爾雅無此文，疑是引小爾雅。今本「思」字蓋「附」之訛，説近是。君則以麗與「離」、「羅」通。詩四月及小弁傳，離、羅皆云憂也。爾雅「憂，思也」，禮記祭義「致愛則存，致慤則著」，鄭注：「存、著謂其思念也。」則思不爲誤字。較之宋君但空言「心有附著然後思，故麗、著並有思義」者，更爲有據。「映，曬也」，墨莊引文選王仲宣詩注「暎猶照也」，梁元帝纂要「日在午曰亭，在未曰映」，義固通，但説文無暎、映字。宋君謂「映當作『央』」。詩出車傳：「央央，鮮明也。」説文：「瑛，玉光。」或借瑛爲「映」，未免迂曲，不如君讀映爲「暘」，聲近通用。説文「暘，日出也」，繫傳云：「暘，日曝之也。」玉篇：「暘，日乾物也。」於曝、曬義爲愜。廣訓「雜采曰繪」，據文選吴都賦、射雉賦、江賦李善注並引小爾雅：「雜采曰綷。」墨莊未改「繪」字，而釋義爲

「綷」。宋君以作「繪」爲是。余謂説文「繪，五彩繡也」亦通。然「綷」與「雜」義猶相近，且選注所引可証，不如君之直作「綷」。綷，説文作「䊚」，「從黹，綷省聲」。則「綷」固非俗字也。而君又有獨得者。廣器「車轅上者謂之轙」，據方言，車轊爲轙。轊者，車軸端也，即史記田單傳之「鐵籠」，籠與「轙」通。此云「轅上」，墨莊以爲未詳，宋君欲改作「車軸耑」，君則引説文：「籠，笭也。」「笭，車笭也。」笭一作「軨」。説文：「軨，車轖間横木也。」車轖横木謂之笭，亦謂之籠。又援釋名及小戎傳、箋，而知蔭笭之陰垂轅上，則笭亦在轅上。笭既爲籠，即可作「轙」，猶車軸頭爲轙，亦作「籠」也。名同而實異，爲二君所不逮。余謂此如「軹」本轂末之名，而軸末亦名「軹」；「軌」本車轍之名，而軎亦名「軌」，斯通論，非强傅也。「較謂之幹」，三家各出一議。宋君據爾雅「較，直也」，幹亦取直意，是釋詁不是釋器，未明較爲何物。又因較言直，與説文「曲鉤」語背，遂謂「較」與「重較」斷爲二事，疑非。墨莊以幹本井闌之名。漢書成帝紀注：「較獵者，大爲闌較。」是井闌謂之幹，禽獸之闌謂之較，故車闌謂之較，亦謂之幹也，已善圓其義。君既疑如井闌，而又謂幹之名，絶無所據，當與「軒」字相涉而譌。説文：「軒，曲輈轓車也。」較，説文謂之「𨋩」，應劭云：「車轓爲𨋩。」左氏閔二年傳服注：「車有轓曰軒。」故較亦可謂之軒，此義就車論車，尤新而不詭。廣鳥之「陽鳥」，舊本作「鳩雁」是也。「鳩」似「鴻」之誤，鴻雁爲陽鳥，人皆知之；而鳩亦得謂陽鳥，人多未知。墨莊與宋君直作「鴻雁」，並不云或作「鳩」。君獨援魏志管寧傳「戴鵀，陽鳥也」，戴鵀，即布穀，亦謂之鳲鳩。又引列子天瑞篇，而知鳩之化生，視乎陽之消長，遂以鳩雁兼言，雖創而實確。

且君於一字之義分爲二。如廣詁「幾、察（庶按：「察」當爲「蔡」之筆誤）、模、臬，法也」，宋君未釋「模」字。君謂模之爲法，乃效法之法，非刑法之法。墨莊則引廣雅「摹，刑也」，刑與法同，摹即模。余謂爾雅「範，法也」，一切經音義引通俗文「規模曰範」，是範與模同，又通作「范」，荀子强國篇「刑范正」，楊倞注：「范，法也。刑范，鑄劍規模之器也。」蓋刑罰所以範民於法度，故儀型、典型之型，祇作「刑」，則「效法」與「刑法」義正相成。他若「疆，界也」，又「竟也」。君謂「界」與「竟」義同。前取邊竟之義，後乃取究竟之義，義亦相成。過有二義，一爲過失之過，一爲過從之過。則前言「經」與「淫」俱訓過者，可通矣。間之爲隙，有空隙之隙，有嫌隙之隙。廣言「廢、措，置也」，置有二義，有置立之置，有置棄之置。廢、措義亦從之。余謂爾雅「台、朕、賚、畀、卜、陽，予也」，予既訓我，又爲賜與，故台、朕、陽爲予我之予，賚、畀、卜爲賜予之予，正相類。墨莊與宋君皆未剖析至是也。

其中稍可商者，惟廣言「涼，薄也」，墨莊據説文旡部引爾雅「琼，薄也」。今爾雅無此文，許所引當即漢書藝文志孝經家之小爾雅。蓋古本作「琼」，後人改爲「涼」。此與宋君略同，而君未及，似宜補。「俘，罰也」，君與墨莊並云罰與「伐」通。史記律書：「北至於罰。罰者，言萬物氣奪可罰也。」一切經音義引國語賈注：「伐國取人曰俘。」故俘可訓罰。但其義頗費斡旋。宋君據禮記投壺「若是者浮」注引晏子春秋曰：「酌者奉觴而進曰：『君今浮晏子。』時以罰梁邱據。」正義引小爾雅：「浮，罰也。」

則俘當作「浮」。此爲的據。墨莊亦疑今本脱「浮」字，而君專釋「俘」，未免於偏。廣名「殔坎」，墨莊謂之池。墨莊與宋君據檀弓「曾子弔於負夏，主人既祖填池，推柩而反之」，鄭注雖破「填池」爲「奠徹」，而釋文云：「盧、王並如字讀。」是知殔池爲埋棺之坎，將殯則掘殔，遷柩則填池也。君則謂喪禮之坎有二：有埋棺之坎，有棄餘潘水之坎。士喪禮「甸人掘坎於階間，少西」，又云「渜濯棄於坎」，喪大記「浴餘水棄於坎」，此棄餘潘水之坎，池必有水，棄餘水方與池合。立義亦甚精。余謂士喪禮「掘肂見衽」，注云：「肂，埋棺之坎也。」本文明言「肂坎」，必如君説「肂」字爲衍文而後可，苦無證據。竊意殔坎之名池，亦如柳車之池，但取象承霤而已，似不必泥於有水否。則盧、王讀「填池」將何解？且何以推柩而反之耶？況連上文「埋柩謂之殔。殔坎謂之池」，無緣轉遺埋棺之坎，而獨舉棄餘水之坎。君或填池用鄭義，不取盧、王，特余未敢遽以爲定論耳。廣服「襜褕謂之童容」，據説文、玉篇，皆云「襜褕，直裾」，故釋名謂取其宏裕，而漢書何並傳顏注獨言「曲裾」，墨莊議其非，宋君以「曲」爲誤字。君引任氏大椿深衣釋例，謂襜褕，曲裾，即深衣。鄭注所云鉤邊，若今曲裾者也。余謂任意蓋以襜褕之曲裾者乃爲深衣，非襜褕亦曲裾也。顏師古於武安侯傳、雋不疑傳皆云：「襜褕，直裾。」不應何並傳忽異。君謂襜褕爲襌衣，與深衣同。直裾、曲裾義各有取，似襜褕亦有曲裾矣！頗覺未晰。廣量「一手之盛謂之溢，兩手謂之匊，匊四謂之豆」，據考工記陶人疏引小爾雅：「匊，二升。二匊爲豆。」宋君以一手兩手爲一升兩升之誤。其以匊四爲匊二，三家皆同。余謂一手之盛，謂一手所盛之米若干也，若作一升，祇當言一升謂之溢，贅「之盛」二字，殊不辭。匊從手取義，説文：「在手曰匊。」詩椒聊、采緑傳並云：「兩手曰匊。」升安得以匊言？故改手爲升，斷不可通。不解墨莊何以亦疑之。至言匊二升者，蓋從喪服傳鄭注。溢一升，則四升爲豆，自當爲匊二。然儀禮釋文引王肅、劉逵、袁準、孔倫、葛洪皆云：「滿手曰溢。」滿手得半升，故舊注匊爲一升。君與墨莊並謂此與鄭意異，即無庸傅合。君言陶人疏以意爲詞，則不盡足據。竊意小爾雅前從鄭，何必定與鄭無二義？匊既爲一升，正宜匊四謂之豆，似今本非誤。御覽所引固如是，墨莊亦云然，而君作「匊二」，又不識何以獨别茲數者？惜無由起君而質之也。

雖然，君書有洪稺存以爲精審，段君亦云校之博，考之精。兩公號通儒，必非無見。然則據義詮訓，同者不須求異，異者不應苟同，豈墨莊與宋君之書所得而揜哉！余故爲參互錯綜而箸於篇若此。此與阮芸臺相國校勘記差似，而半修來意在製序，因示之曰：「即此當序其可乎？」曰：「可。」遂以弁其端。

時道光十有八年，太歲在著雍、閹茂之元月，里人朱琦譔於吴門紫陽書院。

校注諸家序跋

一、宋宋咸孔叢子注序、後序、進孔叢子表

提點廣南西路諸州軍刑獄公事兼本路勸農事朝散郎守尚書屯田郎中上輕車都尉賜緋魚袋借紫臣宋咸撰

孔叢子者，乃孔子八世孫鮒，字子魚，仕陳勝爲博士，以言不見用，託目疾而退，論集先君仲尼、子思、子上、子高、子順之言及己之事，凡二十一篇，爲六卷，名之曰孔叢子，蓋言有善而叢聚之也。至漢孝武朝，太常孔臧又以其所爲賦與書謂之連叢上下篇爲一卷，附之於末。然士大夫號藏書者所得本，皆豕亥魚魯，不堪其讀。臣凡百購求，以損益補竄，近始完集。然有語或淺固（庶按：「固」，清抄本標記毛斧季藏宋本作「罔」，疑作「罔」是），弗極於道，疑後人增益，乃悉誅去。義例繁猥，隨亦删定。因念彼鬼谷、尉繚、庚桑、靈真浮夸汪洋之説，尚且命氏於世，矧是書（庶按：原本「是」下無「書」字，據宛委别藏本、葉氏藏本、蔡宗堯本、周叔弢藏本、陳李靄如藏本、指海本、陳錫麒本、清抄本補）所載，皆先聖之言、三代之術，六藝之要在焉，非諸子之流也，又可泯而不稱耶？故敢具所以然，注而示諸學者云。嘉祐三年戊戌二月日臣咸謹序。

後序

臣咸詳孔臧續連叢子二篇，至與子琳書而止。自敍世而下，逮季彦卒，悉孔氏之後人術（庶按：「術」疑爲「述」之譌）。案：平帝元始元年封孔子後孔均爲褒成侯，追謚孔子爲褒成宣尼公。世祖建武十三年，復封均子志爲褒成侯。志卒，子損嗣。孝和永元四年，徙封褒亭侯。損卒，子曜嗣。曜卒，子完嗣。世世相傳，至獻帝初國絶。魏復封孔子二十一世孫羨爲崇聖侯，晉封二十三世孫震爲奉聖亭侯，後魏封二十七世孫乘爲崇聖大夫。太和十九年，孝文幸魯，親祠孔子廟，又改封二十八世孫珍爲崇聖侯。北齊封三十一世孫爲恭聖侯，周武帝改封鄒國公。隋文帝仍舊封鄒國公，煬帝改封爲紹聖侯。唐太宗封夫子裔孫德綸爲褒聖侯。由漢平帝至唐，子孫襲封不絶，不審何人修續之。然當在桓、靈之際歟？故獻帝時國絶，此書遂已而無續焉。

進孔叢子表

臣咸言：准中書札子以臣注孔叢子奉聖旨附遞投進者，集孔氏之遺書，方成傳釋，辱漢家之大詔，廣示甄收，退省妄庸，實深震悸。臣咸誠惶誠恐，頓首頓首。臣竊以仲尼以還，子思而後，聖嗣不絶。賢才挺生，皆道被於門人，悉教施於侯氏。古今制度，曲盡於討論，禮樂綱衡，並歸於矩矱。成書雖在，歷年滋深，蓋著非一時，故語類三家。臣咸伏念上卷蓋闕里之事業，中篇乃聖人之子孫。儻絶筆而未明，則後代而何覩？因以吏隙，輒然管窺，取諸史以究尋，用羣經而參驗，既指歸而斯得，復删定以無繁。爲注之文，廣析其理。然小臣之學古，當真主之好儒，有所述傳，豈宜隱去？遂剡其奏，用文於天，豈爲體天法道？欽文聰武，聖神孝德。皇帝陛下，惟極宜慈，未嘗自聖。雖微言而必來，在介善而無遺。遽降玉音，下從人欲。臣是敢虔効編摩之制，仰塵黈纊之明。雖姓異卯金，素非於廣學，儻恩垂乙夜，特賜於詳觀，詔近侍以刊修，許善工而摹鏤，參汲冢之蠹簡，大行於時，庶鄒人之緒言不墜於地，則非孤獨生之有遇，抑亦素教之增輝，永期大忠，仰酧鴻造。臣無任干天冒聖激切屏營之至。所注孔叢子七卷，謹寫成五册，附遞投進以聞，伏候勑旨。嘉祐三年十二月十日，廣南西路諸軍州水陸計轉運（庶按：「轉運」，周叔弢藏本作「運轉」）使兼本路勸農使朝散大夫尚書度支郎中上輕車都尉賜紫金魚袋臣宋咸上表（庶按：宋嘉祐本無宋咸進孔叢子表，此表乃據葉氏藏本補入）。

二、清姜兆錫孔叢正義序

左孔叢五卷，凡十九篇，總一百五十七章。舊謂聖裔子魚鮒所著，而朱子以謂文筆軟弱，不類西京。大梁李嫌志，蓋疑子豐、季彦之徒，集其先世遺文所成也，其言近之矣。又按舊云「鮒著是書，搜輯仲尼而下，子思伋、子上白、子高穿、子順慎之言行，列爲六卷」，今考是書，子上之言行初不詳，但記子思言行卷内有子上問子思一條、子思自謂子上二條，及子思以書問子上一條而已。至卷末，又有子魚鮒諸篇章，則仲尼暨子思、子高、子順、子魚，五世當爲五卷，而序乃次子上而不及鮒。又云列爲六卷，其編目則又混分而爲四卷，蓋皆誤也。故今正之如左。嗚呼！自至聖往而微言絶，七十子散而大義乖，漢以後學者，多不知聖人之遺緒，而凡所爲惑世誣民、充塞仁義者，其言蓋紛如矣。而是書與二十一世孫猛所藏家語一書，先後出於當時，使五經、四子之外，學者復得先聖遺文流韻之所存，而並其裔孫之一言一動亦可考焉。於是嘆聖人之澤源遠流長，而天下後世所並資爲扶世翼經之一助也，豈不幸哉！豈不幸哉！抑又考是書，凡格言正論，固皆開卷瞭如，而其中詞累於理者，間亦有之。儻亦所謂時異世殊，而所聞異詞、所傳聞又異詞者，非耶？錫不揣固陋，按卷循章，比詞考義，其間艱深者疏之使明，踳駁者裁之使正，匪敢妄參臆見。蓋是非一衷諸聖人，而使至道之曲暢旁通於後世也。至所論經傳事詞，或有彼此錯見而無害於道者，則一以斷章之義存之，而不敢輕爲駁辯。若其裔孫事蹟，有與先聖之行不相符者，則至聖之道，初非大賢以下所得幾，而世道之升降，又或牽於俗而未盡脱然也，故謹參其文，而並附識鄙意，以明崇聖闡道之義云。雍正二年甲辰孟夏丹陽姜兆錫題於鶴溪書屋。

三、日本寬政七年信濃冢田虎注孔叢子序

孔氏之書，爲朱氏所擠也久矣。家語之與論語耦，猶且間之，何有於孔叢子？晦菴曰：「家語雖

記得不純，却是當時書。孔叢子是後來白撰出。」又曰：「孔叢子鄙陋之甚，理既無足取，而詞亦不足觀。」虎太疑焉。蓋此書之所編，自首篇至第十篇，記仲尼、子思遺言，而末附録小爾雅者，則是似孔氏之所舊藏焉。第十二篇以下，則其家有往往所録，而孔鮒没後其弟子之所追纂也與？而以虎觀之，自首篇至第五篇，其聖人之遺言也，則懿訓邵義，固不可以間然矣。自第六篇至第十篇，其子思之言行，亦克負荷其聖業，而與道進退，其清操高志，確乎不可拔，實有使學者興起焉者，非彼孟子輿之好辯以與時馳逐之類也。第十二篇以下，子高、子順、子魚，皆父子相承，善繼其志，善述其事。處縱横衰亂之世，而不圂於刑名之徒，不瀆於功利之俗，以磨礪聖祖德輝者，則有志之士，孰不慷慨焉邪？亦不歆羨焉邪？而晦菴視此書如土芥者，虎太疑焉。此何事而鄙陋之甚？何理而無足取？何詞而不足觀？虎太疑焉。夫愛其人也，則敬其所茇之樹；怨其人也，則憎其屋上之烏。尊信其道，而可蔑視其家之書乎哉？而朱氏之於孔子，我不審其信之奚若，彼且專説心性之理以髣髴乎佛氏者，則於孔氏世業，固所不論焉。乃欲於孔氏之書，取其所謂理者，觀其所謂詞者，豈可得焉乎？又假令此書實後來撰出，然亦必孔氏之子孫，撰於其所傳，取於其所聞，所以編輯之也。則雖非正其辭，於事無非，於義無失，乃亦所宜以爲孔氏之書也。是則子思之所以對穆公，足以喻學者矣。嗚呼！孔氏之胄，世世相承，歷危躡亂，不墜其統，逢權勢不折節，見富利不易介，率由前訓，欲以濟世，其道義之聯綿，其德澤之悠遠，我於此書，益深其信焉。於此乎作之注，而欲齒列之二語，以使後生瞻仰其緝熙，亦不得已也。孟子輿有言：「君子之澤，五世而斬。」何爲其無稽？ 聖澤之遠，其諸如斯。戰國以降，猶能修其事業，則百世不啻，將與天地不斬矣。至乎漢興，孔臧、安國與修家業，紀綱古訓，而傳之子孫。光武中興後，孔子豐及季彦，復善治古義，而不事章句，皆守其家學而不移於時變者。以連叢所記，乃亦可知也已。比之彼後儒，按驗心法，探索性理，殆陷於左道者，豈唯天壤也哉！ 而連叢子二篇，李濂氏之序，則以爲孔臧之所附焉。然其篇末記孔季彦之卒，則知季彦之子弟，輯孔臧以來遺記以連乎其家書者也矣。然則此書之出於孔氏，而敷行於世，在東漢延光後也必矣，故漢志未之載也。其此書之出焉，雖則在東漢，然此書之所編，至第十篇，則其家所舊藏焉。第十二篇以下，則是往往所附録，而將非一手之所筆焉，而傳以爲孔鮒之所撰，未之詳也。如其以此書爲所謂孔甲盤盂者，，此依孔鮒一名甲，乃疑之也已。又以連叢二篇爲孔臧之所附焉，亦失之矣。李濂氏之考，又亦不盡也。且雖曰宋宋咸嘗爲之注，今印行本，唯注世系名字之類，僅數處而已，亦不足以爲有注矣。故虎之所注，非有所因襲焉，則恐將多鹵莽，冀同志者訂之。寛政七年乙卯秋八月己未，冢田虎叔貔序。

四、清王煦小爾雅疏敘

昔者周公治定刊禮，無文咸秩，勤教弗迷，爰作爾雅三篇，辨言觀政，故訓用昭。周道既衰，哲人夢奠，百家殽亂，人自爲師。於是七十子之徒，折衷雅訓，表章聖經，以爲章句，尋復增成雅誼，推演聖涯，類附條分，雜而不越。孔鮒之作小爾雅，猶七十子志也。造秦滅學，古籍就湮。孔氏側足於愍儒之世，投命於謫戍之閒，守匱抱殘，詮言補綴，用意勤矣！觀其擇撢隱奥，抉摘菁華，誼粹以純，字典以則，誠所以衍九流之津涉，斥六藝之銓鍵也。漢初，爾雅嘗立博士，學已大行，而碩師鉅儒訓釋經典，則取資小爾雅，與爾雅同功，可知當日名雖分列，實則兼行。向、歆録、略，班氏藝文，於二書比附無閒，亦其徵也。魏、晉而下，傳爾雅者代不乏人，獨小爾雅無聞焉。東晉李宏範彙精載籍，音七經，注三蒼，復於是書爲之略解，檃括已存其大體，發揮有待於旁通。而千百載來，疏誼闕如，舛盭紛起，一卷之書，不可卒讀。煦弱冠入都，從事雅訓，采掇聞見，廿載於茲。猥以俗本流傳，脱譌滋甚，爰據善本及羣書所徵引者，讎校經文，訂正漏略，敷暢李氏之意，作爲誼疏。竊以訓詁之體，當先識古文以正其字，次審古音以定其聲，而後訓詁繼之。秦、漢以前，史書簡質，一字或數用，而正假粲然。後世文字日孳，變本加厲：原旁益水，景右沾彡，衰裹廢衣，壹壺從氣。若斯之類，不可殫論。今一準許氏説文解字，參以玉篇、廣韻諸書，辨其子母與其雅俗，所以存古文也。聲音之道，終始相生，轉展流通，厥誼斯備。自齊、梁四聲競倡，蕩析離居，殷、鄴幾作兩朝，祝、鑄竟成二國，甚至冰、鍇之徒疒、牀弗眉，旭好滋疑。今並旁徵漢讀，按定正聲，力除惉懘，所以存古音也。二雅多引詩詞，或疑專爲釋詩而作，豈知雅訓灌溉六經，浸潤百氏，雖作者代興，而旨歸一揆。今自秦、漢汔於晉、唐，凡傳注之書有關雅訓者，並從蒐輯。至於齊、魯、韓詩，賈、馬、鄭、王諸經逸注，苟誼堪取證，亦所不遺，所以存古訓也。躬逢盛朝，文教覃敷，祕府之書，頒布膠序。癸丑甲寅之季，幸得襄事宗釁，克資搜討，用廣舊聞。惟是末學膚受，得少遺多，眉目之前弗獲自覩，甚懼什襲櫝中，逾增寡陋。勉出所業，竢大雅宏達正焉！歲在上章涒灘，月在圉陽，三日。

五、清葛其仁小爾雅疏證序

自倉頡制造文字，黄帝因之以成命百物，聲音訓詁之原，肇始萌芽。厥後爾雅作於姬公，九流津涉，六藝鈐鍵，依類敷言，雜而不越，罭罭乎文章爲大備已。亞斯之代，揚雄著方言，劉熙箋釋名，張揖成廣雅，皆以羽翼雅訓，補所未及。若小爾雅，亦其一也。小爾雅者，今孔叢子第十一篇。孔叢之書，不見於漢、唐藝文志，意其爲後人僞託。而小爾雅一篇，漢志列孝經家，則其書本出先秦，固非鄉壁虚造者比。循習既久，真僞易殽。「缶二爲鍾」，則齊量之新舊不分；「四尺謂仞」，則考工之澮洫同制。其他援引，或滋傳訛，疑皆魏晉以後，俗師坿益以自申其説，如爾雅「瑟兮僩兮」之美衛武、「猗嗟名兮」之刺魯莊，非定出元聖之手，要未可以小疵而議其全體也。

聖朝崇尚儒風，經術振起，閎達俊哲之彦，靡不參稽古訓，綜究雅言。是編篇次雖約而義據宏深，傳授近古而名物條貫，則亦小學不可少之書，而通經之士必於焉取證者。不揆檮昧，爲之博採傳注，旁及羣籍，審其義趣，明其指歸。或有未寤，姑從闕如，懼穿鑿也。今世所傳之本，雜臚歧出，擇善而從，不拘一例；更有訛舛特甚，而見於他書所引據者，急爲訂正。按義類以舉隅，資聞見之一得，庶幾其有合與？友婿王君寶仁，擘覃雅故，相與商析疑誼，反覆鈎稽，良多啓悟。王君又復薈萃各本，考異同，拾墜遺，因並爲之證，坿於篇尾。至舊志所載李軌解，今不傳。宋注漏略已甚，亦不復存云。時甲戌長至後二日，嘉定葛其仁元朏甫記。

是書成二十餘年，舟車南北，恒用自隨，偶有所得，應時改定，然終未敢自信。頃因檢理篋衍，出示同學，咸從臾付梓，免出所業，就正有道，享帚之誚，知不免矣。道光己亥九月朔，其仁並記。

六、清胡承珙小爾雅義證自序

小爾雅者，爾雅之羽翼、六藝之緒餘也。漢書藝文志與爾雅並入孝經家。揚子雲、張稚讓、劉彦和之倫，皆以爾雅爲孔門所記，以釋六藝之文者，然則小爾雅猶是矣！漢儒訓詁多本爾雅，毛公傳詩、鄭仲師、馬季長注禮，亦往往有與小爾雅合者，特以不著書名，後人疑其未經援及。然如説文所引爾雅之「㾂」，則故明明在小爾雅矣！其中如「金舄」之解、「公孫」之稱、「請命」之禮、「屬婦」之名，合符詩、書，深裨經誼。沿及魏、晉，援據益彰。李軌作解，今雖不存，而所注法言「曼無邵美」，即用雅訓，是固足以名其學矣！唐以後人取爲孔叢子第十一篇，世遂以孔叢之僞而並僞之。而酈氏之注水經，李氏之注文選，陸氏之音義，孔、賈之義疏，小司馬之注史，釋元應之譯經，其所徵引，核之今本，粲然具存，此可見孔叢本多剌取古籍，而所取之小爾雅，猶係完書，未必多所竄亂也。曩見東原戴氏橫施駁難，僅有四科，予既援引古義，一一辨釋。因覆原本雅故，區別條流，又採輯經疏、選注等所引，通爲義證。略存舊帙之仿佛，間執後儒之訾議，將有涉乎此者，庶其取焉。時道光丁亥五月朔日。

七、清朱駿聲小爾雅約注序

詁訓之書，權輿爾雅。自後小爾雅、方言、釋名、廣雅賡之，而小爾雅十三章最古，亦六籍之襟帶、百世之綱維也。漢志列孝經家，隋志附於論語，皆別爲一卷，不箸譔人名氏。藝文類聚始引作孔叢，晁公武謂「孔子古文見於孔鮒書」。今館閣書目云「即孔叢子弟十一篇」，乃皆以爲子魚所作。然孔叢一書，不載前史，殆魏、晉人依託而摭取小爾雅入之，閒如「走」爲「我」、「戈」爲「句、孑、戟」之屬，或者坿益，亦難悉憭。其語詩疏、選注多所援引，或稱爾雅，或稱小雅，則省文也。爲之注者，東晉李軌解無傳，北宋宋咸注頗略。近吾鄉宋翔鳳大令、嘉定葛其仁廣文均有疏證，犁然粲然矣！余復取陶宗儀說郛、何鏜漢魏叢書及余有丁綿眇閣本、郎奎金策檻本、陳趙鵠聽塵堂本、顧元慶文房本，鉤稽異同，審慎裁補，誼會其通說，反乎約，仍録爲一卷，以資循覽焉。元和朱駿聲。

附録三

諸書著録

一、隋書卷三十二經籍志一經類論語家（影印文淵閣四庫全書本）

孔叢七卷陳勝博士孔鮒撰。

小爾雅一卷李軌略解。

二、舊唐書卷四十六經籍志經類論語家（影印文淵閣四庫全書本）

孔叢子七卷孔鮒撰。

小學類

小爾雅一卷李軌撰。

三、新唐書卷五十七藝文志經解論語類（影印文淵閣四庫全書本）

孔叢七卷。

小學類

李軌解小爾雅一卷。

四、宋史卷二百五藝文志子類（影印文淵閣四庫全書本）

孔叢子七卷漢孔鮒撰。朱熹曰僞書也。

小學類

孔鮒小爾雅一卷。

五、宋王堯臣等撰崇文總目卷五雜家類（影印文淵閣四庫全書本）

孔叢子七卷（庶按：　清錢東垣等輯釋、清錢侗補遺作「三卷」）。

又卷一小學類

小爾雅一卷。

六、宋鄭樵通志卷六三藝文略諸子類（影印文淵閣四庫全書本）

孔叢子七卷陳勝博士孔鮒撰。

孔叢子釋文一卷宋咸。

小爾雅一卷楚孔鮒撰，李軌注。

七、宋尤袤遂初堂書目儒家類（影印文淵閣四庫全書本）

孔藂子。

小學類

孔鮒小爾雅。

八、宋趙希弁續輯郡齋讀書志附志諸子類（影印文淵閣四庫全書本）

孔叢子七卷。

右孔子八世孫鮒集先君仲尼、子思、子上、子高、子順之言及己之行事，凡二十一篇，爲六卷，名之曰孔叢子，蓋言有善而叢聚之也。孔臧又以其所爲賦與書，謂之連叢上下篇，爲一卷，附之卷末。其書不見於漢、唐藝文志。嘉祐四年提點廣南西路刑獄公事兼本路勸農事朝散郎守尚書屯田郎中上輕車都尉宋咸始爲注釋以進。

又宋趙希弁郡齋讀書志後志小學類

小爾雅一卷。

孔氏古文也，見於孔鮒書。

九、宋陳振孫直齋書録解題卷九儒家類（影印文淵閣四庫全書本）

孔叢子七卷。

孔氏子孫雜記其先世系言行之書也，小爾雅一篇亦出於此。中興書目稱漢孔鮒撰，一名盤盂。

案：孔光傳，夫子八世孫鮒，魏相子順之子，爲陳涉博士，死陳下，則固不得爲漢人。而其書紀鮒之末，第七卷號連叢子者，又記太常臧而下數世，迄於延光三年季彥之卒，則又安得以爲鮒撰？案：儒林傳所載爲博士者，又曰孔甲。顔注曰：「將名鮒而字甲也。今考此書稱子魚，名鮒，陳人，或謂之子鮒，或稱孔甲。」然則顔監未嘗見此書耶？藝文志有孔甲盤盂二十六篇，本注謂黄帝史，或曰夏帝孔甲，似皆非也。其書蓋田蚡所學者，與孔鮒初不相涉也。中興書目乃曰「一名盤盂」，不知何據，豈以漢志所謂孔甲即陳王博士之孔甲邪？

一〇、宋王應麟玉海卷五十三藝文門諸子類（影印文淵閣四庫全書本）

孔叢子，一名盤盂子。

一一、宋章如愚羣書考索前集諸子百家門諸子類（影印文淵閣四庫全書本）

孔叢子陳涉博士孔鮒撰。一名盤盂，取其事雜也。又益以連叢二篇合爲二十三篇。田蚡傳曰：「學盤盂孔甲諸家書。」

一二、元馬端臨文獻通考卷二百九經籍考三十六子部儒家

孔叢子七卷。

晁氏曰：「楚孔鮒撰。鮒字子魚，孔子八世孫也，仕陳勝爲博士，以言不見用，託目疾而退。論集其先仲尼、子思、子上、子高、子順之言及己之行事，名之曰孔叢子，凡二十一篇。叢之爲言聚也。邯鄲書目云：『一名盤盂。』取事雜也。至漢，孔臧又以其所著賦與書，謂之連叢，附於卷末十一（庶按：「十一」當作「二十一」）篇。嘉祐中，宋咸爲之注。按：漢志無孔叢子而儒家有孔臧十篇，雜家有孔甲盤盂書二十六篇，其注謂孔甲，黃帝史，或曰夏帝，疑皆非。今此書一名盤盂。獨治篇又云：『鮒或稱孔甲。』連叢又出孔臧。意者孔叢子即漢志孔甲盤盂書而亡六篇，連叢即漢志孔臧書，而其子孫或續之也。」

一三、明焦竑國史經籍志卷二經類（續修四庫全書本）

孔叢子七卷孔鮒撰。　孔叢子釋文一卷宋咸。

一四、明晁瑮晁氏寶文堂書目卷上（續修四庫全書本）

孔叢子。小爾雅。

一五、明徐𤊹徐氏家藏書目卷一經部爾雅類（續修四庫全書本）

小爾雅一卷楚孔鮒撰。

又卷三子部諸子類

孔叢子三卷鮒。

一六、明高儒百川書志卷七子部儒家（續修四庫全書本）

孔叢子六卷，連叢一卷。

楚孔鮒子魚撰。孔子八世孫也。論其先世及己之行事，凡十一篇（今缺第五篇）。漢孔臧又以其所著書、賦謂之連叢，大抵記先聖之遺訓與家世有足稽者爲詳。

一七、明朱睦㮮萬卷堂書目卷三儒家（續修四庫全書本）

孔叢子七卷孔鮒。

一八、明陳第世善堂藏書目録卷上諸子百家類（續修四庫全書本）

孔叢子七卷。

一九、明祁承㸁澹生堂藏書目子部一（續修四庫全書本）

孔叢子三卷二册漢孔鮒著。

經部小學類

小爾雅一卷一册漢孔鮒撰，宋咸注。

二〇、明范欽藏清范邦甸撰天一閣書目卷三子部儒家類（續修四庫全書本）

孔叢子三卷刊本。陳勝博士孔鮒撰，裔孫孔允植校，孔尚達等有序。

二一、明錢溥秘閣書目不分卷子書（四庫全書存目叢書本）

孔叢子三。

二二、明葉盛菉竹書不分卷子雜（四庫全書存目叢書本）

孔叢子三册。

二三、明孫能傳張萱等内閣藏書目録卷二子部（續修四庫全書本）

孔叢子三册全，秦末孔鮒著。

二四、清彭元瑞等欽定天禄琳琅書目後編卷十元版子部（上海古籍出版社二〇〇七年版）

孔叢子一函，六册。

宋宋咸注。書七卷，凡二十三篇，曰嘉言，曰論書，曰記義，曰刑論，曰記問，曰雜訓，曰居衛，曰巡狩，曰公儀，曰抗志，曰小爾雅，曰公孫龍，曰儒服，曰對魏王，曰陳士義，曰論勢，曰執節，曰詰墨，曰獨治，曰問軍禮，曰答問，曰連叢子上、下。前有咸序及嘉祐三年進書表、四年謝賜金紫表，後有後序，末墨記「茶陵桂山書院校正版行」。

泰興季氏藏本。餘無考。

「季振宜藏書」朱文，卷首、卷一。「古吴錢氏家藏之寳」朱文，卷首、卷二、卷三、卷四、卷六、卷七。「章氏伯玉」白文，卷首、卷四。

二五、清錢曾錢遵王述古堂藏書目録卷第五子（續修四庫全書本）

孔叢子七卷一本，抄。

二六、清季振宜藏季滄葦藏書目（續修四庫全書本）

延令宋版書目

孔叢子七卷，二本。

宋、元雜版書子書

抄本孔叢子七卷，二本，又七本。

二七、清徐乾學昆山徐氏傳是樓書目卷三子部（續修四庫全書本）

孔叢子七卷漢孔鮒，宋咸注。七本。又一部二本。又一部七卷一本。又一部三卷一本。

二八、清丁丙藏、丁仁撰八千卷樓書目卷十子部儒家類（續修四庫全書本）

孔叢子三卷。舊本題陳勝博士孔鮒撰。漢魏叢書本，明刊本，子彙一卷本，刊二卷本，子書百種二卷本。

二九、清張之洞書目答問范希曾補正子部（上海古籍出版社一九八三年版）

孔叢子七卷。浙江新刻影宋巾箱本，漢魏叢書本三卷。儒。有依託，不盡僞。〔補〕七卷本有宋宋咸注，指海續刻本七卷，四部叢刊影印明翻宋本七卷，潮州鄭氏龍溪精舍重刻漢魏叢書本三卷。

三〇、清瞿鏞鐵琴銅劍樓藏書目録卷第十三子部一儒家類（續修四庫全書本）

孔叢子七卷，明刊本。

漢孔鮒撰。此明人翻梓宋時巾箱本，題宋咸注、程以進閲。前有咸上表及序二篇，寫刻甚精。

三一、清潘祖蔭滂喜齋藏書記卷二子部（上海古籍出版社二〇〇七年版）

元刻孔叢子七卷，一函四册。

宋咸注。前後皆有咸序。前序後接本文，無目。每半葉十二行，行大二十三四字，小二十七八九字不等，附釋文。「敬」、「儆」字缺筆。後有嘉祐八年吕逢刊書序。此元人覆刻本也。延令季氏藏書。附藏印「季振宜藏書記」。

三二、清丁丙善本書室藏書志卷十五子部（續修四庫全書本）

孔叢子三卷，明刊本，翟氏藏書。

漢太傅孔鮒著，裔孫毓圻、毓埏校。前後無序、跋，有「翟瀚之印」、「裳村沈甫溥藏書印」。翟氏居吾杭東鄉，瀚字莼江，晴江進士之昆弟行也。沈氏設書肆於弼教坊，人以睦親坊陳道人比之，皆百餘年著舊。

三三、清陸心源皕宋樓藏書志卷三十九子部儒家類（續修四庫全書本）

孔叢子三卷。

明刊本，題漢孔鮒撰，李濂序。

三四、清錢曾讀書敏求記管庭芬章鈺校證卷三之上子（上海古籍出版社二〇〇七年版）

孔叢子七卷題詞本有。〇述古目注「鈔」字。〔補〕勞權云丹鉛經舍有影宋巾箱本。

鈺案：宋巾箱本孝慈目云係安正堂刊本。瞿目云明人翻梓，有「程以進」一行。四庫著録作三卷。黄丕烈於此目上注「名鈔」二字。

孔子八世孫鮒，字子魚，論集仲尼、子思、子上、子高、子順之言及己之事，凡二十一篇，爲六卷，名孔叢子，言有善而叢聚刊本作「集」。〔補〕題詞本、阮本均作「聚」。之也。漢孝武朝，太常孔臧又以其所爲賦與書，謂之連叢上下篇，爲一卷附於末。嘉祐三年，宋咸注成，表進。案：趙氏附志云連叢上下篇，其書不見於漢、唐藝文志。嘉祐四年，提點廣南西路刑獄公事兼本路勸農事朝散郎守尚書屯田郎中上輕車都尉宋咸始爲注釋以進。此則空居閣藏本，「補」黄丕烈云空居閣是馮氏。從至正二年元人所鈔録出者也。

三五、清毛扆藏並撰汲古閣珍藏秘本書目子部（續修四庫全書本）

元人手抄孔叢子七卷一本。

三六、清于敏中四庫全書簡明目録（清同治本）

孔叢子三卷。

三七、清汪士鍾藝芸書舍宋元本書目儒家元本（清宣統元年晨風閣叢書刊本）

元人抄本孔叢子七卷。

三八、楊立成四庫目略子部儒家（民國十八年杭州抱經堂排印本）

孔叢子。

明緜眇閣刊本、子彙一卷本、明程榮本、康熙間孔氏刊本、明何鏜漢魏本、鍾評祕書本。阮氏有宋刊巾箱本，蔣生沐有影寫本，姚若有影寫本，海昌陳湘葵有宋刻本，邵懿辰有影寫宋刻本，子書百家二卷本。

三九、清于敏中摛藻堂四庫全書薈要子部（民國二十七年排印本）

孔叢子三卷，三册。

四〇、張允亮故宫善本書目三（民國三十年排印本）

孔叢子注七卷，六册，宋咸撰，影鈔宋巾箱本。

四一、傅增湘藏園羣書經眼録（中華書局二〇〇九年）

孔叢子注七卷宋宋咸撰。

明刊本，八行十四字，卷首有嘉祐三年進書表及自序。按：此書號稱宋本，盛昱遺書，鄧孝先邦述獲之景賢手。

孔叢子七卷，釋文一卷題漢孔鮒撰。

明刊本，八行十七字，白口雙闌，大版心，似萬曆刊本。棉紙，藍綾封面，乃明時原裝。前有宋咸進書表，又序。後附釋文，又淳熙戊申濡須王藺序。

諸家考證

一、宋朱熹朱子語録

（一）漢卿問孔子順許多話却好，曰出於孔叢子，不知是否？只孔叢子説話多類東漢人，其文氣軟弱，全不似西漢文字。兼西漢初若有此等話，何故略不見於賈誼、董仲舒所述，恰限到東漢方突出來？皆不可曉。（庶按：此條録自元馬端臨文獻通考卷二百九經籍考三十六子部儒家，影印文淵閣四庫全書本）

（二）孔叢子是後來白撰出。

孔叢子乃其所注之人僞作。讀其首幾章，皆法左傳句，已疑之。及讀其後序，乃謂渠好左傳，便可見。

孔叢子鄙陋之甚，理既無足取，而詞亦不足觀。有一處載「其君曰必然」云云，是何言語！（庶按：此二段録自宋黎靖德編朱子語類卷第一百三十七戰國漢唐諸子，中華書局一九九九年版）

（三）孔叢子亦僞書，而多用左氏語者……孔叢子敘事至東漢，然其詞氣甚卑近，亦非東漢人。所載孔臧兄弟往還書疏，正類西京雜記中僞造漢人文章，皆甚可笑。所言不肯爲三公等事，以前書考之，亦無其實，而通鑑皆誤信之。其他此類不一，欲作一書論之而未暇也，姑記於此云。（庶按：此條録自朱熹孝經刊誤附記，影印文淵閣四庫全書本）

二、宋洪邁容齋三筆卷十孔叢子（中華書局二〇〇五年唐宋史料筆記）

前漢枚乘與吴王濞書曰：「夫以一縷之任繫千鈞之重，上縣無極之高，下垂不測之淵。雖甚愚之人，猶知哀其將絶也。馬方駭，鼓而驚之，係方絶，又重鎮之。係絶於天，不可復結。墜入深淵，難以復出。」孔叢子嘉言篇載子貢之言曰：「夫以一縷之任，繫千鈞之重，上縣之於無極之高，下垂之於不測之深，旁人皆哀其絶，而造之者不知其危。馬方駭，鼓而驚之，係方絶，重而鎮之。繫絶於高，墜入於深，其危必矣。」枚叔全用此語。漢書注諸家皆不引證，唯李善注文選有之。予案孔叢子一書，漢藝文志不載，蓋劉向父子所未見。但於儒家有太常蓼侯孔臧十篇。今此書之末，有連叢子上下二卷，云孔臧著書十篇疑即是已。然所謂叢子者，本陳涉博士孔鮒子魚所論集，凡二十一篇，爲六卷。唐以前不爲人所稱，至嘉祐四年，宋咸始爲注釋以進，遂傳於世。今讀其文，略無楚、漢間氣骨，豈非齊、梁以來好事者所作乎！

三、宋葉適習學記言序目卷十七孔叢子（中華書局二〇〇九年版）

嘉言

載萇弘言孔子，淺矣，誕矣！至「堯、舜、文、武之道，或弛而墜，禮樂崩喪，夫亦正其統紀而已」，「統紀」二字，論語無之，始見於此；司馬遷遂言「垂六藝之統紀」。孔氏子孫所謂統紀者，或是用漢儒言語相承記之，不知真所謂統紀者安在也。孔子曰：「天之將喪斯文也，後死者不得與於斯文也；天之未喪斯文也，匡人其如予何！」又曰：「參乎，吾道一以貫之。」「賜也，汝以予爲多學而識之者歟？」曰：「然，非歟？」曰：「非也，予一以貫之。」夫斯文興喪之異，由於一貫迷悟之殊，或者統紀之學幾在是耶？然自孔氏之高弟不足以知之，各因其質之所安而謂道止乎如此；況於後世，不能言統紀者固非，而能言者亦未必是也，然則終安所明乎！

居衛

載子思歲月，全不可考。按子思年十六適宋，樂朔與之言尚書，不悦而退，曰：「孺子辱吾。」其徒請攻之，遂圍子思。宋君聞之，駕而救子思。子思既免，曰：「文王戹於牖里作周易，祖君屈於陳、蔡作春秋，吾困於宋，可無作乎？」於是撰中庸之書四十九篇。詳此，則中庸之作遠在孔子歿後，而子思往往不逮事王父矣。然伯魚之死五十，去其父不遠，以年推之，孔子歿時，子思壯長矣。又孔叢子自載子思從夫子於郯，遇程子，而謂十六著中庸，此可憑乎？子思與魯穆公同時，穆公之薨，子思在衛不爲服，亦孔叢子所記，孟子言子思、穆公甚詳，可以無疑矣。然史記世家魯哀公二十七年薨，悼公立，三十七年薨，元公立，二十一年薨，穆公立，三十三年薨，恭公立。然則子思之年，上距定、哀，下迄恭公，按家語世次，子思年六十二卒。又左氏仲尼見郯子學官名在昭公十七年之後，年二十八九矣。所稱遇程子傾蓋，當是異時往返，不然，則未有子思從行也。當百餘歲矣，則世家之紀年又可信乎？大抵堯、舜以來，史文不繼，歲月斷闕，孔子以書、詩次之，存其大略，惟春秋二百餘年最爲明備，所以尤惓惓於此書，蓋問學統紀之大者。孔子歿而春秋廢，雖其子孫自記家事，而於子思之歲月尚訛舛如此，況其他乎！

獨治

子思之後，子高、子順、子魚皆守家法，學者祖之。叔孫通本學於子魚，子魚使仕始皇。陳餘儒者，與子魚善。陳勝首事，餘薦子魚，餘輕韓信以取敗亡，鮒死陳下，儒學幾絶，獨通遺種僅存，卒賴以有立。司馬遷、班固曾不能言其所自來，乃爲儒林傳自武帝始。楚、漢間辨士説客多妄言，遷、固一切信之，反以陸賈爲優於叔孫通。余固深嘆漢、隋、唐末之禍，他書盡亡，無以質正，而惟遷、固之信，使學者不復識孔氏本末，然則何止秦火爲害也！

連叢子

「闕里無故荆棘叢生，一旦自辟，廣千數百步，從舊講堂坦然至里門」，太守鮑永因之行饗禮，遂禽滅董憲、彭豐等。此永詭説也。流傳既久，其家信之，遂筆於書，使後世學者謂闕里神怪若此，豈不害大義乎！

四、宋高似孫子略卷一孔叢子（影印文淵閣四庫全書本）

漢藝文志無孔叢子，而孔甲盤盂二十六篇出於雜家，而又益以連叢。其獨治篇稱孔鮒一名甲，世因曰孔叢子盤盂者，其事雜也。漢書注又以孔甲爲黄帝之史，或夏帝時人，篇第又不同，若非今孔叢子也。記問篇載子思與孔子問答，如此，則孔子時子思其已長矣，然孔子家語後序及孔子世家，皆言子思年止六十二，孟子以子思在魯穆公時固常師之，是爲的然矣。按孔子没於哀公十六年，後十六年哀公卒。又悼公立三十七年，元公立二十一年，穆公既立，距孔子之没七十年矣。當是時，子思猶未生，則問答之事安得有之耶？此又出於後人綴集之言，何其無所據若此？好古之癖，每有悦乎異帙奇篇，及觀其辭，考其事，則往往差謬而同異。嗚呼！夫子没而微言絶，異端起而大義乖，皆苟簡於一時，而增疑於來世也。故爲學者，捨六經何師焉？

五、明胡應麟少室山房筆叢丙部卷二八九流緒論中（上海書店出版社二〇〇一年版）

孔叢子稱孔鮒撰，非也。孔氏子孫雜記先世言行，其文詞類東京，及間有魏、晉手筆，如孔臧與安國書是已。宋咸嘗爲注訓，景濂遂以即咸僞撰，而體不甚類宋人，或未必盡然也。書七卷，所記子思、子上、子高、子順、子魚及漢孔臧、子琳十餘世，至季彦與楊伯起、皇甫威明同時，政（庶按：當作「正」）東漢之末，則此書當是季彦輩裒集先世遺言軼行而成，而宋人從潤飾之。其小爾雅、詰墨等篇皆鮒撰者爲多，遂通爲鮒作。其書胥不事奇詭而一循規矩，不稍涉於異端，故吾夫子家法也。

漢藝文志及隋、唐俱無孔叢子，至宋中興書目始著録，故前輩往往疑之。第其間詞義有非宋咸輩所辨者，且其所敘家世，孔臧後孔琳以迨季彦十餘傳不應全屬烏有。考漢志儒家有太常孔臧十篇，梁有太常孔臧集二卷，至隋已亡，而唐書藝文志仍有之。蓋梁所謂孔臧集即漢志儒家十篇，亡於隋而復出於唐，宋咸因取其中雜記先代者，傅以六經、諸子所載厥宗言行，綴緝而成此書。孔琳迄季彦十餘世，要皆臧原書，集末所附若文中家傳例耳。余此辯竊謂得之，與前説並存，以俟精誠之士。

六、明宋濂文憲集卷二十七諸子辨（影印文淵閣四庫全書本）

孔叢子七卷……嘉祐中，宋咸爲之注。雖然，此僞書也。僞之者其宋咸歟？王士元僞作亢桑子，而又自爲之注，抑此類歟？近世之爲僞書者，非止咸也；若阮逸關朗易傳、李靖問對，若張商英素書，若戴師愈麻衣易，亦往往不能迷明者之目，竟何益哉！今觀是書記問篇所載，有子思與孔子問答語。子思年止六十二，魯穆公同時人。穆公之立，距孔子之没七十年，子思疑未長也，而何有答問哉？兼之氣質萎弱，不類西京以前文字，其爲妄，昭然可見。或者謂其能守家法，不雜怪奇，歷戰國、秦、漢流俗而無所浸淫，未必然也！未必然也！

七、清紀昀等四庫全書總目卷九一子部儒家類一孔叢子三卷内府藏本提要（中華書局一九九二年版）

舊本題曰孔鮒撰。所載仲尼而下，子上、子高、子順之言行，凡二十一篇。又以孔臧所著賦與書上下二篇附綴於末，别名曰連叢。鮒字子魚，孔子八世孫，仕陳涉爲博士。臧，高祖功臣孔藂之子，嗣爵蓼侯，武帝時官太常。其書，文獻通考作七卷，今本三卷，不知何人所并？晁公武讀書志云：「漢志無孔叢子，儒家有孔臧十篇，雜家有孔甲盤盂書二十六篇。其獨治篇，鮒或稱孔甲。意者，孔叢子即孔甲盤盂，連叢即孔臧書。」案：漢書藝文志顔師古注，謂孔甲黄帝之史，或云夏后孔甲，似皆非。則孔叢非盤盂。又志於儒家孔臧十篇外，詩賦家别出孔臧賦二十篇。今連叢有賦，則亦非儒家之孔臧，公武未免附會。朱子語類謂：「孔叢子文氣軟弱，不似西漢文字，蓋其後人集先世遺文而成之者。」陳振孫書録解題亦謂：「案孔光傳，孔子八世孫鮒，魏相順之子，爲陳涉博士，死陳下，則固不得爲漢人。而其書記鮒之没，則又安得以爲鮒撰？」其説當矣。隋書經籍志論語家有孔叢七卷，注曰：「陳勝博士孔鮒撰。」其序録稱「孔叢、家語並孔氏所傳仲尼之旨」，則其書出於唐以前。然家語出王肅依託，隋志既誤以爲真，則所云孔叢出孔氏所傳者，亦未爲確證。朱子所疑，蓋非無見。即如舜典「禋於六宗」，何謂也？子曰：「所宗者六，皆潔祀之也。埋少牢於泰昭，所以祭時也；祖迎於坎壇，所以祭寒暑也；主於郊宫，所以祭日也；夜明，所以祭月也；幽禜，所以祭星也；雩禜，所以祭水旱也。『禋於六宗』，此之謂也。」其説與僞孔傳、僞家語並同，是亦晚出之明證也。其中第十一篇即世所傳小爾雅，注疏家往往引之，然皆在晉、宋以後。惟公羊傳疏所引賈逵之説，謂俗儒以六兩爲鋝，正出此書。然謂之俗儒，則非漢藝文志之小爾雅矣。又水經注引孔叢子曰「夫子墓塋方一里，在魯城北六里泗水上。諸孔氏封五十餘所，人名昭穆，不可復識。有銘碑三所，獸碣具存」云云，今本無此文，似非完帙。然其文與全書不類，且不似孔氏子孫語，或酈道元誤證？抑或傳寫有譌，以他書誤題孔叢歟？

八、清紀昀等四庫全書總目卷四三經部小學類存目一小爾雅一卷通行本提要

案：漢書藝文志有小爾雅一篇，無撰人名氏。隋書經籍志、唐書藝文志並載李軌註小爾雅一卷，其書久佚，今所傳本則孔叢子第十一篇鈔出别行者也。分廣詁、廣言、廣訓、廣義、廣名、廣服、廣器、廣物、廣鳥、廣獸十章，而益以度、量、衡爲十三章，頗可以資考據。然亦時有舛迕，如廣量云「豆四謂之區，區四謂之釜」，本諸春秋傳「四升爲豆，各自其四，以登於釜」之文。下云「釜二有半謂之藪」，與儀禮「十六斗曰藪」合。其下又云「藪二有半謂之缶，缶二謂之鍾」，則實八斛，乃春秋傳所謂陳氏新量，非齊舊量六斛四斗之鍾。是豆、釜、區用舊量，鍾則用新量也。廣衡曰「兩有半曰捷，倍捷曰舉，倍舉曰鋝」，公羊傳疏引賈逵稱俗儒以鋝重六兩者，蓋即指此。使漢代小學遺書果有此語，逵必不以俗儒目之矣。他如謂「鵠中者謂之正」，則並正、鵠之名不辨。謂「四尺謂之仞」，則考工記「澮深二仞」與「洫深八尺」無異矣。漢儒説經，皆不援及。迨杜預註左傳，始稍見徵引。明是書漢末晚出，至晉始行，非漢志所稱之舊本。晁公武讀書志以爲孔子古文，殆循名而失之。相傳已久，姑存其目。若其文則已見孔叢子，不復録焉。

九、清孫志祖讀書脞録卷四(續修四庫全書本)

孔叢子注

孔叢子注,據李濂敍,蓋嘉祐中宋咸所撰,注甚簡略。吴師道國策補注所引有出今本之外者,則其爲後人所删節多矣(李濂孔叢子敍云:「嘉祐中,宋咸嘗爲之注矣。」俗本亦删去此語)。

一〇、清周中孚鄭堂札記卷四(續修四庫全書本)

孔叢子一書,固屬王肅僞撰,然小尒疋一篇,漢志已箸録,爲古書無疑(王伯厚亦云),後人因肅作僞,並疑及小疋(陸氏説(庶按:「説」當作「釋」)文、李氏文選注引俱省「爾」字)。戴氏東原且謂漢世大儒皆不取以釋經,似非漢志所稱之本,恐亦不的。近余友嚴厚民撰小疋疏證,有助小學不淺。厚民名杰,錢唐人。

一一、清王煦小爾雅一篇疏(續修四庫全書本王煦小爾雅疏)

晁公武曰:「小爾雅,孔子古文也(庶按:此乃趙希弁續輯郡齋讀書附志卷一之文)。」謂之小者，蓋廣爾雅之未備，附爾雅而行，故稱名小也。漢書藝文志，小爾雅一篇，不著撰人名氏。館閣書目云：「孔鮒撰。蓋即孔叢子第十一篇也。」史記孔子世家：「鮒，孔子八世孫，年五十七，爲陳王涉博士，死陳下。」漢書孔光傳：「鮒，夫子八世孫，魏相順之子。」李燫孔叢子序云：「秦并六國，召鮒爲魯國文通君，拜少傅。始皇三十四年，丞相斯議令燔書，鮒懼遺典之亡，乃與其弟子襄歸，藏書壁中。隱居嵩山之陽。無何，陳涉起爲楚王，聘鮒爲博士。鮒以目疾辭，退而著是書。」其出處與史記異，當以史記爲正。漢書儒林傳作孔甲。按：孔叢子云：「子魚名鮒，陳人。或謂之子鮒，或稱孔甲。」然則名鮒字子魚，或字子鮒，或又稱孔甲也。又中興書目云：「孔叢子一名盤盂。」按：藝文志雜家「孔甲盤盂二十六篇」，應劭以爲「黄帝史，或曰夏帝孔甲」，田蚡傳言蚡學盤盂書，孟康曰：「兼儒、墨、名、法者也。」諸家所言並不涉孔鮒，知盤盂之説非也。隋、唐志並云一卷，今從漢志。

小爾雅爲先秦古書，漢成、哀閒劉向、劉歆編入録、略，後漢班固列於藝文。自漢迄唐，傳注家皆取以訓釋經藝，罔有異詞。而近世東原戴震從而訾之曰：「小爾雅乃後人皮傅掇拾而成，非古小學遺書也，故漢世大儒不取以説經。如廣器云：『鵠中者謂之正。』則『正』、『鵠』之分未之考矣。廣度云：『四尺謂之仞。』則築宫仞有三尺，不爲一丈而爲及肩之墻矣。『澮深二仞』，無異洫深八尺矣。廣量云：『豆四謂之區，區四謂之釜。』下云：『釜二有半謂之藪，藪二有半謂之缶，缶二謂之鍾。』用舊量之豆、區、釜，不應用新量之鍾。兩法雜施，顯相刺謬。廣衡云：『倍舉曰鋝。』即周禮賈景伯所稱『俗儒以鋝重六兩』是也。不稽古訓，故目之爲『俗儒』云爾。」其持議堅確如此。今按：小爾雅本文證以漢、魏諸儒傳注之義，則知東原之説非也。孔氏生當秦季，約其時次，與大毛公比肩接踵。篇中如釋「公孫碩膚」、「鄂不韡韡」，並與毛傳合，可知當日經師授受，實出一原。自餘諸訓，亦無不斟酌蒼、雅，與漢、魏諸儒相發明，安所見皮傅掇拾乎？鄭樵謂爾雅掇拾傳注而成，東原幾不惜尋覆轍矣！古人釋經，不必定舉援引書目。漢世稱大儒者，莫如後鄭。觀其易注云：「由，用也。」詩箋云：「肆，犯也，突也。」儀禮注云：「素，故也。」曲禮注云：「跋，本也。」周官注云：「蠲，潔也。」孝經注云：「資，取也。」若此之類，悉取是書。若以其未嘗援引書名，即謂並非取此，則毛公據爾雅作詁訓傳，亦不舉爾雅名，亦將謂毛公不取爾雅釋詩乎？況許慎説文解字引爾雅云：「㾄，薄也。」王肅周官注引爾雅云：「射張皮謂之侯。侯中者謂之鵠。鵠中者謂之正，正方二尺。正中謂之槷，槷方六寸。」古人引小爾雅即同稱爾雅，則豈非見取之明證耶？正、鵠之義，禮經未有明文，鄭衆、馬融、王肅並依小爾雅，以鵠中爲正。賈逵雖云「鵠居正内」，與諸家別，而亦以正、鵠爲一侯。其分「采侯爲正，皮侯爲鵠」者，惟鄭康成耳。今姑不必闢康成、祖小爾雅，第必欲却埽衆家之説，獨取康成以排孔氏，其墨守不已甚乎！古訓每一字而含數義，不可以一義拘。仞之制，釋經者多以八尺、七尺爲正，然裴駰史記集解、陸德明莊子釋文獨引「四尺曰仞」之説，可知言非一端，各有所當也。辟如一手之盛謂之溢，而二十四兩亦謂之溢；一兩謂束，而五兩亦謂之束；三十斤爲鈞，而大半兩亦謂之鈞。誠以古今時異、方俗語殊，其名與實有不可執一繩者。必若偏守一隅，盡排異説，是無異於求劍而刻舟、鼓瑟而膠柱也！豆、區、釜、鍾新舊之量，並見左傳，但新舊兼舉，則文失之繁；舉新遺舊，舉舊遺新，則義失之漏。故於豆、區、釜存舊量之數，於鍾存新量之數，此正見古人屬辭體要，而乃反譏其兩法雜施。試思兩法不雜，非繁複即漏略，將如何載筆乎？鍰、鋝並重六兩，見於許氏説文，鄭康成注周禮用之，許、鄭非俗儒明甚。賈逵以鋝重六兩爲俗儒者，其説本於馬融，然融本云「俗儒以鋝六兩爲一川」，「一川」二字無出，故以俗儒目之，尚書吕刑疏可覆視也。景伯援據不詳，輒加訾毁。後儒不思訂正，反以承謬襲譌，自矜稽古，竊恐俗儒之名自有所歸，而孔氏不任受也。據此數條，具見失實，今特悉爲辨正。大恉曉然，其有餘義，各詳本疏。庶後之讀是書者，不詿誤於不根之説也。

漢、唐諸儒釋經，凡引小爾雅之文，多通稱爾雅。如許氏説文引爾雅云：「𣄢，薄也。」詩賓筵疏王肅引爾雅云：「射張皮謂之侯。侯中者謂之鵠。鵠中者謂之正，正方二尺。正中謂之槷，槷方六寸。」周官太祝釋文引爾雅云：「慭，願也，彊也。」尚書吕刑釋文引爾雅云：「鋝謂之鍰。」禮記釋文引爾雅云：「棘實謂之棗。」史記裴駰集解引爾雅云：「四尺謂之仞，倍仞謂之尋。」小司馬索隱引爾雅云：「顏，額也。」「怵，狃也。」李賢後漢書注引爾雅云：「繒之精者曰縞。」「樴謂之橈。」李善文選注引爾雅云：「階，因也。」「劭，美也。」「棘，戟也。」「翥，舉也。」「蓋、戴，覆也。」名爲爾雅，實小爾雅文，亦有稱「小雅」者，一見於陸氏周頌潛釋文，至李善注文選則統稱「小雅」，蓋省文也。亦有小爾雅所無，而見引於他書者，如易釋文引小爾雅云：「杻謂之梏，械謂之桎。」考工記釋文劉昌宗引小爾雅云：「祭山川曰祈沈。」莊子釋文引小爾雅云：「盥，澡也，灑也。」唐沙門元應一切經音義引小爾雅云：「碩，遠也。」「兔之所息謂之窟。」酈道元水經注引小爾雅云：「大而白頭者謂之蒼烏。」或本書佚文，或傳寫之誤。

一二、清宋翔鳳小爾雅訓纂考（續修四庫全書本宋翔鳳小爾雅訓纂）

漢書藝文志孝經家：「小爾雅一篇。」

按：唐以前人引小爾雅有三名：其作「小爾雅」者，據其本名也。亦作「小尒疋」者，古今字。有作「爾雅」者，以與爾雅同爲一家，故冒爾雅之號，猶易緯爲易、逸禮爲禮也。有作「小雅」者，省文，猶齊論語、魯論語，後人亦稱齊論、魯論也。臧君庸據宋本漢書藝文志但稱小雅一篇，無「爾」字，斷「爾」字爲後人所增，此言未當。王伯厚，宋人，所見漢書是宋本矣，而漢志考正作「小爾雅」。又經典釋文及注疏中多引小爾雅文。按之影宋本釋文及宋槧各注疏，凡作「小爾雅」者，亦各有「爾」字。知漢書宋本偶脱此文，難爲確證。

隋書經籍志：「小爾雅一卷，李軌略解。」

按：經典釋文序録云：「李軌，字宏範，東晉祠部郎中都亭侯。」其注小爾雅，當在孔叢既出之後。

舊唐書經籍志：「小爾雅一卷，李軌解。」

唐書藝文志：「李軌解小爾雅一卷。」

中興書目：「小爾雅一卷，孔鮒撰，十三章。」見玉海四十四。

按：宋室南渡，古籍淩夷，李軌之書已不傳。當時録館閣書，從孔叢採出此篇，故自後録小爾雅者，並以爲孔鮒所撰，此作僞之徒捃拓以入孔叢，而依托於鮒。撰人名氏，其實不可究知。李軌所解，自不無王肅輩竄定，然尚是漢代孝經家相傳之本，故唐以前無一人以爲孔鮒撰小爾雅者。至分爲十三章，不與爾雅相應，疑本爲一篇，李氏作注，析其章段。然其來已久，姑依其舊。詩周頌正義已引廣名。今單行小爾雅注文，悉與孔叢注合。孔叢注係宋嘉祐中宋咸所作，據玉海及李濂孔叢序可知。玉海五十三：「孔叢子，嘉祐三年二月宋咸序。四年二月丁亥，咸爲廣西轉運，上所注楊子、孔叢子，賜三品服。」並撰釋文，以三年十二月表上。讀書脞録仁和孫志祖撰：「孔叢子注據李濂敍，蓋嘉祐中宋咸所撰，注甚簡略。吴師道國策補注所引有出今本之外者，則其爲後人删節多矣！」李濂孔叢敍云：『嘉祐中，宋咸嘗爲之注矣。』俗本亦删此語。」

宋史藝文志：「孔鮒小爾雅一卷。」

晁公武郡齋讀書後志：「小爾雅一卷。右孔氏古文也，見於孔鮒書。」

陳振孫直齋書録解題三：「小爾雅一卷。漢志有此書，亦不著名氏。唐志有李軌解一卷。今館閣書目云：『孔鮒撰，蓋即孔叢子第十一篇也，曰廣詁、廣言、廣訓、廣義、廣名、廣服、廣器、廣物、廣鳥、廣獸，凡十章，又廣度、量、衡爲十三章，當時好事者抄出别行。』」

敘曰：嘗考七略有小爾雅一篇，蓋爾雅之流别，經學之餘裔也。説詩者毛氏，説禮者鄭仲師氏、馬季長氏往往合焉。晉李軌作小爾雅略解，傳於唐世，書並單行，故隋、唐諸志並著李軌解，而不著撰小爾雅者名氏。顔注漢書此亦蓋闕。蓋是書出西京之初，儒者相傳，以求佔畢之正名，輔奇觚之絶誼，則其來已古矣。迭更五季，茲書遂佚。晚晉之人，僞造孔叢，嘗剌取以入其書。宋人寫館閣書者，又就孔叢以録出之，當代書目遂題爲孔鮒所撰，而李軌之解不傳，則唐以前之元本不可復見。今既采自僞書，定多竄亂。根株粗究，涇、渭易明。若夫條分縷析，舉此證彼，兩漢諸儒，門户不隔，烏可不知其同異、考斯雅訓乎？今之爲康成學者，恒謗譏此書，以爲不合鄭君，同乎俗説，然還按詩、禮，乃鄭君之改易古文，非小爾雅之偭違經義。據其後以疑其前，明者之所不取也。漢之經師，咸有家法，唯有小學，義在博通。就今所傳楊子雲、劉成國、張稚讓諸家之作，多資旁采，鮮獲所宗，比之墨守，殆有殊涂。至於此書，則依循古文，罕見淩雜，隱括以就，源流合一，故中壘之録、蘭臺之志，入於孝經一家，而不從小學之例，斯其足以貴寶者矣！余少識故訓，略求津逮，見此書之傳，獨遭厚誣。趨庭黔中，居多暇日，疏通證明，遂未敢後。爰閲編削二時之久，五卷之説甫能草創，乃陳其恉趣，以爲敘云。嘉慶十二年正月。

一三、清戴震書小爾雅後（戴震文集卷第三，中華書局二〇〇六年本）

小爾雅一卷，大致後人皮傅掇拾而成，非古小學遺書也。如云「鵠中者謂之正」，則正、鵠之分，未之考矣。「四尺謂之仞」，則「築宮仞有三尺」，不爲一丈，而爲及肩之墻矣。「澮深二仞」，無異洫深八尺矣。其解釋字義，不勝枚數，以爲之駁正。故漢世大儒，不取以説經，獨王肅、杜預及東晉梅賾奏上之，古文尚書孔傳頗涉乎此。

廣量曰：「豆四謂之區，區四謂之釜。」本諸春秋傳「四升爲豆，各自其四以登於釜」之文。下曰「釜二有半謂之籔」，本聘禮記「十六斗曰籔」。「籔二有半謂之缶」，此句無本。「缶二謂之鍾」，所謂「陳氏新量皆登一焉，鍾乃大矣」者。齊舊量蓋先王之制：區斗六升，釜六斗四升，鍾六斛四斗。陳氏從而詭更之：釜登一區則八斗，區登一豆則二斗，豆登一升則五升，而鍾實八斛。茲用舊量之豆、區、釜，用新量之鍾，兩法雜施，顯相剌謬。

廣衡曰：「兩有半曰捷，倍捷曰舉。」皆於古無本。「倍舉曰鋝」，賈景伯所稱「俗儒以鋝重六兩」是也。不稽古訓，故目之曰俗儒云爾。

張揖作廣雅，於釋器曰：「鍾十曰斞，庾十曰秉，秉十曰筥。」斞、庾二文錯見，並當爲籔。而改「區十曰籔」，斯協於聘禮記「十斗曰斛，十六斗曰籔，十籔曰秉」矣，「鍾十」之云謬也。此十六斛之秉，量名也；刈禾盈手謂之秉，秉猶把也，字同義別。聘禮記曰：「四秉曰筥，十筥曰稯，十稯曰秅，四百秉爲一秅。」然則「秉十」當改「秉四」，又不當蒙「籔十曰秉」相亂。其掇拾之病，與小爾雅同。

或曰：「小爾雅者，後人採王肅、杜預之説爲之也。」時乾隆己卯秋，東原氏記。

一四、清洪穉存太史論小爾雅書（胡世琦小爾雅義證本）

洪亮吉頓首啟玉鐎先生足下：前月得手書並尊著小爾雅義證十三卷。披讀之下，多向來服誼所不到者。書中以古音求古誼，以古誼證古經傳，旁推交通，無不極其精審。此必傳之作也。佩服！佩服！

亮吉既注弟子職，擬復注此書，今可不作矣！惟舊於此書偶得管見若干條，今並附録呈教。

如廣詁「燡，明也」，説文無「燡」字，疑當作「睪」，或作「圛」。説文：「睪，司視也。」亦與「明」字誼訓相合。又「孑，餘也」，孑當作「子」。子爲餘者，子者，身之餘也。高誘呂覽注「大夫庶子爲餘」，周禮小司徒「大故致餘子」，書大傳「餘子，衆子」，並其證也（玉裁按：詩「周餘黎民，靡有孑遺」，傳曰：「孑遺，孑然遺失也。」小爾雅正釋然耳。胡震亨本作「子」，然未可從）。又「督，拾也」，督亦與「篤」通，釋名：「篤，築也。」馬融尚書注：「築，拾也。」此可以聲輾轉得誼者也。廣言「肆、從，遂也」，遂，本又作「逐」。今考王逸楚詞章句，雖有「逐，從也」之訓，然此則當作「遂」，有尚書、周禮、左傳、大戴禮諸注可證。廣器「船頭謂之舳」，説文、方言又皆以船後爲舳，尾謂之艫。説文與李斐漢書注又皆以船頭爲艫。廣獸「魚之所息謂之橬。橬，槮也」，橬當作「罧」，或作「涔」。説文：「罧，積柴水中以聚魚也。」孫炎爾雅注：「積柴養魚曰涔。」是矣。

以上諸誼已備見拙著六書轉注略，足下或遴其可存而一二存之，幸甚。又戴東原先生集中所疑小爾雅諸義，在足下必當有説，便中幸更明以見示。前許作北江詩話駢體序，望即爲之，亦因便見寄也！憂中知不復作詩，故拙詩亦不復録正。專達一函，以答來教。惟珍重眠食爲望。亮吉又頓首。

一五、清段茂堂先生論小爾雅書（胡世琦小爾雅義證本）

玉鐎孝廉足下：洛誦大著，真小爾雅之功臣也，校之也精矣，考之也博矣。援鄭衆、馬融、賈逵周禮注，以證「鵠中者謂之正，正方二尺」。正中者謂之槷，槷方六寸」，皆不與鄭康成同。又援太平御覽引「籔二謂之缶」，證今本衍「有半」二字；「匊二謂之豆」，證今本「匊四」之誤；「鍾二有半謂之秉」，證今本脱「有半」二字。東原先師所詆訾者，皆非本書之過，足見細心綜核之美矣！顧讀書有本子之是非，有作書者之是非；本子之是非可讎校而定之，作書者之是非則未易定也。慎修先生、東原師皆曰，從事經學蓋有三難：淹博難，識斷難，審定難。僕以爲定本子之是非，存乎淹博；定作書者之是非，則存乎識斷、審定。孟子所謂知者，韓子所謂識古書之正僞與雖正而不至者，在是也。東原師之學，不務博而務精，故博覽非所事，其識斷審定蓋國朝之學者未能或之過也。其云「小爾雅一卷，大致由後人皮傳掇拾而成，非古小學遺書。其解釋字義，不勝枚數，以爲之駁正，漢代大儒不取以説經，王肅、杜預、梅賾奏上之古文尚書孔傳，頗涉乎此。此固沈潛諸大儒傳注，確有所見」之言，恐非吾輩所當輕議者。其云不勝枚數，固非虚語，惜未詳舉。即以説仞一條言之：大著援禮經「杠三仞」賈公彦疏：「士杠三仞，大夫五仞。」按：此語本禮緯。周禮節服氏正義引禮緯含文嘉，公羊襄十六年疏引稽命徵、含文嘉皆云：「天子杠九仞，諸侯七仞，卿大夫五仞，士三仞。」廣雅、司馬彪輿服志及爾雅釋文皆本之。要之，緯書多有不可信者。其可信者，康成氏未嘗不用之矣！大著乃以爲仞必當四尺之證，辨則辨矣，而未知此緯之無理也。無論七尺八尺之仞，患其難用，即依四尺計之，九仞至三丈六尺，七仞二丈八尺，不亦太高矣乎？周官九旗既以物色爲尊卑，杠之高庳差次，以尺計足矣，不必以仞計。左傳昭十年：「齊侯使公孫黑以靈姑銔率，吉，請斷三尺而用之。」然則大夫於諸侯祇争三尺耳。「楚靈王之爲令尹也，爲王旌以田。芋尹無宇斷之曰：『一國兩君，其誰堪之？』」但云斷之，不言數，所斷亦有限。禮緯依托貴多之文，而不計其適用與否，宜乎？漢人注經不之用也。仞或言七尺，或言八尺，以考工記匠人「澮廣二尋，深二仞」斷之，固斷非深八尺以同於洫，亦斷非廣深皆十六尺而異其名，仞之必爲七尺可定矣。東原師之論，詳此可見一班。今足下借此書以發明，所得未爲不善。僕亦校訂一二以貢於左右，不過如墜露添流、輕塵集嶽耳。乞持此以復於姚姬傳先生可也。不宣。玉裁再拜。

一六、清胡世琦復洪稺存太史論小爾雅書（胡世琦小爾雅義證本）

世琦頓首啟稺存先生閣下：得來書，獎譽過分，且愧且懼。以拙著爲必傳之作，固不敢知。至稱戴東原先生所疑小爾雅諸誼，則琦又有説焉。

東原先生以小爾雅廣器篇「鵠中者謂之正」，於正、鵠之分，未之考也。琦竊以爲小爾雅所云「侯中者謂之鵠。鵠中者謂之正，正方二尺。正中者謂之槷，槷方六寸」，此必先秦經師相傳之古誼，自鄭康成以前，未之或易也。鄭衆周禮司裘注亦云：「方十尺曰侯，四尺曰鵠，二尺曰正，四寸曰質。」陳氏禮書、孔穎達詩正誼並引馬融周禮注亦云：「十尺曰侯，四尺曰鵠，二尺曰正，四寸曰質。」馬、鄭誼與小爾雅並同，惟質四寸與六寸略異耳。其有與小爾雅大同而小異者，則鄭康成射人注云：「今儒家以四尺曰正，二尺曰鵠。」稱儒家者，考之禮書則賈逵説也。禮書引賈逵周禮解詁云「四尺曰正，二尺曰鵠」，是也。蓋鄭衆、馬融以正在鵠内，賈逵以鵠在正内，内外不同，同在一侯，有此大小。則自鄭康成以前之經師注周禮者，皆以鵠、正爲異名同用。若非先秦經師相傳之古誼，則諸大儒必不皆以之注經也。此小爾雅鵠、正之同異、大小，稽之於古而有可信者。至康成，始一斷以周官經，以司裘爲大射，侯中制皮用鵠，射人爲賓射，侯中采畫用正，皆謂之槷，無鵠、正一射並用之事。又以鵠大如正，皆居侯中三分之一，無四尺、二尺之分，皆後鄭依經創誼也。後王肅亦用小爾雅「四尺爲鵠，二尺爲正，六寸爲槷」，亦以秦、漢以來鄭、馬諸儒相傳古義，惟此足以與後鄭立異耳。此其義何可遽非也？

東原先生又以小爾雅「四尺爲仞」，核之考工記匠人「澮深二仞」、禮記祭法「築宮仞有三尺」，爲不可通。琦謂：先儒論仞、尺、寸之度，各有不同，合之經義皆有可通有不可通。即如匠人畎隧溝洫，皆廣深之數相等，而澮廣二尋深二仞，其廣深亦當相等。尋爲八尺，則仞亦當爲八尺。故許慎、趙岐、王肅、郭璞、顔師古諸人，皆以仞爲八尺者，必以此也。祭法之「築宮仞有三尺」，以書傳舊義推之，墻高一丈，除三尺之外，率有七尺，則仞又當爲七尺。故包咸、鄭康成、高誘、司馬彪、陸德明諸人，皆以仞爲七尺者，必以此也。此古誼之可通者也。然儀禮鄉射禮記「旌各以其物，杠長二仞」，賈公彦以「大夫、士同建物，士三仞，大夫五仞」推之，隆殺以兩，諸侯七仞，天子九仞。若以七尺爲仞計之，則諸侯之杠爲四丈九尺，天子之杠爲六丈三尺。以八尺爲仞計之，則諸侯之杠爲五丈六尺，天子之杠爲七丈二尺。即古尺異於今尺，持如此之杠，亦甚難於進退號衆矣。此古誼不可通者也。惟四尺爲仞，合之鄉射記書誼，其數足以相當。則知小爾雅之四尺爲仞，必先儒依經立誼相傳之古義，非無據也。後王肅既以八尺爲仞，又依小爾雅四尺爲仞，亦以其誼之各有當，而持不能定耳。王肅聖證論及家語注並云：「八尺曰仞。」儀禮鄉射禮記疏、考工記匠人疏並云：「王肅依小爾雅『四尺曰仞』。」（玉裁按：尊説有理，但經無此文。疏家引禮緯含文嘉、稽命徵之文，廣雅從之，未可盡信，不當據以證仞當四尺也。但本有四尺之説耳。）

東原先生又以小爾雅廣量篇用左傳齊舊量之豆、區、釜，用陳氏新量之鍾，兩法雜施，顯相刺謬。琦以爲左氏傳所云「齊舊四量，豆、區、釜、鍾。四升爲豆，各自其四，以登於釜。釜十則鍾」者，由四升爲豆推之，則四豆爲區，區十六升也；四區爲釜，釜六斗四升也；釜十則鍾，鍾六斛四斗也。此齊之舊量也。傳又云「陳氏三量，皆登一焉，鍾乃大矣」者，謂一豆登一升，則五升爲豆。由是而四豆爲區，則區登一豆而爲二斗。由是而四區爲釜，則釜登一區而爲八斗。由是而釜十則鍾，則鍾爲八斛矣。此陳氏之新量也。小爾雅「豆四謂之區。區四謂之釜」，適合舊量釜六斗四升之數。又云「釜二有半謂之籔」，則籔爲十六斗也。「籔二有半謂之缶」，則缶爲四斛也。「缶二謂之鍾」，則鍾爲八斛也。又適合陳氏新量之鍾數。此先生之所謂兩相剌謬者也。不知小爾雅本作「籔二謂之缶」，「有半」二字乃緣上句相涉而衍，爲傳寫之譌。太平御覽引小爾雅作「籔二謂之缶」，則宋時本固未衍也。計二籔爲缶，則爲三十二斗。二缶之鍾，則固六斛四斗矣。較之左氏傳所稱，悉合先王之舊法，而不雜以陳氏之詭制，此其可徵信者也。此與上文「匊四謂之豆」，緣下句「豆四謂之區」而譌「四」字。考工記疏及太平御覽作「匊二謂之豆」，而始合於匊二升、豆四升之數。下文「鍾二謂之秉」，又緣上句「缶二謂鍾」而脱「有半」二字。太平御覽作「鍾二有半謂之秉」，而始合於聘禮記「秉十六斛」之數。此古書之所以貴校本也。廣雅釋器：「升四曰梪。梪四曰區。區四曰釜。釜十曰鍾。鍾十曰斞。斞十曰秉。」梪與「豆」同，斞與「籔」同。十六斗曰斞，六十四斗曰鍾。廣雅以斞大於鍾，非也。若如廣雅所稱，則斞爲六百四十斗，秉爲六千四百斗，恐一車之載不能任一秉之米。合之聘禮記所云「十斗曰斛，十六斗曰籔，十籔曰秉，二百四十斗」，爲一車之米者，其數懸遠。鄭注聘禮記：二百四十斗謂一車之米，秉有五籔也。若小爾雅量數則盡與儀禮、左傳相符，是廣雅誤而小爾雅不誤也。至廣雅承「斞十曰秉」，而言「秉十曰筥。筥十曰稯。稯十曰秅」，則誤以刈禾盈把之秉爲量十六斛之秉，並筥、稯、秅皆誤爲量名矣。而「秉十曰筥」，又與聘禮記「四秉曰筥」之數不合，皆廣雅之誤也。其誤以禾把之秉爲量名之秉。而筥、稯、秅皆誤爲量名者，自許慎説文解字、韋昭國語注已皆不免，至推其誼，皆不可通。小爾雅籔、秉之數與秉、筥、稯、秅之數，並本聘禮記，而一歸於廣量，一歸於廣物。於量數則終之曰「秉十六斛」，於物數則始之曰「把謂之秉」。此其依經立義，精鑿不刊，其識猶有遠出於許君上者，況其他乎？後鄭康成儀禮注因之而别之曰：「此量名也。」「此刈禾盈手之秉也。」於是乎量之數與物束之數，其多寡、輕重始與經義不戾。後人皆服康成之精於創誼，而不知其本之於小爾雅也。東原先生至謂廣雅掇拾之病與小爾雅同，其果爲允論耶？

又小爾雅廣衡篇「倍舉曰鋝。鋝謂之鍰」，則正尚書釋文所稱「鋝爲六兩」，鄭康成與小爾雅同者。鄭注考工記冶氏引「説文解字云：『鋝，鍰也。』今東萊或以大半兩爲鈞，十鈞爲鍰，鍰重六兩大半兩，鍰、鋝似同」，蓋二十四銖爲兩，三分兩之二爲大半兩，則鄭誼之與小爾雅所差衹在十六銖。伏生大傳云：「一饌六兩。」饌即「鋝」之假藉字。鄭康成注云：「死罪出金鐵三百七十五斤六兩之積數也。」則康成亦以鋝爲重六兩，鍰與「鋝」同也。鋝、鍰六兩，自是周、秦以來之古法，故秦、漢間諸儒誼同康成所稱。今東萊蓋據當時所見，而小有異同，有大半兩之差耳。賈逵亦云：「俗儒以鋝重六兩。周官劍重九鋝，其説近是。」馬融周禮注以鋝、鍰六兩之義無所出，亦未準之於姚氏九鋝、七鋝、五鋝之制耳。至賈逵所稱俗儒者，猶云今俗之儒。如周禮射人注稱賈逵之説爲今儒家，禮記月令注稱馬融之説爲今俗人，非必斥指作小爾雅之人不稽古訓而爲此稱。果爾，則伏生與鄭康成亦俗儒耶？賈逵特是其説，則反從不稽古訓之俗儒耶？東原先生以賈逵之所斥俗儒者，即謂作此書之人於古訓無所稽，恐亦未見其然也。且古儒生之所謂俗儒者，亦往往於古學、今學之際緣隙奮筆，故何休公羊傳序至稱賈逵之徒治左氏之古學，以公羊之今學爲俗儒。然公羊傳果可過而廢之耶？此何休所以有「觀聽不決，多隨二創」之嘆也。（玉裁按：鍰重六兩，今文尚書説也。古文家每謂今文家爲僞儒。要之，今文大可從者。）

至廣量「籔二謂之缶」，廣衡「兩有半曰捷。倍捷曰舉」，於古無證，則古書之散逸也。許著説文亦有未備，郭注爾雅動稱未詳，況以今人之見聞而讀古人之書哉！漢、魏諸儒，若賈、馬、何、鄭之説經，楊、許、服、張之字訓，高誘之注吕覽、淮南，王逸之爲楚辭章句，韋昭之注春秋外傳，條其誼類，先後若符，而爲前此訓詁諸書之所未有者，非取之小爾雅而誰取耶？亦非必至王肅、杜預而始涉乎此也。

至謂小爾雅爲後人採王肅、杜預之説爲之，則尤不然。孔穎達詩正誼所稱王肅引小爾雅矦、鵠、正、槷之誼宜從，則王肅固本小爾雅矣！左傳正誼所稱杜注「由，用也」之誼，爲用廣詁文，則杜預亦本小爾雅矣！不特此也，賈逵以劍重九鋝而稱引鋝重六兩，馬融以鋝爲量名，而亦稱引鋝重六兩，則賈、馬以前小爾雅誼固亦已行矣！其或從或不從，則諸儒師承異也。彼王肅、杜預者，特其遵信者耳！

要之，小爾雅晰其誼例，探其旨歸，自確然信其爲古小學遺書。而本古誼以通古經者，此書爲必不可少。漢書藝文志與爾雅並次於孝經之後，厥指微已。諸凡所陳，非敢與前輩立異，蓋通人之蔽時有，而愚者之得不乏，願先生之終有以教之也！承教諸誼，不敢掠美，將於書中具標尊字，倣經注書杜子春之例。書中於諸前輩所稱述統此例也。何如？何如？順問近安，惟因時自愛，不宣。世琦頓首頓首。

一七、清胡世琦復段茂堂先生論小爾雅書（胡世琦小爾雅義證本）

茂堂先生閣下：得來書，以拙著爲博而且精，誠非敢望。至所稱小爾雅不見取於漢代大儒之説經，王肅、杜預、梅賾奏上之古文尚書孔傳，始涉乎此，在先生爲謹守師説，則然矣。琦亦不能遍數也，請略舉其凡，而先生自覽其切焉！

如小爾雅廣詁：「蔡，法也。」書禹貢「二百里蔡」馬融注亦云：「蔡，法也。」廣詁：「淫、屑，過也。」書多士「大淫泆有辭」馬融注作：「淫，屑。」亦云：「屑，過也。」凡此並與古文尚書注同，與僞孔傳異。

又廣詁：「末，無也。」昭公十四年左傳「三數叔魚之惡，不爲末」，服虔注：「不爲末者，不爲末粲、隱蔽之也。」以「末」字絶句，義亦同小爾雅，蓋末粲、隱蔽即將有作無之謂也。廣言：「臬，極也。」昭公十三年左傳「貢之無藝」，服注：「藝，極也。」藝爲「臬」之通假字，訓「藝」爲「極」，猶訓「臬」爲

「極」也。凡此並與服虔古注同，與杜預注異。

又廣言：「載，行也。」書堯典「有能奮庸熙帝之載」，鄭注亦云：「載，行也。」王肅注書「熙帝之載」則云：「載，事也。」廣言：「憖，強也。」詩十月之交「不憖遺一老」，鄭箋亦云：「憖者，心不欲自彊之辭也。」彊與「強」同。王肅注家語「終記解不憖遺一老」則云：「憖，且也。」凡此並與鄭康成箋注同，與王肅注異。其諸大儒之同此義訓者，皆爲小爾雅以前古訓詁書所未有，則安知其非即取之於小爾雅乎？

且不特此也，如詩皇矣「是伐是肆」，鄭箋：「肆、犯，突也。」當即用廣言「犯、肆，突也」之訓。詩東山「勿士行枚」，鄭箋：「勿，無也。」禮記檀弓「末有所歸」，鄭注：「末，無也。」當並用廣詁「勿、末，無也」之訓。表記「不以口譽人」，鄭注：「譽，繩也。」當即用廣訓「繩之，譽之也」之訓。又廣言：「跋，本也。」跋爲「茇」之通假字。禮記曲禮「燭不見跋」，鄭注云：「跋，本也。」亦即用小爾雅。又廣言：「稽，考也。」稽爲「卟」之通假字。周禮質人「掌稽市之書契」，鄭注：「稽，考也。」亦並用小爾雅。其他古字古義，有符六書假借、轉注之旨而爲漢儒釋經注子之所通用者，不可枚數。其不標明小爾雅者，古注簡質，往往是也。

且古經傳、小學遺書，尤有必得小爾雅以訂正者，如周禮羽人十羽、百羽、十摶之名，與爾雅一羽、十羽、百羽之名，彼此互異。有小爾雅廣言「束，縛也」之訓，則知羽人「十摶爲縛」，縛乃羽束之總數，故説文亦以縛訓束。此鄭氏禮注所以從周禮，不從爾雅也。儀禮聘禮記之「秉、筥、稯、秅」，許慎、韋昭、張揖並誤以爲量名，不據之小爾雅，則無以定其爲禾束之名也，故鄭注儀禮因之。周書呂刑之「鍰」，考工記冶氏之「鋝」，鄭衆、馬融並誤以爲量名，許慎又以爲重十一銖二十五分銖之十三，不據之小爾雅，則無以定其爲六兩之衡也，故鄭注尚書大傳因之。論者或謂小爾雅爲王肅所作，故廣訓釋詩，即以佐其申毛而難鄭，而不知小爾雅之精義，已多爲鄭氏所採，而人往往習其義而未之知也。況果王肅僞託，則不應反採鄭氏之經訓，以彝入此書。此不待辨而明之也。是何得以王肅、杜預等爲始涉乎此也？

至尊書中所論「四尺爲仞」，既無以定四尺之仞之必不可行，以古尺短於今尺也；亦無以定杠之高庳必計以尺，以春秋之斷三尺非定制也。至鄉前輩如東原先生，固平生所服膺其義者。然詩箋翼傳，時異大毛；禮注傳家，多殊先鄭。讀書服義例，不苟同如此。故雖以琦之譾陋，亦不敢以東原先生駁正此書之説爲論定者。誠不欲以一心之所信，易前人之所疑耳！昔劉子駿云：「與其過而廢之也，寧過而立之。」況以此書爲爾雅後小學之遺書，其義訓爲後儒所訾議者，證之於古，確然見其合，未見其僞，而以前輩之偶有論述，隨聲是非，致使後人疑古廢書，則更有所不敢也。世琦頓首啟。

一八、黄雲眉古今僞書考補證子類孔叢子（齊魯書社一九八〇年版）

稱漢孔鮒撰。漢、隋、唐志皆無。宋中興書目始有。嘉祐中，宋咸注。前人辨孔光傳，孔子八世孫鮒，爲陳涉博士，死於陳，固不得爲漢人；而其書記鮒之没，其第七卷號連叢子者，又記太常臧而下，迄延光三年季彦之卒，則又安得爲鮒撰？又書中載孔子與子思問答語：子思年六十二，在魯穆公時；穆公之立，距孔子七十年，子思尚或未生，安得有問答之事？又儒林傳所載爲博士者曰孔甲，顔師古曰：「名鮒而字甲也。」此書稱名鮒，字子魚，亦不相合。又漢志雜家有孔甲盤盂二十六篇，本註謂「黄帝史，或曰夏帝時人」，與孔鮒初不相涉；中興書目乃云「一名盤盂」，亦誤也。李燫以爲東漢末季彦輩爲之。朱仲晦以爲即注者僞作，其説近是。若爲東漢人，隋、唐志豈應無乎！

補證

臧琳經義雜記曰：「禮記祭法『相近於坎壇，祭寒暑也』，注：『「相近」當爲「禳祈」，聲之誤也。禳猶卻也。祈，求也。寒暑不時，則或禳之，或祈之，寒於坎，暑於壇。』釋文：『「相近」依注讀爲「禳祈」，如羊反，下音巨依反，王肅作「祖迎」也。』案『禳』字從襄，『襄』與『相』聲亂，『祈』、『近』皆斤聲，故『禳祈』誤爲『相近』，注義甚精，鄭不云『相近』或爲『祖迎』，則知本無作『祖迎』者。孔叢子論書云『祖迎於坎壇，所以祭寒暑也』，與王肅同。孔叢子亦僞書。朱子云：『其文軟弱，不類西京，多似東漢人語。』琳考此書解『納於大麓，烈風雷雨弗迷』、『禋於六宗』，皆與僞孔及王肅合。書正義云：『惟王肅據家語「六宗」與孔同。』則孔子家語言『禋於六宗』，亦取祭法爲説。其『相近於坎壇』句，必作『祖迎於坎壇』。今家語非完書，故無此文，孔仲達所據唐本有之。嘗疑孔子家語、孔安國書傳、孔叢子皆出於肅手，故其文往往互相祖述。蓋三書皆託之孔氏，以希人之尊信，用以改鄭説而申己意，駁鄭氏非而證己是者，無不於此取之，故三書即肅之罪案也。試以此條論之，鄭以『相近』爲『禳祈』聲近之誤，肅於禮記改爲『祖迎』，見作『相近』者，乃形似之誤，而非聲近之誤。又恐後人不信其説，因託之家語以證之。復恐後人並疑家語爲己所私定，故又著之孔叢子以證之。肅之詭計勞心，往往若此，非好學深思、心知其意者，恐急索解人不得也。」

眉按：疑孔叢子文體者，不特朱熹、洪邁、戴表元亦疑之。邁之言曰：「前漢枚乘與吴王濞書曰：『夫以一縷之任，繫千鈞之重，上縣無極之高，下垂不測之淵，雖甚愚之人，猶知哀其將絶。馬方駭，鼓而驚之，繫方絶，又重鎮之。繫絶於天，不可復結；墜入深淵，難以復出。』孔叢子嘉言篇載子貢之言曰：『夫以一縷之任，繫千鈞之重，上縣之於無極之高，下垂之於不測之深，旁人皆哀其絶，而造之者不知其危。馬方駭，鼓而驚之；繫方絶，重而鎮之。繫絶於高，墜入於深，其危必矣。』枚叔全用此語，漢書注諸家皆不引證，惟李善注文選有之。予按孔叢子一書，漢藝文志不載，蓋劉向父子所未見。但於儒家有太常蓼侯孔臧十篇，今此書之末，有連叢子上下二卷，云孔臧著書十篇，疑即是已。然所謂叢子者，本陳涉博士孔鮒子魚所論集，凡二十一篇，爲六卷，唐以前不爲人所稱，至嘉祐四年宋咸始爲注釋以進，遂傳於世。今讀其文，略無楚、漢間氣骨，豈非齊、梁以來好事者所作乎！」（容齋三筆）表元之言曰：「子魚生於戰國之末，一爲陳涉出，知難而退，遺言隱行，不傳於世者必多，安在獵取一二，自暴其美，侈然上附於先君之列，而謂之著書耶？張耳、陳餘二人者，漢初謂之賢士，又或以叔孫通爲聖人，今書數引其名，此後人所推託，若房玄齡、杜如晦之於文中子耳。連叢亦非孔臧所爲。其四賦尤猥劣，無西都人語氣，二書依傍故實，僅僅不失。余故讀而疑之。然諸子書自列御寇以下，多非正文。君子之於書，爲其可以正人心、息邪説也，則存之。孔叢子者，矯矯然守其經生之學，試讀而行之，其心之於貧賤患難也，不苟辭之矣。此非孔氏子孫若其徒，孰能爲哉？」（剡源戴先生文集卷二十三讀孔叢子）蓋二人猶未知爲王肅僞撰。清人論孔叢子爲王肅僞撰者頗多，以臧琳所辨，意雖不在孔叢，然最足見王肅重叠作僞之肺肝，故舉此以概其餘。惟姚氏據高似孫子略、宋濂諸子辨之説，疑子思年六十三（三係二之誤），不及與孔子問答，亦難遽定。汪琬跋子略曰：「漢書孔光傳首載孔氏譜牒，孔子生伯魚鯉，鯉生子思伋，伋生子尚高，則伯魚爲子思父審矣。家語孔子年二十，娶亓官氏，明年生伯魚。伯魚年五十，先孔子卒。孔子後三年始卒。使子思猶未生，則孔氏譜不足據耶？史記魯世家，穆公之立也，距孔子已七十年，子思壽止六十二，使穆公時猶在，則與孔子相隔絶久矣，其去伯魚當益遠，不得爲其子；然徧考諸書，又不言孔子有他支庶，何也？予以爲宜從孔叢子。蓋孔叢子與譜牒，皆出孔氏子孫之手，其説必有證左，非他書臆度者比也。」（堯峯文鈔卷三十九）則信孔子、子思有問答事，而無以袪子思年六十二之疑。梁玉繩曰：「王肅家語後序從史記作六十二。考伯魚先孔子卒，則孔子卒時，子思當不甚幼，而孟子、檀弓並稱子思在魯穆公時，故漢藝文志曰：『子思爲穆公師也。』孔子没於哀公十六年，歷悼公、元公至穆公即位之歲已七十年，安得子思年止六十二乎？毛氏四書賸言載王草堂復禮辨史記『六十二』是『八十二』之誤，曲阜孔農部繼汾闕里文獻考亦云然，當不謬也。劉恕外紀據孔叢記問篇子思、孔子問答，與抗志篇子思居衛、魯穆公卒之言，以子思年壽爲疑，而不知孔叢僞書，自不足信。通考二百九引書録解題及余東敍録廿六俱辨之。通鑑書子思言苟變於衛侯，在周安王廿五年，亦誤信孔叢耳。」（史記志疑卷二十五）然則孔子、子思之問答固不足信，即史記所載亦誤也。王肅家語後序從史記作六十二，豈非疏歟？葉適亦謂孔叢子所載子思歲月，全不可考（習學記言卷十七）。至四庫提要謂：「水經注引孔叢子曰『夫子墓塋方一里，在魯城北六里泗水上，諸孔邱封五十餘所，人名昭穆不可復識，有銘碑三所，獸碣具存』云云，今本無此文，似非完帙。然其文與全書不類，且不似孔氏子孫語，或酈道元誤證？抑或傳寫有訛，以他書誤題孔叢歟？」則單文偶徵，即出孔叢原書，亦與真僞無干。

一九、羅根澤諸子考索孔叢子探源（人民出版社一九五八年版）

一、「孔叢子」證僞

孔叢子之見於著録，就現在所見到的書而論，最早者爲隋書經籍志。該志論語家説是「陳勝博士孔鮒撰」(姚際恒古今僞書考説孔叢子「漢、隋、唐志皆無」,大概是因爲他祇看見子部儒家不載,並没有檢一檢經部論語家)。到宋朝嘉祐中(一〇五六—一〇六三),宋咸爲之注釋,其自序説:

「孔叢子者,乃孔子八世孫鮒,字子魚,仕陳勝爲博士,以言不見用,託目疾而退,論集先君仲尼、子魚、子上、子高、子順之言及己之事,凡二十一篇,爲六卷,名之曰孔叢子,蓋言有善而叢聚之也。至漢孝武朝,太常孔臧又以其所爲賦與書,謂之連叢子上下篇,爲一卷,附之。」

其實呢,此書原出依僞,隋志和宋咸的話都是不可靠的。茲先考證孔叢子二十一篇之僞。

(一)若真是孔鮒撰,劉向、班固及其他的漢代學者應當見過,爲甚麽漢書藝文志不載?爲甚麽漢代從没有一人徵引過、論述過?

(二)若真是孔鮒撰,據説鮒是孔子的八世孫,記孔氏行實,當然不致十分大錯。今此書雜訓篇載:「孟子居尚幼,請見子思,子思見之,甚悦其志。」夸獎孟子説:「孟子居儒子也,言稱堯、舜,性樂仁義,世所稀有也。」又載:「孟軻問牧民何先,子思曰:『利之。』」居衛篇也屢次載孟子問子思爲人處事之方、君臨萬民之政。孟子是受業子思之門人,不是受業子思之門,在我所做的孟子評傳中有詳細的考證。現在不能一一徵引;只考一考子思和孟子的年代,便知他倆絶不能見過面,師弟關係更談不到。我們知道伯魚死在孔子以前,所以孔子有「鯉也死有棺而無椁」之歎。子思是伯魚的兒子,他的生年,最晚不會超過伯魚死後的幾個月。所以孔子是大概見過子思的,而且有見過他十來歲的可能。孔子卒年，依公羊傳、穀梁傳、史記等書，在周敬王四十一年，當公元前四百七十九年。孟子生年，雖然不能確考，但大概在周烈王四年左右（孟子生年，本來因爲古書沒有記載，不能確考。生於周烈王四年之說，大概出於明人所傳之僞孟寧孟氏譜。郢書燕說，似難置信，但據以考孟子行歷，皆不抵觸，知道不甚相遠，所以自有清以至現在諸大儒多信之。詳拙撰孟子傳），當公元前三百七十二年左右。自孔子之卒，到孟子之生，前後相距一百多年，孟子哪能親受業子思之門呢？最奇怪的，此書不但叫子思下能親教孟子，還上能與孔子討論政治大端！記問篇說「夫子（孔子）閒居，喟然而歎，子思再拜請曰……」云云，又說「子思問於夫子（孔子）曰，爲人君莫不知任賢之逸也，而不能任賢，何故」云云。若真信爲是孔鮒記載祖德的信史，子思不成了壽享一百幾十歲的老怪物了嗎！……可是史記孔子世家明明告訴我們子思享年六十二了。

更有奇怪的，居衛篇說：「子思在齊，尹文子生子不類，怒而杖之，告子思曰：『非吾子也，吾妻殆不婦。』」考漢書藝文志尹文子下，班自注說是「說齊宣王」，師古引劉向說：「與宋鈃俱遊稷下。」依史記六國表，宣王之立，在周顯王二十七年，爲公元前三百四十二年。這時候的子思，大概是「墓木已拱矣」，那能從墳坑裏跳起來判斷尹文夫婦的牀笫之私呢？這真是大錯而特錯。若真出孔鮒手，不應當錯到如此。

（三）獨治篇說：「子魚生於戰國之世，長於兵戎之間，然獨樂先王之道，講習不倦。」這似乎不像自述的語氣吧？又說：「子魚名鮒甲，陳人，或謂之子鮒，或稱孔甲。陳勝既立爲王，其妻之父兄往焉，勝以衆賓待之，長揖不拜，無加其禮。其妻之父怒曰：『恬（庶按：當作「怙」）亂僭號，而傲長者，不能久矣。』不辭而去。陳王跪請（庶按：當作「謝」），不爲顧。王心慙焉，遂適博士太師（孔鮒）之館。……」若真出孔鮒自述，何能對自己的名字還二三其詞，不能決定？說名鮒甲，又說或稱孔甲，這是作僞者有意附會漢志雜家的孔甲盤盂。後來邯鄲書目就真的被他騙了，說甚麽孔叢子一名盤盂。適纔引的孔叢子一段有「其妻之父兄」一句，「其」字最要注意，孔鮒自述，恐怕不能自己稱「其」呀！

（四）答問篇說「博士（孔鮒）凡仕六旬，老於陳。將没，戒其弟襄曰……」云云，易簀危急之際，還能操觚著書嗎？所以我們可以斷定是後人僞作的。

二、「連叢子」證僞

次考證連叢子上下篇之僞。

（一）連叢子上下篇，據說是孔臧作的。但敍書篇說：「彦以將士高祖有功，封蓼侯。其子（臧）嗣焉，歷位九卿，遷御史大夫。……孝武皇帝重違其意，遂拜太常，其禮賜如三公。在官數年，著書十篇而卒。先時嘗爲賦二十四篇，四篇別不在集，以其幼時之作也。又爲書與從弟及戒子，皆有義，故列之於左。」這能說是孔臧的話嗎？

（二）敍書篇說到臧卒，爲之解者，還可以說這是序文，誠然是後人所作；本書固是孔臧所作。再看敘世篇說：「臧子琳，位至諸吏，亦傳學問。琳子黄，厥德不修，失侯。大司徒光以其祖有功德，而邑土廢絶，分所食邑三百户，封黄弟茂爲關内侯。茂子子國生子卯，爲諸生。……子卯生仲驩。……仲驩生子立。……子立生子元。……子元生子建，與崔義幼相善、長相親也。義事王莽爲建新大尹，數以世利勸子建。……光武中興……是時闕里無故，荆棘叢生。一旦，自闕廣千數百步，從舊講堂。」又敘孔魚「廿從劉子駿受春秋左氏傳」，這都是孔臧夢想不到的人、夢想不到的事。至連叢子下，所敘及的人物，時代更晚了。發端便說：「元和二年（八五年）三月，孝章皇帝東巡，過魯，幸闕里。」說「天子……乃召諸孔大夫年二十以上者六十三人，臨賜酒飯。子和自陳曰……」云云，又敘到子和「疾浸不瘳，乃命其二子留葬焉。二子長曰長彦，年十有二；次曰季彦，年十歲」，又敘季彦與華陰張太常、崔駰、長孫尚書、孔大夫、楊太尉的問答。又敘到季彦「年四十有九，延光三年（一二四年）十一月丁丑卒」。延光是漢安帝五次改元的年號，知道作書者最早在安帝以後，絶不能出於西漢孔臧之手。

（三）連叢子下說：「弘農太守皇甫威明問仲淵曰：『孔氏自三父之後，能傳祖之業者，常在於叔祖。今觀連叢子所記，信如所聞。然則伯季之後，弗克負荷矣。』」據本篇「永初二年（一〇八年），季彦如京師省宗人仲淵」，知道仲淵姓孔氏，是安帝時人（永初是安帝初元年號）。在連叢子裏論到連叢子，「真正豈有此理！」這大概是依僞的人恐人不信，所以設爲問答，以廻護其書；但僞跡便從此暴露了，這才是弄巧成拙哩！

三、「孔叢子」及「連叢子」之著作年代

那末，是甚麽時代僞的？是誰僞的？第一個問題，我的答復，是曹魏。第二個問題，我的答復，以爲它和王肅有關係。我的理由：

（一）朱子語類説：「孔叢子説話多類東漢人，其文氣軟弱，全不似西漢文字。西漢初若有此種語，何故略不見於賈誼、董仲舒所述，恰到東漢方突出來？皆不可曉。」朱子説「到東漢方突出來」，不知何所見而云然？東漢各書，不見徵引；始徵引者，就謭陋所知，似乎始見王肅的聖證論。聖證論説「學者不知孟軻字，按子思書及孔叢子有孟子居，即是軻也。軻少居貧坎軻，故名軻，字子居也」（見太平御覽三六二）。王肅是作僞的能手，舉世稱誦的孔子家語，便是他的出産品。這是因爲他要推翻鄭康成，於是先造家語、孔叢子諸書（其中當然有古代遺説）；然後據爲證佐，作聖證論，反駁康成之説。孟軻的字，史記本傳、漢書藝文志和風俗通義窮通論都不著，趙岐的孟子題辭更説「字則未聞」。子思子、孔叢子若是真書，司馬遷、班固、應劭、趙岐，以及東西兩漢的大儒，都未免太鄙陋了！我想字孟子叫子居，大概是王肅所賜，所以爲之解釋其義，説甚麽「少居貧坎軻，故名軻字子居也」。

（二）四庫提要説：「朱子所疑，蓋非無見。即如舜典『禋於六宗』，何謂也？子曰『所宗者六，皆潔祀之也。埋（庶按：「理」當是「埋」之訛）少牢於泰昭，所以祭時也；祖迎於坎壇，所以祭寒暑也；

主於郊宮，所以祭日也；　夜明，所以祭月也；　幽禜，所以祭星也；　雩禜，所以祭水旱也。「禋於六宗」，此之謂也』，其説與僞孔傳、僞家語並同，是亦晚出之明證也。」按僞孔傳出梅賾，賾是晉元帝時人。王肅生於漢獻帝興平二年（一九五年），卒於魏高貴鄉公甘露元年（二五六年），此書和僞孔傳從同，當然是僞孔傳鈔此，不是此鈔僞孔傳。可是與王肅所造僞家語從同，却可以暗示我們同出一人之手。

（三）陳振孫直齋書録解題疑顔師古未見此書。宋濂諸子辨説：「僞之者其宋咸歟？」朱子和姚際恒也「以爲即註者僞作」（古今僞書考）。這些説都不對的。隋志已經著録，其産生的年代，當然在唐臣撰隋書以前。再考酈道元作水經注，已經引孔叢子文，説：「夫子墓塋方一里，在魯城北六里泗水上。諸孔邱封五十餘所，人名昭穆不可復識。有銘碑三所，獸碣具存。」固然今本已佚；　但孔叢子一書，酈道元已經見到，是誰也不能否認的。酈道元是北魏人，那末，孔叢子更當在北魏以前了。

姚際恒古今僞書考説：「李濂以爲東漢末季彦輩爲之。」這也是没有根據的臆説。連叢子下敘季彦「年四十有九，延光三年十一月丁丑卒」。若是「季彦輩爲之」，那能敘到自己之卒呢？　延光三年，是安帝最末第二年，那末，此時最早在安帝之後。安帝之後，經順、冲、桓、靈四帝，便是獻帝，便是漢家滅亡的年代，便是王肅生長的年代。此書既上不過安帝，下不到北魏，正是曹魏的時候，所以我們敢武斷的説是漢末曹魏時的僞書。又因爲和曹魏時的作僞能手王肅有些關係，所以疑心是王肅所造。

儻以上所考的不甚錯誤，可得此下的結論：

(一)絶對是僞書。

(二)作僞的時代在曹魏。

(三)作僞的人大概是王肅。

(一九三二年八月十日據舊稿諸子概論講義補充爲此)

二〇、錢穆先秦諸子繫年一六〇孔叢子載孔子順事跡辨(商務印書館二〇〇一年版)

史記孔子世家：「孔子後六世爲子高穿，穿生子順，嘗爲魏相。子順生鮒，爲陳涉博士，死陳下。」後世有孔叢子，詳記穿、順、鮒三世行事。孔叢僞書，本可無辨。顧朱子語類謂「其書蓋孔氏後人集先世遺文而成」，若其記載猶有來歷，故後世多據以爲説。余考其書中事實，多有大謬不然者。因知朱子之説，亦不可信。姑摘論其載子順事有關史實者以示例。如齊攻趙，圍廩丘，趙使孔青擊之，獲尸三萬，子順聘趙，勸歸齊尸。此事見吕氏春秋，勸歸齊尸者爲甯越。證之紀年，其事遠在威烈王時，參讀考辨等五五。下距子順之世尚百七十年。孔叢輕爲剿竊，其妄如此。又秦急攻魏，子順請以國贊嫪毐，其語疎鄙，蓋本魏策或人之言，妄人竊取，不悟其不足重子順也。且子順爲魏相，既負隆譽，魏策亦不應不著其名。又季節見於子順，子順賜之酒云云，季節乃子順父執，子順如何又爲季節尊長？妄人者乃並此而不知。虞卿早達，立談相趙，迨其棄趙相印，偕魏齊亡之魏。魏齊既自剄，虞卿窮愁乃著書。長平之役，虞卿復在趙用事，則略當子高世耳。子順猶爲晚進。奈何虞卿著書，魏齊誠之以謂不當稱春秋，而又以詢之子順？顛倒史實，抑何甚也！凡此皆其疎謬之尤易見者。周季編略書子順相魏於魏安釐王十七年，當秦攻趙長平之時，則據孔叢本書情事考之，亦覺未愜。本書稱子順相魏九月，遂寢於家，則此後必不復出。編略又以魏景湣元年，趙相魏相會魯柯，魯柯之盟，趙、魏兩世家均未載。志疑云：「魯地無名柯者，又此時魯已滅，尚安得稱魯柯？而趙、魏會盟亦不得至魯地，疑有誤。」史記札記云：「春秋襄十九，叔孫豹會晉士匄於柯，杜注在魏郡内黄縣西北，蓋魏地也。」謂出子順之謀，一不合也。又其後一年，五國共擊秦，本書謂子順會之，不應謝事高隱之後，無端復出，二不合也。又其後二年，嫪毐封長信侯，本書謂秦急攻魏，魏王駕如孔氏，子順進以國贊嫪毐之謀，其時去謝事去相已二十餘年，其爲魏國老，較之乃祖孔子之於魯，遠過之矣，恐亦無此情事，三不合也。子順既退，其語新垣固曰：「當今山東之國，弊而不振，三晉割地以求安，二周折節而入秦，燕、齊、宋、楚已屈服矣。宋已久亡，此原書之妄也。不出二十年，天下將盡爲秦。」若當秦、趙相搏長平，諸侯合從救趙之際，豈得云此？四不合也。本書又有魏王使相國子順修好鄰國，遂連合於趙，趙王問所以求北狄。若當秦攻趙長平，趙王何來有此遐思？五不合也。此條子順答語，乃漢人襲取中行説説耳，本不足信，今姑據以折黄説之未當。繹史年表，孔斌相魏在安釐王十八年，同一不合。今子順相魏事，既他無可考，如不得已而必據孔叢所載以定其年，亦當以在信陵君既死、楚約五國伐秦之後，於嫪毐敗死之前，約當魏景湣王之三四年，差爲得之。即上推之於其父穿，下推之於其子鮒，年世相及，亦略當也。韓策一有魏順謂市丘君一節，吴師道補注云：「此楚懷王爲從長，合齊、趙、韓、魏、燕及匈奴伐秦時事，在懷王十一年。策文見孔叢子，以爲子順之言。其注謂魏公子無忌率五國兵敗蒙恬，尤爲誤。」如吴考，其時尚未有平原君，烏得有孔穿之子孔順？是孔叢書僞竊魏順爲孔子順也。要之，孔叢書不可據，而孔子順當在戰國末年，則可推耳。

二一、陳夢家尚書通論古文尚書作者考下篇（中華書局二〇〇五年版）

東晉的孔安國可能是古文尚書作者（節録）

關於孔安國註尚書的事，不見正史，惟在孔叢子中有兩段重要的材料。此書朱子以爲僞書，並且説它和古文尚書是一手僞作。此書之所以不僞，及其與孔傳古文的不同，别詳專文。……孔叢子分上中下三篇，下篇即連叢子。此敘書在第一篇，略近序言。敘書述孔臧事，所以後世以連叢子爲孔臧所作。今考孔臧事，漢書高惠高后文功臣表云：

蓼夷侯孔藂，以執盾，前元年從起碭，以左司馬入漢爲將軍，三年以都尉擊項藉，屬韓信侯。高祖六年正月丙午封，三十年薨。孝文九年侯臧嗣，四十五年元朔三年坐爲太常衣冠，道橋壞，不得度，免。元康四年藂玄孫長安公士宣詔復家。

又漢書藝文志敘，公孫宏奏「謹與太常臧、博士平等議」，又儒家有「太常蓼侯孔臧十篇」。凡此孔臧嗣侯爵、官太常，當武帝時，著書十篇，都與敘書一一符合。但細審此篇，確經後人竄改，其跡如下：

（一）據漢書孔光傳，漢元帝時封孔霸爲褒成君關内侯，奉夫子祀，王莽時改君爲侯。成帝紀綏和元年封「孔吉爲殷紹嘉侯，三月進爵爲公」。又後漢書王莽傳中「殷後宋公孔弘運轉次移，更封爲章昭侯，位爲恪。然宣尼公後褒成子孔鈞已前定矣」。孔鈞即孔均，霸曾孫，嗣褒成侯，原名莽，見孔光傳、王莽傳上。以上封殷後和奉夫子祀官都在漢武帝後。

（二）據史記孔子世家曰「安國爲今皇帝（武帝）博士，至臨淮太守，蚤卒」，漢書儒林傳曰「安國爲諫大夫」，都無爲侍中的記載。

（三）安國與臧雖同時，是否兄弟輩不得而知。

（四）與從弟書「舊章潛於壁室，正於紛擾之際」，武帝時如何謂之紛擾？

由上述四點看出敘書與孔臧時代有刺謬之處，進而懷疑敘書本身或有造僞的可能。但敘書並不僞，是後來編輯者有所更易。敘書末節顯係編者案語，知其文已非原來面目。編者因爲看到孝武皇帝，以爲是西漢的孝武皇帝；看到安國，以爲是前漢的孔安國，因此一切易以西漢的人物。我們看出有未改以前的遺跡，知道敘書所述是東晉孔愉的事。今據孔愉傳把敘書復原如下：

彦——愉

臧—汪

安國—東晉孔安國

孝武皇帝—晉孝武帝

蓼侯—餘不亭侯

高祖—中宗

以所改的孔愉事重讀敘書、與從弟書，則時、地、人三者更爲合宜。

（一）敘書云：　先世「相魏，居大梁」，孔愉傳云：「其先居梁國。」

（二）敘書云：「始有三子焉」云云，孔愉傳云「三子：　誾、汪、安國；　誾嗣爵……誾子静，字季恭……」，宋書孔季恭傳、南史孔靖傳均作靖。晉書孝武帝紀曰：「太元十一年八月庚午封孔靖之爲奉聖亭侯，奉宣尼嗣。」孔靖之即孔靖（註四：「靖」下多一「之」字，或因「孔琳之」等例誤加。堯典正義「又劉歆、賈逵、馬融之等並傳孔學云」，亦多一「之」字）。宋書孔季恭傳永初三年（公元四二二年）卒，年七十四，則太元十一年當三十八歲。

（三）敘書汪拜太常在孝武帝時，時安國爲侍中。考宋書禮志三曰「太元十二年詔議明堂郊祀，太常孔汪議曰……」，是孔汪於太元十二年（公元三八七年）已爲太常，比安國爲侍中早一年。此中恐有年數小誤，但孔汪爲太常、安國爲侍中皆在孝武帝太元中，則與敘書符合。又孔汪卒於太元十七年（公元三九二年），距其拜太常才數年，所以敘書説「遂拜太常……在官數年，著書十篇而卒」。

（四）隋書經籍志集部「梁有太常孔汪集十卷，亡」，與敘書所謂「著書十篇」相合。

惟有兩點似乎不合。敘書臧嗣爵則是汪嗣愉爵，而孔愉傳誾嗣爵，這恐怕一個嗣餘不亭侯，一個嗣奉聖亭侯。誾子靖爲奉聖亭侯，可證。與從弟書作書者與受書人是從兄弟，而晉書孔愉傳汪與安國是愉之子，而續晉陽秋則以安國爲愉第六子。（註五：尚書泰誓正義云：「武帝時有太常蓼侯孔臧者，安國之從兄也。與安國書云：時人惟聞尚書二十八篇，取象二十八宿，謂爲信然，不知其有百篇也。」本之孔叢子。）

由上所述，敘書與與從弟書所述並東晉會稽孔安國、孔汪兄弟事，那末，其中關於編綴尚書的事同樣可信。讀與從弟書，知安國先有書報汪。而敘書與與從弟書中所述可與孔傳本尚書序比較。今取尚書序有關各節録之如下：

先君孔子……討論墳典，斷自唐、虞以下迄於周，芟夷煩亂，剪截浮辭，舉其宏綱，撮其幾要，足以垂世立教，典謨訓誥誓命之文凡百篇。

與從弟書云：「何圖古文乃自百篇耶。」

至魯共王好治宫室，壞孔子舊宅以廣其居，於壁中得先人所藏古文虞、夏、商、周之書及論語、孝經，皆科斗文字。王又升孔子堂，聞金石絲竹之聲，乃不壞宅，悉以書還孔氏。科斗書廢已久，時人無能知者。以所聞伏生之書考論文義，定其可知者爲隸古定，更以竹簡寫之，增多伏生二十五篇。伏生又以舜典合於堯典，益稷合於皋陶謨，盤庚三篇合爲一，康王之誥合於顧命，復出此篇，並序凡五十九篇，爲四十六卷。其餘錯亂摩滅弗可復知，悉上送官，藏之書府，以待能者。

與從弟書云：「知以今讎古，以隸篆推科斗，已定五十餘篇，並爲之傳，云其餘錯亂文字磨滅，不可分了，欲垂待後賢，誠合先君闕疑之義。」

書中所謂「云其餘……」，明是安國與汪書中語如此，正是大序所述。與從弟書云「如堯典說者以爲堯、舜同道，弟素常以爲雜有舜典，今果如所論」，所論者即大序云「伏生又以舜典合於堯典」。科斗書指孔子壁中書，「科斗書廢已久」或指壁中書已失傳，不得已「以所聞伏生之書考論文義」，即與從弟書所說「以今讎古，以隸篆推科斗」。是從今文尚書推造古文尚書。故二十五篇古文除引用先秦書籍中所引逸書外，其形式無一非模仿今文。與從弟書云「以弟博恰溫敏，既善推理，又習其書」，此所謂「推」即書中所謂「以隸篆推科斗」。五十八篇外尚有四十二篇，孔安國未曾再推造，故與從弟書云：「而猶尚絕意，莫肯垂留三思，嗚呼惜哉！先王遺典，缺而不補，聖祖之業，分半而泯。」隋書經籍志有尚書逸篇二卷，新唐書藝文志有尚書逸篇三卷，徐邈註。隋書經籍志云「又有尚書逸篇出於齊、梁之間，考其篇目似孔氏壁中書之殘缺者」。此逸篇或是孔安國的賸稿「悉上送官藏之書府」，故徐邈爲之作註；或是先孔安國已有，安國據之推造古文者：

承詔爲五十九篇作傳，於是遂研精覃思，博考經籍，採摭羣言，以立訓傳，約文申義，敷暢厥旨，庶幾有補於將來。

此即敘書所云「侍中安國承詔綴集古義」、與從弟書云「已定五十餘篇，並爲之傳」。大序至此已完，而今孔穎達正義本於此下更有一段：

書序，序所以爲作者之意，昭然義見，宜相附近，故引之各冠其篇首，定五十八篇。既畢，會國有巫蠱事，經籍道息，用不復以聞。傳之子孫，以貽後代，若好古博雅君子與我同志，亦所不隱也。

自「書序」至「不復以聞」，疑是齊、梁、隋、唐間人所竄入。孔傳五十八篇尚書外，兼亦爲序作傳，所以大序說「並序凡五十九篇」、「承昭爲五十九篇作傳」，明書序亦是一篇。東漢今文尚書序另成一卷，附於經文後，孔傳本當亦如此。不知何時將序分冠各篇，所以才有「定五十八篇」之語。補此段者不知作傳的孔安國並非西漢孔安國，所以插入巫蠱一事。此段當陸德明經典釋文時已有。

由此說來，侍中孔安國在尚書序中並沒有意冒充西漢的孔安國，孔汪與安國的信正當安國作好古文尚書和傳以後，故尚書序與與從弟書互相一致。安國既是孔氏后裔，對於當日的俗儒淫辭繁說十分不滿，所以根據東漢傳下來的百篇序推造百篇中的五十八篇，此五十八篇有三十三篇仍用今文，所造只二十五篇。四十六卷五十九篇去序一卷一篇，尚有四十五卷五十八篇，桓譚新論云「古文尚書舊有四十五卷五十八篇」，孔安國本此。只有這一點，孔安國有意與它符合。

附録四

孔叢子的成書年代與真僞

孔叢子是一部記敘孔子及後世子孫某些言行的古書，漢書藝文志無著録，其書的出現，最早見於曹魏時期：

孔叢所謂「憂思三年，追悔前愆，起而即政，謂之明王」者也（太平御覽卷八三引帝王世紀。這段文字見於宋嘉祐八年刻本孔叢子論書篇，「即政」作「復位」）。

孔叢子曰：「猗頓，魯之窮士也，耕則常飢，桑則常寒。聞朱公富，往而問術焉。朱公告之曰：『子欲速富，當畜五牸。』於是乃適西河，大畜牛羊於猗氏之南。十年之間，其息不可計，貲擬王公，馳名天下，以興富於猗氏，故曰猗頓。」（裴駰史記貨殖列傳集解引。這段文字見於宋嘉祐本孔叢子陳士義篇，其「常寒」、「朱公富」、「其息」，嘉祐本作「長寒」、「陶朱公富」、「其滋息」）

孔叢子曰：「趙人公孫龍云：『白馬非馬。馬者所以命形，白者所以命色。夫命色者，非命形，故曰白馬非馬也。』」（劉孝標世説新語文學注引。據文意，該文當爲宋嘉祐本孔叢子公孫龍篇

「或謂子高曰」下的佚文。這段文字又見於公孫龍子白馬論）

孔叢子曰：「夫子塋方一里，在魯城北六里泗水上，諸孔氏封五十餘所，人名昭穆，不可復識。有銘碑三所，獸碣具存。」（酈道元水經泗水注引。這一段文字不見於宋嘉祐本及其他傳世諸本孔叢子，當爲孔叢子佚文）

孔叢子一書最早的著録，見於隋書經籍志，謂：「孔叢七卷，陳勝博士孔鮒撰。」後唐、宋、元、明、清歷代官私書目均有著録，歷代多有刻本、抄本傳世。該書在流傳中主要有兩個問題。

一、孔叢子作者真僞與成書年代問題。由於隋書經籍志著録孔叢子爲孔鮒所撰，但第七卷連叢子所記乃孔鮒身後之事，因此自宋代開始，「孔鮒撰」説遭到質疑。宋晁公武以爲「孔叢子即漢志孔甲盤盂書而亡六篇，連叢即漢志孔臧書，而其子孫或續之也」（郡齋讀書志。元馬端臨文獻通考卷二百九引），宋嘉祐三年宋咸注孔叢子，謂「此書蓋孔氏子孫所集」（連叢子下叙世注），宋洪邁以爲孔叢子「略無楚、漢間氣骨，豈非齊、梁以來好事者所作乎」（容齋三筆），宋朱熹懷疑「孔叢子説話多類東漢人，其文氣軟弱，全不似西漢文字」（元馬端臨文獻通考卷二百九引），「孔叢子敘事至東漢，然辭氣甚鄙近，亦非東漢人」（朱熹孝經刊誤附記），明李濂推測「或子豐、季彦輩集先世遺文而成之，故其書東京始行」（孔叢子序，明刻白口本鍾惺評孔叢四卷本所載），四庫提要謂孔叢子「其説與僞孔傳、僞家語並同，是亦晚出之明證也」，顧實認爲孔叢子、孔子家語二書並出王肅依託，斷言「孔叢子論書篇，其説與僞孔傳、僞家語並同，此即王肅僞造孔叢之明證也」（重考古今僞書考）。近現代學者在總括前人之説的基礎上，爲孔叢子的成書年代大致定了一個下限時斷。陳夢家通過分析連叢子，看出其叙書與孔臧的時代有刺謬之處，懷疑叙書有被後人更改的可能。考證叙書所述是東晋孔愉的事，叙書與與從弟書所述並東晋會稽孔安國、孔汪兄弟事；並認爲東晋有一與西漢臨淮太守孔安國同名的孔安國，此孔安國卒於東晋義熙四年（公元四〇八年），與從弟書所言編綴古文尚書，出於東晋孔安國之手（陳夢家尚書通論。一九六〇年，陳夢家又謹慎地認爲：「東晋孔安國雖不能確定他必是孔傳本的作者，但孔傳本的編作者，還是和他同時的。」見尚書補述）。由此帶出的結論是，孔叢子的最後成書，當在東晋義熙四年前後。陳夢家先生的文章寫於一九四二年，後來有學者撰文，認爲孔叢子二十三篇的最後編定在東漢桓、靈之際（黄懷信孔叢子的時代與作者，西北大學學報一九八七年第一期）。二者比較來看，陳夢家的考證更具有説服力。孔叢子公孫龍篇所載有關公孫龍的一段文字，與今本公孫龍子跡府篇第二段基本相同。一般認爲跡府篇是後人雜採他書而輯成，譚戒甫公孫龍子形名發微跡府第二：「文祇二段：前段爲後漢桓譚所作，後段核由孔叢子抄襲而成，或唐人所增。」又流别第七：「太平御覽四百六十四人事部引桓譚新論曰：『公孫龍，六國時辯士也，爲守白之論：假物取譬，謂白馬爲非馬。非馬者，言白所以名色，馬所以名形也。色非形，形非色。』……若御覽所引新論，於原文果有删節，則今跡府前段全屬譚作無疑。」太平御覽所引新論與劉孝標所引孔叢子文，當爲同一來源。現在看來，孔叢子公孫龍篇後段關於「臧三耳」的文字，上見於呂氏春秋淫辭篇，而前段文字當來源於桓譚新論。後漢書桓譚傳：「初，譚著書言當世行事二十九篇，號曰新論，上書獻之，世祖善焉。」則桓譚新論的出現在東漢初，而孔叢子編著者採其文入公孫龍篇，可在桓譚身後之時。據唐李賢注，時尚得新論二十九篇各篇之篇名，知其時新論尚存。內容基本相同的一段文字，劉孝標謂之孔叢子，太平御覽謂之新論，可以間接證明孔叢子公孫龍篇的這一段文字當出於桓譚新論，亦可證公孫龍篇成文當在東漢後。孔叢子居衛篇：「尚書虞、夏數四篇，善也。」許華峰説：「『數四』一詞，先秦典籍中未見。現有的文獻中，大約以東漢劉珍東觀漢記張純傳『一日或數四引見』較早使用。此詞至魏、晉、南北朝才廣泛出現。」（孔叢子引尚書相關材料的分析，輔仁大學先秦兩漢學術第一期，二〇〇四年三月）以内證立論，可作爲陳夢家「東晉成書」説之佐證。孔叢子所引尚書文句中，有益稷、太甲上二篇，其篇名見於傳説爲東晉梅賾所獻孔傳古文尚書。關於孔傳古文尚書，有學者認爲，有三國時期出現的「前僞孔傳」與東晉時梅賾所獻，齊、梁以後開始流行的「孔傳古文尚書」。到南齊時期，前僞孔傳失傳，而後僞孔傳古文尚書的作者可能採用了前僞孔傳中的大量内容，孔叢子似應出現在前僞孔傳之後（詳馬雍尚書史話，中華書局一九八二年）。就孔叢子所引益稷、太甲上來看，該書最後成書，應在曹魏末年至東晉時期，這又可成爲東晉成書説一佐證。從孔叢子的最早被引用情況來看，皇甫謐帝王世紀有「陳留王即位禪晉，封陳留王就國治鄴，奉魏宗祀」一段文字，陳留王即魏元帝曹奂，其滅國之年爲公元二六三年，今本帝王世紀記事止於此，就其書中所引有孔叢子論書篇文字來看，雖然不一定是孔叢子定本，但當爲目前所見引用孔叢子的最早文獻。劉孝標的世説新語注大概寫於梁武帝天監六、七年（公元五〇七—五〇八年）間（從余嘉錫世説新語箋疏説），裴駰撰史記集解的時間，史無明論，但其父裴松之是卒於公元四五一年，則史記集解的時間，亦有了大致的斷限。酈道元卒於公元五二七年。從孔叢子見諸文獻所引而推測其最後成書時間，到該書的通行，其間相隔不到二百年時間，這也符合古書出現後通行的一般規律。

二、孔叢子書中有關内容的真僞問題。孔叢子書中的某些記事，有在人物關係、時間上出現互相矛盾的現象，這成爲後人認定其爲僞書的根據。宋、明以來，學者從敘事、考史的角度，考證出一些問題。宋人葉適從嘉言、居衛、獨治、連叢子四篇中看出一些問題，提出疑問，但葉適與後代學者不同，看問題比較客觀，認爲「大抵堯、舜以來，史文不繼，歲月斷闕，孔子以書、詩次之，存其大略，惟春秋二百餘年最爲明備，所以尤惓惓於此書，蓋問學統紀之大者。孔子殁而春秋廢，雖其子孫自記家事，而於子思之歲月尚詭舛如此，況其他乎」（習學記言序目孔叢子），説明由於時代久遠，孔氏子孫自記家事會出現誤記的現象，而非有意作僞。記問篇載子思與孔子問答事，高似孫認爲：「孟子以子思在魯穆公時固常師之，是爲的然矣。按孔子没於哀公十六年，後十六年哀公卒。又悼公立三十七年，元公立二十一年。穆公既立，距孔子之没七十年矣，當是時，子思猶未生，則問答之事，安得有之耶？」（子略）雜訓、居衛二篇記有孟子受業子思之事，羅根澤考證説：「孟子是受業子思之門人，不是受業子思之門……孔子卒年，依公羊傳、穀梁傳、史記等書，在周敬王四十一年，當公元前四百七十九年。孟子生年，雖然不能確考，但大蓋在周烈王四年左右，當公元前三百七十二年左右。自孔子之卒，到孟子之生，前後相距一百多年，孟子那能親受業子思之門呢？……居衞篇説：『子思在齊，尹文子生子不類，告子思曰：「非吾子也，吾妻殆不婦。」』考漢書藝文志尹文子下，班自注説是『説齊宣王』。師古引劉向説：『與宋銒俱遊稷下。』依史記六國表，宣王之立，在周顯王二十七年，爲公元前三百四十二年。這時候的子思，大概是『墓已拱矣』。」（諸子考索孔叢子探源）論勢篇：「齊攻趙，圍廩丘。趙使孔青帥五萬擊之，尅齊軍，獲尸三萬。……子順曰：『非所以窮之也。死，一也。歸尸與不歸，悲苦胡異焉？以臣愚計，貧齊之術，乃宜歸尸。』」錢穆據吕氏春秋核之，勸歸齊尸者爲甯越，其事在威烈王時，下距子順之世尚百七十年，並認爲本篇及對魏王篇、陳士義篇、執節篇所記子順之事，核之史料，有五不合之處（詳其先秦諸子繫年孔叢子載孔子順事跡辨）。

上述諸家所考，皆就事論事，從史實的角度看，也確爲考之精當，然而古書中關於人物、事件的一些記載，按後來的考據標準，往往有許多互相抵牾之處。如風俗通義窮通篇：「孟軻受業子思。」列女傳母儀鄒孟母傳：「孟子師事子思。」漢書藝文志注：「孟子，子思弟子。」趙岐孟子題辭：「（孟子）師事孔子之孫子思。」後人以此事與史料不合，以爲古人誤記，謂當改作「受業子思之門人」。實際上，孟子受業子思，爲漢人流行之説，至於與今人所見史實是否相合，是另外的事，況且對某些史料尚有爭議，如關於子思年六十二之論，毛奇齡說：「孟子受業子思之門人，出史記列傳，然隋秘書監王劭謂『人』是衍字。……嘗舉以詢座客，多無識者，惟王草堂辨之極悉……則史記所云『子思年六十二』者，或是八十二之誤……則受業子思，或未可盡非者與？」（四書賸言卷三）姚際恒據此以定孔子卒時，子思尚或未生，不可能與子思有問答之事（古今僞書考孔叢子）。對於孔子與子思所處時代，黄云眉引汪琬及梁玉繩的考證，認爲孔子與子思問答之事或不訛（古今僞書考補證孔叢子）。就孔叢子來說，孔氏後人由於年代久遠而誤記前代之事，這在當時的文化氛圍下是正常的，後代學者據相關史料考證出的結論是科學的，但這兩件事是不能互補的。宋人葉適尚能正確看待這樣的問題，我們不能退到葉適以前，故今人不可以此非彼，按時下的標準來强改古人之説。孔叢子中的某些記載，應當辨證地看待。古書記載中出現互相抵牾的現象，不獨孔叢子，其他一些類似典籍的記載亦然。吕氏春秋義賞篇：「趙襄子出圍，賞有功者五人，高赫爲首。……仲尼聞之曰：『襄子可謂善賞矣。賞一人而天下之爲人臣莫敢失禮。』」事又見於韓非子難一篇、説苑復恩篇。葉大慶考證：「晉陽罷圍，乃貞定王十六年……時孔子卒已二十六年。此謂趙襄子善賞士爲仲尼之言，考其年歲先後，則知其誤矣。」（考古質疑卷四）則上述所記，當爲傳聞之辭。又説苑君道篇：「晏子没，十有七年，景公飲諸大夫酒。」據向宗魯校證，晏子卒於景公四十八年，後十年景公卒，則此云晏子卒後十七年景公尚存，誣也（説苑校證）。晏子春秋内篇雜下第六：「晏子使吴，吴王謂行人曰：『吾聞晏嬰，蓋北方辯於辭、習於禮者也。命擯者曰：

「客見則稱天子請見。」』……然後吳王曰：『夫差請見。』」葉大慶考證：「左傳，吳王夫差立於定之十四年。按：史記齊世家，晏子卒於定之十年，二書皆出於劉向之前。合是而觀，晏子卒而夫差未爲吳王，夫差立而晏子已卒四年矣，然則此事爲誤明矣。」在古代圖書分類中，列入諸子一類的文獻，其人物、記事中往往出現這種現象。如果在微觀上統以有關人物、事件之「不合」來論其真僞，恐怕諸子中很難有哪一部典籍能僥幸逃脱「僞書」之究。就先秦諸子中墨子、莊子來看，其中有些内容顯係墨、莊後學所記，這與孔叢子中有些内容出自孔鮒身後之筆是相同的。如莊子中出現過孔子的一些言論、事跡，而這些言論、事跡，顯係莊文撰者爲突出莊學思想而杜撰出來的，如以此核之論語等，謂爲莊文之僞，則大錯而特錯，然而古今學者實則無人以此爲據而否莊文，亦無人據吕氏春秋等記事有抵牾而非之，而獨於孔叢子，緊緊盯住不放，如此苛責，對同樣的客觀對象考證上採用雙重標準，不能不説是某些學者的偏見之舉。其所以然，除孔叢子摻雜進了成書之後被後人改寫的一些内容外，主要應當是與孔叢子這一類書的記言記事特點有關。孔叢子一書，基本上是以一些短篇故事或某些話題組合來論道説理，這種撰寫體例，實爲漢代及後期流行的方式，與説苑、新序、晏子春秋、風俗通義等書有相似之處。書中爲講學説理而選用的材料，或根據前代典籍的記載，或根據社會上長時期人們口頭輾轉傳播，因此這些流傳中的内容，就容易發生分歧和增損，同樣的一件事，在不同地區、不同的時期，内容可能會出入很大；同一個人在不同的文獻記載中，可能會生活在不同的年代。這些就是子書一類文獻的形成過程，並且這些文獻的産生，主要是爲説理、立論而撰寫，它不同於官家主修的史籍。史籍所修，一則有許多官府藏書可資參閲，一則在敘事上有嚴謹的標準與傳統。然而即使如此，後來者於早期的史料選擇，還會遇到「所見異辭、所聞異辭、所傳聞異辭」之類的事情。又以今人的考證，尚多有失實之處，古時私家著述可想而知。他們所能掌握的材料，一部分來源於家學，一部分來源於傳聞中的「異辭」，所據材料只要符合説理標準即可，往往是借前人之語、前代之事以申己意，並不會去刻意考核，實際上當時可能是根本無從考核某些材料的「真僞」，這些就是某些古書形成時期的學術氛圍。以這樣的標準核之孔叢子，其記言記事中的一些問題，當屬正常現象。嚴可均謂：「良由所見異詞，所聞異詞，所傳聞異詞。不必同李斯之法，别黑白而定一尊。淺學之徒，少所見多所怪，謂某事與某書違異，某人與某人不相值，生二千載後，而欲晝一二千載以前之人之事，甚非多聞闕疑之意。」（鐵橋漫稿卷八書説苑後）這段話同樣適合於孔叢子。從宏觀上説，考經史之學與治諸子，在上述問題上，應當是雙重標準。在微觀上，治其他子書與治孔叢子，在上述問題上，則不應該是雙重標準。日本學者冢田虎對孔叢子有過較公允的評價，其注孔叢子序説：「此書之所編，自首篇至第十篇，記仲尼、子思遺言，而末附録小爾雅者，則是似孔氏所舊藏焉。第十二篇以下，則其家有往往所録，而孔鮒没後，其弟子之所追纂也與？而以虎觀之，自首篇至第五篇，其聖人之遺言也，則懿訓卲義，固不可以間然矣。自第六篇至第十篇，其子思之言行，亦克負荷其聖業而與道進退。……第十二篇以下，子高、子順、子魚，皆父子相承，善繼其志，善述其事……

而晦菴視此書如土芥者，虎太疑焉。此何事而鄙陋之甚？何理而無足取？何詞而不足觀？……又假令此書實後來撰出，然亦必孔氏之子孫，撰於其所傳，取於其所聞，所以編輯之也。則雖非正其辭，於事無非，於義無失，乃亦所宜以爲孔氏之書也。……而連叢子二篇……其篇末記孔季彦之卒，則知季彦之子弟，輯孔臧以來遺記，以連乎其家書者也矣。然則此書之出於孔氏，而敷行於世，在東漢延光後也必矣，故漢志未之載也。其此書之出焉，雖則在東漢，然此書之所編至第十篇，則其家所舊藏焉。第十二篇以下，則是往往所附録，而將非一手之筆焉。」冢田虎對孔叢子一書的内容、性質、編者及成書年代，均作了實事求是的闡釋，相比較於中國宋、明以來的一些學者的研究，冢田虎可謂不受束縛，説法相當客觀。其文撰於日本寬政七年（公元一七九五年，當中國清乾隆六十年），其中關於孔叢子編者及成書年代的推測，時至今日，仍爲中國國内某些學者（陳夢家説除外）所因襲而自奉爲新説，這於學術來説是一種悲哀。

孔叢子的文獻與思想價值

在明確了孔叢子的性質、編者及大致成書年代的前提下，就孔叢子記言記事内容，從文獻流傳及其學術思想的角度看，該書有以下幾方面的價值。

一、孔叢子中某些文句、某些敘事，引用、套用前代典籍舊語較多，因此可據以補正被引用、套用的前代文獻在流傳中所發生的訛誤。

第一，是書對於研究墨子有參考價值。墨子有非儒下，孔叢子有詰墨篇。非儒下傳世刻本的一些文字訛誤，可據孔叢子校正。

墨子非儒下：「齊景公問晏子曰：『孔子爲人何如？』晏子不對，公又復問，不對。景公曰：『以孔某語寡人者衆矣，俱以賢人也。』」孫詒讓閒詁：「『以』下當據孔叢子詰墨篇增『爲』字。」按：孔叢子詰墨篇：「墨子稱：『景公問晏子以孔子而不對，又問三，皆不對。公曰：「以孔子語寡人者衆矣，俱以爲賢人。今問子而不對，何也？」』」孫説是。此爲補非儒下最直接之據。

墨子非儒下：「孔某窮於陳、蔡之閒，藜羹不粈，十日，子路爲享豚。」孫詒讓閒詁：「王云：『「爲」字後人所加。「享」即今之「烹」字也，經典省作「亨」，後人誤讀爲燕享之「享」，故又加「爲」字耳。孔叢子詰墨篇、藝文類聚獸部中、太平御覽人事部百二十七、飲食部十一、獸部十五引此皆作「子路烹豚」，無「爲」字。』」按：孔叢子詰墨篇：「孔子厄於陳、蔡之間，子路烹豚，孔子不問肉之所由來而食之。」足證今本非儒下「爲」字當删。

墨子非儒下：「孔某之齊，見景公。景公悦，欲封之以尼谿，以告晏子……公曰：『善。』」畢沅曰：「（公曰）二字舊脱，據孔叢增。」按：非儒下與詰墨篇此段文字詳略各有不同，唯詰墨篇「公曰」二字可補非儒下之脱，否則下文無以續接。

墨子非儒下：「子貢、季路輔孔悝亂乎衛，陽貨亂乎齊。」畢沅曰：「舊脱『亂』字，據孔叢云『以亂衛』增。『齊』，孔叢作『魯』。」孫詒讓閒詁：「此當從孔叢作『魯』。左傳定九年陽貨奔齊，又奔晉，無亂齊之事。」按：詰墨篇：「墨子曰：『孔子諸弟子，子貢、季路輔孔悝以亂衛，陽虎亂魯。』」吴毓江墨子校注贊同秋山之説，謂「子貢」當作「子羔」，然詰墨篇之「亂」字，則正補今本非儒下舊本之闕。

孔叢子詰墨篇共收墨家非孔子之語九條進行辨詰。第一條「景公問晏子以孔子而不對」，第二條「孔子之齊，見景公。公悦之，封之以尼谿」，第三條「孔子怒景公之不封己，乃樹鴟夷子皮於田常之門」，第四條「孔子爲魯司寇，舍公家而奉季孫」，第五條「孔子厄於陳、蔡之間」，第六條「孔子諸弟子，子貢、季路輔孔悝以亂衛」，第七條「孔子相魯，齊景公患之」，第八條「孔子見景公，公曰：『先生素不見晏子乎』」，第九條「景公祭路寢，聞哭聲」。前六條見於墨子非儒下。就非儒下的論證方式看，前半部分是論述儒者的一般言行，後半部分是例舉孔子的某些言行來佐證前面的説理，如前半部分「且夫繁飾禮樂以淫人，久喪僞哀以謾親，立命緩貧而高浩居，倍本棄事而安怠傲。貪於飲食，惰於作務，陷於飢寒，危於凍餒，無以違之」數語，其「繁飾禮樂」見於詰墨篇第二條，「倍本棄事」意同詰墨篇第四條，「貪於飲食」見於詰墨篇第五條，「久喪僞哀」之言意同詰墨篇第九條。非儒下所非孔子言行的排列順序，從「以所聞孔某之行，則本與此相反謬也」開始，而詰墨篇的排列順序與此完全一致，故詰墨篇第七、八條疑爲非儒下「孔某窮於陳、蔡之閒……孰大於此」下的脱文；詰墨篇第九條疑爲非儒下「孔某與其門弟子閒坐……桼雕刑殘，莫大焉」下的脱文。計非儒下例舉孔子言行七事，孔門弟子言行二事，共九事而非之，故非儒下最後説：「今孔某之行如此，儒士則可以疑矣。」這是非儒下全篇的結論，則此，詰墨篇所録爲「墨子曰」的七、八、九條，疑當補今本非儒下所闕。這三條雖不見於今本墨子，但俱見於今本晏子春秋，可見非孔叢子杜撰。

第二，是書對於研究吕氏春秋有參考價值。孔叢子中某些敘事與吕氏春秋相近，其文可能採自吕氏春秋，也可能採自相同的某些傳説，二者比較，有吕氏春秋誤而孔叢子不誤之文，可資以補正。

吕氏春秋樂成篇：「孔子始用於魯，魯人鷖誦之曰：『麛裘而韠，投之無戾。韠而麛裘，投之無郵。』」畢沅曰：「『鷖』，蓋魯人名，孔叢子作『謗』。」孫詒讓謂「鷖」當讀爲「緊」，爲發聲詞。章炳麟謂通作「殹」，爲病聲也。陳奇猷謂「鷖」乃「翳」之異文，引申有「密」義，鷖誦即密誦，即今語背後誦之。按：孔叢子陳士義篇：「先君初相魯，魯人謗誦曰：『麛裘而芾，投之無戾。芾之麛裘，投之無郵。』」謗即背後議論之義。此文作「謗」，較釋「驇」爲「翳」之異文以引申而解，更爲直接簡明。又「韠」字，畢沅曰：「舊訛『鞞』，案：當作『韠』，與『芾』、『韍』、『紱』字同，孔叢子陳士義篇正作『芾』。」按：左傳桓公二年「袞冕黻珽」，孔穎達正義：「鄭玄詩箋云：『芾，大古蔽膝之象也……以韋爲之。』……經傳作『黻』，或作『韍』，或作『芾』，音同也。……魏、晉以來，用絳紗爲之……以其用絲，故字或有爲『紱』者。」古無輕唇音，芾當爲古字，後韠、鞸、黻、紱等字皆爲因名物之沿革而生之今字，則此文呂氏春秋用今字，而孔叢子用古字，然不可謂孔叢子襲用呂氏春秋。此文二書或有共同的資料來源，可互相參校。

呂氏春秋淫辭篇：「孔穿、公孫龍相與論於平原君所，深而辯，至於臧三牙。」孔叢子公孫龍篇：「公孫龍又與子高氾論於平原君所，辨理至於臧三耳。」治呂氏春秋者，清代學者如畢沅、盧文弨、王念孫，近人馬敘倫、王啟湘俱言當據孔叢子作「臧三耳」。錢穆曰：「則實今呂覽字誤。畢氏沅、盧氏文弨皆據孔叢以改呂覽，是也。黄氏三曰：『莊子天下，惠子言雞三足，與臧三耳相似。龍意兩耳形也，又有一司聽者以君之，故爲三耳。』今按黄説甚是，惟改『臧』爲『羊』則非。呂氏下文有『荆柱國莊伯令其父視日，而其父曰「在天」』云云一節，均所答非所問，正證明臧獲之聽言從令，於兩耳之外更有一耳之意。則臧是臧獲，謂僕人耳。」（孔穿與公孫龍辨於平原君所考）按：「臧三耳」義雖待考，然足證可以孔叢子證呂氏春秋之訛。

呂氏春秋觀表篇：「孔子聞之曰：『夫智可以微謀，仁可以託財者，其郈成子之謂乎？』」畢沅曰：「孔叢作『仁可與託孤，廉可與寄財者』。」陳奇猷曰：「『財』與『仁』義不相蒙，顯有脱文，當據孔叢補正。」按：孔叢子陳士義篇作「智可與微謀、仁可與託孤、廉可以寄財者，其郈成子之謂乎」，據此可補呂氏春秋觀表篇之闕誤。

呂氏春秋務大篇：「孔子曰：『燕爵争善，處於一屋之下，母子相哺也，區區焉相樂也，自以爲安矣。竈突決，上棟焚，燕爵顔色不變，是何也？不知禍之將及之也，不亦愚乎？』」畢沅曰：「『及之』當作『及己』。」陳奇猷曰：「畢説是。『己』、『之』草書形近而誤。諭大正作『及己』，孔叢子同，皆可證。」按：孔叢子論勢篇：「先人有言：『燕雀處屋……燕雀顔色不變，不知禍之將及己也。』」

第三，是書對於研究晏子春秋、尚書大傳等有參考價值。

晏子春秋外篇第七：「仲尼曰：『靈公汙，晏子事之以整齊；莊公壯，晏子事之以宣武；景公奢，晏子事之以恭儉：君子也。』」吴則虞集釋引孫星衍云：「句上脱『晏子』二字，孔叢詰墨篇：『孔子曰：「靈公汙，而晏子事之以潔；莊公怯，而晏子事之以勇；景公奢，而晏子事之以儉：晏子，君子也。」』」按：孫説是，晏子春秋所脱「晏子」二字，當據孔叢子以補。

尚書大傳略説：「子張曰：『仁者何樂於山也？』孔子曰：『夫山者……草木生焉，鳥獸蕃焉，財用殖焉。生財用而無私爲焉，四方皆代焉……此仁者之所以樂於山者也。』」孔叢子論書篇：「子張曰：『仁者何樂於山？』……孔子曰：『夫山，草木植焉，鳥獸蕃焉，財用出焉，直而無私焉，四方皆伐焉。……此仁者之所以樂乎山也。』」以孔叢子此文證之，尚書大傳之「代」乃「伐」字之訛，當據孔叢子正之。

第四，是書對於研究韓詩外傳有參考價值。韓詩外傳卷二：「子夏讀書已畢。」許維遹集釋：「『讀書』舊作『讀詩』。趙本作『讀書』，校云：『「讀書」本皆作「讀詩」。案：尚書大傳略説、孔叢子論書篇皆是「讀書」。此下所論亦是書，其作「詩」者，疑後人習讀論語，因妄改此。今據二書以復其舊。』」又「夫子造然變容曰：『嘻！吾子殆可以言書已矣』」，許維遹集釋：「『殆』舊作『始』。趙本『始』作『殆』。校云：『「殆」本皆作「始」，譌。據（尚書）大傳（略説）、孔叢（子論書）篇改。』」

上述所言，足證孔叢子對於校正前代典籍於流傳中發生的一些文字訛誤，具有重要的研究價值。某些學者如孫詒讓、孫星衍、吴毓江、譚戒甫、陳奇猷等也確曾據孔叢子的文字，校正了他們所研究的某些典籍中的一些文字訛誤。孔叢子中有大量與之互見的文字，凡孔叢子不誤而互見之文誤者，學者們可以順理成章地據孔叢子的文字予以校正，然而亦有孔叢子之文誤者，凡此他們則幾乎異口同聲地斥之曰「孔叢僞書，不足據」，這樣來對待孔叢子是不公平的，這是歷史上形成的一種偏見。而事實上，毋庸贅言，孔叢子在這方面的價值是不可忽視的。

二、孔叢子中保留了某些歷史文獻較原始的内容與形式。今本孔叢子二十一篇，主要爲記孔子、子思、子高、子順、子魚及子順後人的言行，其於記事、説理所涉及到的有關古書記載，與該書傳世本有所不同，有些可能反映出該書較原始的一些面貌。譚戒甫公孫龍子形名發微説：「按孔叢子，前人多疑其僞，然間有抄存古説，殆猶後世輯佚之類，不可概視爲無用矣。」湯用彤先生亦認爲「此書雖不可靠，其中或許保存一些未被竄改過的真實史料」（見陳夢家尚書通論孔傳本出現的時代第二四七頁所引述），其所論孔叢子，雖然有個「不可靠」的前提，但也不失爲公允了，今則具體加以闡釋。

孔叢子論書篇：「書曰：『維高宗報上甲微。』」姜兆錫孔叢子正義：「書無文，蓋逸書與？」上甲微事，早期文獻僅見於國語魯語上：「上甲微，能帥契者也，商人報焉。」韋昭注：「上甲微，契後八世，湯之先也。」後王國維考證出卜辭中當有「上甲」。對於孔叢子所言「維高宗報上甲微」之文，王國維説：「此魏、晉間僞書之未採入梅本者。今本竹書紀年『武丁十二年報祀上甲微』即本此。」（觀堂集林殷卜辭中所見先公先王考）王氏謂「魏、晉間僞書之未採入梅本」者，屬尚書今古文研究事，與本文並無直接關係，但可證明孔叢子此處存有尚書舊語。

孔叢子論書篇：「書曰：『其在祖甲，不義惟王。』……大甲即位，不明居喪之禮，而干冢宰之政。」姜兆錫正義：「此釋書『祖甲不義惟王』之義，與今本書傳不同。按書傳，太甲、祖甲各一人，而『不義惟王』，蓋祖甲不以王位爲義而避之也。今則以祖甲爲太甲，而謂其居喪行不義矣。」顧頡剛、劉起釪尚書無逸篇校釋譯論：「其實本篇原文見於漢今文者，係按先後幾個名王順序談的，先太宗（太甲，殷第五任國王），次中宗，次高宗。而僞孔本則承漢末古文本改按年數多少排，先七十五年，次五十九年，次三十三年，而在武丁後稱爲甲的國王只有祖甲，就以『祖甲』替换了『太宗太甲』。祖甲並非有名賢王，其拼湊之跡顯然，故不用古文及僞古文之説，恢復漢今文順序，將此段文字移於『中宗』前，並將『祖甲』改回爲『太宗』。」在該篇「討論」的部分，顧、劉文認爲「太宗只有三十三年，分該移於末；然而太宗的時代在前，決不該放在最後，無可奈何，只得不管國語、史記之文，把祖甲來頂替太甲了。」太平御覽卷八三引帝王世紀：「太甲反位，又不怨，故更尊伊尹曰保衡，即春秋傳所謂『伊尹放太甲，卒爲明王』是也。太甲脩政，殷道中興，號曰太宗……一名祖甲，享國三十三年。」此與孔叢子文合，反映了魏晉之際尚書文本流傳的某些情況。

孔叢子記問篇：「叔孫氏之車子曰鉏商，樵於野而獲獸焉。」宋咸注：「春秋經哀公十四年『西狩獲麟』，左氏曰『西狩於大野，叔孫氏之車子鉏商獲麟』，與此云『樵於野』小殊。」藝文類聚卷十引琴操：「魯哀公十四年，西狩，薪者獲麟，擊之，傷其左足，將以示孔子。」此文與孔叢子「樵於野」説接近，乃傳聞之辭各有所本。

孔叢子公孫龍篇載孔穿與公孫龍論辯事，先記「齊王之問尹文」事，後言「楚王遺弓」事，爲整體的一段文字。今本公孫龍子跡府篇分爲二段，而以「楚王遺弓」在前，「齊王之問尹文」在後。陳澧公孫龍子注曰：「此二條皆後人所述，故同一事而一舉楚人遺弓之説，一舉齊王謂尹文之説，所聞有異也。」孔叢合爲一，是也。」按此，孔叢子成書時所見到的記載，應當是後人所述公孫龍事的較早文本。

孔叢子論書篇：「宰我問：『書云「納於大麓，烈風雷雨弗迷」，何謂也？』孔子曰：『此言人事之應乎天也。堯既得舜，歷試諸難，已而納之於尊顯之官，使大録萬機之政，是故陰陽清和，五星來備，烈風雷雨各以其應，不有迷錯愆伏，明舜之行合於天也。』」姜兆錫正義：「此釋書『納於大麓』之義也，與今書傳不同。據書傳，麓，山麓也，雖納之深山大麓，遇風雨之變，而舜不爲之迷也。……按文義，書傳爲協，而斷章之義亦有不能盡同者，傳聞異詞，存其説可也。」

孔叢子執節篇：「其在商書，太甲嗣立而干冢宰之政。伊尹曰：『惟王舊行不義，習與性成，予不狎於不順，王始即桐，邇於先王其訓，罔以後人迷，王往居憂，允思厥祖之明德。』」宋咸注：「此文與尚書差多，疑其未删舊語尚存。」按：孔傳古文尚書太甲上：「伊尹曰：『茲乃不義，習與性成，予弗狎於弗順，營於桐宮，密邇先王其訓，無俾世迷。王徂桐宮居憂，克終允德。』」孔叢子所述太甲之文，疑爲該書編定時所見孔傳本尚書的抄本之一，故義是而文有異。

孔叢子一書引用了許多尚書中的文句，其中包括有今文尚書、古文尚書、孔傳古文尚書，引用的方式有明引文句加篇名、明引文句不加篇名、稱「書曰」、泛稱「書」、疑似爲暗引尚書者多種。據許華峰考證，「以孔子論書的數量最多，達二十三則，其中明引尚書文句達十九則。其餘子思五則，子高一則，子順五則，子魚二則，共十四則……至於連叢子有四則」（孔叢子引尚書的相關材料分析）。其中引益稷、太甲上等篇名，不見於伏生所傳二十八篇今文尚書及孔壁中古文尚書十六篇之内，而見於傳説爲東晉梅賾所獻孔傳古文尚書五十八篇之内，某些文句如「惟高宗報上甲微」（論書篇），今文尚書、孔傳古文尚書均失收，説明孔叢子爲説理而引用的尚書文句，雖同稱爲「書曰」，但卻有今文尚書、孔傳古文尚書以外的材料。就其所引見於今文尚書、孔傳古文尚書者，在文字、句式的排列上，二者也有差别，説明當時的今文尚書、孔傳古文尚書存在版本差異，而非定本。這樣看來，孔叢子中的材料，對於尚書流傳的研究，就有了較重要的參考價值，遺憾的是，舊學多囿於孔叢子僞書論，没有能很好地利用孔叢子中的材料。

三、孔叢子中保留了一些已失傳的古代文獻及相關材料。

第一，保留了孔子論詩的部分内容。孔子論詩的一些内容，由戰國至漢代文獻記載中開始出現。吕氏春秋先己篇：「詩曰：『執轡如組。』孔子曰：『審此言也，可以爲天下。』」説苑貴德篇：「孔子曰：『吾於甘棠，見宗廟之敬也甚。尊其人必敬其位，順安萬物，古聖之道幾哉！』」又敬慎篇：「孔子論詩，至於正月之六章，懼然曰：『不逢時之君子，豈不殆哉！從上依世則廢道，違上離俗則危身；世不與善，己獨由之，則曰非妖則孽也。是以桀殺關龍逢，紂殺王子比干。故賢者不遇時，常恐不終焉。詩曰：「謂天蓋高，不敢不跼；謂地蓋厚，不敢不蹐。」此之謂也。』」毛詩木瓜傳：「孔子曰：『吾於木瓜，見苞苴之禮行。』」韓詩外傳卷五：「子夏問曰：『關雎何以爲國風始也？』孔子曰：『關雎至矣乎！夫關雎之人，仰則天，俯則地，幽幽冥冥，德之所藏，紛紛沸沸，道之所行，雖神龍化，斐斐文章。大哉關雎之道也！萬物之所繫，羣生之所懸命也，河、洛出圖、書，麟鳳翔乎郊。不由關雎之道，則關雎之事將奚由至矣哉？夫六經之策，皆歸論汲汲，蓋取之乎關雎。關雎之事大矣哉！馮馮翊翊，自東自西，自南自北，無思不服。』」鹽鐵論執務篇：「孔子曰：『吾於河廣，知德之至也。』」漢書劉向傳：「孔子論詩，至於『殷士膚敏，裸將於京』，喟然嘆曰：『大哉天命！善不可不傳於子孫，是以富貴無常；不如是，則王公其何以戒慎，民萌何以勸勉？』」孔子論詩的文句，當時只是散見於這些文獻中，並不系統，但孔叢子出現後，孔子論詩的内容集中了，所論由二南至小雅，涉及到柏舟、淇澳、考槃、木瓜、緇衣、雞鳴、伐檀、蟋蟀、下泉、七月、東山、狼跋、鹿鳴、彤弓、羔羊（一説無羊）、節南山、蓼莪、四月（楚茨）、裳裳者華、采菽二十二篇。劉向序録：「孔子雖論詩、書，定禮、樂，王道燦然分明。」（戰國策附録）説明漢代確有孔子論詩的材料在流傳，而劉向也確曾見到過這些材料，這從劉向編説苑中所收的兩條孔子詩論可以證明。然而由於宋、明以來，孔叢子被懷疑爲僞書，後來幾成定論，故孔叢子中孔子論詩的内容不被學界所重視。直到二〇〇一年，上海博物館所收購的戰國竹書首批資料公布，竹書中一批簡文記載有孔子論詩的内容，可與孔叢子中的孔子詩論相比照：其第二十六號簡涉及柏舟，第十八、十九號簡涉及木瓜，第二十七號簡涉及蟋蟀，第二十三號簡涉及鹿鳴，第八號簡涉及節南山，第二十六號簡涉及蓼莪，第九號簡涉及裳裳者華。見於孔叢子記義篇以外的詩論，韓詩外傳所引孔子論關雎，篇名見於竹書第十號、第十二號簡，説苑貴德篇所論甘棠，篇名見竹書第十號、第十三號、第十五號簡，漢書劉向傳中的孔子論詩，乃大雅文王篇，篇名見於竹書第二十一號簡（竹書簡號及詩經篇名，參見馬承源主編上海博物館藏戰國楚竹書（一））。上博簡的公布，引起巨大反響，由此孔叢子的價值重新得到肯定。據此可以推論，孔叢子的編定者對漢代流傳的孔子詩論的材料，選擇了其中内容較集中的一部分加以整理，按當時詩經篇目順序加以排列，在語言表述形式上，不再是像上博簡和韓詩外傳、説苑所見那樣的大段論述或簡短評析，而是把評論每一篇的内容概括爲一個分句，行文簡潔，句式排列有序，詞語搭配整齊。在謀篇布局上，顯然是經過了編寫者的精心安排，其目的顯然是要與當時流傳的孔子論詩的材料在形式上有所區別。這種區別，還表現在孔子的刑論方面。禮記緇衣篇：「子曰：『夫民教之以德，齊之以禮，則民有格心。教之以政，齊之以刑，則民有遯心。』」後出土文獻亦有相關記載。郭店楚簡緇衣：「子曰：『長民者教之以德，齊之以禮，則民有勸心；教之以政，齊之以刑，則民有免心。』」上博簡緇衣：「子曰：『長民者教之以德，齊之以禮，則民有恥心；教之以政，齊之以刑，則民有免心。』」三段文字大同小異，「他們是同一篇文獻的不同傳本」（王鍔禮記成書考）。在孔叢子刑論篇，上述内容散見於相關段落中。刑論篇第一段：「孔子曰：『古之刑省，今之刑繁。其爲教，古有禮，然後有刑，是以刑省；今無禮以教，而齊之以刑，刑是以繁。……夫無禮則民無恥，而正之以刑，故民苟免。』」第二段：「孔子曰：『齊之以禮，則民恥矣。』」因此，孔叢子與上述三處來源不同的文字，應當有共同的淵源關係。郭店楚簡與上博簡的相關文字，之所以定篇名爲「緇衣」，因其與今傳世本緇衣篇的文字內容十分相近，但不能説孔叢子刑論篇上述文字直接來自緇衣，應當是孔叢子編寫者對禮記緇衣篇所表現出來的孔子關於刑教的論點進行了重新闡釋，在形式上，以問答的方式表現出來。關於緇衣的作者，隋書音樂志載沈約説，以爲子思所撰。如此，緇衣與孔叢子的關係更加密切。上述説明孔叢子的價值不可否定，使朱熹、姚際恒、顧實、羅根澤諸家復起，亦無須復辯之矣。

第二，小爾雅一書由於收入孔叢子，使之佚而復得，流傳至今。漢書藝文志六藝略孝經類：「小爾雅一篇。」班固自注：「存。」陳國慶漢書藝文志注釋匯編：「沈欽韓漢書疏證：『陳振孫曰：「漢志不著名氏，唐志有李軌解一卷，今館閣書目云：孔鮒撰，蓋即孔叢第十一篇，當是好事者鈔出別行。案班氏時，孔叢未著，已有小爾雅，亦孔氏壁中文，不當謂其從孔叢鈔出也。」』錢大昕漢書考異：『李善文選注引小爾雅皆作小雅。此書依附爾雅而作，本名小雅，後人僞造孔叢，以此篇竄入，因有小爾雅之名，失其舊矣。』按四庫全書録入存目。孫詒讓云：『李軌小爾雅略解今不傳，王煦小爾雅疏乃誤認宋咸注爲李解，可笑也。』」關於今傳世本小爾雅的名稱、體例、詞語注解、名物溯源等，清代及近代學者已做了大量研究。就文獻流傳來看，宋翔鳳認爲「唐以前人引小爾雅有三名：其作小爾雅者，據其本名也。有作爾雅者，以與爾雅同爲一家，故冒爾雅之號……有作小雅者，省文。……（李軌）其注小爾雅，當在孔叢既出之後。……宋室南渡，古籍凌夷，李軌之書已不傳，當時録館閣書，從孔叢採出此篇。故自後録小爾雅者，並以爲孔鮒所撰，此作僞之徒捃拓以入孔叢，而依託於鮒。……李軌所解，自不無王肅輩竄定，然尚是漢代孝經家相傳之本，故唐以前，無一人以爲孔鮒撰小爾雅者」（小爾雅訓纂考），宋氏之説，代表了當時流行的觀點。今就相關文獻記載與文獻遺存來看，即如漢志所載小爾雅即今傳世本，則在爾雅之後、廣雅之前，其成書，亦當在孔叢子編定之前。然孔叢子編定之時，有無收入小爾雅，或是雖收入小爾雅，然小爾雅仍單行流傳，今日尚無明證。就水經注卷十三所收之爾雅「純黑反哺謂之慈烏」等四十字，今本爾雅無，而確定爲小爾雅文，或以爲「酈道元引稱小爾雅而不稱孔叢，表明引用之時孔叢之中尚無小爾雅，小爾雅單行於世。……可知唐代以前（包括唐代）小爾雅一直有單行本傳世」（楊琳小爾雅今注前言），此可備一説。就本文所討論孔叢子的史料價值角度而言，在小爾雅的問題上，涉及以下問題：小爾雅何時收入孔叢子，是編定時所採，或是成書後於流傳中爲後人所加？孔叢子爲何採入小爾雅？首先，在宋咸注孔叢子之前，包括小爾雅在内的孔叢子，已有多種版本流行，這從宋嘉祐本宋咸注所保留的佚文中可以看出。小爾雅廣言：「烯，乾也。」宋咸注：「烯，一本作『㥆』。」「麗，兩也。」宋咸注：「亦作『灑』。」「枳，害也。」宋咸注：「一本作『痕』。」宋咸在校勘中所用列佚文的術語還有「數本皆作」、「諸本皆作」等，説明宋咸使用了孔叢子多種版本進行校對。宋咸注成於宋嘉祐三年，今傳世本爲嘉祐八年刻本，則在宋咸注之前，包含小爾雅在内的孔叢子不同版本已通行。其次，北宋時有無小爾雅單行本通行？明正德、嘉靖間刊顧元慶編陽山顧氏文房小説，收小爾雅注一卷，爲雙行小注，卷尾題「夷白齋宋本重雕」。其注文當爲宋咸注，此夷白齋藏宋本，是宋咸孔叢子注，還是從宋咸孔叢子注中抽出的小爾雅單行本？二者都有可能，但考崇文總目卷一小學類有「小爾雅一卷，孔鮒撰」，卷五雜家類有「孔叢子七卷」（影文淵閣四庫全書本）。崇文總目編成於北宋慶曆元年，爲公元一〇四一年（據王重民中國目録學史論集），宋咸孔叢子注成於嘉祐三年，即公元一〇五八年，與崇文總目僅相距十七年。崇文總目既以孔叢子與小爾雅分別列於雜家與小學類，説明這其間既有包含小爾雅在内的七卷本孔叢子，又有不包括小爾雅的七卷本孔叢子及小爾雅單行本同時通行，但此小爾雅既題「孔鮒撰」，應該是從孔叢子中抽出的單行本。洪興祖撰楚辭補注，其中既引孔叢子，又引小爾雅，説明其所使用的小爾雅是單行本。洪興祖生於宋哲宗元祐五年，爲公元一〇九〇年，卒於南宋高宗紹興二十五年，爲公元一一五五年，以其中年撰楚辭補注，距宋咸孔叢子注成書已有百年，故洪氏所據小爾雅，可能是出於宋咸孔叢子注的單行本。據南宋書目記載，如鄭樵通志卷六三藝文略諸子類「孔叢子七卷，陳勝博士孔鮒撰。孔叢子釋文一卷，宋咸。小爾雅一卷，楚孔鮒撰，李軌注」，則鄭樵所見小爾雅，亦爲出自孔叢子的單行本。題「孔鮒撰」者，爲因襲崇文總目之説。所謂「李軌」，實爲宋咸注，題李軌者，乃承隋書經籍志之説。宋咸注孔叢子，使用了多種版本校勘，並有較詳細的注解，按後出轉精的規律，宋咸注出現後，其他版本孔叢子及單行本小爾雅逐漸佚失，這恐怕是宋咸注前的單行本小爾雅淡出的真正原因。北宋以後又有單行本小爾雅通行，已是由宋咸孔叢子注所抽出者。以上可補前人之説兩點：一是小爾雅單行本於崇文總目成書時猶存。二是該單行本乃因宋咸孔叢子注書成而亡。再次，我們仔細審察宋咸孔叢子注内部的篇章結構，位於小爾雅前的十篇，首篇至第五篇主記孔子言行，第六至第十篇記子思言行。小爾雅後，第十二篇以下，記子高、子順、子魚言行，有父子相承的内在脈絡。在中間第十一篇位置插入小爾雅，從表面看，與全書體例不類，前人已看到了這一點。目前在没有史料明證的前提下，試推論如下：孔叢子編定時，本無小爾雅，其時小爾雅單行，這與爾雅初時不入經書有些類似。雅學因經學而興，唐開成時於國子學刻石經，爾雅與孝經、論語一同入九經，始爲十二經之一。受其影響，取小爾雅入孔叢子，與取爾雅入經籍雖有層次之别，但同爲孔門之學，其因則一。至於入爲第十一篇，則是前十篇乃記孔子、子思事，其爲先秦時人。小爾雅既成書於爾雅之後，而子高、子順等爲父子相承，只能於公孫龍篇，即記子高事之前插入爲第十一篇。就小爾雅在唐代仍通行單行本來看，則其收入孔叢子，當在唐開成爾雅入十二經之後。唐人並不疑孔叢子爲僞書，故孔穎達撰毛詩正義採孔子詩論，李善文選注採孔叢子之文，章懷太子李賢後漢書注亦採孔叢子文句。這些就是小爾雅被收入孔叢子的基礎。小爾雅前後兩次單獨通行，中間以宋咸孔叢子注書成爲界。宋咸注之前單行的小爾雅，可能爲李軌略解本，宋咸注出現後單行的小爾雅，實出於宋咸注本。

四、孔叢子具有一定的思想價值。孔叢子中體現出了一定的思想價值，其論證、説理亦有許多可取之處。陳澧曰：「孔叢子云：『趙王問子順曰：「今寡人欲求北狄，不知其所以然。」答曰：「誘之以其所利而與之通市，則自至矣。」王曰：「寡人欲因而弱之，若與交市，分我國貨散於夷狄，是彊之也，可乎？」答曰：「夫與之市者，將以我無用之貨，取其有用之物，是故所以弱之之術也。如斯不已，則夷狄之用，糜於衣食矣。殆可舉棰而驅之，豈徒弱之而已乎？」』孔叢爲僞書，可取者獨此一段，讀之令人感憤不已。自明以來，外夷與中國交市，彼正以無用之物弱我也。古人弱夷狄之術，而今夷狄以之弱中國，悲夫！往者不可諫，來者猶可追，自今以後，勿取其無用之貨，乃中國自彊之術也。不取其貨，則彼失其所利，是即弱夷狄之術也。後世當有讀孔子順之言而得治夷狄之術者，可乎？」（東塾讀書記卷十二諸子書）陳澧從古爲今用的角度，看出了孔叢子中一些議論的思想價值，這在清代學者中是難得的。如果我們變換角度，不被僞書説所囿，上述的議論、説理，在孔叢子中是大量存在的。論勢篇記有秦急攻魏，子順爲魏王獻計，欲割地賂秦，以國質嫪毐一事，此爲明、清學者所詬，以爲此言必不出子順之口，實爲杜撰，並以此爲否定孔叢子的證據之一。而日本學者冢田虎認爲「天下皆從嫪毐，則秦國必有内亂矣，而乘其釁隙，則必可得報其怨矣。意者此子順之計，實救其危急之奇策也已」（論勢篇注）。明、清學者，是以正統的儒家聖人之言、聖人之學的觀念來評估孔叢子，不免脱離實際，倒是日本漢學家冢田虎不受束縛，能够客觀、求實地加以評價，在當時這是十分難得的。

孔叢子的版本流傳

由於孔叢子自身所具有的價值與影響，書成後，在社會上逐漸擴大流傳范圍。最初只是偶然出現在魏晉及六朝人著作的引述中，到唐、宋時，已有較大影響，李善文選注節録孔叢子五十二條，初學記節録孔叢子十九條，記纂淵海節録孔叢子三十一條，太平御覽節録孔叢子達一百三十條以上，這固然由於太平御覽的卷帙浩繁，但也與孔叢子的影響不無關係。北宋時，孔叢子已成爲通行的典籍之一，治平四年，司馬光編著資治通鑑，節録了孔叢子有關内容。洪興祖撰寫楚辭補注，也引用了孔叢子。到南宋時，朱熹雖然在文體上對孔鮒撰孔叢子持懷疑態度，但並不否定孔叢子的價值，其主持撰寫的儀禮經傳通解及黄榦撰寫的儀禮經傳通解續，亦引用孔叢子有關内容以爲佐證。

孔叢子在流傳中産生了不同系列的版本，今按不同時期的版刻，述之如左。

一、宋代孔叢子刻本。宋代由於雕版印刷的發達，孔叢子有多種版本流傳，嘉祐年間，宋咸彙集不同刻本「損益補竄」，爲之校勘注釋，於嘉祐三年完成。嘉祐八年，門人吕逢以其書付梓，故宋咸孔叢子注七卷始通行於世，史稱嘉祐本。宋嘉祐本今存，半葉十二行，行二十四字，無篇目，前有注孔叢子序，書後附孔叢子釋文、後序及吕逢序。該本首葉有「潘祖蔭臧書記」印一，卷二有「季振宜藏書」印一，這是目前所見唯一的傳世宋刻本。嘉祐本之後，宋刻本可推見者，又有三種刻本。

第一種刻本是宋朱熹儀禮經傳通解、黄榦儀禮經傳通解續引宋咸孔叢子注。朱熹儀禮經傳通解及黄榦續所引孔叢子注，大部分爲孔叢子刑論篇文字，其中所見宋咸的注文，與嘉祐本已有幾點不同。第一點不同，朱熹所引的宋咸注中，有些反切音注和直音音注是嘉祐本所沒有的，如：「折民維刑」，注：「折，之設反。」「夫無禮則民無恥」，注：「夫音扶。」第二點不同，朱熹所引的宋咸注中，一些反切上下字及術語，與嘉祐本不同，如：「比，毗志反」，嘉祐本作「旱居切」。第三點不同，朱熹所引的宋咸注中，注音方式與嘉祐本不同，如：「勝，音升」，嘉祐本作「勝，詩證切，又書蒸切」。第四點不同，朱熹所引的宋咸注中，反切音注位於所釋詞語之後，嘉祐本則統一在書後所附孔叢子釋文中。第五點不同，朱熹所引的宋咸注中，詞語注解，有的與嘉祐本全同，如：「無轡而用策，則馬失道矣」，注：「捨轡而用策，則馬失道； 去禮而用刑，則民忘生。」而有的與嘉祐本又不同，如：「率過以小謂之枳」，注：「枳因紙，一作『疻』，猶傷也。」嘉祐本注文作「枳一作『疻』，猶傷也。夫過則宜宥，若率以爲小罪，亦傷乎義焉，況爲之大罪耶」。以上五點不同説明，朱熹所引的宋咸注，已不是完整的嘉祐本，一是增加了一定數量的反切音注，改用了一些反切上下字用字及變更了反切術語，變「切」爲「反」，並將反切音注由孔叢子釋文移至正文所釋詞語之後。二是雖保留了宋咸注文，但有些地方又進行了大量删節。朱熹卒於宋寧宗慶元六年，當公元一二〇〇年，這説明，在慶元年間，已出現了宋咸孔叢子注的删節本。

第二種刻本是宋刻巾箱本宋咸孔叢子注七卷。宋刻巾箱今無傳世本，從明、清刻本及當時學者的著述中，可見其貌。明刻本中有兩種本子，其一爲周叔弢藏明刻巾箱本孔叢子注七卷。該本七册，半葉八行，行十四字，雙行小注，左右雙欄，無魚尾。該本於進孔叢子表首葉有「高氏珍賞」印一，表尾葉有「蕭氏山房」印一，卷一首葉有「曾在周叔弢處」印一，卷一尾葉有「臧書好古之家」印一，卷二、卷三首葉各有「稾一深甫」印一，全書尾葉有「高牴子」、「大橋煙水鮫舟」、「洛下王孫州家」印三。宋咸注爲删節本，書後無孔叢子釋文、後序及吕逢序。其二爲顧元慶編陽山顧氏文房小説本小爾雅注一卷，該本半葉十行，行十八字，雙行小注，卷尾題「夷白齋宋本重雕」。夷白齋是顧元慶藏書堂的堂號，是其以家藏宋本重雕。此本所載注文與周叔弢藏本小爾雅注全同，其中某些版本特徵也相同，如周叔弢藏本廣器「樛而紾之爲　　地也墉墻謂之障」，「爲」字與「地」字之間空二字格，顧元慶本此二字格處爲二個墨釘，標志此處殘二字，説明二本同源，則夷白齋藏宋本或即宋刻巾箱本。明、清諸刻本中標識出自宋刻巾箱本的，還有以下幾種。

第一是宛委別藏影鈔宋刻巾箱本孔叢子注七卷。阮元稱「是編依宋巾箱本影鈔」(揅經室集外集卷二)，故宫善本書目三「孔叢子注七卷，六册，宋咸撰，影鈔宋巾箱本」，此即宛委別藏影鈔本。但該書所據是否爲宋刻巾箱本，時人則多有異説。清瞿鏞鐵琴銅劍樓藏書目録：「孔叢子七卷，明刊本，漢人孔鮒撰。此明人翻梓宋時巾箱本，題宋咸注、程以進閲。前有咸上表及序二篇，寫刻甚精。」清錢曾讀書敏求記：「孔叢子七卷……此則空居閣藏本，從至正二年元人所鈔録出者也。」管庭芬、章鈺校證：

「〔補〕勞權云丹鉛精舍有影宋巾箱本。鈺案：宋巾箱本孝慈目云係安正堂刊本。」安正堂爲明代建陽劉宗器的堂號，有學者據此認爲阮元所據宋刻巾箱本實爲明刻或明鈔。但孝慈堂書目所説的安正堂所刊巾箱本是否即阮元所據之巾箱本？即或如此，安正堂刊刻所據之本，是否爲宋巾箱本？這之中，尚有一些問題没有搞清楚，故不可對阮元所據本輕易下定論。上海圖書館曾藏有一部孔叢子七卷本，題「漢孔鮒撰，宋宋咸注，明刻本，六册」（該館稱此原係私人藏書，現已歸還原主，故不得見其書），明、清流傳孔叢子注爲六册裝幀的，目前所知，只有此本與阮元所據本二種。清彭元瑞等欽定天禄琳琅書目後編卷十元版子部著録有「孔叢子一函，六册。宋宋咸注。書七卷。……前有咸序及嘉祐三年進書表、四年謝賜金紫表，後有後序，末墨記『茶陵桂山書院校正版行』。泰興季氏藏本」，故阮元所據本有爲元刻的可能。今以周叔弢藏明刻巾箱本與阮元所影之巾箱本進行比較，二本有兩點不同：第一點不同，從刻寫用字正、俗的角度看，書寫同一詞語，阮元本是使用當時通行的「正字」，周叔弢本有時使用俗字，即異體字。第二點不同，阮元本上有一些字爲墨框，説明其所鈔之本該字已殘，如：巡守篇注文有墨框二，抗志篇注文有墨框十六，連叢子上諫格虎賦正文有墨框二，蓼蟲賦正文有墨框一，與侍中從弟安國書正文有墨框二，敘世注文有墨框一，左氏傳義詁序正文有墨框一、注文有墨框三，連叢子下注文有墨框一，周叔弢本没有這些標識殘字的墨框，因此可據周叔弢本補阮元本之闕。

第二是清光緒元年陳錫麒據宋刻巾箱本重刊孔叢子注七卷。該本半葉八行，行十四字，雙行小注。

前有清李鴻章重刻嘉祐足本孔叢子序，下有「肅毅伯章」、「青宮大保」印二。書後有陳錫麒跋文，謂「此七卷並連叢子宋槧本也……茲仿巾箱本重刊」，是其所據爲巾箱本，其本行數、字數與周叔弢本同，所載注文實爲删節本。李鴻章稱其爲「嘉祐足本」，是由於未見傳世嘉祐本，承書前注孔叢子序有「嘉祐三年」之文而誤。此本雖題依宋巾箱本重刊，其實或爲明刻巾箱本。

第三是清道光年間錢熙祚刊指海本孔叢子注七卷。錢氏雖未明言指海本所據何本而刻，但考其所載宋咸注文，與巾箱本系列相同，一些版本特徵也與巾箱本系列相同，故錢氏指海本所據，應當是巾箱本系列之一。

第四是清抄本孔叢子注七卷。該本半葉十行，行二十字，雙行小注，注文與周叔弢本、阮元宛委别藏本、陳錫麒本同，當據巾箱本之一而抄。書前有進孔叢子表，表下有「邢氏所收善本」、「邢之龠印」印二，書後有朱筆題「丁亥三月用毛斧季家宋本校」。

以上明、清之巾箱本，實得六種，可以在這六種版本之間進行比較。由於顧元慶本只收了小爾雅，我們就以宋刻嘉祐本小爾雅文字爲基點，比照六本之間的異同。

廣詁「鐘、崇、府、最、積、灌、聚、樸，叢也」之「鐘」，顧元慶本作「鍾」，周叔弢、宛委别藏、陳錫麒、錢熙祚、清抄本標記宋本作「鐘」。

廣詁「攻、爲、詁、相、旬、宰、營、丘，治也」之「詁」，顧元慶、周叔弢、錢熙祚本作「話」，宛委别藏、陳錫麒、清抄本標記宋本作「詁」。

廣詁「獎、率、厲，勸也」之「厲」，六本並作「勵」。

廣詁「彤、牸、赬、緼，赤也」之「赤」，六本並作「朱」。

廣言「脩、杼，長也」之「杼」，六本並作「舒」。

廣言「荷、揭，擔也」之「揭」，顧元慶本作「揚」，周叔弢、宛委別藏、陳錫麒、錢熙祚、清抄本標記宋本作「揭」。

廣言「賴，羸也」之「羸」，顧元慶、錢熙祚本作「贏」，周叔弢、宛委別藏、陳錫麒、清抄本標記宋本作「羸」。

廣言「素，空也」之「素」，六本並作「索」。

廣言「視，此也」之「此」，顧元慶、錢熙祚本作「比」，周叔弢、宛委別藏、陳錫麒、清抄本標記宋本作「此」。

廣訓「德音不瑕」之「音」，顧元慶本作「容」，周叔弢、宛委別藏、陳錫麒、錢熙祚、清抄本標記宋本作「音」。

右引小爾雅十條，可以看出巾箱本系統中六種本子之間的文字異同。顧元慶、周叔弢、錢熙祚本作「話」者，其他三本作「詁」。顧元慶本作「揚」者，其他五本作「揭」。顧元慶、錢熙祚本作「贏」者，其他四本作「嬴」。顧元慶、錢熙祚本作「比」者，其他四本作「此」。顧元慶本作「容」者，其他五本作「音」。這之中，有周叔弢、宛委别藏、陳錫麒、清抄本標記宋本完全相同的文字，又有只是顧元慶、錢熙祚本相同的文字，還有除顧元慶本外，其他五本相同的文字。而只有顧元慶、錢熙祚本相同的文字，其或與宋嘉祐本相同，或别有所本，或爲刻寫之譌（「德音不瑕」之「音」，顧元慶本作「容」，則顧本譌）。這種比較，還可以從六種巾箱本小爾雅所殘留的反切音注來考察。這六種巾箱本書後均不附孔叢子釋文，但小爾雅裏保留了五條反切音注。

廣訓「雜言曰哤」下注：「莫江切。」

廣名「埋柩謂之肂」下注：「羊至切。」

廣服「大巾謂之冪」下注：「莫狄切。」

廣器「槷方六寸」下注：「槷，倪結切。厰，房越切。」

章鈺校百子全書本孔叢子，因該本不收小爾雅，故章鈺以明刻本孔叢子注之小爾雅注補入百子全書本。章鈺跋文稱「孔叢子宋咸注七卷，宋巾箱本。孝慈堂書目云係安正堂刊本。鐵琴銅劍樓著録一本，則云明人翻梓，有『程以進閲』一行。正盦（庶按：江寧人鄧正盦邦述）從盛伯藝遺書得一本，雖無『程閲』一行，亦無安正刊的據，且通部不避宋諱一字，王蓮生題爲嘉祐本，未知何故？……既借正盦本校讀正文，復按行格補録，所缺目記於泰端」。傅增湘見過一孔叢子注七卷本，其藏園羣書經眼録稱

「明刊本，八行十四字。卷首有嘉祐三年宋咸進書表及自序。按此書號稱宋本，盛昱遺書，鄧孝先邦述獲之景咸手」（中華書局二〇〇九年）。章、傅所稱，爲同一本子，故章鈺校勘所據本，當爲明刻巾箱孔叢子注七卷本，檢其所補小爾雅注文，也保留有這五條反切音注。這五條音注的位置，與朱熹所用宋本一樣，位於正文之下，隨文而釋。但就注解詞語的文字看，巾箱本（顧元慶本除外）與朱熹所用本差别很大：第一點差别，朱熹所用本中的宋咸注文（包括反切音注），有的在巾箱系列諸本中被删除。第二點差别，在朱熹所用本與巾箱系列諸本中都可見到的宋咸注文，其文字亦有差别，如刑論篇「古之知法者能遠」，朱熹所用本注文爲「遠謂能止其源，以禮教先之也」，巾箱系列本注文爲「能遠者止其源，而以禮教先之」，比較來看，朱熹所用本與宋嘉祐本全同，而巾箱系列本則有改動。第三點差别，有巾箱系列本所保留的宋咸注文，而在朱熹所用本中被删節者，如刑論篇「率過以小罪謂之枳」下，朱熹所用本注文爲「枳音紙，一作『疻』。枳猶傷也」，巾箱系列本注文爲「一作『疻』，猶傷也。夫過則宜宥，若率以爲小罪，亦傷乎義，況爲大罪」，其「猶傷也」下之文字，朱熹所用本盡删。以上比較説明，朱熹所用本不是巾箱本系列中的本子，而上述六種本子説明，明、清巾箱系列的本子，應當爲共源，其祖本即或爲宋刻巾箱本，其出現的時間，應當在朱熹所用本之後。

第三種刻本是宋淳熙王蘭校訂孔叢子七卷本。杭州葉氏藏明翻宋刻本書後有王蘭跋文，跋文稱時有貳卿林公刊本，王蘭在該本基礎上，以所訪得蜀本校刻之。葉氏本所據即王蘭淳熙本，該本書後附孔叢子釋文一卷，題孔鮒撰，釋文佚名撰。四册，分題春、夏、秋、冬，半葉八行，行十七字。書中先後次序爲：進孔叢子表、注孔叢子序、正文、孔叢子釋文、王藺書。無宋咸注文。表下有「杭州葉氏藏書印」一，嘉言篇下有「武林葉氏藏書印」一，該本未題明人於何時翻刻。傅增湘見過一「孔叢子七卷，釋文一卷」本，稱「明刊本，八行十七字，白口雙闌，大版心，似萬曆本。棉紙，藍綾封面，乃明時原裝。前有宋咸進書表，又序。後附釋文，又淳熙戊申濡須王藺序」（藏園羣書經眼録），其所見與葉氏本同，故葉氏藏明本或翻刻於萬曆時。以葉氏本與宋嘉祐本比照，有幾點不同。第一點，宋咸注孔叢子序的署名方式不同。宋嘉祐本序尾署名爲「嘉祐三年戊戌歲二月日臣咸謹序」，葉氏本序尾署名爲「嘉祐三年戊戌歲二月日提點廣南西路諸州軍刑獄公事兼本路勸農事朝散郎守尚書屯田郎中上輕車都尉賜緋魚袋借紫臣宋咸謹序」。嘉祐本在注孔叢子序正文前有單獨提行的「提點廣南西路諸州軍刑獄公事兼本路勸農事朝散郎守尚書屯田郎中上輕車都尉賜緋魚袋借紫臣宋咸撰」四十四字，其「宋咸」二字以上，與葉氏本序尾的署名全同，然嘉祐本於「宋咸」下稱「撰」，而葉氏本有進孔叢子表，表尾署名爲「宋咸上表」，因此，嘉祐本於序正文前的「提點廣南西路諸州軍刑獄公事兼本路勸農事朝散郎守尚書屯田郎中上輕車都尉賜緋魚袋借紫臣宋咸撰」，不像是殘存進孔叢子表的署名（嘉祐本無進孔叢子表），更像是序文開始的稱名。這四十四字應當是書序正文前的全稱，序正文後的「嘉祐三年戊戌歲二月日臣咸謹序」十四字，是交待序文寫作的時間。這樣看來，嘉祐本宋咸孔叢子注中，原本就没有進孔叢子表。葉氏本中的進孔叢子表，有兩種可能，其一是王蘭修訂時，所據本已有之，或爲王蘭所加。其二是明人翻刻時所加。檢巾箱系列諸本，均有此表，故此表當不爲明人所加，考王蘭跋文，並沒有提及進孔叢子表之事，因此，最大的可能是在王蘭校訂前，該表已入孔叢子了。第二點，宋咸的注文，在葉氏本中，幾乎全部删除。此爲明人翻刻時所删？或王蘭校訂時所删？或於王蘭校訂前，其所據林公本或蜀本已删？其中有一點可以確定，明代與葉氏本同一系的本子，均無宋咸注文，説明宋咸注文不是明人翻刻時所删。就朱熹所用本和巾箱系列諸本來看，已對宋咸注文有不同程度的删節。朱熹卒於宋寧宗慶元六年，王蘭校訂孔叢子在孝宗淳熙十五年，當公元一一八八年，朱熹主持撰寫儀禮經傳通解，在時間上，幾乎與王蘭校訂孔叢子同時，而朱熹所用本爲宋咸注文删節本，王蘭本爲宋咸注文盡删本，故王蘭有删除宋咸注文的可能。第三點，王蘭校訂過的孔叢子釋文，與宋嘉祐本比照，已有不同。一是所收反切音注的數量不同，王蘭本删除了嘉祐本中反切音注四十四條，新增加反切音注五條。二是所收反切音注被切字不同，如嘉祐本抗志篇音注「已已」，王蘭本作「食已」；嘉祐本小爾雅音注「聚樸」，王蘭本單作「樸」；嘉祐本詰墨篇音注「苴經」，王蘭本作「苴經」。三是所用反切上下字不同，嘉祐本刑論篇「五父」下之「方短切」，王蘭本爲「方矩切」；嘉祐本居衛篇「寄帑」下之「他囊切」，王蘭本作「與『孥』同」；嘉祐本小爾雅廣言「巢截」下之「楚交切」，王蘭本作「楚夜切」。四是在反切音注之下，有有校語與無校語的不同，嘉祐本小爾雅廣義「曰釐」下之「陵之切，本作『嫠』」，王蘭本無「本作嫠」三字。五是嘉祐本釋文反切音注中的被切字，如小爾雅廣鳥「鶅鷵」，公孫龍篇「瀾」，陳士義篇「梁紇」、「輓父」，獨治篇「泜水」等五條，不是孔叢子正文的文字，而是宋咸注文的文字。這五條都在王蘭所刪除的四十四條之内。六是同一條音注中的被切字不同，如嘉祐本記義篇「鍾夫」，王蘭本作「鍾鰥」，這是由於版本差異造成的。上述六點不同，説明兩個問題：首先，宋咸不是孔叢子釋文的作者，否則不會在釋文中將自己注釋的某些文字列爲反切音注的被切字，而釋文只能是宋咸之後所作，時間上應當出現在宋咸書成之後、吕逢付梓之前，即嘉祐三年至嘉祐八年之間，而作者可能是吕逢。其次，王蘭對孔叢子釋文進行了修改，删除了嘉祐本所見的五條注釋宋咸注文的反切音注，改動了嘉祐本中某些反切上下字，用當時與之音同的常用字替换了原有被認爲是冷僻的字。第四點，葉氏藏本反映出王蘭校訂本的僅有兩條注文，一條在記問篇，是引史記、孔子家語等文，考證竇鳴犢與舜華事，文字與嘉祐本差别較大。另一條在連叢子叙書，是注孔子世系，文字與嘉祐本無别。這兩條注文保留在王蘭本中，或爲前人所記，王蘭校訂時加以保留，或王蘭本已删，明人翻刻時據他本所增。但考察明嘉靖蔡宗堯刻孔叢子七卷本，也有這兩條注文。蔡宗堯本與葉氏藏本雖爲一系，但兩本在文字上有很多的差别，説明這兩條注文爲明人翻刻所增的可能性不大。第五點，葉氏藏本保留了兩條校記，一條在記問篇「賢人竄兮將待時」下，曰：「一作『待清時』。」另一條在連叢子與從弟書「不能已已貴復申之」下，曰：「衆口非非，一作『衆非非正』。」這兩條校記，不見於嘉祐本，可能是王蘭採自其他宋刻本佚文而保留下來的。第六點，葉氏藏本與嘉祐本在文字上差别較大，有些可正、補嘉祐本之訛、脱，但也有些是明顯的訛誤，説明王蘭雖校改了一些訛誤，但該本於刊刻中又發生過新的訛誤。王蘭校訂本在明代的流傳，據今所見，還有以下幾種。計有明嘉靖二十九年蔡宗堯刻孔叢子七卷本、潘承弼校跋明刻孔叢子七卷本、章鈺校百子全書本孔叢子所據明刻七卷本等三種。這一系列的四種刻本，在文字上，有些既不同於嘉祐本，又不同於巾箱系列諸本。今仍以嘉祐本文字爲基礎，下繫明刻四種王蘭系列本及巾箱系列諸本予以比照：

刑論篇「愛民而重葉氏藏本、蔡宗堯本、潘承弼校跋本、章鈺所據本並作「愛民而重刑之」，巾箱系列諸本無此六字。

巡守篇「入其疆」下，葉氏藏本、蔡宗堯本、潘承弼校跋本、章鈺所據本並有「土地荒穢」四字，嘉祐本、巾箱系列諸本無此四字。

小爾雅廣言「獲、干，得也」，葉氏藏本、蔡宗堯本、潘承弼校跋本並同，巾箱系列諸本無此四字。

小爾雅廣言「裔外也」，葉氏藏本、蔡宗堯本、潘承弼校跋本並同，巾箱系列諸本無此三字。

儒服篇「跪而啄之」，葉氏藏本、蔡宗堯本、潘承弼校跋本並作「跑而啄之」，巾箱系列諸本同嘉祐本。

陳士義篇「聞之於傳聞者佞也」，「佞」上，葉氏藏本、蔡宗堯本、潘承弼校跋本、章鈺所據本並有「傳者」二字，巾箱系列諸本同嘉祐本，無「傳者」二字。

論勢篇「此人過也」，葉氏藏本、蔡宗堯本、潘承弼校跋本並同，巾箱系列諸本無此四字。

獨治篇「子魚曰」下，葉氏藏本、蔡宗堯本、潘承弼校跋本、章鈺所據本並有「吾不爲有用之學，知吾者惟友，秦非吾友，吾何危哉然」二十一字，巾箱系列諸本同嘉祐本，無此二十一字。

答問篇「子以爲奚若」，葉氏藏本、蔡宗堯本、潘承弼校跋本、章鈺所據本並同，巾箱系列諸本無此五字。

比照上述各本文字異同，可以看出，不保留宋咸注文的王蘭傳本系列的葉氏藏本、蔡宗堯本、潘承弼校跋本、章鈺所據本爲一系，在某些文字異同上，與巾箱系列諸本有明顯的區别。在王蘭傳本系列内部，就孔叢子全書文字來看，葉氏藏本、潘承弼校跋本、章鈺所據本差别不大，蔡宗堯本與葉氏藏本、潘承弼校跋本、章鈺所據本等三本雖爲一系，但某些文字與其相比，又有一些差别，其中有葉氏藏本等三本誤而蔡宗堯本不誤者，如陳士義篇葉氏藏本等三本有「以興富於猗氏，故富猗頓」句，蔡宗堯本作「以興富於猗氏，故曰猗頓」，作「故曰」，與嘉祐本、初學記卷十八、史記貨殖列傳裴駰集解引孔叢子文合，故蔡宗堯本是。葉氏藏本、潘承弼校跋本、章鈺所據本等三本中，章鈺所據本又與其他二本微殊，據章鈺跋文，其所據本是有孔叢子釋文及王蘭跋文的明刻七卷無宋咸注本，當與葉氏藏本等二本同，其微殊，恐章鈺有漏校者，故不與其他三本全同。上述説明，宋刻本孔叢子存在三系，嘉祐本一系，巾箱本一系，王蘭校訂本一系，後來三系各有傳世本。

二、元代孔叢子刻本。元刻孔叢子，今不見足本傳世，所見者，或見諸書目著録，或見諸類書所節録，或見諸元人於著作中所引述。見諸書目著録者，元馬端臨文獻通考經籍考「孔叢子七卷」，清彭元瑞等欽定天禄琳琅書目後編卷十元版子部「孔叢子一函六册，宋宋咸注，書七卷……茶陵桂山書院校正版行」，清季振宜撰季滄葦藏書目宋元雜版子書「抄本孔叢子七卷，二本，又七本」，清潘祖蔭滂喜齋藏書記「元刻孔叢子七卷，一函四册，宋咸注。前後皆有咸序。前序後接本文，無目。每半葉十二行，行大二十三、四字，小二十七、八、九字不等，附釋文。『敬』、『儆』字缺筆。後有嘉祐八年吕逢刊書序。此元人覆刻本也。延令季氏藏書」，清毛扆藏並撰汲古閣珍藏秘本書目子部「元人手抄孔叢子七卷」。上述書目著録説明兩個問題：其一，元代有覆刻孔叢子七卷本，其所據本應當是宋嘉祐本。其二，彭元瑞所述「茶陵桂山書院校正版行」者，應當是巾箱本系列之一。見諸類書節録者，今存元人蘇應龍輯新編類意集解諸子瓊林，其中多有節録孔叢子文句，與嘉祐本對照，文字多與之相同，間或有與嘉祐本不同者，如儒服篇「人生則有四方之志，豈鹿豕也哉而常聚乎」，蘇應龍本於「常」下有「羣」字，與太平御覽卷三百六十九、記纂淵海卷四十八所引孔叢子文合，足證各傳世本俱脱「羣」字。蘇應龍所節録的是宋咸孔叢子注，雖爲節録，但一段之内，則保留了完整的注文，其所據本應當是嘉祐本或爲巾箱本。見諸元人著作引述者，戰國策楚策四「或謂黄齊」一節有「老萊子教孔子事君」事，元人吴師道戰國策補注引孔叢子二十七字，見於今宋嘉祐本抗志篇。又魏策四有「秦急攻魏」一節，吴師道補注一引孔叢子文，三引宋咸注文，與嘉祐本論勢篇「秦急攻魏」一段同，尤其所引宋咸注文，與嘉祐本幾乎全同。今戰國策爲四部叢刊影印元至正年間所刻鮑注吴校本，而蘇應龍輯諸子瓊林亦爲元至正年刊本，則吴師道、蘇應龍所見，並當爲元人所覆刻的宋本孔叢子注。

三、明、清孔叢子刻本。明代又有孔叢子三卷本通行。三卷本之説，首見於清錢東垣集釋、錢侗補遺的宋王堯臣崇文總目（四庫全書本崇文總目作「七卷」）。宋人書目著録，俱稱爲七卷本，有學者考證錢東垣集釋、錢侗補遺的崇文總目所記「三卷」爲七卷之訛，雖可備一説，但需直接證據支持。四庫全書總目提要謂孔叢子「今本作三卷，不知何人所併」。今所見明代三卷本，均有李濂孔叢子序。李濂生於明弘治元年，卒於嘉靖四十五年，其撰孔叢子序末有「丁丑夏日志」文，丁丑爲明正德十二年，當公元一五一七年。序文中没有提及所見本卷數。李濂序最早見於明隆慶元年沈津輯百家類纂本孔叢子題辭所引，但孔叢子題辭所引爲節録。明鍾惺本所收李濂序結尾一句作「乃去孔臧所贅而刻之」，與他本作「故彙而刻之」不同。「去孔臧所贅」，指删除連叢子，則李濂所見，可能不是七卷本。百家類纂中，孔叢子爲節録本，因此看不出沈津所據本的卷數。隆慶元年當公元一五六七年，距李濂序後五十年，是先有三卷本通行，李濂得書後爲之序，還是李濂併七卷爲三卷，然後爲之序，目前在無實證的前提下，尚不可輕下結論。今所見明、清三卷本系列計有：明萬曆四、五年周子義刻子彙本、萬曆間程榮校刻漢魏叢書本、萬曆三十年緜眇閣刊馮夢禎先秦諸子合編本、崇禎六年孔胤植刻本。明人又有以小爾雅與孔叢子不類、詰墨於儒家不恭，或將二篇抽出，從而出現二卷本，如崇禎十年丁丑刻白口本題「黄之㱿閲」者，或分四卷，如明刻白口本有鍾惺評者，然以三卷本最爲通行。三卷本無宋咸注文，只有零星殘留者：

論書篇「惟高宗報上甲微」下，周子義本、程榮本、崇禎十年本有注文「上甲微契後八世，湯之先也」十一字。

刑論篇「審此二者，則上盜先息」下，周子義本、程榮本、崇禎十年本有注文「上盜猶大盜也」六字。

記問篇「題彼泰山」下，周子義本、程榮本、崇禎十年本有注文「題，顧也。泰山，謂魯也」八字。

雜訓篇「縣子問子思曰」下，周子義本、程榮本、崇禎十年本有注文「縣子名瑣，魯人」六字。

居衛篇「申祥問子張曰」，周子義本、程榮本、崇禎十年本於「申祥」下有注文「子張之子」四字。

以上周子義本、程榮本、崇禎十年本當爲一系。就各本文字異同，亦可見其源流關係：

公儀篇「則寡人割邑如其邑以償子」，「償子」，周子義本、馮夢禎本、崇禎十年本、鍾惺本並作「常宗」。「君將顛，弗能扶而叛之」，「顛」，周子義本、程榮本、崇禎十年本、鍾惺本並作「敗」。「弗能以其衆死而逃之」，「衆」，周子義本、程榮本、崇禎十年本、馮夢禎本並作「身」。「夫所以受粟，爲周乏也」，「乏」，周子義本、程榮本、崇禎十年本、馮夢禎本並作「之」。

抗志篇「鰥魚，魚之難得者也，子如何得之」，「如」，周子義本、程榮本、馮夢禎本並作「果」。

這些文字的異同説明，程榮本等四種本子，當出於周子義本，其各篇文字有異於周子義本者，爲各自刊刻時所改。明崇禎六年孔胤植刻三卷本，各篇文字與周子義本系列有許多差别，卻與王蘭所傳本系列、巾箱本系列有一些相合之處，疑爲孔胤植刊刻時據之而改。又有各篇中某些文字他本皆有而孔胤植本獨無者，如論書篇「四方皆伐焉，直而無私焉」十字，獨不見於孔胤植本。其或爲脱文，或爲刊刻時有意删之，尚不得而知，但就其他文字異同來看，孔胤植本校刻不精，出現了許多明顯訛誤，如：論書篇「聖人在上」，孔胤植本作「聖人在下」。記義篇「官才任士」，孔胤植本作「官才不士」。「馬不食粟」，孔胤植本作「馬不爲粟」。「寡人未知所以爲罪」，孔胤植本作「寡人未如所以爲罪」。雜訓篇「征伐革命」，孔胤植本作「「征代革命」。公儀篇「結恩百姓」，孔胤植本作「結恩有姓」。公孫龍篇「然子爲天下故往也」，孔胤植本作「然子焉天下故往也」。儒服篇「似有態者」，孔胤植本作「似有熊者」。論勢篇「遂寢於家」，孔胤植本作「遂窮於家」。詰墨篇「勸下亂上」，孔胤植本作「觀下亂上」。連叢子上叙書「紀綱古訓」，孔胤植本作「紀綱方訓」。可見孔胤植本校刻之粗、魯魚之甚，其版本價值當在周子義等諸本之下。清刻孔叢子三卷本系列中，就各篇文字異同看，四庫全書本出自周子義本；姜兆錫本出自鍾惺評本（諸本所載李濂孔叢子序，其序最後一句「故彙而刻之」，唯鍾惺評本與姜兆錫本作「乃去孔臧所賫而刻之」，是爲姜本出於鍾本之明證）；清刻何允中廣漢魏叢書本孔叢子校刻又出自姜兆錫本（何允中本爲二卷本）；清乾隆五十六年刻王謨輯增訂漢魏叢書本、清光緒元年湖北崇文書局刻百子全書本又出自何允中本；清孔毓圻、孔毓埏刻，清王韜校並跋孔叢子三卷本出自孔胤植本，其中凡孔胤植本「形近而訛」者，在孔毓圻本中得以改正，然孔毓圻本於刊刻中又有訛誤，如刑論篇「仲弓問曰」，孔毓圻本作「仲由問曰」，後由王韜改爲「弓」。從全書文字看，孔毓圻本明顯的訛誤要少得多。清刻本中，有日本寬政七年（公元一七九五年）冢田虎孔叢子注十卷。考冢田虎本孔叢子正文文字，與周叔弢藏明刻巾箱本相近之處較多，疑其出於周叔弢藏本。考其注釋内容，有些與巾箱本系列宋咸注文十分相近，疑其有襲用宋咸注文而未明示者。清以下三卷本，有龍溪精舍叢書本，乃以程榮本校刻。又有叢書集成初編本，爲以周子義本校刻。

四、小爾雅單行本。明、清刻小爾雅單行本，除顧元慶本外，尚有：明嘉靖二十九至三十年嘉趣堂刊袁褧編金聲玉振集本小爾雅一卷（誤題崔銑著）、格致叢書本明胡文煥校新刻小爾雅、續百川學海本潘之淙閲小爾雅注一卷、增定古今逸史本明吴琯校小爾雅注一卷、務本堂藏清同治七年刻藝苑捃華本小爾雅一卷、龍威秘書本小爾雅注一卷、清雍正年間莫栻小爾雅廣注四卷、清嘉慶五年刻鑿翠山莊藏王煦小爾雅疏八卷（後又有光緒十年刻徐幹編邵武徐氏叢書初刻本）、清宋翔鳳小爾雅訓纂六卷、清道光七年胡承珙小爾雅義證十三卷、補遺一卷、清道光十九年葛其仁小爾雅疏證五卷、清朱駿聲小爾雅約注、影印清代稿本百種彙刊胡世琦小爾雅義證等十三種。各單行本之間，從文字異同上，可看出其相承關係：

廣詁「攻、爲、詁、相、旬、宰、營、丘，治也」之「詁」，顧元慶本、袁褧本、胡文煥本、潘之淙本、吴琯本、藝苑捃華本、王煦本、胡承珙本、葛其仁本並作「話」。

廣言「安、艾，老也」之「安」，顧元慶本、胡文煥本、王煦本、葛其仁本並作「叟」。

廣言「荷、揭，擔也」之「揭」，顧元慶本、袁褧本、王煦本、胡承珙本並作「揚」。

廣言「素，空也」之「素」，顧元慶本、袁褧本、王煦本、胡承珙本、葛其仁本、朱駿聲本並作「索」。

廣言「視，此也」之「此」，顧元慶本、胡文煥本、吴琯本、王煦本、胡承珙本、葛其仁本並作「比」。

廣訓「德音不瑕」之「音」，顧元慶本、胡文煥本、吴琯本並作「容」。

廣器「澤之廣者謂之衍」，顧元慶本、王煦本、胡承珙本、葛其仁本於「廣」下並無「者」字。

由此可見，諸家刊刻及諸家注解所據本的小爾雅文字雖各有異同，但與顧元慶本相同的概率較高，可以説，顧元慶本是他們校刻與注解時的主要參校本。